STUDIEN ZUR THEOLOGISCHEN ETHIK 167

Herausgegeben von Daniel Bogner und Markus Zimmermann

MARKUS ZIMMERMANN

Entscheidungen in Grenzsituationen

Medizin- und Gesundheitsethik in theologischer Perspektive

Schwabe Verlag, Basel
Echter Verlag, Würzburg

Die Druckvorlage der Textseiten wurden vom Departement für Moraltheologie und Ethik der Universität Freiburg i. Ue. zur Verfügung gestellt.

Die Druckvorstufe dieser Publikation wurde vom Schweizerischen Nationalfonds zur Förderung der wissenschaftlichen Forschung unterstützt.

Bibliografische Information der Deutschen Nationalbibliothek

Die Deutsche Nationalbibliothek verzeichnet diese Publikation in der Deutschen Nationalbibliografie; detaillierte bibliografische Daten sind im Internet über http://dnb.dnb.de abrufbar.

Gestaltungskonzept Umschlag: icona basel gmbh, Basel

Gestaltungskonzept Inhalt: Stellwerkost

Cover: Kathrin Strohschnieder, STROH Design, Oldenburg

Satz: Kathrin Staniul-Stucky, Université de Fribourg, Departement für Moraltheologie u. Ethik, Av. de l'Europe 20, CH-1700 Freiburg i. Ue.

Druck: CPI books GmbH, Leck

Printed in Germany

ISBN Printausgabe 978-3-7965-5134-5 (Schwabe)

ISBN eBook (pdf) 978-3-7965-5135-2 (Schwabe)

DOI 10.24894/978-3-7965-5135-2 (Schwabe)

ISBN Printausgabe 978-3-429-06715-1 (Echter)

ISSN 0379-2366 (Studien zur theologischen Ethik)

Das eBook ist seitenidentisch mit der gedruckten Ausgabe und erlaubt Volltextsuche. Zudem sind Inhaltsverzeichnis und Überschriften verlinkt.

rights@schwabe.ch

www.schwabe.ch

INHALTSVERZEICHNIS

VORWORT

Der vorliegende Sammelband bietet ein Ensemble von bereits erschienenen und neu erarbeiteten Beiträgen zu aktuellen Herausforderungen der Medizin- und Gesundheitsethik. Die bereits veröffentlichten Texte wurden teilweise stark überarbeitet und aktualisiert. Sowohl die Überlegungen zu den ethischen Grundlagen als auch zu den Entscheidungen in der Gesundheitsversorgung, am Lebensbeginn und am Lebensende sind problemorientiert ausgerichtet und geprägt von meiner Tätigkeit in interdisziplinär zusammengesetzten Gremien im Bereich der politischen Ethikberatung und der Lebensende-Forschung. Besonders danken möchte ich meinem Kollegen und Mitherausgeber der Studien zur theologischen Ethik, Daniel Bogner, für die gute und angenehme Zusammenarbeit, sowie Kathrin Staniul-Stucky für die kompetente redaktionelle Betreuung des Bandes. Widmen möchte ich das Buch Andrea Büchler, in Dankbarkeit für viele Jahre intensiver und fruchtbarer Auseinandersetzung mit gesundheitsethischen und -rechtlichen Fragen, unter anderem in der von ihr präsidierten Nationalen Ethikkommission im Bereich der Humanmedizin (NEK).

Fribourg, im Juni 2024   Markus Zimmermann

EINLEITUNG

Der medizinisch-technische Fortschritt bringt neue Handlungsmöglichkeiten hervor, die sowohl in der Versorgung am Krankenbett als auch auf Organisations- und gesundheitspolitischer Ebene den alltäglichen Entscheidungsdruck markant verstärken. *Entscheidungen* stehen daher im Zentrum des ethischen Nachdenkens im vorliegenden Band. Im Blick sind beispielsweise neue Erkenntnisse in der Gendiagnostik und -therapie, innovative Techniken, Verfahren und Medikamente in den Bereichen der Reproduktions-, Intensiv-, Präzisions- oder auch Transplantationsmedizin, welche das Handlungsspektrum während der letzten Jahre enorm erweitert haben und Entscheidungen nötig machen, die häufig auch ethisch relevante Aspekte beinhalten.

Angesichts der zunehmendem Komplexität von Entscheidungen ist im klinischen Alltag nicht zufällig die Idee des «Shared Decision Making» und damit die Vorstellung entstanden, Patientinnen und Patienten sollten wichtige Entscheidungen zusammen mit Gesundheitsfachleuten treffen, um eine Bevormundung durch die Fachleute einerseits und eine Überforderung der Patientinnen und Patienten andererseits zu verhindern.[1] Dieses Konzept der gemeinsamen Entscheidungsfindung wie auch heute etablierte Ansätze einer relational verstandenen Autonomie[2] verdanken sich einem neuen Bewusstsein für die Bedeutung menschlicher Beziehungen im Kontext selbstbestimmter Entscheidungen. Am Lebensende wurde mit dem «Advance Care Planning» ein strukturiertes Vorgehen zur rechtzeitigen persönlichen Entscheidungsfindung entwickelt, das gegenwärtig in vielen Ländern der Welt etabliert wird.[3] Auf der Ebene von Organisationen sind Entscheidungen zur gerechten Allokation knapper Ressourcen[4] genauso zu treffen wie Regelungen zur Suizidhilfe[5], um nur zwei aktuelle Beispiele zu nennen. Auch gesundheitspolitisch werden die Allokationsdebatten wichtiger, was beispielsweise in der Schaffung von Einrichtungen zur Nutzenbewertung von Gesundheitsleistungen[6] oder auch mit Blick auf die Regelung von Organspenden[7] zum Ausdruck kommt.

---

1 Vgl. BOMHOF-ROORDINK ET AL. 2019, dazu Kap. IV/1 im vorliegenden Band.

2 Vgl. ACH/SCHÖNE-SEIFERT 2013, dazu Kap. I/6 im vorliegenden Band.

3 Vgl. HÖFLING U. A. 2019, dazu Kap. IV/1 und IV/4 im vorliegenden Band.

4 Vgl. FLECK 2009, dazu Teil II im vorliegenden Band.

5 Vgl. MATHWIG 2010, dazu Kap. IV/2, IV/3 und IV/5 im vorliegenden Band.

6 Vgl. SORENSON/CHALKIDOU 2012, dazu Kap. II/1 im vorliegenden Band.

7 Vgl. NATIONALE ETHIKKOMMISSION IM BEREICH DER HUMANMEDIZIN 2019, dazu Kap. IV/4 im vorliegenden Band.

Bedeutung und Wichtigkeit von Entscheidungen sind ein Spiegelbild zunehmender Machbarkeitsvorstellungen und eines Aktivitätsmodus, von dem die moderne Medizin wie auch die Gesundheitsversorgung insgesamt gekennzeichnet sind. Ereignisse wie Geburt, Krankheit, Sterben und Tod, die noch vor wenigen Jahrzehnten schicksalhaft gedeutet wurden, sind in den Bereich des Mach- und Formbaren gerückt; entsprechend werden sie nicht mehr in erster Linie als eine zu bestehende Gefahr, sondern als kalkulierbare Risiken wahrgenommen. Auf Gefahren reagieren wir mit Stoßgebeten, auf Risiken mit dem Abschluss von Versicherungen, wie Frank Mathwig im Kontext der Suizidhilfe-Diskussion aufzeigt, um die Idee des riskanten Sterbens theologisch und philosophisch zu dekonstruieren und seine ethischen Schlüsse daraus zu ziehen.[8]

Die Verfügbarmachung immer weiterer Lebensbereiche hat in der Resonanzlosigkeit ihre problematische Kehrseite, wie Hartmut Rosa an vielen Beispielen aufzuzeigen vermag.[9] Eine allzu sehr auf das Machbare konzentrierte Haltung kann zu Blockaden statt zu brauchbaren Lösungen führen, zur Entfremdung von den Dingen, die uns umgeben und zum Unverständnis dessen, auf was es ankommt, um eigene Ziele zu erreichen und letztlich ein gelungenes Leben zu führen. Odo Marquards bereits im Jahr 1986 erschienene «Apologie des Zufälligen»[10], eine Verteidigungsschrift des Zufalls bzw. des Schicksalhaften im Leben, trifft sozusagen einen Nerv der Gegenwart: Wir Menschen seien stets mehr unsere Zufälle als unsere Wahl, behauptete er damals. Ob er damit Recht hatte, sei dahingestellt; unbestreitbar jedoch ist, dass er mit seiner These, die Idee, das Wesentliche im Leben sei mach- oder produzierbar, die Achillesverse eines dominanten Diskurses in der Bio- und Medizinethik berührt, welcher in der Idee der Autopoiesis[11] gipfelt.

Eine andere Problemanzeige besteht in der mit der Selbstoptimierung oder der Optimierung des Nachwuchses[12] verbundenen Verwechslung eines gelungenen Lebens mit einem Leben, in welchem möglichst viele Handlungs- und Entscheidungsoptionen offen stehen. Der Ignatius-Übersetzer und Fundamentaltheologe Peter Knauer hat zu Recht darauf hingewiesen, dass erst die persönliche Entschiedenheit oder Festlegung – und damit die freiwillige Einschränkung eigener Handlungsoptionen bzw. der eigenen Wahlfreiheit – ein gelungenes Leben ermöglicht.[13]

---

8 Vgl. MATHWIG 2010, dazu Kap. IV/5 im vorliegenden Band.
9 Vgl. ROSA 2018 und 2019, dazu Kap. III/1 im vorliegenden Band.
10 MARQUARD 1986, vgl. auch MARQUARD 1981.
11 Vgl. WILS 2002, dazu Kap. I/5 sowie III/3 im vorliegenden Band.
12 Vgl. EILERS U. A. 2012, dazu Kap. III/2 im vorliegenden Band.
13 Vgl. KNAUER 2002, 71 f., dazu Kap. III/3 im vorliegenden Band.

In den ethischen Erörterungen geht es um Entscheidungen in *Grenzsituationen*. Der Begriff der Grenzsituation wurde unter anderem von Karl Jaspers geprägt und von Theda Rehbock in den medizinethischen Kontext eingeführt.[14] Gemeint sind existenzielle Grenzen, wie sie bei Zeugung, Geburt, Krankheit, Schuld, Sterben und Tod spürbar und deutlich werden und unsere *condition humaine* konturieren. Je näher wir diesen Grenzen kommen, desto unsicherer werden normative Einsichten, wie ethische Erörterungen zu Fragen am Lebensbeginn und Lebensende, aber auch nach dem Eingriff in das menschliche Genom deutlich zeigen.[15] In solchen Grenzsituationen wächst die Bedeutung der ethischen Urteilskraft und damit die persönliche Fähigkeit, individuelle Situationen im Horizont allgemeiner Normen wahrzunehmen, deren ethische Bedeutung zu erkennen und angemessen zu beurteilen.[16] Auch Erfahrungen während der Corona-Pandemie – im Umgang mit bislang völlig unbekannten Entscheidungssituationen sowohl bei Einzelentscheidungen am Krankenbett als auch auf politischer Ebene – haben die eminente Bedeutung der Urteilskraft deutlich gemacht. Auch bei ethischen Knacknüssen wie der Frage, ob akut bedrohte und statistische Menschenleben, die gerettet werden können, unterschiedlich qualifiziert und bewertet werden dürfen, machen die Bedeutung des Wahrnehmens, Beschreibens und der angemessenen Beurteilung konkreter politischer Entscheidungssituationen deutlich.[17]

Die *medizin- und gesundheitsethischen Diskurse* stehen seit einiger Jahren unter Verdacht, lediglich der gesellschaftlichen Akzeptanzbeschaffung zu dienen und um das nachträgliche Absegnen des technisch Machbaren in einer unübersichtlich gewordenen Welt bemüht zu sein.[18] Der Verdacht stützt sich insbesondere auf die Neutralität, Inhaltsleere und Emotionslosigkeit vieler Beiträge, die sich nicht selten in empirischen Studiendesigns erschöpfen. Dem möchte ich mit meinen Überlegungen etwas «inhaltlich Dichtes» entgegensetzen, indem ich konkrete Positionen, Inhalte und Wertungen in die Diskussionen einbringe. Diese entstammen in erster Linie moralischen Traditionen, die mir aufgrund meiner persönlichen Prägung, meiner Erziehung und Ausbildung, vermittelt über kulturelle – inklusive religiöse – Hintergründe, vertraut sind. Diese sind zwar notwendigerweise kontingent, kulturgebunden und partikular, das heißt bezogen auf bestimmte Lebensformen, Traditionen und Erfahrungen;[19] daraus folgt jedoch nicht, dass ich mit meinen Überlegungen auf universalistische Geltungsansprü-

14 Vgl. REHBOCK 2005, dazu Kap. I/7 im vorliegenden Band.

15 Vgl. MATHWIG 2010, 14; dazu Kap. I/2 sowie III/3 im vorliegenden Band.

16 Vgl. REHBOCK 2005, 263; dazu Kap. II/4 im vorliegenden Band.

17 Vgl. COHEN ET AL. 2015, LÜBBE 2017 und Kap. II/2 im vorliegenden Band.

18 Vgl. NOWOTNY/TESTA 2009, dazu Kap. I/1 im vorliegenden Band.

19 Vgl. WILS 2019, dazu Kap. I/1 im vorliegenden Band.

che verzichten möchte. Vielmehr scheint mir eine Einsicht zuzutreffen, die Jean
Pierre Wils im Anschluss an Michael Walzer formuliert hat, nämlich dass der
moralische Universalismus stets – allein schon sprachbedingt, denn jede Sprache
ist partikular, jede Übersetzung in eine andere Sprache eine Interpretationsleis-
tung – erfahren und artikuliert werde in Form des Partikularismus.[20]
    Eine solche hermeneutisch-ethische Vorgehensweise weiß in diesem Sinne um
ihre eigenen Grenzen, ist bescheiden oder zumindest vorsichtig in ihrem Anspruch und geht mit Michael Walzer davon aus, dass Tatsachenfragen richtig gelesen, wahrgenommen, ausgelegt und kommentiert werden müssen, um in ihrer
ethischen Bedeutung erfasst werden zu können.[21] Sie versteht sich gleichzeitig als
Gesprächsangebot an Ethikkonzepte, die aus völlig anderen partikularen Traditionen schöpfen und vielleicht zu ähnlichen, möglicherweise aber auch zu entge-
gengesetzten Urteilen kommen, so dass ein hoffentlich fruchtbarer Streit entsteht.
Nicht zuletzt mit Blick auf global anzugehende Probleme wie das Genome Editing
halte ich die Entwicklung einer ethischen Streitkultur für unabdingbar.[22] Ein so
vorgehender hermeneutischer Ethikansatz scheint mir im Anspruch zwar eine
bescheidenere, gleichwohl fruchtbarere Alternative zu sein als beispielsweise
    · *empirisch ausgerichtete, technokratische Ansätze,*
    · *prozedural und weitgehend inhaltsleer argumentierende Theorien,*
    · *fundamentistische Ansätze, die nicht selten unrealistische normative Schlussfolgerun-
      gen hervorbringen, oder auch*
    · *fundamentalistische Ansätze, die sich weltanschaulich einigeln und eigene Positionen
      gegen außen kritikimmun machen.*
In Analogie zur traditionellen naturrechtlichen Denkweise, wie sie in meiner
theologisch-ethischen Tradition katholischer Provenienz verankert ist, gehe ich
davon aus, dass moralische Traditionen und die darin verwobenen Werte, Prinzipien, Codes und Konventionen ethische Orientierung ermöglichen, dass ethische
Erkenntnis also über die Wahrnehmung der Wirklichkeit möglich ist. Im Unterschied zur katholischen Naturrechtstradition gehe ich jedoch nicht davon aus,
dass sich moralische Erkenntnis mittels Vernunft gleichsam ein für alle Mal aus
der Schöpfungsordnung ablesen lässt. Ethische Erkenntnis ist meines Erachtens
vielmehr mittels einer immer wieder neu zu erbringenden Interpretationsleis-
tung möglich, die nie an ihr Ende kommt und maßgeblich von der Auseinandersetzung mit unterschiedlichen Sichtweisen und Behauptungen lebt.
    Damit habe ich implizit bereits Auskunft gegeben über Bedeutung und Reich-
weite der *theologischen Perspektive*, in welcher ich meine Überlegungen anstelle. Zu-

---

20 Vgl. ebd. 426.
21 Vgl. WALZER 1993, 40.
22 Vgl. ebd. 42, dazu Kap. I/1 im vorliegenden Band.

nächst ist es wenig erstaunlich, dass ich aufgrund meines theologischen Hintergrunds ein besonderes Interesse an existenziellen Fragen habe, wie sie in den erwähnten Grenzsituationen auftauchen und die *condition humaine* zum Thema machen. Geht es beispielsweise um Grenzbestimmungen am Anfang und Ende des Lebens, so werden diese in den gesundheits- und medizinethischen Debatten in der Regel zwar pragmatisch und mit Hinweis auf chronologische Angaben (Lebensbeginn mit Verschmelzung der beiden Zellkerne, mit Entstehung der Körperachse beim Embryo, mit der Hirnentwicklung, der extrauterinen Überlebensmöglichkeit, der Geburt etc.) oder messbare Daten (Kontrolle des Todeseintritts mittels einer arteriellen Blutgasanalyse, einer Computertomographie, Angiographie etc.) diskutiert; nicht zuletzt aufgrund der unbefriedigenden Antworten schwingt dabei stets auch ein Interesse an den existenziellen Aspekten mit, indem gleichzeitig nach dem Ursprung (archè) und dem Ziel (eschaton) menschlichen Lebens gefragt wird.[23]

Gleichzeitig bietet der hermeneutisch-ethische Ansatz gute Gelegenheiten, religiöse Moraltraditionen in die Erörterungen miteinzubeziehen und zur Diskussion zu stellen.[24] Der dabei unweigerlich entstehende und bereits kommentierte Konflikt zwischen ethischem Partikularismus und Universalismus[25] kann mit Rekurs auf die Wils'sche Unterscheidung zwischen Begründungs- und Geltungspartikularismus[26] glaubwürdig angegangen werden, das heißt in dem Versuch, gleichsam ‹faute de mieux› einen Begründungspartikularismus mit einem Geltungsuniversalismus zu verbinden, soweit das glaubhaft möglich und sinnvoll ist.

Dass ich so denken und vorgehen kann, beruht auf zwei theologischen Annahmen, einer fundamentaltheologischen und einer theologisch-ethischen: *Fundamentaltheologisch* gehe ich davon aus, dass der christliche Glaube im Kern keine Moral-, sondern eine Erlösungslehre ist. Im Zentrum steht der Heilsindikativ und damit die Erfahrung, von Gott geliebt und damit befähigt zu sein, im Sinne des christlichen Ethos, insbesondere der Gottes-, Nächsten- und Selbstliebe zu handeln.[27] Mit diesem Glaubensverständnis ist also auch eine bestimmte Moral oder

---

23 Vgl. MATHWIG 2021, 250, dazu Kap. I/7 im vorliegenden Band, auch ZIMMERMANN, *Zum Umgang*, im Erscheinen.

24 Vgl. dazu beispielsweise Kap. I/3 und I/4 im vorliegenden Band.

25 Mit dieser Frage beschäftige ich mich als theologischer Ethiker, der stets auf partikulare christliche Traditionen verweist, naturgemäß schon lange, vgl. z. B. ZIMMERMANN-ACKLIN ²2010, 51–75.

26 Vgl. WILS 2019, 431.

27 Vgl. ZIMMERMANN 2019; zur christlichen Tugend der Liebe vgl. die beeindruckenden Ausführungen bei SCHOCKENHOFF ²2014, 285–408.

Sittlichkeit verbunden. Diese ist jedoch aus Sicht des christlichen Glaubens im doppelten Sinne zweitrangig: Zum einen steht im Zentrum des Glaubens – auch der Bibel – die Frage der Erlösung und nicht die Frage der Lebensführung, zum anderen sind Menschen nur darum in der Lage, sich am christlichen Ethos zu orientieren und danach zu leben, weil sie sich zuerst bedingungslos von Gott angenommen wissen. *Theologisch-ethisch* bieten meines Erachtens nicht in erster Linie biblische, religiös oder kirchlich verankerte Normen – also Verbote, Gebote oder Erlaubnisse und deren Begründungen –, sondern Narrationen den Königsweg, um zu ethisch relevanten, im christlichen Glauben verankerten Einsichten zu gelangen.[28]

Eine moralisch dichte christliche Erzählung, auf die ich mich häufig beziehe, ist die neutestamentliche Geschichte vom barmherzigen Samariter (Lukas 10,25–37). Jesus antwortet hier einem jüdischen Gesetzeslehrer auf die Frage, was er tun müsse, um das ewige Leben zu erlangen, theologisch formuliert: um erlöst zu werden. Jesus fragt zunächst zurück, was dazu in der Tora zu lesen sei, worauf der Gesetzeslehrer seine Frage mit Hinweis auf das Gebot der Gottesliebe (Deuteronomium 6,5) sowie das der Nächstenliebe (Levitikus 19,18) selbst beantwortet. Nicht zufrieden mit dem Verweis auf die eigene Tradition fragt der Schriftkundige dann noch einmal nach, wer denn der Nächste sei, den er gemäß Tora wie sich selbst lieben solle. Darauf antwortet Jesus mit der besagten Geschichte, die mindestens vier Elemente christlicher Nächstenliebe enthält:[29] Das christliche Verständnis von Nächstenliebe ist erstens zutiefst egalitär und mit der Idee des freiwilligen Statusverzichts verbunden, es zeichnet sich zweitens durch die Wahrnehmung und das Sich-berühren-Lassen von der Not anderer aus, es weist drittens auf die Erlösungsbedürftigkeit der Menschen hin, und es geht schließlich viertens arbeitsteilig vor und bewahrt so vor einem moralischen Heroismus. Während diese Elemente nicht unmittelbar normativ relevant sind, beispielsweise bei der Frage, wem in den Verteilungsdebatten gerechterweise was zustehen sollte, keine unmittelbare Antwort geben, sind sie indirekt und in einem hermeneutischen Sinne doch wirksam: Beispielsweise hat die heute umstrittene Vorstellung der Gleichheit aller Menschen einen enormen Einfluss auf Gerechtigkeits- und Solidaritätsvorstellungen, um nur ein Beispiel zu nennen.[30]

Die Beiträge im vorliegenden Band sind in vier Teile gegliedert: (I) Grundlagen, (II) Entscheidungen in der Gesundheitsversorgung, (III) Entscheidungen am Lebensbeginn sowie (IV) Entscheidungen am Lebensende. Thematisch schließen sie an Überlegungen an, die ich 2010 unter dem Titel «Bioethik in theologischer

---

28 Vgl. KLOTHER 2010, dazu Kap. I/1 im vorliegenden Band.

29 Vgl. THEISSEN ²2001, 101–122, dazu Kap. I/3 im vorliegenden Band.

30 Vgl. dazu Kap. I/4 im vorliegenden Band.

Perspektive. Grundlagen, Methoden, Bereiche»[31] ebenfalls in den «Studien zur theologischen Ethik» veröffentlicht habe. Seit einigen Jahren zeichnet sich ab – verstärkt noch einmal durch Ereignisse während der Corona-Pandemie –, dass in den Bereichen der Medizin- und Gesundheitsethik die Public-Health-Perspektive stark an Bedeutung gewinnt.[32] Die Datenspende, der Umgang mit Big Data und der Selbstvermessung, das Neugeborenen- und das genetische Carrier-Screening, ein vertretbarer Umgang mit der Genome-Editierung, Aufmerksamkeit für soziale Determinanten der Gesundheit, der gerechte Zugang zu neuen, sehr teuren Medikamenten oder der angemessene Umgang mit Erkenntnissen in der Präzisionsmedizin werden zu wichtigen Themen, um nur einige Beispiele zu nennen. Gleichzeitig dürften alle diese Herausforderungen von den Nachhaltigkeitsdebatten in den Schatten gestellt werden, die aufgrund der weltweiten Klimaentwicklung und deren Folgen für die Gesundheit von Menschen, Tieren und für den Zustand der gesamten Natur notwendigerweise vorrangig zu führen sein werden.

LITERATUR

ACH, JOHANN S./SCHÖNE-SEIFERT, BETTINA, «*Relationale Autonomie*». *Eine kritische Analyse*, in: WIESEMANN, CLAUDIA/SIMON, ALFRED (Hg.), *Patientenautonomie. Theoretische Grundlagen – praktische Anwendungen*, Münster 2013, 42–60.

BOMHOF-ROORDINK, HANNA/GÄRTNER, FANIA R./STIGGELBOUT, ANNE M./PIETERSE, ARWEN H., *Key Components of Shared Decision Making Models: A Systematic Review*, in: BMJ Open 2019;9:e031763. doi:10.1136/bmjopen-2019-031763.

COHEN, I. GLENN/DANIELS, NORMAN/EYAL, NIR (Eds.), *Identified versus Statistical Lives. An Interdisciplinary Perspective*, New York 2015.

EILERS, MIRIAM/GRÜBER, KATHRIN/REHMANN-SUTTER, CHRISTOPH (Hg.), *Verbesserte Körper – gutes Leben? Bioethik, Enhancement und Disability Studies*, Frankfurt a. M. 2012.

FLECK, LEONARD M., *Just Caring. Health Care Rationing and Democratic Deliberation*, New York 2009.

HÖFLING, WOLFRAM/OTTEN, THOMAS/IN DER SCHMITTEN, JÜRGEN (Hg.), *Advance Care Planning / Behandlung im Voraus Planen: Konzept zur Förderung von einer patientenzentrierten Gesundheitsversorgung. Juristische, theologische und medizinethische Perspektiven*, Baden-Baden 2019.

KLOTHER, KLAUS, *Charakter – Tugend – Gemeinschaft. Grundlegung christlicher Ethik bei Stanley Hauerwas*, Freiburg i. Ue./Freiburg i. Br. 2010.

KNAUER, PETER, *Handlungsnetze. Über das Grundprinzip der Ethik*, Frankfurt a. M. 2002.

LÜBBE, WEYMA, *Rule of Rescue vs. Rettung statistischer Leben*, in: AmosInternational 11 (2017), 3–10.

MARQUARD, ODO, *Apologie des Zufälligen*, in: DERS., *Apologie des Zufälligen*, Stuttgart 1986, 117–139.

—, *Ende des Schicksals? Einige Bemerkungen über die Unvermeidlichkeit des Unverfügbaren*, in: DERS., *Abschied vom Prinzipiellen. Philosophische Studien*, Stuttgart 1981, 67–90.

---

31 ZIMMERMANN-ACKLIN ²2010.

32 Vgl. ZIMMERMANN, *Biomedizin*, im Erscheinen.

MATHWIG, FRANK, *Handeln, das nach Einsicht fragt. Beiträge zur theologischen Ethik*, Zürich 2021.

—, *Zwischen Leben und Tod. Die Suizidhilfediskussion in der Schweiz aus theologisch-ethischer Sicht*, Zürich 2010.

NATIONALE ETHIKKOMMISSION IM BEREICH DER HUMANMEDIZIN (NEK), *Organspende. Ethische Erwägungen zu den Modellen der Einwilligung in die Organentnahme*, Bern 2019.

NOWOTNY, HELGA/TESTA, GIUSEPPE, *Die gläsernen Gene. Die Erfindung des Individuums im molekularen Zeitalter*, Frankfurt a. M. 2009.

REHBOCK, THEDA, *Personsein in Grenzsituationen. Zur Kritik der Ethik menschlichen Handelns*, Paderborn 2005.

ROSA, HARTMUT, *Resonanz. Eine Soziologie der Weltbeziehung*, Berlin 2018.

—, *Unverfügbarkeit*, Wien/Salzburg 2019.

SCHOCKENHOFF, EBERHARD, *Grundlegung der Ethik. Ein theologischer Entwurf*, Freiburg i. Br. ²2014.

SORENSON, CORINNA/CHALKIDOU, KALIPSO, *Reflection on the Evolution of Health Technology Assessment in Europe*, in: Health Economics, Policy and Law 7 (2012), 25–45.

THEISSEN, GERD, *Die Religion der ersten Christen. Eine Theorie des Urchristentums*, Gütersloh ²2001.

WALZER, MICHAEL, *Kritik und Gemeinsinn*, Frankfurt a. M. 1993 (zuerst: *Interpretation and Social Criticism. The Tanner Lectures on Human Values 1985*, Cambridge 1987.).

WILS, JEAN-PIERRE, *Der Mensch im Konflikt der Interpretationen*, in: HOLDEREGGER, ADRIAN/MÜLLER, DENIS/SITTER-LIVER, BEAT/ZIMMERMANN-ACKLIN, MARKUS (Hg.), *Theologie und biomedizinische Ethik. Grundlagen und Konkretionen*, Freiburg i. Ue./Freiburg i. Br. 2002, 171–191.

—, *Die kulturelle Form der Ethik. Ein Konflikt zwischen Universalismus und Partikularismus?*, in: BOGNER, DANIEL/ZIMMERMANN, MARKUS (Hg.), *Fundamente theologischer Ethik in postkonfessioneller Zeit. Beiträge zu einer Grundlagendiskussion*, Basel/Würzburg 2019, 421–432.

ZIMMERMANN-ACKLIN, MARKUS, *Bioethik in theologischer Perspektive. Grundlagen, Methoden, Bereiche*, Freiburg i. Ue./Freiburg i. Br. ²2010.

ZIMMERMANN, MARKUS, *Christliche Existenz und theologische Ethik. Hans Halters Antwort auf die Frage nach dem christlichen Proprium*, in: BOGNER, DANIEL/ZIMMERMANN, MARKUS (Hg.), *Fundamente theologischer Ethik in postkonfessioneller Zeit. Beiträge zu einer Grundlagendiskussion*, Basel/Würzburg 2019, 181–196.

—, *Zum Umgang mit Unsicherheit und Ungewissheit – Überlegungen aus theologisch-ethischer Perspektive*, in: LINDENAU, MATHIAS (Hg.), *Zum Umgang mit Unsicherheit und Ungewissheit*, im Erscheinen.

—, *Biomedizin und Biotechnologie unter dem Vorzeichen von Public Health*, in: SAUTERMEISTER, JOCHEN (Hg.), *Anwendungsorientierte Biomedizin und Biotechnologie. Theologisch-ethische Debatten und Zwischenbilanzen*, Freiburg i. Br., im Erscheinen.

TEIL I

GRUNDLAGEN

1 KULTUR DER STREITLUST. ZUM PROFIL EINER THEOLOGISCHEN BIOETHIK [1]

> Die Moral ist, in anderen Worten, etwas, worüber wir streiten müssen. (Morality, in other words, is something we have to argue about.) [2]

Das Wetteifern um das bessere Argument, das sich auf Sachverstand, Erfahrung und die Kenntnis moralischer Traditionen stützt, ist in den gegenwärtigen Bioethikdebatten gefährdet. Weder eine Beschränkung auf sozialwissenschaftliche Empirie oder bürokratische Verfahren noch ein Beharren auf Positionen, welche neuere Erkenntnisse der Lebenswissenschaften einfach ausblenden, können das Ringen um eine gute Begründung moralischer Positionen ersetzen. Vielmehr führen diese Versuche zu einer Glaubwürdigkeitskrise der Bioethik, die im ersten Teil dieses Kapitels im Sinne einer Problemanalyse angedeutet wird. Im Anschluss an einige vorbereitende Überlegungen zur Rolle der Ethik in der Theologie und Begriffsklärungen im zweiten Teil wird im dritten Teil das Profil einer theologischen Bioethik in pluralistischer Gesellschaft skizziert: Akzente werden dabei auf die Bedeutung der Begründungsarbeit, das Anknüpfen an Narrationen und die Anerkennung der Perspektivität jeder Herangehensweise an die komplexen Fragen der Bioethik gesetzt. Es soll plausibel gezeigt werden, dass eine profilierte theologische Bioethik der bestehenden Glaubwürdigkeitskrise heute etwas Substantielles entgegenzusetzen vermag.

Auch für theologische Bereichsethiken stellen Sachverstand, Erfahrung und das Anknüpfen an moralische Traditionen unabdingbare Bestandteile dar. Moralische Traditionen bilden, mit Michael Walzer formuliert, den «Text», d. h. die Werte, Prinzipien, Codes und Konventionen, aus denen die moralische Welt besteht. Diesen gilt es zu erkunden und in Auseinandersetzung mit Entwicklungen in der Biomedizin immer wieder neu zu interpretieren. [3] In diesem Sinne kann eine theologische Bioethik in christlicher Tradition ihr Profil nur in steter Auseinandersetzung eigener Traditionsgehalte mit neuen biomedizinischen Entwicklungen gewinnen. Diese Auseinandersetzungen im Sinne einer argumentativen Streitkultur sind allerdings nur möglich, wenn sie ergebnisoffen geführt werden;

---

1 Der Text geht auf meinen Habilitationsvortrag zurück, den ich im Jahr 2011 an der Theologischen Fakultät der Universität Fribourg gehalten habe, damals unter dem Titel «Bioethik zwischen Institutionalisierung und Ideologiekritik. Zum Profil einer theologischen Bioethik in pluralistischer Gesellschaft».

2 WALZER 1993, 42 (im englischsprachigen Original: WALZER 1987, 32).

3 Vgl. ebd. 40: «(...) die interessantesten Teile der moralischen Welt sind nur im Prinzip Tatsachenfragen: In der Praxis müssen sie ‹gelesen›, verdeutlicht, ausgelegt, kommentiert, erläutert und nicht bloß beschrieben werden.»

es kann nicht von vornherein klar sein, welche Ergebnisse die konfrontativen und interpretativen Prozesse hervorbringen werden. Das macht zur Voraussetzung, dass Überzeugungen, Werthaltungen und Hintergrundtheorien in öffentlichen Diskursen allgemein ein größeres Gewicht erhalten sollten, als dies in den gegenwärtigen Bioethikdebatten der Fall ist. Angesichts der raschen und unübersichtlichen Entwicklungen in der Biomedizin kann dabei ein realistisches Ziel unmöglich darin bestehen, dass alle zu einer gemeinsamen Einschätzung oder zu einem Konsens gelangen, wohl aber, dass an die Stelle eines diffusen moralischen Pluralismus ein um seine Gründe und Hintergründe aufgeklärter moralischer Pluralismus tritt, der moralische Orientierung und verantwortliches Handeln ermöglicht.[4]

1.1 Bioethik in der Kritik

Nie war die Ethik so gefragt wie heute und derart präsent in Öffentlichkeit, Recht und Politik.[5] Das gilt in besonderem Maß für die Bioethik, die gegenwärtig in der Schweiz auf unterschiedlichste Weise wichtig wird, beispielsweise in folgenden Bereichen, um nur einige zu nennen:

· *Der Reproduktionsmedizin mit der praktischen Regelung der seit 2016 erlaubten Präimplantationsdiagnostik, einer möglichen Erlaubnis der Eizellspende bzw. Samenspende für gleichgeschlechtliche Paare, dem Social Egg Freezing, der Leihmutterschaft;*
· *der genetischen Untersuchungen am Menschen mit der Einschätzung und Regelung von Trägerschaftstests und sogenannter Direct-to-Consumer-Tests;*
· *der Forschung am Menschen mit der Diskussion der Generaleinwilligung für die Nutzung von Proben für Biobanken oder der Herausforderung der evidenzbasierten Forschung durch die Präzisionsmedizin;*
· *der Praxis und Regelung von umstrittenen Entscheidungen am Lebensende wie der Einführung des Advance-Care-Planning, dem Shared-Decision-Making, der Regelung der Suizidhilfe, der Umgang mit der tiefen Sedierung am Lebensende;*
· *der Transplantationsmedizin mit der Debatte um die Einführung einer Widerspruchsregelung, die Regelung der Organentnahme infolge eines Herz-Kreislauf-Todes, der Erlaubnis der Uterustransplantation;*
· *der Regelung des Zugangs zu aufwändigen medizinischen Behandlungen wie bei Triage-Entscheidungen im Kontext der Corona-Pandemie, die Regelung des Zugangs zu teuren Medikamenten, der Idee der Altersrationierung;*
· *dem Umgang mit einem Impfobligatorium im Kontext von Covid-19.*[6]

---

4 Ein gelungenes Beispiel dafür bietet ERNST 2020.
5 Vgl. ZIMMERMANN-ACKLIN 2007, 49–67.
6 Einblicke in die Debatten aus Schweizerischer Sicht gewähren Publikationen und Stellungnahmen der Nationalen Ethikkommission für den Bereich der Humanmedizin NEK (vgl. www.

Im Rahmen seiner Untersuchung der Gentechnik-Debatten schrieb der amerikanische Soziologe John H. Evans bereits vor Jahren von einer *fortgesetzten Verdünnung der Inhalte*, mit denen sich die Bioethik befasse.[7] Ihr Schwerpunkt habe sich, so auch Helga Nowotny und Giuseppe Testa in ihrem diskursanalytisch orientierten Buch «Die gläsernen Gene», von einer emanzipativen Stimme in der Gesellschaft zu bürokratisch organisierten beratenden Ethikkommissionen verlagert.[8] Theologinnen und Theologen, Philosophinnen und Philosophen seien kaum mehr erwünscht, sie störten vielmehr professionalisierte und bürokratische Abläufe. In die Beratungen sei ein «Prinzipialismus» eingezogen, mit Prinzipien, die ausreichend flexibel seien, um sich neuen Gegebenheiten erfolgreich anzupassen. Die Bioethik selbst sei zu einem Instrument von Governance geworden, das gesellschaftlich die Funktion übernehme, durch Entwicklungen in der Biomedizin aufkommende Verunsicherungen abzubauen sowie neue Möglichkeiten zu normalisieren und zu legitimieren:

> So wurde die Bioethik selbst zum politischen Mittel, um Werte zu verhandeln und sogar auszutauschen. Damit wurde sie zu einer neutralen Technik der Normalisierung und Legitimierung. Wo die Autorität der Wissenschaft allein nicht mehr genügt, tritt die Bioethik als eine staatlich sanktionierte Autorität an ihre Seite. Sie verfügt über die richtigen Instrumente, um moralische Bewertungen in eine gemeinsame Sprache zu übersetzen, die sich durch formale Rationalität und Effizienz auszeichnet. Wie jede Expertensprache ist auch die Bioethik frei von Emotionen.[9]

Als Humantechnik sei sie, so die Autorin und der Autor weiter, zu einem politischen Mittel geworden, welches auf dem Markt der moralischen Ökonomie Werte verhandle und austausche, um gesellschaftliche Akzeptanz für neue Techniken zu schaffen. Die Bioethik erteile Garantiezertifikate für das legitime Zirkulieren von Eizellen, Genen, Geweben und anderen somatischen Bestandteilen im globalen biokapitalistischen Kreislauf. Allerdings, so betonen die österreichische Wissenssoziologin und der italienische Molekularbiologe zu Recht, sieht sich diese emotionslose, weitgehend inhaltsleer gewordene Bioethik zusehends mit subjektiven Biomoralitäten konfrontiert, die ihre Stärke aus der Erfahrung der Betroffenen und aus der Zulassung von Emotionen beziehe,[10] wie beispielsweise die massive Ablehnung von gentechnisch veränderten Lebensmitteln oder auch die

---

nek-cne.admin.ch), der Stiftung für Technologiefolgenabschätzung TA-Swiss (vgl. www.taswiss.ch) sowie der Schweizerischen Akademie der Medizinischen Wissenschaften SAMW (vgl. www.samw.ch).

7 Vgl. EVANS 2002, bes. 1–44 und 174–204; ZIMMERMANN-ACKLIN 2010b, 12–16.

8 Vgl. NOWOTNY/TESTA 2009, 96 f.

9 Ebd. 97.

10 Vgl. ebd. 98.

neu aufgekommene Infragestellung des Hirntodes zeigen. Ihres Erachtens wird
es nicht gelingen, die Bioethik wieder inhaltlich «dicht» zu gestalten oder das plu-
ralistisch fragmentierte Zusammenleben auf der Grundlage gemeinsamer Werte
neu aufzubauen; dies sei in jüngerer Vergangenheit weder der Politik noch der Religion gelungen. Eine realistische Alternative bestehe dagegen in der Formulierung von Standards und der Etablierung von Verfahren, die die Veränderung von
Lebensformen ermöglichen sollen und bei welchen das Design zum Leitprinzip
erhoben werde.[11]

Ähnlich gelagerte ideologiekritische Stimmen zur gesellschaftlichen Funktion der Bioethik lassen sich problemlos finden. Eine der schärfsten Kritikerinnen
im deutschsprachigen Raum ist die Philosophin Petra Gehring. Sie sieht in der
Bioethik einen Hebammendienst für die Pharmaindustrie und eine Praxis zur
Akzeptanzbeschaffung umstrittener Praktiken: «Keine neue Technologie ohne
ethischen Beipackzettel»[12]. Dabei diene sie nicht der Aufklärung, sondern der
Verschleierung:

> Die selbstautorisierende und in letzter Instanz sich selbst auch *realisierende* Struktur des bio-
> ethischen Arguments dient nicht der Aufklärung, sondern eher der Unsichtbarmachung
> von Differenzen, von denen Wissenschaft lebt.[13]

Unter dem Titel «Children, Bodies, Life: Ethics as the Churches Biopolitics»[14] interpretiert die Foucault-Spezialistin die kirchliche Bioethik als Teil eines Macht-
spiels, bei welchem die Kirchen über die Thematisierung existentieller Grenzsituationen gleichsam ihre verlorene Pastoralmacht wieder aufzubauen suchten. Sie
deutet die «Bioethisierung» der christlichen Ethik und Moraltheologie, die in Beiträgen zum Embryonenschutz, zugunsten der Transplantationsmedizin oder in
kirchlichen Aktivitäten im Bereich der Patientenverfügungen zum Ausdruck kämen, als Ausdrucksweisen der Biomacht und der verlorengegangenen Pastoralmacht, kritisiert ihren Pragmatismus und Paternalismus und stellt ihr das Modell
der Freundschaft als geeignetere Hilfe bei schwierigen Lebensentscheidungen
entgegen.[15]

Ideologiekritische Stimmen, welche im Sinne einer Metakritik Entwicklungen
aufnehmen und deuten, die sich mit Begriffen wie Institutionalisierung, Instrumentalisierung, Ökonomisierung oder eben Verdünnung der Bioethik charakte-

---

11 Vgl. ebd. 101.

12 GEHRING 2006, 114.

13 Ebd. 127.

14 GEHRING 2010, 60–73.

15 Vgl. ebd. 71 f. Zur Auseinandersetzung mit dem Konzept der Pastoralmacht aus theologischer
Sicht vgl. STEINKAMP 1999.

risieren lassen, werden hier nicht weiter diskutiert;[16] sie dienen vielmehr als Ausgangspunkt für Ideen zu einer profilierten theologischen Bioethik, welche auf die erwähnten Defizite sinnvoll zu reagieren versteht. Sowohl die Marginalisierung von theologischer und philosophischer Ethik, die Helga Novotny und Giuseppe Testa andeuten, als auch die scharfe Kritik Petra Gehrings an kirchlichen Positionsbezügen deuten an, dass theologische Positionen heute nicht nur alltagspraktisch, sondern auch bezüglich ihrer theoretischen Fundierung und inhaltlichen Ausrichtung in Frage gestellt werden, und wie wichtig darum das Nachdenken über das Selbstverständnis theologischer Bioethiken ist.

1.2 Vorbereitende Überlegungen

1.2.1 THEOLOGISCHE VORBEMERKUNG ZUM GOTTES- UND MENSCHENBILD

Der Kern religiöser und damit auch christlicher Sprache besteht nicht in ethischen Forderungen. Gott geht nicht auf in seinen Geboten.[17] Was Thomas Rentsch in seiner philosophischen Gotteslehre hervorhebt, ist auch wesentlich für die hier vertretene theologische Ethik:[18] Es besteht eine grundlegende Differenz zwischen Gott und dem Gerechten, Gott und dem Guten, Gott und dem Glück. Die Ethik beschäftigt sich sozusagen mit den vorletzten Dingen, die letzten betreffen transethische Kategorien wie Vergebung, Versöhnung, Buße, Erbarmen und nicht zuletzt Gnade.[19] Geht diese Unterscheidung vergessen und wird die Ethik in den Mittelpunkt der Religion oder der Glaubensexistenz gerückt – die schulische Praxis, Ethik- und Religionsunterricht zu parallelisieren, trägt Einiges zu diesem Missverständnis bei – droht in unseren Köpfen eine Karikatur des biblischen Gottesbildes zu entstehen: Gott als verlängerter Arm der weltlichen Justiz oder des persönlichen Über-Ichs, Gott als Moralist, Oberaufseher oder Big Brother. Analoges geschähe in der Folge mit dem menschlichen Selbstverständnis: Die Menschen würden in dieser Perspektive letztlich als Befehlsempfänger verstanden, die darauf angewiesen sind, ihr Heil durch sittliches Benehmen oder eigene Leistungen zu verdienen, was offensichtlich zentralen Aussagen der biblischen Offenbarung widerspricht.[20]

Karl Rahner hatte bereits 1966 unter dem Titel «Experiment Mensch. Theologisches über die Selbstmanipulation des Menschen» den theologischen Maßstab für unsere Fragen bestimmt und zur christlichen Nüchternheit aufgerufen:

---

16 Vgl. ZIMMERMANN-ACKLIN 2007 und 2010b.

17 Vgl. RENTSCH 2005, 45 ff.

18 Vgl. HOLDEREGGER 1995, 68; MIETH 2002, 136 f.

19 Vgl. RENTSCH 2005, 47.

20 Vgl. dazu grundlegend SCHÜLLER 1987, 238–251.

Denn für ein christliches Selbstverständnis ist der Mensch als Freiheitswesen vor Gott in radikalster Weise derjenige, der über sich selbst verfügt, der in Freiheit sich in seine eigene
Endgültigkeit hineinsetzt (…). Der Mensch ist der seiner Freiheit Überbürdete und Aufgegebene; diese Freiheit ist schöpferisch und ihr Geschöpf ist der Mensch in Endgültigkeit selbst,
so dass der gottgesetzte Anfang dieser Freiheitsgeschichte – sein Wesen, wie wir sagen –
nicht das Fixfertige und dauernd in seiner Wesenheit Intangible ist, sondern die Ermächti-
gung zur Freiheit, in der der Freie sich selbst in Endgültigkeit hinein unableitbar setzt.[21]

Im Sinne dieses Freiheitsverständnisses beschreibt er Menschen als radikal offene
und unfertige Wesen. Auch wenn Eberhard Schockenhoff zu Recht ergänzend
auf die Bedeutung des geschichtlichen Handelns Gottes, die *creatio continua* und
damit die Überzeugung, dass die Welt in jedem einzelnen Moment ihrer Existenz
von Gott im Sein gehalten wird, hinweist,[22] stellt das den Kern der Aussage Karl
Rahners nicht in Frage: Menschen sind als Freiheitswesen geschaffen und deshalb
unausweichlich verantwortlich für das, was sie tun und für das, was sie unterlassen. Gott und Geschöpf stehen in keinem Konkurrenzverhältnis, Gottes Schöp-
fertum umgreift vielmehr transzendental die kategoriale Entwicklung der Welt.[23]
   In seiner Beschäftigung mit theologischen Einwänden gegen eine ethische Argumentation mit dem Willen Gottes hebt Stephan Ernst zu Recht die Unbegreif-
lichkeit und Unendlichkeit Gottes, die Unterscheidung zwischen der *causa prima*
(der Grund dafür, dass überhaupt etwas ist) und den *causae secundae* (den unterschiedlichsten Kausalursachen in der weltlichen Wirklichkeit) und die Tatsache
hervor, dass schließlich alles, was ist und in der Welt geschieht, unterschiedslos
auf den Willen Gottes zurückgeführt werden müsse.[24] Karl Rahner formulierte
es im Kontext seiner Überlegungen zur Manipulierbarkeit des Menschen so: Alle
Planung des Menschen, jeder menschliche Selbstvollzug sei umfasst von dem Un-
planbaren und Unmanipulierbaren des Ereignisses des als Liebe sich zuschicken-
den unendlichen Geheimnisses, das wir Gott nennen.[25] Entsprechend lassen sich
nicht nur Vernunftgründe anführen, die einer theonomen Autoritätsethik widersprechen, sondern auch theologische, denn letztlich ist die Zusage der unbedingten Zuwendung Gottes eine solche der Gemeinschaft mit Gott; sie enthält ihrer-

---

21 RAHNER 1966, 54.

22 Vgl. SCHOCKENHOFF 2009, 157–163.

23 Vgl. BÖCKLE 1977, 79 f. Vgl. auch RENTSCH 2005, 47: «Spezifisch transethische Kategorien religiöser Praxis wie Vergebung, Versöhnung, Buße, Erbarmen und Gnade zeigen, dass das Gottesverständnis *Grenze und Grund des Ethischen* betrifft. Dabei geht es nicht etwa um eine außerethische
Begründung der Moral durch ‹höhere› religiöse Einsichten.» (Hervorhebungen eingefügt, d. V.)

24 Vgl. ERNST 2009, 39–44.

25 Vgl. RAHNER 1966, 63. Vgl. weiterführend und u. a. in Auseinandersetzung mit den Thesen
des jungen Theologen Joseph Ratzinger GOERTZ 2010, 221–243.

seits keinen ethischen Sollens-Anspruch, sondern antwortet auf die Frage, wie, auf welche Weise die Erfüllung dieses Anspruchs möglich ist.[26]

Diese theologische Vorbemerkung rückt gleichzeitig auch die in der Bioethik verbreitete metaphorische Rede vom «Gott spielen» in ein neues Licht, insofern deutlich wird, dass die Möglichkeit, «Gott zu spielen», aus Sicht einer aufgeklärten christlichen Theologie außerhalb jedes menschlichen Vermögens liegt und die Metapher zu einer Verharmlosung des biblischen Gottesbilds beitragen kann.[27] Erst ein Menschenbild, das die gesamte Verantwortung für das Handeln und Unterlassen beim Menschen selbst verortet, eröffnet den Raum für ein angemessenes Gottesverständnis, in welchem der geheimnisvolle Gott Ursprung und Grund allen Lebens sowie der menschlichen Freiheit ist.

1.2.2 SELBSTVERSTÄNDNIS EINER THEOLOGISCHEN BIOETHIK IN PLURALISTISCHER GESELLSCHAFT

Die Ethik ist eine Handlungs- und Orientierungswissenschaft, die Bioethik derjenige Bereich der Ethik, der sich mit dem richtigen Handeln gegenüber dem Lebendigen oder der Natur beschäftigt.[28] Im Anschluss daran kann die theologische Bioethik verstanden werden als die analytisch-beschreibende und kritisch-normative wissenschaftliche Reflexion der gelebten Moral im Umgang mit dem Lebendigen oder der Natur, und zwar im Horizont des christlichen Glaubens[29] bzw. unter dem Anspruch des Glaubens.[30]

Wie sich diese hermeneutischen Bestimmungen des Glaubens, nämlich Erfahrungen und Herausforderungen im Horizont des Glaubens bzw. unter dem Anspruch des Glaubens zu deuten, im Leben der Menschen konkretisieren, hat Christof Mandry anhand des Begriffs der ethischen Identität zugänglich gemacht.

---

26 Vgl. ERNST 2009, 47 f.; vgl. auch JUNKER-KENNY 2010, 72: «Geltungsgrund und Sinnhorizont bleiben methodisch getrennt, doch Autonomie braucht einen Grund für ihre Hoffnung auf Einlösung ihrer Intention jenseits ihrer Möglichkeiten. Ihr fehlt sonst die Kraft zum Offenhalten der Grenzfragen.»

27 Vgl. die analoge Kritik an der Rede von der Heiligkeit des menschlichen Genoms bei PETERS 2010, 108–117.

28 Vgl. SIEP 1998, 16. Bei dieser Definition handelt sich um den Versuch einer möglichst allgemeinen und darum weitgehend anerkannten Umschreibung des Selbstverständnisses der Bioethik; die de facto bestehende Pluralität unterschiedlichster Verständnisse von Bioethik soll damit nicht negiert werden.

29 Vgl. HALTER, Unveröffentlichtes Vortragsmanuskript; HALTER 2008, 115–136.

30 Vgl. BÖCKLE 1991, 396. Es handelt sich dabei um eine Definition der theologischen Bioethik in typisch katholischer Tradition; daneben besteht eine Fülle konkurrierender Verständnisse sowohl in christlichen als auch anderen religiösen Traditionen, die im Folgenden aber nicht einbezogen wird.

Die ethische Identität finde ihren Ausdruck in den Überzeugungen einer Person, wobei mit Überzeugungen Einstellungen und Werthaltungen gemeint seien, welche eine Person in ihrem Leben als für sie wesentlich erfahren habe, die ihre grundlegenden Vorstellungen des Guten beinhalten und die sich im Zusammenleben mit anderen auch in Konfliktsituationen bewährt hätten. Christof Mandry betont zu Recht die Unmöglichkeit, aus diesem System der eigenen Überzeugungen aussteigen zu können: Eine Person könne sich letztlich selbst nicht anders als in diesen Überzeugungen verstehen und von sich erzählen. Dasselbe gelte auch, so der Autor zu Recht, bezogen auf christliche Glaubensüberzeugungen, womit fassbarer wird, was es heißt, etwas im Horizont von bzw. unter einem bestimmten Anspruch zu verstehen bzw. wahrzunehmen.[31]

Mit Jürgen Habermas wird im Folgenden zudem davon ausgegangen, dass christliche Werthaltungen und Orientierungen mit der Aufklärung und Säkularisierung nicht einfach – im Sinne der von Charles Taylor als «Substraktionstheorien» bezeichneten Interpretationen[32] – verschwunden sind. Vielmehr leben sie in einer der Spätmoderne angepassten Form weiter, bestimmen und leiten unser individuelles und soziales Leben in Mitteleuropa auch heute noch maßgeblich: «Die Säkularisierung hat weniger die Funktion eines Filters, der Traditionsgehalte ausscheidet, als eines Transformators, der den Strom der Tradition umwandelt.»[33]

Charles Taylor schreibt von einer heute bestehenden «Spiritualität der Suche»[34], davon, dass wir gegenwärtig den Anfang eines neuen Zeitalters der religiösen Suche erleben, deren Ergebnis niemand vorauszusehen imstande sei.[35] Diese postsäkularen Suchbewegungen lassen sich allerdings nur schwierig fassen und werden anhand von Begriffen wie Entgrenzung, Popularisierung, Pluralisierung oder Dispersion zu Recht durchaus auch kritisch gedeutet.[36]

Im Zusammenhang mit ethischen Fragen ist insbesondere der *kulturelle Pluralismus* von Bedeutung, wie er sich in den letzten Jahrzehnten in Auseinandersetzung mit Modernisierungsprozessen ergeben hat. An die Stelle relativ einheitlicher und stabiler Lebenszusammenhänge ist eine Vielzahl unterschiedlicher kultureller Deutungs- und Handlungsmuster getreten, womit auch eine Pluralisierung der Lebensformen verbunden ist.[37] Diese, so Edmund Arens, schließt eine

---

31 Vgl. MANDRY 2011, 523, Hervorhebung eingefügt; vgl. DERS. 2002; bestätigend auch HABERMAS 2005, 133.

32 Vgl. TAYLOR 2009, 48.

33 HABERMAS 2007, 71 f.; DERS. 2005, 116; 148 f.; TAYLOR 2009, 859.

34 TAYLOR 2009, 891.

35 Vgl. ebd. 895.

36 Vgl. KNOBLAUCH 2009; HÖHN 2007.

37 Vgl. ARENS 2007, 113 f.

Pluralisierung der Moralvorstellungen und auch eine religiöse Pluralisierung mit ein: «An die Stelle eines konfessionell und kirchlich imprägnierten (…) Einheits-glaubens (…) ist ein buntes Gewebe unterschiedlicher Glaubens- und Lebensfä-den getreten.»[38]

In deutlicher Distanzierung zu der konfessionell strikt an die christliche Or-thodoxie gebundene «Christliche Bioethik» H. Tristram Engelhardt Jr.'s,[39] die weltweit zu den bekannteren Konzepten gehört, sei betont, dass es heute faktisch unmöglich ist, sich als Einzelner oder Einzelne einer kohärenten kirchlichen Po-sition und Identität zu versichern: «Faktisch unterliegen Religionen und deren Angehörige in pluralistischen Gesellschaften dem ‹Zwang zur Häresie›.»[40]

Die heutige Situation ist gemäß Edmund Arens von einer Spannung geprägt zwischen postmoderner Religiosität, die unsichtbar, unübersichtlich, uneinheit-lich und unbeständig sei, und einem Fundamentalismus, der sich durch das Ge-genteil auszeichne, sichtbar, übersichtlich, einheitlich und beständig sei. Irgend-wo dazwischen müsse sich jeder und jede einordnen, was mit der Anspielung auf den «Zwang zur Häresie» angedeutet werden soll, dem Zwang nämlich, in einer Multioptionsgesellschaft auch im Bereich der Religiosität wählen zu müssen, wo-bei der Fachbegriff «Häresie» mit Anspielung auf das griechische Verb «hairesis» (wählen oder auswählen) zunächst in einem ursprünglichen Wortsinn verstan-den wird.

Zu fragen bleibt schließlich, ob es heute im Zuge des kulturellen Pluralismus nicht angesagt wäre, von unterschiedlichen *christlich-konfessionellen* Bioethiken anstelle von einer *theologischen* Bioethik auszugehen. Sicherlich lassen sich gute Gründe nennen, die zugunsten dieser Option sprechen.[41] Da der Begriff «Christli-che Bioethik» seit Jahren durch den Ansatz von H. Tristram Engelhardt Jr. und dessen gleichnamiger Zeitschrift «Christian Bioethics. Non-ecumenical Studies in Medical Morality» gleichsam fundamentalistisch und anti-ökumenisch okku-piert ist, könnte die Bezeichnung «Christliche Bioethik» auch missverstanden werden.

---

38 Ebd. 115.

39 Vgl. ENGELHARDT JR. 2000. Diese Extremposition ist sicherlich auch Folge der Gespalten-heit des Autors, die darin zum Ausdruck kommt, dass er sowohl für einen strikt säkular-libertä-ren Bioethikansatz als auch für den hier zitierten christlich-fundamentalistischen Ansatz ein-tritt; vgl. ZIMMERMANN-ACKLIN 2002, 106–130.

40 ARENS 2007, 118, hier mit Anspielung auf einen Buchtitel des amerikanischen Religionssozio-logen BERGER 1980. Bestätigend LUHMANN 2000, 294.

41 Vgl. zur Verständigung über die Grundlagen einer theologischen Ethik in eigentlich postkon-fessioneller Zeit BOGNER/ZIMMERMANN 2019.

1.3 Profile einer theologischen Bioethik

Drei Merkmale sollten eine theologische Bioethik heute kennzeichnen: Die Mühen der Begründungsarbeit, das Erzählen und Integrieren der eigenen moralischen Traditionen und die Anerkennung der Perspektivität des eigenen Denkens.[42]

1.3.1 Mühen der Begründungsarbeit

Jeder ethische Beitrag wirkt so überzeugend wie die darin enthaltene Begründung. Diese vorzulegen ist in der Regel anstrengend und setzt eine Sachkenntnis voraus, die sich namentlich im Bereich der Biomedizin permanent erweitert.

Systematische Grundlage aller Begründungsbemühungen bildet das Prinzip der Menschenwürde. Auch wenn dieser Grundsatz in seiner Deutung umstritten ist, bietet er als transzendentales Prinzip die Grundlage sowohl der *menschlichen Freiheit* und damit des Autonomie- und Gerechtigkeitsprinzips als auch des *Lebensschutzes* und damit des Fürsorge-, Nichtschadens- und Vulnerabilitätsprinzips. Gleichzeitig begründet es, wie Adrian Holderegger im Rahmen der Stammzelldebatte hervorgehoben hat, *Gleichheit*, garantiert also eine egalitaristische Grundlage der Ethik. Menschenwürde ist dasjenige Kennzeichen, angesichts dessen alle Menschen gleich sind.[43] Wie anhand der Prinzipien mittlerer Reichweite[44] angedeutet, verdienen sodann *deontologische*, auf Pflichten beruhende Argumente, beispielsweise die Achtung der Selbstbestimmung, genauso Aufmerksamkeit wie *teleologische*, die Folgen von Handlungen beachtende Überlegungen, wie sie z. B. in der Achtung des Fürsorge- und Nichtschadensprinzips sowie in Ausweitungs- und Missbrauchsargumenten zum Ausdruck kommen.

In diesem Bereich des Begründens lassen sich keine theologisch-ethischen Zusatz- oder Sonderargumente identifizieren. Der religiöse Glaube kann ein Urteil schärfen oder den Blick klären. In diesem Sinne wünschte sich König Salomo ein «hörendes Herz» – in der biblischen Anthropologie Sitz der Vernunft – um gut und böse unterscheiden zu können (1 Kön 3,4–12). Sowohl epistemologisch, also hinsichtlich der Erkenntnis von Normen, als auch bei deren Begründung, also bei der systematischen Darlegung überzeugender Argumente, ist die praktische Vernunft, nicht der Glaube konstitutiv, wie Eberhard Schockenhoff in seiner Grundlegung der Ethik betont:

> Für die Erkenntnis grundlegender moralischer Forderungen im Bereich des menschlichen Zusammenlebens ist (...) nicht der Glaube, sondern die natürliche sittliche Vernunft des Menschen verantwortlich. (...) Der eigenständige Geltungsstatus moralischer Urteile meint (...), dass dem Gottesgedanken keine konstitutive Bedeutung für die Erkenntnis morali-

---

42 Vgl. Zimmermann-Acklin 2010a.

43 Vgl. Holderegger 2002, 257.

44 Vgl. Beauchamp/Childress 2019.

scher Normen und die Begründungsaufgaben der normativen Ethik zukommt. Seine genu-
ine Funktion liegt auf einer anderen Ebene als der, auf der praktische Vernunft nach der Erkenntnis des sittlich Richtigen fragt.[45]

Der Glaube könne die Vernunft ermuntern, ihr weiterhelfen oder ihr auch voran-
leuchten, während die Vernunft den Glauben stütze, ihn durchdringe und zu rationaler Einsicht und Rechenschaft befähige.

Aller Begründungsbemühungen zum Trotz bleiben häufig Meinungsverschiedenheiten bestehen.[46] Diese lassen sich allerdings nicht immer auf weltanschauliche oder religiöse Gründe zurückführen, verantwortlich sind oftmals andere
Gründe. Entsprechend skeptisch zu beurteilen ist die Betonung des Gegensatzes
von säkularer Bioethik versus religiös-christlicher Lebensethik zur Erklärung aller inhaltlicher Differenzen.

Erstens sind in der Bioethik nicht selten Dilemmaentscheidungen zu treffen,
bei welchen es in der Natur der Sache liegt, dass es keine eindeutig richtigen Entscheidungen gibt. Insbesondere Entscheidungen im Bereich der Neonatologie
sind oft vage, obgleich alle Aspekte sorgsam abgewogen wurden. Wie schweres
Leid darf in Kauf genommen und zugemutet werden, um Frühgeborene an der
Lebensgrenze am Leben zu erhalten?[47] Theda Rehbock schlägt vor, hier im Anschluss an Karl Jaspers von *Grenzsituationen* zu sprechen. Aufgabe der Medizinethik sei es nicht in erster Linie, in konkreten Situationen zur Entscheidfindung
beizutragen, sondern die anthropologische Reflexion zu vertiefen. Dabei hält sie
diesen «kontemplativen Zug ethischer Reflexion»[48], wie sie es nennt, entgegen anders lautender Vorwürfe für eminent praxisrelevant.

Ein zweiter Grund für Meinungsverschiedenheiten liegt in der Unklarheit darüber, was genau beurteilt werden soll. Die Biomedizin hat die Handlungsspiel-
räume in den letzten Jahren erheblich erweitert, und nicht selten ist unklar, was
dabei genau geschieht. Ein Beispiel bietet die Reprogrammierung somatischer
Zellen zu induzierten pluripotenten Stammzellen (iPS-Zellen).[49] Werden diese
eingesetzt, um embryonenähnliche Zellgebilde herzustellen, besteht Unklarheit
darüber, um welche Entität es sich dabei genau handelt. Offensichtlich ergeben
sich dabei ontologische Unklarheiten, die als solche gekennzeichnet werden sollten und deren Offenheit zu unterschiedlichen ethischen Einschätzungen führen
kann. Die Glaubenskongregation hat in ihrer maßgeblich von Verboten gekenn-

---

45 SCHOCKENHOFF 2014, 720 f.
46 Dass dies durchaus auch innerhalb der katholischen Moraltheologie der Fall ist, zeigt beispielsweise ERNST 2020.
47 Vgl. BERGER ET AL. 2011.
48 Vgl. REHBOCK 2005, 20.
49 Vgl. SCHÖNE-SEIFERT 2009.

zeichneten Instruktion *Dignitas personae* von 2008 in diesem Fall zugunsten eines Tutiorismus votiert: Solange nicht klar sei, was genau vorliege, «reiche bereits die bloße Wahrscheinlichkeit, eine Person vor sich zu haben, um das strikteste Verbot jeden Eingriffs zu rechtfertigen»[50]. Angesichts notorisch bestehender Unklarheiten halte ich den Vorschlag von Hans Joas für hilfreich, zunächst einmal die Verunsicherungen einzugestehen, bevor eindeutige Urteile gefällt werden:

> Vielleicht sollten alle Teilnehmer der Debatte erst einmal ganz deutlich zugestehen, dass die neuen Mittel und Möglichkeiten von Gentechnologie und Biowissenschaften ihre ethischen Gewissheiten eher verunsichern und es ihnen keineswegs leicht fällt, aus ihren ethischen und religiösen (oder anti-religiösen) Traditionen heraus handlungsleitende Folgerungen für die neue Lage zu ziehen.[51]

Schließlich wirken sich drittens unterschiedliche kollektive und persönliche Erfahrungen entscheidend in der Beurteilung bioethischer Fragestellungen aus. Das gilt offensichtlich hinsichtlich der deutschen Skepsis im Bereich der klinischen Forschung, die ohne die Verbrechen während des Nationalsozialismus nicht so groß wäre, oder auch in der individuellen Bewertung von umstrittenen Lebensende-Entscheidungen, wie nicht nur das Beispiel Hans Küngs zeigt, bei welchem das Sterben seines Bruders offensichtlich traumatische Spuren hinterlassen und bei ihm zu einem nachhaltigen Eintreten zugunsten der aktiven Sterbehilfe geführt hat.[52]

1.3.2 Erzählen der Hintergründe

Einigen Meinungsverschiedenheiten liegen auch unterschiedliche Menschen-, Welt- und Gottesbilder, Überzeugungen, Überzeugungssysteme oder Hintergrundtheorien zugrunde, die nicht nur kognitiv, sondern auch emotional verankert sind. Im orthodoxen Judentum beispielsweise gehört die Vorstellung, eigene Kinder zu haben, zu den elementaren Ideen eines geglückten Lebens. Bleibt ein Paar kinderlos, ist das ein gravierendes Problem, entsprechend liberal wird selbst in religiös sehr konservativen Kreisen der experimentelle Umgang mit Embryonen bewertet, und entsprechend weit entwickelt sind in Israel die Fortpflanzungstechnologien: Vier Fünftel der israelischen Frauen machen mindestens einen genetischen Test während ihrer ersten Schwangerschaft, es bestehen mehr Fruchtbarkeitskliniken pro Kopf als in irgendeinem anderen Land der Welt, und die Geschlechtsauswahl bei Embryonen bei der Präimplantationsdiagnostik ist

---

50 KONGREGATION FÜR DIE GLAUBENSLEHRE 2008, Nr. 30 (unter Bezugnahme auf JOHANNES PAUL II. 1995, Nr. 60).

51 JOAS 2004, 143.

52 Vgl. KÜNG 2009, 21–84, bes. 54 f. Zur Reflexion der Bedeutung von Erfahrung für die Ethik vgl. grundlegend MIETH 1999.

staatlich erlaubt für Familien, die vier oder mehr Kinder von einem Geschlecht haben. Shei Lavi bezeichnet diese Situation zwischen religiösem Konservatismus und liberaler Regelung der Reproduktionsmedizin als *Paradox der jüdischen Bioethik*.[53]

Die praktische Vernunft und ihre Gründe, das, was Menschen einsehen oder auch übersehen, bleibt nicht von Glaubenshaltungen und entsprechenden -praxen unberührt, was Richard McCormick in seiner Formel: «Reason informed by faith»[54] auf den Punkt gebracht hat. Sinndeutungen schlagen sozusagen normativ durch, ohne dass sie als solche deklariert werden. Etwas vorsichtiger und im Sinne eines moderaten Kommunitarismus formuliert heißt dies: jeder kulturelle Kontext prägt die praktische Vernunft.[55]

Eberhard Schockenhoff schreibt in seiner Ethik des Lebens mit Blick auf kulturelle Vorprägungen von anthropologischen Prämissen,[56] von Sinngrundlagen des Lebens, davon, dass Menschen in einen Sinnkosmos hineinwachsen, der helfe, Alltagserfahrungen und Grenzsituationen zu deuten,[57] von einem «in tieferen Schichten des menschlichen Bewusstseins verwurzelten Vorverständnis»[58], darüber hinaus programmatisch von den «heimlichen Voraussetzungen einer allgemeinen Bioethik, welche die theologische Ethik aufzudecken habe»[59]. Hervorzuheben bleibt, dass *alle* bioethischen Theorien auf Werthaltungen und Überzeugungen beruhen, auch wenn dies meist nur den *theologischen* Bioethiken unterstellt wird.

Der Königsweg, diese Hintergründe zugänglich zu machen, sind Narrationen.[60] Das christliche Ethos ist durch Narrationen geformt, hierin hat es seine religiösen Wurzeln, betont beispielsweise Johannes Fischer, und verweist auf die fundierende Bedeutung von Narrativität für die sittliche Orientierung allgemein.[61] Offensichtlich sind Kernnarrationen christlicher Existenz, beispielsweise die Schöpfungserzählung, das Gleichnis des barmherzigen Samariters, die Erzählung vom Endgericht und vom Reich Gottes, weder hermetisch noch esoterisch, sondern

---

53 Vgl. LAVI 2010.

54 MCCORMICK 1989, 202; dazu: ZIMMERMANN-ACKLIN 2002.

55 Vgl. bestätigend HERMS 2009.

56 Vgl. SCHOCKENHOFF 2009, 62.

57 Vgl. ebd. 43.

58 Ebd. 558.

59 Ebd. 47.

60 Rupert Scheule nennt dies erworbene Situationsmuster, christliche Findungshorizonte oder Frames, auf die sich einzelne sinnliche Eindrücke bzw. Wahrnehmungen von moralisch relevanten Situationen beziehen, vgl. SCHEULE 2011.

61 Vgl. FISCHER 2009, 76; vgl. auch HOFHEINZ U. A. 2009.

zutiefst verständlich und kommunikabel. Das heißt nicht, dass nicht auch Kon-
kurrenznarrationen bestünden, die genauso verständlich sind, wie der «Tolle
Mensch» aus Friedrich Nietzsches Fröhlicher Wissenschaft [62] oder Friedrich Dür-
renmatts Kurzgeschichte «Der Tunnel» [63], beides eigentliche Gegennarrationen
zur Schöpfungserzählung, aber es bedeutet doch, dass hier nicht ein Bereich beschrieben wäre, der ausschließlich für Christinnen und Christen zugänglich
wäre.

Klaus Klother hat zu Recht auf die Unklarheit des Narrationsbegriffs in der
theologischen Ethik hingewiesen, daher beschränke ich meine Überlegungen auf
biblische Narrationen. [64] Eine Narration oder «Story» lässt partikulare, kontingen-
te menschliche Handlungen in einem kohärenten Zusammenhang erscheinen, [65]
bietet eine Möglichkeit zur Identifikation, bindet Emotionen und begründet somit eine eigene Form von Rationalität.

Das Gleichnis des barmherzigen Samariters (Lk 10,25–37) folgt einer solchen
Rationalität und hat eine unerhörte Erklärungskraft. [66] Theda Rehbock weist beispielsweise darauf hin, dass diese idealtypische Geschichte die Orientierung in
komplizierten Einzelfällen und Grenzsituationen erleichtern könne, [67] beispielsweise bei Entscheidungen im Umgang mit Menschen, die sich im irreversiblen
Wachkoma befinden. [68] Im Kern geht es um die Grundhaltungen der Einfühlsamkeit, Achtsamkeit, der *Compassion*, letztere von Johan Baptist Metz als das Schlüs-
selwort für ein Weltprogramm des Christentums in der globalisierten Welt bezeichnet: «Jesu erster Blick galt nicht der Sünde, sondern dem Leid der anderen.
(…) Und so begann das Christentum als eine Erinnerungs- und Erzählgemein-
schaft in der Nachfolge Jesu, dessen erster Blick dem fremden Leid galt.» [69]

Diese Haltungen gehen gleichsam ein in das Selbstverständnis des Hörers und
der Hörerin und ist wesentlich dafür, was und wer gesehen bzw. übersehen wird.
Während aus theologischer Sicht Gottes- und Menschenbild zu thematisieren

---

62 Vgl. NIETZSCHE 1999, 343–651.

63 Vgl. DÜRRENMATT 1980.

64 Vgl. KLOTHER 2010, 61.

65 Vgl. ebd. 68.

66 Vgl. STOELLGER 2007, bes. 298–300.

67 Vgl. REHBOCK 2005, 28–30.

68 Beleg für die normative Hilflosigkeit im Umgang mit Menschen im irreversiblen Wachkoma
bieten die entsprechenden Textbausteine, die auf S. 22 der Broschüre der DEUTSCHEN BI-
SCHOFSKONFERENZ und des RATES DER EVANGELISCHEN KIRCHEN IN DEUTSCHLAND zur
Christlichen Patientenvorsorge (2010) vorgeschlagen werden.

69 METZ 2000, 11; AMMANN 2007.

sind, entdeckt eine Philosophin weitere Aussagegehalte.[70] Im Grunde wollen die fragenden Schriftgelehrten wissen, so Theda Rehbock, wie sich eine allgemeine Regel, nämlich das Gebot der Gottes- und Nächstenliebe, auf konkrete Fälle anwenden ließe. Damit stehen sie vor *dem* typischen Problem angewandter Ethik. Insofern Jesus mit einer Geschichte antwortet, gebe er zu verstehen, dass sich diese Frage nicht allgemein beantworten lässt. Zudem werde deutlich, dass die Kenntnis aller Regeln und Gesetze nichts nützt, solange wir nicht über die durch Lebenserfahrung und praktische Übung geschulte Urteilskraft verfügten: «Sie (die Urteilskraft, d. V.) versetzt vielmehr in die Lage, die individuelle Situation – im Horizont allgemeiner moralischer Normen (…) – umfassend (…) wahrzunehmen (…) und zu beurteilen (…).»[71]

Die Urteilskraft benötige lebenslange Übung, müsse durch Erfahrung geschärft sein und bedürfe der Mitwirkung sämtlicher Vermögen des Menschen: Gefühl, Mitgefühl, Vernunft und Einbildungskraft.

Hans Halter gibt schließlich aus theologischer Sicht zu bedenken, dass zwischen dem jeweils vertretenen Gottesbild, zudem, wie zu ergänzen wäre, den als biblischen Kernnarrationen identifizierten Bibelpassagen, dem favorisierten Menschenbild sowie den Auffassungen von Moral ein hermeneutischer Zusammenhang besteht:

> Nicht nur prägt die Gottesvorstellung die Auffassung vom Menschen und von Moral mit, es ist umgekehrt auch so, dass die vorgegebene Auffassung vom Menschen und seiner Moral die Gottesvorstellung mitbestimmt. Wir befinden uns dauernd in einem unausweichlichen Zirkel von der Moral zum Gottesglauben und vom Gottesglauben zur Moral. Ist das Problem einmal erkannt, tut sich hier nochmals ein Feld der Verantwortung auf.[72]

Einen plausiblen und verantwortungsvollen Hinweis zum Einstieg in diesen Zirkel gibt Konrad Hilpert, wenn er das Auer'sche, im Zeichen von «Gaudium et spes» formulierte «Ja zur Wirklichkeit» mit Gott in Verbindung bringt und betont, dass diese affirmative Zustimmung zum Sein des Menschen und der Welt nicht nur den Sinn des Ganzen andeute, sondern auch die Kraft sei, die den Menschen letztlich frei macht, ihn in seiner Vernunft anspreche und zur Liebe befähige.[73]

---

70 Vgl. Rehbock 2005, 261–267.

71 Ebd. 263.

72 Halter 1995, 490. Vgl. dazu Zimmermann 2019.

73 Vgl. Hilpert 2009, 160; Auer 1971; *Gaudium et spes* 1968.

1.3.3 Anerkennung der Perspektivität

Ein drittes Merkmal einer theologischen Bioethik in pluralistischer Gesellschaft besteht in der Anerkennung der Perspektivität jeder sittlichen Einsicht. Offensichtlich gibt es nicht nur die *eine* Vernunft, sondern die von der jeweiligen kulturellen und das heißt auch religiösen Lebenswelt imprägnierte Vernunft. Für den Pluralismus ist im Unterschied zum Relativismus kennzeichnend, so Konrad Hilpert, «dass er am Wahrheitsanspruch festhält, gleichzeitig aber bereit ist, andere (religiös, weltanschaulich oder philosophisch) begründete ethische Standpunkte zur Kenntnis zu nehmen und sich mit ihnen ernsthaft auseinanderzusetzen»[74].

Er betont zu Recht die Förderung der Pluralismuskompetenz, die auch in der theologischen Bioethik unabdingbar ist, um sich im globalen Kontext zu verständigen. Vertreterinnen und Vertreter einer christlichen Moral sitzen im selben Boot wie alle anderen Menschen, ohne über ein spezielles Rettungsboot zu verfügen, mit dem sie sich aus prekären Situationen auf eine Insel retten könnten, oder einen Helikopter, um die Landschaft der Biomedizin aus einer überlegenen Vogelperspektive überschauen zu können, wie Walter Lesch in Erinnerung ruft.[75] Im Sinne einer hermeneutischen Selbstreflexion würden religiöse Bürgerinnen und Bürger in der modernen Welt schließlich damit konfrontiert, eine epistemische Einstellung zu fremden Religionen und Weltanschauungen, zum Eigensinn säkularen Expertenwissens und zur Vorrangstellung von säkular vorgetragenen Gründen in der politischen Arena zu finden, betont Jürgen Habermas, und sieht hier Aufgabenbereiche von Theologie und Religionsphilosophie.[76]

Eine skeptische Beobachtung ist schließlich mit Blick auf einige protestantische Neuansätze zu formulieren. Je ekklesiologischer sich eine theologische Bioethik dieser Tradition in ihrer Begründung versteht, desto non-kognitivistischer, partikularistischer und letztlich fundamentalistischer wird sie und wird der «Pluralismus» tatsächlich zu ihrem partikularistischen «Markenzeichen»[77]. Wenn beispielsweise Marco Hofheinz seiner ethischen Abhandlung über die In-Vitro-Fertilisation eine dezidiert kirchliche Ethik auf der Basis des Luther'schen «Seins in

---

74 Hilpert 2009, 242. Vgl. dazu auch die Überlegungen von Jean-Pierre Wils im Anschluss an Michael Walzer, der zwischen Begründungs- und Geltungsrelativismus unterscheidet, wobei für religiöse Ethiken seines Erachtens lediglich ein Begründungsrelativismus anzunehmen sei, Wils 2019.

75 Lesch 2000, 189.

76 Vgl. Habermas 2005, 143.

77 Vgl. Anselm u. a. 2002. Vgl. dazu die Bemerkungen von Mathwig 2010, 49: Wenn überhaupt, so der Autor, dann sei der Pluralismus ein Markenzeichen des schöpferischen Handelns Gottes in der Gegenwart, der sich als schöpferischer Pluralismus von jedem sozialen Pluralismus unterscheide.

Christo» zugrunde legt,[78] oder Stanley Hauerwas ähnlich wie der christlich-or-
thodoxe Theologe H. Tristram Engelhardt zugunsten eines strikten kirchlichen
Partikularismus plädiert,[79] dann werden Verständigungsmöglichkeiten mit
Christinnen und Christen anderer Konfessionen und auch mit Angehörigen anderer Religionen erschwert und werden die Kirchen zu miteinander konkurrie-
renden Gegengesellschaften. In einer kognitiven theologischen Vernunftethik,
wie sie hier vertreten wird, die um ihre Hintergründe und Grenzen weiß und diese auch thematisiert, besteht eine eindeutig bessere Alternative. Diese versteht
sich durchaus auch ekklesiologisch, beispielsweise im Sinne eines Kirchenver-
ständnisses, wie es Jürgen Werbick als gleichermaßen sakramental und diakonisch beschrieben hat, wobei er das «Zeugnis der offenen Tür» als maßgeblich für
die heutige kirchliche Identität beschreibt, mit Orten zum Ein- und Ausgehen,
zum Bleiben und Ausruhen, mit einer einladenden und möglichst wenig aus-
schließenden Glaubenskommunikation.[80]

1.4 Fazit

Der Verdünnung der bioethischen Inhalte und der Gefährdung durch Instrumentalisierung hat die theologische Bioethik etwas entgegenzustellen, indem sie ihre
Hintergründe, Werthaltungen und Überzeugungen nicht negiert und mit einer
halbierten Vernunft zu argumentieren sucht. Es kann nicht darum gehen, wie
Charles Taylor es mit Blick auf den frühen John Rawls ausgedrückt hat, unsere religiösen Überzeugungen an der Garderobe der öffentlichen Sphäre abzugeben.[81]
Das gilt allerdings für alle Überzeugungen und damit indirekt für alle bioethischen Theorien, ob kantianisch, utilitaristisch, naturrechtlich, marxistisch, Care-
ethisch, tugendethisch, kasuistisch oder wie auch immer fundiert. Ein vollständiger Verzicht auf die Berücksichtigung von Vorstellungen des guten bzw. gelungenen Lebens, indem diese beispielsweise in die Entscheidungshoheit der Einzelnen
verlegt wird, oder auch eine Beschränkung der Ethik auf empirische Erkundung
des Faktischen, käme letztlich einer Verabschiedung der ethischen Überzeugungskraft und Kontur gleich und würde zur besagten Verdünnung und letztlich
zur Instrumentalisierbarkeit beitragen.

Als Entgegnung auf den Vorwurf von Petra Gehring hinsichtlich der kirchlichen Biopolitiken ist eine Unterscheidung hilfreich, auf die John Evans in «Playing God» aufmerksam macht: Es geht selbstverständlich nicht, dass eine theologische Bioethik versucht, in einer pluralistischen Gesellschaft *für alle* zu sprechen

---

78 HOFHEINZ 2008.
79 Vgl. KLOTHER 2010, 64 f.
80 Vgl. WERBICK 2010. In diesem Sinn auch LESCH 2019, 19–33.
81 Vgl. TAYLOR 2009, 20; vgl. ähnlich HABERMAS 2005, 133.

(to «speak *for*» everyone), in der Weise also, wie nationale Ethikkommissionen verstanden werden, vielmehr sollte sie *zu allen* sprechen (they should «speak *to*» the public).[82] Mit Verweis auf Paul Ramsey schreibt John Evans von einem «*culture-forming impulse of theology*»[83], der, so wäre zu ergänzen, nicht an der Rückeroberung einer verlorenen Pastoralmacht, sondern an einer konstruktiven Mitgestaltung gesellschaftlicher Sphären interessiert ist. Ich halte das für eine legitime, im Rahmen einer pluralistischen Gesellschaft sogar für eine notwendige Form, in welcher sich die christlichen Kirchen zu Themen der theologischen Bioethik öffentlich qualifiziert zu Wort melden sollten.

Für das Programm einer so verstandenen theologischen Bioethik ergeben sich somit drei Aufgaben: Erstens im Rahmen der Begründungsarbeit das Eintreten bzw. Argumentieren zugunsten grundlegender moralischer Prinzipien, die auch in der christlichen Tradition verwurzelt sind, namentlich das Prinzip der Menschenwürde, das Instrumentalisierungsverbot oder daraus abgeleitete Prinzipien und Rechte wie die Menschenrechte. Zweitens und im Rahmen der Offenlegung der eigenen Werthaltungen und Überzeugungen die Suche nach gemeinsamen moralischen Ansichten, Werthaltungen und Idealen innerhalb pluralistischer Gesellschaften, nach Anknüpfungspunkten bei Angehörigen anderer *moral communities*. Im Wissen um die eigene Perspektivität schließlich drittens das Vertreten profilierter, möglichst verständlich begründeter Standpunkte, die sich aus der christlichen Tradition und Überzeugung heraus ergeben, wie die Betonung der Compassion, die besondere Option für die Armen, die Einheit von Gottes- und Nächstenliebe, die Erhaltung der Schöpfung, die weltweite Solidarität und Gerechtigkeit, im Wissen darum, dass es auch andere profilierte Standpunkte gibt, mit denen es zu konkurrieren oder zu streiten gilt.

Die Moral ist etwas, worüber wir streiten müssen. Mit dieser Einsicht endet die Auslegung einer Geschichte aus dem Talmud, die Michael Walzer erzählt:[84] Rabbi Joshua und Rabbi Eliezer streiten über die Beurteilung eines Gebots, wobei Rabbi Eliezer die Argumente ausgehen und er in seiner Verzweiflung auf direkte Zeichen des Himmels, auf Wunder, setzt. Diese mögen zwar verblüffen, können aber letztlich niemanden der Umstehenden überzeugen. Über richtig und falsch müssen wir streiten, das bessere Argument plausibel machen und einander zu überzeugen versuchen. «Denn das Gebot ist nicht jenseits des Meeres oder weit oben im Himmel, vielmehr ist es ganz nah bei dir, es ist in deinem Mund und in deinem Herzen» (Dtn 30,14 und Röm 10,8).

---

82 Vgl. EVANS 2002, 196.
83 Ebd. 196.
84 Vgl. WALZER 1993, 41 f.

LITERATUR

AMMANN, CHRISTOPH, *Wer sagt, was ‹christliches Mitgefühl› ist? Einige Bemerkungen im Gespräch mit Robert C. Roberts' Compassion as an Emotion and Virtue*, in: DALFERTH, INGOLF U./HUNZIKER, ANDREAS (Hg.), *Mitleid. Konkretionen eines strittigen Konzepts*, Tübingen 2007, 139–159.

ANSELM, REINER/FISCHER, JOHANNES/FREY, CHRISTOPHER U. A., *Pluralismus als Markenzeichen. Eine Stellungnahme evangelischer Ethiker zur Debatte um die Embryonenforschung*, in: Frankfurter Allgemeine Zeitung, Nr. 19, 23.01.2002, 8.

ARENS, EDMUND, *Gottesverständigung. Eine kommunikative Religionstheologie*, Freiburg i. Br. 2007.

AUER, ALFONS, *Autonome Moral und christlicher Glaube*, Düsseldorf 1971.

BEAUCHAMP, TOM L./CHILDRESS, JAMES F., *Principles of Biomedical Ethics. Eights Edition*, New York 2019.

BERGER, PETER L., *Der Zwang zur Häresie. Religion in der pluralistischen Gesellschaft*, Frankfurt a. M. 1980.

BERGER, THOMAS M./BERNET, VERA/EL ALAMA, SUSANNA ET AL., *Perinatal care at the limit of viability between 22 and 26 completed weeks of gestation in Switzerland*, in: Swiss Medical Weekly 141 (2011), w13280.

BÖCKLE, FRANZ, *Ethik*, in: EICHER, PETER (Hg.), *Neues Handbuch theologischer Grundbegriffe*, Bd. 1, erweiterte Neuausgabe, München 1991, 396–407.

—, *Fundamentalmoral*, München 1977.

BOGNER, DANIEL/ZIMMERMANN, MARKUS (Hg.), *Fundamente theologischer Ethik in postkonfessioneller Zeit. Beiträge zu einer Grundlagendiskussion*, Basel/Würzburg 2019.

DEUTSCHE BISCHOFSKONFERENZ/RAT DER EVANGELISCHEN KIRCHEN IN DEUTSCHLAND, *Christliche Patientenvorsorge*, Hannover/Bonn/Frankfurt a. M. 2010.

DÜRRENMATT, FRIEDRICH, *Der Hund. Der Tunnel. Die Panne*, Zürich 1980.

ENGELHARDT JR., TRISTRAM H., *The Foundations of Christian Bioethics*, Lisse 2000.

ERNST, STEPHAN, *Am Anfang und Ende des Lebens. Grundfragen medizinischer Ethik*, Freiburg i. Br. 2020.

—, *Grundfragen der theologischen Ethik. Eine Einführung*, München 2009.

EVANS, JOHN H., *Playing God? Human Genetic Engineering and the Rationalization of Public Bioethical Debate*, Chicago 2002.

FISCHER, JOHANNES, *Zum narrativen Fundament der sittlichen Erkenntnis. Metaethische Überlegungen zur Eigenart theologischer Ethik*, in: NÜSSEL, FRIEDERIKE (Hg.), *Theologische Ethik der Gegenwart. Ein Überblick über zentrale Ansätze und Themen*, Tübingen 2009, 75–100.

Gaudium et spes. Pastorale Konstitution über die Kirche in der Welt von heute, in: LThK², Konzilsband III, Freiburg i. Br. 1968, 241–592.

GEHRING, PETRA, *Children, Bodies, Life: Ethics as the Churches' Biopolitics*. in: PFLEIDERER, GEORG/BRAHIER, GABRIELA/LINDPAINTNER, KLAUS (Eds.), *GenEthics and Religion*, Basel 2010, 60–73.

—, *Was ist Biomacht? Vom zweifelhaften Mehrwert des Lebens*, Frankfurt a. M. 2006.

GOERTZ, STEPHAN, *Gratia supponit naturam. Theologische Lektüren, praktische Implikationen und interdisziplinäre Anschlussmöglichkeiten eines Axioms*, in: JOHN, OTTMAR/STRIET, MAGNUS (Hg.), *«… und nichts Menschliches ist mir fremd». Theologische Grenzgänge*, Regensburg 2010, 221–243.

HABERMAS, JÜRGEN, *Ein Bewusstsein von dem, was fehlt. Über Glauben und Wissen und den Defaitismus der modernen Vernunft*, in: Neue Zürcher Zeitung, 10./11.02.2007, 71 f.

—, *Zwischen Naturalismus und Religion. Philosophische Aufsätze*, Frankfurt a. M. 2005.

HALTER, HANS, *Jede Moral findet ihren Gott – findet Gott seine Moral?*, in: CONFERENTIA EPISCO-POROM REIPUBLICAE SLOVENIAE/STRUKELJ, ANTON (Eds.), *Dei voluntatem facere. Opus collectaneum in honorem Aloysii Sustar, Archiepiscopi et Metropolitae Labacensis*, Ljubljana/Celje 1995, 487–497.

—, *Wie viel christliche Ethik oder Katholische Soziallehre verträgt die Politik? Standortbestimmung sowie Desiderate im Hinblick auf die Schweiz*, in: DELGADO, MARIANO/NEUHOLD, DAVID (Hg.), *Politik aus christlicher Verantwortung. Ein Ländervergleich Österreich-Schweiz*, Innsbruck 2008, 115–136.

HERMS, EILERT, *Die Bedeutung der Weltanschauungen für die ethische Urteilsbildung*, in: NÜSSEL, FRIEDERIKE (Hg.), *Theologische Ethik der Gegenwart. Ein Überblick über zentrale Ansätze und Themen*, Tübingen 2009, 49–71.

HILPERT, KONRAD, *Zentrale Fragen christlicher Ethik. Für Schule und Erwachsenenbildung*, Regensburg 2009.

HOFHEINZ, MARCO, *Gezeugt, nicht gemacht. In-vitro-Fertilisation in theologischer Perspektive*, Münster 2008.

—/MATHWIG FRANK/ZEINDLER, MATTHIAS (Hg.), *Ethik und Erzählung. Theologische und philosophische Beiträge zur narrativen Ethik*, Zürich 2009.

HÖHN, HANS-JOACHIM, *Postsäkular. Gesellschaft im Umbruch – Religion im Wandel*, Paderborn 2007.

HOLDEREGGER, ADRIAN, *Ethische Probleme in der Stammzellforschung*, in: DERS./MÜLLER, DENIS/SITTER-LIVER, BEAT/ZIMMERMANN-ACKLIN, MARKUS (Hg.), *Theologie und biomedizinische Ethik. Grundlagen und Konkretionen*, Freiburg i. Br./Freiburg i. Ue. 2002, 250–267.

—, *Grundlagen der Moral und der Anspruch des Lebens. Themen der Lebensethik*, Freiburg i. Ue./Freiburg i. Br. 1995.

JOAS, HANS, *Braucht der Mensch Religion? Über Erfahrungen der Selbsttranszendenz*, Freiburg i. Br. 2004.

JOHANNES PAUL II., *Evangelium vitae*, Rom/Bonn 1995.

JUNKER-KENNY, MAUREEN, *Der Gipfel des Schöpferischen. Das Jesuszeugnis als Quelle öffentlicher Vernunft*, in: JOHN, OTTMAR/STRIET, MAGNUS (Hg.), «… *und nichts Menschliches ist mir fremd». Theologische Grenzgänge*, Regensburg 2010, 59–75.

KLOTHER, KLAUS, *Charakter – Tugend – Gemeinschaft. Grundlegung christlicher Ethik bei Stanley Hauerwas*, Freiburg i. Ue./Freiburg i. Br. 2010.

KNOBLAUCH, HUBERT, *Populäre Religion. Auf dem Weg zu einer spirituellen Gesellschaft*, Frankfurt a. M. 2009.

KONGREGATION FÜR DIE GLAUBENSLEHRE, *Instruktion Dignitas personae über einige Fragen der Bioethik*, Rom 2008.

KÜNG, HANS, *Menschenwürdig sterben*, in: DERS./JENS, WALTER, *Menschenwürdig sterben. Ein Plädoyer für Selbstverantwortung*, München 2009, 21–84.

LAVI, SHEI, *The Paradox of Jewish Bioethics in Israel: The Case of Reproductive Technologies*, in: VOIGT, FRIEDEMANN (Hg.), *Religion in bioethischen Diskursen. Interdisziplinäre, internationale und interreligiöse Perspektiven*, Berlin 2010, 81–101.

LESCH, WALTER, *L'équilibre réflexif et les déséquilibres de l'expérience morale. Un programme de recherche pour l'éthique théologique et l'éthique philosophique*, in: Revue d'éthique et de théologie morale. Le Supplément No. 213 (2000), 181–204.

—, *Postkonfessionelle Ethik(en) im Kontext von Religion(en). Voraussetzungen – Probleme – Perspektiven*, in: BOGNER, DANIEL/ZIMMERMANN, MARKUS (Hg.), *Fundamente theologischer Ethik in postkonfessioneller Zeit. Beiträge zu einer Grundlagendiskussion*, Basel/Würzburg 2019, 19–33.

LUHMANN, NIKLAS, *Die Religion der Gesellschaft*, Frankfurt a. M. 2000.

MANDRY, CHRISTOF, *Ethische Identität und christlicher Glaube. Theologische Ethik im Spannungsfeld von Theologie und Philosophie*, Mainz 2002.

—, *Theologie und Ethik (katholische Sicht)*, in: DÜWELL, MARCUS/HÜBENTHAL, CHRISTOPH/ WERNER, MICHA H. (Hg.), *Handbuch Ethik*, Stuttgart ³2011, 520–525.

MATHWIG, FRANK, *Zwischen Leben und Tod. Die Suizidhilfediskussion in der Schweiz aus theologisch-ethischer Sicht*, Zürich 2010.

McCORMICK, RICHARD A., *The Critical Calling. Reflections on Moral Dilemmas Since Vatican II*, Washington 1989.

METZ, JOHANN BAPTIST, *Compassion. Zu einem Weltprogramm des Christentums im Zeitalter des Pluralismus der Religionen und Kulturen*, in: DERS./KULD, LOTHAR/WEISBROD, ADOLF (Hg.), *Compassion. Weltprogramm des Christentums. Soziale Verantwortung lernen*, Freiburg i. Br. 2000, 9–25.

MIETH, DIETMAR, *Das Proprium christianum und das Menschenwürde-Argument in der Bioethik*, in: HOLDEREGGER, ADRIAN/MÜLLER, DENIS/SITTER-LIVER, BEAT/ZIMMERMANN-ACKLIN, MARKUS (Hg.), *Theologie und biomedizinische Ethik. Grundlagen und Konkretionen*, Freiburg i. Ue./ Freiburg i. Br. 2002, 131–151.

—, *Moral und Erfahrung I. Grundlagen einer theologisch-ethischen Hermeneutik*, Freiburg i. Br./Freiburg i. Ue. ⁴1999.

NIETZSCHE, FRIEDRICH, *Die fröhliche Wissenschaft*, in: KSA 3, München 1999.

NOWOTNY, HELGA/TESTA, GIUSEPPE, *Die gläsernen Gene. Die Erfindung des Individuums im molekularen Zeitalter*, Frankfurt a. M. 2009.

PETERS, TED, *Is the Human Genome Sacred?*, in: PFLEIDERER, GEORG/BRAHIER, GABRIELA/ LINDPAINTNER, KLAUS (Eds.), *GenEthics and Religion*, Basel 2010, 108–117.

RAHNER, KARL, *Experiment Mensch. Theologisches über die Selbstmanipulation des Menschen*, in: ROMBACH, HEINRICH (Hg.), *Die Frage nach dem Menschen. Aufriss einer philosophischen Anthropologie. FS Max Müller*, Freiburg i. Br./München 1966, 45–69.

REHBOCK, THEDA, *Personsein in Grenzsituationen. Zur Kritik der Ethik medizinischen Handelns*, Paderborn 2005.

RENTSCH, THOMAS, *Gott*, Berlin 2005.

SCHEULE, RUPERT M., *Christliche Ethik*, in: STOECKER, RALF/NEUHÄUSER, CHRISTIAN/ RATERS, MARIE-LUISE (Hg.), *Handbuch Angewandte Ethik*, Stuttgart 2011, 64–69.

SCHOCKENHOFF, EBERHARD, *Ethik des Lebens. Grundlagen und neue Herausforderungen*, Freiburg i. Br. 2009.

—, *Grundlegung der Ethik. Ein theologischer Entwurf*, Freiburg i. Br. ²2014.

SCHÖNE-SEIFERT, BETTINA, *Induzierte Pluripotente Stammzellen: Ruhe an der Ethikfront?*, in: Ethik in der Medizin 21 (2009), 271–273.

SCHÜLLER, BRUNO, *Die Begründung sittlicher Urteile. Typen ethischer Argumentation in der Moraltheologie*, Düsseldorf ³1987.

SIEP, LUDWIG, *Bioethik*, in: PIEPER, ANNEMARIE/THURNHERR, URS (Hg.), *Angewandte Ethik. Eine Einführung*, München 1998, 16–36.

STEINKAMP, HERMANN, *Die sanfte Macht der Hirten. Die Bedeutung Michel Foucaults für die Praktische Theologie*, Mainz 1999.

STOELLGER, PHILIPP, *«Und als er ihn sah, jammerte es ihn.» Zur Performanz von Pathosszenen am Beispiel des Mitleids*, in: DALFERTH, INGOLF U./HUNZIKER, ANDREAS (Hg.), *Mitleid. Konkretionen eines strittigen Konzepts*, Tübingen 2007, 289–305.

TAYLOR, CHARLES, *Ein säkulares Zeitalter*, Frankfurt a. M. 2009.

—, *Für einen neuen Säkularismus*, in: Transit. Europäische Revue 39 (2009), 5–28.

WALZER, MICHAEL, *Kritik und Gemeinsinn*, Frankfurt a. M. 1993 (zuerst: *Interpretation and Social Criticism. The Tanner Lectures on Human Values 1985*, Cambridge 1987).

WERBICK, JÜRGEN, *Grundfragen der Ekklesiologie*, Freiburg i. Br./Basel/Wien 2009.

—, *Kirche in der Nachfolge der Diakonie Christi*, in: AUGUSTIN, GEORGE (Hg.), *Die Kirche Jesu Christi leben*, Freiburg i. Br. 2010, 160–178.

WILS, JEAN-PIERRE, *Die kulturelle Form der Ethik. Ein Konflikt zwischen Universalismus und Partikularismus?*, in: BOGNER, DANIEL/ZIMMERMANN, MARKUS (Hg.), *Fundamente theologischer Ethik in postkonfessioneller Zeit. Beiträge zu einer Grundlagendiskussion*, Basel/Würzburg 2019, 421–432.

ZIMMERMANN-ACKLIN, MARKUS, *Bioethik in theologischer Perspektive. Grundlagen, Methoden und Bereiche*, Freiburg i. Ue./Freiburg i. Br. ²2010a.

—, *Universalismus oder Kontextualismus? Methodische Überlegungen zur Grundlegung einer christlichen Bioethik*, in: HOLDEREGGER, ADRIAN/MÜLLER, DENIS/SITTER-LIVER, BEAT/DERS. (Hg.), *Theologie und biomedizinische Ethik. Grundlagen und Konkretionen*, Freiburg i. Ue./Freiburg i. Br. 2002, 106–130.

—, *Verlust der Ethik? Bioethik zwischen Institutionalisierung und Ideologiekritik*, in: Bioethica Forum 3 (2010b), 12–16.

—, *Zwischen Ethik und Politik – Chancen und Gefahren einer Politisierung der Bioethik*, in: PORZ, ROUVEN/ REHMANN-SUTTER, CHRISTOPH/LEACH SCULLY, JACKIE/DERS. (Hg.), *Gekauftes Gewissen? Aufgaben und Grenzen der Bioethik in Institutionen*, Paderborn 2007, 49–67.

ZIMMERMANN, MARKUS, *Christliche Existenz und theologische Ethik. Hans Halters Antwort auf die Frage nach dem christlichen Proprium*, in: BOGNER, DANIEL/DERS. (Hg.), *Fundamente theologischer Ethik in postkonfessioneller Zeit. Beiträge zu einer Grundlagendiskussion*, Basel/Würzburg 2019, 181–196.

2 GRENZVERSCHIEBUNGEN. ZUR NATUR DES MENSCHEN IN BIOETHISCHEN DISKURSEN

Die Grenze zwischen der Natur, die wir ‹sind›, und der organischen Ausstattung, die wir uns selber ‹geben›, verschwimmt.[1]

Es ist Teil unserer Natur, dieselbe technologisch transzendieren zu können.[2]

Aus der alten politischen Frage, wie sich eine Gesellschaft schaffen lässt, in der alle Menschen glücklich sind, wäre die neue technologische Frage geworden, wie sich ein neuer Mensch schaffen lässt, der in jeder, auch einer maximal ungerechten Gesellschaft glücklich sein kann.[3]

Das, worauf wir hinausstreben, ist endlose kosmische Energie, die ebenso unbändig ist wie selbstorganisierend.[4]

Das (die Tatsache, dass alles Eigentum Gottes sei, d.V.) gibt Anlass zu der Überzeugung, dass sämtliche Geschöpfe des Universums, da sie von ein und demselben Vater geschaffen wurden, durch unsichtbare Bande verbunden sind und wir alle miteinander eine Art universale Familie bilden, eine sublime Gemeinschaft, die uns zu einem heiligen, liebevollen und demütigen Respekt bewegt.[5]

2.1 Begriffe und Diskurse

Die Rede von der Natur des Menschen ist notorisch unterbestimmt und vieldeutig.[6] Wie komplex das Verständnis der Einzelbegriffe «Natur» und «Mensch» und der Kombination beider ist, zeigt bereits ein Blick in deren komplexe Begriffsgeschichte. Gründe für diesen Befund wären viele zu nennen, wesentlich ist, dass es sich bei der «Natur des Menschen» um einen anthropologischen Grund- bzw. Grenzbegriff handelt, welcher unterschiedlich gedeutet und verstanden werden kann und darum auch besonders ideologieanfällig ist. Es geht um mehr oder weniger stark moralisch (normativ und axiologisch) aufgeladene Vorstellungen vom Menschen und entsprechende Hintergrundtheorien von einem gelungenen Menschsein, die gleichsam in den Naturbegriff – bzw. in die Bestimmung dessen, was ein «naturgemäßes Leben» ausmache – eingetragen und mittels diesem weitergegeben werden sollen.[7] Alleine die mittelalterlichen und neuscholastischen Naturrechtstraditionen, die in der katholischen Moraltradition eine wichtige

---

1   HABERMAS 2001, 28.

2   STEPHAN 2014, 223.

3   JESSEN 2014.

4   BRAIDOTTI 2014, 138.

5   FRANZISKUS 2015, Nr. 89.

6   Vgl. BAYERTZ 2009.

7   Belege dafür nennt beispielsweise SCHOCKENHOFF 1996, 22 f. Aus der Perspektive protestantischer Theologie vgl. beispielsweise KÖRTNER 2009.

Rolle spielen, zeigen, wie weitgehend ethische Vorstellungen in die Rede von der Menschennatur einfließen können.[8]

Ethisch gesehen sind mit der Rede von der «Natur des Menschen» eine Begründungs-, Status- und Orientierungsfunktion verbunden. Der Grundgedanke lautet: Die Art und Weise, wie Menschen sich selbst vorfinden, beispielsweise als geboren, nackt (unbehaart), leiblich, geschlechtlich, instinktarm, sozial, politisch, kommunikativ, vulnerabel, sprachbegabt, erfinderisch, wissbegierig, vernunftbegabt, frei, sterblich oder erlösungsbedürftig, eröffnet Bedingungen und Möglichkeiten, sich gemäß dem natürlich vorgegebenen Da- und Sosein (der «condition humaine») auszurichten, zu orientieren und eine menschliche Identität auszubilden.[9] Im Rahmen kognitiver Ethiktheorien sowie nicht-positivistischer Rechtstheorien ist im Sinne einer Minimalethik bzw. einer Basis der Menschenrechtsidee und -politik – nicht selten vermittelt über den Begriff der Menschenwürde – auch von *natürlichen Rechten* die Rede. Die evangelische Theologin Elisabeth Gräb-Schmidt bringt es mit Blick auf den Geschenkcharakter des Lebens und der Freiheit folgendermaßen auf den Punkt:

> Die Würde des Menschen ist die freiheitliche Bestimmung der Natur des Menschen. Die traditionelle Spannung zwischen Natur und Freiheit wird dahin gehend beibehalten, dass die Freiheit in aller Selbstbestimmung nicht autonom ist. Sie ist angewiesen auf die passive Konstitution ihres immer erst Bestimmtwerdens. Die Natur ist nicht in die Freiheit einzuholen, sondern nur je und je und immer im Vollzug zu bewähren.[10] (Und, d. V.:) Die Würde des Menschen besteht in dem Recht, Rechte zu haben.[11]

Im Rahmen bioethischer und biopolitischer Diskurse, auf die im Folgenden Bezug genommen wird, wurde diese theoretische Konzeption in den letzten Jahren verschiedentlich herausgefordert und umstritten debattiert. Ursächlich daran beteiligt sind insbesondere

· *technisch-ethische Debatten, in welchen neue Errungenschaften der Bio- und Gentechnologie sowie Möglichkeiten der Optimierung des Menschen, beispielsweise durch das Genome Editing, den Eingriff in die Keimbahn, diskutiert werden,*[12]
· *tierethische Entwürfe, in welchen die moralisch relevanten Unterschiede zwischen Menschen und Tieren zur Disposition gestellt werden,*[13]

---

8 Vgl. SCHOCKENHOFF 1996, Kap. 2, 18–51.

9 Vgl. dazu aus Sicht der Enhancement-Debatten z. B. CLAUSEN 2006.

10 GRÄB-SCHMIDT 2008, 163.

11 Ebd. 158.

12 Vgl. HABERMAS 2001; NOWOTNY/TESTA 2009; KARAFYLLIS 2009.

13 Vgl. SINGER 1994; BARANZKE 2002; ACH 2014; WOLF 2008; OSTNER 2009.

· ökologisch-ethisch debattierte Herausforderungen wie der Klimawandel oder das Artensterben, in welchen das Überleben der Menschheit und das Verhältnis von menschlichem Leben zu anderen Lebensformen thematisiert werden,[14]
· biopolitische Meta-Diskurse, in welchen Grund- und Grenzbegriffe wie «Leben», «Natur», «Politik» oder «Ethik» machtanalytisch untersucht, ideologiekritisch dekonstruiert
  sowie anti- und posthumanistisch neu konzipiert werden.[15]

Im Rahmen dieser Debatten wird offenkundig, so die im Folgenden zu plausibili-
sierende These, dass gegenwärtig sowohl die Begründungs- als auch die Status-
und Orientierungsfunktion der Rede von der «Natur des Menschen» infrage gestellt werden. Die Grenzen zwischen dem Gewachsenen und Gemachten, zwischen dem, was Menschen als Lebensbedingungen vorgegeben ist und dem, was
sich auf dieser Basis kulturell, künstlerisch oder technisch machen oder erzeugen
lässt, verschwimmen. Die Natur des Menschen wird heute im Rahmen bio- oder
gentechnischer Eingriffe selbst zum Gegenstand der Veränderung und kann
schon von daher nicht mehr zur Orientierung dienen.[16] Unter den Leitbildern der
Optimierung oder Verbesserung werden vermeintlich natürlich vorgegebene
Grenzen überschritten, so dass die Natur als Gegenüber, als ethische Orientie-
rungsbasis und als Aufweis eines menschlichen Sonderstatus entgleitet. An die
Stelle des *anthropomorphen Modells* mit der ethischen Grundidee der Kantischen
Autonomie – nämlich der Selbstgesetzlichkeit des Menschen und dessen Fähig-
keit, mittels Vernunft das moralische Gesetz zu erkennen – tritt ein *technomorphes
Modell*, welches der Leitidee der Autopoiesis folgt, wie Jean-Pierre Wils in seinem
Beitrag «Der Mensch im Konflikt der Interpretationen» schon vor Jahren treffend
bemerkte:[17] Im technomorphen Modell des Posthumanismus verschwinde die
Möglichkeit, sich in Auseinandersetzung mit einem anderen, dem Vorgegebenen,
eine Identität zu erarbeiten, die in irgendeiner Weise eine Stabilität hat. Das Ande-
re, die Natur, das Vorgegebene verschwinde und somit auch die Möglichkeit der
Orientierung daran. Damit werde die Herstellung und Sicherung der eigenen
Identität zu einer ständig neu zu leistenden, permanenten Aufgabe.[18]

Das Ziel der folgenden Überlegungen besteht weniger in einer ideologiekriti-
schen Positionierung oder im Entwurf einer eigenen Position in theologisch-
ethischer Perspektive. Vielmehr geht es darum, maßgebliche Veränderungen und
deren Konsequenzen zu benennen, um das, was sich gegenwärtig verändert, besser zu verstehen. Methodisch geht es um den Versuch, Entwicklungen und Argu-

---

14 Vgl. LIENKAMP 2009; LANGE 2014; GRUNWALD 2014; FRANZISKUS 2015; VOGT 2021.
15 Vgl. bereits KOCH 1994; WEISS 2009; FINKELDE U. A. 2013.
16 Vgl. ROSE 2007; NOWOTNY/TESTA 2009, 15; 70–72; 86.
17 Vgl. WILS 2002.
18 Vgl. ebd.

mente, die im Hinblick auf die Denkfigur der «Natur des Menschen» in der Bioethik vorgetragen werden, systematisch zu erfassen und kritisch zu kommentieren.

2.2 Technischer Fortschritt und Reaktionen

Als 1998 das dreibändige «Lexikon der Bioethik»[19] erstmals veröffentlicht wurde,
stand der Abschluss des Humanen Genomprojekts noch in Aussicht, wurden weder Regelungen der Stammzellforschung noch des Zellkerntransfers (Klonen)
beim Menschen öffentlich diskutiert; weder waren die Möglichkeiten des Neuro-
Enhancements ein Thema noch die Anwendung von Genchips (Microarrays) im
klinischen Alltag. Die Präzisionsmedizin befand sich in ihren Anfängen, eines
der ersten Medikamente der neuen Generation, der Wirkstoff Trastuzumab, wurde soeben in den USA erstmals zugelassen, das Island-Projekt der Firma DeCode
Genetics hatte gerade erst begonnen, die Polkörperdiagnostik und Präimplantationsdiagnostik waren in den meisten Ländern der Welt noch verboten oder unbekannt, die Idee, mittels Genome Editing in die menschliche Keimbahn einzugreifen, war ein allgemein anerkanntes Tabu, die Tötung auf Verlangen wurde auch in
den Niederlanden und Belgien noch strafrechtlich verfolgt und das Einfrieren
weiblicher Keimzellen war technisch noch nicht möglich. Alleine in den Bereichen der Bio- und Gentechnik, der Humangenetik und im klinischen Alltag hat
sich in den letzten gut zwanzig Jahren so viel verändert, dass das erwähnte Lexikon bereits historischen Wert hat.

Wie sehr technische Innovationen einerseits und ethische, rechtliche, politische sowie öffentliche Diskurse andererseits ineinandergreifen, einander gegenseitig beeinflussen und deuten,[20] zeigt beispielsweise die seit einigen Jahren erneut aufgeflammte Hirntoddebatte.[21] Die Verunsicherung über eine zuverlässige
und angemessene Feststellung des Todeszeitpunkts hat heute dazu geführt, dass
in Expertenkreisen – unabhängig von der Frage, ob eine Organexplantation moralisch als richtig oder falsch einzuschätzen sei – Uneinigkeit darüber besteht, ob
hirntote Spender als Tote, Sterbende oder Lebende zu betrachten seien.[22] Eine

---

19 Vgl. KORFF U. A. 2000.

20 NOWOTNY/TESTA 2009 schreiben von einer Vermischung von Technik und Moral, einer
Verschmelzung technischer und moralischer Standards. Ihres Erachtens spielt die Bioethik als
Teil der Governance eine große Rolle in der Deutung und Regulierung, sie sei aber inzwischen
auch standardisiert und emotionslos geworden. Aus Sicht einer Ethik, die bei Überzeugungen
anknüpft, sei sie sozusagen zahnlos geworden.

21 Eine gute Übersicht bieten SCHÖNE-SEIFERT 2014; STOECKER 2014; HILPERT/SAUTER-
MEISTER 2014.

22 Vgl. SCHÖNE-SEIFERT 2014, 76.

ebenso große Unsicherheit besteht mit Blick auf den Status von Herz-Kreislauf-Toten, deren Organe unmittelbar nach Eintreten des Herz-Kreislauf-Stillstands teilweise ebenfalls transplantierbar sind («Cardiac Donation after Circulatory Death»).[23] Auch die inzwischen etablierte Praxis der Organspende in Folge einer Tötung auf Verlangen in Kanada und Belgien wirft neue Fragen auf.[24] Eine vermeintlich sichere natürliche Grenze – der Tod – wird aufgrund neuer technischer Möglichkeiten im Bereich der Organtransplantation derart dekonstruiert, dass heute abgewogen wird, ob diese Unsicherheiten über die Feststellbarkeit des Todes in der Öffentlichkeit offen diskutiert werden sollten oder ob diese Offenheit zu einem aus ethischer Sicht heiklen Rückgang der Spendebereitschaft führen würde.

Helga Nowotny und Giovanni Testa verweisen zu Recht auf die so entstehende Konkurrenz zwischen einer neutralen Bioethik und subjektiven Biomoralitäten:

> Dennoch wird sich der biotechnologische Komplex in Zukunft mit der Spannung auseinandersetzen müssen, die zwischen einer hochprofessionalisierten, emotionsfreien, offiziellen *Bioethik* und einer subjektiven *Biomoralität* entstanden ist, die ihre Stärke aus der Erfahrung der Betroffenen und aus der Zulassung von Emotionen im öffentlichen Diskurs bezieht.[25]

Ähnliche Prozesse lassen sich unschwer in anderen Bereichen identifizieren, angefangen bei der Reproduktionsmedizin und Embryonenforschung, der Re-programmierbarkeit von Zellen zu pluripotenten Stammzellen und dem Klonen, der Pränataldiagnostik, im Umgang mit den Errungenschaften der Intensivmedizin, den Erfolgen der synthetischen Biologie und Robotik, der prädiktiven genetischen Diagnostik, der Herstellung von transgenen Tieren, der Gesamt-DNA-Diagnostik (dem Whole Genome Sequencing) und der Entstehung weltweiter genetischer Gemeinschaften, den Errungenschaften der Präzisionsmedizin und dem Umgang mit Bio- und Datenbanken, um einige Spitzenthemen zu nennen. Ein vorläufiger Höhepunkt wurde 2015 mit dem erstmaligen wissenschaftlich publizierten Eingriff in die menschliche Keimbahn erreicht, der aufgrund der Weiterentwicklung der CRISPR-Cas9-Technik ermöglicht wurde und zunächst an nicht überlebensfähigen Embryonen erprobt wurde.[26] Dieser fand eine Fortsetzung in

---

23 Vgl. YACOUB 2015.

24 Vgl. ALLARD/FORTIN 2017; CASEY ET AL. 2020; GILBO ET AL. 2019. Vgl. dazu Kap. IV/4 im vorliegenden Band.

25 NOWOTNY/TESTA 2009, 98.

26 Vgl. LANDER 2015: Das Akronym CRISPR steht für «Clustered Regularly Interspaced Short Palindromic Repeats» und bildet den Ausgangspunkt für die Möglichkeit, u. a. das menschliche Genom an präzis bestimmbaren Stellen zu verändern. Das Enzym Cas9 (CRISPR-associated) steht für die mit dem CRISPR-Molekül verbundene Gen-Schere, die es ermöglicht, die DNA an klar definierten Stellen zu schneiden. Der Autor schließt sich der Idee eines vorläufigen Verbots der Keimbahnintervention an, wobei er sich auf drei Aspekte beruft: Erstens sei die CRISPR-

der Ankündigung der Geburt von in vitro gezeugten und in der Keimbahn veränderten Zwillingen durch den chinesischen Forscher He Jiankui, die weltweit als unverantwortlich verurteilt wurde.[27]

Jens Jessen beschrieb und kritisierte neue Errungenschaften wie diese und die darin enthaltene Vision als eine *zweite Unterwerfung der Natur*: Die erste sei bereits erfolgt und betreffe die äußere Natur, welche mit Naturkatastrophen und dem Klimawandel zurückschlage, während die zweite Unterwerfung die Natur des Menschen betreffe und ebenso zu enden drohe: In seinem Beitrag unter dem Titel «Der neue Mensch. Befreit von allen Fesseln der Natur: Ein Jahresrückblick auf die Debatten um Social Freezing, Gendertheorie und Sterbehilfe»[28] argumentiert er zugunsten der These, die Schleifung der letzten natürlichen Bastionen wie Geburt, Geschlecht und Tod des Menschen hätten zur Folge, dass die biologisch-körperliche Anpassung und Veränderung einseitig in den Blick gerate, während die gesellschaftliche Perspektive völlig verloren gehe. Damit drohe die Anpassung der Individuen an gesellschaftliche Unterdrückungsmechanismen anstelle einer Anpassung der Gesellschaft an die (wahre) Natur des Menschen:

> Es handelt sich bei dem neuesten prometheischen Zugriff um die Natur im Menschen. Sie wird offenbar in einem höheren Maße als Verfügungsmasse angesehen als die äußere Natur. Im Umgang mit der Natur außerhalb des Menschen ist der Katzenjammer schon eingetreten; hier haben sich die bitteren Konsequenzen ihrer Beherrschung schon gezeigt. Es sind die Umweltkatastrophen, die weit über vergiftete Flüsse und Meere hinaus sich längst auch dort manifestieren, wo früher reine Natur zu regieren schien, in Tsunamis, Wirbelstürmen, Feuersbrünsten. Zum passenden Ausgang des Jahres ist in Berlin eine Serie von wissenschaftlichen Konferenzen gestartet worden, die sich mit dem neuen, von Menschen selbst gestalteten Erdzeitalter beschäftigen wollen – dem deshalb sogenannten Anthropozän. Es sind dabei aber bisher keineswegs nur Unheilspropheten aufgetreten, es gibt auch die Lobredner des Menschenerdzeitalters, die von der totalen technologischen Unterwerfung der Natur die Vollendung der Evolution erwarten.[29]

Er macht sodann auf «den blinden Fleck im Auge des neuen Prometheus» aufmerksam, nämlich den gesellschaftlichen Umständen, die Wirtschafts-, Macht- und Besitzverhältnisse, welche Ungerechtigkeit hervorbrächten:

Cas9-Technik noch zu wenig ausgereift, zweitens müssten Nutzen und Risiken in einem akzeptablen Verhältnis zueinander stehen, was derzeit nicht der Fall sei, drittens wäre zu klären, wem überhaupt das Recht zukomme, Entscheidungen über die genetische Disposition zukünftiger Menschen zu fällen, vgl. den entsprechenden Aufruf von LANDER ET AL. 2019.

27 Vgl. DALEY ET AL. 2019; zur ethischen Diskussion des Genome Editing vgl. ERNST 2020, 367–388.

28 JESSEN 2014. Vgl. Kap. III/3 im vorliegenden Band.

29 Ebd.

Das heute allein diskutierte Unglück ist seine körperliche Gebundenheit. Der neue Mensch, den das Jahr 2014 gefeiert hat, darf oder soll aus allen natürlichen oder ähnlich unhintergehbaren Bindungen gelöst werden – aus Erbgut, Familie, Geschlecht, er wird im Reagenzglas gezeugt, in gekauften Mutterkörpern ausgetragen, nach Bedarf und Ermessen getötet. Nur eines darf mit ihm augenscheinlich nicht geschehen: Er darf nicht aus den Arbeits- und Produktionsbedingungen herausgelöst werden, in denen er, nach Lage der Dinge im westlichen Wirtschaftsleben, vornehmlich als Angestellter tätig ist.[30]

Anstelle gesellschaftlich-struktureller Maßnahmen werde heute die Körpernatur zur Baustelle der Politik.

Ähnlich konstruiert ist die Kritik Robert Spaemanns an der Praxis der Sterbehilfe, in welcher er sich auf die normative Natur des Menschen beruft, um vor der aufkommenden Idee einer *Pflicht* zur Tötung pflegebedürftiger Menschen zu warnen.[31] Heiner Bielefeldt betont, dass die freie Lebensgestaltung kein völlig offener Entwurf sei, sondern stets in Rückbindung an den kontingenten Leib geschehe, welcher dem Menschen gleichsam seine eigenen Imperative vorgebe.[32] Jürgen Habermas schreibt vom Verschwimmen der natürlichen Grenzen und fordert die Achtung der Eigendynamik einer sich selbst regelnden Natur.[33] Urs Scherrer, Gastprofessor am Schweizer Herz- und Gefäßzentrum in Bern, warnte unter dem Titel «Die Natur austricksen – mit ungewissem Ausgang» davor, dass die In-vitro-Fertilisation beim Kind das Risiko für Krebserkrankungen und Herz-Kreislauf-Störungen erhöhe, was sich jedoch erst in 20 bis 30 Jahren zeigen werde.[34]

Offenbar dient die Natur bzw. die «Natur des Menschen» in der von Jürgen Habermas zu Recht geforderten Selbstaufklärung der Moderne über ihre eigenen Grenzen[35] nicht (mehr) als stabiles oder gemeinhin verständliches Orientierungskriterium. Da in einer Wiederverzauberung oder Resakralisierung der Natur keine vertretbare Alternative besteht, bleibt nur die Möglichkeit, Rechenschaft abzulegen über die Grenzverschiebungen und Kriterien, die angesichts der beispielsweise zwischen den Spezies fließend gewordenen Grenzen neue Plausibilitäten und Orientierungspunkte zu schaffen imstande sind.

---

30 Ebd.
31 Vgl. SPAEMANN 2015.
32 Vgl. BIELEFELDT 2015; darüber hinaus auch MAIO 2011.
33 Vgl. HABERMAS 2001, 44; 77 und 81; vgl. SANDEL 2008.
34 Vgl. SCHERRER 2014.
35 Vgl. HABERMAS 2001, 51.

2.3 *Vielfalt der Positionen*

Mit Blick auf die gegenwärtigen Bioethik-Diskurse lassen sich mindestens fünf
Positionen unterscheiden, die auf die genannten Herausforderungen unterschiedlich reagieren, einander aber nur teilweise ausschließen. Die ersten drei (2.3.1 bis
2.3.3) folgen dem eingangs im Anschluss an Jean-Pierre Wils als *anthropomorphes
Modell* bezeichneten Paradigma.[36] Sie sind anthropozentrisch angelegt,[37] so dass
die Idee der Natur des Menschen – in stärkerem oder schwächerem Maß – ethische Orientierungspunkte zu liefern vermag und auch eine Begründungs- und
Statusfunktion beibehält. Die anschließend vorgestellten beiden Denkansätze
(2.3.4 und 2.3.5) legen dagegen ein *technomorphes Modell* zugrunde. Anstelle der Natur des Menschen werden hier Vorstellungen eines durch Enhancement-Maßnah-
men «verbesserten» Menschen entwickelt respektive das posthumane Modell eines Natur-Kultur-Technik-Kontinuums favorisiert, in welchem Menschen kein
besonderer Status mehr zugedacht wird.

2.3.1 TUGENDETHISCHER AUFRUF ZUR BEGRENZUNG

Eine der Segnungen, wenn wir uns als Geschöpfe der Natur, Gottes oder des Schicksals ansehen, ist, dass wir nicht völlig dafür verantwortlich sind, wie wir sind. Je mehr wir Meister
unserer genetischen Ausstattung werden, desto größer die Last, die wir für die Talente tragen, die wir haben, und die Leistung, die wir zeigen.[38]

Ähnlich wie Michael Sandel im Kontext dieses Zitats und in Auseinandersetzung
mit neuen genetischen Möglichkeiten an die Tugenden der Demut, der Verantwortung (eigentlich: der Bereitschaft zur Annahme des eigenen Schicksals) und
der Solidarität erinnert, stehen auch in anderen Konzepten dieser ersten Gruppe
weniger positive bzw. dichte Beschreibungen des menschlichen Wesens im Zentrum als vielmehr die Kritik an überzogenen Vorstellungen der Machbarkeit und
einer daraus resultierenden menschlichen Selbstverfehlung. Vernünftige Reaktionen werden in angemessenen Haltungen bzw. Tugenden gesehen, auf deren Basis eine gewisse Zurückhaltung, Passivität und Vorsicht im Umgang mit den neu-
en Techniken zu erwarten sind. Ähnlich kritisiert auch Jens Jessen die menschliche Hybris sowie die Gefahr, die «condition humaine» zu verkennen, geht jedoch
weniger positiv auf bestimmte Menschenbilder und -vorstellungen ein. In diesen
Ansätzen werden insbesondere der Geschenkcharakter, die Abkünftigkeit oder
auch Geschöpflichkeit menschlichen Lebens betont, daneben auch die Erlösungsbedürftigkeit, Fragmentarität, Gefährdetheit oder Vulnerabilität menschlicher

---

36 Vgl. WILS 2002.

37 Wobei diese in den Debatten durchaus kombiniert werden mit bio- und pathozentrischen
Überlegungen, z. B. bei KREBS 2011; SITTER-LIVER 2011.

38 SANDEL 2008, 109.

Existenz. Wie bereits im Zitat des Philosophen Michael Sandel angedeutet, lassen
sich in diesem Umfeld auch viele – wenn auch nicht alle – theologisch begründete
Positionen verorten. In seiner umfangreichen Habilitation zur In-vitro-Fertilisation entwirft Marco Hofheinz beispielsweise eine theologische und kirchliche
Ethik, in welcher die Grenzziehung das zentrale Motiv bildet: Da der protestantische Theologe bereits in dem von ihm favorisierten Gottesbild die schöpferische
Selbstbegrenzung hervorhebt, erstaunt es wenig, dass auch sein Menschenbild
und seine Medizinethik vom «Pathos der Selbstbegrenzung» und damit von Verzicht, Bescheidenheit und Selbstrücknahme her gedacht und entworfen werden.[39]

2.3.2 GATTUNGSETHISCHE EINWÄNDE GEGEN TECHNISCHE EINGRIFFE

Eine zweite Position schließt unmittelbar an dieses Pathos an: Auch hier geht es
um die «Bewahrung des Menschen», allerdings nicht auf tugendethischem Weg,
sondern mit Berufung auf die Integrität der menschlichen Gattung:

> Ein ganz anderes Bild (als mit Blick auf die Technisierung der menschlichen Natur, d. V.) er-
> gibt sich freilich, wenn man die ‹Moralisierung der menschlichen Natur› im Sinne der
> Selbstbehauptung eines gattungsethischen Selbstverständnisses begreift, von dem es ab-
> hängt, ob wir uns auch weiterhin als ungeteilte Autoren unserer Lebensgeschichte verste-
> hen werden und uns gegenseitig als autonom handelnde Personen anerkennen können. Der
> Versuch, mit juristischen Mitteln der schleichenden Eingewöhnung einer liberalen Eugenik
> vorzubeugen und der Zeugung, d. h. der Verschmelzung der elterlichen Chromosomensät-
> ze ein gewisses Maß an Kontingenz oder Naturwüchsigkeit zu sichern, wäre dann etwas an-
> deres als der Ausdruck eines dumpfen antimodernistischen Widerstandes.[40]

Dieses gattungsethische Argument, das von Jürgen Habermas vorgetragen wurde und bei ihm in der Forderung nach einem Recht auf genetisches Erbe, in das
nicht eingegriffen worden ist, mündet,[41] stellt zumindest implizit eine Reaktion
auf gleichzeitig zwei Herausforderungen dar: *Zum einen* geht es um die bereits erwähnte Bewahrung der Gattungsnatur und damit um dieselben Zielsetzungen,
die auch in den oben unter 2.3.1 vorgestellten tugendethischen Ansätzen angestrebt wird. Auf das starke Argument der so genannten «liberalen Eugenik», das
sich im Hinblick auf Eingriffe in die menschliche DNA auf die reproduktive Autonomie beruft, wird mit der Bewahrung der Gattungsidentität gleichsam ein der
Autonomie übergeordnetes Kriterium stark gemacht. *Zum andern* beinhaltet das
Gattungsargument zumindest indirekt eine Antwort auf den seit einigen Jahrzehnten erhobenen Vorwurf des Speziesismus:[42] Hier geht es um die Frage, ob die
bloße Zugehörigkeit zur menschlichen Spezies ein moralisch relevantes Kriteri-

---

39 Vgl. HOFHEINZ 2008, 69 und 87.

40 HABERMAS 2001, 49.

41 Vgl. ebd. 51.

42 Vgl. die Diskussion in Sektion II zum Thema «Speziesismus» in HOLDEREGGER U. A. 2011, 97–165.

um darstelle, welches eine grundsätzlich unterschiedliche Behandlung von Menschen einerseits und Angehörigen anderer Spezies andererseits zu rechtfertigen vermag.[43] Im Menschenwürde-Kapitel seines Buches beantwortet Jürgen Habermas auch die Frage der Mitgliedschaft zur Gemeinschaft moralischer Wesen im Sinne der Berücksichtigung gattungsethischer Grenzen und betont dabei insbesondere die Verletzbarkeit und gegenseitige Abhängigkeit von Menschen:

> Autonomie ist vielmehr eine prekäre Errungenschaft endlicher Existenzen, die nur eingedenk ihrer physischen Versehrbarkeit und sozialen Angewiesenheit überhaupt so etwas wie Stärke erlangen können. Wenn das der Grund der Moral ist, erklären sich daraus auch deren Grenzen. Es ist das Universum möglicher interpersonaler Beziehungen und Interaktionen, das moralischer Regelungen bedarf und fähig ist.[44]

Ein Folgeproblem der Aufhebung des Einbezugs aller Menschen – unabhängig von ihren aktuellen Fähigkeiten – in die Moralgemeinschaft besteht darin, dass der Lebensschutz von Menschen, denen gewisse Merkmale wie Rationalität oder Fähigkeit zur Selbstbestimmung fehlen, begründungsbedürftig wird. Um dieses Problem, das im klinischen Kontext namentlich in der Neonatologie und Geriatrie vor kontraintuitive Entscheidungsalternativen stellt, zu umgehen, haben auch andere Ethikerinnen und Ethiker am Sonderstatus des Menschen festgehalten. Besonders pointiert und in Auseinandersetzung mit bioethischen Fragen geschieht dies bei Martha Nussbaum, insofern sie sich in der Begründung ihres Befähigungsansatzes auf die Naturrechtslehre von Hugo Grotius stützt und von einem Menschenwürde-Konzept ausgeht, das alle Menschen umfasst;[45] oder auch bei Francis Fukuyama, der in seinem Buch «Das Ende des Menschen» einen Faktor X einführt, um das zu charakterisieren, was bleibe, wenn alle sichtbaren Eigenschaften eines Menschen als unwesentlich betrachtet würden: Die Essenz des Humanen nämlich.[46] Er gibt zudem zu bedenken: «Wenn es ein Kontinuum der Abstufungen zwischen Menschen und Nichtmenschen gibt, dann gibt es dergleichen auch innerhalb der Gattung Mensch.»[47]

---

43 Vgl. HALTER 2005: Der Begriff sei in den siebziger Jahren von dem britischen Psychologen Richard D. Ryder als Kampfbegriff gegen den Umgang mit Tieren in Forschung, Fleischkonsum, der Jagd etc. geprägt worden. Für Richard Ryder ist der Speziesismus eine Form der Diskriminierung anderer Spezies durch Menschen, verstanden analog zum Rassismus und Sexismus.

44 HABERMAS 2001, 63 f.

45 Vgl. NUSSBAUM 2006, 21, 36–38.

46 Vgl. FUKUYAMA 2002, 210.

47 Ebd. 217. Vgl. dazu die pointierten Aussagen Peter Singers im Kontext der Covid-19-Pandemie: Auf die Frage des Journalisten Alain Zucker: «Ist nicht jedes Leben gleich viel wert?», antwortete er: «Nein, das Leben eines stark dementen Patienten, der seine Kinder nicht mehr erkennt, ist nicht gleich viel wert wie das einer Person, die mental intakt ist.» ZUCKER 2021.

2.3.3 FREIHEIT ZUR SELBSTBESTIMMUNG

«Wenn es etwas in der Natur des Menschen Feststehendes gibt, dann deren kulturelle Variabilität und Offenheit für fortwährende Neu- und Umdefinitionen.»[48] Zu diesem ernüchternden Resultat kommt Dieter Birnbacher, nachdem er unterschiedlichste Ansätze geprüft hat, um die Natur des Menschen inhaltlich zu konkretisieren oder als relevant zu begründen. Ähnlich lautet das Resultat bei Kurt Bayertz, der beim Versuch, einen der menschlichen Natur inhärenten Wert aufzuzeigen, an religiöse, intuitionistische, metaphysische und funktionalistische Versuche erinnert, um schließlich zu bemerken, dass keiner dieser Versuche überzeugend und einsichtig darlegen könne, worin diese Natur gründe und worin sie inhaltlich bestehe.[49] Wie Dieter Birnbacher verweist er auf das von Giovanni Pico de la Mirandola bereits zu Beginn der Neuzeit entworfene Menschenbild und Würdeverständnis und damit auf die Einsicht in die Freiheit und Verantwortung des Menschen, sich selbst mitsamt seiner Natur nach eigener Maßgabe zu bestimmen.[50] Hilfreich ist eine Bemerkung von Kurt Bayertz zum funktionalistischen Versuch, eine inhärente Natur des Menschen aufzuzeigen: Werde nämlich behauptet, zu weitgehende Eingriffe in die Natur des Menschen könnten im schlimmsten Fall zur Abschaffung des Menschen führen, könne dies nur dann ein Problem darstellen, wenn zuvor vorausgesetzt würde, dass genau dieser «Menschennatur» ein inhärenter Wert zukäme. In dieser Argumentationsweise werde also genau das vorausgesetzt, was gezeigt werden solle.[51] Zugleich wird deutlich, wie radikal die menschliche Freiheit (und Verantwortung) für und vor sich selbst zu denken ist.

Aus systematisch-theologischer Sicht hat Karl Rahner diese letzte Einsicht bereits in den sechziger Jahren des vergangenen Jahrhunderts im Kontext der aufkommenden Debatten über die, wie damals formuliert wurde, «gentechnische Manipulierbarkeit des Menschen» durchdacht.[52] Dabei ging er von der Frage aus, was Menschen genau tun, wenn sie sich selbst verändern. «Der Mensch entdeckt sich als operabel. Diese radikal neue Epoche ist im Kommen.»[53] Der Mensch mache sich die Erde untertan und darin auch sich selbst, formulierte er in dem Text, der auf einen damals häufig von ihm gehaltenen Vortrag zurückgeht. Der 1984 verstorbene Jesuit schrieb hier von Werkhallen der Biologie, Psychologie und Medizin, in denen der Mensch verändert und verbessert werde, durch Steuerung der

---

48 BIRNBACHER 2009, 238; vgl. ausführlicher BIRNBACHER 2006 sowie 2015.

49 Vgl. BAYERTZ 2009, 208–215.

50 Vgl. PICO DELLA MIRANDOLA 1988 (zuerst: 1496).

51 Vgl. BAYERTZ 2009, 214.

52 Vgl. RAHNER 1966.

53 Ebd. 48.

Geburtenhäufigkeit, Schaffung von Spermabanken, Psychopharmaka, Gehirnwä-
sche, die genauso Glückseligkeitszustände erzeugten wie eine konfliktfreie Gesellschaft, eine Weltregierung, getragen von gezüchteten Superintelligenzen. Seine
anthropologischen Betrachtungen eröffnete er mit einem Hinweis auf die christliche Nüchternheit: Die Welt von Morgen werde anders sein als die von heute, insofern der Mensch sich in einem ganz neuen Maß selbst plant, steuert und manipuliert.[54] Für Christen seien weder Jubel noch Lamentationen angesagt, denn die Welt
der (unerlösten) Schöpfung bleibe stets dieselbe und als solche erhalten. Er identifiziert sodann die *Selbstverfügung* als das Wesen, die Natur des Menschen: Der Mensch
sei der seiner Freiheit aufgebürdete und aufgegebene, diese Freiheit sei schöpferisch
und ihr Geschöpf sei der Mensch in seiner Endgültigkeit selbst:

> Denn für ein christliches Selbstverständnis ist der Mensch als Freiheitswesen vor Gott in ra-
> dikalster Weise derjenige, der über sich selbst verfügt, der in Freiheit sich in seine eigene
> Endgültigkeit hineinsetzt, in der Möglichkeit stehend, so über sich selbst zu verfügen und zu
> bestimmen, das zwei absolut verschiedene Endgültigkeiten, die er selber ist, entstehen, der
> Mensch im absoluten Heil oder Unheil.[55]

Ähnlich wie Dieter Birnbacher und Kurt Bayertz relativiert er die Rede von der
Natur des Menschen als geschichtlich gewachsen. Welt und Natur seien nicht das
Intangible, «in das der Mensch sich demütig geborgen erfahre», sondern das endlich Geschaffene, dem der Mensch als der wahre Partner Gottes «herrscherlich»
gegenübertreten könne und solle.[56] Ethisches Kriterium, ob der Mensch tun dürfe, was er kann, zeige sich darin, ob es funktioniere. Und etwas funktioniere nur,
so Karl Rahner, wenn dabei die biologischen, psychologischen und sozialen
Grundgesetze beachtet würden.[57] Die Idee von etwas dem menschlichen Handeln Vorgegebenes bleibt also in seinem Konzept vorhanden, jedoch nicht im Sinne eines ablesbaren Buches wie in der damaligen katholisch-naturrechtlichen
Tradition, sondern nur indirekt zugänglich über dessen Funktionalität. Dieses
Handeln, so der Autor schließlich, könne auch in den Abgrund, zur Zerstörung
der Menschheit oder von deren Lebensgrundlagen führen. Um Ernst und Reichweite dieser Verantwortung aufzuzeigen, nennt er die Möglichkeit, dass sich die
Menschheit zurückkreuzen könne auf die Stufe einer technisch intelligenten und
selbstdomestizierten Australopithekusherde, ohne den Schmerz der Transzendenz, Geschichte und den Dialog mit Gott.[58]

---

54 Vgl. ebd. 53.

55 Ebd. 54.

56 Vgl. ebd. 56. In diesem Sinne kritisiert er die Rede von der «Natur der Frau» oder vom «Wesen
der Familie».

57 Vgl. ebd. 60.

58 Vgl. ebd. 67.

2.3.4 Pflicht zur Verbesserung

Einen entscheidenden Schritt weiter gehen Ansätze, welche davor ausgehen, es bestehe eine Pflicht, die neuen Techniken zur Verbesserung oder Steigerung der menschlichen Möglichkeiten einzusetzen. Julian Savulescu und Guy Kahane haben im Kontext der Reproduktionsmedizin ein entsprechendes Prinzip formuliert und begründet, das davon ausgeht, dass Eltern das größtmögliche Wohl für ihre zukünftigen Kinder anstreben sollten. Gemäß diesem ethischen Prinzip des prokreativen Wohltuns, dem «Principle of Procreative Beneficence» (PB) gelte Folgendes:

> If couples (or single reproducers) have decided to have a child, and selection is possible, then they have a significant moral reason to select the child, of the possible children they could have, whose life can be expected, in light of the relevant available information, to go best or at least not worse than any of the others.[59]

Diese elterliche Pflicht zur positiven Selektion und zum Einsatz von Selektionstechniken beruht auf mindestens zwei Annahmen: Erstens gehen die Autoren davon aus, dass so etwas wie eine vorgegebene «menschliche Natur» oder eine zu achtende «menschliche Normalität» nicht bestehe, worin sie mit den Vertretern der unter 2.3.3 dargestellten Positionen übereinstimmen. Zweitens legen sie die zu Recht umstrittene Annahme zugrunde, die Beurteilung dessen, was ein gutes bzw. besseres Leben für die Nachkommen ausmache, wäre für Eltern grundsätzlich möglich und sei stets auch im Sinne des Nachwuchses. Sie lassen zwar weitgehend offen, worin mögliche Verbesserungen bestehen könnten, sind jedoch sicher, dass sich solche für eine nächste Generation bestimmen ließen:

> PB is thoroughly unsentimental about the present state of things. If parents could increase the prospects of future children's lives by selecting children who are far more intelligent, empathetic or healthier than existing people, then PB instructs parents to select such future children. In comparison to such possible future persons, most existing persons may count as suffering from disability. And if the prospects of future children in some future circumstances would be improved if they had a condition that, in our present environment, counts as a disability, then, again, this is the condition that parents should select. PB is thus not open to the objection that it expresses a discriminatory and hurtful attitude towards people with speciesatypical traits.[60]

Ohne an dieser Stelle näher auf die Begründung dieser Konkretisierung des Konzepts der so genannten liberalen Eugenik einzugehen, liegt ein zentraler Schwachpunkt dieser Position in der fraglichen Annahme bzw. dem Kurzschluss, das Lebensglück oder Wohlbefinden eines Menschen hänge in erster Linie von dessen Intelligenz, Körpergröße, Gesundheit und Fitness ab. Der Begriff des Guten, auf den die beiden Autoren sich hier beziehen, ist in Wirklichkeit viel komplexer und

---

59 Savulescu/Kahane 2009, 274; vgl. auch Harris 2007.
60 Savulescu/Kahane 2009, 290.

an unterschiedlichste Befindlichkeiten und Erfahrungen geknüpft, als in dem
Verständnis, das die Autoren zugrunde legen.[61] Ein Beispiel für die Komplexität
der mit den Vorstellungen des guten Lebens verbundenen Fragen bietet die Entscheidung taubstummer Eltern, via Präimplantationsdiagnostik Nachkommen
selektieren zu lassen, die ebenfalls taubstumm sein werden, mit der Begründung,
dass nur Menschen mit dieser Eigenschaft vollwertige Mitglieder ihrer «Deaf
Community» sein könnten.

2.3.5 VERABSCHIEDUNG DER SONDERSTELLUNG

Eine weitere Gruppe von Ansätzen, die sich von den bisher genannten durch eine
ideologiekritische bzw. biopolitische Perspektive unterscheidet, geht von der Verabschiedung des Subjekts und der damit verbundenen Anthropozentrik aus, beruht auf der Foucault'schen Analyse der Biomacht und beschäftigt sich aus gesell-
schaftsanalytischer sowie ontologischer Perspektive mit dem «Paradox ethischer
Autonomie».[62] Die aus Italien stammende und in den Niederlanden lehrende Philosophin Rosi Braidotti schreibt auf der Basis einer von Baruch Spinoza und Friedrich Nietzsche beeinflussten, unter anderem an den Überlegungen von Gilles
Deleuze anknüpfenden monistischen Erkenntnistheorie von einer *posthumanistischen Ära*, die im Unterschied zu den düsteren Analysen im biopolitischen Entwurf Giorgio Agambens[63] zu einer affirmativen Grundhaltung der Menschen
aufruft: Menschen mögen sich als Teil der großen Lebensenergie, der Zoé, verstehen und sich den Prozessen der Maschinen-, Tier- und Erdwerdung des Menschen
positiv ergeben.[64] Anstelle eines Natur-Kultur-Dualismus favorisiert sie ein mo-
nistisches Modell eines Natur-Kultur-Technik-Kontinuums, in welchem die
selbstorganisierende oder autopoietische Kraft lebendiger Materie als ursächlich
wirkend verstanden werden könne und der Beziehungscharakter alles Lebendigen wesentlich sei.[65] Als Materialistin identifiziert sie die Frage nach der Natur des
Menschen als ein Scheinproblem.

Überraschend ist, dass Rosi Braidotti trotz ihres materialistischen Ansatzes
eine posthumane *Ethik* mit einem – aus humanistischer Perspektive beurteilt –

---

61 Vgl. SCHÜES 2012, 48 f; vgl. auch die Überlegungen zur Charakterisierung dessen, was ein
gutes Leben ausmache bei REHMANN-SUTTER 2012.

62 Vgl. FINKELDE 2013, 30–35: Mit dem «Paradox der Autonomie» spielt der Autor darauf an, dass
die Bioethiken selbst Teil der neu entstehenden biopolitischen Praktiken seien und ihnen daher
der notwendige Abstand fehle, um diese neuen Praktiken bewerten zu können.

63 Vgl. AGAMBEN 2002.

64 Vgl. BRAIDOTTI 2014; zur Einführung in die biopolitischen Positionen von Giorgio Agamben und Gilles Deleuze vgl. FINKELDE 2013, 35–46.

65 Vgl. BRAIDOTTI 2014, 9.

sehr hochstehenden humanen Ethos entwirft, welche im Unterschied zu holisti-
schen Ökophilosophien technophil ist.[66] Ziel sei eine *offene Identitätsentwicklung, in
der letztlich alles Leben miteinander verbunden sei*. Anknüpfend an Gilles Deleuze entwirft sie ein relationales Subjekt, dass durch Verleiblichung, Sexualität, Affektivi-
tät, Empathie und Begehren bestimmt sei:[67]

> Eine posthumanistische Ethik für ein nicht-einheitliches Subjekt propagiert ein erweitertes
> Gefühl wechselseitiger Verbundenheit zwischen dem Selbst und den Anderen – einschließ-
> lich der nichtmenschlichen oder ‹erdhaften› Anderen, – indem sie das Hindernis des selbst-
> zentrierten Individualismus beseitigt.[68]

Materielle Basis dieser «Ethik der Hoffnung»[69] seien Kreativität und Vorstellungs-
kraft, Wünsche, Hoffnungen und Bestrebungen, die notwendig seien, um der
heutigen globalen Kultur einen Sinn geben zu können. Ausdruck verschaffe sich
diese Grundhaltung beispielsweise in einem kosmopolitischen Pluralismus und
einem Engagement für die Rechte von Flüchtlingen und Staatenlosen sowie im
Widerstand gegen Strömungen des Nationalismus, der Xenophobie und des Rassismus.[70] Aus ethiktheoretischer Perspektive bleibt dabei eine eigenartige Spannung zwischen der Forderung eines hochstehenden Ethos einerseits und fehlender theoretischer Begründung dieser Geltungsansprüche andererseits bestehen.

Auch überraschend für einen materialistischen Ansatz ist die Offenheit der
Autorin für das Spirituelle, das sie unter anderem im Bedürfnis der Menschen
nach ethischen Werten entdeckt. Sie betont überdies die Achtung der Heiligkeit
des Lebens und fordert den Respekt vor allem Lebendigen als eine Grundhaltung,
die ihres Erachtens im Gegensatz zum westlichen Engagement für Humanität im
Sinne von Rationalität, Individualismus und Säkularität stehe.[71] Leben deutet sie
als ein «offenes Projekt», eine «Sucht wie andere auch»: «Man hat daran zu arbeiten. Das Leben vergeht, ohne dass wir es besäßen. Wir bewohnen es nur, nicht anders als eine Teilzeitresidenz.»[72] Menschliches Leben geht in diesem Konzept auf
in einer kosmischen, selbstorganisierenden Lebensenergie, die als endlos vorgestellt wird.

---

66 Vgl. ebd. 63.
67 Vgl. ebd. 32.
68 Ebd. 54.
69 Ebd. 125.
70 Vgl. ebd. 57 f.
71 Vgl. ebd. 53.
72 Ebd. 136 (alle drei Zitate).

2.4 Einschätzung und Kritik

Grenzen, die bereits be- oder überschritten wurden, können nicht mehr oder nur noch sehr bedingt als Orientierungslinien dienen. Der Aspekt des Gewachsenen, Vorgegebenen, Natur- oder Wesenhaften, an dem Menschen ihre je eigene leib-seelisch-geistig-spirituelle Identität herausbilden können, haben diese Orientie-rungsqualität jedenfalls verloren. Darum ist es wenig überraschend, dass die mahnenden, skeptischen Stimmen kaum auf inhaltlich dichte Beschreibungen der menschlichen Natur eingehen, sondern in erster Linie intuitiv argumentie-ren, vor möglichen negativen Folgen der (weiteren) Anwendung neuer Techniken warnen und zur Zurückhaltung aufrufen. Auch der Versuch, die menschliche Gattungsidentität an biologische Bedingungen und damit an eine bestimmte bio-logisch-genetische Disposition zu knüpfen, kann im Zeitalter der humangeneti-schen Fortschritte nicht überzeugen.

Eine weitreichende und zu Recht umstrittene Ausweitung dagegen besteht im Versuch der Begründung einer *Pflicht zur Verbesserung* der Menschheit, die über den Weg der sogenannten liberalen Eugenik – also über autonome Entscheidungen zukünftiger Eltern – und durch die Anwendung neuer Techniken erreicht werden soll. Das Problem ist nicht der Aufruf zum Einsatz zugunsten eines guten Lebens, sondern vielmehr die Art und Weise, wie dieses Vorhaben realisiert werden soll, nämlich auf dem Weg der Anwendung neuer Bio-und Humantechniken. Hier weist zunächst Jens Jessen in seinem Aufruf zur Achtung der menschlichen Na-tur auf einen wichtigen blinden Fleck hin, indem er die einseitige Gewichtung in-dividueller Maßnahmen kritisiert, welche gesellschaftliche Missstände und deren notwendige Veränderung völlig unbeachtet lässt. Diese krasse Einseitigkeit wird auch seit vielen Jahren im Bereich der Disability Studies kritisiert und durch die Profilierung eines sozialen Modells der Behinderung zu korrigieren versucht.[73] Darüber hinaus kommt in diesem Aufruf zur Verbesserung des Menschen ein re-duktionistischer Begriff des Guten zum Einsatz, der beim näheren Hinschauen nicht überzeugt: Was ein gutes, geglücktes und gedeihendes menschliches Leben kennzeichnet, lässt sich nicht über körperliche Parameter oder genetische Be-schaffenheiten alleine konkretisieren. Biologische Bedingungen mögen zwar für die Disposition verantwortlich sein, von der aus auch das menschliche Leben ge-führt werden kann, im Lebensvollzug selbst jedoch spielen Aspekte der sozialen Anerkennung, Kreativität, Freundschaft oder Partnerschaft eine weitaus wichti-gere Rolle als beispielsweise die Körpergröße, der Intelligenzquotient, die Ge-sundheit, Behinderung oder Krankheit eines Menschen.

Rosi Braidotti gelingt es in ihrem *posthumanistischen Ansatz*, gegenwärtige Vor-gänge, Erfahrungen und Intuitionen, beispielsweise die Skepsis angesichts des

---

73 Vgl. beispielsweise SHAKESPEARE 2014; GRAUMANN 2014.

Umgangs mit Tieren in Massentierhaltung und Forschung, der Bedeutung technischer Innovationen für die Herausbildung und Gestaltung der eigenen Identität, die Intuition, dass in der Konfrontation mit dem Klimawandel, dem Artensterben und dem aus dem Lot geratenen ökologischen Gleichgewicht gängige und erprobte Lebenskonzepte nicht mehr genügen, aufzugreifen und in eine völlig neu konzipierte, nicht-anthropozentrische Gesamtsicht zu integrieren. Dazu kommen zwei wesentliche Eigenheiten ihrer Theorie, die bei vielen Menschen auf Zustimmung stoßen dürften: Zum einen integriert sie die auf Ideen von Michel Foucault basierenden Überlegungen zur Biopolitik und Biomacht, baut ihre Überlegungen auf antihumanistische Theorien auf, interpretiert diese jedoch in affirmativer Weise radikal neu. Damit kommt sie zu völlig anderen Ergebnissen als beispielsweise Giorgio Agamben mit seinen düsteren Szenarien des bloßen Lebens in der modernen Gesellschaft und bietet zumindest Ansätze, wie Menschen heute offene Sinnfragen auf positive Weise beantworten können. Zum andern entwirft sie eine integrative, alle Formen des Lebens einbeziehende Ethik mitsamt einer entsprechenden Grundhaltung, welche nicht zuletzt auch Elemente der Spiritualität und der «Ehrfurcht-vor-dem-Leben-Tradition» mit einbezieht. Nicht wenige Einzelbeobachtungen, Analysen, Forderungen und vor allem Ideale, die sie nennt, lassen sich – abgesehen von ihrer dezidierten Technophilie – beispielsweise auch in der Enzyklika «Laudato si'» von Papst Franziskus wiederentdecken.[74] Aus ethischer Sicht bleibt allerdings völlig unbeantwortet, wie die Autorin im Rahmen ihres materialistischen und monistischen Theorierahmens und ausgehend von empirisch-materiellen Seinsaspekten schließlich auf weitreichende normative und axiologische Sollensaspekte zu schließen vermag. Ihre Ausführungen zu einem anspruchsvollen und enorm altruistischen menschlichen Ethos erscheinen dadurch letztlich willkürlich. Warum Menschen ihre Befind-

---

74 Vgl. FRANZISKUS 2015: «Wir vergessen, dass wir selber Erde sind.» (LS 2); «Da alle Geschöpfe miteinander verbunden sind, muss jedes mit Liebe und Bewunderung gewürdigt werden, und alle sind wir aufeinander angewiesen.» (LS 24); «Das Problem ist, dass wir noch nicht über die Kultur verfügen, die es braucht, um dieser Krise entgegenzutreten.» (LS 53); «Auf diese Weise bemerken wir, dass die Bibel keinen Anlass gibt für einen despotischen Anthropozentrismus, der sich nicht um die anderen Geschöpfe kümmert.» (LS 68); «Doch es wäre auch irrig zu denken, dass die anderen Lebewesen als bloße Objekte angesehen werden müssen,...» (LS 82); «Das ganze materielle Universum ist ein Ausdruck der Liebe Gottes, seiner grenzenlosen Zärtlichkeit uns gegenüber. Der Erdboden, das Wasser, die Berge – alles ist eine Liebkosung Gottes.» (LS 84); «Einen guten Teil unserer genetischen Information haben wir mit vielen Lebewesen gemeinsam.» (LS 138); «Wir sind in sie (die Natur, d. V.) eingeschlossen, sind ein Teil von ihr und leben mit ihr in wechselseitiger Durchdringung.» (LS 139). – Unterschiedlich hingegen ist die Einschätzung der Rolle der Technik, vgl. z. B. LS 60, 111 u. ö., vgl. aber auch das Zitat von Johannes Paul II. in LS 102, in welchem «Wissenschaft und Technologie als ein großartiges Geschenk gottgeschenkter Kreativität» bezeichnet werden.

lichkeit als Teil einer selbstorganisierenden, unendlichen kosmischen Energie positiv und hoffnungsvoll für sich deuten sollten, bleibt unbeantwortet.

Hinsichtlich der ethischen Begründung überzeugen darum die *Freiheitspositionen* am ehesten, insofern sie einerseits auf die mangelnde Begründbarkeit essentialistischer Positionen hinweisen, andererseits aber die menschliche Verantwortung im Umgang mit den neuen Errungenschaften betonen. Zu Recht wird daran festgehalten, dass Menschen sich dadurch von anderen Lebewesen unterscheiden, dass sie sich als einzige in der Lage vorfinden, ihr Handeln (und Unterlassen) gegenüber anderen und anderem begründen und verantworten zu sollen. Die knappe Rekonstruktion der Enhancement-Positionen und vor allem des posthumanistischen Entwurfs von Rosi Braidotti weist allerdings auch auf zwei gravierende Schwächen der Freiheitspositionen hin: Zum einen das weitgehende Fehlen von Überlegungen zum guten und gelungenen Leben, von Lebensmodellen und «Biomoralitäten», welche hinsichtlich eines gedeihlichen Umgangs mit den neuen technischen Errungenschaften konkrete Anhaltspunkte zu liefern imstande wären und die neu eine Orientierungsfunktion übernehmen könnten. Zum andern besteht ein Manko darin, dass Fragen zur Bio-Macht und Bio-Politik weitgehend ausgeblendet werden und daher auch über die Funktionalisierung ethischer Diskurse in der spätmodernen Gesellschaft zu wenig ideologiekritisch nachgedacht wird.

2.5 Fazit

Dass sich heute aufgrund neuer technischer Errungenschaften bislang als unverrückbar angenommene Grenzen oder Konturen der «menschlichen Natur» verschieben, lässt sich nicht leugnen. Die damit verbundene Verunsicherung hat Konsequenzen sowohl hinsichtlich der Begründung grundlegender Menschenrechte, der Selbstvergewisserung über den menschlichen Status als auch der ethischen Orientierung im Dschungel neuer Handlungsmöglichkeiten.

Die Beschäftigung mit einschlägigen ethischen Positionen, welche auf diese Grenzverschiebungen reagieren, hat auf einige Kurzsichtigkeiten, Gefahren und theoretische Desiderata aufmerksam gemacht. Ein grundlegendes Problem besteht offenkundig in einem gesellschafts- und kulturvergessenen, einseitig naturwissenschaftlich ausgerichteten, theoretischen wie praktischen Hyper-Individualismus. Darin ist jede und jeder aufgefordert, in permanenter Anstrengung und unter Einbezug immer wieder neuer technischer Möglichkeiten die eigene Identität zu sichern. Unter den Bedingungen globaler und pluralistischer Gesellschaften können die neuen Leerstellen in der Orientierung über Rechte, Status und ethische Orientierung rasch zu einer heillosen Überforderung und Erschöpfung führen. Wird die Entwicklung der eigenen Identität – wie im Bereich des gegenwärtigen Gesundheitsverständnisses bereits weitgehend etabliert – zu einer tagtäglich zu bewältigenden Aufgabe der Selbst-Optimierung, führt das für viele Menschen in Depression und Burnout.[75] Mit seinen mahnenden Ausführungen ruft Jürgen Habermas in Erinnerung, dass die Autonomie im Sinne einer Autorenschaft über das eigene Leben stets eine prekäre Errungenschaft endlicher Existenzen ist, die nur im Wissen um die eigene Verletzbarkeit und ihre Angewiesenheit auf andere möglich wird.

Angesichts dieser Befunde stehen einige Aufgaben an: Mit Blick auf die Grenzverschiebungen sind zunächst theoretische Bemühungen um eine glaubwürdige theoretische Fundierung von Idee und Politik der Menschenrechte besonders wichtig. Die Frage nach dem Status des Menschen im Gesamt der Natur bzw. der Schöpfung stellt sich insbesondere aufgrund der Relativierung der Speziesgrenzen und des Klimawandels erneut und radikal. Wesentlich scheint hier, an Erfahrungen, Emotionen, Überzeugungen und Intuitionen anzuknüpfen, auch wenn sich diese womöglich zunächst skurril erscheinenden Biomoralitäten verdanken oder in solchen zum Ausdruck gebracht werden. Dabei geht es um die Suche nach gelungenen Lebensformen und Vorstellungen des guten Lebens, die in den Standarddiskursen der Bioethik zu lange vernachlässigt wurden. Gleichzeitig ist eine ideologiekritische Auseinandersetzung sowohl mit technischen Aspekten einschließlich deren Vermarktung und Etablierung als auch mit den bioethischen Diskursen nötig, welche nicht selten den Anschein erwecken, als würden sie – rein technikgetrieben und emotionsfrei – mehr zur Akzeptanzbeschaffung neuer Techniken als zur kritischen Reflexion derselben dienen.

LITERATUR

ACH, JOHANN S., *Menschen und Mäuse. Zur Ethik von Mensch-Tier-Beziehungen*, in: DERS./LÜTTENBERG, BEATE/QUANTE, MICHAEL (Hg.), *wissen.leben.ethik. Themen und Positionen der Bioethik*, Münster 2014, 303–314.

AGAMBEN, GIORGIO, *Homo sacer. Die souveräne Macht und das nackte Leben*, Frankfurt a. M. 2002.

ALLARD, JULIE/FORTIN, MARIE-CHANTAL, *Organ Donation after Medical Assistance in Dying or Cessation of Life-Sustaining Treatment Requested by Conscious Patients: the Canadian Context*, in: Journal of Medical Ethics 43 (2017), 601–605.

BARANZKE, HEIKE, *Würde der Kreatur. Die Idee der Würde im Horizont der Bioethik*, Würzburg 2002.

BAYERTZ, KURT, *Hat der Mensch eine «Natur»? Und ist sie wertvoll?*, in: WEISS, MARTIN G. (Hg.), *Bios und Zoe. Die menschliche Natur im Zeitalter ihrer technischen Reproduzierbarkeit*, Frankfurt a. M. 2009, 191–218.

BIELEFELDT, HEINER, *Die Leibhaftigkeit der Freiheit. Sexuelle Orientierung und Gender-Identität im Menschenrechtsdiskurs*, in: BOGNER, DANIEL/MÜGGE, CORNELIA (Hg.), *Natur des Menschen. Brauchen die Menschenrechte ein Menschenbild?*, Freiburg i. Ue./Freiburg i. Br. 2015, 145–153.

---

75 Vgl. EHRENBERG 2012.

BIRNBACHER, DIETER, *Menschenbilder und Menschenrechte – eine Wechselwirkung*, in: BOGNER, DANIEL/MÜGGE, CORNELIA (Hg.), *Natur des Menschen. Brauchen die Menschenrechte ein Menschenbild?*, Freiburg i. Ue./Freiburg i. Br. 2015, 29–43.

—, *Natürlichkeit*, Berlin 2006.

—, *Wieweit lassen sich moralische Normen mit der «Natur des Menschen» begründen?*, in: WEISS, MARTIN G. (Hg.), *Bios und Zoe. Die menschliche Natur im Zeitalter ihrer technischen Reproduzierbarkeit*, Frankfurt a. M. 2009, 219–239.

BRAIDOTTI, ROSI, *Posthumanismus. Leben jenseits des Menschen*, Frankfurt a. M. 2014.

CASEY, GENEVIEVE M./KEKEWICH, MICHAEL/NAIK, VIREN N. ET AL., *A Request for Directed Organ Donation in Medical Assistance in Dying (MAID)*, in: Canadian Journal of Anesthesia 67 (2020), 806–809.

CLAUSEN, JENS, *Die «Natur des Menschen»: Geworden und gemacht. Anthropologisch-ethische Überlegungen zum Enhancement*, in: Zeitschrift für Medizinische Ethik 52 (2006), 391–401.

DALEY, GEORGE Q./LOVELL-BADGE, ROBIN/STEFFANN, JULIE, *After the Storm – A Responsible Path for Genome Editing*, in: New England Journal of Medicine 380 (2019), 897–899.

EHRENBERG, ALAIN, *Das Unbehagen in der Gesellschaft*, Berlin 2012.

ERNST, STEPHAN, *Am Anfang und Ende des Lebens. Grundfragen medizinischer Ethik*, Freiburg i. Br. 2020.

FINKELDE, DOMINIK, *Ausnahmezustand oder Prozessualität neuer Welten? – Zur parallaktischen Lücke zwischen Faktum und Urteil in Philosophien der Biopolitik*, in: FINKELDE, DOMINIK/INTHORN, JULIA/REDER, MICHAEL (Hg.), *Normiertes Leben. Biopolitik und die Funktionalisierung ethischer Diskurse*, Frankfurt a. M. 2013, 27–48.

—/INTHORN, JULIA/REDER, MICHAEL (Hg.), *Normiertes Leben. Biopolitik und die Funktionalisierung ethischer Diskurse*, Frankfurt a. M. 2013.

FRANZISKUS, *Laudato si'. Über die Sorge für das gemeinsame Haus. Enzyklika*, Rom 2015.

FUKUYAMA, FRANCIS, *Das Ende des Menschen*, Stuttgart/München 2002.

GILBO, NICHOLAS/JOCHMANS, INA/JACOBS-TULLENEERS-THEVISSEN, DANIEL ET AL., *Survival of Patients With Liver Transplants Donated After Euthanasia, Circulatory Death, or Brain Death at a Single Center in Belgium*, in: JAMA 322 (2019) 78–80.

GRÄB-SCHMIDT, ELISABETH, *Würde als Bestimmung der Natur des Menschen? Theologische Reflexionen zu ihrem (nach-)metaphysischen Horizont*, in: HÄRLE, WILFRIED/VOGEL, BERNHARD (Hg.), *Begründung von Menschenwürde und Menschenrechten*, Freiburg i. Br. 2008, 134–168.

GRAUMANN, SIGRID, *Ethik und Behinderung*, in: Zeitschrift für Medizinische Ethik 60 (2014), 207–219.

GRUNWALD, ARMIN, *Climate Engineering. Letzte Rettung im Klimawandel oder unkalkulierbares Risiko?*, in: ACH, JOHANN S./LÜTTENBERG, BEATE/QUANTE, MICHAEL (Hg.), *wissen.leben. ethik. Themen und Positionen der Bioethik*, Münster 2014, 293–302.

HABERMAS, JÜRGEN, *Die Zukunft der menschlichen Natur. Auf dem Weg zu einer liberalen Eugenik?*, Frankfurt a. M. 2001.

HALTER, HANS, *Der tierethische Speziesismus-Vorwurf und die christliche Ethik*, in: WILS, JEAN-PIERRE/ZAHNER, MICHAEL (Hg.), *Theologische Ethik zwischen Tradition und Modernitätsanspruch. Festschrift für Adrian Holderegger zum sechzigsten Geburtstag*, Freiburg i. Ue./Freiburg i. Br. 2005, 229–242

HARRIS, JOHN, *Enhancing Evolution. The Ethical Case for Making Better People*, Princeton 2007.

HILPERT, KONRAD/SAUTERMEISTER, JOCHEN (Hg.), *Organspende – Herausforderung für den Lebensschutz*, Freiburg i. Br. 2014.

HOFHEINZ, MARCO, *Gezeugt, nicht gemacht. In-vitro-Fertilisation in theologischer Perspektive*, Münster 2008.

HOLDEREGGER, ADRIAN/WEICHLEIN, SIEGFRIED/ZURBUCHEN, SIMONE (Hg.), *Humanismus. Sein kritisches Potential für Gegenwart und Zukunft*, Basel/Freiburg i. Ue. 2011.

JESSEN, JENS, *Der neue Mensch. Befreit von allen Fesseln der Natur: Ein Jahresrückblick auf die Debatten um Social Freezing, Gendertheorie und Sterbehilfe*, in: Die Zeit, Nr. 52, 17.12.2014.

KARAFYLLIS, NICOLE C., Art. «Homo faber / Technik», in: BOHLKEN, EIKE/THIES, CHRISTIAN (Hg.), *Handbuch Anthropologie. Der Mensch zwischen Natur, Kultur und Technik*, Stuttgart 2009, 340–344.

KOCH, CLAUS, *Ende der Natürlichkeit. Eine Streitschrift zu Biotechnik und Bio-Moral*, München/Wien 1994.

KORFF, WILHELM/BECK, LUTWIN/MIKAT, PAUL (Hg.), *Lexikon der Bioethik*, 3 Bände, Gütersloh ²2000.

KÖRTNER, ULRICH H. J., *Personen werden geboren. Zur Kritik der Vorstellung von der Person als causa sui und ihren Konsequenzen für die Ethik*, in: WEISS, MARTIN G. (Hg.), *Bios und Zoe. Die menschliche Natur im Zeitalter ihrer technischen Reproduzierbarkeit*, Frankfurt a. M. 2009, 240–272.

KREBS, ANGELIKA, *Anthropologie und Ethik*, in: HOLDEREGGER, ADRIAN/WEICHLEIN, SIEGFRIED/ ZURBUCHEN, SIMONE (Hg.), *Humanismus. Sein kritisches Potential für Gegenwart und Zukunft*, Basel/Freiburg i. Ue. 2011, 127–132.

LANDER, ERIC S., *Brave New Genome*, in: New England Journal of Medicine 373 (2015), 5–8.

—/BAYLIS, FRANÇOISE/ZHANG, FENG ET AL., *Adopt a moratorium on heritable genome editing*, in: Nature 567 (2019), 165–168.

LANGE, MANFRED A., *Der Klimawandel. Wissenschaftliche Erkenntnisse und ethische Gesichtspunkte*, in: ACH, JOHANN S./LÜTTENBERG, BEATE/QUANTE, MICHAEL (Hg.), *wissen.leben.ethik. Themen und Positionen der Bioethik*, Münster 2014, 279–292.

LIENKAMP, ANDREAS, *Klimawandel und Gerechtigkeit. Eine Ethik der Nachhaltigkeit in christlicher Perspektive*, Paderborn/München/Wien/Zürich 2009.

MAIO, GIOVANNI (Hg.), *Abschaffung des Schicksals? Menschsein zwischen Gegebenheit des Lebens und medizinisch-technischer Machbarkeit*, Freiburg i. Br. 2011.

NOWOTNY, HELGA/TESTA, GIUSEPPE, *Die gläsernen Gene. Die Erfindung des Individuum im molekularen Zeitalter*, Frankfurt a. M. 2009.

NUSSBAUM, MARTHA, *Frontiers of Justice. Disability, Nationality, Species Membership*, Cambridge/London 2006.

OSTNER, JULIA, Art. «Primatologie», in: BOHLKEN, EIKE/THIES, CHRISTIAN (Hg.), *Handbuch Anthropologie. Der Mensch zwischen Natur, Kultur und Technik*, Stuttgart 2009, 233–241.

PICO DELLA MIRANDOLA, GIOVANNI, *Über die Würde des Menschen*, Zürich 1988 (zuerst: «De hominis dignitate», Bologna 1496).

RAHNER, KARL, *Experiment Mensch. Theologisches über die Selbstmanipulation des Menschen*, in: ROMBACH, HEINRICH (Hg.), *Die Frage nach dem Menschen. Aufriss einer philosophischen Anthropologie*, Freiburg i. Br./München 1966, 45–69.

REHMANN-SUTTER, CHRISTOPH, *Können und wünschen können*, in: EILERS, MIRIAM/GRÜBER, KATRIN/REHMANN-SUTTER, CHRISTOPH (Hg.), *Verbesserte Körper – gutes Leben? Bioethik, Enhancement und die Disability Studies*, Frankfurt a. M. 2012, 63–86.

ROSE, NIKOLAS, *The Politics of Life Itself. Biomedicine, Power, and Subjectivity in the Twenty-First Century*, Princeton 2007.

SANDEL, MICHAEL, *Plädoyer gegen die Perfektion. Ethik im Zeitalter der genetischen Technik*, mit einem Vorwort von JÜRGEN HABERMAS, Berlin 2008.

SAVULESCU, JULIAN/KAHANE, GUY, *The Moral Obligation to Create Children With the Best Chance of the Best Life*, in: Bioethics 23 (2009), 274–290.

SCHERRER, URS, *Die Natur austricksen – mit ungewissem Ausgang*, in: Neue Zürcher Zeitung, 03.06.2014, 21.

SCHOCKENHOFF, EBERHARD, *Naturrecht und Menschenwürde. Universale Ethik in einer geschichtlichen Welt*, Mainz 1996.

SCHÖNE-SEIFERT, BETTINA, *Hirntod: Ja, aber… – Versuch einer Zwischenbilanz*, in: ACH, JOHANN S./LÜTTENBERG, BEATE/QUANTE, MICHAEL (Hg.), *wissen.leben.ethik. Themen und Positionen der Bioethik*, Münster 2014, 67–77.

SCHÜES, CHRISTINA, *Menschliche Natur, glückliche Leben und zukünftige Ethik. Anthropologische und ethische Hinterfragungen*, in: EILERS, MIRIAM/GRÜBER, KATRIN/REHMANN-SUTTER, CHRISTOPH (Hg.), *Verbesserte Körper – gutes Leben? Bioethik, Enhancement und die Disability Studies*, Frankfurt a. M. 2012, 41–62.

SHAKESPEARE, TOM, *Disability Rights and Wrongs Revisited*, New York 2014.

SINGER, PETER, *Praktische Ethik*. Neuausgabe, Stuttgart 1994.

SITTER-LIVER, BEAT, *Ergänzungen zum Konzept der Anthropologischen Ethik*, in: HOLDEREGGER, ADRIAN/WEICHLEIN, SIEGFRIED/ZURBUCHEN, SIMONE (Hg.), *Humanismus. Sein kritisches Potential für Gegenwart und Zukunft*, Basel/Freiburg i. Ue. 2011, 133–144.

SPAEMANN, ROBERT, *Euthanasie. Wer Sterbehilfe erlaubt, macht über kurz oder lang den Selbstmord pflegebedürftiger Personen zur Pflicht. Die öffentliche Debatte um den Suizid auf Verlangen hat sich in heillose Widersprüche verstrickt*, in: Die Zeit, 12.02.2015, 40.

STEPHAN, ACHIM, *Der getunte Mensch als emotionale Herausforderung*, in: ACH, JOHANN S./LÜTTENBERG, BEATE/QUANTE, MICHAEL (Hg.), *wissen.leben.ethik. Themen und Positionen der Bioethik*, Münster 2014, 213–224.

STOECKER, RALF, *Zwischen Leben und Tod – Das Hirntodproblem und wie man es lösen kann*, in: ACH, JOHANN S./LÜTTENBERG, BEATE/QUANTE, MICHAEL (Hg.), *wissen.leben.ethik. Themen und Positionen der Bioethik*, Münster 2014, 79–90.

VOGT, MARKUS, *Christliche Umweltethik. Grundlagen und zentrale Herausforderungen*, Freiburg i. Br. 2021.

WEISS, MARTIN G. (Hg.), *Bios und Zoe. Die menschliche Natur im Zeitalter ihrer technischen Reproduzierbarkeit*, Frankfurt a. M. 2009.

WILS, JEAN-PIERRE, *Der Mensch im Konflikt der Interpretationen*, in: HOLDEREGGER, ADRIAN/MÜLLER, DENIS/SITTER-LIVER, BEAT/ZIMMERMANN-ACKLIN, MARKUS (Hg.), *Theologie und biomedizinische Ethik. Grundlagen und Konkretionen*, Freiburg i. Br./Freiburg i. Ue. 2002, 173–191.

WOLF, URSULA (Hg.), *Texte zur Tierethik*, Stuttgart 2008.

YACOUB, MAGDI, *Cardiac Donation After Circulatory Death: A Time to Reflect*, in: Lancet 385 (2015), 2554–2556.

ZUCKER, ALAIN, *«Leben retten kann nicht das einzige Ziel sein». Interview mit Peter Singer*, in: NZZ am Sonntag, 14.02.2021, 46 f.

3 LEGITIMATIONSKRISE DES HELFENS?
ZUR AMBIVALENZ CHRISTLICHER NÄCHSTENLIEBE

Es gibt eben zweierlei Mitleid. Das eine, das schwachmütige und sentimentale, das eigentlich nur Ungeduld des Herzens ist, sich möglichst schnell freizumachen von der peinlichen Ergriffenheit vor einem fremden Unglück, jenes Mitleid, das gar nicht Mit-leiden ist, sondern nur instinktive Abwehr des fremden Leidens von der eigenen Seele. Und das andere, das einzig zählt – das unsentimentale, aber schöpferische Mitleid, das weiß, was es will, und entschlossen ist, geduldig und mitduldend alles durchzustehen bis zum Letzten seiner Kraft und noch über dies Letzte hinaus.[1]

Gott kennen heißt wissen, was zu tun ist.[2]

3.1 Helfendes Handeln unter Verdacht

Die Frage nach der Berechtigung oder Legitimation helfenden Handelns steht seit einigen Jahren teilweise verdeckt, teils aber auch ganz offen zur Debatte. In der Sozialarbeitswissenschaft beispielsweise gilt der Begriff des «Helfens» als prinzipiell überholt, wie Ralf Hoburg in der Einleitung zu seinem Sammelband «Theologie der helfenden Berufe» schreibt, wobei der mögliche Machtmissbrauch bzw. die grundsätzliche Gefahr der Machtförmigkeit des Verhältnisses zwischen helfender Person oder Organisation und hilfsbedürftigen Menschen im Zentrum der Aufmerksamkeit stehen.[3] Im Rahmen einer kenyanischen Comedy-Serie wird das «Helfersyndrom in Afrika» aufs Korn genommen, wobei die im Zeitalter der Globalisierung zunehmend umstrittenen Formen der Entwicklungshilfe bzw. -zusammenarbeit ironisch kommentiert sowie als paternalistisch und wirkungslos kritisiert werden.[4] Ein weiteres beliebtes Objekt der Kritik ist die Erschöpfungsdepression oder das «Burnout» bei Helferberufen, welche als Problem der so genannten «hilflosen Helfer»[5], weniger hingehen als Symptom schwieriger gesellschaftlicher Problemlagen gedeutet wird. Einschlägig bekannt sind zudem die in der Medizinethik omnipräsente Kritik am ärztlichen Paternalismus im Bereich der Gesundheitsversorgung[6] sowie die Infragestellung des staatlichen Paternalismus in der Rechtswissenschaft, beispielsweise in Auseinandersetzung mit den Regulierungen im Bereich des Sozial- und Präventionsrechts. Etwas speziell ist das im Kontext der Impf-Debatten vertretene Argument, die Hilfestellung für Schwache verhindere das, was von Natur aus eigentlich vorgesehen sei, näm-

---

1 ZWEIG 1939, 15.

2 LÉVINAS 1992, 29.

3 Vgl. HOBURG 2008, 18.

4 Vgl. HAEFLIGER 2014, 54.

5 Vgl. SCHMIDBAUER 1977, 2002 und 2007.

6 Vgl. z. B. BUTZ 2014, 51–65.

lich die Selektion der Schwachen bzw. das «Survival-of-the-Fittest». Bislang auf
zu wenig Beachtung gestoßen ist die Infragestellung der Rolle helfender Personen
im Kontext der Suizidhilfe: dies wäre namentlich in Situationen notwendig, in
denen die Urteilsfähigkeit sterbewilliger Menschen – beispielsweise aufgrund einer schweren psychischen Erkrankung – zweifelhaft ist und die zuverlässige Feststellung eines psychiatrischen Fachgutachtens bedürfte. Helfendes Handeln wird
als bevormundend, kontraproduktiv (die Eigeninitiative der Hilfesuchenden werde erstickt) und hilflos (im Sinne der Rede von den hilflosen Helfern oder einer
Selbstüberforderung mit Burnout-Gefahr) kritisiert. Gewarnt wird vor einem
ungerechtfertigten Paternalismus schwächeren Menschen gegenüber, deren
Hilfsbedürftigkeit perpetuiert statt beseitigt würde. Der emeritierte Heidelberger
Neutestamentler Gerd Theißen hat die Kritik systematisch einmal folgendermaßen gefasst: Das Helfen werde gegenwärtig auf dreifache Weise infrage gestellt,
nämlich als dysfunktional gegen die Evolution gerichtet (Biologie), als Ausdruck
der psychischen Selbstausbeutung (Psychologie) und als Machtmissbrauch
(Soziologie).[7]

Wie lässt sich angesichts dieser Kritik das helfende Handeln, das nicht selten
im Namen der christlichen Nächstenliebe, Caritas oder Barmherzigkeit praktiziert wird, legitimieren? Zudem: Unterscheidet sich ein durch christliche
Nächstenliebe motiviertes Engagement von einem solchen, das in erster Linie
durch Karriereabsichten oder Profitinteressen motiviert ist? Wenn sich dies so
verhalten sollte, worin kommen diese Unterschiede dann zum Ausdruck? Generiert die christliche Caritas einen spezifischen Output, einen irgendwie iden-
tifizierbaren Mehrwert gegenüber anderweitig motiviertem helfenden Handeln?

Auf der Website der Hirslanden-Gruppe, einem führenden privaten Anbie-
ter für Gesundheitsleistungen in der Schweiz, werden beispielsweise als
«Grundwerte der Mitarbeitenden» Kundenorientierung, Teamgedanke, Leis-
tungsorientierung, Patientensicherheit, Vertrauen und Respekt angegeben;[8]
ein Hinweis auf die Caritas-Tradition, heute gewöhnlich formuliert anhand der
Begriffe «Care», «Sorge», «Hilfe», «Unterstützung», «Empowerment» oder «Wohl-
tun», fehlte bis vor Kurzem auf der Website,[9] obgleich die Arbeit mit den Patientinnen und Patienten in den Krankenhäusern der Hirslanden-Gruppe ähnlich
ablaufen und strukturiert sein dürfte wie in christlich konfessionell geführten
Häusern – zumal dieser Privatanbieter, der zu dem südafrikanischen Finanz-

---

7   Vgl. THEISSEN 1990, 46–53.
8   Vgl. https://www.hirslanden.ch/de/corporate/ueber-uns/together-we-care.html (12.07.2023).
9   Neu wurde die Gesamtstrategie des Unternehmens auf der deutschsprachigen Website mit
    «Together We Care» überschrieben, vgl. ebd.

konsortium «Mediclinic» gehört, einige der insgesamt nur sehr wenigen konfessionell geführten Krankenhäuser in der Schweiz übernommen hat.[10]

Im Zuge der Auseinandersetzung mit den kritischen Anfragen bildete sich in
der Theorie der Sozialarbeit ein Hilfe-Verständnis heraus, in welchem der Prozess
der Hilfe auf die funktionale Erbringung von Dienstleistungen und damit auf den
gewünschten Output reduziert verstanden wurde.[11] Damit wurde die in Motivation, Intention und Grundhaltung (Tugenden) zum Ausdruck kommende persönliche Dimension des helfenden Handelns weitgehend ausgeklammert und
blieb unbeachtet: «Die Entkleidung des Helfens um seine religiösen Motive und
Ursprünge produzierte in der Sozialarbeit den Mythos einer rational produzier-
baren Hilfeleistung. Dabei degenerierte das ‹Helfen› zu einem funktional beschreibbaren technologischen Vorgang.»[12]

Inzwischen sei diese persönliche Dimension auch in der Sozialarbeitstheorie
wiederentdeckt und anerkannt worden, schreibt Ralf Hoburg:[13] Im Bereich helfenden Handelns zwischen Menschen sei von einem anthropologischen Mehrwert die Rede, der Impuls zu helfen werde in Abhängigkeit zu den Wahrnehmungen, die eine Person mache, und auch zu den die helfende Person prägenden Werte verstanden.

Wenn Menschen anderen helfen, besteht grundsätzlich eine Asymmetrie und,
damit verbunden, ein Machtgefälle. Dass es in solchen Situationen auch zu Fällen
von Machtmissbrauch kommt, lässt sich schwer verhindern. Helfendes Handeln
gerät darum berechtigterweise unter den Verdacht, dazu beizutragen, Machtver-
hältnisse zu schaffen oder bestehende zu zementieren. Bereits vor Bekanntwer-
den der Missbrauchsskandale in der katholischen Kirche hat Hermann Steinkamp aus Sicht der praktischen Theologie die Foucault'schen Beobachtungen zur
Pastoralmacht mit Blick auf das seelsorgerliche und diakonische Handeln im Bereich kirchlicher Organisationen analysiert und dabei eine Reihe subtiler, miss-
brauchsanfälliger Strukturen aufgedeckt.[14] Zu den Merkmalen dieser Pastoralmacht gehöre, dass sie vordergründig nicht als Macht erscheine, sondern sich
hinter vielerlei Tarnungen verberge, namentlich als Fürsorge oder aufopfernder

---

10 Wenn hier von Grundwerten die Rede ist, sind wohl in erster Linie *Werthaltungen* (traditionell
Tugenden) gemeint. Zur Bedeutung der Care oder Fürsorge als einer Grundtugend für Pflegende
vgl. MONTEVERDE 2015.

11 Vgl. HOBURG 2008, 18.

12 Ebd. 19.

13 Vgl. ebd. 19.

14 Vgl. STEINKAMP 1999: Der Autor setzt seinen Analysen der Pastoralmacht im letzten Kapitel
eine Gegenvision christlicher Freiheitspraxis entgegen, einer grundlegenden Solidarität, die sich
die Subjektwerdung und Freiheit aller Menschen zum Ziel setzt.

Einsatz für die ihr Anvertrauten, als liebevolle Sorge um fremdes Seelenheil.[15] Viele der von ihm genannten Bedenken gelten nicht zuletzt auch für den säkularen Wohlfahrtsstaat mit seinen teilweise starke Abhängigkeiten erzeugenden oder verfestigenden Hilfe-Einrichtungen.[16]

Helfendes Handeln geschieht zum einen spontan im zwischenmenschlichen Bereich, zum andern in organisierten Formen: Der Begriff «Caritas» steht für beide Aspekte, sowohl für die christliche Barmherzigkeit im zwischenmenschlichen Bereich, also die spontan tätig werdende Nächstenliebe, als auch für eine der größten Hilfsorganisationen Deutschlands, nämlich den Deutschen Caritasverband, bei dem rund 700'000 Personen in knapp 25'000 Einrichtungen und Diensten berufstätig sind, die zudem von mehreren hunderttausend Ehrenamtlichen und Freiwilligen unterstützt werden.[17] Im Folgenden werde ich auf beide Aspekte eingehen.[18]

3.2 Begriffsklärungen

Fürsorge und *helfendes Handeln* gehören zu einem Begriffsfeld mit uneindeutigen und fließenden Übergängen: Die Begriffe Fürsorge, das englische «Care», Sorgen, Dienen, Dienstleistung, Diakonie, Helfen, soziale Hilfe, Sozialhilfe, professionelle Unterstützung bis hin zu den religiös konnotierten Konzepten wie Nächstenliebe, Barmherzigkeit, Mitleid, Mitgefühl (Compassion) und Liebe bilden ein Begriffsspektrum mit vielfältigen historischen Bedeutungsschichten, unklaren Abgrenzungen und weitreichenden Assoziationen.[19] Heinz Rüegger und Christoph Sigrist haben in ihrer Monographie zur theologischen Begründung helfenden Handelns folgende Definition vorgeschlagen:

---

15 Vgl. ebd. 9 f.

16 Kritik an den negativen Seiten sozialstaatlicher Einrichtungen hat auch Jürgen Habermas regelmäßig formuliert, vgl. z. B. HABERMAS 1985: Er betont, wie wichtig die eigene Initiative der Bürgerinnen und Bürger sei, der Aufbau eigener Lebensformen; sozialstaatlichen Programmen fehle es oft an einer Skepsis gegenüber der damit verbundenen Macht, insbesondere angesichts von der mit ihnen einhergehenden Bürokratisierung und Verrechtlichung staatlicher Hilfen. So, wie der Sozialstaat heute funktioniere (über die Medien von Macht und Geld), verhindere er das Ziel, das er eigentlich anstrebe, nämlich die Schaffung eigenständiger Lebensformen und die Förderung eigener Initiativen.

17 Vgl. https://www.caritas.de/diecaritas/wir-ueber-uns/die-caritas-in-zahlen/statistik (12.07.2023).

18 Dabei habe ich mich durch einen Text des Heidelberger Neutestamentlers Gerd Theißen inspirieren lassen, welcher die Legitimitätskrise des helfenden Handelns zum Thema hat und an zentraler Stelle eine faszinierende Auslegung des Samaritergleichnisses bietet, vgl. THEISSEN 1990.

19 Vgl. RÜEGGER/SIGRIST 2011, bes. 36–39.

Helfen beinhaltet dann all jene Aktivitäten, durch die jemand eigene Handlungsmöglichkeiten einsetzt, um den Mangel an Handlungsmöglichkeiten auszugleichen, der aufseiten derjenigen Personen besteht, die sich mit dem betreffenden Problem konfrontiert sieht und dessen Lösung wünscht. [20]

Demnach ist die Grundkonstellation helfenden Handelns von einem Mangel oder Defizit an Handlungsmöglichkeiten beim Hilfesuchenden gekennzeichnet, dem auf unterschiedliche Weise, beispielsweise durch eine spontane Tat, planmäßig organisiertes Handeln oder aber auch durch das Dienstleistungsangebot einer Organisation begegnet werden kann. [21]

Im «Tractatus logico-suicidalis» unterstreicht der 1989 durch Suizid aus dem Leben geschiedene Aargauer Schriftsteller Hermann Burger an einer zentralen Stelle seiner Abhandlung die Bedeutung der Liebe bzw. der symmetrischen Anerkennung durch die Liebe eines anderen Menschen: Er macht dabei indirekt darauf aufmerksam, wie sehr die Persönlichkeit und Haltung der helfenden Personen und deren Umgang mit den Defiziten des Hilfesuchenden von Bedeutung sind. Auf die Frage, worin eine angemessene Reaktion auf suizidale Absichten eines Menschen bestehen könnte, nennt er fünf Möglichkeiten, von denen er mit Ausnahme einer einzigen alle verwirft:

329: Im Verhalten einem Selbstmörder gegenüber gibt es fünf Kategorien von Menschen. Die ersten werden aggressiv und verdammen ihn, nennen ihn auch einen Feigling. Die zweiten partizipieren schweigend an seinem Unglück, schmarotzen davon und sind froh, dass er es an ihrer Stelle tut. Die dritten reden ihm zu und bieten alle Argumente auf, um ihm davon abzuraten. Die vierten handeln kurz entschlossen, eine Frau etwa so, dass sie den Kandidaten auf der Stelle liebt. Die fünften bejahen die Tat, weil sie den Selbstmörder von Grund auf verstehen. 330: Die ersten sollte man über den Haufen schiessen, die zweiten lynchen, die dritten anhören, um es dann erstrecht zu tun. 331: Liebe, wie Ingeborg Bachmann sagt, als ‹die stärkste Macht der Welt›, könnte eine Chance sein. 332: Eine Therapie vermittelt aber nie Liebe, sie analysiert den Wunsch des Patienten, auf der Stelle geliebt zu werden. [22]

Mit diesen Aussagen in seinem «Tractatus» markiert Herrmann Burger also – ausgerechnet mithilfe der Schriftstellerin Ingeborg Bachmann, deren frühzeitiger Tod im Alter von 47 Jahren selbst suizidale Züge trug – eine kleine Schwachstelle in seiner ansonsten stringenten Argumentation zugunsten des Suizids als einzig sinnvoller und rationaler Lebensentscheidung angesichts existenziellen Leidens. Dabei unterstreicht er den Unterschied zwischen einem von Asymmetrie und

---

20 Ebd. 38.

21 Zur Komplexität möglicher Interventionen, Umstände und Arten helfenden Handelns vgl. ebd. 38 f.

22 BURGER 1988, 75. Die gesammelten Werke des Aargauer Schriftstellers sind 2014 in einer achtbändigen Gesamtedition beim Verlag Nagel & Kimche erschienen, das hier zitierte Werk erscheint am Ende von Band 8.

Distanz geprägten organisierten Helfen und der Symmetrie in der Anerkennung einander Liebender. Die Rede von der «Macht der Fürsorge» oder der «Macht der Liebe» spielt offensichtlich auf zwei Realitäten an, die in einem eigenartigen oder zumindest ambivalenten Graubereich zwischen paternalistisch-bevormundenden und daher negativ erlebten und schöpferisch-anerkennenden und darum positiv beschriebenen Erfahrungen oszillieren, obgleich beide Erfahrungen nicht nur semantisch eng miteinander zusammenhängen. Entscheidende Bedeutung in der symbolischen Wirkung helfenden Handelns sind offensichtlich Asymmetrie und Distanz bzw. deren Gegenteil, Symmetrie und Nähe.

Der Begriff der *Macht* verweist zunächst und im Sinne der Handlungsfähigkeit auf ein ethisch neutrales Konzept. Macht ermöglicht das Handeln, wie Hannah Arendt in Abgrenzung zur Realität von «Gewalt» betont hat.[23] In diesem Sinn ist sie auch das explizite Ziel des Empowerment, der Wieder-Befähigung von ohnmächtigen Menschen zum Handeln, welches heute als Leitbild vieler helfender Bemühungen gilt. Die dabei involvierte Macht kann offensichtlich zum Guten oder zum Schlechten eingesetzt werden. Problematisch wird es vor allem dann, so geben Heinz Rüegger und Christoph Sigrist zu Recht zu bedenken, wenn das Phänomen der Macht in helfenden Beziehungen gar nicht wahrgenommen oder mit moralisierendem Gestus bestritten wird.[24] Auch die Medizinethik ist inzwischen zu einem Machtfaktor im Krankenhaus geworden, insofern sie indirekt eine Definitionsmacht ausübt über das gute Leben und Sterben sowie sich direkt in Entscheidungsprozesse einschaltet.[25] Rainer Wettreck verweist zudem auf die Macht der Pflegenden: So machtlos, wie die Pflege manchmal wirke und sich nicht selten selber sehe, sei sie in Wirklichkeit gar nicht: neben der *Disziplinarmacht*, der Durchsetzung von Ordnungen einer Organisation, der *Therapiemacht*, der Kontrolle des Gesundheitszustands, und der *Sinn-, Wissens- und Deutungsmacht*, dem eigenen systemischen Wissen, nennt er die *Allokationsmacht*, die bei der Verteilung der Zeit, aber auch der Mahlzeiten, der Schmerzmittel, der Körperhygiene und bei vielen kleinen Handreichungen zum Ausdruck komme.[26]

Die Rede von der Legitimationskrise spielt schließlich darauf an, dass helfendes Handeln seit einigen Jahren der Kritik eines Machtmissbrauchs ausgesetzt ist, so dass in der Sozialarbeitswissenschaft nicht mehr vom Helfen, sondern von sozialer Hilfe die Rede ist, und anstelle von hilfsbedürftigen Personen von Klientin-

---

23 Vgl. ARENDT 1971, 47–52, Hinweis hier zitiert nach: KÄLIN 2014, 46 f.

24 Vgl. RÜEGGER/SIGRIST 2011, 211. Auf dieser Basis der Verdrängung von Macht beruhen auch weitgehend die Analysen zur Pastoralmacht bei STEINKAMP 1999.

25 Vgl. ANSELM U. A. 2014, 10.

26 Vgl. WETTRECK 2001, 38–40. Vgl. auch die Beobachtungen zur pflegerischen Ordnungsmacht bei MONTEVERDE 2015.

nen und Klienten.[27] Das ist ein Vorgang, der auch die Welt der Gesundheitsversorgung erreicht hat, wenn beispielsweise am Eingang der Luzerner Frauenklinik «Klientinnen» anstelle von «Patientinnen» begrüßt werden. Gemäß Duden geht der Begriff «Klient» bzw. «Klientin» auf das lateinische «cliens» zurück, was soviel heißt wie «der bzw. die Hörige» und mit «biegen, beugen, neigen» zu tun hat, also eine Person bezeichnet, die bei einer anderen Person eine Anlehnungsmöglichkeit gefunden hat. Die Wortherkunft von «Klient» bzw. «Klientin» ist somit auch nicht über jeden Verdacht erhaben oder gar paternalismusfrei. Darum stellt sie nur vordergründig eine bessere Alternative dar.

3.3 Ambivalenz der organisierten Nächstenliebe

Offensichtlich ist die organisierte Caritas auf dem «Markt des Helfens»[28] besonders der Gefahr ausgesetzt, dass die ursprünglich gute Idee und Motivation in erratische Verhältnisse und Bürokratie umkippt, und damit ins Gegenteil von dem, was eigentlich einmal gedacht war. Offensichtlich müssen diese etablierten Formen von Nächstenliebe immer wieder den kritischen Anfragen nach dem Erhalt der ursprünglichen Idee ausgesetzt werden, damit die Glaubwürdigkeit gegen Außen erhalten werden kann und die Motivation der Mitarbeitenden nicht massiv gefährdet wird.[29]

Die Leitbild-Präambel des Deutschen Caritasverbandes bringt den enorm hohen Anspruch an die eigene Organisation und deren Mitarbeitende auf den Punkt:

> Caritas ist konkrete Hilfe für Menschen in Not. Richtschnur ihrer Arbeit sind Weisung und Beispiel Jesu Christi. Die Hinwendung zu den Hilfebedürftigen und die Solidarität mit ihnen ist praktizierte Nächstenliebe. Sie ist Aufgabe und Verpflichtung eines jeden Christen. Sie ist zugleich Grundauftrag der Kirche. Aus christlicher Verantwortung leistet Caritas vielfältige Hilfe mit und für Menschen. Als Wohlfahrtsverband der katholischen Kirche wirkt der Deutsche Caritasverband an der Gestaltung des kirchlichen und gesellschaftlichen Lebens mit. Maßgebend für seine Tätigkeit sind der Anspruch des Evangeliums und der Glaube der Kirche. Durch sein Wirken trägt er zur öffentlichen Beglaubigung der kirchlichen Verkündigung bei. Als Spitzenverband der freien Wohlfahrtspflege steht der Deutsche Caritasverband in der Mitverantwortung für die sozialen Verhältnisse in der Bundesrepublik Deutschland. Er lässt sich vom Bild einer solidarischen und gerechten Gesellschaft leiten, in der auch Arme und Schwache einen Platz mit Lebensperspektiven finden können.[30]

---

27 Rolf Hoburg hebt hervor, dass die Kritik am Klientbegriff inzwischen auch in der Sozialarbeitstheorie auf offene Ohren stößt, vgl. HOBURG 2008, 19; er verweist hier auf EUGSTER 2005.

28 Vgl. RÜEGGER/SIGRIST 2011, 241–256.

29 Vgl. THEISSEN 1990, 47.

30 DEUTSCHER CARITASVERBAND 1997, 5, online: https://www.caritas.de/glossare/leitbild-des-deutschen-caritasverbandes?searchterm=Leitbild (12.07.2023).

Trotz dieser hohen Ansprüche an die eigenen Aktivitäten in Kirche und Gesellschaft sind die caritativen Unternehmen seit einiger Zeit dem rauen Wind der
Konkurrenz, wachsenden finanziellen Drucks, der zunehmenden Bedeutung
von Rendite, neuen Management-Formen, einer konsequenten Kundinnen-
und Kundenorientierung, der Optimierung von Abläufen, der Forderung nach
Transparenz und der Qualitätskontrolle ausgesetzt, um nur einige wichtige Herausforderungen zu nennen. In diesen Aspekten unterscheiden sie sich in keiner Weise von anderen, nicht-christlichen Unternehmen. Im Zuge dieser Entwicklungen kann es dazu kommen, dass sich die negativen Seiten dieser Prozesse intern auf die Mitarbeitenden und extern auf Patientinnen und Patienten
auswirken. Interne Umstrukturierungen mit massiven Folgen für die Motivation der Mitarbeitenden, Entlassungen, Zeitdruck, Paternalismen als Relikte aus
Zeiten, als die caritativen Unternehmen noch nach dem Modell der Großfami-
lie strukturiert waren: Phänomene wie diese widersprechen dann unter Umständen eklatant dem christlichen Leitbild caritativer Unternehmen und können bei den Betroffenen zu einem Glaubwürdigkeitsverlust, nicht nur der einzelnen Organisation und deren Verantwortlichen gegenüber, sondern auch den
Kirchen oder im schlimmsten Fall dem christlichen Glauben gegenüber, führen.[31]

Basina Kloos, Franziskanerin und bis 2015 mitverantwortlich für die Leitung
der Marienhaus Holding GmbH mit Krankenhäusern und Sterbehospizen in
Rheinland-Pfalz, Saarland und Nordrhein-Westfalen, äussert sich seit einigen
Jahren zu Fragen der Führung caritativer Unternehmen im Spannungsfeld von
Ökonomie, christlichen Werthaltungen und Wettbewerb.[32] Sie unterscheidet
zwischen einer Logik der Ökonomie, einer Logik der Wirtschaftswissenschaften
und der Logik des Glaubens, wobei sie den verantwortungsvollen und sachkun-
digen Umgang mit Geld nicht als Gegensatz zu christlichen Werten und zur Spiritualität deutet. Entscheidend sei dagegen das Selbstverständnis der Unternehmen als «Anwälte des Menschen in Not»[33]. Sie lehnt den Primat der Wirtschaftlichkeit ab und hält Wertschöpfung allein noch für kein Kennzeichen einer
christlichen Einrichtung. Wesentlich seien die Wertschätzung der Mitarbeitenden und eine wertorientierte Führung eines Krankenhauses.[34] Ihre Aufzählung

---

31 Vgl. die Gegenüberstellung der Funktionen bei Wettbewerbs- und Bedürftigkeitsorientierung
eines Unternehmens in RÜEGGER/SIGRIST 2011, 253.

32 Vgl. KLOOS 2009.

33 Vgl. ebd. 85.

34 RÜEGGER/SIGRIST 2011, 249, schreiben von einem «normativen Management», welches sich
vom operativen und strategischen Management darin unterscheide, dass hier das unternehmeri-
sche Tun am Kriterium der Legitimität gemessen werde, d. h. daran, ob die Leistungen auch sinn-

von «Spuren des Evangeliums» in einem christlichen Krankenhaus jedoch lässt nur in einem Punkt, nämlich der Integration von theologisch-ethischen Weiterbildungsangeboten in der Personalentwicklung, eine Spezifität gegenüber nichtchristlichen Unternehmen erkennen; auch die beiden zusätzlich von ihr erwähnten Elemente, an welchen sich die Früchte des Evangeliums erkennen ließen, nämlich ein ausdrückliches Seelsorge-Angebot und die Integration von Gottesdiensten und christlichen Symbolhandlungen, lassen nicht auf eine bestimmte Form, ein Krankenhaus zu führen, zurückschließen;[35] zudem verfügen die meisten größeren Krankenhäuser in der Schweiz, ob staatlich oder privat geführt, über Seelsorge- und Gottesdienst-Angebote. Hinsichtlich betriebswirtschaftlicher Aspekte ruft Basina Kloos zu Risikofreudigkeit auf, wichtig sei, Neues zu wagen, auch auf die Gefahr hin, dass Projekte (ökonomisch) scheitern könnten. Schließlich schreibt sie, eine evangeliumsgemäße Leistungserbringung bedeute, in einem gewissen Maße auch Leistungen zu verschenken, also gratis abzugeben, ohne diese Forderung jedoch näher zu präzisieren.[36] Angesichts dessen, dass es bei christlichen Großunternehmungen, die wie die Marienhaus-Holding im Wettbewerb mit rein wirtschaftlich vorgehenden Unternehmen stehen, um viel Macht, politischen Einfluss und Geld geht, ist die Aufforderung zu Leistungsabgaben ohne Gegenleistungen eine gewagte These, die der Konkretisierung bedarf. Falls mit diesen Gratisleistungen dasjenige gemeint ist, was große Unternehmen heute im Bereich sozialen Engagements bzw. «Charity» (sic!) tun, wäre auch diese Geste keine, welche die christliche Gesinnung einer Firma besonders auszeichnen würde. Falls es hingegen geschieht, dass von Mitarbeitenden ein bestimmtes Lebensethos verlangt wird, um im Betrieb mitarbeiten zu dürfen, während sich das gesamte Unternehmen in erster Linie am Markt ausrichtet, droht in christlich geführten Unternehmen die Karikatur einer evangeliumsgemäßen Atmosphäre zu entstehen, insofern Mitarbeitende in nicht explizit christlich geführten Unternehmen arbeitsrechtlich, zum Beispiel im Falle einer Wiederverheiratung nach einer Scheidung, besser gesichert sind als in ihren christlichen Pendants.

Als Konkurrenzmodell zu den erwähnten Einrichtungen kann beispielsweise eine For-Profit-Aktiengesellschaft wie die Rhön Klinikum AG gelten, welche Krankenhäuser in Deutschland kommerziell betreibt und die, ähnlich wie die erwähnte Hirslanden-Gruppe in der Schweiz, die Erhöhung des Unternehmensge-

---

voll und nachhaltig seien und den ethischen Standards gerecht würden, welche sich die Leitung einer Einrichtung verpflichtet wüsste.

35 Vgl. KLOOS 2009, 87 f.

36 Vgl. ebd. 88. Die Autorin verweist hier u. a. auf Mt 10,8: «Umsonst habt ihr empfangen, umsonst sollt ihr geben.»

winns als oberstes Ziel verfolgt. Ein Blick auf die Website des Unternehmens zeigt jedoch bereits auf den zweiten Blick, dass die hier als Ideal verfolgten Werte inhaltlich kaum von denjenigen zu unterscheiden sind, welche Basina Kloos für christliche Krankenhäuser einfordert:

> Als Gesundheitskonzern sind wir vom Vertrauen der Menschen in unsere Arbeit abhängig. Wir bekennen uns zu Qualität und nachhaltigem Engagement – als Gesundheitsversorger, als Arbeitgeber und als Unternehmen. Erfolg ist für uns untrennbar mit medizinischer, ökologischer und sozialer Verantwortung verbunden: Denn dauerhaft erfolgreiche Gesundheitsversorgung bedarf neben Qualitätsmedizin auch einer gesunden Arbeits- und Lebensumwelt. (…) Das Wohl unserer Patienten steht für uns an oberster Stelle. Exzellente medizinische Versorgung für jeden und zu jeder Zeit – das ist das erklärte Ziel der Rhön-Klinikum AG. Deshalb untersuchen und behandeln wir unsere Patienten auf Basis aktueller, wissenschaftlich fundierter Therapieverfahren mit moderner Medizintechnologie. Darüber hinaus wollen wir für einen nachhaltigen Behandlungserfolg die bestmögliche Pflege und Betreuung anbieten.[37]

Im Rahmen eines an der Universität Göttingen durchgeführten Forschungsprojekts zum Thema «Autonomie und Vertrauen in der modernen Medizin» konnte in einer theologisch-ethischen Teilstudie gezeigt werden, dass sich als ein charakteristisches Merkmal konfessioneller Krankenhäuser ein Handeln identifizieren lasse, das «einfach menschlich» sei, «den Menschen Mensch sein lasse», welches schließlich das Entstehen von Vertrauen ermögliche. Organisationell seien dafür insbesondere die Schaffung von Zeit für Gespräch und Raum für ungezwungene Begegnungen wichtig.[38]

> Vertrauen und konfessionelle Identifizierbarkeit entstehen in Praktiken, die erkennbar sich dem Patienten ‹einfach als Mensch› zuwenden, ohne die Beschränkungen professionsspezifischer Kommunikation. Eine Organisation kann diese Praxis nicht selbst erzeugen, da sie sich stets in personalen Begegnungen ereignet. Sie muss allerdings in Blick auf Räume und Zeiten die Ressourcen bereitstellen, die eine Kommunikation ‹als Mensch› ermöglichen.[39]

Werde diese Art der Zuwendung, die in dieser qualitativen Interviewstudie als Ausdruck sowohl des Vertrauens als auch der christlichen Ausrichtung einer Organisation gedeutet wird, thematisiert, deute dies auf Probleme hin.[40] Gewöhnlich werden diese Phänomene in einem konfessionellen Krankenhaus nämlich als selbstverständlich vorausgesetzt und spielten auch in der Selbstdarstellung konfessioneller Häuser nach außen eine wichtige Rolle. Einerseits ist das Ergebnis dieser Studie nicht überraschend, da die konfessionelle Eigenheit von Kranken-

---

37 https://www.rhoen-klinikum-ag.com/konzern/verantwortung.html; https://www.rhoen-klinikum-ag.com/konzern/verantwortung/medizinische-exzellenz-qualitaet.html (12.07.2023)
38 Vgl. ANSELM/BUTZ 2013 und 2016.
39 DIES. 2013, 26.
40 Vgl. DIES. 2016, 160.

häusern stets in der Menschlichkeit und in einem allgemein menschlichen Umgang mit den Patientinnen und Patienten gesehen wurde; andererseits dient das Kriterium Menschlichkeit oder die Idee, den Menschen in den Mittelpunkt der Organisation zu rücken, nicht als partikulares Kennzeichen konfessioneller Häuser, sondern wird als allgemein-menschliches Ethos gewöhnlich in allen Krankenhäusern angestrebt. Da im Rahmen der Studie keine parallele Untersuchung in nicht-konfessionellen Krankenhäusern durchgeführt wurde, ermöglichen deren Ergebnisse keinen Vergleich. Ein Blick beispielsweise auf die Praxis der Palliative Care legt nahe, dass sich eine gute menschliche Versorgung chronisch Kranker und Sterbender auch ohne expliziten Bezug auf christliche Motive hinsichtlich ihrer Menschlichkeit nicht von einer Versorgung aus explizit christlicher Motivation unterscheiden lässt.[41]

3.4 Funktionalität und Spontaneität helfenden Handelns

Im Zuge der Wertschätzung eines relationalen Autonomieverständnisses[42] wird gegenwärtig auch die These vertreten, dass im helfenden Handeln für alle Beteiligten auch eine Chance bestehe. In einem Beitrag der Neuen Zürcher Zeitung wurde unter dem Titel «Helfen hilft» ein Mentoring-Programm von Studierenden für Jugendliche mit Schwierigkeiten vorgestellt, in welchem den Helfenden versprochen wird, sie würden durch ihr Helfen auch selbst profitieren, nämlich ihre eigenen Perspektiven erweitern, soziale Kompetenzen entwickeln und sich den Einstieg ins Berufsleben erleichtern.[43] Zur Begründung des helfenden Handelns wird also auf dessen Funktionalität verwiesen, wie es auch aus der Pflege- und Sozialarbeitswissenschaft bekannt ist: Eine Legitimierung des helfenden Handelns wird über den erreichten positiven Output gesucht, während die Motivation des Handelnden sowie die Befindlichkeit des Hilfesuchenden weitgehend ausgeklammert werden.

Gerd Theißen steht diesem Versuch der Legitimierung über die Folgen zu Recht skeptisch gegenüber. Die Fundierung helfenden Handelns über die Funktionalisierung müsse schon deshalb scheitern, weil «es» – im Nachhinein und von den Folgen aus beurteilt – längst nicht immer funktioniert mit dem Helfen. Was soll dann geschehen, wenn keine Aussicht auf eine Befähigung eines Menschen mehr besteht, was, wenn eine Hilfe einseitig und ohne messbaren Output bleibt? Eine solche Situation dürfte einer gängigen Erfahrung in der Sozialarbeit entsprechen, namentlich in der Obdachlosenhilfe oder in der

---

41 So auch RÜEGGER/SIGRIST 2011, 115–122.

42 Vgl. WIESEMANN/SIMON 2013, bes. Teil 1: «Patientenautonomie und Philosophie» (13–75). Vgl. auch Kap. I/6 im vorliegenden Band.

43 Vgl. HAMANN 2013.

Betreuung von Menschen im Drogenmilieu. Sollte die Hilfe dann unterlassen werden?[44]

> Selbst wenn wir (…) die Funktion unserer Handlungen in den großen Systemen des Lebens beurteilen könnten, würde uns das wenig helfen: Denn wir kommen unweigerlich in die Situation, wo wir auf Hilfsbedürftigkeit stoßen – aber verpflichtet wären, nein zu sagen, weil Hilfe an diesem Punkt unverkennbar dysfunktional für das Ganze wäre. Wer Hilfe durch deren Funktionalität begründet, endet immer in diesem Dilemma: Entweder bleibt ungewiss, ob unsere Hilfe legitim ist, weil wir nur begrenzte Einblicke in umfassende Zusammenhänge und die zukünftigen Folgen unseres Handeln haben – oder wir trauen uns ein Urteil über Funktionalität und Dysfunktionalität unseres Handelns zu mit dem Ergebnis, dass wir manchmal Hilfe verweigern müssten, wo es uns spontan danach drängt, zu helfen. Dieses Dilemma entsteht m. E., weil Hilfe letztlich nicht funktional begründet werden kann.[45]

Der Heidelberger Neutestamentler bietet eine Alternative an, indem er das helfende Handeln im Anschluss an den dänischen Intuitionisten Knud Løgstrup (1905–1981) als eine «souveräne Lebensäußerung» deutet, die transkulturell verbreitet und intuitiv bei allen Menschen vorgegeben sei. Sie wirke auch dann, wenn unzählige Zweifel bestünden, schlicht spontan und souverän gegenüber möglichen Bedenken.[46] Compassion oder Mitleid, so in der Formulierung von Hermann Steinkamp, sei daher auch kein christliches Sondergut, sondern als «Geschenk des Himmels» an alle Menschen guten Willens zu interpretieren.[47]

Eine mögliche anthropologische und ethische Tiefendeutung dieses Phänomens bietet Emmanuel Lévinas, insofern er die Passivität in der Begegnung mit dem Antlitz eines anderen als Ursprungssituation von uns Menschen deutet, in welcher der andere mich fordert und damit in die Pflicht nimmt, ihm gegenüber in bestimmter Weise zu handeln, beispielsweise in der Not zu helfen oder beizustehen.[48] Klaus Dörner hat den Versuch unternommen, diesen Ansatz für die ärztliche Ethik und das ärztliche Selbstverständnis frucht-

---

44 Zum ethischen Konflikt bei Handlungen, die aus guter Absicht heraus getan werden, jedoch schlechte Folgen nach sich ziehen, vgl. MAXEINER/MIERSCH 2001.

45 THEISSEN 1990, 52.

46 Vgl. THEISSEN 1990, 52 f. Vgl. auch RÜEGGER/SIGRIST 2011, 115–122: Hier wird das helfende Handeln als ein zutiefst menschlicher Akt, als ein intuitiv wirksamer Reflex, auf wahrgenommene Not mit Mitleid und Hilfsbereitschaft zu reagieren, bezeichnet. – Einen Schlüssel zur Unterscheidung der Geister gibt Stefan Zweig an die Hand (vgl. sein Motto zu Beginn dieses Beitrags), insofern er zwischen echtem und falschem Mitleid unterscheidet: Das falsche beschreibt er als schwachmütige und sentimentale «Ungeduld des Herzens», die eigentlich Ausdruck einer inneren Abwehr des Leidens eines anderen Menschen sei. Echtes Mitleid sei dagegen mit der Liebe verwandt, die sich letztlich auch nicht funktional erschöpfend verstehen lässt, vgl. ZWEIG 1939, 15.

47 Vgl. STEINKAMP 2007, 110; hier zitiert nach RÜEGGER/SIGRIST 2011, 117.

48 Vgl. EVERS/MUMMERT 2008.

bar zu machen.[49] Im ersten Kapitel mit dem Titel «Der Patient als der Fremde» schreibt er:

> Die Grundhaltung einer solchen Beziehung zwischen mir und dem Fremden ist eine passi-
> ve, also eine solche, die allen Menschen, besonders dem aktiven abendländischen Menschen
> und insbesondere den auf das Handeln hin sozialisierten Arzt am schwersten fällt. Aber nur
> in einer Öffnung durch Passivität kann ich Gewalt und ihre institutionelle Festigung gegen-
> über dem Fremden vermeiden und mich angemessen als ‹Grenzgänger› in einem ‹Nie-
> mandsland› bewegen.[50]

3.5 Der unerlöste Charakter helfenden Handelns – theologischer Ausblick

Das helfende Handeln lässt sich – als eine zutiefst menschliche Haltung mit intui-
tiver Verankerung – schöpfungstheologisch deuten: Auch die christliche Nächstenliebe und das Helfen aus christlicher Motivation ist etwas, das qua Schöpfung
allen Menschen gegeben und für alle nachvollziehbar ist. Das betonen aus protestantischer Sicht sowohl Heinz Rüegger und Christoph Sigrist im Anschluss an
Gerd Theißen[51] als auch Ulrich Körtner:

> Hilfsbedürftigkeit und Hilfsbereitschaft sind freilich allgemein menschliche Phänomene,
> kein christliches Spezifikum. Ein Mensch, der in Not gerät, fragt nicht danach, ob ihm aus
> christlicher, aus islamischer, buddhistischer oder aus einer säkular-humanistischen Moti-
> vation geholfen wird. Und umgekehrt ist es nicht allein ein Gebot des Glaubens, sondern
> schlicht der Menschlichkeit, anderen zu helfen.[52]

Allerdings belegen die angestellten Beobachtungen, insbesondere die teils gravierenden Einwände gegen das helfende Handeln, gleichzeitig den *unerlösten Charak-*
ter desselben.[53] Abschließend möchte ich darum – im Anschluss an Gerd Theißen
und unter Anspielung auf das Gleichnis des barmherzigen Samariters in Lukas
10,25–37 – vier Elemente christlich verstandener Nächstenliebe andeuten.

Das biblische Selbstverständnis der Nächstenliebe ist erstens zutiefst *egalitär*
und im Kern mit der *Idee des Statusverzichts* verbunden, hat also nicht die Attitude
des großzügigen Herrschers.[54] Ihr sollt anständig umgehen mit den Fremden,

---

49 Vgl. DÖRNER 2001.

50 Ebd. 43.

51 Vgl. RÜEGGER/SIGRIST 2011, 118 f.

52 KÖRTNER 2007, 26.

53 Vgl. THEISSEN 1990, 71; MOOS 2019, mit der These: «Dem Helfen selbst ist ein religiöses Moment eigen. Dieses religiöse Moment äußert sich insbesondere in Erwartungsüberschüssen, die
Helfende wie Hilfeempfangende gegenüber dem Helfen haben. Diese Erwartungsüberschüsse
stärken und bewahren den ‹Geist› des Helfens, aber sie können das Helfen auch von innen heraus
sprengen. Die religiöse Rationalität des Helfens liegt dann darin, sich zu solchen Erwartungsüberschüssen zu verhalten und das klug zu tun: sie einerseits zu pflegen und sie andererseits in
Schach zu halten.» (ebd. 105)

54 Vgl. ausführlich dazu THEISSEN ²2001, 101–122.

mit Sklaven, Witwen, Randständigen, Flüchtlingen, vulnerablen Gruppen im
Allgemeinen, heißt es in den einschlägigen Texten zur Gerechtigkeit im Alten
Testament, *denn ihr seid selbst Sklaven, Fremde und Flüchtlinge gewesen in
Ägypten*:[55]

> Du sollst das Recht von Fremden, die Waisen sind, nicht beugen; Du sollst das Kleid einer
> Witwe nicht als Pfand nehmen. Denk daran: Als Du in Ägypten Sklave warst, hat Dich der
> Herr, Dein Gott, dort freigekauft. Darum mache ich es Dir zur Pflicht, diese Bestimmung
> einzuhalten. (Dtn 24,17 f.)

Im Philipperhymnus heisst es von Jesus, er habe nicht daran festgehalten, Gott
gleich zu sein, sondern er sei wie ein Sklave und den Menschen gleich geworden
(Phil 2,6–11). Die Armen würden erhöht, die Reichen erniedrigt werden, singen
sowohl Hannah, die Mutter des Samuel (1 Sam 2,1–10), als auch Maria, die Mutter
Jesu, im so genannten Magnifikat (Lk 1,46–55). Das Helfen in christlicher Deutung
verweist gleichsam eschatologisch auf eine Situation, in der keine Ungleichheit
mehr besteht.[56]

Die christliche Grundhaltung der Nächstenliebe zeichnet sich zweitens durch
die *Wahrnehmung* und das *Sich-berühren-Lassen* von der Not anderer aus. Selbstverständlich ist die professionelle Distanz wichtig, um einen helfenden Beruf ausüben zu können, um zu verhindern, sich von der Not anderer lähmen oder depri-
mieren zu lassen. Der barmherzige Samariter in der Geschichte des Lukasevange-
liums nimmt die Not wahr und lässt sich berühren, aber nicht vereinnahmen.

> Helfendes Handeln, das sich ethisch am Wert-Axiom der Liebe orientiert, wird stets be-
> strebt sein, das Gegenüber und seine Bedürfnisse nicht reduktionistisch, sondern mehrdi-
> mensional (‹ganzheitlich›) wahrzunehmen. Dazu gehört, den Menschen ebenso im Blick auf
> seine leibliche wie seine seelische, seine kognitive wie seine soziale, seine religiös-spirituelle
> wie seine kulturelle Identität hin ernst zu nehmen.[57]

Wenngleich Emmanuel Lévinas auf diese Formulierung sicherlich skeptisch bis
ablehnend reagieren würde, da der Andere seines Erachtens nie zu erreichen ist,
sondern mir stets als der Fremde begegnet, liegen hier gleichwohl Ansatzpunkte,
um an der Bedeutung der *Passivität* in seinem Denken anzuknüpfen.[58]

Drittens fragt Jesus im Samaritergleichnis an entscheidender Stelle: Wer hat sich
als der Nächste dessen erwiesen, der verletzt am Boden liegt? Er fragt nicht etwa:
Wer war der Nächste für den Samariter? – *Entscheidend also ist die Perspektive desjenigen
Menschen, der am Boden liegt*, also des Hilfsbedürftigen, er wird erst ganz Mensch, in-

---

55 Vgl. CRÜSEMANN ³1998, 67–93; LOCHBÜHLER 1999, 427–451.

56 Für viele weitere Belegstellen vgl. THEISSEN ²2001, 112–122.

57 RÜEGGER/SIGRIST 2011, 199; zur Deutung des Samaritergleichnisses vgl. auch ebd. 65–68.

58 Vgl. dazu die skeptischen Bemerkungen zum Spiritualitätsboom und der Wichtigkeit des
«Mut zum Pathos» bei MATHWIG 2014, 23–41.

dem sich ein anderer, eben sein Nächster, ihm zuwendet. Hilfe und Nächstenliebe, die erwiesen werden, machen uns gegenseitig zu Nächsten, nicht umgekehrt.[59] Unsere Originalposition oder unsere «condition humaine» wird hier als die eines hilfsbedürftigen, religiös gesprochen: erlösungsbedürftigen Menschen verstanden:

> Es gehört zur Grundstruktur erfüllten Menschseins, zugleich auf die Hilfe anderer angewiesen und selbst fähig zu sein, anderen zu helfen. Eine Kultur ist dann human, wenn sie Menschen dazu verhilft, beide Aspekte zu leben. (…) Das Imperfekte, das Verletzliche und Begrenzte gehören konstitutiv zum Menschsein dazu, nicht als dessen Entwertung oder Entwürdigung, sondern als Herausforderung, an der sich Sinnhaftigkeit und ‹Gelingen› gerade zu erweisen haben.[60]

Letztlich geben Menschen einander stets nur das weiter, was sie zuvor bereits empfangen haben, auch und gerade in der Ursituation des Helfens bzw. der Annahme von Hilfe.[61]

Christliche Nächstenliebe geht schließlich viertens stets *arbeitsteilig* vor. Die Aufgabe der Pflege des Schwerverletzten teilt sich der Samariter mit dem Wirt, den er für seine Mithilfe bezahlt. Wir Menschen sind nicht dafür zuständig, die Welt zu erlösen. Auch Tom L. Beauchamp und James F. Childress warnen in ihrem Bioethik-Klassiker vor dem Erschöpfungssyndrom bei Menschen, die Heilige sein möchten und dabei Gefahr laufen, sich selbst zu verfehlen.[62]

Christliche Nächstenliebe oder helfendes Handeln aus christlicher Motivation heraus zeichnen sich also nicht durch eine besondere Funktion, eine Besonderheit im Resultat oder als ein besonderer Glaubenserweis aus, sondern bringen schlicht unsere menschliche Normalität zum Ausdruck. Wir Menschen zeichnen uns durch unsere Hilfs- und Erlösungsbedürftigkeit aus und sind gleichzeitig in der Lage, uns diese Hilfe gegenseitig zu geben. Dass es zu Missbrauch und Überforderung kommt, ist ebenfalls menschlich, widerspricht jedoch unserer grundsätzlichen Gleichheit und der Einsicht, dass wir uns letztlich nicht selbst erlösen können.

---

59 Vgl. THEISSEN 1990, 63.
60 RÜEGGER/SIGRIST 2011, 225 und 233.
61 Vgl. ausführlich entfaltet bei FRETTLÖH 2001.
62 Vgl. BEAUCHAMP/CHILDRESS [8]2019, 54.

LITERATUR

ANSELM, REINER/BUTZ, ULRIKE, Teilprojekt Theologie, in: WIESEMANN, CLAUDIA (Hg.), Autonomie & Vertrauen. Schlüsselbegriffe der modernen Medizin, Broschüre, Göttingen 2013, 24–27.

—, Vertrauen in der Organisation Krankenhaus – wie lässt sich das Nicht-Organisierbare organisieren?, in: STEINFATH, HOLMER/WIESEMANN, CLAUDIA (Hg.), Autonomie und Vertrauen. Schlüsselbegriffe der modernen Medizin, Wiesbaden 2016, 133–162.

—/INTHORN, JULIA/KAELIN, LUKAS/KÖRTNER, ULRICH H. J., Vorwort: Autonomie und Macht in der modernen Medizin, in: DIES. (Hg.), Autonomie und Macht. Interdisziplinäre Perspektiven auf medizinethische Entscheidungen, Göttingen 2014, 7–10.

ARENDT, HANNAH, Macht und Gewalt, München 1971.

BEAUCHAMP, TOM L./CHILDRESS, JAMES F., Principles of Biomedical Ethics. Eights Edition, New York/Oxford 2019.

BURGER, HERMANN, Tractatus logico-suicidalis. Über die Selbsttötung, Frankfurt a. M. 1988.

BUTZ, ULRIKE, «Vertrauen Sie mir, ich bin Arzt!» – Der Zusammenhang von Vertrauen und Macht in der Arzt-Patienten-Beziehung, in: ANSELM, REINER/INTHORN, JULIA/KAELIN, LUKAS/KÖRTNER, ULRICH H. J. (Hg.), Autonomie und Macht. Interdisziplinäre Perspektiven auf medizinethische Entscheidungen, Göttingen 2014, 51–65.

CRÜSEMANN, FRANK, Das Alte Testament als Grundlage der Diakonie, in: SCHÄFER, GERHARD K./STROHM, THEODOR (Hg.), Diakonie – biblische Grundlagen und Orientierungen. Ein Arbeitsbuch, Heidelberg ³1998, 67–93.

DEUTSCHER CARITASVERBAND, Leitbild, Freiburg i. Br. 1997, online: www.caritas.de (24.07.2014).

DÖRNER, KLAUS, Der gute Arzt. Lehrbuch der ärztlichen Grundhaltung, Stuttgart 2001.

EUGSTER, RETO, Der Klientbegriff wird keinem Menschen gerecht, in: UECKER, HORST D./KREBS, MARCEL (Hg.), Beobachtungen der Sozialen Arbeit, Heidelberg 2005, 178–189.

EVERS, RALF/MUMMERT, LOUISE, Wer war diesem der Nächste? Oder: Wenn Gott ins Helfen einfällt, in: HOBURG, RALF (Hg.), Theologie der helfenden Berufe, Stuttgart 2008, 27–41.

FRETTLÖH, MAGDALENE L., Der Charme der gerechten Gabe. Motive einer Theologie und Ethik der Gabe am Beispiel der paulinischen Kollekte für Jerusalem, in: EBACH, JÜRGEN/GUTMANN, HANS-MARTIN/FRETTLÖH, MAGDALENE L./WEINRICH, MICHAEL (Hg.), «Leget Anmut in das Geben». Zum Verhältnis von Ökonomie und Theologie, Gütersloh 2001, 105–161.

HABERMAS, JÜRGEN, Die neue Unübersichtlichkeit. Die Krise des Wohlfahrtsstaates und die Erschöpfung der utopischen Energien, in: DERS., Die neue Unübersichtlichkeit. Kleine politische Schriften V, Frankfurt a. M. 1985, 141–163.

HAEFLIGER, MARKUS M., Mit Satire gegen das Helfersyndrom in Afrika. Das Projekt einer kenyanischen Comedy-Serie nimmt private Hilfsorganisationen aufs Korn, in: NZZ, Nr. 115, 20.05.2014, 54.

HAMANN, MATTHIAS, Helfen hilft. In einem Mentoring-Programm begleiten Studierende Schüler und lernen dabei selber dazu, in: NZZ, Nr. 239, 09.09.2013, 39.

HOBURG, RALF, Theologie in der Sozialarbeit als andere Perspektive auf den Gegenstand des Helfens, in: DERS. (Hg.), Theologie der helfenden Berufe, Stuttgart 2008, 11–22.

KÄLIN, LUKAS, Macht in der Medizin – Eine philosophische Perspektive, in: ANSELM, REINER/INTHORN, JULIA/KAELIN, LUKAS/KÖRTNER, ULRICH H. J. (Hg.), Autonomie und Macht. Interdisziplinäre Perspektiven auf medizinethische Entscheidungen, Göttingen 2014, 43–50.

KLOOS, BASINA, Das kirchliche Krankenhaus im Spannungsfeld von Ökonomie, christlichen Werten und Wettbewerb, in: Zeitschrift für Medizinische Ethik 55 (2009), 85–89.

KÖRTNER, ULRICH H. J., Ethik im Krankenhaus. Diakonie – Seelsorge – Medizin, Göttingen 2007.

LÉVINAS, EMMANUEL, *Eine Religion für Erwachsene*, in: DERS., *Schwierige Freiheit. Versuch über das Judentum*, Frankfurt a. M. 1992, 21–37.

LOCHBÜHLER, WILFRIED, *Alttestamentliche Sozialgesetze und kirchliche Caritas*, in: BONDOLFI, ALBERTO/MÜNK, HANS J. (Hg.), *Theologische Ethik heute. Antworten für eine humane Zukunft*, Zürich 1999, 427–451.

MATHWIG, FRANK, *Worum sorgt sich Spiritual Care? Bemerkungen und Anfragen aus theologisch-ethischer Sicht*, in: NOTH, ISABELLE/KOHLI REICHENBACH, CLAUDIA (Hg.), *Palliative und Spiritual Care. Aktuelle Perspektiven in Medizin und Theologie*, Zürich 2014, 23–41.

MAXEINER, DIRK/MIERSCH, MICHAEL, *Das Mephisto-Prinzip. Warum es besser ist, nicht gut zu sein*, Frankfurt a. M. 2001.

MONTEVERDE, SETTIMIO, *Fürsorge als Tugend und als Wissen. Zur Genese pflegerischer Ordnungsmacht*, in: MATHWIG, FRANK/MEIREIS, TORSTEN/PORZ, ROUVEN/ZIMMERMANN, MARKUS (Hg.), *Macht der Fürsorge? Moral und Macht im Kontext von Medizin und Pflege*, Zürich 2015, 181–193.

MOOS, TORSTEN, *Religiöse Rationalität des Helfens. Systematisch-theologische Beiträge zu einer Theorie diakonischer Praxis*, in: Zeitschrift für Evangelische Ethik 63 (2019), 104–116.

RÜEGGER, HEINZ/SIGRIST, CHRISTOPH, *Diakonie – eine Einführung. Zur theologischen Begründung helfenden Handelns*, Zürich 2011.

SCHMIDBAUER, WOLFGANG, *Das Helfersyndrom. Hilfe für Helfer*, Hamburg 2007.

—, *Der hilflose Helfer. Über die seelische Problematik der helfenden Berufe*, Hamburg 1977.

—, *Helfersyndrom und Burnout-Gefahr*, München/Jena 2002.

STEINKAMP, HERMANN, *Compassion als diakonische Basiskompetenz*, in: HERMANN, VOLKER (Hg.), *Diakonische Existenz im Wandel*, Heidelberg 2007.

—, *Die sanfte Macht der Hirten. Die Bedeutung Michel Foucaults für die Praktische Theologie*, Mainz 1999.

THEISSEN, GERD, *Die Legitimationskrise des Helfens und der barmherzige Samariter. Ein Versuch, die Bibel diakonisch zu lesen*, in: RÖCKLE, GERHARD (Hg.), *Diakonische Kirche: Sendung – Dienst – Leitung*, Neuenkirchen-Vluyn 1990, 46–76.

—, *Die Religion der ersten Christen. Eine Theorie des Urchristentums*, Gütersloh ²2001.

WETTRECK, RAINER, *«Am Bett ist alles anders» – Perspektiven professioneller Pflegeethik*, Münster 2001.

WIESEMANN, CLAUDIA/SIMON, ALFRED (Hg.), *Patientenautonomie. Theoretische Grundlagen – Praktische Anwendungen*, Münster 2013.

ZWEIG, STEFAN, *Ungeduld des Herzens*, Stockholm 1939.

4 SOLIDARITÄT IN DER GESUNDHEITSVERSORGUNG. DEFINITION, BEDEUTUNG UND GRENZEN

Im Jahr 2019 hat der US-Bundesstaat Maryland eine neue Behörde geschaffen, welche die Bezahlbarkeit von teuren Medikamenten zu prüfen hat. Diese kann von den Pharmaunternehmen eine Begründung für vorgegebene Medikamentenpreise verlangen und ist aufgrund der Prüfung dieser Angaben – in Absprache mit den politischen Behörden – dazu ermächtigt, von sich aus den Preis für ein bestimmtes Medikament zu senken.[1] Bekannt und vielerorts etabliert ist die Praxis, dass Regierungen mit der Pharmaindustrie die Medikamentenpreise aushandeln. Das Vorgehen in Maryland jedoch ist neu und heikel. Es dürfte dem kleinen Bundesstaat Maryland mit seinen lediglich sechs Millionen Einwohnerinnen und Einwohnern auf diese Weise nämlich kaum gelingen, die Pharmafirmen zu beeindrucken und zu Zugeständnissen zu zwingen. Vielmehr ist anzunehmen, dass sich ein Medikamentenhersteller im Fall eines Konflikts aus dem relativ kleinen Markt an der Ostküste der USA zurückziehen würde. Alleine hat Maryland keine Verhandlungsmacht gegenüber Big Pharma, so schreiben Tara Sklar und Christopher Robinson in ihrem Beitrag im «New England Journal of Medicine»:

> [...] Maryland has relatively little bargaining power; companies could simply walk away from the market, rather than set a precedent for other payers by selling certain drugs at prices below current levels. *States may need to act collectively* to simultaneously drive down prices and ensure access to drugs. The current consolidated state of the pharmaceutical industry, in which many drug makers face little or no direct competition, exploits the fragmentation of the states.[2]

Erst dann, so schreiben sie, wenn andere Bundesstaaten kollektiv handeln, anders gesagt: sich *solidarisieren*, und ebenfalls derartige Behörden etablieren, wären sie gemeinsam ausreichend stark, um die Pharmaindustrie ernsthaft unter Druck setzen zu können.

Das Beispiel zeigt, welche Bedeutung ein pragmatisch begründetes solidarisches Zusammenstehen von Verantwortlichen in der Gesundheitspolitik heute haben kann. Mit den hohen Medikamentenpreisen ist nota bene ein Themenbereich betroffen, der selbst für Hochlohnländer der Welt zusehends zu einem Problem wird, insofern die Versorgung der Bevölkerung mit den teilweise extrem teuren neuen Medikamenten in einigen Fällen nicht oder kaum mehr möglich ist.[3] Der Solidaritätsbegriff steht im genannten Beispiel aus Maryland für eine bestimmte Vorgehensweise, eine gesundheitspolitische Strategie, die traditionell mit dem Slogan «Gemeinsam sind wir stark!» auf den Punkt gebracht wird.

---

1 Vgl. SKLAR/ROBERTSON 2019.
2 Ebd. 1302 (Hervorhebung eingefügt, MZ).
3 Vgl. NATIONALE ETHIKKOMMISSION IM BEREICH DER HUMANMEDIZIN (NEK) 2020.

Im Folgenden werde ich der Frage nachgehen, welche unterschiedlichen Bedeutungen dem Phänomen der Solidarität im Bereich der Gesundheitsversorgung heute zukommen und wie diese einzuschätzen sind. Ich beginne mit einigen Erfahrungen mangelnder Solidarität, mit der Schilderung von Kontrasterfahrungen also, erkunde dann Begriff und Verständnis von Solidarität, stelle anschließend drei unterschiedliche Solidaritätskonzepte vor, um schließlich Bedeutung und Grenzen der Solidarität in der Gesundheitsversorgung einschätzen zu können.

4.1 *Kontrasterfahrungen*

Die Wiederentdeckung der Solidarität in gesellschaftlichen[4], soziologischen[5], gesundheitspolitischen[6] und nicht zuletzt auch medizinethischen[7] Diskursen hat mit der Aufarbeitung der Folgen der weltweiten Finanzkrise von 2008 eingesetzt und ist inzwischen nicht mehr zu übersehen. Hinsichtlich des Stellenwerts gesellschaftlicher Appelle scheint sie den Aufruf zur *Stärkung der Eigenverantwortung* – inklusive Selbstbehauptung, Autonomie, Selbstsorge und Selbstbestimmung – inzwischen abgelöst zu haben. Das Pendel gesellschaftlicher Debatten hat vor einigen Jahren allem Anschein nach einen Wendepunkt erreicht: Anstelle individualistischer Ratschläge unter dem Motto «Jeder ist seines Glückes Schmid» wird neu das solidarische Zusammenstehen der Menschen gefordert und dessen Bedeutung für die Erhaltung des Gemeinwohls unterstrichen.

Gegenwärtige soziologische und philosophische Gesellschaftsanalysen bestätigen einseitige Entwicklungen in den Hochlohnländern der Welt. In der Soziologie ist die Rede von der *granularen Gesellschaft*[8] und der *Gesellschaft der Singularitäten*[9]. Tendenzen zur Auflösung einander verbindender kultureller Vorstellungen und eine Manie zur Einzigartigkeit («Ich bin anders als die anderen!») sind derart wirkmächtig geworden, dass sie durch neue Solidaritätsnarrative in ihrer Einseitigkeit korrigiert werden sollen.

4.1.1 Neue Solidaritätsnarrative gesucht

Felix Gutzwiller, Schweizer Präventivmediziner, Politiker und Präsident der Krankenkassenstiftung Sanitas, betont mit Blick auf die Digitalisierung, dass sich aufgrund von Big Data bzw. der Erfassung detaillierter Angaben über einzelne Personen heute eine Entsolidarisierung im Versicherungswesen ergebe. Die War-

---

4   Vgl. ASCHWANDEN 2019.
5   Vgl. BUDE 2019.
6   Vgl. TER MEULEN 2017. Vgl. bereits früher DERS. ET AL. 2001.
7   Vgl. PRAINSACK/BUYX 2017.
8   Vgl. KUCKLICK 2014.
9   Vgl. RECKWITZ 2017.

nung überrascht, da aus der Perspektive eines FDP-Politikers eigentlich andere
Akzente zu erwarten wären:

> Wir haben vor einem Jahr alle Parteiprogramme analysiert. Auf bürgerlicher Seite herrscht
> eher Euphorie mit hohen Erwartungen, bei der Linken dominiert Skepsis. Doch wirklich in
> die Tiefe, was die Chancen und Risiken der Digitalisierung für die Solidarität sind, gehen die
> politischen Akteure bis jetzt nicht. Darüber, wie die Rahmenbedingungen in einer Gesell-
> schaft aussehen sollen, die sich immer mehr entsolidarisiert, findet sich überhaupt nichts.
> *Aus unserer Sicht braucht es neue glaubwürdige Solidaritätsnarrative, die den Zusammenhalt in dieser*
> *granularen Gesellschaft wieder stärken.*[10]

Die US-amerikanische Forschungsinitiative «All of us» basiert auf einem solchen
Solidaritätsnarrativ. Bei ihrer Gründung durch Ex-Präsident Barack Obama im
Jahr 2015 hieß sie noch «Precision Medicine Initiative», womit klargestellt war,
dass bei diesem Großprojekt die Erforschung der Präzisionsmedizin im Zentrum
steht. Schon bald wurde sie – ganz im Zeichen der Wiederentdeckung der Solidarität – sozusagen kontrafaktisch, nämlich entgegen der zunehmenden Ungleichheit in der US-amerikanischen Gesellschaft[11] mit der Folge einer sich vermin-
dernden durchschnittlichen Lebenserwartung[12], in «All of us», in freier Übersetzung etwa «Es geht um uns alle», umbenannt. Das Ziel dieses Projekts besteht
darin, gesundheitsbezogene Daten von insgesamt einer Million Bürgerinnen und
Bürgern über Jahre hinweg zu erfassen und der medizinischen Forschung auf
transparente Weise zur Verfügung zu stellen. Die Teilnahme ist freiwillig und un-
entgeltlich, unter den Freiwilligen sollen möglichst alle gesellschaftlichen Grup-
pierungen, Menschen mit unterschiedlichen ethnischen Wurzeln, alle Alters-
gruppen, Gesunde und Kranke, Menschen mit und ohne Behinderungen, alle Geschlechter etc. vertreten sein. Diesen wird bei Forschungserfolgen ein privile-
gierter Zugang zu allfällig neuen therapeutischen Möglichkeiten geboten. Die
US-amerikanische Initiative steht damit für den Versuch, das Singuläre, also die
Daten jeder einzelnen Person, mit dem alle Verbindenden, dem Menschsein bzw.
der Tatsache, US-amerikanische Bürgerin oder Bürger zu sein, zu verbinden und
auf diese Weise ideale Ausgangsbedingungen für die medizinische Forschung zu
schaffen.[13]

---

10 ASCHWANDEN 2019 (Hervorhebung eingefügt, MZ).

11 Vgl. SANDEL 2020.

12 Vgl. CASE/DEATON 2020.

13 Vgl. THE ALL OF US RESEARCH PROGRAM INVESTIGATORS 2019.

4.1.2 BEISPIELE FÜR GEFÄHRDETE SOLIDARITÄT

Exemplarisch möchte ich drei Kontrasterfahrungen hervorheben, welche die Gefährdung der Solidarität im Bereich der Gesundheitsversorgung auch aus europäischer Sicht belegen. Ein erstes Beispiel bieten *sehr teure Behandlungen*, die zusehends nicht mehr allen Behandlungsbedürftigen zur Verfügung stehen: Entweder sind sie wie das *Zolgensma* von Novartis, das erfolgreich gegen die spinale
Muskelatrophie eingesetzt wird und in der einmaligen Anwendung 2 Mio. USD
kostet, als Einzelbehandlung extrem teuer, oder sie sind zwar in der Einzelbehandlung bezahlbar, werden aber wie die Hepatitis-C-Medikamente *Sovaldi* und
Harvoni von der Firma Gilead von sehr vielen Betroffenen benötigt und führen daher in der Summe zu markanten finanziellen Belastungen der Gesundheitsversorgung.[14] In Einzelfällen kommt es zu Spendenaufrufen oder Crowdfunding, zu
vertraglichen Sondervereinbarungen für einzelne Länder, durchaus aber auch zu
Zugangsbeschränkungen bzw. Rationierungsentscheidungen. Durch Vorgänge
wie diese geraten Systeme der solidarischen Finanzierung von Maßnahmen zur
Gesundheitsversorgung zusehends unter Druck, eine minimale Versorgung für
alle und eine privilegierte nur für privat zusätzlich Versicherte zu gewährleisten.
Für einen politischen Verantwortungsträger besteht ein schwierig zu lösendes
Entscheidungsproblem darin, dass nicht nur Investitionen im Bereich der unmittelbaren Gesundheitsversorgung, sondern darüber hinaus auch in anderen Bereichen wie Bildung, Arbeitsmarkt oder sozialer Wohnungsbau, um nur einige zu
nennen, auf die Gesundheit und Lebenserwartung der Bürgerinnen und Bürger
eine Auswirkung haben, auch als das Problem der Opportunitätskosten bezeichnet: Werden mehr Steuermittel für Medikamente ausgegeben, fehlen diese Mittel
anschließend in anderen, ebenfalls für die Gesundheit der Bevölkerung wichtigen Bereichen.[15]

Ein zweites Beispiel bietet die Idee neuer *Krankenversicherungsmodelle mit individuell berechneten Prämien*, welche Aspekte des Lebensstils miteinbeziehen. Diese
unter der Bezeichnung PAYL (für «Pay as you live») diskutierten Modelle orientieren sich an ähnlich strukturierten Autoversicherungen, indem sie bei der Höhe
der Versicherungsprämie gesundheitsbezogene Verhaltensweisen berücksichtigen, die beispielsweise über intelligente Armbanduhren oder Smartphones sozusagen in Echtzeit an einen Versicherer übertragen werden.[16] In der Schweiz beispielsweise bieten einige Krankenversicherungen günstigere Prämien für diejenigen Versicherten an, die täglich mehr als 10'000 Schritte gehen. Auch wenn diese

---

14 Vgl. LUDWIG/SCHILDMANN 2015; NATIONALE ETHIKKOMMISSION IM BEREICH DER HU-
MANMEDIZIN (NEK) 2020.

15 Vgl. ebd.

16 Vgl. ALAMI ET AL. 2020.

Modelle im Sinne einer Förderung der Gesundheitsprävention zunächst plausibel erscheinen mögen, stellen sie gleichzeitig die solidarische Finanzierung der Gesundheitsversorgung infrage. Sozialversicherungen funktionieren im Unterschied zu Privatversicherungen auf der Basis des Solidaritätsprinzips, das davon ausgeht, dass Personen unabhängig von individuellen Risiken und Vorbelastungen, darüber hinaus auch unabhängig von den Ursachen einer Erkrankung oder Verletzung, auf Kosten der Versicherung behandelt werden. Würde diese Grundregel geändert, indem Gesunde oder gesund Lebende eine kleinere Versicherungsprämie bezahlen müssten als Kranke oder riskant Lebende, wäre eine Stigmatisierung und Diskriminierung Kranker kaum zu verhindern und müssten für die Behandlung kranker Personen mit besonders hohen Risiken neue finanzielle Sicherungssysteme geschaffen werden.[17]

Ein drittes Beispiel besteht in einem Hinweis auf die auch als *personalisierte Medizin* bezeichnete *Präzisionsmedizin*. Aufgrund der Idee, Behandlungen möglichst an den Bedingungen einzelner Menschen auszurichten, bringt sie eine weitgehende Stratifizierung von Patientengruppen mit sich, die letztlich auf die individuelle Behandlung jedes einzelnen Patienten bzw. jeder einzelnen Patientin hinausläuft. Denn jede Patientin, jeder Patient ist anders, nämlich singulär, und darum sollten, so die Kernidee der Präzisionsmedizin, auch therapeutische Bemühungen diesen individuellen Bedingungen angepasst werden. Eine Folge dieser neuen Präzisionsmedizin besteht darin, dass durch sie bekannt und zugänglich wird, welche Personengruppen oder einzelne Personen das Gesundheitssystem wie stark finanziell belasten. Diese neue Transparenz und Individualisierung der Kosten zusammen mit der massiven Verteuerung einzelner Therapiekombinationen, wie es heute bereits im Bereich onkologischer Behandlungen der Fall ist, wird voraussichtlich dazu führen, dass die ohnehin strapazierte Bereitschaft infrage gestellt wird, die Gesamtkosten für alle weiterhin solidarisch zu finanzieren.[18]

4.1.3 Alltagssprachlich verständlicher Begriff

Der Begriff der Solidarität bedarf zwar einer genaueren Abgrenzung, wie im nächsten Schritt deutlich werden wird. Die genannten Beispiele zeigen allerdings, dass Solidarität zum einen als gesellschaftliches Phänomen alltagssprachlich unmittelbar verständlich ist und dass sie zum andern aus dem Bereich der Gesundheitsversorgung nicht wegzudenken ist. Semantisch drängt sich hier ein Vergleich mit dem Begriff der *Gesundheit* auf:[19] Während alltagssprachlich weitgehend klar ist, was unter Gesundheit verstanden werden kann, gestaltet sich die

---

17 Vgl. Widmer u. a. 2007; Kap. II/3 im vorliegenden Band.

18 Vgl. Klusman/Vayena 2016.

19 Vgl. Zimmermann 2018.

Suche nach einer wissenschaftlichen Definition alles andere als einfach. Ähnlich
wie bei der Gesundheit, die sich am einfachsten als Abwesenheit von Krankheit
und damit indirekt fassen lässt, lassen sich zudem auch Phänomene der Solidarität am einfachsten dadurch verständlich machen, dass Beispiele für ihre Abwesenheit, also Beispiele für die Entsolidarisierung in der Gesellschaft, beschrieben
werden. Ähnlich wie beim Gesundheitsbegriff ist nicht zuletzt auch die Tendenz
zu beobachten, den Solidaritätsbegriff durch immer weitergehende Ansprüche
moralisch aufzuladen und ihn auf diese Weise – analog zur idealistisch-ganz-
heitlichen Gesundheitsdefinition der WHO, in der Gesundheit mit einem geglückten Leben gleichgesetzt wird – zu einem utopischen Konzept werden zu
lassen.

4.2 Begriff und Verständnis

Solidarität meint grundlegend und in Anknüpfung an die Alltagssprache zunächst die wechselseitige Verpflichtung und Bereitschaft, füreinander einzustehen. Die Wortwurzel spielt auf das «solide» oder «feste» Zusammenstehen von
Menschen in der Absicht an, ein gemeinsames Interesse verwirklichen oder ein
gemeinsames Ziel verfolgen zu können (*solidare*, lateinisch für «fest zusammenfü-
gen»). Historisch geht der Begriff auf das römische Recht zurück, in welchem
unter der «obligatio solidum» eine Form der Schuldnerhaftung verstanden wurde, bei der jedes Mitglied einer Gemeinschaft für die Begleichung insgesamt bestehender Schulden herangezogen werden konnte sowie die Gemeinschaft für
die Schulden jedes einzelnen Mitglieds haftete. Gesellschaftspolitisch und moralisch relevant wurde der Begriff jedoch erst im Kontext der französischen Revolu-
tion.[20]

Pragmatisch gesehen, und wenn das auch nicht dem unmittelbar assoziierten
Verständnis zu entsprechen vermag, ist die Solidarität zunächst funktional, nut-
zen- und zielorientiert zu verstehen. Sie meint eine bestimmte Vorgehensweise
von Gleichgesinnten bzw. wechselseitig miteinander Verbundenen. Wie am Beispiel von Marylands Gesundheitspolitik gezeigt ist die Idee dabei, dass ein bestimmtes Ziel nur dann zu erreichen ist, wenn sich eine Gruppe von gemeinsam
Betroffenen zusammenschließt und gemeinsam ein bestimmtes Ziel verfolgt.
Gemäß diesem pragmatischen Sinn besteht keine Verwechslungsgefahr der Solidarität mit der Nächsten- oder Fernstenliebe, der Barmherzigkeit oder Verbundenheit mit besonders vulnerablen Menschen oder auch leidensfähigen Tieren.
Es wird vielmehr deutlich, dass der Solidaritätsbegriff keinen bestimmten moralischen Inhalt trägt, sondern zunächst einmal eine Strategie, eine Vorgehensweise meint. Auch Piraten oder die Mafia sind in diesem grundlegenden Sinn auf So-

---

20 Vgl. RADTKE 2008.

lidarität – zumindest in Form von Kooperation oder Loyalität untereinander – angewiesen, sie müssen zusammenhalten, wenn sie bestehen wollen.[21]

4.2.1 KEIN INHALTLICH BESTIMMTER BEGRIFF

Solidarität ist daher zunächst einmal kein inhaltlich bestimmter ethischer Grundsatz, wie es das Autonomie-, das Nicht-Schadens-, das Fürsorge- oder das Gerechtigkeitsprinzip sind. Vielmehr ist es eine Idee[22], der eine bestimmte Strategie («gemeinsam sind wir stark»), eine Grundhaltung oder Tugend («einer für alle, alle für einen») und bestimmte soziale Strukturen (Sozialversicherungen wie die Kranken- oder Arbeitslosenversicherung) entsprechen, also durchaus auch moralisch gedeutet oder verstanden werden kann. Das heißt auch, dass die Solidarität als ein Phänomen zu verstehen ist, das auf unterschiedlichen gesellschaftlichen Ebenen relevant sein kann: Zunächst zwischen einzelnen Akteuren wie bei der Nachbarschaftshilfe, Selbsthilfegruppen oder der im Kontext von Palliative Care geforderten «caring communities».[23] Darüber hinaus auch auf der Ebene von Organisationen, beispielsweise durch Kooperationen zwischen Krankenhäusern oder Krankenversicherungen. Auch auf gesamtgesellschaftlicher bzw. gesundheitspolitischer Ebene ist sie relevant, so bei den meisten sozialstaatlichen Einrichtungen; schließlich ist sie es auch auf der Ebene gesellschaftlich hochgehaltener Werte und Ideale, nämlich im Sinne einer gesellschaftlichen Wertschätzung des Zusammenstehens aller Bürgerinnen und Bürger. In der Präambel der Schweizerischen Bundesverfassung beispielsweise heißt es im Sinn dieser gesellschaftsbezogenen Werteebene, die Stärke des Volkes messe sich am Wohl der Schwachen. Wie es im Fall der im Jahr 1998 gegründeten profitorientierten Organisation «Patients like me» der Fall war, kann es durchaus passieren, dass aus einer zunächst kleinen Initiative zwischen einigen wenigen Akteuren schließlich eine weltweit agierende, auf Solidarität und Freiwilligkeit basierende Patientinnen-Organisation entsteht, die sich unter anderem über den Datenaustausch mit der Pharmaindustrie finanziert.[24]

---

21 Diese Aussage ist umstritten. Dies dürfte in erster Linie daran liegen, dass der Solidaritätsbegriff in der Regel mit einer moralisch als gut angesehenen Zielvorgabe identifiziert wird. Dennoch beruhen auch diese Konzepte, die weiter unten exemplarisch vorgestellt werden, auf der hier funktional beschriebenen Vorgabe des Zusammenstehens Gleichgesinnter; vgl. dazu insbesondere die Kritik aus Sicht der kritischen Theorie bei JAEGGI 2001, 289–291 (für den Hinweis auf diesen Text danke ich Dominik Koesling).

22 Vgl. BUDE 2019.

23 Vgl. RIDENOUR/CAHILL 2015; WEGLEITNER ET AL. 2016.

24 Vgl. www.patientslikeme.com (12.07.2023).

4.2.2 Bestimmung des Ursprungs, der Reichweite und Gleichheit entscheidend

Dass es trotz dieser relativ klaren Bestimmung möglich ist, unter dem Solidaritätsbegriff auch ganz unterschiedliche Aspekte zu fassen, hat mit der Bestimmung dreier Elemente zu tun: Der Deutung des Ursprungs von Solidarität, der Bestimmung der Reichweite derselben und dem zugrunde gelegten Verständnis von Gleichheit.

Erstens ist die Beantwortung der Frage von Bedeutung, *warum* Menschen solidarisch sind oder sich auf diese Weise verhalten sollten, also die Frage danach, worin der angesprochene gesellschaftliche Zusammenhalt ursächlich gründet bzw. worauf sich ein entsprechender Appell bezieht. Antworten dazu reichen von der Idee, dass wie im eingangs geschilderten Fall aus Maryland ein Zusammenhalt mit einem nur gemeinsam zu erreichenden Ziel erklärt wird, ein Zweckbündnis also, das nach Erreichen des Ziels irrelevant wird. Der Soziologe Steffen Mau schlägt vor, dies als Eigennutzsolidarität zu bezeichnen und von anderen Solidaritätsformen abzugrenzen.[25] Anders ist die bei der «All of us»-Initiative adressierte Vorstellung einzuordnen, dass einander in relevanter Hinsicht gleichende Menschen sich miteinander verbunden fühlten und deshalb bereit seien, gewisse altruistische Handlungen auszuführen[26] – auch als Verbundenheitssolidarität[27] bezeichnet. Davon zu unterscheiden ist schließlich die Annahme, der Wille zum Zusammenhalt sei angeboren, also von Natur aus in allen Menschen so angelegt;[28] in der katholischen Soziallehre ist in diesem Zusammenhang von der Sozialnatur des Menschen die Rede, welche die ontologische Grundlage für das Prinzip der Solidarität bilde.[29]

Zweitens ist die damit verbundene Bestimmung der *Reichweite* der solidarischen Verbundenheit von Bedeutung: Aus gewerkschaftlicher Sicht können das beispielsweise alle Angestellten sein, die im Bereich der Gesundheitsversorgung beschäftigt sind; aus sozialstaatlicher Sicht sind in der Regel nationalstaatliche Grenzen entscheidend, so dass alle Bürgerinnen und Bürger eines Nationalstaats zur Solidaritätsgemeinschaft gezählt werden. Die WHO dagegen nimmt bei ihren Aktivitäten eine globale Perspektive ein und bezieht sich auf die weltweite Menschheit. An die Solidarität wird überdies im Zuge der ökologischen Anliegen auch mit den leidensfähigen Tieren, darüber hinaus auch mit allen Tieren, Pflan-

---

25 Vgl. Mau 2008.

26 Vgl. Prainsack/Buyx 2017.

27 Vgl. Mau 2008.

28 Vgl. Bude 2019.

29 Vgl. Baumgartner 2004; Schramm 2011.

zen und nicht zuletzt mit der Erde appelliert.[30] Eine entscheidende Konsequenz der Festlegung von Solidaritätsgrenzen besteht darin, dass mit jeder Inklusion stets auch eine Exklusion ausgesagt und geschaffen wird.[31] Ein Beispiel bieten die Sozialversicherungen einiger Hochlohnländer wie Deutschland oder der Schweiz, die sich als wichtiger Pull-Faktor auf die internationale Migration auswirken, weil sie Privilegien unter anderem im Bereich der Gesundheitsversorgung bieten, die in vielen Ländern der Welt nicht bestehen. Um exkludierende Effekte zu vermeiden, besteht eine Tendenz, den Kreis der miteinander solidarisch verbundenen Wesen immer weiter auszudehnen.[32] Das Dilemma, dass sich hinsichtlich dieses Befunds stellt, ist offensichtlich: Je überschaubarer und damit exkludierender Solidaritätsbewegungen sind, desto effizienter sind sie, je weiter der Kreis von solidarisch miteinander Verbundenen ausgedehnt wird, desto geringer sind die zu erwartenden Effekte. Wesentliches Funktionselement ist nämlich, dass ein Solidaritätszusammenhang von den Verbundenen auch wahrgenommen und für bedeutsam gehalten wird,[33] eine Bedingung, die mit zunehmender Größe der miteinander Verbundenen schwieriger einzulösen sein dürfte.

Drittens beruht Solidarität auf der Idee einer *Ähnlichkeit, Gleichheit und Symmetrie* der miteinander Verbundenen. Im Unterschied zu einer barmherzigen Geste des Mitleids meint Solidarität das Zusammenstehen einander gleichgestellter Personen oder Wesen. Solidarität ist sozusagen eine Strategie auf Augenhöhe. Warum es trotzdem immer wieder dazu kommt, das biblische Beispiel des barmherzigen Samariters als Urbild solidarischen Handelns zu interpretieren, liegt wohl daran, dass hier ursprünglich oder im eigentlichen Sinne Gleiche erst aufgrund bestimmter Ereignisse – im Beispiel des Samariters: aufgrund eines brutalen Überfalls – zu Ungleichen werden. Oder aber, in der Konsequenz ähnlich, dass der Kreis der solidarisch miteinander Verbundenen so weit gezogen wird, dass de facto bestehende Unterschiede unter den «Gleichen» für diejenigen, denen es besser geht, zu einem Problem werden, das gelindert oder behoben werden sollte. In beiden Fällen spielt die Empathie eine wesentliche Rolle, also die Fähigkeit, sich in die Situation eines Benachteiligten oder Verletzten hineinzuversetzen, einen Perspektivenwechsel vorzunehmen,[34] wobei beides aufgrund der Annahme der Gleichheit basieren dürfte. Die Rede ist hier auch von Mitgefühlsolidarität.[35] Wird

---

30 Vgl. FRANZISKUS 2015; BUDE 2019; LATOUR 2018.

31 Vgl. BRUNKHORST 2008.

32 Vgl. RADTKE 2008; BUDE 2019.

33 Vgl. MAU 2008.

34 Vgl. RADTKE 2008.

35 Vgl. MAU 2008.

der Zirkel der solidarisch miteinander verbundenen Personen global gezogen,[36] dann wird beispielsweise das Nord-Süd-Gefälle zu einem Problem, auf das die siebzehn Ziele für eine nachhaltige Entwicklung der Vereinten Nationen reagieren.

4.2.3 Unterschiedliche weltanschauliche Deutungen

Alle drei Dimensionen – Ursprung, Reichweite sowie Gleichheit – sind hinsichtlich ihrer Bestimmung umstritten und gründen zudem auf weltanschaulich stark besetzten Ansichten. Das erklärt, warum ein und derselbe Begriff, nämlich die Solidarität, der politisch im Sozialismus verankert ist (im Sinne des Appells an eine internationale Solidarität), gegenwärtig im Sinne nationalstaatlich begrenzter Solidarität maßgeblich auch von rechten Parteien besetzt werden kann. (Am Parteitag der AfD im November 2020 wurde beispielsweise zugunsten einer Willkommenskultur für Kinder votiert, die darin besteht, dass der Staat für jedes Kind mit deutscher Staatsbürgerschaft und mit einem Lebensmittelpunkt in Deutschland monatlich 100 Euro für den Vermögensaufbau zahlen soll.) Nicht zuletzt bedienen sich auch die christlichen Kirchen desselben Begriffs, um die weltweite Verbundenheit aller Menschen zu adressieren.

4.3 Solidaritätskonzepte – drei Beispiele

Anhand der folgenden Beispiele wird deutlich, dass die Solidarität im Bereich der Gesundheitsversorgung de facto eine bedeutende Rolle spielt und dass je nach Verständnis derselben und je nach weltanschaulichem Hintergrund unterschiedliche Konkretisierungen daraus folgen. Das erste Solidaritätskonzept entstammt dem aktuellen politikwissenschaftlich-bioethischen Diskurs und beschäftigt sich mit der Bedeutung von Solidarität im Bereich der Biomedizin,[37] das zweite basiert auf der traditionellen katholischen Soziallehre und deren Fortsetzung in der christlichen Sozialethik,[38] das dritte fußt auf einem soziologischen Neuentwurf, der sich gegen eine Vereinnahmung der Solidaritätsidee durch die politische Rechte wendet und sich zur Begründung auf den Existenzialismus Albert Camus' beruft.[39]

---

36 Vgl. Brunkhorst 2008; Radtke 2008.

37 Vgl. Prainsack/Buyx 2017.

38 Vgl. Cahill 2005; Haker 2020; Franziskus 2020.

39 Vgl. Bude 2019.

4.3.1 Begrenzte Solidarität in der Biomedizin

Das erste Konzept stammt von der Politikwissenschaftlerin Barbara Prainsack und der Medizinethikerin Alena Buyx.[40] Solidarität unterscheide sich von der Nächstenliebe darin, so die Autorinnen, dass es bei ihr um das Zusammenstehen Gleichgestellter, also um symmetrische Beziehungen gehe. Es ist ihnen zudem wichtig, das Solidaritätsverständnis von sozialistischen, religiösen und anderweitig ideologischen Konnotationen zu lösen. Aufgrund der empirischen Beobachtung, dass Menschen durchaus auch Dinge tun würden, die nicht nur ihnen selbst, sondern auch anderen zu Gute kämen, definieren sie die Solidarität folgendermaßen:

> Unter Solidarität wird die in der Praxis umgesetzte Grundhaltung verstanden, (finanzielle, soziale, emotionale oder anderweitige) Kosten zugunsten der Unterstützung anderer Menschen zu akzeptieren, mit denen die handelnden Personen relevante Ähnlichkeiten erkennen.[41]

Wesentliche Elemente dieser Grundhaltung (engl.: commitment) sind demnach eine Verbundenheit unter Gleichgestellten, die einander ähnlich sind, sich daher miteinander identifizieren können sowie eine Bereitschaft zum altruistischen Handeln entwickeln.

Originell und überraschend ist, auf welche Anwendungsfelder die Autorinnen ihr Konzept solidarischen Engagements Gleichgesinnter beziehen, nämlich auf die Bereiche Forschungsdatenbanken, Präzisionsmedizin und Organspende. Sie unterstreichen den enormen *sozialen Nutzen* («social benefit»), der aus der freiwilligen Beteiligung an Datenbanken, der Präzisions- und Transplantationsmedizin resultiere; dieser könne aber nur dann realisiert werden, wenn möglichst viele Menschen ihre Skepsis und ihr Unwissen überwänden und sich solidarisch beteiligten.

Zwar blieben beim Spenden gesundheitsbezogener Daten für Forschungsdatenbanken stets gewisse Risiken bestehen, entsprechende Stichpunkte sind Zufallsbefunde, Gefährdung des Datenschutzes, intransparente Weitergabe der Daten und die Grenzen der Anonymisierbarkeit von Daten; trotzdem rufen die Autorinnen dazu auf, gewisse Risiken in Kauf zu nehmen, um die Chancen auf einen nur so möglichen sozialen Nutzen zu erhöhen. Auch bezüglich der Präzisionsmedizin geht es ihnen um die solidarische Spende von gesundheitsbezogenen, persönlichen Daten, um dadurch Fortschritte in diesem Bereich zugunsten aller zu beschleunigen. Solidarisches Handeln könne dazu beitragen, dass die Präzisionsmedizin Menschen nicht auseinander-, sondern zusammenbringe, da alle auf ein gemeinsames Ziel hin engagiert seien. Letztlich gehe es um eine zum heutigen

---

40 Vgl. Prainsack/Buyx 2019.
41 Ebd. 52 (eigene Übersetzung).

System alternative Vision eines Gesundheitssystems mittels Etablierung eines solidarischen Geists. Auch könnten dann sanfter öffentlicher Druck («nudges») im
Bereich der Gesundheitsprävention besser integriert und Stigmatisierungen verhindert werden. In Abgrenzung zur oben kommentierten Idee des «Pay as you
live» schreiben sie:

> In practical terms this could mean that instead of singling out smokers as ‹high risk› individ-
> uals who should pay higher contribution, or receive fewer services, within a publicly fund-
> ed health care system, we should consider that *all of us* had higher risks in some respects and
> lower risks in others, and that *all of us* had some weaknesses and strength in character; the
> difference between us is that they manifest themselves in different ways and areas.[42]

Diese Formulierung zeigt sprachlich wie inhaltlich eine Nähe zur erwähnten US-
amerikanischen Forschungsinitiative «All of us»: betont wird das allen Gemeinsame und somit eine gewisse Gleichheit bzw. Ähnlichkeit bei aller Diversität. Am
Beispiel der heute restriktiv geregelten, auf Nahestehende beschränkte Lebend-
Organspende schließlich entwickeln sie die Idee, eine ungerichtete (für einen Unbekannten gedachte) Lebendspende sollte als eine Form gelebter Solidarität verstanden und in diesem Sinne ebenfalls rechtlich erlaubt werden. Wichtig ist den
Autorinnen dabei, das Motiv der Solidarität abzugrenzen vom altruistischen,
von Nächstenliebe geprägten Motiv einer Spende für einen geliebten Menschen.
Sie gehen davon aus, dass auch in diesem Bereich durchaus mit solidarischem
Verhalten zu rechnen sei und die Spenderate erhöht werden könnte.

4.3.2 IDEE EINER WELTWEITEN SOLIDARGEMEINSCHAFT

Ein zweites Solidaritätskonzept, das in einem gewissen Kontrast zu dem zuerst
geschilderten Zugang steht, geht zurück auf die im 20. Jahrhundert entstandene
katholische Soziallehre und findet gegenwärtig seine Fortschreibung in der
christlichen Sozialethik sowie in lehramtlichen Schreiben.[43] Hier sind zwei Elemente wesentlich: Mit Berufung auf die christliche Tradition wird die Solidaritätsgemeinschaft erstens nicht auf eine bestimmte Gruppe beschränkt verstanden, die sich zuvor zur Absicherung bestimmter Risiken auf Kooperation ver-
ständigt hat oder die aus Personen besteht, die in relevanter Hinsicht ähnlich sind,
sondern sie umfasst grundsätzlich alle Menschen: «Solidarität [...] ist die feste
und beständige Entschlossenheit, sich für [...] das Wohl aller und eines jeden (einzusetzen), weil wir alle für alle verantwortlich sind.»[44]

---

42 Ebd. 144 (Hervorhebungen eingefügt, MZ).

43 Vgl. BAUMGARTNER 2004; ZIMMERMANN-ACKLIN 2006; HAKER 2020; FRANZISKUS
2020.

44 JOHANNES PAUL II., hier zitiert nach SCHRAMM 2011, 87.

Und zweitens richtet sich die damit verbundene Aufmerksamkeit in besonderer Weise auf vulnerable und marginalisierte Menschen, im Kontext der Gesundheitsversorgung auf Kranke, Pflegebedürftige, Menschen mit Behinderungen, aber auch Personen, die aufgrund ihrer Armutssituation keinen Zugang zur Gesundheitsversorgung haben. Solidarität wird als eine im Menschen von Natur aus verankerte Grundhaltung verstanden, die sich insbesondere in der Hilfe für Menschen in Not ausdrücke. Zwar wird die grundsätzliche Symmetrie aller vorausgesetzt – alle haben Anteil an der gleichen Würde –, gleichzeitig jedoch im Sinne des erwähnten Samariter-Beispiels die auf Asymmetrie beruhende Zuwendung zu marginalisierten Menschen ins Zentrum gestellt. Dadurch wird die Abgrenzung solidarisch motivierter Handlungen gegenüber solchen der Nächstenliebe und Barmherzigkeit schwierig, was durchaus auch innertheologisch als «idealistische Überblendung der Realität» oder «ideologische Egalitätsphantasie» kritisiert wird. [45]

Mit Bezug auf die Biomedizin und Gesundheitsversorgung hat beispielsweise die US-amerikanische Theologin Lisa S. Cahill an dieser Tradition angeknüpft. Sie hat darauf hingewiesen, dass eine theologische Bioethik sozialethische Aspekte ins Zentrum stellen und Fragen des gerechten Zugangs zur gesundheitlichen Versorgung national wie international genauso thematisieren sollte wie das Gemeinwohl und die Grenzen der Autonomie aufgrund der Relationalität menschlichen Lebens. [46] Hille Haker, eine aus Deutschland stammende und in Chicago lehrende theologische Ethikerin, knüpft in ihrer Interpretation der Solidarität an Anerkennungstheorien der kritischen Theorie an: [47] Solidarität versteht sie im Zeichen des menschlichen Ringens um Anerkennung; sie stehe für eine soziale Verbundenheit, welche nötig sei, um Öffentlichkeit und Politik in einen Raum geteilter Verantwortung zu transformieren. Ähnlich wie L. S. Cahill geht sie davon aus, dass Solidarität stets eine gesellschaftlich engagierte Seite aufweise: sie basiere auf der Erfahrung von Leiden an Ungerechtigkeit und komme häufig in politischen Handlungen zum Ausdruck, wobei für sie das Mitleiden (Compassion) mit den Leidenden dabei im Zentrum steht. Papst Franziskus schließlich hat in der Enzyklika (einem weltweiten kirchlichen Rundschreiben) «Fratelli tutti» die Solidarität im Sinne einer globalen sozialen Verbundenheit und Freundschaft aller Menschen ins Zentrum gestellt, relevante Unterschiede zwischen einer nachbarschaftlichen Zusammenarbeit und der weltweiten Kooperation bezweifelt und die idealistische Bedeutung des Konzepts in katholischer Tradition damit noch einmal zugespitzt:

---

45 Vgl. HASLINGER 2008.

46 Vgl. CAHILL 2005.

47 Vgl. HAKER 2020, 385–387.

> Es (Solidarität, MZ) bedeutet, dass man im Sinne der Gemeinschaft denkt und handelt, dass man dem Leben aller Vorrang einräumt – und nicht der Aneignung der Güter durch einige wenige. Es bedeutet auch, dass man gegen die strukturellen Ursachen der Armut kämpft: Ungleichheit, das Fehlen von Arbeit, Boden und Wohnung, die Verweigerung der sozialen Rechte und der Arbeitsrechte. Es bedeutet, dass man gegen die zerstörerischen Auswirkungen der Herrschaft des Geldes kämpft.[48]

In seiner umfassenden Schrift bezieht er die Grundhaltung der Solidarität sowohl auf den zwischenmenschlichen Beistand als auch auf die Infragestellung der Institution des Privateigentums und schreibt von der Notwendigkeit einer globalen Solidarität. Auch die Gesundheitsversorgung wird im Kontext der Situation der weltweit Ärmsten angesprochen:

> Während wir uns in unsere semantischen und ideologischen Diskussionen verbeißen, lassen wir oftmals zu, dass auch heute noch Schwestern und Brüder verhungern und verdursten, obdachlos sind und ohne Zugang zur Gesundheitsversorgung.[49]

4.3.3 SOLIDARITÄT ALS UMFASSENDE VERBUNDENHEIT

Auf Heinz Budes «Meditationen über die Zukunft der großen Idee der Solidarität»[50] möchte ich als dritte Konzeption kurz eingehen, wobei mir nur zwei Aspekte wichtig sind: Zum einen zieht der Autor den Kreis der solidarisch miteinander Verbundenen noch weiter als im Konzept der christlichen Sozialethik, insoweit er auch Tiere, Pflanzen und die Erde mit einbezieht. Darin komme die enge Abhängigkeit aller Wesen und Bereiche zum Ausdruck. Er bemerkt allerdings selbst, dass diese umfassende Einbeziehung oder Inklusion, zu der auch Maschinen gehören könnten, offene Fragen und ein Gefühl von Schwindel hinterlasse.[51] Zum andern stützt der Autor seine Solidaritätsidee nicht auf empirische oder religiöse Fundamente ab, sondern beruft sich auf den Existenzialismus Albert Camus': Bei der Suche nach einer Antwort auf die sich aufdrängende Frage nach dem Sinn des Lebens angesichts enttäuschter Ideologien und überschätzter Wissenschaft gebe Albert Camus eine Idee, wie ein Leben mit der letztlich nicht zu beantwortenden Sinnfrage – der Erfahrung der Absurdität des Daseins – möglich sei.[52] Solidarität versteht Heinz Bude als eine menschliche Möglichkeit, nicht als moralischen Zwang, die zu ergreifen das Zusammenleben als förderlich erweisen könne. Auch für ihn ist Solidarität nicht mit Barmherzigkeit gleichzusetzen, allerdings nicht ohne Empathie möglich, ohne Verständnis von Zugehörigkeit und Verbunden-

---

48 FRANZISKUS 2020, 75.

49 Ebd. 120 f.

50 BUDE 2019, 11.

51 Vgl. ebd. 125–134.

52 Vgl. ebd. 10 f., 162 f.

heit, ohne Bekümmerung um das Ganze. Auf das System der Gesundheitsversorgung geht er nicht spezifisch ein, verweist allerdings im Rahmen seiner Beobachtung zu den großen Ungleichheiten weltweit und innerhalb einzelner Nationalstaaten darauf, dass während der letzten Jahre die Lebenserwartung gewisser Gruppen zurückgegangen ist, während sie für andere weiter anstieg. Er resümiert schließlich: Die Erfahrung von Solidarität löse kein Problem, sondern stelle eine Frage, nämlich wofür es sich zu leben lohne.[53] Die Richtung einer Antwort komme für Albert Camus, so der Autor, aus dem Dasein selbst, aus dem Empfinden der Weltbezogenheit, der Erfahrung einer mit allen anderen Lebewesen geteilten Welt:

> Solidarität ist oft sinnlos fürs Ganze und teuer für mich selbst. Trotzdem bin ich solidarisch, weil ich damit in die Absurdität meines Daseins einwillige und zugleich dagegen rebelliere. Die Solidarischen machen sich nichts vor, sie finden sich zusammen, um den Beweis zu erbringen, dass wir zusammen weitermachen können und ich nicht aufgeben muss. Der wesentliche Satz zur Sache lautet: Man weiß den Gewinn der Solidarität nur zu ermessen, wenn man die Einsamkeit kennt.[54]

4.4 Bedeutung und Grenzen

So vieldeutig und ideologieanfällig Solidaritätskonzepte auch sein mögen, so unbestreitbar ist, dass die Solidarität erstens als Grundphänomen und Ideal des gesellschaftlichen Zusammenlebens unabdingbar ist – und zwar als das «weiche» Pendant, das Andere, das Atmosphärische, als der gesellschaftliche Kit gegenüber einer normativ zu verstehenden Gerechtigkeit; und dass sie zweitens, namentlich im Bereich der komplexen, von vielerlei Abhängigkeiten geprägten und im Vergleich mit anderen Bereichen extrem teuren Gesundheitsversorgung, eine nicht zu überschätzende Rolle spielt.

Bei aller Beschränktheit der erläuterten Erfahrungen, Beispiele und Konzepte deuten sich einige Erkenntnisse oder zumindest Einsichten an, welche einige allgemeine Aussagen über Bedeutung und Grenzen der Solidarität ermöglichen:

· *Was Solidarität genau ist und worin sie auf den unterschiedlichen Gesellschaftsebenen zum Ausdruck kommt, lässt sich aufgrund von konkreten Erfahrungen, insbesondere Kontrasterfahrungen von erlebter Entsolidarisierung, einfacher erfassen als in einer Theorie. Versuche, die Solidarität in einem umfassenden Gesellschaftskonzept zu verorten und positiv zu erläutern, tendieren zur Ausweitung und einer unrealistischen Idealisierung.*

· *Solidarisieren sich miteinander in relevanter Hinsicht ähnliche Personen, um ein gemeinsames Ziel besser erreichen zu können, wirkt sich dieser Zusammenschluss stets*

---

53 Vgl. ebd. 163.
54 Ebd.

*exkludierend aus auf diejenigen, die nicht dazugehören. Dem positiven Effekt des Zu-
sammenstehens entspricht stets ein negativer Effekt des Ausschließens. Dieser ist nicht
selten unerwünscht, wie die Kampfrhetorik erkennen lässt, die häufig mit dem Solidaritätsbegriff verbunden wird.*

· *Je grundsätzlicher, beispielsweise als angeborene Grundhaltung aller Menschen, die
Idee der Solidarität in der Gesellschaft verortet wird, desto umfassender bzw. inkludie-
render wird sie gedeutet. Dabei verliert sie in der gesellschaftlichen Umsetzung allerdings ihre Wirksamkeit: Je überschaubarer der Kreis von derjenigen Personen ist, die
sich zusammenschließen, desto stärker die Identifikation mit dem Anliegen und die Bereitschaft zum Engagement. Und umgekehrt: Je größer der Kreis, desto wirkungsloser
werden Appelle. Wenn Papst Franziskus das Modell der Freundschaft auf alle knapp
acht Milliarden Menschen weltweit ausdehnen möchte, schreibt er zu Recht von einem
Traum;[55] es ist eine Vision, die einer Utopie gleichkommt, allenfalls erklärbar und sinnvoll im Rahmen religiöser Hoffnungen.*

· *Solidarität ist inhaltlich unbestimmt, beschreibt eine Strategie, eine Vorgehensweise,
was das Konzept öffnet für unterschiedlichste weltanschauliche Deutungen und Inhalte.
Appelle an die Solidarität richten sich daher in erster Linie an Gleichdenkende, sie ersetzen weder die Argumentation oder Begründung von Menschen- und Weltbildern
oder gesellschaftspolitischen Ansichten noch die Kontroversen in pluralistischen Gesellschaften. Besonders deutlich wird dieser Punkt in den teilweise überraschenden Ab-
leitungen, welche Barbara Prainsack und Alena Buyx aus ihrem Solidaritätskonzept
schlussfolgern: Die freizügige Bereitschaft, gesundheitsbezogene Daten zugunsten des
medizinischen Fortschritts oder Organe wie eine Niere oder ein Teil der Leber zugunsten
Unbekannter zu spenden, wecken grundlegende Skepsis und belegen den Diskussions-
bedarf.[56]*

· *Die Vielfalt der erkenntnistheoretischen Fundierungen der Solidarität ist faszinierend,
gleichzeitig aber auch ernüchternd. Faszinierend ist, dass über Zweckbündnisse, die
empirische Erkenntnis, das Zusammenstehen von einander in relevanter Hinsicht ähnlichen Personen, Deutungen der Absurdität bei Albert Camus, naturrechtliche Hinweise wie die Sozialnatur der Menschen oder auch religiöse Überzeugungen durchaus zur
Begründung ähnlicher Phänomene und Ideen führen können. Ernüchternd hingegen
ist, dass über den Appell an die Solidarität kaum Verständigung über ideologische Lager hinaus möglich ist, anders formuliert: dass die Verständigung über gemeinsame
Ziele eine anstrengende argumentative Aufgabe bleibt.*

---

55 Vgl. FRANZISKUS 2020.
56 Vgl. PRAINSACK/BUYX 2017.

4.5 Fazit

Übertragen auf den Bereich der Gesundheitsversorgung heißt das: Unbestritten ist, dass die Solidarität hier eine eminente Rolle spielt und letztlich unverzichtbar ist. Nicht zu verhindern ist, dass es dabei auch zur Exklusion von Behandlungsbedürftigen kommt. Denn im Rahmen weltanschaulich pluralistischer Gesellschaften geht es in aller Regel um überschaubare Zweckbündnisse, nicht selten auch um das Zusammenstehen auf nationalstaatlicher Ebene, wie es bei der US-amerikanischen «All of us»-Initiative angesprochen und verstärkt wird. Selten dürfte darüber hinaus noch mehr realisierbar sein, wie es beispielsweise bei Initiativen der WHO oder den siebzehn Zielen einer nachhaltigen Entwicklung der Vereinten Nationen angestrebt wird. Die Ergebnisse der Begriffs- und Deutungsanalyse legen die Vermutung nahe, dass die Idee einer weltweiten Gerechtigkeit im Bereich der Gesundheitsversorgung ohne das Pendant eines weltweiten solidarischen Zusammenstehens nicht zu verwirklichen sein wird.

LITERATUR

ALAMI, HASSANE/RIVARD, LYSANNE/ROCHA DE OLIVEIRA, ROBSON ET AL., *Guiding Pay-As-You-Live Health Insurance Models Toward Responsible Innovation in Health*, in: Journal of Participatory Medicine 12 (2020), e19586.

ASCHWANDEN, ERICH, *«Es braucht neue Formen der Solidarität.» Als Präsident der Stiftung Sanitas Krankenkasse untersucht Felix Gutzwiller die Folgen der Digitalisierung, Interview*, in: Neue Zürcher Zeitung, 03.09.2019, 15.

BAUMGARTNER, ALOIS, *Solidarität*, in: HEIMBACH-STEINS, MARIANNE (Hg.), *Christliche Sozialethik, Band 1: Grundlagen*, Regensburg 2004, 289–291.

BRUNKHORST, HAUKE, *Demokratische Solidarität in der Weltgesellschaft*, in: Aus Politik und Zeitgeschichte 21 (2008), 3–8.

BUDE, HEINZ, *Solidarität. Die Zukunft einer großen Idee*, München 2019.

CAHILL, LISA SOWLE, *Theological Bioethics. Participation, Justice, Change*, Washington 2005.

CASE, ANNE/DEATON, ANGUS, *Deaths of Despair and the Future of Capitalism*, Princeton 2020.

FRANZISKUS, *Fratelli tutti. Über die Geschwisterlichkeit und die soziale Freundschaft*, Bonn 2020.

—, *Laudato si'. Über die Sorge für das gemeinsame Haus*, Bonn 2015.

HAKER, HILLE, *Towards a Critical Political Ethics. Catholic Ethics and Social Challenges*, Basel 2020.

HASLINGER, HERBERT, *Handelt der Samariter solidarisch? Zum (gar nicht so klaren) Zusammenhang von Diakonie und Solidarität*, in: GROSSE-KRACHT, HERMANN-JOSEF/SPIESS, CHRISTIAN (Hg.), *Christentum und Solidarität. Bestandaufnahmen zu Sozialethik und Religionssoziologie*, Paderborn 2008, 129–150.

JAEGGI, RAHEL, *Solidarity and Indifference*, in: TER MEULEN, RUUD/ARTS, WILL/MUFFELS, RUUD (Eds.), *Solidarity in Health and Social Care in Europe*, Dordrecht 2001, 287–308.

KLUSMAN, ISABEL/VAYENA, EFFY (Hg.), *Personalisierte Medizin. Hoffnung oder leeres Versprechen?*, Zürich 2016.

KUCKLICK, CHRISTOPH, *Die granulare Gesellschaft. Wie das Digitale unsere Wirklichkeit auflöst*, Berlin 2014.

LATOUR, BRUNO, *Das terrestrische Manifest*, Berlin 2018.

LUDWIG, WOLF-DIETER/SCHILDMANN, JAN, *Kostenexplosion in der medikamentösen Therapie on-kologischer Erkrankungen. Ursachen, Lösungsansätze und medizinethische Herausforderungen*, in: On-kologe 21 (2015), 708–716.

MAU, STEFFEN, *Europäische Solidaritäten*, in: Aus Politik und Zeitgeschichte 21 (2008), 9–14.

NATIONALE ETHIKKOMMISSION IM BEREICH DER HUMANMEDIZIN (NEK), *Medikamenten-preise. Überlegungen zum gerechten Umgang mit teuren neuen Medikamenten*, Bern 2020.

PRAINSACK, BARBARA/BUYX, ALENA, *Solidarity in Biomedicine and Beyond*, Cambridge 2017.

RADTKE, KATRIN, *Die Entgrenzung der Solidarität. Hilfe in einer globalisierten Welt*, in: Aus Politik und Zeitgeschichte 21 (2008), 27–32.

RECKWITZ, ANDREAS, *Die Gesellschaft der Singularitäten. Zum Strukturwandel der Moderne*, Berlin 2017.

RIDENOUR, AUTUMN ALCOTT/CAHILL, LISA SOWLE, *The Role of Community*, in: DUGDALE, LYDIA S. (Ed.), *Dying in the Twenty-First Century. Toward a New Ethical Framework for the Art of Dying Well*, Cambridge/London 2015, 107–130.

SANDEL, MICHAEL J., *Vom Ende des Gemeinwohls. Wie die Leistungsgesellschaft unsere Demokratien zerreißt*, Frankfurt a. M. 2020.

SCHRAMM, MICHAEL, *Katholische Soziallehre*, in: ASSLÄNDER, MICHAEL S. (Hg.), *Handbuch Wirtschaftsethik*, Stuttgart 2011, 82–90.

SKLAR, TARA/ROBERTSON, CHRISTOPHER, *Affordability Boards – The States' New Fix for Drug Pricing*, in: New England Journal of Medicine 381 (2019), 1301–1303.

TER MEULEN, RUUD, *Solidarity and Justice in Health and Social Care*, Cambridge 2017.

— /ARTS, WILL/MUFFELS, RUUD (Eds.), *Solidarity in Health and Social Care in Europe*, Dordrecht 2001.

THE ALL OF US RESEARCH PROGRAM INVESTIGATORS, *The «All of Us» Research Program*, in: New England Journal of Medicine 381 (2019), 668–676.

WEGLEITNER, KLAUS/HEIMERL, KATHARINA/KELLEHAER, ALLAN, *Compassionate Communities: Case Studies from Britain and Europe*, London/New York 2016.

WIDMER, WERNER/BECK, KONSTANTIN/BOOS, LEO U. A., *Eigenverantwortung, Wettbewerb und Solidarität. Analyse und Reform der finanziellen Anreize im Gesundheitswesen*, Zürich 2007.

ZIMMERMANN-ACKLIN, MARKUS, *Gesundheit – Gerechtigkeit – christliche Identität. Begründung und Gestalt der gesundheitlichen Versorgung aus der Perspektive einer theologischen Ethik*, in: Jahrbuch der Christlichen Sozialwissenschaften 47 (2006), 103–128.

ZIMMERMANN, MARKUS, *Gesundheit. I. Sozialethisch*, in: Staatslexikon. Recht, Wirtschaft, Gesellschaft, Zweiter Band, Freiburg i. Br. [8]2018, 1278–1283.

5 EINZIGARTIG NORMAL? FREIHEIT ALS REGULATIVE IDEE IN EINER VERMESSENEN WELT

> Die Ausübung unserer Freiheit ist eine kleine, stückweise verlaufende Angelegenheit, die fortwährend vor sich geht, nicht ein großartiges, ungehindertes Vollführen von Sprüngen in bedeutsamen Augenblicken.[1]

Wissenschaften suchen qua definitionem nach der *Möglichkeit, allgemeine* oder *möglichst objektive* Aussagen über einen Gegenstand zu treffen. Solche Objekte der wissenschaftlichen Neugierde können durchaus auch wir Menschen und unser Verhalten sein. Die Ideen der persönlichen Identität oder Authentizität, auch die der menschlichen Freiheit oder Autonomie gründen dagegen auf der Vorstellung von Singularität oder der Einzigartigkeit jeder menschlichen Person. Sie verdanken sich dem *subjektiven* oder *intersubjektiven* Blick der Menschen auf sich selbst oder das Gegenüber. Während wissenschaftlich das objektiv beschreibbare Verhalten von Menschen untersucht und erklärt wird, versteht eine Person dieselben Phänomene aus der Ich-Perspektive als ihre subjektiv und auf freiem Willen beruhende Einstellungen, Entscheidungen oder Handlungen.[2] Dies gilt auch dann, wenn Menschen in ihrem Alltag immer wieder die Ambivalenz des eigenen Wollens sowie die Grenzen der eigenen Autonomie erleben und – nicht selten im Nachhinein – gewahr werden, wichtige Entscheidungen nicht wirklich frei oder nicht restlos selbstbestimmt getroffen zu haben.[3]

5.1 Der Mensch im Spannungsfeld von Technik und Wissenschaften

Die Spannung zwischen dem objektiv-distanzierten Analysieren und Erklären einerseits und dem verstehenden (inter-)subjektiven Erleben andererseits ist methodisch gewollt und gehört zum Selbstverständnis sowohl der Natur- und Sozialwissenschaften als auch des aufgeklärten Subjekts: Der wissenschaftliche Blick basiert stets sowohl auf eigens zu begründenden theoretischen Annahmen als auch auf einem methodischen Reduktionismus. Zu erforschende Objekte werden aus fachwissenschaftlicher Sicht beispielsweise aus «rein» ökonomischer, «rein» biologischer oder «rein» psychologischer Perspektive angeschaut, analysiert und erklärt. Entsprechend sind auch die Ergebnisse reduktionistisch einzuordnen. Sie können oder müssen dann von der einzelnen Person aus ihrer subjektiven Sicht in das je eigene Selbstbild und -verstehen integriert werden. Meine aus

---

1 MURDOCH 1997, 329, hier zitiert nach der Übersetzung aus der äußerst inspirierenden Studie von RÖSSLER 2017, 367 (die Quellenangabe zum Zitat im Buch ist nicht zutreffend, wie meine Nachfrage bei der Autorin ergab).

2 Vgl. SCHURZ [4]2014.

3 Vgl. zum Ganzen die bereits erwähnte philosophische Abhandlung von RÖSSLER 2017.

ethischer Sicht wenig überraschende These dazu lautet, dass dadurch der Möglichkeit von Freiheit, Autonomie und Identität nicht die Basis entzogen wird; vielmehr wird eine Person auf diese Weise bereichert, werden Menschen – gleichsam durch die Beschäftigung mit sich selbst in objektiver Perspektive – in ihrer Individualität und Persönlichkeit bestärkt.[4] Durch die Einsicht in die Grenzen des freiheitlichen Handelns wird sozusagen umso deutlicher verständlich und klar, worin die Möglichkeiten menschlicher Freiheit bestehen.[5]

Ein Beispiel für einen evolutionsbiologische Erkenntnisse integrierenden Blick eines autonomen Selbst bieten die Beobachtungen des Zürcher Kinderarztes und Buchautors Remo H. Largo (1943–2020). In seinem letzten Buch geht er unter dem Titel «Das passende Leben. Was unsere Individualität ausmacht und wie wir sie leben können»[6] von der Erfahrung aus, die er als forschender Pädiater gemacht hat und folgendermaßen beschreibt:

> In den Zürcher Longitudinalstudien haben wir mehr als 700 normal entwickelte Kinder von der Geburt bis ins Erwachsenenalter in zwei aufeinanderfolgenden Generationen begleitet und den Entwicklungsverlauf jedes einzelnen Kindes in Bereichen wie Motorik und Sprache dokumentiert. Unsere Motivation, solche äußerst aufwendigen Studien durchzuführen, war die Überzeugung: Nur wenn wir die Vielfalt und die Gesetzmäßigkeiten der normalen Entwicklung ausreichend gut kennen, können wir den individuellen Bedürfnissen und Fähigkeiten der Kinder gerecht werden und sie in ihrer Entwicklung als Eltern, Therapeuten und Lehrkräfte wirksam unterstützen.[7]

Auf der Grundlage seiner vielfältigen Erfahrungen, Studien und seiner Beschäftigung mit der Genetik und Soziologie entwickelte er das sogenannte Fit-Prinzip. Es lautet: «Jeder Mensch strebe danach, mit seinen individuellen Bedürfnissen und Begabungen in Übereinstimmung mit der Umwelt zu leben.»[8] Dessen Befolgung führe dazu, dass möglichst viele Menschen ein gelungenes Leben nach eigener Maßgabe führen könnten. Der Schweizer Pädiater verankert sein Konzept evolutionsbiologisch, kulturgeschichtlich, psychologisch und soziologisch, versteht es dagegen weder metaphysisch noch religiös, sondern explizit säkular, und entwickelt am Schluss seiner Abhandlung auf dieser Basis gar die Vision einer idealen Gesellschaft, eines «Paradies auf Erden», in dem alle Menschen ein passen-

---

4   Die meine Überlegungen leitende *Ethik* ist keine Natur- oder Sozialwissenschaft, sondern eine hermeneutische Wissenschaft; sie beschäftigt sich als verstehende, hermeneutisch verfahrende Wissenschaft mit ihrem «Objekt», der Moral bzw. dem gelebten Ethos. Das wissenschaftstheoretische Nachdenken über die dabei zugrunde gelegten begrifflichen und erkenntnistheoretischen Annahmen geschieht in der Metaethik, vgl. dazu SCARANO ³2011; RÜTHER 2016.

5   Zu den aus dieser so einfach klingenden Behauptung entstehenden, weitreichenden philosophischen Kontroversen und Positionen vgl. beispielsweise WALTER 2018.

6   LARGO 2017.

7   LARGO 2017, 13.

8   Ebd. 17.

des Leben führen könnten. Aus theologisch-ethischer Sicht wirkt sein säkulares Alternativprogramm zur christlichen Reich Gottes-Vorstellung, das von Ferne an Ernst Blochs «Prinzip Hoffnung»[9] erinnert, eigenartig abstinent. Auch zur Beantwortung von normativen sowie von Sinn- und Orientierungsfragen bezieht sich R. H. Largo in seinem Spätwerk ausschließlich auf die Sozial- und Naturwissenschaften. So bleiben Leerstellen, die spätestens mit seiner Forderung der Herstellung einer weltweiten Gerechtigkeit im letzten Buchkapitel offenkundig werden: Auf die Fragen, warum alle Menschen weltweit befähigt werden sollten, gemäß dem Fit-Prinzip leben zu können oder danach, *wer* hier *warum* in der Pflicht ist, dieses auch zu ermöglichen, gibt der Autor in seinem Buch keine Antworten.

Schließlich bleiben auch die Theologie umtreibende Fragen wie die nach dem Umgang mit Leiden und Schuld sowie die Fragen der Theodizee unerwähnt. Mit Hinweis auf die mystisch geprägten Spätschriften des Philosophen Ernst Tugendhat würde ich sogar behaupten, dass Menschen selbst aus der Erfahrung eines gelungenen Lebens heraus nicht selten die Frage stellen, welcher Instanz oder wem gegenüber sie für dieses Glück danken können und somit eine Perspektive thematisieren, die über diejenige eines natur- und sozialwissenschaftlich inspirierten Horizonts hinausreicht.[10]

Die Spannung zwischen den eingangs erwähnten Wirklichkeitszugängen ist nicht neu. Die Frage ist, warum sie gegenwärtig als wichtig oder bedeutend wahrgenommen wird. Aus Sicht meiner ethischen Beschäftigung mit Themen der modernen Biomedizin sehe ich drei mögliche Antworten, die ich im Folgenden in Form aufeinander aufbauender Thesen formuliere, an Beispielen erläutere und kommentiere.

Die erste These behauptet eine gegenwärtig verstärkt stattfindende «Kolonialisierung der Lebenswelten» durch Techniken und Wissenschaften, was sich unschwer an Beispielen der Biomedizin aufweisen lässt. Die zweite These beruht darüber hinaus auf einer zunehmend zu beobachtenden «Technisierung» von Identitätsvorstellungen; mit dieser These behaupte ich, innovative Techniken würden heute selbst zum Lebensinhalt, die lebensweltliche Sicherung der eigenen Identität und sinnvoller Lebensentwürfe gewissermaßen von den technischen Anwendungen erwartet. Diese Beobachtung einer «Technisierung des Selbst» wird in einer dritten These mit Verweis auf Entwicklungen in den Lebenswissenschaften noch einmal zugespitzt: Hier geht es nicht nur um den individuellen Menschen

---

9 Vgl. BLOCH 1985.

10 Vgl. TUGENDHAT 2006. Einen ähnlichen Gedanken der Bedeutung der Dankbarkeit für «das Gegebene» formuliert aus philosophischer Sicht (ohne Rekurs auf die Theologie) auch SANDEL 2008, 12 (von Jürgen Habermas in seinem Vorwort zu dieser deutschsprachigen Ausgabe) sowie 112 f. (vom Autor selbst).

oder einzelne Personen, sondern um die menschliche Spezies als Ganze: Behauptet wird, die «condition humaine» selbst werde zum Objekt intentionaler technischer Veränderung und auf diese Weise die Grenzen zwischen Subjekt und Objekt unkenntlich gemacht oder zumindest verschoben.

Entstanden sind diese Gedanken im Kontext eines Vortrags an einer Veranstaltung des Philosophischen Seminars der Universität Zürich, die im Jahr 2017 unter dem Titel «Wissenschaft und Weisheit. Einzigartig – Das Individuum im Spannungsfeld der Wissenschaften» stattgefunden hat. Im Jahresprogramm der Veranstaltung erschienen unter anderem folgende Leitfragen:

> Wie passt Einzigartigkeit in die wissenschaftlichen Verallgemeinerungen? Welcher Stellenwert kommt der Individualität zu und wie ist sie überhaupt zu erfassen? (…) Personalisierte Medizin, Gehirnforschung und Robotik liefern neuartige Antworten. Aber die Fragen sind nicht allein naturwissenschaftlich zu beantworten. Sie fordern zum eigenständigen Denken heraus und betreffen u. U. mutige Entscheidungen des Individuums. (…) Ist ‹individuell› nicht immer nur Einzelfall eines (wissenschaftlichen) Gesetzes? Welche Art des Zugangs kann dem Individuellen gerecht werden? (…) Welche Art der Kompetenz ist wiederum erforderlich, um zwischen erfolgreicher wissenschaftlicher Generalisierung und Systematisierung auf der einen Seite und Individualität auf der anderen Seite navigieren zu können?[11]

Der Veranstaltungstitel steht für eine notwendige Verbindung zweier sich ergänzender Sichtweisen auf die Welt und auf uns selbst. Ich behaupte mit Anspielung auf den Veranstaltungstitel in ethischer Perspektive: *Wissenschaft ohne Weisheit ist orientierungslos, Weisheit ohne Wissenschaft dagegen inhaltsleer.* Den roten Faden meiner Überlegungen bilden *Sinn- und Orientierungsfragen.* Damit ist der Teil der Ethik angesprochen, der sich mit Fragen des guten oder gelingenden Lebens beschäftigt. *Weisheit* schließlich verstehe ich als einen relativ wenig konturierten Überbegriff, der eine gewisse Nähe zur Tugend der Klugheit hat, darüber hinaus aber auch Aspekte wie Erfahrung, Intuition, Überzeugung, Weitsicht, Wissen und Urteilskraft begrifflich vereint. Die im Titel meines Beitrags gewählte Rede von einer «regulativen Idee» stammt von Immanuel Kant. Sie steht bei ihm für unterbestimmte Begriffe wie «Gott», «Seele» oder «Welt», die zwar unterbestimmt, jedoch gleichwohl unentbehrlich seien, nämlich «um den Verstand zu einem gewissen Ziel zu richten»[12]. Diese Idee der Ausrichtung des Verstands auf ein unentbehrliches, wenn auch begrifflich unterbestimmtes Ziel, nämlich die menschliche Freiheit, scheint mir hier passend zu sein.

---

11 Aus dem Veranstaltungsflyer «Wissenschaft und Weisheit. Einzigartig – das Individuum im Spannungsfeld der Wissenschaften», ein Weiterbildungskurs am Philosophischen Seminar der Universität Zürich 2017. Mein Vorredner war Remo H. Largo, das Thema seines Vortrags entsprach dem Titel seines letzten Buchs.

12 KANT 1968, 428.

5.2 Gegenwärtige Herausforderungen – drei Thesen

5.2.1 DIE «KOLONIALISIERUNG DER LEBENSWELT» DURCH TECHNIK UND WISSENSCHAFTEN

Im Vorwort des Berichts «Making Babies. Reproductive Decisions and Genetic Technologies» der britischen «Human Genetics Commission»[13] von 2006 werden bis dahin gemachte Erfahrungen mit der Pränataldiagnostik und insbesondere der damals noch relativ neuen Präimplantationsdiagnostik reflektiert und auf dieser Basis Empfehlungen für den britischen Gesetzgeber formuliert. Im Vorwort der Vorsitzenden Baroness Helena Kennedy heisst es programmatisch:

> Having a baby has always been one of life's lotteries: boy or girl; dark or fair; large or small; will the child be free of inherited disorders, or affected by them; will the baby be completely healthy or will he or she have health problems? In recent decades this powerlessness in the face of chance and biology has begun to change. Techniques of prenatal testing and imaging can now reveal if the unborn child has one of a number of serious disorders; parents can seek to terminate an affected pregnancy. Developments in genetic analysis and reproductive technology have now driven the point of decision making to the very origins of the embryo. Although still minimal in scale, limited in scope, and controversial in practice, some choices of the genetic make-up of our future offspring are already a reality.[14]

Diese Aussage ist zwar erst einige Jahre alt, ihre Richtigkeit ist jedoch seitdem sowohl durch die Einführung neuer Techniken als auch durch die Verbesserung bereits etablierter Techniken – beispielsweise der vorgeburtlichen Ultraschalluntersuchungen – auf vielfache Weise bestätigt worden. Da, wo bis anhin Lotterie oder Schicksal bestimmend waren, können wir heute bereits über das genetische Outfit unseres Nachwuchses selbst mitbestimmen. Um ein Beispiel zu nennen: Die Einführung nicht-invasiver Pränatal-Tests (NIPT)[15], die auf der Untersuchung der Blutprobe einer schwangeren Frau beruhen, in der sich einzelne Zellen oder Zellteile des Embryos bzw. Fötus auffinden lassen, hat sowohl das Erleben und die Entscheidungsmöglichkeiten von Paaren mit Kinderwunsch verändert als auch zu einer Anpassung der gesetzlichen Regelung in der Schweiz geführt: Da gewisse Testergebnisse bereits vor der 12. Schwangerschaftswoche vorliegen und aufgrund einer Chromosomen-Analyse Auskunft über das Geschlecht des zu erwartenden Kindes geben, sah sich der Gesetzgeber dazu veranlasst, den betreuen-

---

13 Die Kommission wurde 1999 gegründet und stellte ihre Arbeit mit einem letzten Bericht im Jahr 2012 ein.

14 HUMAN GENETICS COMMISSION 2006, 3.

15 Vgl. BRAUER U. A. 2016: Es handelt sich um eine Technikfolgenabschätzungs-Studie, bei der ich 2015 und 2016 aus Sicht der Sozialethik mitarbeiten konnte und gelernt habe, wie weitreichend die Veränderungen aufgrund dieser neuen Technik in absehbarer Zeit sein werden (vgl. Kap. III/2 im vorliegenden Band), wenn aufgrund der DNA-Analyse bereits in der 8.–12. Schwangerschaftswoche eine Gesamtgenom-Sequenzierung durchgeführt werden kann; dies ist technisch möglich, jedoch noch zu teuer, um es in der alltäglichen klinischen Praxis durchzuführen.

den Ärztinnen und Ärzten die Mitteilung des Geschlechts vor Abschluss der 12. Woche zu verbieten. Die Absicht des Gesetzgebers bestand darin, auf diese Weise Schwangerschaftsabbrüche im Rahmen der Fristenregelung, die allein zur Verhinderung eines nicht erwünschten Geschlechts durchgeführt würden, zu verunmöglichen.[16] Paare mit Kinderwunsch stehen heute vor der Frage, welche der vielen Tests sie in Anspruch nehmen und was sie anschließend aufgrund der Testergebnisse konkret machen sollen.

Einen weiteren Beleg meiner These bietet die zunehmende Alltagsbedeutung von sogenannten *genetischen Carrier Screenings*. Es geht um genetische Reihenuntersuchungen, die bereits *vor* dem Beginn einer Partnerschaft, Eheschließung oder dem Versuch eines Paares, miteinander Kinder zu zeugen, beispielsweise aber auch bei jeder offiziellen Samenspende[17] durchgeführt werden, um die genetische Kompatibilität von Partnerin und Partner zu prüfen.[18] Während diese Tests in einigen Ländern wie Zypern oder Israel aufgrund der starken Verbreitung gewisser rezessiv vererbbarer Krankheiten wie der Sichelzellenanämie bereits etabliert sind, erhalten sie heute aufgrund verbesserter Testmöglichkeiten neu Bedeutung für alle Interessierten, in Mitteleuropa beispielsweise hinsichtlich der Überprüfung für eine Veranlagung zur Cystischen Fibrose, die auch unter der Bezeichnung Mukoviszidose bekannt ist.

Wie nicht nur das Ergehen von Angelina Jolie aufgrund ihres öffentlich gemachten Gentestergebnisses zur Brustkrebsveranlagung – es geht maßgeblich um Mutationen auf den Tumorsupressor-Genen BRCA1 und 2, die sich auf den Chromosomen 17 bzw. 13 befinden – gezeigt hat, haben zudem Techniken der *prädiktiven Gendiagnostik* genauso wie die erwähnten Diagnosemöglichkeiten vor und während einer Schwangerschaft unsere Lebenswelten längst erreicht.[19] Offen ist, was wir mit diesem neuen Wissen anfangen können. Gefragt sind Übersetzerinnen und Übersetzer mit hermeneutischer Begabung, die imstande sind, statistische Angaben zu den Folgen einer bestimmten genetischen Mutation auf dem Brustkrebsgen BRCA1 in die Lebenswelt einer jungen Frau mit Kinderwunsch zu «übersetzen».[20]

---

16 Vgl. zu der ethisch umstrittenen Veränderung des Fortpflanzungsmedizingesetzes NATIONALE ETHIKKOMMISSION IM BEREICH DER HUMANMEDIZIN (NEK) 2016a: Umstritten ist, dass der Staat *gewisse* (aufgrund eines unerwünschten Geschlechts) individuelle Entscheidungen zum Schwangerschaftsabbruch verhindern möchte, *andere* (aufgrund einer Chromosomenaberration) hingegen nicht, obgleich es sich in beiden Fällen um höchstpersönliche, autonome Entscheidungen handelt.

17 Vgl. NATIONALE ETHIKKOMMISSION IM BEREICH HUMANMEDIZIN (NEK) 2019.

18 Vgl. dazu aus ethischer Sicht WEHLING U. A. 2020.

19 Zur gegenwärtigen medizinischen Forschungslage bezüglich der genetischen Veranlagung für den weiblichen Brustkrebs vgl. NAROD 2021.

20 Zu den damit verbundenen ethischen Herausforderungen vgl. KIHLBOM ET AL. 2021; LANG U. A. 2020.

Unter dem Begriff der *Lebenswelt* verstehe ich in Anlehnung an Jürgen Habermas ein Pendant zu den Begriffen des kommunikativen Handels sowie der Vorstellung der persönlichen Autonomie, Freiheit und Identität. Phänomene lebensweltlich anzuschauen und zu verstehen meint, Personen oder die Gesellschaft nicht als ein Funktionssystem, sondern im Sinne kultureller Verständigung, kooperativer Deutungsprozesse sowie autonomen Handelns zu betrachten.[21] Die lebensweltliche Sicht ist gekennzeichnet durch die Teilnehmerperspektive handelnder Subjekte, sie ist verständigungsorientiert und nimmt Bezug auf kulturelle Sinn- und Orientierungsressourcen.[22] Die verbreitete Rede von der zunehmenden «Kolonialisierung» oder Überformung der Lebenswelten durch Wissenschaft und Technik soll zum Ausdruck bringen, dass existenziell bedeutsame Erfahrungen im menschlichen Leben wie Sexualität, Schwangerschaft, Geburt, Gesundheit, Krankheit und Behinderung, körperliche Fitness und Aussehen, Altern und nicht zuletzt auch das Sterben zunehmend durch Techniken und durch mit diesen verbundenen neuen Entscheidungsspielräumen und -möglichkeiten geprägt und auf diese Weise «entfremdet» werden.

Ein weiteres, kontrovers diskutiertes Beispiel, um diese technikinduzierte Entfremdung zu veranschaulichen, bietet das *social freezing*: Die Gefriertechnik von Eizellen bietet Frauen die Möglichkeit, in jungen Jahren frische Eizellen einzufrieren, um diese zur Verfügung zu haben, wenn sich später in ihrem Leben der Wunsch nach eigenen Kindern ergibt. Das «später» kann sich durchaus auch auf die Zeit nach der eigentlichen reproduktiven Phase beziehen, also auf Frauen im Alter über 40 Jahren, bei welchen eine auf natürlichem Weg herbeigeführte Schwangerschaft unwahrscheinlich wird und zudem das Risiko, ein Kind mit einer Chromosomenstörung zu zeugen, stark ansteigt. Der mögliche Wunsch nach einer solchen Erweiterung der reproduktiven Autonomie der Frauen basiert auf der Erfahrung, dass die reproduktive Phase im Leben einer Frau zeitlich meist mit dem Aufbau einer beruflichen Karriere zusammenfällt, so dass sich Frauen gezwungen sehen, sich zwischen Karriere und Kindern entscheiden zu müssen. Dieser gesellschaftliche Zwang kann nun technisch aufgehoben oder vermindert werden, was zum einen positiv zu bewerten ist, weil es den Handlungsspielraum

---

21 Vgl. HABERMAS ⁴1987, 173–293, bes. 224. Zu Bedeutung und Grenzen einer lebensweltlichen Orientierung in ethischen Diskursen, hier besonders bezogen auf die Welt der Sozialen Arbeit, vgl. LESCH 2013.

22 Der Habermas'sche Gegenbegriff «System» ist definiert durch eine funktionalistische Rationalität sowie Fremdbestimmung beispielsweise durch Macht, Bürokratisierung und Geld. Mit der Einführung der Konzeption der Lebenswelt setzt sich Jürgen Habermas in seiner Gesellschaftstheorie von einer reinen Systemtheorie ab. Seine Überlegungen blieben allerdings nicht unwidersprochen, vgl. dazu aus ethischer Sicht die Hinweise bei LESCH 2013, 105–110.

von Frauen erweitert.[23] Zum andern sollte man sich fragen, ob die Schaffung gesellschaftlicher Bedingungen zur besseren Vereinbarkeit von Karriere und Familiengründung nicht näherliegend wäre.[24] Aus lebensweltlicher Perspektive mag
es zunächst einleuchten, beides zu tun: sowohl das neue technische Verfahren zu
begrüßen als auch die gesellschaftlichen Rahmenbedingungen anzupassen; zu
befürchten ist allerdings, dass die Nutzung des *social freezing* den ohnehin schwachen politischen Druck, gesellschaftliche Veränderungen herbeizuführen, die
Karriere und Kinder zu vereinbaren helfen, eher abschwächen könnte. Bieten Firmen wie Apple oder Facebook ihren weiblichen Angestellten die kostenlose Nutzung dieser Technik an, stellt sich zudem die Frage nach der Entscheidungsfreiheit und Autonomie: Wer entscheidet sich zu welchem Vorgehen aufgrund welcher Kriterien? Handelt es ich um freie Entscheidungen der beteiligten Angestellten, ihre Karrieremöglichkeiten auszuweiten, oder um eine Entscheidung der
Firmen, um ihre Interessen zu bewahren? Wenngleich die Antworten auf diese
Fragen nicht eindeutig ausfallen dürften, wird doch deutlich, dass es neuen technischen Möglichkeiten wie dem *social freezing* inhärent ist, systemisch-technische
Abhängigkeiten zu verstärken. Im Minimum kommt dies darin zum Ausdruck,
dass Frauen sich neu in jungen Jahren bereits mit ihrer späteren Lebensplanung
befassen sollten, sich bei der Entscheidung zugunsten des *social freezing* eines technischen Eingriffs zur Entnahme von Eizellen unterziehen und zudem in Kauf
nehmen, dass bei einer späteren Nutzung dieser Eizellen eine – in der Schweiz
selbst zu bezahlende – In-vitro-Fertilisation notwendig wird, welche in der Regel
dazu führt, dass überzählige Embryonen eingefroren werden, über deren Ergehen dann später ebenfalls zu entscheiden bleibt.

Die moderne Medizin bietet zudem auch am *Lebensende* zunehmend Techniken an, die den Sterbeverlauf maßgeblich mitbestimmen und die Betroffenen, deren Angehörige und die Behandlungsteams vor weitreichende Entscheidungen
stellen: Überraschend ist beispielsweise die Erkenntnis, dass viele Menschen in
der Schweiz heute in Sedierung sterben, das heißt die letzte Phase ihres Lebens
bzw. Sterbens nicht mehr bewusst erleben. Eine Sedierung bis zum Tod wird gemäß einer Studie, die im Rahmen des 2012 bis 2017 durchgeführten Nationalen
Forschungsprogramms 67 (NFP 67) realisiert wurde, bei etwa einem Fünftel aller
Sterbenden getroffen; wird der Anteil nur auf diejenigen Personen bezogen, die
nicht einen plötzlichen Tod sterben, bei welchen darum überhaupt eine Lebens-
ende-Entscheidung möglich ist, sterben ein Viertel aller Schweizerinnen und

---

23 Vgl. die entsprechende Argumentation bei BERNSTEIN/WIESEMANN 2014.
24 Vgl. NATIONALE ETHIKKOMMISSION IM BEREICH HUMANMEDIZIN (NEK) 2017; BOZZARO
2018.

Schweizer im Zustand einer tiefen Sedierung.[25] Was hier im Einzelfall genau geschieht, wie und durch wen diese Technik der Sedierung durchgeführt wird, ob
sie zuvor mit der betroffenen Person und ihren Angehörigen besprochen wurde
und auf einer autonom getroffenen Entscheidung beruht, ist heute noch weitgehend unklar. Auch eine gesellschaftliche Diskussion dieser Praxis, vergleichbar
etwa mit der seit Jahren stattfindenden Debatte über den ärztlich assistierten Suizid, steht noch weitgehend aus. Unter Expertinnen und Experten ist beispielsweise umstritten, ob eine tiefe Sedierung, die bis zum Tod durchgeführt wird, auch
dann angeboten werden sollte, wenn sich ein Mensch noch nicht am Lebensende
befindet, jedoch existenziell oder spirituell unerträglich leidet.[26]

Der im Jahr 2015 verstorbene Philosoph und Sprachjongleur Odo Marquard
beschrieb diese Vorgänge einmal treffend mit dem Wort «Vom Schicksal zum
Machsal»[27]. «From Chance to Choice»[28] nannten es ähnlich und in Analogie zum
eingangs zitierten Vorwort von Helena Kennedy vier US-amerikanische Bioethiker im Titel einer Monographie, in der sie sich mit sozialethischen Fragen von Genetik und Gerechtigkeit beschäftigen. Einerseits, so möchte ich kommentieren,
wurde der menschliche Handlungs- und Entscheidungsspielraum durch die
Technik entscheidend erweitert, was Freiheit und Glück vermehren kann; andererseits sind wir nicht mehr frei, uns *nicht* zu entscheiden und uns stattdessen auf
ein «Schicksal» zu berufen, was das errungene Glück in den Schatten zunehmender Verantwortlichkeit und möglicher Überforderung stellt, Freiheit und Glück
somit auch gefährden kann.[29]

5.2.2 «TECHNISIERUNG» VON IDENTITÄTSVORSTELLUNGEN

Es ist schwierig, sich in einer unübersichtlichen, rasch ändernden, technisierten
und globalisierten Welt zu orientieren, eine persönliche Identität zu entwickeln,
in den Worten Peter Bieris: «Eine transparente seelische Identität auszubilden, so
dass wir zu Autorinnen und Autoren unseres eigenen Lebens werden.»[30] Wissenschaftliche Erkenntnisse, neue Techniken und Designs – beispielsweise neue Produkte von Apple und Tesla oder auch bestimmte Körperideale – treten heute an
die Stelle anderer Orientierungsinstanzen, so meine zweite These. An die Stelle

---

25 Vgl. ZIMMERMANN U. A. 2019, 61–79: in dieser Monographie werden auch die diversen Publi-
    kationen mit den Ergebnissen der erwähnten Studie und vieler weiterer Projekte angeführt.

26 Vgl. BOZZARO 2015.

27 MARQUARD 1981, 67–90.

28 BUCHANAN ET AL. 2000.

29 Vgl. ROSA 2019.

30 BIERI 2011, 15. Vgl. dazu auch die Warnung vor den neuen Mitteln der Informationstechnolo-
    gie als Gefährdung der Autonomie bei RÖSSLER 2017, 290 ff und 397 f.

des Autonomie-Ideals tritt die Vorstellung der Autopoiesis, der Selbstschaffung unter Zuhilfenahme von Techniken, Maschinen und intelligenten Implantaten.[31] Anders gesagt: Die oben als «Kolonialisierung» kritisch kommentierte Technisierung des Alltags und der Lebenswelten wird positiv gedeutet, euphorisch begrüßt und übernimmt lebensweltliche Orientierungsfunktionen. Konkrete Vorstellungen vom guten Leben stoßen zwar als Kolumnen in der «Neuen Zürcher Zeitung» auf Interesse,[32] bleiben in der akademischen Ethik aber unterbelichtet oder werden mit Hinweis auf die Autonomie jedes und jeder Einzelnen in die individuelle Zuständigkeit delegiert. Die Frage, an welchen Modellen, Lebensformen, Idealen oder Zielen sich Menschen ausrichten könnten, wird bewusst offen gelassen. Es bildet sich eine Art Vakuum, welches zusehends durch technische Imperative, Design und Normalvorstellungen gefüllt wird.

Werden Genetik, Hirnforschung, Robotik und Künstliche Intelligenz (Artificial intelligence) zu Alleserklärern, wird es möglich, sich über Direct-to-Consumer-Gentests über alle möglichen Veranlagungen, die eigene Herkunft oder die ideale Ernährung kundig zu machen oder sich auf Websites durch Eingabe einiger persönlicher Parameter seinen Todestag errechnen zu lassen, treten technische Systeme und Parameter an die Stelle von Lebensidealen, trauen Menschen eher einem intelligenten Partnervermittlungssystem als der eigenen Intuition bei der Suche nach einer Partnerin oder einem Partner. Die starke Betonung und Wertschätzung von Singularität und «Diversity» in allen Lebensbereichen[33] scheint eine Reaktion auf eine massive Tendenz der Anpassung an Normalitätsvorstellungen und Standards zu sein. Rolf Dobelli empfiehlt in einer seiner NZZ-Kolumnen zum guten Leben, vor einer endgültigen partnerschaftlichen Bindung möglichst viele Partnerinnen bzw. Partner auszuprobieren, weil die dann resultierenden Partnerschaften statistisch gesehen die besseren Chancen böten.[34] Der Physiker und Philosoph Eduard Kaeser beschreibt Anzeichen eines aufkommenden *Maschinozäns*, in dem Computer so intelligent seien wie Menschen, und mahnt, was wir benötigten, sei eine Anthropologie, die Aussichten auf das Menschsein unter und mit Maschinen eröffne.[35] «Wer ist ich, wenn ich genetisch und digital reproduzierbar bin?»[36], fragt Adrian Lobe und kommentiert das Klonen, die Entwicklung von Robotern als Duplikate des Ichs und die Frage nach der Bedeutung von Identität: Wo sich der Mensch zum Automaten zerlege, stelle sich

---

31 Vgl. WILS 2002.
32 Die Kolumnen sind auch in Buchform erschienen, vgl. DOBELLI 2017.
33 Beschrieben beispielsweise von RECKWITZ 2017.
34 Vgl. DOBELLI 2017.
35 Vgl. KAESER 2015 und 2017.
36 LOBE 2017.

nicht nur die Frage nach der Legitimität von Menschenrechten, sondern auch, wer über die Menschen herrsche und ob diese Menschmaschinen nicht fremdgesteuert seien.[37]

Aus soziologischer Sicht bietet Paula-Irena Villa unter dem Titel «Schön normal. Manipulationen am Körper als Technologien des Selbst»[38] Einblicke in das technologisch induzierte Arbeiten am eigenen Körper. Es gehe um die Sicherung der Identität und die Erweiterung der Chancen im gesellschaftlichen Wettbewerb. Menschen wollten individuell sein oder aussehen. Nicht wenige Menschen versuchten dies zu erreichen, indem sie sich bzw. ihren Körper durch Brust-Veränderungen, die Herstellung von Körper-Normgrößen oder die Methoden der plastischen Chirurgie einer gewissen Norm oder Normalität anzunähern versuchen. Wesentlich dabei sei gemäß der Münchner Soziologin die Zentrierung auf den Körper:

> Mehr oder minder drastische ‹Baumaßnahmen am menschlichen Körper› gehören nicht nur längst zu unserem Alltag, auch jenseits der aktuellen medialen Dramatisierung, sie stellen vielmehr immer und überall den Ausdruck unserer sozialen Natur dar. (…) Im Feld der ästhetisch-plastischen Chirurgie werden zentrale soziale, ethische, anthropologische und nicht zuletzt politische Fragen verhandelt, die weitreichende Konsequenzen für uns alle haben – egal, ob wir uns nun an der Nase operieren lassen oder nicht. Denn an diesen Techniken kristallisieren sich die sozialen Auseinandersetzungen um das, was wir mit unseren Körpern überhaupt können, dürfen und sollen.[39]

Der Zeit-Journalist Jens Jessen hat einige dieser Entwicklungen in einem Text zum Jahresende 2014 kritisch zugespitzt kommentiert und dabei auf einen weiteren wichtigen Aspekt aufmerksam gemacht:[40] Die erste Unterwerfung der äusseren Natur sei gleichsam vollzogen, die Konsequenzen bereits heute verheerend, und nun folge die zweite Unterwerfung, die die Natur des Menschen selbst betreffe und ebenso zu enden drohe: Die Schleifung der letzten natürlichen Bastionen wie Geburt, Geschlecht und Tod des Menschen. Diese hätten zur Folge, dass einseitig die biologisch-körperliche Anpassung in den Blick genommen würde, während die gesellschaftliche Perspektive verloren gehe. Es drohe die Anpassung der Einzelnen an gesellschaftliche Unterdrückungsmechanismen anstelle der Anpassung gesellschaftlicher Verhältnisse an die Natur des Menschen. Der blinde Fleck im Auge des neuen Prometheus sei bei den gesellschaftlichen Umständen zu suchen: die Wirtschafts-, Macht- und Besitzverhältnisse, welche Ungerechtigkeit hervorbrächten:

---

37 Vgl. ebd.
38 VILLA 2008a; vgl. auch ACH/POLLMANN 2006.
39 VILLA 2008b, 15.
40 Vgl. JESSEN 2014.

Das heute allein diskutierte Unglück ist seine körperliche Gebundenheit. Der neue Mensch, den das Jahr 2014 gefeiert hat, darf oder soll aus allen natürlichen oder ähnlich unhintergehbaren Bindungen gelöst werden – aus Erbgut, Familie, Geschlecht, er wird im Reagenzglas gezeugt, in gekauften Mutterkörpern ausgetragen, nach Bedarf und Ermessen getötet. Nur eines darf mit ihm augenscheinlich nicht geschehen: Er darf nicht aus den Arbeits- und Produktionsbedingungen herausgelöst werden, in denen er, nach Lage der Dinge im westlichen Wirtschaftsleben, vornehmlich als Angestellter tätig ist.[41]

5.2.3 VERÄNDERUNG DER MENSCHLICHEN SPEZIES

Neue technische Möglichkeiten im Bereich der Lebenswissenschaften wie vor allem das Genome-Editing werfen darüber hinaus neue Fragen bezüglich der menschlichen Identität und Freiheit auf: Hier geht es nicht mehr nur um individuelle Grenzüberschreitungen zwischen Mensch, Körper, Technik und Maschine, sondern um Eingriffe bzw. Eingriffsmöglichkeiten in die menschliche Keimbahn und damit um Veränderungen, die über den einzelnen Menschen hinaus auch zukünftige Generationen und damit letztlich die Menschheit als Ganze betreffen.[42] Eine trotz der voreiligen Menschenversuche des chinesischen Biophysikers He Jiankui im Jahr 2018 noch weitgehend theoretische Frage, die damit aufgeworfen wird, ist bereits seit Jahren Gegenstand der sogenannten ethischen Enhancement-Debatten: Wenn es möglich sein sollte, die «menschliche Natur» bzw. die Menschheit durch gentechnische Eingriffe zu verbessern, worin bestünde dann genau eine Verbesserung, wer legt diese inhaltlich fest und wer sollte Zugang zu diesen technischen Eingriffsmöglichkeiten erhalten?[43] Aufgrund möglicher «Übergriffe» auf zukünftige Generationen ergibt sich eine neue und abgründige Verunsicherung, welche die Freiheit und Autonomie noch nicht gezeugter, also zukünftiger Menschen betrifft: Inwieweit greifen wir mit Umbaumaßnahmen am menschlichen Genom in die Freiheit, Selbstbestimmung und Identität zukünftiger Generationen ein, bestimmen gleichsam an ihrer Stelle über ihre persönlichen Präferenzen und Wünsche, bevor sie diese überhaupt empfinden und selbst äußern können? Das gipfelt schließlich in der Frage: Woran können wir uns orientieren, wenn das, was bislang mehr oder weniger Orientierung zu geben vermochte, Schritt für Schritt selbst zum Objekt der Veränderung wird, nämlich das Naturwüchsige und Lebendige im Unterschied zum Gemachten und Hergestellten, das Wesen des Menschen, die «condition humaine», auch intuitiv verankerte Unterscheidungen wie die zwischen Mensch, Tier und Maschine: das alles

---

41 Ebd.

42 Vgl. BRAUN ET AL. 2018; NATIONALE ETHIKKOMMISSION IM BEREICH HUMANMEDIZIN (NEK) 2016b; DEUTSCHER ETHIKRAT 2019.

43 Vgl. pars pro toto BUCHANAN ET AL. 2000; HABERMAS 2001; SAVULESCU/KAHANE 2017; vgl. Kap. III/3 im vorliegenden Band.

sind Deutungskategorien, die auf etwas abstützen, was zusehends selbst zum Objekt menschlich-intentionaler Veränderung wird. Mit dem Genome-Editing wird sozusagen das biologisch gesehen letzte Element[44] der menschlichen Physis, das der intentionalen Veränderung entzogen war, nämlich die menschliche DNA,[45] veränderbar nach Maßgabe eigener Vorstellungen.

Offenkundig klar ist, dass diese Fragen sich nicht mit Hilfe von Wissenschaften oder der Technik beantworten lassen, ohne zu einem «Trial and Error» zu führen, das Intuitionen genauso wie den grundlegenden Menschenrechten zuwiderlaufen würde. Aufrufe zur Enthaltsamkeit oder dem freiwilligen Verzicht auf den Einsatz derartiger neuer Techniken, beispielsweise bei Michael Sandel[46] oder in einem Manifest gegen den Transhumanismus,[47] nehmen Bezug auf weiche Kriterien wie Demut, Verletzlichkeit des Menschen, Achtsamkeit, Maß oder das Nachdenken über den Sinn solcher Maßnahmen. Der Untertitel des Manifests einer Gruppe von Wissenschaftlern lautet:

> Mit der Entwicklung von Gen-, Nanotechnologie und Neurotechnologie bekommt die Menschheit die Instrumente, sich in Eigenregie weiterzuentwickeln. Transhumanisten berauschen sich in gefährlicher Weise an der Utopie technischer Selbstoptimierung. Denn zum Menschen gehört elementar seine Verwundbarkeit.[48]

Verwiesen wird auf Klugheit, die Befähigung zu qualitativen ethischen Urteilen, subjektives Erleben, Wahrnehmung, Denken und Handeln:

> Wir halten Sinnhaftigkeit und Bedeutung für die wichtigsten Aspekte menschlichen Lebens, da sie es uns erlauben, die Wirklichkeit zu verstehen, über sie nachzudenken und mit ihr schöpferisch zu interagieren. *Sinn und Bedeutung entstehen, wenn unser Leib (unter Einschluss des Gehirns) mit der Welt interagiert und in ihr Neues verwirklicht.* (…) Im Gegensatz zu Computersystemen, die Achtsamkeit nur simulieren, sind wir als Menschen natürlicherweise achtsam.[49]

Am Schluss erfolgt ein Hinweis auf die Vulnerabilität des Menschen:

> Wir sollten nicht vergessen, dass Menschen verwundbare Wesen sind. Wir leben ein kontingentes Leben. Unser leibliches, geistiges, emotionales und persönliches (oder seelisches) Leben kann beschädigt und deformiert werden. Es ist deshalb unabdingbar, unsere körperliche und seelische Integrität zu schützen.[50]

---

44 Vgl. dazu Kap. I/2 im vorliegenden Band.

45 Alexandre Mauron bezeichnete das Genom einmal als das säkulare Äquivalent der Seele, vgl. MAURON 2001.

46 Vgl. SANDEL 2008.

47 Vgl. SPIEKERMANN U. A. 2017.

48 Ebd.

49 Ebd.

50 Ebd.

In der Welt der Wissenschaften, in der jedes Forschungsteam mit neuen Erkundungen das erste sein möchte und ein internationaler Wettbewerb unter enor-
mem Zeitdruck besteht, wirken Hinweise wie diese befremdlich. Im Grunde sind
sie Ermahnungen, die zum Nachdenken auffordern oder zur Einübung bewähr-
ter Tugenden aufrufen. Inhaltlich bleiben sie zurückhaltend und quasi leer, die
vage Aussage über die Entstehung von Sinn und Bedeutung ist nur ein Beispiel
dafür.

5.3 Fazit und Ausblick

Inwieweit tangieren die hier lediglich exemplarisch angedeuteten Veränderungen das menschliche Selbstverständnis und insbesondere die menschliche Freiheit? Viele der angedeuteten neuen Möglichkeiten und Perspektiven deuten auf
eine Erweiterung der Autonomie hin, andere scheinen dieselbe eher infrage zu
stellen oder auch zu gefährden.

Verdächtig wird es dann, wenn Autonomie und Freiheit mit Blick auf Größe
und Elend des Menschen, seine Genialität und Vulnerabilität sowie das Schöpferische wie auch das Fragmentarische im menschlichen Leben einseitig zugunsten
der erstgenannten, positiven Aspekte ausgelegt werden.[51] Wie zwei Seiten einer
Medaille gehören offensichtlich beide Erfahrungsbereiche als «condition humaine» zusammen, bilden zwei existenziale Seiten des menschlichen Lebens, biblisch unübertroffen in Psalm 8 formuliert:

> Seh ich deine Himmel, die Werke deiner Finger, Mond und Sterne, die du befestigt: Was ist
> der Mensch, dass du seiner gedenkst, des Menschen Kind, dass du dich seiner annimmst? Du
> hast ihn nur wenig geringer gemacht als Gott, du hast ihn gekrönt mit Pracht und Herrlich-
> keit (Psalm 8,4–6).

So ist beispielsweise während der Corona-Pandemie der Vulnerabilitätsbegriff in
die Alltagssprache eingegangen, was belegt, wie verletzbar und begrenzt wir
Menschen auch im hochtechnisierten Zeitalter und trotz aller Erfolge in der Entwicklung neuer Impfstoffe nach wie vor sind.[52]

Neben der Verdrängung dieser Ambivalenz, der trotz aller Fortschritte anhal-
tend bestehenden Gefährdetheit des menschlichen Lebens, besteht die Gefahr einer weiteren Einseitigkeit darin, die Relevanz von aktiven gegenüber passiven
Elementen im Verhältnis zur Welt zu überschätzen, wie es Hartmut Rosa in seinen Beobachtungen zur Resonanz und Resonanzfähigkeit beschrieben hat. Die
Gegenwartsanalyse des Autors lautet: Menschen wollten sich die Welt verfügbar,
sie beherrschbar machen, doch genau bei diesen Versuchen entgleite sie ihnen,

---

51 Vgl. LESCH 2002.
52 Vgl. MÄDER 2020; NATIONALE ETHIKKOMMISSION IM BEREICH DER HUMANMEDIZIN
(NEK) 2021.

bliebe ohne Resonanz, was eine große Enttäuschung und Frustration zurücklasse.[53] Jean-Pierre Wils wies in diesem Sinne bereits vor zwanzig Jahren auf wesentliche, im Zuge der Weltaneignung und der Idee der Autopoiesis gefährdete anthropologische Kennzeichen hin, nämlich die Abkünftigkeit (Geburtlichkeit[54], Verdanktheit oder Relationalität), Empfänglichkeit, Gelassenheit und Abschiedlichkeit.[55] Werden passive Aspekte wie diese negiert oder verdrängt, ist Freiheit gefährdet, entstehen Entfremdung, Verkrampfung, Fixierung und Enttäuschung. Auf ein genauso einfaches wie verblüffendes Beispiel weist Ludwig Siep im Kontext der Gentests hin: Lebensentscheidungen fallen häufig leichter und erweisen sich in der Folge als klüger oder besser, wenn weniger bekannt ist, beispielsweise über genetische Belastungen oder möglicherweise zu erwartende Krankheiten: Autonomie, so der Philosoph, sei schließlich mehr als rationale Lebensplanung unter möglichst vollständiger Information.[56]

Der Jesuit und Fundamentaltheologe Peter Knauer hat in seinem Ethikentwurf zudem auf einen Punkt aufmerksam gemacht, der zunächst widersinnig, beim näheren Betrachten jedoch einleuchtend erscheint: Im Laufe einer gelungenen Normalbiographie eines Menschen werde die Entscheidungsfreiheit stets kleiner, und zwar aufgrund der Entscheidungen, die ein Mensch im Laufe seines Lebens aus freiem Willen hinsichtlich seiner Lebensgestaltung getroffen hat. Festlegung bedeutet paradoxerweise größtmögliche Freiheit bei größtmöglicher Einschränkung der Entscheidungsfreiheit.[57] In diesem Sinne ist ein gelungenes Leben nicht zu verwechseln mit einem Leben, in welchem möglichst viele Handlungsoptionen offenstehen. Die Angst, sich festzulegen und sich damit die Wahlfreiheit einzuschränken, verhindert das, was angestrebt wird: ein gelungenes Leben. Zu ergänzen wäre: Auch Scheitern kann nur, wer sich zuvor für etwas entschieden hat. Die Idee der permanenten Perfektionierung durch Anwendung ständig neuer technischer Möglichkeiten kann in dieser Hinsicht auf Irrwege führen und zum Selbstverlust statt Selbstgewinn beitragen.

Beate Rössler fasst das Ergebnis ihres Nachdenkens über den Zusammenhang zwischen Autonomie und dem gelungenen Leben in folgendem Schlusssatz zusammen:

---

53 Resonanzfähigkeit bedeute die Fähigkeit, sich von etwas berühren zu lassen, sich Dinge aktiv und auf intensive Weise anzueignen, sich aber auch für Veränderungen zu öffnen und schließlich «Resonanz» nicht verkrampft herbeiführen zu wollen, sondern alles mit der nötigen Gelassenheit anzugehen, vgl. ROSA 2018 und 2019; vgl. auch Kap. III/1 im vorliegenden Band.

54 Vgl. SCHÜES 2016.

55 Vgl. WILS 2002, 191; vgl. auch MAIO 2011.

56 Vgl. SIEP 2001, 202; WEHLING 2019; darüber hinaus: SCHWEIKERT 2021.

57 Vgl. KNAUER 2002, 71 f.

Das gelungene Leben ist dann eines, das wir – im Großen und Ganzen, gemeinsam mit anderen – selbst bestimmen, das wir als ausreichend sinnvoll und ausreichend glücklich erfahren, das ein respektvolles Verhältnis zu anderen einschließt und in dem das Schicksal uns
halbwegs gnädig ist.[58]

Mit Blick auf die Idee der Verbesserung der menschlichen Spezies sei abschließend auf eine theologische Beobachtung Karl Rahners hingewiesen, auf die er bereits in den 1960er-Jahren in Auseinandersetzung mit den ersten Versuchen zur
«Genmanipulation» beim Menschen aufmerksam gemacht hat: Während der
Mensch gemäß christlicher Tradition als «faber sui ipsius», als Freiheitswesen geschaffen sei, dem die Verantwortung und auch die Möglichkeit zur Selbstverän-
derung zukomme («Für ein christliches Selbstverständnis ist der Mensch als Freiheitswesen vor Gott in radikalster Weise derjenige, der über sich selbst verfügt… »[59]), bleibt die *unerlöste Schöpfung* stets dieselbe und, unabhängig davon, was
die Menschen genau tun, als solche auch erhalten. Immanente Sinn- und Orientierungsfragen (nach Maßgabe welcher Kriterien sollten wir den Menschen verändern?) lassen sich nicht durch religiöse oder transzendente Antworten auf
Sinn- und Orientierungsfragen beantworten. Freiheit im christlichen Sinne
bringt sozusagen Bürde – der Entscheidung – und Würde – der entscheidenden
Person – mit sich. Menschen seien durchaus dazu imstande, die Menschheit auf
den Stand einer technisch intelligenten und selbstdomestizierten Australopithe-
kus-Herde zurück zu kreuzen, meinte Karl Rahner damals, womit er den Ernst
und die mögliche Reichweite menschlicher Verantwortung deutlich skizzierte.

LITERATUR

ACH, JOHANN S./POLLMANN, ARND (Hg.), *No Body is Perfect. Baumaßnahmen am menschlichen
    Körper – Bioethische und ästhetische Aufrisse*, Bielefeld 2006.
BERNSTEIN, STEPHANIE/WIESEMANN, CLAUDIA, *Should Postponing Motherhood via «Social
    Freezing» Be Legally Banned? An Ethical Analysis*, in: Laws 3 (2014), 282–300.
BIERI, PETER, *Wie wollen wir leben?*, St. Pölten/Salzburg 2011.
BLOCH, ERNST, *Das Prinzip Hoffnung*, Frankfurt a. M. 1985.
BOZZARO, CLAUDIA, *Der Leidensbegriff im medizinischen Kontext: Ein Problemaufriss am Beispiel der
    tiefen palliativen Sedierung am Lebensende*, in: Ethik in der Medizin 27 (2015), 93–106.
—, *Is Egg Freezing a Good Response to Socioeconomic and Cultural Factors That Lead Women To Postpone
    Motherhood?*, in: Reproductive Medicine Online 36 (2018), 594–603.
BRAUER, SUSANNE/STRUB, JEAN-DANIEL/BLEISCH, BARBARA U. A., *Wissen können, dürfen,
    wollen? Genetische Untersuchungen während der Schwangerschaft*, Zürich 2016.
BRAUN, MATTHIAS/SCHICKL, HANNAH/DABROCK, PETER (Eds.), *Between Moral Hazard and
    Legal Uncertainty. Ethical, Legal and Societal Challenges of Human Genome Editing*, Wiesbaden 2018.

---

58 RÖSSLER 2017, 399.
59 RAHNER 1966, 54.

BUCHANAN, ALLEN/BROCK, DAN W./DANIELS, NORMAN/WIKLER, DANIEL (Eds.), *From Chance to Choice. Genetics and Justice*, Cambridge/New York 2000.

DEUTSCHER ETHIKRAT, *Eingriffe in die menschliche Keimbahn. Stellungnahme*, Berlin 2019.

DOBELLI, ROLF, *Die Kunst des guten Lebens. 52 überraschende Wege zum Glück*, München 2017.

—, *Vorsicht vor kleinen Lebensstichproben. Wer früh zu selektiv agiert, bringt sich um die besten Möglichkeiten*, in: NZZ, 03.06.2017, 42.

HABERMAS, JÜRGEN, *Die Zukunft der menschlichen Natur. Auf dem Weg zu einer liberalen Eugenik?*, Frankfurt a. M. 2002.

—, *Theorie des kommunikativen Handelns*, Bd. 2, Frankfurt a. M. ⁴1987.

HUMAN GENETICS COMMISSION, *Making Babies. Reproductive Decisions and Genetic Technologies*, London 2006.

JESSEN, JENS, *Der neue Mensch. Befreit von allen Fesseln der Natur. Ein Jahresrückblick auf die Debatten um Social Freezing, Gendertheorie und Sterbehilfe*, in: Die Zeit, Nr. 52, 17.12.2014.

KAESER, EDUARD, *Artfremde Subjekte: Subjektives Erleben bei Tieren, Pflanzen und Maschinen?*, Basel 2015.

—, *Auf der Schwelle zum «Maschinozän». Was geschieht, wenn künstliche neuronale Netzwerke sich selbständig machen?*, in: NZZ, 22.06.2017, 38.

KANT, IMMANUEL, *Kritik der reinen Vernunft*, Akademie-Ausgabe Bd. III, Berlin 1968.

KIHLBOM, ULRIK/HANSSON, MATS G./SCHICKTANZ, SILKE (Eds.), *Ethical, Social and Psychological Impacts of Genomic Risk Communication*, New York 2021.

KNAUER, PETER, *Handlungsnetze. Über das Grundprinzip der Ethik*, Frankfurt a. M. 2002.

LANG, ALEXANDER/GSCHMEIDLER, BRIGITTE/GRUBER, MALTE-C. U. A., *Neue Anwendungen der DNA-Analyse: Chancen und Risiken Interdisziplinäre Technikfolgenabschätzung*, Zürich 2020.

LARGO, REMO H., *Das passende Leben. Was unsere Individualität ausmacht und wie wir sie leben können*, Frankfurt a. M. 2017.

LESCH, WALTER, *Ethische Reflexion als Hermeneutik der Lebenswelt*, in: DERS., *Übersetzungen. Grenzgänge zwischen theologischer und philosophischer Ethik*, Freiburg i. Ue. 2013, 101–114.

—, *Mit Grenzen leben. Anthropologische Hintergrundtheorien bioethischer Konzepte*, in: HOLDEREGGER, ADRIAN/MÜLLER, DENIS/SITTER-LIVER, BEAT/ZIMMERMANN-ACKLIN, MARKUS (Hg.), *Theologie und biomedizinische Ethik. Grundlagen und Konkretionen*, Freiburg i. Ue./Freiburg i. Br. 2002, 192–207.

LOBE, ADRIAN, *Ich hat kein Gesicht. Wir verlieren uns selbst im Meer der Repräsentationen: Wer ist ich, wenn ich genetisch und digital reproduzierbar bin?*, in: NZZ, 14.07.2017, 35.

MÄDER, CLAUDIA, *«Unsere Gesellschaft hat die Tendenz, Verletzlichkeiten zu verleugnen». Cynthia Fleury hat 2016 einen Lehrstuhl für Philosophie im ältesten Pariser Spital aufgebaut und geht den Zusammenhängen zwischen Pflege, Subjekt und Politik nach*, in: NZZ, 25.05.2020, 25.

MAIO, GIOVANNI (Hg.), *Abschaffung des Schicksals? Menschsein zwischen Gegebenheit des Lebens und medizinisch-technischer Gestaltbarkeit*, Freiburg i. Br. 2011.

MARQUARD, ODO, *Ende des Schicksals? Einige Bemerkungen über die Unvermeidlichkeit des Unverfügbaren*, in: DERS., *Abschied vom Prinzipiellen. Philosophische Studien*, Stuttgart 1981, 67–90.

MAURON, ALEX, *Is the Genome the Secular Equivalent of the Soul?*, in: Science 291 (2001), 831–832.

MURDOCH, IRIS, *The Idea of Perfection*, in: DIES., *Existentialists and Mystics*, London 1997, 299–336.

NAROD, STEVEN A., *Which Genes for Hereditary Breast Cancer?*, in: New England Journal of Medicine 384 (2021), 471–473.

NATIONALE ETHIKKOMMISSION IM BEREICH DER HUMANMEDIZIN (NEK), *Politische Entscheidungsfindung zu Massnahmen zur Eindämmung der Sars-CoV-2-Pandemie: Ethische Grundlagen*, Bern 2021.

—, *Überlegungen zur ethischen Einschätzung des Nicht-Invasiven Pränatal-Tests (NIPT)*, Bern 2016a.

—, *Gene editing an menschlichen Embryonen – Eine Auslegeordnung*, Bern 2016b.

—, *Samenspende*, Bern 2019.

—, *Social Egg Freezing – eine ethische Reflexion*, Bern 2017.

RAHNER, KARL, *Experiment Mensch. Theologisches über die Selbstmanipulation des Menschen*, in: ROMBACH, HEINRICH (Hg.), *Die Frage nach dem Menschen. Aufriss einer philosophischen Anthropologie*, Freiburg i. Br./München 1966, 45–69.

RECKWITZ, ANDREAS, *Die Gesellschaft der Singularitäten. Zum Strukturwandel der Moderne*, Berlin 2017.

ROSA, HARTMUT, *Resonanz. Eine Soziologie der Weltbeziehung*, Berlin 2018.

—, *Unverfügbarkeit*, Wien/Salzburg 2019.

RÖSSLER, BEATE, *Autonomie. Ein Versuch über der gelungene Leben*, Berlin 2017.

RÜTHER, MARKUS (Hg.), *Grundkurs Metaethik. Grundlagen, Positionen, Kontroversen*, Münster 2016.

SANDEL, MICHAEL J., *Plädoyer gegen die Perfektion. Ethik im Zeitalter der genetischen Technik*, mit einem Vorwort von JÜRGEN HABERMAS, Berlin 2008.

SAVULESCU, JULIAN/KAHANE, GUY, *Understanding Procreative Beneficience*, in: FRANCIS, LESLIE (Ed.), *The Oxford Handbook of Reproductive Ethics*, Oxford/New York 2017, 592–622.

SCARANO, NICO, Art. 1. *Metaethik – ein systematischer Überblick*, in: DÜWELL, MARCUS/HÜBENTHAL, CHRISTOPH/WERNER, MICHA H. (Hg.), *Handbuch Ethik*, Stuttgart ³2011, 25–35.

SCHÜES, CHRISTINE, *Philosophie des Geborenseins*, Freiburg i. Br./München 2016.

SCHURZ, GERHARD, *Einführung in die Wissenschaftstheorie*, Darmstadt ⁴2014.

SCHWEIKERT, RUTH, *Fakten sind wichtig. Aber manchmal schaden sie. Auch in Zeiten der Pandemie gibt es nicht wenige Situationen, in denen Nichtwissen menschlicher ist als Wissen*, in: NZZ am Sonntag, 14.03.2021, 16.

SIEP, LUDWIG, *Genomanalyse. Menschliches Selbstverständnis und Ethik*, in: HONNEFELDER, LUDGER/PROPPING, PETER (Hg.), *Was wissen wir, wenn wir das menschliche Genom kennen?*, Köln 2001, 196–205.

SPIEKERMANN, SARAH/HAMPSON, PETER/ESS, CHARLES M. U. A., *Wider den Transhumanismus. Mit der Entwicklung von Gen-, Nanotechnologie und Neurotechnologie bekommt die Menschheit die Instrumente, sich in Eigenregie weiterzuentwickeln. Transhumanisten berauschen sich in gefährlicher Weise an der Utopie technischer Selbstoptimierung. Denn zum Menschen gehört elementar seine Verwundbarkeit. Ein Gastbeitrag von einer Wissenschaftergruppe*, in: NZZ, 19.06.2017, 8.

TUGENDHAT, ERNST, *Wem kann ich danken? Über Religion als Bedürfnis und die Schwierigkeit seiner Befriedigung*, in: NZZ vom 09./10.12.2006, 71.

VILLA, PAULA-IRENE (Hg.), *schön normal. Manipulationen am Körper als Technologien des Selbst*, Bielefeld 2008a.

—, *Einleitung*, in: DIES. (Hg.), *schön normal. Manipulationen am Körper als Technologien des Selbst*, Bielefeld 2008b, 7–19.

WALTER, SVEN (Hg.), *Grundkurs Willensfreiheit*, Paderborn 2018.

WEHLING, PETER, *Die letzte Rettung? Das Recht auf Nichtwissen in Zeiten von Anlageträger-Screening und Genom-Sequenzierung*, in: DUTTGE, GUNNAR/LENK, CHRISTIAN (Hg.), *Das sogenannte Recht auf Nichtwissen. Normatives Fundament und anwendungspraktische Geltungskraft*, Paderborn 2019, 233–251.

—/PERERA, BEATRICE/SCHÜSSLER, SABRINA, *Reproduktive Autonomie oder verantwortliche Elternschaft? Kontrastierende ethische Begründungen des genetischen Anlageträger*innen-Screenings*, in: Ethik in der Medizin 32 (2020), 313–329.

WILS, JEAN-PIERRE, *Der Mensch im Konflikt der Interpretationen*, in: HOLDEREGGER, ADRIAN/MÜLLER, DENIS/SITTER-LIVER, BEAT/ZIMMERMANN-ACKLIN, MARKUS (Hg.), *Theologie und biomedizinische Ethik. Grundlagen und Konkretionen*, Freiburg i. Ue./Freiburg i. Br. 2002, 171–191.

ZIMMERMANN, MARKUS/FELDER, STEFAN/STRECKEISEN, URSULA/TAG, BRIGITTE, *Das Lebensende in der Schweiz. Individuelle und gesellschaftliche Perspektiven*, Basel 2019.

6 RELATIONALE AUTONOMIE. BEDEUTUNG UND RELEVANZ FÜR DIE KLINISCHE ETHIK

> Auch der erwachsene, entscheidungsfähige Mensch ist in der Ausübung seiner Autonomie auf die Anerkennung und Unterstützung anderer angewiesen. In Krankheits- und Sterbesituationen kann sich ein relationaler Autonomiebegriff situativ darin äußern, dass es dem Patienten wichtig ist, dass seine Entscheidungen von ihm nahe stehenden Personen akzeptiert und mitgetragen werden können.[1]

> Dass wir *selbst* leben und für uns Sorge tragen müssen, heißt nicht, dass wir es *alleine* tun könnten.[2]

> (…) Fragen der sozialen Gerechtigkeit, ungerechte Strukturen einer Gesellschaft schlagen direkt durch auf die Möglichkeit, Autonomie auszubilden und auszuüben, autonom leben zu können.[3]

> I needed others' thoughts in order to become fully aware of my own.[4]

Die Achtung der Patientenautonomie gehört zum Kernbestand der in den 1960er-Jahren neu entstandenen biomedizinischen Ethik. Obgleich der Autonomie-Begriff zu den besonders bedeutungsoffenen und klärungsbedürftigen Konzepten der Philosophie gehört, lag in der damals in den USA neu geschaffenen Bioethik der Akzent von Beginn an auf der Achtung der Selbstbestimmung, in der Regel verstanden im Sinne des Respekts vor einer informierten Entscheidung eines Patienten oder einer Patientin in einzelnen Entscheidungssituationen.[5] Das, was zuvor namentlich im Bereich der medizinischen Forschung passiert war, nämlich das Ausprobieren neuer Substanzen und medizinischer Verfahren an Personen ohne deren Wissen und Zustimmung, hatte sowohl maßgeblich zur Entstehung der Bioethik selbst beigetragen als auch dazu geführt, dass der Idee der informierten Zustimmung (englisch: *informed consent*) besonderes Gewicht zugemessen wurde. Die relativ unvermittelte Übertragung dieses Selbstbestimmungskonzepts aus dem Forschungsbereich in den klinischen Alltag führte verständlicherweise zu Umsetzungsproblemen, da die beiden Kontexte nur bedingt miteinander zu vergleichen sind: Während es in der klinischen Forschung in der Regel um fremdnützige Ein-

---

1 ZELLWEGER ET AL. 2008, 201.

2 REHBOCK 2002, 140.

3 RÖSSLER 2017, 356.

4 FRANK ²2013, xi (Vorwort zur zweiten Auflage).

5 Vgl. dazu den Klassiker von BEAUCHAMP/CHILDRESS ⁸2019 (erstmals erschienen im Jahr 1977). Die beiden Autoren weisen im Vorwort der achten Auflage auf Seite IX eigens und mit Nachdruck darauf hin, dass sie das Autonomieprinzip nie als vorrangig oder im Sinne eines spezifisch US-amerikanischen Individualismus eingestuft und gedeutet hätten, auch wenn ihnen dies seit vierzig Jahren vorgehalten würde.

griffe an nicht selten gesunden Personen geht, stehen im klinischen Alltag weitreichende und häufig existenzielle Entscheidungen kranker Menschen an. Letztere beruhen zudem wesentlich auf der sachlich sowie persönlich kompetenten Begleitung einer Ärztin oder eines Arztes, nicht selten ergreifen dabei auch Angehörige Position und beteiligen sich aktiv an den Prozessen der Entscheidungsfindung. Im Bereich der pädiatrischen Versorgung beispielsweise stellen Dreieckskontakte zwischen Ärztin oder Arzt, Kind und Eltern die Normalität dar. Menschen sind soziale Wesen, die Idee, dass es bei der Selbstbestimmung um isoliert oder einsam getroffene Entscheidungen einzelner Personen unter Absehung von ihren persönlichen und gesellschaftlichen Kontexten geht, wäre bei allem Verständnis für die emanzipative Idee der Befreiung von Fremdbestimmungen eine wirklichkeitsferne Konstruktion.[6] Das darauf basierende Unbehagen hat bereits vor Jahrzehnten im Kontext feministischer und auch kommunitaristischer Ethiken zum Entwurf des Konzepts einer *relationalen*, auf Beziehungen beruhenden Form von Autonomie geführt.[7]

Im vorliegenden Kapitel nähere ich mich induktiv, ausgehend von Erfahrungen und Herausforderungen im klinischen Alltag, an das Konzept der relationalen Autonomie heran, um dessen Bedeutung und praktische Relevanz für die Medizinethik zu erkunden. Dabei zeigt sich, dass der unbestritten wichtige ethische Anspruch der Achtung der Selbstbestimmung im klinischen Alltag eine sowohl anspruchsvolle als auch herausfordernde Aufgabe für alle Beteiligten darstellt.[8]

6.1 Zwei Patientengeschichten

Für Hans Neuenschwander, Schweizer Palliative Care-Experte und -Pionier aus dem Tessin sowie Mitherausgeber des «Handbuch(s) Palliativmedizin»[9], war die Idee der Berücksichtigung einer *relational* verstandenen Autonomie in der Begleitung der 81 Jahre alten Frau F. der Grund für seine Skepsis gegenüber ihrem Suizidwunsch.[10] Er schreibt:

---

6 Vgl. die Darstellung grundsätzlicher Einwände aus gesellschaftstheoretischer Sicht bei ANDERSON 2013.

7 Vgl. beispielsweise DONCHIN 2001, bes. 378–382; für weitere Literatur zu der damals geäußerten feministischen und kommunitaristischen Kritik an einem einseitigen Autonomieverständnis vgl. ACH/SCHÖNE-SEIFERT 2013.

8 Der Text geht auf einen Vortrag zurück, den ich an der von der Nationalen Ethikkommission (NEK) und der Zentralen Ethikkommission (ZEK) im Jahr 2017 gemeinsam durchgeführten Tagung zum Thema «Autonomie und Beziehung. Selbstbestimmung braucht das Gegenüber» in Bern gehalten habe. Die Zusammenfassung der Ergebnisse der Tagung wurden in Form einer Broschüre publiziert: SCHWEIZERISCHE AKADEMIE DER MEDIZINISCHEN WISSENSCHAFTEN 2016.

9 NEUENSCHWANDER/CINA 2015.

10 Vgl. NEUENSCHWANDER 2015, 25.

Frau F. ist 81 Jahre alt und seit über 50 Jahren verheiratet. Sie hat ein glamouröses Leben hinter sich, stand über Jahrzehnte mit den Reichen und den Schönen im Scheinwerferlicht. Sie hatte vor zehn Jahren Darmkrebs, von dem sie geheilt ist. Wichtigste Diagnose ist eine Suchtproblematik, die sich darin äußert, dass jede körperliche Missempfindung mit einer Medikamenteinnahme beantwortet wird. Leiden tut sie aber vor allem an der eingefrorenen Trauer um den Verlust ihres verflogenen Lebens mit der Jet-Set-Prominenz. Sie ist seit Jahren Exit-Mitglied. Ihren körperlichen und sozialen Zerfall erträgt sie schlecht und bittet wiederholt um Beihilfe zur Selbsttötung. Ihr Ehemann ist verzweifelt, kann diesen Wunsch in keiner Weise akzeptieren. Die beiden haben eine sehr enge Bindung. ‹Exit› erklärt sich bereit, Sterbehilfe zu leisten. In meiner Beurteilung schreibe ich, dass Frau F. den Sterbewunsch seit langem wiederholt geäußert hat, dass sie in Bezug auf sich selbst entscheidungsfähig ist, dass der Entscheidungswille aber inkonstant und die Entscheidungskraft schwankend seien. Vor allem aber sei klar, dass sie nicht gewillt und nicht im Stande sei, die Tragweite des Entscheids und der daraus folgenden Handlung in Bezug auf den geliebten Ehemann abzuschätzen und wahrzunehmen. ‹Exit› zieht darauf ihr Unterstützungsangebot zurück. Der Ehemann ist sehr froh, die Patientin schmollt ein wenig, ist aber auch froh, dass der Druck, dem sie sich selber mit ihrem Wunsch ausgesetzt hatte, weg ist. Das war vor zwei Jahren. Hie und da flackert das Thema wieder auf, aber mehr als Versuchsballon, mit dem Satz: ‹Mir geht es nicht gut, der Heldentod wäre die reinste Erlösung!›[11]

Aus Sicht unseres Themas ist auffällig, dass Frau F. im Hinblick auf die weitreichende Entscheidung, einen assistierten Suizid zu begehen, urteilsfähig war und über diese Entscheidung auch schon lange nachgedacht hatte; gleichzeitig wird ihr Wille von ihrem Arzt jedoch als unbeständig charakterisiert und behauptet, Frau F. sei nicht imstande, die Reichweite ihres Entscheids für ihren Ehemann abzuschätzen. Offensichtlich hat Hans Neuenschwander die Achtung der Autonomie von Frau F. nicht individualistisch, sondern systemisch interpretiert, konkret: er hat den Willen seiner Patientin im Kontext ihrer ehelichen Partnerschaft gedeutet. Dabei trug er zwar mit Blick auf den geplanten Suizid nicht die Last der Letztentscheidung, die hier bei der Sterbehilfeorganisation «Exit» lag, hat jedoch mit seinem Gutachten zur Urteilsfähigkeit von Frau F. auf diese Entscheidung wesentlichen Einfluss genommen. Ist das ethisch vertretbar oder gar so zu wünschen?

Eine zweite Begebenheit erzählt Gerald Neitzke, er ist Arzt und Medizinethiker mit Schwerpunkt Ethikberatung an der Medizinischen Hochschule Hannover, in einem Text zur Ermöglichung von Autonomie im Rahmen klinischer Ethikberatung. Es geht um die Erfahrung eines schwerkranken Jugendlichen, den ich P. nennen möchte: P. war Patient in einer Kinderklinik und entschied sich – nachdem ein erster Versuch misslungen war – nach einem längeren Entscheidungsprozess zugunsten einer wiederholten Transplantation. Seine Ambivalenz kommt in folgender Aussage Gerald Neitzkes zum Ausdruck:

---

11 NEUENSCHWANDER 2015, 24 f.

Er sagte allerdings, dass er selbst lieber sterben wolle, als dieses Verfahren erneut zu durchlaufen. Diese Entscheidung könne er aber seinen Eltern nicht zumuten, da sie über seinen
Tod zu traurig sein würden. Um sie zu schonen und zu schützen, stimme er dem Eingriff
zu.[12]

Bei P. stellt sich mit Blick auf die Achtung der Patientenautonomie die Frage, inwieweit sich Umstehende, zum Beispiel eine Seelsorgerin oder Ethikberaterin, zu
Anwältinnen der Ursprungsposition von P., lieber sterben zu wollen als sich noch
einmal den Strapazen einer Transplantation auszusetzen, hätten machen sollen.
Da Eltern und Ärzte eine weitere Transplantation für erforderlich und auch sinnvoll hielten, fand P. bei ihnen de facto keine Unterstützung betreffend seiner massiven Vorbehalte. Mit Blick auf die autonome Entscheidung stellen sich hier die
Fragen: War seine Rücksichtnahme Ausdruck seines autonomen Willens, oder
verdankte sie sich dem äußeren, sozialen Druck seiner Familie? Lässt sich im Fall
eines Kindes dessen autonomer Wille überhaupt unabhängig vom Willen seiner
Eltern bestimmen?[13] Und, falls das nicht der Fall sein sollte, sollten dann dieselben
Gründe *mutatis mutandis* nicht auch bei Erwachsenen im Sinne einer stärker relationalen oder systemischen Herangehensweisen an die Bestimmung von deren
Willen berücksichtigt werden?

6.2 Erfahrungen im Bereich der klinischen Ethikberatung

Beispiele aus dem klinischen Alltag, in denen sich die Achtung der Patientenautonomie als Herausforderung erweist, sind in der klinischen Ethikberatung omni-
präsent.[14] Ob bei Patientinnen und Patienten mit demenziellen Störungen, in der
Anorexie-Behandlung insbesondere junger Menschen, der Intensiv- und Ret-
tungsmedizin oder bei einer Lebend-Nierenspende des Ehepartners für seine
Partnerin – stets gilt es erneut und im Einzelfall zu erkunden, was es heißt, die Patientenautonomie der betroffenen Personen zu respektieren und danach zu suchen, wie sich die abstrakte Forderung dieses Medizinethikprinzips in der klinischen Praxis realisieren lässt. Für Gerald Neitzke ist klar, dass das punktuelle Er-
fragen oder Erkunden einer Position oder Entscheidung zu kurz griffe, vielmehr
gehe es auch maßgeblich um die Befähigung und Unterstützung von Patientinnen und Patienten, eine selbstbestimmte Entscheidung fällen zu können.

---

12 NEITZKE 2013, 448.

13 Vgl. WIESEMANN 2015, für die oben beschriebene Situation vgl. bes. 317: Hier plädiert die Autorin zugunsten der Stärkung und Berücksichtigung des Wunsches von Minderjährigen, auch
wenn es bei einer Entscheidung um Leben und Tod gehe.

14 Vgl. ZENTNER ET AL. 2022, 57.

Er nennt fünf typische Situationen, in welchen im Kontext der klinischen Ethikberatung Fragen hinsichtlich des Respekts der Autonomie aufgeworfen würden
und zu klären seien:

· *Ein Patient ist nicht urteilsfähig,*
· *eine Patientin kann sich aufgrund einer inneren Ambivalenz nicht entscheiden (auch*
  Patientenverfügungen enthalten nicht selten ambivalente Wünsche oder Forderungen,
  welche ihre Berücksichtigung erschweren),
· *ein Patient überlässt die Entscheidung bewusst anderen Personen,*
· *eine Patientin verzichtet zu Gunsten Dritter auf ihre eigenen Wünsche,*
· *die Wünsche eines Patienten erscheinen irrational.*[15]

Realistischerweise können wir nie, auch nicht im klinischen Alltag und angesichts gravierender oder existenzieller Entscheidungen, von völlig rationalen,
sich selbst transparenten Akteuren ausgehen. Vielmehr sind Personen stets sozial
situiert, sie sind unvollkommen und verletzbar, haben aber in aller Regel den
Wunsch, ein autonomes Leben zu führen, wie Beate Rössler in ihrer beeindruckenden Autonomiestudie zu Recht zu Bedenken gibt.[16] Wir sollten bei Entscheidungen in aller Regel zumindest mit irrationalen Anteilen rechnen und diese zu
identifizieren und anzusprechen versuchen.

Wie im klinischen Alltag damit umzugehen ist, wenn eine Patientin oder ein
Patient eine offenkundig irrationale Entscheidung trifft, ist sicherlich eine besondere Herausforderung: Zwar hat jeder Mensch das Recht, irrationale Entscheidungen zu treffen und, ohne daran gehindert zu werden, auch auszuführen. Das
gilt jedenfalls solange, als diese Entscheidung nicht auf einer Täuschung, offen-
sichtlicher Unwissenheit, Fehleinschätzung oder falschen Informationen beruht
und aus der Handlung für andere Personen kein Schaden erwächst. Aus ethischer
Sicht wird jedoch eine Grenze überschritten, wenn sich andere, beispielsweise
Pflegefachkräfte, bei der praktischen Umsetzung einer solchen irrationalen Entscheidung beteiligen würden. Werden sie um die Durchführung einer nicht indizierten, möglicherweise sogar schädlich wirkenden Maßnahme gebeten, müssten sie diese mit Verweis auf das Nicht-Schadens- und das Gerechtigkeitsprinzip
ablehnen. Wehrt sich dagegen eine urteilsfähige Patientin oder ein urteilsfähiger
Patient aus offensichtlich irrationalen Gründen gegen die Anwendung einer ei-

---

15 Vgl. NEITZKE 2013, 446.
16 Vgl. RÖSSLER 2017, 61. Der Autorin gelingt es, anspruchsvolle theoretische (philosophische)
Bezüge sowohl mit einer Alltagsrationalität (dem sprichwörtlich gesunden Menschenverstand)
als auch mit literarischen Bezügen zu verbinden. Philosophische Bezüge – Argumente, Positionen, Theorien, Autoritäten – werden in verständlicher Weise dargestellt, die Leserführung ist
außerordentlich gut gelungen und zudem ist es hilfreich, dass die Autorin ihre eigenen Einschätzungen und Positionen stets deutlich macht, ohne dabei andere Standpunkte zu desavouieren.

gentlich indizierten, sinnvollen oder sogar überlebenswichtigen Maßnahme, muss diese Entscheidung aus rechtlichen und auch ethischen Gründen (mit Verweis auf die Achtung der Selbstbestimmung) letztlich akzeptiert werden. Mit dem «letztlich» soll aber unterstrichen werden, dass ein Behandlungsteam (tugend- oder Care-)ethisch durchaus dazu verpflichtet ist, sich mit der betroffenen Person zu beschäftigen, ihr die nötige Aufmerksamkeit entgegenzubringen und Gesprächsbereitschaft zu signalisieren, also eine etwaige resignative, möglicherweise einer Depression entspringenden irrationalen Entscheidung zuungunsten einer wichtigen Maßnahme im Zuge des häufig bestehenden Zeitdrucks im klinischen Alltag nicht vorschnell zu akzeptieren.

In der Regel ist die Bestimmung dessen, was im Einzelfall im Sinne der Achtung der Patientenautonomie beachtet werden sollte, alles andere als trivial, sondern eine unter Umständen anstrengende und anspruchsvolle Aufgabe:

> Wesentlich ist, dass Autonomie kein leeres Wort oder eine wohlfeile Forderung bleibt, sondern in konkreten Beziehungen zwischen Patienten, deren Bezugspersonen und den Anbietern von Gesundheitsleistungen erarbeitet und realisiert wird.[17]

Wie die beiden eingangs erwähnten Patientengeschichten von Frau F. und dem Jugendlichen P. zeigen, kann diese Aufgabe tatsächlich schwierig werden. Nicht selten ist es ein vertracktes Unterfangen, die authentischen Wünsche eines Patienten oder einer Patientin zu eruieren und, wenn sie einmal erarbeitet wurden, angemessen zu berücksichtigen. Dieses «angemessen» bezieht sich auf die medizinethisch weitgehend unbestrittene Tatsache, dass die Achtung der Patientenautonomie nur *ein prima facie*-Prinzip neben anderen, gleichermaßen wichtigen Prinzipien wie dem der Fürsorge, dem Nicht-Schaden und der Gerechtigkeit ist.

6.3 Entwicklung der Identität und Autonomiefähigkeit

Der deutsch-amerikanische Psychoanalytiker Erik H. Erikson (1902–1994) unterschied in seinen Beobachtungen zur Identitätsentwicklung eines Menschen acht Phasen, in welchen eine Person – im Idealfall – immer wieder durch neue, von Ambivalenzen gekennzeichnete Krisen hindurchgehe und sich auf diese Weise zu der Persönlichkeit entwickle, die sie im Grunde von Beginn an bereits sei.[18] Ohne an dieser Stelle auf die einzelnen von ihm angenommenen Entwicklungsschübe einzugehen, scheinen mir im Kontext unserer Fragestellung zwei Anhaltspunkte von unmittelbarer Bedeutung zu sein: Erstens wurde die Entwicklung der menschlichen Identität von E. H. Erikson als ein komplexer und lebenslanger Prozess beschrieben, die persönliche Autonomie ist in diesem Sinn biografisch also nie definitiv erreicht oder gesichert; und zweitens nehmen Bezie-

---

17 NEITZKE 2013, 454 f.
18 Vgl. ERIKSON 1973 (im englischen Original 1959 erschienen).

hungspersonen, anfangs die Mutter bzw. die Eltern, dann Freundinnen, Nachbarn, Lehrerinnen und Lehrer, später dann Gleichaltrige, Partnerinnen und Partner u. a. dabei eine unverzichtbare Rolle ein. Persönliche Identität und die ihr entsprechende Autonomie sind gemäß dieser entwicklungspsychologischen Theorie biografisch immer wieder neu zu erringen und zu formen, wobei andere Menschen eine konstitutive Rolle spielen.

Sind im klinischen Kontext – wie beispielsweise bei Frau F. oder dem Jugendlichen P. – weitreichende Entscheidungen zu treffen, scheint die Idee, den Willen einer Person zu einem bestimmten Zeitpunkt unmittelbar abfragen zu können, diese entwicklungspsychologische Einsicht zu unterschätzen. Je nach Zeitdruck, unter der eine therapeutische Entscheidung zu treffen ist, sollte es ethisch gesehen vielmehr darum gehen, die Komplexität der Persönlichkeitsentwicklung innerhalb der bestehenden familiären Kontexte nachzuvollziehen, einzuordnen und systemisch zu deuten. In einer klinischen Alltagssituation sind zumindest Bemühungen erforderlich, Patientenwünsche im Rahmen des jeweils bestehenden Lebenskontexts einzuordnen, die betroffenen Personen zu beraten sowie eine Entscheidfindung sachkundig und einfühlsam zu begleiten, wenn berechtigter Weise von der Achtung der Patientenautonomie die Rede sein soll.

Ähnliche Schlussfolgerungen legen Beobachtungen des US-amerikanischen Psychologen und Philosophen Lawrence Kohlberg (1927–1987) zur moralischen Entwicklung des Menschen nahe.[19] Abgesehen von den umstrittenen Fragen, ob dessen empirisch entwickeltes und philosophisch interpretiertes Stufenmodell der moralischen Entwicklung[20] erstens zu wissensorientiert oder kognitiv sei und ob zweitens anzunehmen sei, dass die höchste (sechste, entlang der Kantischen Autonomie entworfene) Stufe der vorletzten (fünften, am Utilitarismus orientierten) Stufe aus entwicklungspsychologischer und ethischer Sicht überlegen sei, zeigt ein Blick auf Einsichten Lawrence Kohlbergs mindestens zwei für unser Thema wichtige Einsichten: Erstens ist die Entwicklung unserer Moralfähigkeit ein in der Regel lebenslanger Prozess, der immer wieder mit moralischen Krisen und Konflikten verbunden ist. Zweitens erreicht de facto nur ein Teil der

---

19 Vgl. KOHLBERG 1996. Hinsichtlich der Thesen Lawrence Kohlbergs beziehe ich mich auf deren Erörterungen bei HABERMAS 1983, bes. 42–52, sowie HABERMAS 1991, bes. 49–99.

20 Die sechs Stufen werden folgendermaßen charakterisiert: *Präkonventionelle Ebene* mit Stufe 1 (Orientierung an Strafe und Gehorsam) und Stufe 2 (Orientierung an instrumentellen Zwecken, do ut des); *konventionelle Ebene* mit den Stufen 3 (Orientierung an interpersonellen Erwartungen und Konformität) und 4 (Orientierung an der Erhaltung des sozialen Systems, an Gesetz und Ordnung); *postkonventionelle Ebene* mit den Stufen 5 (Orientierung am Sozialvertrag, an Begründungen, am gemeinschaftlichen Nutzen) sowie 6 (Orientierung an universellen ethischen Prinzipien, kategorischer Imperativ, Fähigkeit, einen überpersönlichen ethischen Gesichtspunkt einnehmen zu können).

Menschen die dritte, postkonventionelle Ebene und damit die fünfte oder sechste
moralische Entwicklungsstufe im Laufe ihres Lebens.

In seiner Auseinandersetzung mit den Kohlberg-Thesen distanziert sich auch
Jürgen Habermas von einer individualistischen Verengung der Persönlichkeitsentwicklung und unterstreicht den gesellschaftlichen Einfluss auf die Individua-
tion.[21] Menschen würden dadurch zu Individuen, indem sie in eine Sprachge-
meinschaft und damit in intersubjektiv geteilte Lebenswelten hineinwüchsen: so
entstünden gleichzeitig die Identität des Einzelnen als auch diejenige des Kollek-
tivs, damit verbunden zudem ein Netz von Abhängigkeiten und Versehrbarkeiten.[22] In dieser Befindlichkeit würden Gleichbehandlung und Solidarität zu elementaren Gesichtspunkten eines guten Miteinanderlebens: Darum müsse die
Sorge um den konkreten Anderen ergänzt werden um die Sorge für das Gemeinwohl, auf dem Weg der Solidarität.[23] Schließlich knüpft er an der Idee der gegenseitigen Verschränkung von Individuum und Gesellschaft an, wie sie dem amerikanischen Pragmatismus bei William James zugrunde liege, und formuliert auf
dieser Basis die plausible These: Im Rahmen einer intakten Sozialisation bilde
sich wohl bei jedem Menschen die moralische Intuition heraus, dass die eigene individuelle Entwicklung einerseits und die gemeinschaftliche Entwicklung andererseits auf engste Weise miteinander verschränkt und verbunden, also nicht los-
gelöst voneinander zu haben sind. Das entsprechende Zitat bei Jürgen Habermas
heißt im Wortlaut:

> Wer immer in einer halbwegs ungestörten Familie aufgewachsen ist, wer seine Identität in
> Verhältnissen wechselseitiger Anerkennung ausgebildet hat, wer sich in jenen Symmetrien
> von Erwartungen und Perspektiven behauptet, die in die Pragmatik der Sprechsituation
> und des verständigungsorientierten Handelns eingelassen sind, der muss eine Art von mo-
> ralischen Intuitionen erworben haben, welche in Sätzen wie denen von William James (‹The
> community stagnates without the impulse of the individual, the impulse dies away without
> the sympathy of the community›, d. V.) zur Sprache kommen. Die Maxime besagt eine
> wechselseitige Abhängigkeit von Sozialisation und Individualisierung, eine Verschränkung
> von persönlicher Autonomie und gesellschaftlicher Solidarität, die zum Hintergrundwis-
> sen aller kommunikativ handelnden Subjekte gehört; sie enthält nicht bloß eine mehr oder
> weniger subjektive Meinung über das, was dieser und jener für das gute Leben hält. Jener
> Satz spricht eine Intuition aus, die wir in ganz verschiedenen Kontexten erwerben, sofern
> wir nur in Verhältnissen aufwachsen, die nicht durch systematisch verzerrte Kommunikati-
> onen vollständig zerrissen sind.[24]

---

21 Vgl. HABERMAS 1991, 69–76.

22 Vgl. ebd. 69.

23 Vgl. ebd. 70.

24 Ebd. 78 (das hier von mir in Klammern ergänzte William James-Zitat erwähnt Jürgen Habermas auf Seite 77).

Solche Einsichten in die Autonomie-Entwicklung können auch im klinischen Alltag nicht ignoriert werden und erhalten im Rahmen einer Pandemie ein ganz besonderes Gewicht. Einerseits ist in jeder Begegnung zunächst von der vollen Moral- und Autonomiefähigkeit der Patienten und Patientinnen auszugehen;[25] andererseits bleibt es für die behandelnden Fachkräfte stets eine Aufgabe, im Patientengespräch die Entwicklung des Gegenübers, dessen Abhängigkeiten und Versehrbarkeiten mit zu bedenken und spezifisch darauf zu reagieren, um Verständigung bzw. Kommunikation überhaupt zu ermöglichen. Das setzt bei den Behandelnden eine gewisse Empathiefähigkeit sowie Selbstkenntnis voraus, also auch eine gewisse Klarheit über die eigene Persönlichkeits- und Moralentwicklung.

6.4 Der «Wounded Storyteller»

Wie bedeutend die Einsicht in das lebenslange Ringen um Identität und Autonomie im Krankheitsfall sein kann, belegt der «Wounded Storyteller»[26]. Der unter dem Titel «The Wounded Storyteller. Body, Illness and Ethics» (deutsch etwa «Der verwundete Geschichtenerzähler. Körper, Krankheit und Ethik») erschienene und inzwischen stark rezipierte narrative Ethikentwurf des kanadischen Soziologen Arthur W. Frank zeichnet sich u. a. durch drei Merkmale aus: Erstens durch Authentizität, denn die Ausführungen basieren auf der Erfahrung des Autors mit seiner eigenen schweren Krebserkrankung, wobei er in seinen Ausführungen nie um sich selbst kreist; zweitens durch soziologisch-ethische Expertise, die Ausführungen sind systematisch klar strukturiert, für den Autor war das Schreiben des Buches sowohl Arbeit an seiner Selbstheilung als auch Teil seiner akademischen Berufstätigkeit;[27] drittens durch eine poetische Sprache, insofern das Werk sprachlich wie auch philosophisch auf hohem Niveau verfasst ist und der Autor sich als ein begabter Erzähler erweist, der seine Leser- wie auch Zuhörerschaft in den Bann zu ziehen versteht.[28]

---

25 Vgl. EMANUEL/EMANUEL 1992. Das Autorenpaar ging bei dieser Forderung von der psychologisch plausiblen These aus, dass unter der genannten Bedingung ein Wechsel bis hin zu einem paternalistischen Modell stets noch möglich bleibe, was umgekehrt hingegen nicht zutreffe: Beginnt ein Gespräch in einem paternalistischen Ton, ist ein späterer Wechsel hin zu einem partnerschaftlichen Gespräch in der Regel versperrt.

26 FRANK ²2013; vgl. dazu bereits ZIMMERMANN-ACKLIN ²2010, 382–385.

27 Vgl. ebd. xi.

28 Zuhören konnte ich Arthur W. Frank am Palliative Care-Weltkongress 2014 in Lleida (Spanien): In seinem Vortrag «Finding Ways to Hope, Seeing Beauty» betonte er dort die Wichtigkeit, über Narrative das Komplexe, das Komplizierte, das Chaotische, das Verstörende etc. für die Behandelnden spürbar werden zu lassen; denn diese tendierten ihrerseits u. a. sprachlich dazu, Krankheitssituationen zu vereinfachen und überschaubar zu machen. Wie in seinem berühmten

Arthur W. Frank macht erzählerisch verständlich, was eine schwerwiegende Krankheitsdiagnose mit einem Menschen machen kann, der mitten im Leben steht und dessen Lebenspläne plötzlich und unvorbereitet durchkreuzt werden. Der betroffenen Person eröffne sich die Möglichkeit, sich über Körpererfahrungen, das Anknüpfen an bestehenden Narrativen sowie dem eigenen Erzählen und Schreiben durch vielfältige Krisen hindurch zu behaupten, neu auszurichten und schließlich neu zu orientieren. Der Autor gewährt Einblicke, schildert diese und ordnet sie systematisch, indem er Narrative – zentral wählt er die drei Grunderzählungen des Wiederherstellens, des Chaos und der Suche – aufgreift und anhand von Erlebnisberichten erläutert. Er reflektiert und deutet seine eigenen Erfahrungen und macht für die Lesenden auf diese Weise nachvollziehbar, wie er aus einer Existenzkrise herausgefunden hat und Menschen in vergleichbaren Situationen womöglich ebenfalls herausfinden könnten. Das Besondere dieses ethisch-narrativen Zugangs besteht darin, dass Arthur W. Frank die Patienten selbst, deren Erleben, Ringen und Suchen in den Mittelpunkt stellt und damit den ärztlichen[29] oder pflegerischen[30] Ethiken eine Patientenethik gegenüberstellt.[31]

Im Vor- und Nachwort der ansonsten unverändert erschienenen Zweitauflage von 2013 – das Original ist im Jahr 1995 erschienen – betont der Autor zudem die Bedeutung anderer Menschen für das Verstehen der eigenen Situation, unterstreicht die Wichtigkeit des Zur-Sprache-Bringens basaler Erfahrungen und die Bedeutung des offenen Gesprächs. Zwar erwägt er im Nachwort zusätzlich auch noch das «Life-as-normal»-Narrativ, beurteilt es jedoch skeptisch: in dieser neben den Narrativen des Wiederherstellens, des Chaos und der Suche vierten Grunderzählung geht es um die Idee, eine Krise oder Krankheit gegen außen zu verschweigen und zu verbergen, um auf diese Weise die letzten Lebensmonate im Sinne des normalen und gewöhnlichen Alltags («life as normal») erleben und genießen zu können, sich diese letzte Zeit also gleichsam nicht zerstören zu lassen.[32]

Für die Idee der relationalen Autonomie scheint mir hier von Bedeutung zu sein, dass der Autor in seinen Ausführungen das Gespräch mit Ärztinnen und Ärzten sowie den Pflegefachkräften unerwähnt lässt und dessen Bedeutung sogar eher skeptisch beurteilt. Seiner Einschätzung nach wäre es zu wünschen, dass die Grenze zwischen kranken Menschen einerseits und den Behandelnden ande-

---

Buch erläuterte der Autor seine Thesen wissenschaftlich, erzählte aber gleichzeitig dazu die Geschichte vom Sterben seiner Mutter: Authentizität, systematisch-analytisches Denken sowie Erzählen waren auch hier die Kennzeichen seines Beitrags.

29 Vgl. beispielsweise DÖRNER ²2003.

30 Vgl. beispielsweise MONTEVERDE ²2020; RABE ²2017.

31 Zu den Zentrierungstaktiken in der Bioethik vgl. CHAMBERS 2000.

32 Vgl. ebd. 193–197.

rerseits unkenntlicher oder weniger strikt würde: Es wäre besser, wenn auch die behandelnden Fachpersonen ihre persönlichen Leidenserfahrungen in den Arbeitsalltag mitbringen und im Gespräch mit den kranken Menschen ihre ‹Berufung in der Krankheit› entdecken würden. Durch das Brechen des Schweigens, das authentische Erzählen und das Herstellen von Gemeinschaft werde auf diese Weise ein «verwundeter Geschichtenerzähler» zu einem «verwundeten Heiler».[33] Naheliegend wäre dann der Gedanke, eine Ärztin, ein Arzt oder eine Pflegefachkraft würde durch das Einbringen eigener Leidens- und Krankheitsgeschichten gleichsam die eigene Vulnerabilität eingestehen und auf diese Weise zu einem «wounded healer».

Wichtig scheint mir außerdem – und damit widerspreche ich Arthur W. Franks Anliegen sicherlich nicht – Kurzschlüsse zu vermeiden, die darin bestehen könnten, die beiden Existenzweisen des Wissens um die eigene Verwundbarkeit einerseits und der akuten Situation der Verwundung und des damit unter Umständen verbundenen existenziellen Einbruchs andererseits nicht klar genug voneinander zu unterscheiden. Das ist jedoch darum von besonderer Bedeutung, als es mir für eine gelungene therapeutische Beziehung zwischen Behandelnden und Patienten wichtig erscheint, dass in einer typischen Therapeut-Patient-Beziehung stets mit einer Asymmetrie zu rechnen ist, die dazu führt, dass der eine Akteur helfend, unterstützend, planend, zuhörend und tröstend, der andere hingegen leidend, schwach und suchend ist, sich schließlich vertrauensvoll öffnet für die Hilfe des anderen. Auch wenn sich eine helfende Person in ihrer Tätigkeit an eigene existenzielle Einbrüche erinnern mag, bleibt es wichtig, dass sie in der Begleitung eines akut kranken Menschen zwischen der eigenen Geschichte und der Geschichte des anderen klar zu unterscheiden weiß, um Projektionen und Missverstehen zu verhindern. Für Arthur W. Frank mag im Vordergrund stehen, dass der suchende und verzweifelnde Mensch durch das Erzählen ähnlicher Erfahrungen in seinem Ringen nicht isoliert bleibt; die Dimension des gegenseitigen Verstehens und der Empathie im Sinne eines sich kognitiv und emotional in die Lage eines anderen Menschen versetzen Könnens, bleibt darüber hinaus aber auch zu bedenken und moralpsychologisch zu klären.[34]

---

33 Vgl. ebd. xvii. Der «verwundete Heiler» ist eine Anspielung auf das Erstzitat in der Erstauflage von 1995, in welchem der Autor auf NOUWEN 1990 verweist.

34 Vgl. ZIMMERMANN erscheint demnächst; sowie BIERHOFF/ROHMANN erscheint demnächst.

6.5 Konzepte der relationalen Autonomie

In der einschlägigen Ethikliteratur wird heute zwischen Liberalen und Relationalisten unterschieden: Die einen würden den Mainstream, die Standard-Bioethik der letzten Jahre vertreten und seien individualistisch, die anderen würden mit der Sozialität des Menschen, der Berücksichtigung der Eingebundenheit des Menschen in Beziehungen und soziale Kontexte rechnen und seien daher innovativ.

Letztlich aber muss jede Ethik davon ausgehen, dass Menschen soziale Wesen sind. Auch die Vorstellung von Autonomie ist überhaupt nur unter der Bedingung sinnvoll, dass mindestens zwei Menschen im Spiel sind: Robinson Crusoe, nach seinem Schiffbruch auf der einsamen Insel gestrandet, kann sozusagen erst ab dem Moment autonom bzw. nicht-autonom handeln, in welchem Freitag auftaucht. Mit Martin Buber ausgedrückt: «Der Mensch wird am Du zum Ich.»[35] Dazu kommt, wie es auch Jürgen Habermas hervorgehoben hat, dass Menschen stets nur im Rahmen der vorgegebenen Sprache, Kultur, Symbolik und sozialem Kontext ausdrücken können, wer sie sind oder sein wollen.

Alle entwicklungspsychologischen Konzepte arbeiten auf dieser Basis, die Soziologie, aber auch alle mir bekannten theologischen Anthropologien, die – wie auch der Bibelübersetzer und Philosoph Martin Buber – selbstverständlich davon ausgehen, dass Menschen Beziehungswesen sind, welche sich und ihre Existenz anderen und in der Sicht des christlichen Glaubens zudem dem ganz Anderen verdanken.

Wie erklärt sich dann aber die kleine Erfolgsgeschichte des Konzepts der relationalen Autonomie? Eine Antwort und eine Vermutung liegen auf der Hand, die Antwort lautet: Das Konzept weist auf Defizite hin, die sich während der letzten Jahre aufgrund massiver Einseitigkeiten ergeben haben. Die Bioethik inklusive der klinischen Ethik hat zusehends die Sozialität des Menschen, darüber hinaus auch die gesamtgesellschaftliche, sozialethisch und sozialpolitisch thematisierte Dimension vergessen oder zumindest stark vernachlässigt. Die Vermutung lautet: Über die Konstruktion einer relational verstandenen Autonomie wird dem Care-Prinzip wieder mehr Beachtung und Anerkennung entgegengebracht, ohne dass es so benannt würde. «Fürsorge» steht unter dem Dauerverdacht, paternalistisch und entmündigend zu sein,[36] «relationale Autonomie» klingt auf dem Hintergrund der Schweizer Mentalität – der sprichwörtlichen Freiheitsliebe – weitaus akzeptabler.

Anhand einer kleinen Typologie unterschiedlicher Konzepte der relationalen Autonomie haben Johann S. Ach und Bettina Schöne-Seifert gezeigt, dass die heute *de facto* vertretenen Verständnisse von relationaler Autonomie sehr unter-

---

35 BUBER 1995, 28 (zuerst 1923 erschienen).
36 Vgl. dazu Kap. I/3 im vorliegenden Band.

schiedlich weitreichende Konsequenzen nach sich ziehen und mit dem gemeinhin vertretenen Autonomieverständnis in der Medizinethik nur teilweise vereinbar sind.[37] Sie unterscheiden sechs Verständnisse, wobei nur die ersten beiden mit
der Standardethik kompatibel seien: Ein erster Typus, mit «Befähigungspflich-
ten?» überschrieben, bestehe in dem Aufruf, Patientinnen und Patienten zur Autonomie zu befähigen bzw. diese mit Entscheidungen nicht im Stich zu lassen;
dieses Verständnis liegt auch der eingangs erwähnten Geschichte von Frau F. zugrunde. Das zweite Verständnis («Soziale Kontrolle?») verlange zudem, dass soziale Zwänge bei wichtigen Entscheidungen möglichst auszuschließen seien; dieses
Modell wird im zweiten erwähnten Beispiel von P. relevant. Die weiteren vier Modelle, sie werden unter den Titeln «Selbstwert?», «Relationale Fähigkeiten?», «Sozialer Status?» sowie «Transzendenz der Individualität?» vorgestellt, verlangen alle
mehr oder weniger starke Voraussetzungen, die ein Patient bzw. eine Patientin erfüllen muss, damit die Patientenautonomie überhaupt berücksichtigt werden
kann: Das beginnt beim Selbstwertgefühl, geht über das Vorhandensein intakter
oder besonderer Beziehungen bis hin zur Infragestellung der Möglichkeit einer
klaren Grenzziehung zwischen individueller und familiärer Sichtweise. Auch
wenn hier die ein oder andere Forderung einleuchten mag, damit relationale Autonomie überhaupt realisiert und berücksichtigt werden kann, bin ich mit den
beiden Schreibenden der Meinung, dass solche Qualitäten nicht zu Eingangshür-
den zur Berücksichtigung der Selbstbestimmung im klinischen Alltag werden
dürfen. Andernfalls drohte die Rückkehr eines massiven ärztlichen Paternalismus. Dieser wäre alleine schon deshalb abzulehnen, weil es auch viele Ärztinnen
und Ärzte geben dürfte, die nicht alle geforderten Kriterien erfüllen.

6.6 «Autonomie ermöglichen» im klinischen Alltag

Was heißt im Fall der eingangs erzählten Geschichte von Frau F. relationale Autonomie genauerhin? – Offensichtlich versteht der Arzt[38] die Persönlichkeit seiner
Patientin umfassender als diese sich selbst, was ethisch durchaus auch unter die
Berücksichtigung des Fürsorge-Prinzips eingeordnet werden könnte: Er deutet
den Wunsch der sterbewilligen Frau F. im Rahmen ihrer ehelichen Beziehung
und gewichtet das von Frau F. nicht oder zu wenig in ihr eigenes Folgenkalkül
miteinbezogene Leiden des Ehemanns für den Fall, dass sie sich das Leben nehmen würde. Hätte Frau F. den nötigen Weitblick, nicht nur das eigene, sondern
auch das Leiden ihres Mannes miteinzubeziehen, käme sie gleichsam selbst zu
dem Schluss, auf ihren Suizidwunsch zu verzichten, so deute ich zumindest den
Vorgang. Ein Glücksfall – oder auch Ausdruck der ärztlichen Kunst und Mensch-

---

37 Vgl. ACH/SCHÖNE-SEIFERT 2013, 48–56.
38 Vgl. NEUENSCHWANDER 2015.

lichkeit des Arztes Hans Neuenschwander – ist es natürlich, dass sich der Arzt offenbar nicht getäuscht hatte und von der Patientin im Nachhinein, nachdem er im Gutachten moniert hatte, die Urteilsfähigkeit von Frau F. sei hinsichtlich der Entscheidung zum Suizid nicht stabil, Recht erhielt. Eine wichtige Eigenheit dieser Vorgehensweise besteht darin, dass der Arzt mit seinem Gutachten zunächst etwas verhindert hat, was Frau F. anschließend jederzeit hätte nachholen können, indem sie zu einem anderen Arzt ihres Vertrauens gegangen wäre, der ein anderes Gutachten zuhanden der Sterbehilfeorganisation erstellt hätte. Umgekehrt gilt dies hingegen nicht: Ist eine Selbsttötung erst vollzogen, gibt es kein Zurück mehr.

Der eingangs zitierte klinische Ethiker Gerald Neitzke bietet überdies einige praktische Hinweise, die bei der Achtung und Ermöglichung der Patientenautonomie auf der Mikroebene am Krankenbett weiterhelfen können. Grundlegend wichtig sei, dass sich die Idee, Autonomie zu ermöglichen, stets auf einen einzelnen Menschen beziehe: Jede klinische Entscheidungssituation bzw. jeder Patient/jede Patientin bringe neu die Herausforderung mit sich.[39]

Soll Autonomie ermöglich werden, sei zudem die Berücksichtigung von Kontextfaktoren eine wesentliche Bedingung: Wo ist ein Patient aufgewachsen, hat er Angehörige, Familie, sind Freunde erreichbar? Wesentlich sei zudem die Erörterung aller relevanter Informationen mit dem Betroffenen, die Besprechung der Therapieziele und bestehender Handlungsmöglichkeiten. Erfahrungsgemäß spiele dabei die Einschätzung von Risiko, Nutzen und Schaden eine wichtige Rolle. Ob Empfehlungen oder Tipps etwas bringen oder eher kontraproduktiv sind, hänge von der Persönlichkeit des Patienten und dessen familiärer Konstellation ab, lasse sich also nicht generell beantworten. Der Autor unterstreicht zudem die professionelle Autonomie bzw. Selbstbestimmung von Pflegefachkräften und Ärzteschaft, deren Betonung nicht selten weiterhelfen würde: Sie sei Schutz vor einer rein wunscherfüllenden Medizin und verhindere, dass Ärzte oder Ärztinnen zu bloßen Handlangern des Patientenwillens würden: Wichtig sei ein authentisches moralisches Gegenüber.

Grundsätzlich habe die Entscheidung der betroffenen Person Vorrang vor der Entscheidung anderer Involvierter. Sobald das in einer schwierigen Situation deutlich ausgesprochen und klargestellt wurde, ließen sich mögliche Interessenkonflikte besser besprechen; das gelte auch für eine mögliche – legitime oder übermäßige – Beeinflussung des Patientenwillens. Wann der Verzicht auf eigene Interessen und die Rücksichtnahme auf Dritte ein nicht mehr vertretbares Maß angenommen habe, müsse in jeder einzelnen Situation überprüft werden. Ist beispielsweise der Wunsch, den Angehörigen nicht zur Last fallen zu wollen, auto-

---

39 Vgl. hier und im Folgenden NEITZKE 2013, 450–455.

nom begründet? Gerade der verbreitete Wunsch, ein Mensch möchte seinen Liebsten nicht zur Last fallen, zeige, dass autonome Wünsche in der Regel in gesellschaftliche Werthaltungen und Ideale eingebettet seien.

Bleibt zu ergänzen, dass der Autonomieanspruch nicht erlischt oder entfällt, wenn ein Patient oder eine Patientin das Bewusstsein verliert: Orientierung ermöglicht dann der mutmaßliche Wille, der über eine Vertretungsperson, Patientenverfügung oder auch auf der Basis des Advance Care Planning erschlossen werden kann.

6.7 Fazit

Die angemessene Berücksichtigung der Patientenautonomie im klinischen Alltag ist für alle Beteiligten eine komplexe Herausforderung. Das gilt nicht nur für Grenzsituationen oder bei Zweifeln an der Urteilsfähigkeit eines Patienten oder einer Patientin, sondern offensichtlich auch in so genannten klinischen Alltagssituationen.

Im Begriffskonzept der relationalen Autonomie kondensieren gleichsam einige Vergesslich- und Nachlässigkeiten der letzten Jahre:
· *Vernachlässigt wurde das Care- oder Fürsorgeprinzip;*
· *vernachlässigt wurden Grundeinsichten der Entwicklungspsychologie;*
· *unterbelichtet blieb auch die Bedeutung grundlegender ärztlicher Haltungen wie Empathie, Mitleid (Compassion), Klugheit oder Gerechtigkeit;*
· *weitgehend ausgeblendet wurden die Bedeutung von Beziehungen und sozialem Kontext, in der Sprache Axel Honneths formuliert: die Dimension der sozialen Freiheit.*[40]

Letztlich zeigt sich auch hier wie so oft in medizinethischen Diskussionen: Das bewusste Ausklammern von Fragen nach dem guten oder gelungenen Leben funktioniert nicht, weil Ideale und Lebenskonzepte in sozialen Kontexten entstehen und sich in autonomen Entscheidungen widerspiegeln.[41] Das letzte Wort soll der klinische Ethiker Gerald Neitzke haben:

> Wesentlich ist, dass Autonomie kein leeres Wort oder eine wohlfeile Forderung bleibt, sondern in konkreten Beziehungen zwischen Patienten, deren Bezugspersonen und den Anbietern von Gesundheitsleistungen erarbeitet und realisiert wird.[42]

---

40 Vgl. HONNETH 2011, 232–624.

41 Vgl. ähnlich bei HABERMAS 1991, 63. Die Kritik der Care-Ethiken an einer abstrakten Gerechtigkeitsethik entspricht dem, was Hegel an Kant kritisiert hatte und was sowohl von L. Kohlberg aufgenommen wurde als auch in der Diskursethik berücksichtigt wird.

42 NEITZKE 2013, 454 f.

LITERATUR

ACH, JOHANN S./SCHÖNE-SEIFERT, BETTINA, «Relationale Autonomie». Eine kritische Analyse, in: WIESEMANN, CLAUDIA/SIMON, ALFRED (Hg.), Patientenautonomie. Theoretische Grundlagen – praktische Anwendungen, Münster 2013, 42–60.

ANDERSON, JOEL, Relationale Autonomie 2.0, in: WIESEMANN, CLAUDIA/SIMON, ALFRED (Hg.), Patientenautonomie. Theoretische Grundlagen – praktische Anwendungen, Münster 2013, 61–75.

BEAUCHAMP, TOM L./CHILDRESS, JAMES F., Principles of Biomedical Ethics, Oxford/New York [8]2019.

BIERHOFF, HANS-WERNER/ROHMANN, ELKE, Ich weiß, wie Du Dich fühlen musst: Die Psychologie der Empathie und des prosozialen Verhaltens, in: SAUTERMEISTER, JOCHEN/BOBBERT, MONIKA (Hg.), Handbuch Ethik und Psychologie, erscheint demnächst.

BUBER, MARTIN, Ich und Du, Stuttgart 1995 (zuerst 1923).

CHAMBERS, TOD, Centering Bioethics, in: Hastings Center Report 30 (2000), 22–29.

DONCHIN, ANNE, Understanding Autonomy Relationally: Toward a Reconfiguration of Bioethical Principles, in: Journal of Medicine and Philosophy 26 (2001), 365–386.

DÖRNER, KLAUS, Der gute Arzt. Lehrbuch der ärztlichen Grundhaltung, Stuttgart [2]2003.

EMANUEL, EZEKIEL J./EMANUEL, LINDA L., Four Models of the Physician-Patient Relationship, in: JAMA 267 (1992), 2221–2226.

ERIKSON, ERIK H., Identität und Lebenszyklus, Frankfurt a. M. 1973 (im englischen Original 1959 erschienen).

FRANK, ARTHUR W., The Wounded Storyteller. Body, Illness and Ethics, Chicago/London [2]2013.

GILLIGAN, CAROL, Die andere Stimme. Lebenskonflikte und Moral der Frau, München 1988.

HABERMAS, JÜRGEN, Moralbewusstsein und kommunikatives Handeln, Frankfurt a. M. 1983.

—, Erläuterungen zur Diskursethik, Frankfurt a. M. 1991.

HONNETH, AXEL, Das Recht der Freiheit. Grundriss einer demokratischen Sittlichkeit, Berlin 2011.

KOHLBERG, LAWRENCE, Die Psychologie der Moralentwicklung, Frankfurt a. M. 1996.

MATHWIG, FRANK/MEIREIS, TORSTEN/PORZ, ROUVEN/ZIMMERMANN, MARKUS (Hg.), Macht der Fürsorge? Moral und Macht im Kontext von Medizin und Pflege, Zürich 2015.

MONTEVERDE, SETTIMIO (Hg.), Handbuch Pflegeethik. Ethisch denken und handeln in den Praxisfeldern der Pflege, 2., erw. und überarb. Aufl., Stuttgart 2020.

NEITZKE, GERALD, Autonomie ermöglichen. Ein Konzept für die Ethikberatung im Gesundheitswesen, in: WIESEMANN, CLAUDIA/SIMON, ALFRED (Hg.), Patientenautonomie. Theoretische Grundlagen – praktische Anwendungen, Münster 2013, 445–455.

NEUENSCHWANDER, HANS, Gedanken eines Arztes zu Autonomie und Selbstbestimmung oder Vier Antworten auf vier Fragen, in: Palliative ch 2 (2015), 23–25.

—/CINA, CHRISTOPH (Hg.), Handbuch Palliativmedizin, 3., vollständig neu überarbeitete Aufl., Bern 2015.

NOUWEN, HENRY, The Wounded Healer, New York 1990.

RABE, MARIANNE, Ethik in der Pflegeausbildung. Beiträge zur Theorie und Didaktik, 2., überarb. und ergänzte Aufl., Bern 2017.

REHBOCK, THEDA, Autonomie – Fürsorge – Paternalismus. Zur Kritik (medizin-)ethischer Grundbegriffe, in: Ethik in der Medizin 14 (2002), 131–150.

RÖSSLER, BEATE, Autonomie. Ein Versuch über das gelungene Leben, Berlin 2017.

SCHWEIZERISCHE AKADEMIE DER MEDIZINISCHEN WISSENSCHAFTEN (Hg.), Autonomie und Beziehung. Selbstbestimmung braucht das Gegenüber, Bericht zur Tagung vom 07.07.2016 des Veranstaltungszyklus «Autonomie in der Medizin», Basel 2016.

WIESEMANN, CLAUDIA, *Ethik in der Kinderheilkunde und Jugendmedizin*, in: MARCKMANN, GEORG (Hg.). *Praxisbuch Ethik in der Medizin*, Berlin 2015, 313–325.

ZELLWEGER, CAROLINE/BRAUER, SUSANNE/GETH, CHRISTOPHER/BILLER-ANDORNO, NIKOLA, *Patientenverfügungen als Ausdruck individualistischer Selbstbestimmung? Die Rolle der Angehörigen in Patientenverfügungsformularen*, in: Ethik in der Medizin 20 (2008), 201–212.

ZENTNER, ANNA/PORZ, ROUVEN/ACKERMANN, SIBYLLE/JOX, RALF J., *Klinische Ethik in der Schweiz: Stagnierend vor der Pandemie?*, in: Schweizerische Ärztezeitung 103 (2022), 54–58.

ZIMMERMANN-ACKLIN, MARKUS, *Bioethik in theologischer Perspektive. Grundlagen, Methoden, Bereiche*, Freiburg i. Br./Freiburg i. Ue. ²2010.

ZIMMERMANN, MARKUS, *Ethik der Beziehung, Fürsorge und Empathie in der Perspektive der Care-Ethiken*, in: SAUTERMEISTER, JOCHEN/BOBBERT, MONIKA (Hg.), *Handbuch Ethik und Psychologie*, erscheint demnächst.

7 WANN IST EIN MENSCH EIN MENSCH?
GRENZZIEHUNGEN AM LEBENSANFANG UND -ENDE

Definition
Ein Hund
der stirbt
und der weiß
dass er stirbt
wie ein Hund

und der sagen kann
dass er weiß
dass er stirbt
wie ein Hund
ist ein Mensch
Erich Fried[1]

Im Norden der Schweiz wird die Grenze zu Deutschland teilweise durch den Rhein markiert. Damit ist klar, wo die Zuständigkeiten der Eidgenossenschaft enden und diejenigen Deutschlands beginnen: Beispielsweise auf der Laufenbrücke in dem Grenzstädtchen Laufenburg, in deren Mitte ich mich alljährlich mit einem Freund aus Deutschland getroffen habe; wir brachten uns jeweils auf den neusten Stand der Dinge, die sich dies- und jenseits der Grenze ereignet hatten. Grenzen zu ziehen oder festzulegen setzt voraus, das Dies- und Jenseits derselben zu kennen: In meinem Beispiel liegt auf der einen Seite das schweizerische, auf der anderen das badische Laufenburg, dazwischen der Rhein, in dessen Mitte die Landesgrenze verläuft.

Die Grenzen, über die ich auf Einladung des Ökumenischen Forums für Ethik und Gesellschaft Muttenz sprechen und damit das Jahresprogramm 2022 zum Thema «Wann ist der Mensch ein Mensch» eröffnen sollte, betreffen keine geographischen, sondern menschliche, und damit Fragen der philosophischen und theologischen Anthropologie. Im Jahresprogramm wurden einerseits Überlegungen zu konkreten Entscheidungen am Lebensanfang und -ende, andererseits zu allgemeinen Bedingungen der «condition humaine» angekündigt:

> Wenn es um den Lebensanfang und das Lebensende eines Menschen geht, sind wir oft mit schwierigen Entscheidungen konfrontiert. Am Anfang und am Ende eines Lebens stellen sich Fragen, die emotional aufgeladen sind, ethisch, medizinisch oder theologisch aus sehr verschiedenen Blickwinkeln betrachtet werden können. Wir möchten uns der komplexen Materie mit grösstmöglicher Offenheit annähern. Die Veranstaltungsreihe beschäftigt sich deshalb mit Fragen, wie z. B.: Was macht einen Menschen aus? Worin liegt sein oder ihr Menschsein begründet? Von welchem Zeitpunkt an und wie lange ist ein Mensch ein

---

1 FRIED 1985, 97.

Mensch? Die Thematik rund um das Menschsein soll aus medizinischer, theologischer,
ethischer, philosophischer und psychologischer Sicht beleuchtet werden.[2]

Diese Vorgaben weckten weitaus mehr Erwartungen, als im Rahmen bereichs-
ethischer Überlegungen normalerweise eingelöst werden. Den Verantwortlichen
des Forums ging es um die Einbettung der gängigen bereichsethischen Debatten
– beispielsweise um die Präimplantationsdiagnostik oder die Suizidhilfe – in einen weiteren anthropologischen, medizinischen, psychologischen und theologischen Horizont.

Die von mir gewählte Metapher der Grenze sollte dabei zur Klärung einiger
Unterscheidungen bzw. thematischer Perspektiven beitragen. Geht es um schwierige Entscheidungen am Lebensanfang und -ende, wie sie in der Medizinethik diskutiert werden, wirken sich dabei zugrunde gelegte Grenzbestimmungen entscheidend auf die moralische Einschätzung gewisser Handlungen aus. Allerdings
sind diese Grenzbestimmungen zum einen alles andere als einfach und zum andern mehrdeutig: Sollen Grenzen des menschlichen Lebens erkundet werden,
fehlt das empirische Wissen um das Jenseits der Grenzen, weil es schlicht unmöglich ist, vor und hinter diese existenziell vorgegebenen Grenzen zu schauen.

In den Bereichsethiken geht es um den Versuch, die Verhältnisse an den Rändern des Lebens pragmatisch und unter Zuhilfenahme von Hilfskonstruktionen
aller Art einzugrenzen und etwas zu bestimmen, was sich dem menschlichen Zugriff eigentlich entzieht.[3] Mit Akten der Lebensverfügung wie bei der Embryonenselektion oder der ärztlichen Lebensbeendigung auf Verlangen werden vielmehr existenzielle und unausweichliche Grenzerfahrungen aufgeworfen. Der
Begriff «Grenzerfahrung» wurde von Karl Jaspers geprägt und von der kürzlich
verstorbenen Philosophin Theda Rehbock als ein wichtiger Orientierungspunkt
für die Medizinethik entdeckt. Sie kommentiert den Begriff, indem sie analog
zum zitierten Jahresprogramm einerseits Aspekte konkreter Entscheidungen
mit andererseits der «condition humaine» – der menschlichen Grundsituation –
in Verbindung bringt:

> Grenzsituationen des Sterbens, Leidens, Kämpfens, Schuldigwerdens werden als Ausnah-
> mesituationen erfahren, prägen aufgrund ihrer Unausweichlichkeit aber zugleich die
> menschliche Grundsituation, indem sich in ihnen die konstitutiven und unveränderlichen
> Bedingungen und Grenzen menschlicher Existenz manifestieren.[4]

---

2 Jahresprogramm 2022 des Ökumenischen Forums für Ethik und Gesellschaft Muttenz, vgl.
www.kirchenforum.ch (12.07.2023).

3 Vgl. MATHWIG 2021, 250.

4 REHBOCK 2005, 20 (auch zitiert bei MATHWIG 2010, 14).

Im Begriff der «Grenzerfahrung» werden einerseits Phänomene angesprochen, die sich mit den oben angedeuteten Ländergrenzen vergleichen lassen: Grenzen, die uns Menschen unterscheidbar machen von anderen Wesen aufgrund bestimmter konstitutiver und unveränderlicher Eigenschaften, die unabdingbar zu unserem Menschsein dazugehören, das menschliche Leben begründen und konturieren.

Andererseits weisen diese Grenzerfahrungen aber auch auf existenzielle Grenzen des menschlichen Lebens hin, deren Verläufe sich nicht exakt bestimmen lassen, die vielmehr metaphysische oder religiöse Fragen aufwerfen: Kein Mensch weiß um seine Existenz vor seiner Zeugung, kein Mensch kann erzählen, wie das Sterben sich angefühlt hat und was – wenn überhaupt etwas – sich für ihn oder aus seiner Sicht im Tod ereignet. Auch Leid- und Schulderfahrungen lassen sich nur beschränkt vermitteln, so dass sie in ihrer existenziellen Bedeutung verstehbar werden für andere.

Beispiel für eine solche Grenzerfahrung ist die Geburt: Leben und Tod sowohl der Mutter als auch des Kindes stehen auf dem Spiel, der Akt der Geburt ist in erster Linie ein leiblicher Kampf, der aber existenzielle bzw. schicksalhafte Züge trägt und sowohl die Unverfügbarkeit als auch den Geschenkcharakter des Lebens greif- und erlebbar macht. Das Grunddatum der Natalität des Menschen wird von Hannah Arendt zudem in ihrem Buch «The Human Condition» (in deutscher Übersetzung unter dem Titel «Vita activa oder vom tätigen Leben» erschienen) als der Beginn einer Freiheitsgeschichte beschrieben, als ein Wunder, das den Gang der Dinge immer wieder unterbreche und die ontologische Voraussetzung dafür sei, dass es so etwas wie Handeln überhaupt geben könne, dass Vertrauen und Hoffnung überhaupt sinnvoll möglich seien.[5]

Der Begriff der «condition humaine» steht also für beide Dimensionen: einerseits für die beschreibbaren Konturen des Menschlichen, für das, was Menschen von anderen Lebewesen und Dingen, beispielsweise humanoiden Robotern oder auch Tieren, unterscheidet; andererseits steht er für Daseinsbedingungen, die angesichts von Zeugung, Geburt, Krankheit, Schuld und Tod existenzielle, metaphysisch oder religiös zu beantwortende Fragen aufwerfen. Um beide Dimensionen und deren Verhältnis zueinander geht es im Folgenden.

---

5 Vgl. ARENDT 1998, 316 f.; vgl. auch die monumentale Studie von SCHÜES 2016.

7.1 Wann ist ein Mensch ein Mensch? – Zur condition humaine

Menschen sind gezeugt, geboren, verletzlich, vernunftbegabt, Beziehungswesen, endlich und sterblich: Geschlechtlichkeit, Natalität, Vulnerabilität, Rationalität, Relationalität, Endlichkeit und Sterblichkeit sind unverkennbare und beständige Kennzeichen bzw. Konturen unserer «condition humaine».[6]

Frage ich einen anderen, oder den von mir eingangs erwähnten Freund, wer er oder sie sei, was er im vergangenen Jahr erlebt hat, werden sie nicht mit Zahlen, Fakten oder Statistiken antworten, sondern mit Geschichten. Menschen sind zwar individuelle Personen bzw. freie Individuen, aber sie sind es stets im Modus des Verbundenseins mit anderen. Der Mensch ist nicht nur ein *animal rationale*, sondern auch ein *animal relationale* bzw. ein *zoon politikon*, ein Beziehungswesen, das stets in Geschichten verstrickt ist. Antwortet eine Person auf meine Fragen, erzählt sie darum Geschichten. Der Philosoph Wilhelm Schapp hat uns Menschen als unaufhebbar in Geschichten verstrickt geschildert:

> Wir Menschen sind immer in Geschichten verstrickt. Zu jeder Geschichte gehört ein darin Verstrickter. Geschichte und In-Geschichte-Verstrickt-sein gehören so eng zusammen, dass man beides vielleicht nicht einmal in Gedanken voneinander trennen kann.[7]

Diese hermeneutische Diagnose dürfte selbst für die wissenschaftliche Geschichtsschreibung zutreffen, letztlich aber für alle human-, sozial- und kulturwissenschaftlichen Denkversuche, möglicherweise sogar für die Natur- und technischen Wissenschaften.

Auch in der Bibel nehmen Geschichten eine zentrale Rolle ein, wenn es darum geht, verständlich zu machen, wer Gott ist, wer wir Menschen sind oder was Gott mit seiner Schöpfung vorhat. Eine Schlüsselnarration ist die Samaritergeschichte aus dem Lukasevangelium (Lk 10,25–37), die allein darum schon fasziniert, weil sie auf die vielleicht entscheidendste Frage im Leben – die nach der Liebe – mit einer Geschichte antwortet, die ohne jede theologische Anspielung auskommt und daher universal verständlich ist. Der entscheidende Hinweis auf die «condition humaine» besteht in dieser Geschichte darin, verständlich zu machen, dass Menschen erlösungsbedürftig, dass sie existenziell auf andere und letztlich den ganz Anderen angewiesen sind. Von hier aus ließe sich eine theologische Anthropologie in christlicher Perspektive entwerfen, als deren roter Faden die Selbst-, Nächsten- und Gottesliebe dienen würde.[8]

---

6 Für eine differenziertere Darstellung und Erörterung des grundlegend Menschlichen vgl. beispielsweise BOHLKEN/THIES 2009.

7 SCHAPP 1985, 1 (zit. nach REHBOCK 2005, 42).

8 Vgl. beispielsweise die theologische Phänomenologie der Liebe bei SCHOCKENHOFF ²2014, 285–408.

Das «Wann» im Titel dieses Beitrags ist maßgeblich zeitlich gemeint: Gefragt wird nach dem Anfang und Ende des menschlichen Lebens im Sinne einer zeitlichen, chronologisch fixen Angabe. Tatsächlich lässt sich die Frage, so der Berner Philosoph und Theologe Frank Mathwig, aber auf zweierlei Weise verstehen: Es kann sein, dass nach dem Anfang bzw. dem Ende gefragt wird, es ist aber auch denkbar, dass hier nach dem Ursprung bzw., analog dazu, dem Eschaton, also den letzten Dingen und der endzeitlichen Hoffnung, gefragt wird. [9] Die oben zitierte Ausschreibung des Jahresthemas lässt das offen. Anfang und Ursprung stehen, so Frank Mathwig, für zwei unterschiedliche menschliche Beziehungen zur Welt. Während die Fragen nach Anfang und Ende auf das Urteilen, Entscheiden und pragmatisch auf das Handeln ausgerichtet sind, sind die Fragen nach dem Ursprung des Lebens und nach dem Eschaton metaphysischer oder religiöser Art.

Dasselbe Phänomen lässt sich auch anhand dreier Zitate aus der Bibel erläutern: «Im Anfang (hebräisch: *bereshit*, griechisch: *en archè*, lateinisch: *in principio*) schuf Gott Himmel und Erde» (Gen 1,1) sowie: «Im Anfang (griechisch: *en archè*, lateinisch: *in principio*) war das Wort» (Joh 1,1). Diese beiden Aussagen über das Schöpfungswerk Gottes aus dem Buch Genesis und die Existenz des göttlichen Logos aus dem Johannesevangelium beziehen sich beide auf eine Ursprungssituation, biblisch ausgedrückt auf das Paradies. Gemeint sind damit Menschen, die gesamte Schöpfung bzw. das Sein im Ur- oder Originalzustand, nicht-entfremdet, nicht-entstellt, was in Anspielung auf das lateinische «in principio» auch als «prinzipiell» oder «grundsätzlich» bezeichnet werden könnte. Es wird ein Zustand beschrieben, in dem die Schöpfung so ist, wie sie wäre, wenn alles gut wäre, theologisch formuliert: sich in einem prälapsarischen Zustand befände. Die Aussagen aus dem ersten Buch Mose und dem Johannesprolog würden also missverstanden, wenn sie im Sinne einer chronologischen Zeitangabe gelesen würden. Zwar gibt es in beiden Fällen auch ein zeitliches Vor- und Nachher, die Schöpfung prä- und postlapsarisch bzw. das Sein vor und nach der Inkarnation Gottes, aber auch angesichts dessen bleibt der Aussagegehalt der beiden Sätze prinzipiell bzw. existenziell: So sind Menschen, wenn sie befreit sind von ihrer Verstricktheit in Selbstverfehlung und Schuld.

Heißt es dagegen: «Am Anfang (am ersten Tag) der Woche (am Tag nach dem Sabbat) gingen die Frauen zum Grab» (Lk 24,1), wird damit eine zeitliche Angabe getroffen, die sich auf den Grabbesuch der Frauen am ersten Wochentag bezieht. Bezüglich der Präzisierung dieser zeitlichen Angabe «Am Anfang» könnten wir orthodoxe Juden fragen, wann der Sabbat chronologisch zu Ende geht und der Sonntag beginnt, denn ab diesem Zeitpunkt gelten gemäß jüdischem Glauben die Sabbat-Ruhegebote nicht mehr. Die Frage nach dem Zeitpunkt ist offensicht-

---

9 Vgl. MATHWIG 2021, 250.

lich eine andere Frage als diejenige nach dem Ursprung, wobei sich letztere –
wenn überhaupt – nur metaphysisch oder schöpfungstheologisch beantworten
lässt.[10] In dem oben zitierten Jahresprogramm wird offensichtlich mit der Überblendung dieser zwei Zugewandtheiten zur Welt gespielt, weil beide Leseweisen
von Interesse sind: sowohl Antworten auf die Frage nach dem Anfang als auch
diejenigen nach dem Ursprung des menschlichen Lebens.

Ein Beispiel für eine Verbindung oder einen Kurzschluss beider Sichtweisen
liefert der Dalai Lama in seinen Harvard-Vorlesungen zur Einführung in den Buddhismus: Auf die Frage, wann das menschliche Leben beginne und wie wir uns
die Wiedergeburt eines Menschen aus einem geistigen Zwischenzustand in eine
neue menschliche Existenz hinein vorstellen könnten, antwortet er:[11] Gehe es um
eine Geburt aus dem Mutterleib, also eine Wiedergeburt eines Menschen als
Mensch (und nicht um eine andere Form von Wiedergeburt, beispielsweise als
Tier aus einem Ei), sehe der (zuvor verstorbene) Mensch seinem zukünftigen Vater und seiner zukünftigen Mutter beim Geschlechtsakt zu, und mit diesem Akt
beginne der (Wieder-)Geburtszustand; wer als männliches Wesen wiedergeboren werde, so der Dalai Lama, fühle sich von der Mutter angezogen und begehre
sie; wer als weibliches Wesen wiedergeboren werde, fühle sich vom Vater angezogen und begehre ihn. Schließlich verbindet der Dalai Lama die religiöse Antwort
auf den Ursprung und die zeitliche Antwort auf den Beginn des neuen Lebens in
folgender Aussage: «Die Beendigung des Zwischenzustands und die Empfängnis
im Mutterleib geschehen gleichzeitig.»[12] Die Schilderung in dieser unmittelbaren
Kombination zieht offensichtlich Konsequenzen für die moralische Einschätzung von Präimplantationsdiagnostik, Leihmutterschaft, In-vitro-Fertilisation,
Embryonenforschung, den Schwangerschaftsabbruch etc. nach sich.[13]

Tatsächlich, so schreibt Frank Mathwig, werde auch die praktische Ethik die
Neugierde nach dem Ursprung nicht los,[14] auch wenn sie bei ihrem Leisten bleiben und sich pragmatisch mit zeitlichen Anfängen und Enden beschäftigen sollte.

---

10 Vgl. beispielsweise KEHL 2006.

11 Vgl. DALAI LAMA 2015, 61.

12 Ebd.

13 Zu bioethischen Fragen am Lebensanfang und -ende in buddhistischen Traditionen vgl.
KEOWN 1995; SCHLIETER 2006.

14 Vgl. MATHWIG 2021, 250.

7.2 *Lebensbeginn – zum moralischen Status menschlicher Embryonen*

Sind Erfahrungen existenziell und führen sie an die Ränder des Lebens, sind die damit verbundenen Entscheidungen selten «eindeutig richtig» oder «eindeutig falsch»[15]. Dass dies so ist, hat nichts damit zu tun, dass eine verantwortliche Person nicht Bescheid wüsste, sich nicht kundig gemacht oder zu wenig lange nachgedacht hätte. Zwar dehnt sich die menschliche Verfügungsmacht, der menschliche Zugriff auf das Leben technikgetrieben immer weiter aus und ist namentlich am Lebensanfang und -ende immer mehr machbar. Die existenziell vorgegebenen Grenzen bleiben jedoch bestehen, sind Teil unserer «condition humaine»;[16] es sind diese Grenzerfahrungen bzw. das dazugehörende diffuse Wissen oder Unwissen über die entsprechenden Grenzverläufe, die dazu führen, dass auch moralisch hoch relevante Entscheidungen unsicher, diffus, ambivalent oder zumindest uneindeutig werden. Was das genauer bedeutet und mit sich bringen kann, soll zunächst anhand des Lebensbeginns kommentiert werden.

Auf die Frage, wann genau das menschliche Leben beginne, antwortet ein jüdischer Witz: «Das Leben beginnt, wenn die Kinder aus dem Haus sind und der Hund tot ist.» Diese oft zitierte Anekdote macht nicht nur auf ironische Weise darauf aufmerksam, dass eine eindeutige Antwort auf die Frage nach dem Lebensbeginn unmöglich ist;[17] sie hält uns gleichzeitig einen Spiegel vor und zeigt, dass wir häufig im Leben implizit davon ausgehen, das eigentliche, glückliche oder gelungene Leben liege je in der Zukunft, ohne zu bemerken, dass uns währenddessen die Lebenszeit wie feiner Sand durch die Finger verrinnt.[18] Die Frage nach dem Lebensbeginn lässt sich offenbar nicht (einfach) beantworten, und wenn trotzdem Versuche unternommen werden, stehen Antworten in einem Bezug zu Vorstellungen von einem geglückten Leben und bleiben schon deshalb entsprechend plural bzw. divers.

Zur näheren Charakterisierung der bereichsethischen Fragen am Lebensbeginn mag eine kurze Betrachtung der seit Jahrhunderten umstrittenen Frage nach dem moralischen Status menschlicher Embryonen und Föten dienen.[19] Je nach-

---

15 Vgl. MATHWIG 2010, 14. Vgl. REHBOCK 2005, 43 f.

16 Diesen Aspekt hatte Karl Rahner bereits in den 1960er-Jahren in seinen Vorträgen zur ‹Genmanipulation› hervorgehoben, vgl. RAHNER 1966.

17 Vgl. die als online-Podcasts zugänglichen Vorträge zum Thema ‹Lebensbeginn›, die auf Einladung der Nationalen Ethikkommission für den Humanbereich (NEK) von 2016 bis 2019 entstanden sind; geboten werden Vorträge von Vardit Ravitsky, Thomas M. Berger, Judith Pok-Lundquist, Barbara Duden, Bernhard Rütsche, Dieter Birnbacher sowie Frank Mathwig, vgl. https://www.nek-cne.admin.ch/de/multimedia/vortragsreihe-lebensbeginn (12.07.2023).

18 Vgl. BOZZARO 2014.

19 Vgl. KONGREGATION FÜR DIE GLAUBENSLEHRE 2008; KARNEIN 2013; SCHEULE 2015, RÜTHER 2015; ROTHHAAR U. A. 2018.

dem, wie hier eine Antwort ausfällt, sind damit weitreichende moralische sowie rechtliche Folgen für den Umgang mit Embryonen und Föten verbunden; daher sind Antworten zum chronologischen Beginn des menschlichen Lebens alles andere als harmlos. *De facto* und beispielsweise mit Blick auf die gegenwärtigen US-amerikanischen Auseinandersetzungen um eine angemessene rechtliche Regelung des Schwangerschaftsabbruchs handelt es sich um eine abgründige Frage, die – ernsthaft verstanden – auf die Angabe ontologischer sowie metaphysischer Grenzziehungen, also auf Erkenntnisse betreffend der ontologischen Beschaffenheit von Embryonen und des Ursprungs des personalen menschlichen Lebens zielt. Gleichzeitig muss sie pragmatisch beantwortet werden, um eine gesellschaftliche Basis für die moralische und insbesondere rechtliche Ordnung im Umgang mit Embryonen und Föten zu schaffen.

Im Judentum – analog auch im Schweizerischen Zivilgesetzbuch gemäß Artikel 31[20] – wird traditioneller Weise davon ausgegangen, dass das personale menschliche Leben mit der Geburt beginnt: vor der Geburt wird der Embryo bzw. der Fötus als Teil der Mutter verstanden, so dass analog zur rechtlichen Regelung in der Schweiz davon ausgegangen wird, dass Embryonen und Föten keine Grundrechte haben, die verletzt werden könnten.[21] Entsprechend wird heute sowohl in der rechtlichen Regelung des säkularen Israels als auch im orthodoxen Judentum ein liberaler Umgang mit menschlichen Embryonen vertreten: Während die Präimplantationsdiagnostik beispielsweise in der Schweiz erst vor wenigen Jahren und nur unter strikten Bedingungen rechtlich erlaubt wurde, wird dieses Verfahren in Israel seit vielen Jahren praktiziert, ist dort liberal geregelt und etabliert. Ähnliches gilt für die Embryonenforschung.[22]

Wie wird nun der moralische Status menschlicher Embryonen in der Medizinethik genauer bestimmt? Wann, wenn nicht mit der Geburt, beginnt das personale Leben und damit der Lebensschutz? Das Lehramt der katholischen Kirche[23]

---

20 Art. 31 ZGB (Schweiz) lautet: «(1) Die Persönlichkeit beginnt mit dem Leben nach der vollendeten Geburt und endet mit dem Tode. (2) Vor der Geburt ist das Kind unter dem Vorbehalt rechtsfähig, dass es lebendig geboren wird.» Zu den Rechten Ungeborener aus verfassungsrechtlicher Sicht vgl. RÜTSCHE 2009.

21 Eine gute Übersicht inklusive einschlägiger Literaturhinweise zur jüdischen Tradition im Umgang mit dem Schwangerschaftsabbruch bieten VON LOCHNER 2008, 159–174, sowie NORDMANN 2006; zur schweizerischen Regelung im Zusammenhang mit dem Schwangerschaftsabbruch vgl. BÜCHLER 2017.

22 Vgl. LAVI 2010; RAZ ET AL. 2022.

23 Das katholische Lehramt ist die Stimme der hierarchisch verfassten Kirche und ihrer Leitung, daneben besteht ein davon relativ unabhängiger Diskurs in der wissenschaftlichen Moraltheologie, in deutscher Sprache vgl. dazu beispielsweise die differenzierten Ausführungen bei ERNST 2020, 234–388.

weist in diesem Zusammenhang auf die Verschmelzung von Ei- und Samenzell-kernen hin. Eine einschlägige Formulierung der Kongregation für die Glaubens-lehre lautet:

> Die Frucht der menschlichen Zeugung erfordert ab dem ersten Augenblick ihrer Existenz, also von der Bildung der Zygote an, jene unbedingte Achtung, die man dem Menschen in seiner leiblichen und geistigen Ganzheit sittlich schuldet. Der Mensch muss von seiner Empfängnis an als Person geachtet und behandelt werden und infolgedessen muss man ihm von diesem Augenblick an die Rechte der Person zuerkennen und darunter vor allem das unverletzliche Recht jedes unschuldigen Menschen auf Leben.[24]

Beim genauen Lesen fällt auf, dass nicht festgelegt wird, ob Embryonen vom Zeit-punkt der Befruchtung an tatsächlich der Personenstatus zukommt oder nicht; das ist so beabsichtigt, da sich diese Frage gemäß Glaubenskongregation nicht auf der Basis naturwissenschaftlicher Beobachtungen oder philosophischer Überle-gungen beantworten lässt. Das katholische Lehramt beschränkt sich jedoch – im Unterschied beispielsweise zum Dalai Lama – auf diese öffentlich nachvollzieh-baren Erkenntnisquellen, um die eigene, naturrechtlich und nicht religiös be-gründete Position auch von nationalstaatlichen Rechtsordnungen einfordern zu können. Gemäß katholischer Lehre ist der Mensch *vermutlich* oder *aller Wahrschein-lichkeit nach* Person vom Zeitpunkt der Befruchtung an, also bereits als Embryo im Einzelstadium. «Vermutlich» deshalb, weil diese Aussage weder naturwissen-schaftlich noch naturrechtlich direkt zu begründen ist. Allerdings ließen sich, so das katholische Lehramt, auch das Gegenteil oder andere Zeitpunkte während der Embryonalentwicklung nicht als entscheidende Einschnitte belegen, darum sollten wir zur Sicherheit (tutioristische Position genannt, von lateinisch «tutior», deutsch: «sicherer») davon ausgehen, dass mit dem entscheidenden Zeitpunkt der Personwerdung ganz am Anfang zu rechnen sei. In der lehramtlichen Sprache wird das folgendermaßen formuliert:

> Wenn die Instruktion Donum vitae nicht definiert hat, dass der Embryo Person ist, um sich nicht ausdrücklich auf Aussagen philosophischer Natur festzulegen, so hat sie dennoch be-tont, dass es ein inneres Band zwischen der ontologischen Dimension und dem spezifi-schen Wert jedes Menschen gibt. Auch wenn das Vorhandensein einer Geistseele von keiner experimentellen Beobachtung ausgemacht werden kann, liefern die Schlussfolgerungen der Wissenschaft über den menschlichen Embryo doch einen wertvollen Hinweis, um mit der Vernunft das Vorhandensein einer Person von diesem ersten Erscheinen eines mensch-lichen Lebens an wahrzunehmen: Sollte ein menschliches Individuum etwa nicht eine menschliche Person sein? Während seines ganzen Lebens, vor und nach seiner Geburt, kann nämlich in der Beschaffenheit des Menschen weder eine Änderung des Wesens noch eine Gradualität des moralischen Wertes behauptet werden: Er ist ganz Mensch und ganz

---

24 Kongregation für die Glaubenslehre 2008, 4 (es handelt sich um ein Zitat aus der Instruktion *Donum vitae* derselben Kongregation aus dem Jahr 1988, womit die Kontinuität der Lehre betont wird).

als solcher zu achten. Der menschliche Embryo hat also von Anfang an die Würde, die der Person eigen ist.[25]

Argumentativ verwiesen wird zur Begründung der tutioristischen These in der Regel auf vier Aspekte, abgekürzt auch SKIP-Argumente genannt: (1) Die Zugehörigkeit des Embryos zur *Spezies* Homo sapiens, (2) die *Kontinuität* der Embryonalentwicklung bis zur Geburt ohne erkennbare Einschnitte, (3) die genetische *Identität* des Embryos mit dem erwachsenen Menschen sowie (4) die *Potentialität* des Embryos, in dem bereits von Beginn an alle Anlagen zum vollen Mensch- und Personsein angelegt seien.

Alle vier Argumente sind ethisch umstritten, beispielsweise indem behauptet wird – bereits von Aristoteles, in Anlehnung an dessen Beobachtungen, später auch von Thomas von Aquin und der katholischen Kirche während vieler Jahrhunderte –, während der Embryonalentwicklung ließen sich doch wesentliche Einschnitte erkennen, traditionell die sukzessive Bildung eines zuerst vegetativen, dann animalen und schließlich zuletzt eines rationalen Seelenanteils; heute wird in diesem Zusammenhang beispielsweise auf die Nidation, die Bildung des Primitivstreifens, die Entstehung des Gehirns oder die Überlebensfähigkeit bei Frühgeburt hingewiesen. In diesem Sinne wird häufig ein zeitlich abgestufter Schutz von Embryonen und Föten vertreten, wie er auch der Regelung des Schwangerschaftsabbruchs im Schweizer Strafgesetzbuch (StGB) zugrunde liegt: je weiter die Entwicklung, desto stärker sollten Schutzmaßnahmen greifen.[26]

Auch wenn rechtliche Regelungen am Lebensbeginn wie beispielsweise in Israel, England oder Singapur – oder auch in den USA, insoweit es dort um private Forschung geht, die nicht über Steuergelder finanziert wird – liberal ausgestaltet sind, bleiben gleichwohl immer wieder Beschränkungen zu diskutieren. Momentan wird beispielsweise im Bereich der Stammzellforschung gefordert, die weltweit eingehaltene Beschränkung der Embryonenforschung bis zum 14. Tag der Embryonalentwicklung zu erweitern.[27] Warum dieses Anliegen aufgeworfen wird, hat – wie so oft in diesem Bereich – pragmatische bzw. technikgetriebene Gründe: Erstmals ist es gelungen, synthetische menschliche Embryonen im Labor bis zum Tag 14 ihrer

---

25 Ebd. 4 f. Das Zitat im Zitat ist wiederum der Instruktion *Donum vitae* entnommen.

26 Das kommt besonders zum Ausdruck im letzten Satz von Art. 119, Abs. 1 des StGB (von mir kursiv hervorgehoben): «Der Abbruch einer Schwangerschaft ist straflos, wenn er nach ärztlichem Urteil notwendig ist, damit von der schwangeren Frau die Gefahr einer schwerwiegenden körperlichen Schädigung oder einer schweren seelischen Notlage abgewendet werden kann. *Die Gefahr muss umso grösser sein, je fortgeschrittener die Schwangerschaft ist.*»

27 Vgl. LOVELL-BADGE 2021. Die ‹International Society for Stem Cell Research (ISSCR)› hat ihre Ethik-Richtlinien im Jahr 2021 bereits entsprechend geändert, vgl. https://www.isscr.org/guidelines (12.07.2023), vgl. MUMMERY/ANTHONY 2021.

Entwicklung am Leben zu erhalten, was bislang unmöglich war. Während Embryonen im Labor bis anhin bis zum vierzehnten Entwicklungstag ohnehin «abgestorben» waren (das heißt, dass deren Zellteilung aufgehört hat), müssen Forschende neu eigentlich noch weiterlebende Embryonen am vierzehnten Tag zerstören. Gleichzeitig besteht ein großes Interesse daran, zu erkunden, wie lange es überhaupt möglich sein würde, Embryonen in vitro zu entwickeln. In der Schweiz ist die Embryonenforschung – abgesehen von einigen Ausnahmen im Bereich der Stammzellforschung, nämlich auf der Basis sogenannter überzähliger Embryonen[28] – bislang grundsätzlich und auf Verfassungsebene mit Bundesverfassung Artikel 119 verboten.

Religiös formuliert wird eine Antwort auf die Frage gesucht: «Wann kommt die Seele in den Menschen?»[29] – Sollte diese, auf eine religiöse oder zumindest metaphysische Antwort zielende Frage beantwortet werden, beispielsweise so wie vom Dalai Lama, müsste zunächst theologisch geklärt werden, was unter «Seele» verstanden werden soll: ist von der biblischen Näfäsch[30] die Rede, von der platonischen Geistseele (sei es in ihrer philosophischen Konzeption als Lebensprinzip oder in der religiösen Fassung im Sinne der Seelenwanderung und Reinkarnation bei Platon)[31], vom (Selbst-)Bewusstsein[32], vom Bewusstsein eines Menschen, auf das der Dalai Lama in seinen Ausführungen zur Wiedergeburt[33] anspielt? Angesichts dieser Herausforderungen dürfte klar sein, dass eine praktikable und kommunikable Antwort auf die Frage stets ein Desiderat bleiben wird und damit auch nie zur Grundlage einer nationalstaatlichen Gesetzgebung werden kann.

7.3 Lebensende – Kontroversen rund um das Hirntod-Konzept

Die Frage, wann das menschliche Leben genau zu Ende sei, wird ebenso kontrovers beantwortet. Analog zur religiös inspirierten Erkundung des Lebensanfangs wäre hier zu formulieren: Wann verlässt die Seele – das Selbstbewusstsein, die Geistseele, die Näfäsch etc. – den Menschen, wann genau und unter welchen Umständen ist ein Mensch tot?

---

28 Gemäß Schweizer Stammzellforschungsgesetz handelt es sich dabei um Embryonen, die im Rahmen der In-vitro-Fertilisation gezeugt wurden, jedoch nicht zur Herbeiführung einer Schwangerschaft verwendet werden können und deshalb keine Überlebenschance haben.

29 Diese Formulierung stammt aus dem Sanhedrin-Traktat (91b) des jüdischen Talmuds, Angaben und Zitat bei VON LOCHNER 2008, 162. In dieser mündlich überlieferten Stelle wird angedeutet, dass die Seele bereits zum Zeitpunkt der Befruchtung in den Embryo kommt. Wie bei vielen anderen Themen besteht auch hier eine Vielfalt von Antworten in der jüdischen Tradition.

30 Vgl. KÜGLER 2015; VON LOCHNER 2007, 71–78.

31 Vgl. MÜLLER 2017a und 2017b.

32 Vgl. PAUEN 2009.

33 Vgl. DALAI LAMA 2015.

Bereits diese Formulierungen enthalten unterschiedliche religiöse Vorstellungen davon, was mit Menschen auf welche Weise im Tod geschieht oder geschehen könnte: Verlässt ein Teil des Menschen den Körper, beispielsweise der Geist, das Bewusstsein oder die Seele? Oder stirbt der ganze Mensch, wie Eberhard Jüngel biblisch dargelegt und meines Erachtens plausibel begründet hat?[34] Darüber hinaus: Ist ein Gericht zu erwarten, wie in Matthäus 25 angekündigt, eine Zwischenzeit, ein Purgatorium oder Läuterungsberg, um es mit Dante zu formulieren? Und falls ein Paradies zu erwarten ist: Für wen würde es offenstehen, für alle, für wenige, für zuvor bestimmte Auserwählte?

Das theologische Wissen um diese «letzten Dinge» bzw. das Erlösungswerk des Schöpfers sind zumindest in christlichen und jüdischen Theologien ähnlich vage wie das Wissen um die Art und Weise der Menschwerdung eines individuellen Lebens.[35] Diese religiöse Perspektive einmal vorausgesetzt, wären die Debatten beispielsweise über die ärztliche Suizidhilfe anders zu führen als in der pragmatisch ausgerichteten Medizinethik: In religiöser Perspektive endet die den ethischen Diskurs dominierende Selbstbestimmung ja in dem Moment, in welchem eine sterbewillige Person das tödlich wirkende Natriumpentobarbital zu sich nimmt; was anschließend mit ihr geschieht, wissen wir – im Unterschied zum Dalai Lama[36] – nicht, ist aber der Selbstbestimmung und Freiheit vollständig entzogen, darin vergleichbar mit der Geburt, der «Geworfenheit ins Leben»[37], die ebenfalls ohne jede Zustimmung der Person als eine heteronome Gegebenheit hinzunehmen ist.

Im Zentrum der chronologischen, an der messbaren Zeit ausgerichteten Lebensende-Debatten steht dagegen die Frage nach dem Todeskriterium und dessen genauer Bestimmung.[38] Während in Europa und den USA weitgehend Einigkeit darüber besteht, dass das Ganz-Hirntod-Konzept ein sowohl kulturell als auch medizinisch akzeptables Kriterium bietet, ist das in Japan schwieriger, jedenfalls unter Berücksichtigung kultureller Traditionen im Umgang mit den Verstorbenen: traditionelle japanische Gebräuche beruhen auf der Annahme, dass

---

34 Vgl. JÜNGEL 1990, 150–152, gipfelnd in der biblisch gut begründeten Aussage: «Eine Unsterblichkeit der Seele gibt es nicht» (152); vgl. dazu die Darstellung der in diesem Punkt sehr ähnlichen jüdischen Auslegungsgeschichte bei VON LOCHNER 2008, 71–78: Der Mensch habe nicht eine Näfäsch, die sich im Tod vom Körper ablösen würde, sondern der lebendige Mensch sei die Näfäsch; erst platonische Einflüsse hätten im Judentum zur Etablierung dualistischer Positionen und damit einer gewissen Körperfeindlichkeit geführt.

35 Aus Sicht der katholischen Theologie vgl. den systematischen Entwurf bei RAHNER 2016.

36 Vgl. DALAI LAMA 2015, 49–62 und öfters.

37 Vgl. HEIDEGGER 1979, 181.

38 Vgl. BIRNBACHER 2015; SCHWEIZERISCHE AKADEMIE DER MEDIZINISCHEN WISSENSCHAFTEN 2019; HANLEY 2020.

sich die Seele eines Verstorbenen langsam und während mehrerer Tage vom Körper löst. Entsprechend werden Verstorbene speziell gekleidet zu Hause aufge-
bahrt, es werden Gebete gesprochen und Rituale vollzogen, bevor der Körper von
der Familie freigegeben, eingeäschert und dann beigesetzt wird.[39] Das weit über
religionswissenschaftliche Kreise hinaus bestehende Interesse an diesen Traditionen liegt darin begründet, dass sich diese Gebräuche nicht mit der Explantation
solider Organe vereinbaren lassen, da dieser Eingriff eine massive Störung der
Leichenruhe mit sich bringen würde. Auch in der Schweiz leben noch mit den ja-
panischen Riten vergleichbare Traditionen, die jedoch im Kontext der Todeszeitpunktbestimmung kaum geäußert werden.

Die Idee des Hirntod-Konzepts besteht darin, dass in dem Moment, in welchem die gesamte Hirntätigkeit eines Menschen irreversibel ausgefallen ist, es
also keine Aussicht auf eine Rückkehr ins Leben mehr gibt, Menschen als tot betrachtet werden können, da ein menschliches Leben ohne funktionierendes Hirn
unmöglich ist.[40] Ohne die komplexe ethische Diskussion zum Hirntod-Konzept
an dieser Stelle aufnehmen zu können, möchte ich anhand einiger Beobachtungen zumindest andeuten, warum das Konzept trotz der plausiblen Begründung
und der langjährigen Erfahrungen, die damit gemacht wurden, immer wieder in
Zweifel gezogen wird.

Zunächst ist klar, dass ein präziser Todeszeitpunkt gesetzlich definiert werden
muss, um die nötige Handlungssicherheit zu garantieren, die eine Gesellschaft
und ihre Mitglieder im Umgang mit Sterbenden und Verstorbenen benötigen.
Keine allgemein anerkannte Definition eines Todeszeitpunkts zu haben, ist keine
Möglichkeit; aus empirischer Sicht ist das Sterben ein längerer Prozess mit mehreren erkennbaren Einschnitten, der eine kulturelle Setzung sowie die rechtliche
Verankerung eines Todeszeitpunktkriteriums quasi unabdingbar macht. Es ist
historisch gesehen darüber hinaus kein Zufall, dass die Hirntoddefinition zu einem Zeitpunkt formuliert wurde, als die Intensivmedizin etabliert wurde, also
Ende der 1960er-Jahre. Auf Intensivstationen bestand und besteht nach wie vor
die unbestrittene Notwendigkeit, spätestens dann jede Therapie einzustellen,
wenn ein Patient oder eine Patientin tot ist. Da es jedoch möglich ist, trotz irreversibel ausgefallener Hirnfunktionen den Kreislauf sowie den Atem eines Menschen medikamentös und maschinell aufrechtzuerhalten, wurde es unumgänglich, eine Vereinbarung über den Todeszeitpunkt und die Kriterien für dessen
exakte Bestimmung festzulegen. Entscheidungen zum Therapieabbruch sind sozusagen kompliziert und ethisch umstritten genug bei lebenden Patientinnen

39 Vgl. STEINECK 2008; ASAI ET AL. 2012; ALHAWARI U. A. 2018.
40 Vgl. SCHLICH/WIESEMANN 2001; BIRNBACHER 2015; HANLEY 2020.

und Patienten – hier geht es um die so genannten Futility-Debatten[41] –, die Fortsetzung einer Therapie bei einem bereits verstorbenen Menschen hingegen wäre schlicht unsinnig.

Zeitgleich gelang damals in Südafrika, es war 1967 in Kapstadt, die erste Herztransplantation. Diese neue Möglichkeit hat die Praxis hervorgebracht, Organe von Verstorbenen zu gewinnen und zu transplantieren, um das Leben von Menschen in Not zu retten. Da Intensivmedizin und Herztransplantationen gleichzeitig entwickelt wurden, entstand der immer wieder geäußerte, jedoch kaum haltbare Verdacht, das Hirntod-Konzept sei in Wirklichkeit allein darum verbindlich gemacht worden, um die postmortale Spende von Organen zu ermöglichen.[42]

In den gegenwärtigen Debatten um den Hirntod steht im Zentrum der Aufmerksamkeit, ob tatsächlich der ganze Mensch tot sei, wenn doch nur sein Hirn ausgefallen ist, der Kreislauf jedoch noch funktioniert, das Herz noch schlägt, der Mensch noch atmet und warm ist. Dass die genannten Körperfunktionen nur aufgrund maschineller Unterstützung noch intakt sind, gelte schließlich auch für viele andere Situationen, beispielsweise beim Einsatz von Herzschrittmachern, sei also nicht wirklich relevant im Hinblick auf die Todeszeitpunktbestimmung.[43] Ralf Stoecker schlägt daher vor, beim Hirntod davon zu sprechen, ein Mensch sei zwar noch nicht tot, er lebe aber auch nicht mehr, er befinde sich sozusagen in einem Zwischenzustand; da dieser Zustand irreversibel sei, sieht er die Lösung des ethischen Problems darin, dass das ärztliche Tötungsverbot auch bei Explantationen eingehalten werden sollte, in der Beobachtung, es sei de facto unmöglich, einen Menschen zu töten, der gar nicht mehr lebe.[44] Dieser pragmatische, auf einer sprachlichen Differenzierung beruhende Vorschlag der Aufgabe der sogenannten *Dead Donor Rule*[45] dürfte allerdings aus traditionell-jüdischer Sicht kaum akzeptiert werden.[46]

Es wäre naheliegend, an dieser Stelle einen Schritt weiterzugehen und zu erörtern, ob etwa der Herz-Kreislauf-Tod als Grundlage für eine Organentnahme akzeptabler wäre als der Hirntod. Zwar wird das Vorgehen – die sogenannte Spende infolge eines Herz-Kreislauf-Tods (DCD, *Donation after Cardiac Death*) – in der

---

41 Vgl. SCHWEIZERISCHE AKADEMIE DER MEDIZINISCHEN WISSENSCHAFTEN 2022; MARCKMANN 2022.

42 Vgl. SCHELLONG 2001, 205.

43 Vgl. DEUTSCHER ETHIKRAT 2015; STOECKER 2016.

44 Vgl. STOECKER 2016, 96.

45 Diese besagt, jede Person, welcher Organe entnommen werden, müsse zum Zeitpunkt der Explantation eindeutig tot sein.

46 Vgl. NORDMANN 2001.

Schweiz praktiziert,[47] ist in Deutschland aber verboten; dies unter anderem deshalb, weil die Wartezeit zwischen Todesfeststellung und Organentnahme sehr kurz ist, nur wenige (in der Schweiz gemäß Richtlinien fünf) Minuten beträgt und daher – im Unterschied zur Situation nach einem primären Hirntod – die Irreversibilität des Todeseintritts nicht in jedem Fall garantiert werden kann.

7.4 Fazit – Unverfügbarkeit als Herausforderung

Wann ist der Mensch ein Mensch? – Antwortversuche beruhen auf Beobachtungen zur menschlichen Grundsituation, der «condition humaine». Sie bleiben notwendig vage, weil namentlich Lebensanfang und Lebensende von Grenzerfahrungen gekennzeichnet sind, die sich nur bedingt verstehen und einordnen lassen. Das diffuse Wissen und Unwissen um Grenzverläufe an den Rändern des Lebens führt überdies dazu, dass auch schwierige Entscheidungen die in diesen Kontexten zu treffen sind, häufig uneindeutig und unsicher und nur selten «eindeutig richtig» oder «eindeutig falsch» ausfallen.

Die Integration der in den Bereichsethiken vernachlässigten religiösen bzw. existenziellen Perspektive verstärkt diesen Eindruck der Unsicherheit; dies ist selbst dann der Fall, wenn die Fragen aus Glaubenssicht – hier aus der Perspektive des christlicher Glaubens – angegangen werden. Diese Unsicherheiten können auch nicht mit chronologischen Angaben über Anfang und Ende überdeckt oder relativiert werden, das zeigen die anhaltenden medizinethischen Kontroversen beispielsweise zum moralischen Status des Embryos oder zum Konzept des Hirntods. Das alles entbindet allerdings nicht von der Aufgabe, zur Herstellung der nötigen Handlungssicherheit in einer Gesellschaft gewisse Konventionen betreffend Lebensbeginn und -ende rechtlich zu fixieren; auch wenn das unbefriedigend erscheinen mag, werden diese aufgrund der aufgezeigten Zusammenhänge stets Kompromisse bleiben, die keine weltanschauliche Gruppe in einer Gesellschaft restlos zufriedenstellen wird.

Die normativen Ungewissheiten, Ambivalenzen und Unsicherheiten, durch die schwierige Entscheidungen an den Grenzen des Lebens gekennzeichnet sind, stehen allerdings im Schatten der mit Zeugung, Geburt und Tod verbundenen existenziellen Erfahrungen, welche die Unverfügbarkeit[48] und zudem den Geschenkcharakter[49] menschlichen Lebens erlebbar machen. Mögliche Reaktionen darauf bestehen in Haltungen der Demut, Bescheidenheit und der Dankbarkeit, welche die Last der normativen Ungewissheiten an den Grenzen des Lebens erträglicher machen können.

---

47 Allerdings wird in der Schweiz auch bei einer DCD der Nachweis eines sekundären Hirntods verlangt, vgl. SCHWEIZERISCHE AKADEMIE DER MEDIZINISCHEN WISSENSCHAFTEN 2019, 13.

48 Vgl. ROSA 2019.

49 Vgl. SANDEL 2008.

LITERATUR

ALHAWARI, YASMIN/VERHOFF, MARCEL A./PARZELLER, MARKUS, *Hirntod, Organtransplantation und Obduktion aus der Sicht der Weltreligionen*, Teil 2: Hinduismus, Buddhismus, Shintoismus, Daoismus, Diskussion, Fazit, in: Rechtsmedizin 28 (2018), 272–279.

ARENDT, HANNAH, *Vita activa oder vom tätigen Leben*, München [10]1998 (im englischen Original: The Human Condition, Chicago 1958).

ASAI, ATSUSHI/KADOOKA, YASUHIRO/AIZAWA, KUNIKO, *Arguments Against Promoting Organ Transplants from Brain-Dead Donors, and Views of Contemporary Japanese on Life and Death*, in: Bioethics 26 (2012), 215–223.

BIRNBACHER, DIETER, *Tod*, in: STURMA, DIETER/HEINRICHS, BERT (Hg.), *Handbuch Bioethik*, Stuttgart/Weimar 2015, 154–160.

BOHLKEN, EIKE/THIES, CHRISTIAN (Hg.), *Handbuch Anthropologie. Der Mensch zwischen Natur, Kultur und Technik*, Stuttgart 2009.

BOZZARO, CLAUDIA, *Das Leiden an der verrinnenden Zeit. Alter, Leid, und Zeit am Beispiel der Anti-Aging-Medizin*, Stuttgart-Bad Cannstatt 2014.

BÜCHLER, ANDREA, *Reproduktive Autonomie und Selbstbestimmung. Dimensionen, Umfang und Grenzen an den Anfängen menschlichen Lebens*, Basel 2017.

DALAI LAMA, *Einführung in den Buddhismus. Die Harvard-Vorlesungen*, Freiburg i. Br. [25]2015.

DEUTSCHER ETHIKRAT, *Hirntod und Entscheidung zur Organspende*, Berlin 2015.

ERNST, STEPHAN, *Am Anfang und Ende des Lebens. Grundfragen medizinischer Ethik*, Freiburg i. Br. 2020.

FRIED, ERICH, *Fall ins Wort. Ausgewählte Gedichte 1944 bis 1983* (bei der Büchergilde Gutenberg herausgegeben und mit einer Einführung von BERND JENTZSCH), Frankfurt a. M. u a.1985.

HANLEY, MATTHEW, *Determining Death by Neurological Criteria. Current Practice and Ethics*, Philadelphia/ Washington D. C. 2020.

HEIDEGGER, MARTIN, *Sein und Zeit*, Tübingen 1979.

JÜNGEL, EBERHARD, *Tod*, Gütersloh [4]1990.

KARNEIN, ANJA, *Zukünftige Personen. Eine Theorie des ungeborenen Lebens von der künstlichen Befruchtung bis zur genetischen Manipulation*, Berlin 2013.

KEHL, MEDARD, *Und Gott sah, dass es gut war: Eine Theologie der Schöpfung*, Freiburg i. Br. [2]2006.

KEOWN, DAMIEN, *Buddhism and Bioethics*, New York 1995.

KONGREGATION FÜR DIE GLAUBENSLEHRE, *Instruktion Dignitas personae. Über einige Fragen der Bioethik*, Rom 2008.

KÜGLER, JOACHIM, *Seele*, in: BERLEJUNG, ANGELIKA/FREVEL, CHRISTIAN (Hg.), *Handbuch theologischer Grundbegriffe zum Alten und Neuen Testament*, Darmstadt [5]2015, 389–391.

LAVI, SHEI, *The Paradox of Jewish Bioethics in Israel: The Case of Reproductive Technologies*, in: VOIGT, FRIEDEMANN (Hg.), *Religion in bioethischen Diskursen. Interdisziplinäre, internationale und interreligiöse Perspektiven*, Berlin 2010, 81–101.

LOVELL-BADGE, ROBIN, *Why Stem-Cell Guidelines Needed an Update*, in: Nature 593 (2021), 479.

MARCKMANN, GEORG, *Nutzlose medizinische Maßnahmen*, in: DERS. (Hg.), *Praxisbuch Ethik in der Medizin*, Berlin [2]2022, 151–154.

MATHWIG, FRANK, *Handeln, das nach Einsicht fragt. Beiträge zur theologischen Ethik*, Zürich 2021.

—, *Zwischen Leben und Tod. Dis Suizidhilfediskussion in der Schweiz aus theologisch-ethischer Sicht*, Zürich 2010.

MÜLLER, JÖRN, Psychologie, in: HORN, CHRISTOPH/MÜLLER, JÖRN/SÖDER, JOACHIM (Hg.), Platon Handbuch. Leben – Werk – Wirkung, Stuttgart ²2017a, 147–160.

—, Seelenwanderung, in: HORN, CHRISTOPH/MÜLLER, JÖRN/SÖDER, JOACHIM (Hg.), Platon Handbuch. Leben – Werk – Wirkung, Stuttgart ²2017b, 331–335.

MUMMERY, CHRISTINE/ANTHONY, ERIC, New Guidelines for Embryo and Stem Cell Research, in: Nature Reviews. Molecular Cell Biology 22 (2021), 773 f.

NORDMANN, YVES, Definition des Todes und Hirntod aus Sicht der jüdischen Medizinethik, in: SCHLICH, THOMAS/WIESEMANN, CLAUDIA (Hg.), Hirntod. Zur Kulturgeschichte der Todesfeststellung, Frankfurt a. M. 2001, 257–275.

—, Der Beginn menschlichen Lebens. Aspekte der jüdischen Medizinethik, in: KÖRTNER, ULRICH H. J./ VIRT, GÜNTER/VON ENGELHARDT, DIETRICH/HASLINGER, FRANZ (Hg.), Lebensanfang und Lebensende in den Weltreligionen, Neunkirchen-Vluyn 2006, 5–17.

PAUEN, MICHAEL, Bewusstsein, in: BOHLKEN, EIKE/THIES, CHRISTIAN (Hg.), Handbuch Anthropologie. Der Mensch zwischen Natur, Kultur und Technik, Stuttgart 2009, 304–308.

RAHNER, JOHANNA, Einführung in die christliche Eschatologie, Freiburg i. Br. ²2016

RAHNER, KARL, Experiment Mensch. Theologisches über die Selbstmanipulation des Menschen, in: ROMBACH, HEINRICH (Hg.), Die Frage nach dem Menschen. Aufriss einer philosophischen Anthropologie, Freiburg i. Br./München 1966, 45–69.

RAZ, AVIAD E./NOV-KLAIMAN, TAMAR/HASHILONI-DOLEV, YAEL ET AL., Comparing Germany and Israel Regarding Debates on Policy-Making at the Beginning of Life: PGD, NIPT and Their Paths of Routinization, in: Ethik in der Medizin 34 (2022), 65–80.

REHBOCK, THEDA, Personsein in Grenzsituationen. Zur Kritik der Ethik menschlichen Handelns, Paderborn 2005.

ROSA, HARTMUT, Unverfügbarkeit, Wien/Salzburg 2019.

ROTHHAAR, MARKUS/HÄHNEL, MARTIN/KIPKE, ROLAND (Hg.), Der manipulierte Embryo. Potentialitäts- und Speziesargumente auf dem Prüfstand, Münster 2018.

RÜTHER, MARKUS, Embryonen und Föten, in: STURMA, DIETER/HEINRICHS, BERT (Hg.), Handbuch Bioethik, Stuttgart/Weimar 2015, 245–249.

RÜTSCHE, BERNHARD, Rechte von Ungeborenen auf Leben und Integrität: Die Verfassung zwischen Ethik und Rechtspraxis, Zürich/St. Gallen 2009.

SANDEL, MICHAEL, Plädoyer gegen die Perfektion: Ethik im Zeitalter der genetischen Technik. Mit einem Vorwort von Jürgen Habermas, Berlin 2008.

SCHAPP, WILHELM, In Geschichten verstrickt. Zum Sein von Mensch und Ding, Frankfurt a. M. ³1985.

SCHELLONG, SEBASTIAN M., Die künstliche Beatmung und die Entstehung des Hirntodkonzeptes, in: SCHLICH, THOMAS/WIESEMANN, CLAUDIA (Hg.), Hirntod. Zur Kulturgeschichte der Todesfeststellung, Frankfurt a. M. 2001, 187–208.

SCHEULE, RUPERT M. (Hg.), Ethik des Lebensbeginns. Ein interkonfessioneller Diskurs, Regensburg 2015.

SCHLICH, THOMAS/WIESEMANN, CLAUDIA (Hg.), Hirntod. Zur Kulturgeschichte der Todesfeststellung, Frankfurt a. M. 2001.

SCHLIETER, JENS, Zwischen Karma, Tod und Wiedergeburt (I). Buddhistische Medizinethik zu Fragen des Lebensanfangs, in: KÖRTNER, ULRICH H. J./VIRT, GÜNTER/VON ENGELHARDT, DIETRICH/HASLINGER, FRANZ (Hg.), Lebensanfang und Lebensende in den Weltreligionen, Neunkirchen-Vluyn 2006, 183–229.

SCHOCKENHOFF, EBERHARD, Grundlegung der Ethik. Ein theologischer Entwurf, Freiburg i. Br. ²2007.

SCHÜES, CHRISTINE, *Philosophie des Geborenseins. Erweiterte Neuausgabe*, Freiburg i. Br./München 2016.

SCHWEIZERISCHE AKADEMIE DER MEDIZINISCHEN WISSENSCHAFTEN, *Feststellung des Todes im Hinblick auf Organtransplantationen und Vorbereitung der Organentnahme. Medizin-ethische Richtlinien*, Bern ²2019.

—, *Wirkungslosigkeit und Aussichtslosigkeit – zum Umgang mit dem Konzept der Futility in der Medizin*, in: Swiss Academies Communications 16 (2021), No. 6.

STEINECK, CHRISTIAN, *Ist der Hirntod ein kulturübergreifendes Todeskriterium? Japanische Perspektiven*, in: BILLER-ANDORNO, NIKOLA/SCHABER, PETER/SCHULZ-BALDES, ANNETTE (Hg.), *Gibt es eine universale Bioethik?*, Paderborn 2008, 119–134.

STOECKER, RALF, *Das Hirntod-Problem*, in: KÖRTNER, ULRICH/KOPETZKI, CHRISTIAN/ MÜLLER, SIGRID (Hg.), *Hirntod und Organtransplantation. Zum Stand der Diskussion*, Wien 2016, 77–97.

VON LOCHNER, ELISABETH, *Entscheidende Körper. Zur Hermeneutik jüdischer Bioethik im Bereich des vorgeburtlichen Lebens*, Freiburg i. Br. 2008.

TEIL II

ENTSCHEIDUNGEN IN DER GESUNDHEITSVERSORGUNG

1 ETHISCHE RELEVANZ DER NUTZENBEWERTUNG VON GESUNDHEITSLEISTUNGEN

Welche Bedeutung sollte der Kosteneffektivität gesundheitlicher Maßnahmen im Hinblick auf eine gerechte Ausgestaltung der Gesundheitsversorgung zukommen? Ist es sinnvoll und ethisch vertretbar, ein überindividuelles, die Gesundheit der Bevölkerung betreffendes Kriterium der Nutzenmaximierung zu berücksichtigen? Angenommen, diese Frage wäre zu verneinen, bestünde dann ein Recht kranker Menschen auf medizinische Behandlung unabhängig von Überlegungen zu Kosten und Nutzen der Maßnahmen?

Nicht selten wird diesen Fragen mit dem Hinweis ausgewichen, Kosten-Nutzen-Aspekte seien zwar auf der Makroebene relevant und zu berücksichtigen, sollten hingegen auf der Mikroebene, in der Beziehung zwischen Arzt bzw. Ärztin und Patient bzw. Patientin, keine Rolle spielen. Dagegen ist einzuwenden, dass gesundheitspolitische Entscheidungen, die auf der Basis von Kosten-Nutzen-Überlegungen getroffen werden, am Krankenbett sowohl praktisch umgesetzt als auch theoretisch bzw. im Gespräch begründet werden müssen. Es ist zumindest erklärungsbedürftig, einem Patienten oder einer Patientin zu sagen, er oder sie erhalte eine bestimmte Maßnahme nicht, weil diese Intervention nicht kosteneffektiv sei, gleichzeitig aber daran festzuhalten, es gebe ein Recht auf Behandlung. Angesichts der stetig steigenden Gesundheitskosten und der Einführung sehr teurer neuer Behandlungen, deren Wirksamkeit umstritten oder in einigen Fällen marginal ist, wird über diese Herausforderungen in allen Hochlohnländern der Welt im Rahmen der sogenannten Rationierungsdebatten diskutiert.[1] Praktisch geht es dabei um einen wichtigen Bereich der Sozialpolitik, um Institutionen der Gesundheitsversorgung und für die Betroffenen um eine gute Behandlung, theoretisch werden Fragen aufgeworfen, die in den Kern der normativen Begründungsdebatten hineinführen.

Letztgenannte werden im Folgenden aufgegriffen, indem im ersten Teil zunächst einige theoretische Begriffe geklärt, im zweiten Teil die Fragestellung im gegenwärtigen Kontext erläutert sowie die ethischen Grundpositionen formuliert und im dritten Teil die wesentlichen Argumente erörtert werden. Gezeigt werden soll, dass eine gemischt-deontologische, Folgenaspekte wie Kosteneffektivitätskriterien berücksichtigende und um tugendethische Aspekte erweiterte – insofern «hybride» – Ethiktheorie am ehesten dazu geeignet ist, angesichts der bestehenden Ressourcenknappheit Orientierung zu schaffen und zur Begründung gerechter Entscheidungen über Behandlungsbegrenzungen beizutragen.

---

1 Vgl. beispielsweise NATIONALE ETHIKKOMMISSION IM BEREICH DER HUMANMEDIZIN 2020.

1.1 Begriffe

Teleologische Ethiktheorien beurteilen das moralisch richtige Handeln in Abhängigkeit zu einem außermoralisch Guten und dessen Verwirklichung bzw. Maximierung. Beispielsweise wird eine Handlung dann als moralisch gut bewertet, wenn sie zur Steigerung der Gesundheit der Bevölkerung beiträgt. Deontologische Theorien bestreiten dagegen, zumindest gemäß der inzwischen klassischen Definition von William K. Frankena, dass sich das Pflichtgemäße oder das moralisch Gute ausschließlich aufgrund der Berücksichtigung eines außermoralischen Guts oder der Gewichtung von guten gegenüber schlechten Folgen ergibt.[2] In deontologischen oder Pflichtenethiken wird vielmehr davon ausgegangen, dass verpflichtende moralische Werturteile bestehen, welche unabhängig von außermoralischen Gütern verbindlich sind. Dies können beispielsweise bestimmte Eigenschaften einer Handlung selbst sein, die abgesehen von den Werten, die durch sie hervorgebracht oder gefördert werden, entscheidend sind, z. B. dass ein Versprechen eingehalten, die Menschenwürde und Grundrechte geachtet oder alle Menschen gleich behandelt werden.[3]

Micha H. Werner hebt zu Recht hervor, dass ein starkes Argument zugunsten einer deontologischen Moraltheorie darin bestehe, dass folgenbezogene Überlegungen in deontologische Ethiken integriert werden können, jedoch umgekehrt die Integration deontologischer, stets akteurbezogener («agent relative») Argumente in eine teleologische Position, in der Regel akteurindifferenter («agent neutral») Ansätze prinzipiell unmöglich zu sein scheint.[4] Aus Sicht der hier einschlägigen Bereichsethiken wie beispielsweise der Gesundheits- oder Public Health-Ethik ist das entscheidend, da in der Beurteilung konkreter Fragen der Gesundheitspolitik die Berücksichtigung von Folgen schlicht unabdingbar ist. Ein strikt deontologischer Ansatz, der ausschließlich Rechte und Pflichten, unabhängig von den durch Handlungen hervorgebrachten Folgen berücksichtigen würde, wäre kontraintuitiv und wird de facto auch äußerst selten vertreten. Ähnliches gilt für strikt teleologische Ansätze, in denen ausschließlich Kosteneffektivitätsüberlegungen berücksichtigt werden, welche in ihren Schlussfolgerungen eben-

---

2   Vgl. FRANKENA 1981, 33 f.; eine kurze und hilfreiche Übersicht bietet WERNER 2006.

3   Vgl. FRANKENA 1981, 34.

4   Vgl. WERNER 2006, 47; vgl. auch NIDA-RÜMELIN 1993, 63–65; 86 f.: Der Autor unterscheidet zwischen deontologischen und teleologischen konsequentialistischen Theorien, wobei jede teleologische Theorie auch konsequentialistisch, aber nicht jede konsequentialistische auch teleologisch sei. Konsequentialistisch sei eine Theorie stets dann, wenn das Rechte das Gute maximiert. In diesem Sinne wird auch verständlich, warum die Einhaltung des Gerechtigkeitsprinzips bei einem Deontologen wie W. D. Ross auch kosequentialistisch begründet werden kann, vgl. WOLBERT 2005, 165 f. Relativiernd kommentiert er: Letztlich sei es jedem unbenommen, die Begriffe so zu definieren, wie er möchte, sofern er die Festlegung zu erkennen gebe (vgl. ebd. 158).

falls zu kontraintuitiven Forderungen kommen und selbst in der Gesundheitsökonomie kaum in Reinform vertreten werden.

Ein zentrales Problem gemischt-deontologischer Ansätze besteht in der Bestimmung des Verhältnisses von außermoralischen Gütern wie der Gesundheit
zu moralischen Pflichten, beispielsweise der Forderung der Gleichbehandlung aller Menschen, also zwischen evaluativ und deontologisch begründeten normativen Urteilen oder zwischen Werten und Gütern einerseits bzw. Rechten und
Pflichten andererseits.[5] Jürgen Habermas hebt zusätzlich zu den von ihm sogenannten ethischen und moralischen Diskursen die Bedeutung pragmatischer
Diskurse hervor, in welchen bei gegebenen Zielen und Präferenzen geeignete
Mittel für die Realisierung der Ziele gesucht werden.[6] In diesen pragmatischen
Diskursen werde auch die Effizienz von Maßnahmen gewichtet, also das Verhältnis zwischen einem definierten Nutzen und dem Aufwand, der zu dessen Errei-
chung notwendig ist. Die Wirtschaftlichkeit einer Maßnahme, wie sie durch das
Schweizerische Krankenversicherungsgesetz für alle Leistungen in der Grundversorgung vorgeschrieben wird, ist beispielsweise ein solches Effizienzkriteri-
um. Bei dessen Anwendung entsteht aus ethischer Sicht insbesondere dann ein
Problem, wenn nicht mehr nur verschiedene Wege, *ein* bestimmtes Ziel zu erreichen, miteinander verglichen werden, sondern Vergleiche unterschiedlichster
Maßnahmen und deren Kosten-Nutzen-Verhältnisse angestellt werden. Werden
beispielsweise zwei therapeutische Maßnahmen zur Behandlung eines Nieren-
karzinoms verglichen, um die Vorgehensweise mit dem günstigeren Kosten-Nut-
zen-Verhältnis einzusetzen, ist das zunächst einmal ethisch unproblematisch
bzw. mit Blick auf die Ressourcenknappheit sogar geboten.[7] Werden hingegen
unterschiedliche Maßnahmen hinsichtlich ihrer Kosteneffektivität miteinander
verglichen, zum Beispiel die Bypass-Operation eines achtzigjährigen Patienten
mit der Intensivbehandlung eines Neugeborenen, mit dem Ziel, den gesellschaftlichen Gesamtnutzen zu maximieren, resultieren daraus unter Umständen äußerst kontraintuitive Priorisierungsvorschläge.[8]

Umstritten ist, wie sich in dieser Systematik tugendethische Ansätze einordnen lassen: Gehören sie zu den teleologischen Ethiken, da es im Zentrum um

---

5 Unter normativen Urteilen werden Gebote, Verbote und Erlaubnisse verstanden.

6 Vgl. HABERMAS ³1993, 197–207; DERS. 1991, 100–118.

7 Ethisch zu diskutieren und mit zunehmenden Finanzdruck relevanter bleiben aber auch dann
noch Situationen, in welchen eine Maßnahme A zwar einen marginal kleineren Nutzen (oder
einige wenige Nebenwirkungen mehr) als eine Maßnahme B hat, dafür aber sehr viel weniger
kostet.

8 Vgl. die in diesem Zusammenhang immer wieder zitierten Erfahrungen aus Oregon: MARCK-
MANN/SIEBER 2002; ALAKESON 2008.

Werturteile (Werte wie Freundschaft oder Großzügigkeit) geht? Oder sind sie deontologische Ethiken, weil *moralische*, nicht außermoralische Werturteile wie Klugheit, Bescheidenheit, Gerechtigkeit oder Einfühlungsvermögen Gegenstand der Beurteilung sind? Gemäß Julian Nida-Rümelin gibt es normative Ethiken, die weder deontologisch noch teleologisch sind, sich also nicht in diesem Zweierschema zuordnen lassen, was seines Erachtens namentlich für Tugend- oder Motivationsethiken zutreffe.[9] Ähnliches ließe sich vermutlich auch für einige kommunitaristische Ansätze behaupten, die sich zwar gegen strikt deontologische Ansätze und deren Vorrang des Rechten vor dem Guten wenden und insofern «anti-deontologisch»[10] sind, jedoch in der Bestimmung des Guten wesentlich auf kulturell verankerte Werthaltungen rekurrieren, somit also moralische Güter, nicht außermoralische Güter, ins Zentrum ihrer Begründung stellen. Werden hingegen essentialistische Annahmen über das gelungene Menschsein zugrunde gelegt, wie es beispielsweise im sozialethisch genannten Ansatz einer gerechten Gesundheitsversorgung bei Madison Powers und Ruth Faden der Fall ist, sind diese einer teleologischen Ethik zuzuordnen.[11]

Aus Sicht einer gemischt oder gemäßigt-deontologischen Ethik, die hier in Anknüpfung an typische Traditionen der katholischen Moraltheologie[12] und der christlichen Sozialethik im Folgenden vertreten wird, steht grundsätzlich zur Debatte, inwieweit und unter welchen Bedingungen bei der Bestimmung des sittlich richtigen Handelns Folgen- und auch Maximierungsüberlegungen miteinbezogen werden sollen und dürfen, die außermoralische Güter betreffen, namentlich den allgemeinen Nutzen von Handlungen, beispielsweise die Gesundheitsförderung, aber auch die Effektivität von Maßnahmen sowie die dadurch verursachten Kosten.

---

9 Vgl. Nida-Rümelin 1993, 64; 87.

10 Werner 2006, 45.

11 Vgl. Powers/Faden 2006, 16–29: Ihres Erachtens sind die wesentlichen Dimensionen gelungenen menschlichen Lebens durch sechs Merkmale bestimmt, nämlich Gesundheit, persönliche Sicherheit, (praktische) Vernunft, Respekt, Beziehungsfähigkeit und Selbstbestimmung; vgl. weiterführend und mit einem neuen Schwerpunkt auf strukturelle Bedingtheiten von Gesundheit Powers/Faden 2019.

12 Vgl. die Bemerkung bei Werner 2006, 46, die darauf aufmerksam macht, dass hier bereits vor der «deontologischen Wende» bei Immanuel Kant entsprechende Denkansätze wirkmächtig waren: «In der *Moraltheologie* sind bis heute sowohl deontologische als auch teleologische Motive wirksam. In dieser Spannung wirkt der scholastische Dualismus zwischen der aristotelisch-thomistischen, teleologisch-tugendethischen *Naturrechtstradition* und der paulinisch-augustinischen, im spätmittelalterlichen Nominalismus kulminierenden *voluntaristischen* Gegenposition fort.»

1.2 Kontexte und Positionen

Die stete Zunahme der Kosten für die Gesundheitsversorgung, in den Hochlohnländern der Welt in erster Linie angetrieben durch den wachsenden Wohlstand
und die Einführung teilweise sehr teurer medizinischer Verfahren und Behandlungen, führt zunehmend zur Wahrnehmung und dem Eingeständnis einer
grundsätzlich vorgegebenen Situation der Ressourcenknappheit: Angesichts der
steten Ausweitung medizinischer Handlungsmöglichkeiten ist es schlicht unmöglich, allen Patientinnen und Patienten jede denkbare und potentiell nützliche
Behandlung zur Verfügung zu stellen und diese sozial zu finanzieren.[13] Trifft diese Diagnose zu, stellt sich die Frage nach einer angemessenen und gerechten Ausgestaltung der gesundheitlichen Versorgung, wie sie seit einigen Jahren unter
dem umstrittenen Rationierungsbegriff diskutiert wird. Aufgrund des in den
letzten Jahren markant zunehmenden finanziellen Drucks werden diese Auseinandersetzungen in den Hochlohnländern der Welt[14] inzwischen nüchterner,
ernsthafter und auch pragmatischer als in den vergangenen zwei Jahrzehnten geführt.[15]

Ein umstrittenes Kriterium besteht in der Berücksichtigung der Kosteneffektivität von Behandlungen. Darf bei Zugangsbeschränkungen zu Ressourcen der
Gesundheitsversorgung gewichtet werden, wie viel eine Maßnahme in Relation
zu dem durch sie hervorgebrachten Nutzen kostet?[16] Was aus gesundheitsöko-
mischer Sicht trivial, weil selbstverständlich klingt, wird aus ethischer Sicht zu
Recht problematisiert. Im Kern geht es um die Frage, ob akteurindifferente Maximierungsstrategien und damit die utilitaristisch begründete Norm, die Verbesserung der Gesundheit der Bevölkerung zu möglichst geringen Kosten sei grundsätzlich anzustreben, theoretisch vereinbar ist mit deontologischen Forderungen
nach Gleichbehandlung aller Menschen und der Achtung von Grundrechten.

In der Schweiz wurde die gesellschaftliche und politische Relevanz dieser zunächst abstrakten Frage aufgrund eines umstrittenen Bundesgerichtsurteils deutlich.[17] Mit Hinweis auf die nicht nachgewiesene Kosteneffektivität des sehr teuren

---

13 Vgl. dazu die umfassende Monographie mit einer Überfülle konkreter Beispiele von FLECK 2009.

14 Nicht überraschend ist die Tatsache, dass auch in den finanziell weniger privilegierten und
armen Ländern der Welt Rationierungsdebatten geführt werden, allerdings auf der Basis völlig
anderer Ausgangssituationen, vgl. beispielsweise den Vorschlag, aufgrund der Ärzteknappheit
in vielen Ländern Afrikas auch Nicht-Ärzte in der Anleitung zum richtigen Einsatz von AIDS-
Medikamenten auszubilden, um den Zugang zu den zusehends öfter zur Verfügung stehenden
Mitteln gewährleisten zu können: PRICE/BINAGWAHO 2010.

15 Vgl. ZIMMERMANN-ACKLIN 2011, 127–139.

16 Vgl. dazu grundlegend MARCKMANN 2007.

17 Vgl. BG 9C_334/2010 vom 23.11.2010; eine ausführlichere ethische Debatte zum Urteil findet
sich in Bioethica Forum 4 (2011), Nr. 3. Relevante Folgeurteile des Bundesgerichts u.a. zum ange-

Medikaments «Myozyme» zur Behandlung von Morbus Pompe-Patientinnen und
-Patienten hat das oberste Schweizer Gericht die Finanzierung des Medikaments
durch die Krankenkassen zunächst untersagt. Inhaltlich wurde das Urteil zu
Recht massiv kritisiert, da Morbus Pompe eine extrem seltene Erkrankung (eine
«orphan disease») ist, wodurch sowohl der evidenzbasierte Nachweis des Nutzens
von Medikamenten erschwert wird als auch davon ausgegangen werden muss,
dass vorhandene Medikamente aufgrund der seltenen Anwendungsmöglichkei-
ten allein daher sehr teuer sind, als der sogenannte «Return on Investment» (ROI)
über den Verkaufspreis gesichert werden soll. Kritisiert wurde darüber hinaus der
Einbezug gesundheitsökonomischer Instrumente und Methoden, die im Urteil
zu undifferenziert vorgestellt, aber dennoch zur Begründung herangezogen werden. Schließlich wurde zu Recht die Festlegung eines finanziellen Schwellenwerts kritisch kommentiert, der in der Medienberichterstattung über das Urteil
im Zentrum stand und besagt, die Behandlung zur Erreichung eines zusätzlichen
Lebensjahres dürfe maximal CHF 100.000 kosten. Hier ist zu bemängeln, dass
eine solche Angabe ohne Hinweis auf die mit einer teuren Behandlung verbundene Lebensqualität und Dringlichkeit in der Praxis unvertretbare Folgen hätte; beispielsweise sind die Behandlung einer Hämophilie durch Gabe von Blutgerin-
nungsfaktoren oder des autosomal-rezessiv vererbten Gaucher-Syndroms durch
Verabreichung des Enzyms Glucocerebrosidase in der Regel viel teurer als
CHF 100.000 pro Jahr, gleichzeitig aber lebensnotwendig für die betroffenen
Menschen. Darüber hinaus ist an dieser Angabe eines Schwellenwerts politisch
und ethisch zu bemängeln, dass eine solche Festlegung, falls sie überhaupt möglich oder sinnvoll ist, grundsätzlich einer politischen und ethischen Legitimierung bedarf und aufgrund der damit verbundenen Konsequenzen nicht durch die
Jurisdiktion vorgegeben werden sollte.

Trotz aller Kritik bleibt die Grundaussage der Richterinnen und Richter, bei
Allokationsentscheidungen sei die Kosteneffektivität von Maßnahmen grundsätzlich zu berücksichtigen, bestehen und ist wohl in erster Linie als ein Appell an
die Politik zu interpretieren, die dazu nötigen Voraussetzungen zu schaffen. Aus
ethischer Sicht ist wesentlich, dass das Medikament «Myozyme» mit dem Wirkstoff Alglucosidase alfa etwa ein Jahr nach dem Gerichtsurteil auf die sogenannte
Spezialitätenliste aufgenommen wurde, so dass es seitdem allen Morbus Pompe-
Erkrankten in der Schweiz unter Einhaltung klar definierter Bedingungen wieder
zur Verfügung steht. In politischen Verhandlungen mit der Herstellerfirma «Gen-
zyme» konnte zuvor erreicht werden, dass das Medikament zu einem günstigeren Preis als vor dem Gerichtsurteil abgegeben wird.

---

messenen Umgang mit dem Medikament «Myozyme» werden aus rechtlicher und ethischer Sicht
kommentiert in NATIONALE ETHIKKOMMISSION FÜR DEN HUMANBEREICH 2020.

Aufgrund dieser Vorgänge haben Initiativen zur Etablierung von Health Technology Assessments in der Schweiz einen starken Auftrieb erhalten.[18] «Health Technology Assessments» (HTAs) oder «Wirtschaftlichkeitsuntersuchungen im Gesundheitswesen»[19] werden durchgeführt, um die medizinischen, sozialen, ökonomischen, rechtlichen und ethischen Implikationen des Einsatzes medizinischer Verfahren und Produkte systematisch, transparent und verlässlich zu evaluieren.[20] Wesentliche Merkmale sind ein multidisziplinärer Ansatz, zu dem in Anknüpfung an die Werte-Ökonomik stets auch der Einbezug normativ-ethischer Aspekte gehört, und der systematisch evaluierte Nutzen von Maßnahmen. In den 1980er-Jahren hatten zunächst Schweden und Spanien, ein Jahrzehnt später Deutschland und Großbritannien, gegenwärtig neben der Schweiz auch zentral- und osteuropäische Länder damit begonnen, staatliche HTA-Institutionen zu gründen und Wirtschaftlichkeitsstudien systematisch durchzuführen.[21] Die Einrichtungen unterscheiden sich nicht nur hinsichtlich ihrer Größe und Bekanntheit, sondern auch maßgeblich darin, ob sie wie das deutsche «Institut für Qualität und Wirtschaftlichkeit im Gesundheitswesen» (IQWiG) oder die französische «Haute Autorité de Santé» (HAS) lediglich beratende Tätigkeit ausüben, oder ob ihnen wie dem bekannten englischen «National Institute for Health and Clinical Excellence» (NICE) oder dem schwedischen «Dental and Pharmaceutical Benefits Board» (TLV) politische Entscheidungsbefugnis zukommt.[22]

Drohende Mittelknappheit, aber auch der Unwille, das Rationierungsthema in der öffentlichen und politischen Diskussion ernsthaft aufzunehmen, haben den Deutschen Ethikrat im Jahr 2011 dazu bewogen, Überlegungen zu Kosten und

---

18 Zwei Initiativen waren während der vergangenen Jahre wesentlich daran beteiligt, zum einen das im Jahr 2021 beendete, von Verwaltung, Leistungserbringern und Industrie unabhängige «Swiss Medical Board», zum andern die aus Interessensvertretern zusammengesetzte «SwissHTA» (www.swisshta.ch), die 2011 mit einem Konsenspapier zur Weiterentwicklung der HTA in der Schweiz an die Öffentlichkeit getreten ist und ihre Arbeit ohne gegen Außen erkenntlichen Grund im Jahr 2017 eingestellt hat, vgl. SCHLANDER U. A. 2011. Im Jahr 2015 hat die Bundesverwaltung das Ruder übernommen und im Bundesamt für Gesundheit (BAG) eine HTA-Initiative gestartet, in deren Rahmen seit einigen Jahren regelmäßig HTA-Berichte verfasst werden. Ein Problem aus ethischer Sicht besteht darin, dass die Berichte und Bewertungen von derselben Stelle verantwortet werden wie die Entscheidungen, nämlich vom Eidgenössischen Departement des Inneren (EDI) bzw. dem hier ansässigen BAG; vgl. dazu auch Kap. II/3 im vorliegenden Band.

19 SCHÖFFSKI ³2008, 6.

20 Vgl. SCHLANDER U. A. 2011, 4.

21 Zur Entwicklung und Etablierung von HTA in Deutschland, Großbritannien, Schweden und Frankreich vgl. SORENSON/CHALKIDOU 2012.

22 Vgl. ebd. 28. Anlässlich des zwanzigjährigen Bestehens des NICE sind eine Reihe ethischer Analysen zur bisherigen Arbeit der britischen HTA-Institution erschienen, vgl. beispielsweise CHARLTON 2020.

Nutzen im Gesundheitswesen in einer ausführlichen Stellungnahme zu kommentieren.[23] Im eigentlichen Ethik-Kapitel wird dabei ausdrücklich auf das Verhältnis von Werten und Rechten eingegangen und betont, dass die Gesellschaft sich entscheiden müsse, ob sie einem wertemaximierenden (teleologischen) oder einem rechtebezogenen (deontologischen) Ansatz den Vorzug geben wolle, denn beide seien nicht miteinander vereinbar: «Die Gesellschaft wird sich entscheiden müssen, welches von Beidem das ethische Fundament des öffentlichen Gesundheitswesen bilden soll und welches allenfalls nachrangig zu berücksichtigen ist.»[24]

Obgleich auch dieser Abschnitt offensichtlich die Handschrift des Ratsmitglieds Weyma Lübbe trägt, ergänzt die Ökonomin und Philosophin die Gesamtstellungnahme um ein über zwanzigseitiges und allein von ihr unterzeichnetes Sondervotum, in welchem sie mit Hinweis auf Inkonsistenzen zwischen dem ethischen und verfassungsrechtlichen Teil der Stellungnahme erläutert, warum die genannten Ansätze einander kategorisch ausschließen und entscheidende Argumente zugunsten einer deontologischen Grundlage sprächen.[25] Dasselbe Anliegen machte Weyma Lübbe zum Thema eines internationalen Symposiums, das sie 2011 an der Berlin-Brandenburgischen Akademie der Wissenschaften unter dem vielsagenden Titel «The Value of Health and the Rights of the Patients. Cost-Effectiveness and the Right to be treated as an Equal in a Public Health System» durchführte. An der Tagung wurde deutlich, dass in der Auseinandersetzung um einen vertretbaren ethischen Ansatz subkutan auch ein Wettstreit zwischen Gesundheitsökonomie und Ethik um den Primat in den gesundheitspolitischen Debatten ausgetragen wird, wie er auch aus anderen wirtschaftsethischen Debatten bekannt ist.[26]

---

23 Vgl. Deutscher Ethikrat 2011, 8.

24 Ebd. 71.

25 Vgl. ebd. 98–124.

26 Vgl. Göbel [2]2010, 68–84: Die Autorin, Professorin für Betriebswirtschaftslehre an der Universität Trier, votiert selbst zugunsten eines Primats der Ethik gegenüber der Ökonomik, auch wenn sie am Modell einer integrativen Wirtschaftsethik, wie es von Peter Ulrich vorgelegt wurde, als Ideal und Richtschnur festhalten möchte. Es wäre aber geradezu unverantwortlich, so die Autorin, angesichts des ökonomischen Prinzips der individuellen Nutzenmaximierung vom Idealzustand einer Integration von Ethik und Ökonomik auszugehen: «Auch aus einer rein ökonomischen Orientierung können sich vernünftige und lebensdienliche Lösungen von Knappheitsproblemen ergeben. Dass der Marktautomatismus jede eigennützige wirtschaftliche Entscheidung in eine Erhöhung des Gemeinwohls transformiert, ist aber ein Mythos. Hier und heute muss sich daher die Ethik kanalisierend, korrigierend, begrenzend und wegweisend mit den möglichen unerwünschten Folgen ökonomischer Rationalität auseinandersetzen, und zwar als angewandte Ethik.» (83 f.)

In dieser bundesdeutschen Debatte wird auf den Punkt gebracht, worum es in der aktuellen gesundheitsethischen Debatte geht. Auf der einen Seite werden die Grundrechte und die Menschenwürde der Patientinnen und Patienten, zudem die Idee der Gleichbehandlung beispielsweise im Sinne der Chancengleichheit aller betont, auf der anderen Seite Strategien zur Nutzenmaximierung gewichtet, die auf der utilitaristischen Idee der Maximierung von Werten, namentlich der Gesundheit, beruhen.

Genau besehen werden in den Diskursen drei ethische Grundpositionen vertreten, auf die im Folgenden näher eingegangen wird: Erstens ein *strikt deontologischer* Ansatz, in welchem bei der Bestimmung eines gerechten Zugangs zu den Mitteln der Gesundheitsversorgung ausschließlich Patientinnen- und Patientenrechte gewichtet werden. Zweitens ein *strikt utilitaristischer* Ansatz, bei welchem das Basiskriterium zur Bestimmung einer gerechten Ausgestaltung der Versorgung in der Maximierung von Gesundheit möglichst vieler Menschen besteht; für möglichst wenig Geld soll möglichst viel gesundheitlicher Nutzen für die größtmögliche Anzahl Betroffener erzeugt werden. Drittens ein *gemäßigter oder gemischt-deontologischer* Ansatz, in welchem primär Rechte, sekundär oder zusätzlich auch Effizienzüberlegungen berücksichtigt werden, wobei das Verhältnis beider Kriterien zueinander unterschiedlich interpretiert wird. Ausgehend von der deontologischen Tradition, wie sie der christlichen Sozialethik mit dem Personalprinzip[27] als oberster Richtschnur zugrunde liegt, wird im Folgenden zugunsten der These argumentiert, dass eine gemäßigt deontologische Position mit einem klaren Rechteprimat und dem Prinzip der Chancengleichheit im Sinne einer regulativen Idee einer strikt deontologischen Position und erst Recht einem strikt teleologischen Ansatz vorzuziehen ist. Obgleich die Begründungen je nach gewähltem Theorieansatz sehr unterschiedlich sind, wie Weyma Lübbe zu Recht immer wieder betont,[28] ist angesichts der Ressourcenknappheit klar, dass ein gewisser Handlungsdruck besteht: Auf der einen Seite können konkrete Vorschläge wie der erwähnte Schweizer Bundesgerichtsentscheid unter Umständen massive Konsequenzen für einzelne Patientinnen- und Patientengruppen nach sich ziehen, auf der anderen Seite kann das Beharren auf einer Position, die mit Hinweis auf ein Recht auf Behandlung transparente Grenzziehungen erschwert, zur Verstärkung der impliziten Rationierung am Krankenbett beitragen. Letztere hätte zur Folge, dass diejenigen benachteiligt würden, die sich am wenigsten zu wehren wissen. Mit leicht ironischem Unterton hat Michael Schramm dieses Dilemma als unsere Befindlichkeit «Jenseits von Eden» treffend beschrieben:

---

27 Vgl. WILHELMS 2010, 103: «Als normative Disziplin fragt die Sozialethik nach Maßstäben für die Gestaltung der Gesellschaft. Letzter Maßstab ist der Mensch, und zwar der Einzelne in seiner Unverfügbarkeit und Würde.»

28 Vgl. grundlegend und mit der Aufforderung zum «analytischen Tieferbohren» LÜBBE 2004, 9.

Jenseits von Eden leben wir in einer Welt der Knappheit: Unser Leben ist knapp (jede/jeder hat nur eines), unsere Zeit ist knapp, unsere Verstandeskapazitäten sind knapp, und nicht zuletzt sind auch die Ressourcen im Gesundheitswesen knapp. (…) Da wir nun nicht (mehr) im Paradies leben, können wir an der Tatsache, dass alles knapp ist, grundsätzlich nichts ändern. Wir können aber damit einigermaßen vernünftig umgehen (…).[29]

1.3 Positionen und Argumente

Wie mit Hinweis auf den hintergründig ausgetragenen Streit zwischen Ethik und Ökonomik bereits angedeutet wurde, werden die Dispute auf unterschiedlichen Ebenen ausgetragen. Vergleichbar mit anderen bereichsethischen Debatten lassen sich auch hier drei Ebenen identifizieren, die sich wechselseitig beeinflussen:[30] Während *im Zentrum* Dispute um eine angemessene Moraltheorie mitsamt Begründungsstrukturen stehen, geht es im *Hintergrund* um kulturelle Bezüge, Sinn- und Identitätsfragen, beispielsweise um anthropologische Grundfragen und, damit verbunden, um den Primat der Disziplinen. Wird auf dem Hintergrund eines an der individuellen Nutzenmaximierung orientierten «homo oeconomicus»-Modells diskutiert, wird fraglos der Ökonomie der Primat zugewiesen und einer teleologischen, meist einer präferenzutilitaristischen Moraltheorie der Vorzug gegeben.[31] *Vordergründig* sind konkrete Umsetzungsfragen zu verhandeln, im Falle der Berücksichtigung des Kosteneffektivitätskriteriums namentlich die Frage nach der Bestimmung von Lebensqualitätsmaßstäben sowie von Schwellenwerten zur Berechnung von Finanzierungsgrenzen, in strikt deontologischen Ansätzen beispielsweise die Ausführung tugendethischer Aspekte wie Klugheit, Bescheidenheit und das Maßhalten.

Im Folgenden werden die drei erwähnten ethischen Grundpositionen kurz charakterisiert und deren Vor- und Nachteile erwogen.

---

29 SCHRAMM 2004, 1.

30 Vgl. ZIMMERMANN-ACKLIN [2]2010, 26–35. Eine vierte, den anderen drei übergeordnete Ebene wäre zu ergänzen, auf welcher eine ideologiekritische Auseinandersetzung mit den Vorgängen in der Gesundheitspolitik und -ethik betrieben wird, wie es beispielsweise unter dem Titel «Ökonomisierung der Medizin» nicht selten geschieht. Im Rahmen diskursanalytischer Studien kann dies über eine Kapitalismuskritik hinausgehen und eine Rückweisung des Humanismus und der Idee von individuellen Grundrechten beinhalten, beispielsweise bei BRAIDOTTI 2009.

31 Beispielhaft dafür sind Beiträge des Gesundheitsökonomen Peter Zweifel, der zugunsten einer Deregulierung des Gesundheitsmarktes plädiert, ohne dabei ausreichend zu berücksichtigen, dass es sich bei der Gesundheit um ein besonderes (transzendentales) Gut handelt und die Ausgangsbedingungen der Marktteilnehmer sehr verschieden sind. In seinen auf einem Modell der individuellen Leistungsfähigkeit basierenden Vorschlägen, die beispielweise die Möglichkeit vorsehen, individuelle Krankenversicherungsverträge auszuhandeln und Bonus-Regeln für diejenigen einzuführen, die wenig gesundheitliche Leistungen beziehen, sind Rationierungen markthinderlich und darum möglichst zu vermeiden, vgl. ZWEIFEL 2007.

1.3.1 Grundrecht auf Gleichbehandlung

«Wir möchten, dass Patienten versorgt werden, weil es gut für ihre Gesundheit ist, nicht, weil ihre Gesundheit gut für die Gesellschaft ist.»[32] Diese Aussage aus dem Sondervotum Weyma Lübbes in der erwähnten Stellungnahme des Deutschen Ethikrats bringt das Anliegen auf den Punkt, um welches es in einer strikt deontologischen Position positiv und negativ geht: Positives Kriterium bei der Bestimmung von Behandlungsgrenzen ist das Wohl des einzelnen Patienten bzw. der einzelnen Patientin und dessen bzw. deren Recht auf Behandlung, negativ die Ablehnung jeder Bezugnahme auf Aspekte, die über das individuelle Leben bzw. die Rechte und Pflichten einer behandlungsbedürftigen Person hinausgehen.

Was zunächst die positive Bestimmung betrifft, den einzelnen Menschen als Person, in seiner Würde und mit seinen Grundrechten, welche ein Recht auf Hilfe in Notlagen mit einschließt, zu achten, ist diese unbestritten plausibel und auch ganz im Sinne des traditionellen Personalprinzips der christlichen Sozialethik. Ein individuelles Recht auf Hilfe und Behandlung zu behaupten schließt allerdings noch keine Aussage über den Umfang möglicher Interventionen mit ein. Sowohl ein strikter Egalitarismus als auch das Prinzip der Chancengleichheit lassen sich erst in Abhängigkeit zu de facto vorhandenen Ressourcen konkretisieren, wie nicht zuletzt die Erfahrungen im Umgang mit knappen Ressourcen während der Corona-Pandemie zeigen.[33] Klar ist, dass mit zunehmender Knappheit auch unter Annahme des Grundrechts auf Behandlung Grenzen gezogen werden, notfalls, wie im Bereich der Allokation knapper Organe, auch durch Losentscheid.[34] Sobald aber eine bestimmte Ressource nicht absolut, sondern nur relativ knapp ist, wird die Grenzziehung schwieriger und wäre ein Angemessenheitskriterium nötig, wie es beispielsweise in der Debatte um die Sinnlosigkeit von weiteren Behandlungen am Lebensende von Patientinnen und Patienten, der sogenannten «Futility-Debatte», diskutiert wird. Offen bleibt, wie sich ein solches Kriterium ohne Bezugnahme auf außermoralische Güter bestimmen lässt.[35]

Hinsichtlich der negativen Abgrenzung besteht ein wichtiges Argument darin, dass die Unterscheidung zwischen der Beurteilung einer bestimmten Be-

---

32 LÜBBE 2011, 109; vgl. dazu auch Kap. II/2 im vorliegenden Band.

33 Vgl. pars pro toto MARCKMANN 2021.

34 Vgl. dazu die gute Übersicht über Allokationsregeln in Knappheitssituationen wie der Corona-Pandemie bei EMANUEL ET AL. 2020.

35 Weyma Lübbe fordert, die Gebote der Gerechtigkeit müssten so konkretisiert werden, dass sie unabhängig von der je gegebenen Ressourcenlage erfüllbar seien. Wie das realisiert werden kann, lässt sie aber unbeantwortet: Die *Konkretisierung* allgemeiner Gerechtigkeitsforderungen ohne Bezug zu den real vorhandenen Mitteln scheint mir ein hölzernes Eisen zu sein, vgl. LÜBBE 2011, 123.

handlung als nicht kosteneffektiv und der Beurteilung einer bestimmten kranken Person letztlich nicht möglich sei, da eine Behandlung stets von den Eigenschaften eines zu behandelnden Patienten abhänge.[36] Im Sondervotum kommentiert Weyma Lübbe moralische Urteile, welche in Public Health-Perspektive den gesellschaftlichen Nutzen einer Behandlung berücksichtigen, darum folgendermaßen:

> Nach hier vertretener Auffassung sind solche Urteile nicht vertretbar. Unvertretbar ist daran nicht, dass am Ende nicht allen alles erstattet wird. Unvertretbar ist die Art der Begründung. Sie unterstellt, Entscheidungen öffentlicher Instanzen über den Ausschluss bestimmter Leistungen seien dadurch begründbar, dass bestimmte (nützliche) Leistungen es ‹nicht wert sind›, finanziert zu werden. Für die Betroffenen mag das, wie man weiß, ganz anders aussehen. Aus der Sicht eines Krebspatienten, der den Kampf gegen die Krankheit noch nicht aufgegeben hat, kann sich die Alternative von Erstattung und Nichterstattung wie die Alternative von Sein oder Nichtsein anfühlen. (…) Das Urteil ist auch für Nichtbetroffene irritierend. Denn es lässt im Unklaren, *für wen* das Medikament von geringem Wert sein soll. Dass ein Krebsmedikament für Personen, die (oder deren Angehörige) nicht erkrankt sind, keinen Wert hat, versteht sich ja von selbst. Einen Wert hat es für die Erkrankten (und ihre Angehörigen). Wenn nun amtlich festgestellt wird, das Medikament habe keinen hinreichenden Wert, dann bleibt gar nichts übrig, als dies so zu hören, dass die Gesellschaft keinen hinreichenden Wert mehr auf das weitere Überleben der Betroffenen legt.[37]

Die entscheidende Aussage steht am Schluss dieses Zitats, aber: ist es tatsächlich so, dass den Betroffenen «gar nichts übrig bleibt», als die Beurteilung einer Behandlung gleichzeitig als eine Beurteilung ihrer Person zu verstehen, oder lässt sich diese Verknüpfung auch als ein behebbares Missverständnis deuten? Auch Weyma Lübbe kommt, der strikt deontologischen Ethik folgend, schließlich zu ähnlichen Schlüssen wie Ethikerinnen und Ethiker, die einem teleologischen Ansatz folgen, nur ihre Begründung ist eine andere. Ihres Erachtens sind die kaum zu vermeidenden Missverständnisse Grund genug, den Diskurs anders zu führen, und zwar ausschließlich über Rechte und legitime Ansprüche der Einzelnen: «Man muss vielmehr plausibel machen, dass es angesichts der knappen Mittel *ungerecht* wäre, den Versicherten einen Anspruch auf diese Leistung [eine bestimmte Leistung, die begrenzt werden soll, d. V.] zuzugestehen.»[38]

Denn keine Person müsse sich aus der Gesellschaft ausgeschlossen, von ihr im Stich gelassen fühlen, wenn sie eine bestimmte Behandlung nicht erstattet bekommt, weil der Einsatz der Mittel ungerecht wäre, schreibt die Autorin. Offen bleibt allerdings, wie sie diese Ungerechtigkeit begründen würde. Naheliegend wäre, diese mit der nicht gegebenen Verhältnismäßigkeit zu begründen, welche allerdings eine teleologische Denkfigur und damit im Rahmen eines strikt deontologischen Ansatzes nicht erlaubt wäre.

---

36 Vgl. ebd. 114 f.
37 Ebd. 115 f.
38 Ebd. 116 f.

Die strikte Abgrenzung von Rechten und Nutzenüberlegungen wäre zudem mit dem in der christlichen Sozialethik verankerten Prinzip des Gemeinwohls zu konfrontieren, also der Verfasstheit einer Gesellschaft im Hinblick auf das Wohl aller.[39] In Frage steht, ob unter Wahrung der Würde und der Grundrechte jeder und jedes Einzelnen nicht auch Kriterien zu berücksichtigen sind, welche das Wohl der Gesamtheit zum Ziel haben. Allerdings setzt die traditionelle Rede vom Gemeinwohl die naturrechtliche Idee eines Gemein*guts* und eines entsprechend ausgerichteten Gemein*sinns* voraus und liegt auch damit bereits jenseits einer strikt deontologischen Ethikkonzeption.[40]

1.3.2 Kosteneffektive Wertemaximierung

Ein strikt utilitaristischer Ansatz richtet sich an der Maximierung des Gesamtnutzens aus und misst diesen beispielsweise anhand von Kosteneffektivitätskriterien. Die vorhandenen Mittel sollten so eingesetzt werden, dass sie einen möglichst großen gesundheitlichen Nutzen für die größtmögliche Anzahl Betroffener hervorbringen. In gesundheitsökonomischen Handbüchern wird diese Position häufig implizit vertreten, in der Regel jedoch mit Hinweis auf kontraintuitive Ergebnisse über die Berücksichtigung zusätzlich angenommener, meist mit Verweis auf die Intuition begründeter Gerechtigkeitskriterien («equity weights») nachträglich korrigiert.[41]

Ein solcher Ansatz provoziert eine Reihe von Anfragen. Besonders problematisch ist das Fehlen von Grundrechten. Auf diese Weise argumentierend wird letztlich alles verrechenbar, unabhängig von den Folgen, die diese Berechnungen für einzelne Menschen nach sich ziehen. Eine nachträgliche Korrektur besonders kontraintuitiv erscheinender Ergebnisse wirkt dagegen willkürlich und kann eine Basis wie die Achtung der Menschenwürde und grundlegender Individualrechte keinesfalls ersetzen.[42] Aus Sicht einer christlichen Sozialethik ist ein solcher Ansatz darum nicht akzeptabel. Der Rechtsphilosoph Kurt Seelmann hat die Grundsatzkritik einmal anhand drastischer Beispiele folgendermaßen auf den Punkt gebracht:

---

39 Vgl. VEITH 2004; HEIMBACH-STEINS u. a. 2020.

40 Vgl. KERBER 1998, 46–50, bes. 47: Das Gemeingutprinzip ist eng mit dem Personalprinzip verknüpft; so geht es nicht um die Herstellung einer größtmöglichen Güterfülle als Ziel einer Volkswirtschaft, sondern um die größtmögliche Befriedigung menschlicher Bedürfnisse. Hier würde eine essentialistische Theorie, beispielsweise der Befähigungsansatz im Sinne Martha Nussbaums, unmittelbar anknüpfen können.

41 Vgl. die gute Übersicht über verschiedene Korrekturvorschläge bei KLONSCHINSKI/LÜBBE 2011. Beispielsweise Erik Nord kommt mit seinem «Equal Value of Life Approach» aus ökonomischer Sicht deontologischen Ansätzen sehr weit entgegen, vgl. NORD 1999.

42 Vgl. NATIONAL INSTITUTE FOR HEALTH AND CLINICAL EXCELLENCE ²2008.

Der Wert macht die Würde schutzlos. Wo alles zur Verrechnung steht, an seiner Nützlichkeit gemessen wird, schützt man nichts mehr um seiner selbst willen. Es ist das ökonomische Erbe des Werts, dass er verrechenbar ist. Wertphilosophisch gesehen lassen sich
schwerlich Gründe dagegen finden, jemanden zur Lebensrettung eines anderen als lebendes
Blutdepot zu verwenden, an Sterbenden ohne ihren Willen der Medizin nützliche Experimente anzustellen oder entführte Flugzeuge mit unschuldigen Passagieren abzuschießen.
Ja auch die Präventions-Folter, wenn sie durch Abpressen eines Geisel-Verstecks Leben zu
retten verspricht, lässt sich auf dem Weg über die Verrechnung von Werten begründen.[43]

Werden kontraintuitive Resultate, verursacht beispielsweise durch die im QALY-
Ansatz systematisch angelegte Benachteiligung von Menschen mit Behinderungen, im Rahmen eines ökonomischen Ansatzes nachträglich mit Verweis auf
Rechte gleichsam «von Hand» korrigiert, bleibt zu klären, in welchem Verhältnis
diese rechtstheoretischen zu den nutzentheoretischen Überlegungen stehen und
insbesondere, auf welche Weise die rechtstheoretischen Aspekte begründet werden.[44] Der alleinige Hinweis auf eine verbreitete Intuition, wie er beispielsweise in
der problematischen Zurückweisung der «rule of rescue» und der damit verbundenen bevorzugten Behandlung von Patienten am Lebensende vom englischen
NICE gemacht wird, ist nicht überzeugend.[45]

Über diese grundsätzlichen Anfragen hinaus ergeben sich im Rahmen eines
strikt teleologischen Ansatzes auch theorieinterne Probleme, namentlich bei der
inhaltlichen Bestimmung des Nutzens und der Lebensqualität sowie bei der Bewertung von Lebenszuständen, wie sie beispielsweise als Grundlage im QALY-Kon-
zept dienen.[46] Einschlägig bekannt ist, dass Gesundheitszustände je nach Befindlichkeit einer befragten Person sehr unterschiedlich bewertet werden: Die Tatsache
einer Querschnittslähmung kann von einer Person, die ohne diese Einschränkung
lebt, völlig anders bewertet werden als von einem Menschen, der seit Jahren mit einer Paraplegie lebt. Auch die Folgen einer Prostataoperation wie Inkontinenz oder
Impotenz können von Männern je nach ihrer Lebenssituation sehr unterschiedlich
eingeschätzt werden. Ein gravierendes theorieinternes Problem besteht darüber
hinaus in einer möglichen Einschränkung persönlicher und auch sozialer Präferenzen. Eine utilitaristisch grundgelegte Option zugunsten einer QALY-Maximie-
rung kann grundlegenden individuellen, aber auch sozialen Werthaltungen widersprechen, wie im Konsenspapier der SwissHTA zu Recht betont wird.[47] Dort wird

---

43 Seelmann 2008, 115.

44 Vgl. Klonschinski/Lübbe 2011; Klonschinski 2016; Zimmermann 2019.

45 Vgl. die Analyse bei Charlton 2022.

46 Vgl. die Übersicht zu Grenzen und Herausforderungen von HTA bei Oliver/Sorenson 2009; aus
ethischer Sicht beschäftigt sich beispielsweise Dan Brock mit diesen Grenzen, vgl. z. B. Brock 2004.

47 Vgl. Schlander u. a. 2011, 11; 24.

vielmehr von einem rechtebasierten Konzept von Personalität, Integrität und Autonomie des Individuums als primärem normativem Postulat ausgegangen und auf den in der Schweizer Rechtstradition verankerten Solidaritätsgedanken, aber auch auf Kriterien wie Dringlichkeit und Fairness verwiesen.[48]

1.3.3 Recht auf Gleichbehandlung ergänzt um Angemessenheitsüberlegungen

Ein gemischt-deontologischer Ansatz, wie er aus unterschiedlichen disziplinären Perspektiven beispielsweise von Michael Schramm, Georg Marckmann, Leonard M. Fleck oder Stefan Huster[49] vertreten wird, basiert auf der Grundlage der zu achtenden Menschenwürde und der Grundrechte aller Menschen, integriert jedoch im Unterschied zu einer strikt deontologischen Position ebenfalls Überlegungen zur Angemessenheit medizinischer Leistungen und damit ein teleologisches Element. Der wesentliche Grund für diese Ergänzung liegt in der Anerkennung der Begrenztheit allen Lebens. Michael Schramm bringt es folgendermaßen auf den Punkt:

> Da wir nun nicht (mehr) im Paradies leben, können wir an der Tatsache, dass alles knapp ist, grundsätzlich nichts ändern. Wir können aber damit einigermaßen vernünftig umgehen, *und das heißt, sowohl die Effizienz als auch die Gerechtigkeit zu berücksichtigen.*[50]

Um Effizienzüberlegungen integrieren, gleichzeitig aber an der Gleichbehandlung aller Menschen festhalten zu können, unterscheidet er zwischen einer begründungstheoretischen Ebene und einer Anwendungsebene.[51] Angesichts der real bestehenden Knappheit ließen sich allgemeine Moralprinzipien von der Begründungsebene nur über den Weg einer ökonomischen Rekonstruktion anwenden. Was auf der Anwendungsebene genau als die vergleichsweise gerechtere Lö-

---

48 Vgl. ebd. 11; 23: Soziale Präferenzen der Versicherten sollten empirisch erhoben werden, entsprechender Forschungsbedarf wird hinsichtlich der Validierung der hier angenommenen Postulate (genannt werden Vorrang bei Dringlichkeit und hohem Schweregrad, Bevorzugung junger Menschen, faire Chancen für Menschen mit seltenen Krankheiten, Nachrangigkeit von Bagatellen, Förderung von Innovationen) und von deren Rangfolge bzw. Gewichtung angemeldet. Hier wird ein gemischt-deontologischer Ansatz zugrunde gelegt, wobei die Pflichten rekonstruktiv über empirisch zu erhebende Wertpräferenzen in der Gesellschaft bestimmt werden sollen. Insbesondere das Kriterium der bevorzugten Behandlung jüngerer Menschen dürfte in einer zunehmend älter werdenden Gesellschaft wie der Schweiz allerdings unterschiedlich eingeschätzt werden.

49 Vgl. Schramm 2004; Marckmann 2007; Fleck 2009; Huster 2011. Dagegen argumentiert Weyma Lübbe in kritischer Auseinandersetzung mit einer Stellungnahme der Zentralen Ethikkommission der Bundesärztekammer zum Thema von 2007, vgl. Lübbe 2011, 118–122.

50 Schramm 2004, 1 (Hervorhebung eingefügt, d. V.).

51 Vgl. ebd. 6; 10.

sung gelten kann, könne erst nach dem Durchgang durch die ökonomische Kosten-Nutzen-Analyse beurteilt werden.[52] Die Gleichbehandlung aller bleibt ein Anspruch, der auf der Anwendungsebene im Sinne einer regulativen Idee verstanden werden sollte. Zu deren Umsetzung nennt er vier gerechtigkeitstheoretische Forderungen: Das Gesundheitssystem dürfe nicht einem ungeregelten Markt überlassen bleiben (Pflicht zur Solidarität), es sollten Marktelemente eingebaut werden (Eigenverantwortung), es gebe kein Recht auf eine Maximalversorgung (Anerkennung der Endlichkeit) und es seien Maßnahmen expliziter Rationierung vorzusehen (Gleichbehandlung aller).[53]

Der entscheidende Grund, warum Effizienzüberlegungen in das ethische Kalkül mit einbezogen werden sollten, liegt darin, dass Menschen immer schon in einem System mit Einschränkungen leben und de facto – bewusst oder unbewusst – darüber entscheiden, welche Art von Nutzen sie hervorbringen möchten, auch benannt als das Problem der Opportunitätskosten. Die Alternative, nämlich strikt deontologisch auf einem Recht auf Behandlung zu beharren, ist aufgrund der damit verbundenen impliziten Rationierung abzulehnen. Tatsächlich würde sonst die Situation der ungeregelten Rationierung am Krankenbett gefördert, die sich vor allem in Form einer Ausdünnung («rationing by dilution»[54]) der zur Verfügung stehenden Ressourcen vollzieht, was in Einzelfällen zu extremer Ungleichbehandlung führen kann. L. M. Fleck weist zu Recht darauf hin, in Wirklichkeit sei es diese implizite oder unsichtbare Form von Rationierung, die der Achtung der Menschenwürde widerspreche: «That practice does violate the moral rights of individuals because it involves treating them as mere things to be used for achieving someone else's cost-containing purposes.»[55]

Eine Aussage über die Angemessenheit einer Maßnahme bedingt den Einbezug von Kosteneffektivitätsberechnungen, auch wenn diese Kriterien beinhalten, die ganze Gruppen von Patientinnen und Patienten und letztlich die gesamte Gesellschaft betreffen. Nur unter Einbezug dieser Kriterien ist es überhaupt möglich, gerechte Allokationsentscheidungen zu treffen. Es liegt nahe, in diesem Zusammenhang an die traditionelle Unterscheidung zwischen außergewöhnlichen und gewöhnlichen Maßnahmen («extra-ordinary and ordinary means») im Zusammenhang mit Lebensende-Entscheidungen in der katholischen Moraltradition zu denken. Angenommen wird, dass ein Arzt lediglich dazu verpflichtet werden könne, verhältnismäßige Maßnahmen zu ergreifen.[56] In der Bestimmung

52 Vgl. ebd. 11.
53 Vgl. ebd. 13–21.
54 KLEIN 2010, 389.
55 FLECK 2009, 77.
56 Vgl. BOLE III. 1992.

dieser Größe haben Kosten und Lebensqualitätskriterien stets eine Rolle gespielt. Thomas Bole geht in einer Auseinandersetzung mit der Behandlung von Menschen im irreversiblen vegetativen Zustand davon aus, dass die Anerkennung des Lebens als Gottes Gabe die Anerkennung der Endlichkeit und auch den Respekt vor dem letzten Ziel beinhalte; diese letzte Bestimmung des Menschen bestehe nicht in der Erhaltung seines biologischen Lebens, sondern im spirituellen Heil. Entsprechend hat auch die Glaubenskongregation in ihrer Stellungnahme zur Euthanasie von 1980 betont, es sei stets erlaubt, sich mit Mitteln zu begnügen, welche die Medizin allgemein zur Verfügung stelle:

> Es ist immer erlaubt, sich mit den Mitteln zu begnügen, welche die Medizin allgemein zur Verfügung stellt. Niemand kann daher verpflichtet werden, eine Therapie anzuwenden, die zwar schon im Gebrauch, aber noch mit Risiken versehen oder *zu aufwendig ist*. Ein Verzicht darauf darf nicht mit Selbstmord gleichgesetzt werden: *es handelt sich vielmehr um ein schlichtes Hinnehmen menschlicher Gegebenheiten*; oder man möchte einen aufwendigen Einsatz medizinischer Technik vermeiden, dem kein entsprechender zu erhoffender Nutzen gegenübersteht; oder man wünscht, *der Familie beziehungsweise der Gemeinschaft keine allzu große Belastung aufzuerlegen*.[57]

Zwar geht es hier um die Beurteilung der Angemessenheit von Maßnahmen am Lebensende eines Patienten oder einer Patientin und nur indirekt um Rationierung, jedoch fällt auf, dass in der Begründung der Unangemessenheit medizinischer Maßnahmen finanzielle und damit personenübergreifende Aspekte einbezogen werden. In dieser Denktradition ist wohl von entscheidender Bedeutung, dass davon ausgegangen wird, jeder Mensch sei von Gott angenommen und darum unabhängig von seiner Befindlichkeit unendlich wertvoll. Der von Weyma Lübbe befürchtete Kurzschluss, von der Unangemessenheit einer Behandlung könnte auf den mangelnden Wert eines menschlichen Lebens geschlossen werden, ist auf der Basis einer solchen Hintergrundtheorie nicht möglich.

1.4 Fazit

Die Überlegungen zu den drei ethischen Positionen, die im Hinblick auf den Einbezug von Nutzenbewertungen bei der Ausgestaltung einer gerechten und guten Gesundheitsversorgung vertreten werden, legen ein Plädoyer zugunsten einer gemäßigt deontologischen Position nahe. Gemeint ist eine pflichtenethische Begründungstheorie, die angesichts der real bestehenden Knappheit bei ihrer Konkretisierung um teleologische Elemente ergänzt wird. Grundlegend dabei ist eine rechtebasierte, deontologische Moraltheorie mit der zentralen Forderung nach der Achtung der Menschenwürde. Darauf gründen deontologische Prinzipien wie die Chancengleichheit, das Diskriminierungsverbot oder die bevorzugte Beachtung von besonders vulnerablem menschlichem Leben. In der Umsetzung

---

57 KONGREGATION FÜR DIE GLAUBENSLEHRE 1980, 12 (Hervorhebungen eingefügt, d. V.).

und Konkretisierung dieser grundlegenden Prinzipien ist jedoch der Einbezug des Wirtschaftlichkeitskriteriums inklusive der Kosten-Nutzen-Überlegungen als teleologische Denkfigur unabdingbar. Ohne diese Ergänzung wäre die Achtung der menschlichen Würde aufgrund der impliziten Rationierung am Krankenbett gefährdet: So lautet die deontologische Begründung zugunsten des Einbezugs einer teleologischen Ergänzung, auch wenn dadurch Kompromisse und manchmal nur zweitbeste Lösungen akzeptiert werden müssen. Wesentlich dabei ist, dass eine deontologisch begründete Idealforderung aufgrund von Angemessenheitsüberlegungen eingeschränkt wird, um auf diese Weise eine diskriminierende und ungerechte Praxis in der realen Welt zu verhindern.[58] Da es im Kern der Problematik um die Anerkennung von Knappheit und letztlich der Endlichkeit des Lebens geht, sind komplementär zu den genannten Überlegungen sicherlich auch tugendethische Aspekte von Bedeutung.

Eine theologische Ethik ist zwar nicht in der Lage, spezifisch theologische Zusatzargumente in die Debatten um geeignete Normierungstheorien einzubringen. Sie sollte aber auf eschatologische Aspekte hinweisen: Angesichts der letzten Dinge wird einerseits die Begrenztheit, das Fragmentarische und damit die Erlösungsbedürftigkeit menschlichen Lebens deutlich, andererseits aber auch die Heilszusage wichtig: «Wer durstig ist, den werde ich umsonst aus der Quelle trinken lassen, aus der das Wasser des Lebens strömt.» (Offb. 21,6b)

LITERATUR

ALAKESON, VIDHYA, *Why Oregon Went Wrong*, in: British Medical Journal 337 (2008), 900 f.

BOLE III.,THOMAS J., *Why Almost Any Ost to Others To Preserve the Life of the Irreversibly Comatose Constitutes an Extraordinary Burden*, in: WILDES, KEVIN W. (Ed.), *Birth, Suffering, and Death. Catholic Perspectives at the Edges of Life*, Dordrecht/Boston/London 1992, 171–182.

BRAIDOTTI, ROSI, *Zur Transposition des Lebens im Zeitalter des genetischen Biokapitalismus*, in: WEISS, MARTIN G. (Hg.), *Bios und Zoë. Die menschliche Natur im Zeitalter ihrer technischen Reproduzierbarkeit*, Frankfurt a. M. 2009, 108–135.

BROCK, DAN, *Ethical Issues in the Use of Cost Effectiveness Analysis for the Prioritization of Health Resources*, in: KUSHF GEORGE (Ed.), *Handbook of Bioethics. Taking Stock of the Field From a Philosophical Perspective*, Boston et al. 2004, 353–380.

---

58 Vgl. dazu den Kommentar von FLECK 2009, 119 f.: «The alternative to moral heroism is an ineffective pseudo-heroism – better known as pious posturing – maintaining clean hands and a clean conscience by failing to engage in the difficult moral struggles and moral compromises required by the problem of our complex social life and a complex health care system.» Nachdem er sich seit Jahrzehnten mit den Verteilungsfragen im Gesundheitswesen auseinandergesetzt hat, unterscheidet er in seinem gemischt deontologischen Ansatz zwischen idealer Gerechtigkeit und nicht-idealer, aber ausreichender Gerechtigkeit (102), wobei realistischer Weise eine nicht-ideale Gerechtigkeit einer ungerechten Situation grundsätzlich vorzuziehen sei.

CHARLTON, VICTORIA, *NICE and Fair? Health Technology Assessment Policy Under the UK's National Institute for Health and Care Excellence, 1999–2018*, in: Health Care Analysis 28 (2020), 193–227.

—, *Does NICE apply the rule of rescue in its approach to highly specialised technologies?*, in: Journal of Medical Ethics 48 (2022), 118–125.

DEUTSCHER ETHIKRAT, *Nutzen und Kosten im Gesundheitswesen. Zur normativen Funktion ihrer Bewertung. Stellungnahme*, Berlin 2011.

EMANUEL, J. EZEKIEL/PERSAD, GOVIND/UPSHUR, ROSS ET AL., *Fair Allocation of Scarce Medical Resources in the Time of Covid-19*, in: New England Journal of Medicine 382 (2020), 2049–2055.

FLECK, LEONARD M., *Just Caring. Health Care Rationing and Democratic Deliberation*, New York 2009.

FRANKENA, WILLIAM F., *Analytische Ethik. Eine Einführung*, München 1981.

GÖBEL, ELISABETH, *Unternehmensethik. Grundlagen und praktischen Umsetzung*, 2., neu bearb. und erw. Auflage, Stuttgart 2010.

HABERMAS, JÜRGEN, *Erläuterungen zur Diskursethik*, Frankfurt a. M. 1991.

—, *Faktizität und Geltung. Beiträge zur Diskurstheorie des Rechts und des demokratischen Rechtsstaats*, Frankfurt a. M. ³1993.

HEIMBACH-STEINS, MARIANNE/MÖHRING-HESSE, MATTHIAS/KISTLER, SEBASTIAN/LESCH, WALTER (Hg.), *Globales Gemeinwohl. Sozialwissenschaftliche und sozialethische Analysen*, Paderborn 2020.

HUSTER, STEFAN, *Soziale Gesundheitsgerechtigkeit. Sparen, umverteilen, vorsorgen?*, Berlin 2011.

KERBER, WALTER, *Sozialethik. Grundkurs Philosophie 13*, Stuttgart/Berlin/Köln 1998.

KLEIN, RUDOLF, *Rationing in the Fiscal Ice Age. Guest Editorial*, in: Health Economics, Policy and Law 5 (2010), 389–396.

KLONSCHINSKI, ANDREA, *The Economics of Resource Allocation in Health Care. Cost-utility, Social Value, and Fairness*, London/New York 2016.

—/LÜBBE, WEYMA, *QALYs und Gerechtigkeit: Ansätze und Probleme einer gesundheitsökonomischen Lösung der Fairnessproblematik*, in: Das Gesundheitswesen 73 (2011), 688–695.

KONGREGATION FÜR DIE GLAUBENSLEHRE, *Erklärung zur Euthanasie*, Bonn 1980.

LÜBBE, WEYMA, *Einleitung*, in: DIES. (Hg.), *Tödliche Entscheidungen. Allokation von Leben und Tod in Zwangslagen*, Paderborn 2004, 7–26.

—, *Sondervotum*, in: DEUTSCHER ETHIKRAT, *Nutzen und Kosten im Gesundheitswesen. Zur normativen Funktion ihrer Bewertung. Stellungnahme*, Berlin 2011, 98–124.

MARCKMANN, GEORG, *Kosteneffektivität als Allokationskriterium aus gesundheitsethischer Sicht*, in: ZIMMERMANN-ACKLIN, MARKUS/HALTER, HANS (Hg.), *Rationierung und Gerechtigkeit im Gesundheitswesen. Beiträge zur Debatte in der Schweiz*, Basel 2007, 213–224.

—, *Ethische Herausforderungen der Ressourcenallokation bei Pandemien. Grundlagen und Konkretisierung für die Priorisierung von Therapien und Impfstoffen*, in: REIS, ANDREAS/SCHMIDHUBER, MARTINA/FREWER ANDREAS (Hg.), *Pandemien und Ethik. Entwicklung – Probleme – Lösungen*, Berlin/Heidelberg 2021, 93–106.

— /SIEBER, UWE, *Prioritäten in der Gesundheitsversorgung: Was können wir aus dem «Oregon Health Plan» lernen?*, in: Deutsche Medizinische Wochenschrift 127 (2002), 1601–1604.

NATIONAL INSTITUTE FOR HEALTH AND CLINICAL EXCELLENCE, *Social Value Judgements. Principles for the development of NICE guidance. Second Edition*, London ²2008.

NATIONALE ETHIKKOMMISSION IM BEREICH DER HUMANMEDIZIN, *Medikamentenpreise. Überlegungen zum gerechten Umgang mit teuren neuen Medikamenten*, Bern 2020.

NIDA-RÜMELIN, JULIAN, *Kritik des Konsequentialismus*, München 1993.

NORD, ERIK, *Cost Value Analysis in Health Care. Making Sense out of QALYs*, Cambridge 1999.

OLIVER, ADAM/SORENSON, CORINNA, *The limits and challenges to the economic evaluation of health technologies*, in: COSTA-FONT, JOAN/COURBAGE, CHRISTOPHE/MCGUIRE, ALISTAIR (Eds.), *The Economics of New Health Techonologies. Incentives, Organizations, and Financing*, New York 2009, 205–216.

POWERS, MADISON/FADEN, RUTH, *Social justice. The moral foundations of public health and health policy*, New York 2006.

—/—, *Structural Injustice. Power, Advantage, and Human Rights*, New York 2019.

PRICE, JESSICA/BINAGWAHO, AGNES, *From Medical Rationing to Rationalizing the Use of Human Resources for AIDS Care and Treatment in Africa: A Case for Task Shifting*, in: Developing World Bioethics 10 (2010), 99-103.

SCHLANDER, MICHAEL/AFFOLTER, CHRISTIAN/SANDMEIER, HEINER U. A., *Schweizer HTA-Konsensus-Projekt: Eckpunkte für die Weiterentwicklung in der Schweiz*, Basel u. a. 2011.

SCHÖFFSKI, OLIVER, *Einführung*, in: DERS./GRAF VON DER SCHULENBURG, J.-MATTHIAS (Hg.), *Gesundheitsökonomische Evaluationen*, dritte, vollständig überarb. Auflage, Berlin/Heidelberg ³2008, 3–12.

SCHRAMM, MICHAEL, *«Alles hat seinen Preis». Gerechtigkeit im Gesundheitswesen*, Hohenheimer Working-Papers zur Wirtschafts- und Unternehmensethik 3, Stuttgart-Hohenheim 2004.

SEELMANN, KURT, *Werte – zu Ursprung und Verwendung eines in der Ethik beliebten Begriffs*, in: FISCHER, MICHAEL/DERS. (Hg.), *Ethik im transdisziplinären Sprachgebrauch*, Frankfurt a. M. 2008, 111–117.

SORENSON, CORINNA/CHALKIDOU, KALIPSO, *Reflection on the Evolution of Health Technology Assessment in Europe*, in: Health Economics, Policy and Law 7 (2012), 25–45.

VEITH, WERNER, *Gemeinwohl*, in: HEIMBACH-STEINS, MARIANNE (Hg.), *Christliche Sozialethik. Ein Lehrbuch*, Bd. 1, *Grundlagen*, Regensburg 2004, 270–282.

WERNER MICHA H., *Deontologische Theorien*, in: WILS, JEAN-PIERRE/HÜBENTHAL, CHRISTOPH (Hg.), *Lexikon der Ethik*, Paderborn 2006, 40–49.

WILHELMS, GÜNTER, *Christliche Sozialethik*, Paderborn 2010.

WOLBERT, WERNER, *Zur Pointe einer deontologischen Theorie und einer deontologischen Gerechtigkeitskonzeption*, in: NEUMEIER, OTTO/SEDMACK, CLEMENS/ZICHY, MICHAEL (Hg.), *Gerechtigkeit. Auf der Suche nach einem Gleichgewicht*, Frankfurt a. M./Lancaster 2005, 155–170.

ZIMMERMANN, MARKUS, *Rezension zu: Andrea Klonschinski, The Economics of Resource Allocation in Health Care. Cost-utility, Social Value, and Fairness*, London/New York 2016, in: Bioethica Forum 12 (2019), 65 f.

ZIMMERMANN-ACKLIN, MARKUS, *Bioethik in theologischer Perspektive. Grundlagen, Methoden, Bereiche*, 2., erw. Aufl., Freiburg i. Br./Freiburg i. Ue. ²2010.

—, *Die Rationierungsdiskussion in der Schweiz. Beobachtungen aus ethischer Perspektive*, in: WILD, VERINA/PFISTER, ELIANE/BILLER-ANDORNO, NIKOLA (Hg.), *DRG und Ethik. Ethische Auswirkungen von ökonomischen Steuerungselementen im Gesundheitswesen*, Basel 2011, 127–139.

ZWEIFEL, PETER, *Rationierung im Gesundheitswesen aus ökonomischer Sicht*, in: ZIMMERMANN-ACKLIN, MARKUS/HALTER, HANS (Hg.), *Rationierung und Gerechtigkeit im Gesundheitswesen. Beiträge zur Debatte in der Schweiz*, Basel 2007, 95–109.

2 VORRANG HAT DIE HILFE FÜR MENSCHEN IN NOT

In ihrem Diskussionsbeitrag «Rule of Rescue vs. Rettung statistischer Leben»[1] beleuchtet, analysiert und widerlegt Weyma Lübbe die These, die *Rule of Rescue* – also die etablierte und gemeinhin anerkannte Praxis, zur Rettung akut bedrohter Menschenleben mitunter sehr kostspielige Rettungsmaßnahmen zu ergreifen – wirke sich diskriminierend auf statistische Leben aus.

Die ethische Auseinandersetzung mit dieser These findet gleichsam auf zwei Argumentationsebenen statt, die sich klar voneinander unterscheiden: Zunächst verdanken sich viele Argumente, welche zur Ablehnung oder zumindest skeptischen Beurteilung der *Rule of Rescue* vorgetragen werden, ethischen Folgenüberlegungen, sind also konsequentialistisch oder Output-orientiert, wobei der Grundgedanke lautet: Mit denselben Mitteln, die für die Rettung weniger Menschen eingesetzt werden, könnte bei einer anderen, effizienteren Ressourcenallokation und unter Verzicht auf teure Rettungsmaßnahmen für Menschen in akuter Not unter Umständen sehr viel mehr Leiden gelindert bzw. könnten weitaus mehr Menschenleben gerettet werden. In diesem Sinne geht es in dem Disput um den klassischen Streit zwischen an Rechten und Pflichten orientierten deontologischen und am Nutzen einer Maßnahme orientierten konsequentialistischen Ethikansätzen. Umstritten diskutiert wird in dieser Auseinandersetzung unter anderem, ob die Anzahl der bei einer Handlung oder Unterlassung auf dem Spiel stehenden Menschenleben bzw. die Quantität des verhinderten Leidens ethisch zählen oder relevant sind (das so genannte Aggregationsproblem[2]).

Darüber hinaus und auf einer anderen Ebene ergänzen die von Weyma Lübbe in ihrem Beitrag zitierten Skeptiker gegenüber der Anwendungspraxis der *Rule of Rescue* ihre Argumente um den Vorwurf der Diskriminierung.[3] Unter Diskriminierung wird im ethischen Sinne nicht nur eine unterschiedliche Behandlung von Personen oder Personengruppen, sondern eine nicht gerechtfertigte Ungleichbehandlung verstanden. Es handelt sich somit – erkennbar am Vorwurf der Ungerechtigkeit – um eine deontologische Denkfigur. Die Idee oder Konstruktion dieses Vorwurfs besteht darin, deontologisch ansetzende Ethikerinnen und Ethiker wie Weyma Lübbe gleichsam mit ihren eigenen Argumenten zu widerlegen bzw. sie eines Selbstwiderspruchs zu überführen. Dies geschieht, indem behauptet wird, mit Blick auf die Praxis der *Rule of Rescue* bestehe ein Problem nicht alleine in der fehlenden Kosteneffektivität ergriffener Maßnahmen, sondern ihre

---

1 LÜBBE 2017.

2 Vgl. dazu kritisch LÜBBE 2015; zu den ethischen Grundlagen der Debatte vgl. auch Kap. II/1 im vorliegenden Band.

3 Vgl. zur kontroversen Diskussion SCHÖNE-SEIFERT/FRIEDRICH 2013; COHEN ET AL. 2015.

Anwendung sei darüber hinaus auch aus Gerechtigkeitsgründen problematisch, also ungerecht, weil durch diese Handlungen Personen ungerechtfertigt ungleich behandelt, also diskriminiert würden.

2.1 Recht auf Hilfe in Notlagen und die karitative Funktion der Medizin

Weyma Lübbe geht in ihren Ausführungen auf beide Argumentationsebenen ein. Einen reinen Konsequentialismus hält sie unter anderem mit Hinweis auf die etablierte und weithin anerkannte Praxis der *Rule of Rescue* für verfehlt und widerlegt den Diskriminierungsvorwurf gegenüber statistischen Leben zudem als eine nicht überzeugend begründbare Behauptung. In ihrer Argumentation greift sie auf Beispiele aus unterschiedlichen Lebenswelten zurück, eingehen möchte ich im Folgenden ausschließlich auf diejenigen aus dem Bereich der Gesundheitsversorgung.

Zunächst weist die Autorin zu Recht darauf hin, dass identifizierbare Kranke, die sich an einen Arzt wenden und diesen um Hilfe bitten, nicht vergleichbar seien mit statistischen Menschenleben, also Menschen, die de facto niemand kennt: Ärztinnen und Ärzten stünden tatsächliche Patientinnen und Patienten vor Augen, während ‹Finanzierungsentscheider›, wie sie schreibt, sich mit Überlebensstatistiken und der Kosteneffektivität einzelner Maßnahmen befassten. Statistische Menschen gäbe es nicht, unterstreicht sie, irgendein Mensch könne nicht diskriminiert werden, sondern nur ein konkretes Gegenüber mit Gesicht und Namen. Handlungen und Unterlassungen, die sich auf die eine oder andere Weise statistisch auswirkten, seien nicht moralisch zurechenbar, ließen sich nicht auf eine konkrete Entscheidung eines Menschen zurückführen. Damit unterstreicht sie, dass der Vorwurf der Diskriminierung der Existenz einer diskriminierenden Person bedarf, also eines Menschen, der andere in ungerechtfertigter Weise ungleich behandelt, was mit Blick auf eine Benachteiligung statistischer Menschenleben offensichtlich nicht der Fall sei. In der persönlichen Zurechenbarkeit oder Verantwortlichkeit, die bei der Berücksichtigung statistischer Leben nicht gegeben sei, würden sich zudem Menschlichkeit und eine Sorge umeinander konkretisieren bzw. ausdrücken.[4]

Ausgehend vom Grundsatz, dass es in der Medizin primär um die Hilfe für medizinisch Bedürftige gehe – sie nennt dies die karitative Funktion des medizinischen Sektors – und nicht um die Produktion von möglichst viel Gesundheit (zu möglichst geringen Kosten, könnte im Sinne des Kosteneffektivitätskriteriums ergänzt werden), geht Weyma Lübbe im Schlussteil ihres Beitrags auf die meines Erachtens relevanteste Infragestellung der *Rule of Rescue* ein, nämlich auf den Hinweis, die Anwendung der Regel würde bei der Behandlung von Patientinnen und Patienten am Lebensende dazu führen, dass bei ihnen sehr teure Maßnahmen mit

---

4 Vgl. LÜBBE 2017.

oftmals minimalem Nutzen ergriffen würden mit der Folge, dass die Ressourcen an anderen Orten fehlten.[5] Hier lenkt auch die Autorin ein und widerspricht der Forderung nach einer Relativierung der *Rule of Rescue* bei medizinischen Maßnahmen am Lebensende nicht: Zunächst sei jedoch die Frage der medizinischen Bedürftigkeit eines Menschen in seiner letzten Lebensphase zu klären, bevor die Unterlassung eines Arztes bzw. einer Ärztin diesem bzw. dieser angelastet und als ungerechtfertigt qualifiziert werden könne. Verantwortlich könne ein Arzt oder eine Ärztin nur für das gemacht werden, so schreibt sie zu Recht, was er oder sie de facto positiv hätte tun können bzw. was er oder sie mit einer medizinischen Intervention hätte verhindern können (‹ultra posse nemo tenetur›), und dies kann bei Sterbenden unter Umständen nur noch sehr wenig sein. Ein gewisser Teil von Lebensende-Behandlungen, die im Sinne der *Rule of Rescue* als *ultima ratio* ausgeführt werden, dürften sich als medizinisch nicht indiziert und damit als sinnlos herausstellen, so dass sie sowohl aufgrund der Verletzung des Nicht-Schadens-Prinzips als auch des Gerechtigkeitsprinzips abzulehnen wären.[6]

2.2 *Grundsätzliche Zustimmung, es bleiben jedoch Fragen unbeantwortet*

Auch wenn in ihrem kurzen Text nicht alle Fragen beantwortet werden, kann ich den Argumenten Weyma Lübbes grundsätzlich folgen. Ähnlich wie viele Ansätze christlicher Ethik, die die Achtung der Menschenwürde betonen und gemischt deontologisch ansetzen, ist ihre Argumentation geprägt von

- *der Berücksichtigung konkreter menschlicher Entscheidungssituationen und skeptisch gegenüber abstrakten Folgenüberlegungen,*
- *einem Ernstnehmen realer menschlicher Begegnungen und Beziehungen sowie von der Ablehnung gegenüber der Gewichtung lediglich statistisch erfassbarer Menschenleben,*
- *der Betonung persönlicher Verantwortlichkeit bzw. Zurechenbarkeit von Handlungen und zurückhaltend gegenüber Folgen von Mechanismen, strukturell oder systemisch bedingten Abläufen,*
- *der ethischen Relevanz des spontanen menschlichen Impulses, Menschen in Not, wann immer möglich, zu helfen, und abweisend gegenüber überindividuellen utilitaristischen Maximierungsstrategien, die sich zudem in der Regel auf mehr oder weniger große Risiken, jedoch nicht unmittelbar bestehende Not beziehen,*
- *einer differenzierten Herangehensweise bei der Bestimmung medizinischer Bedürftigkeit sterbender Patientinnen und Patienten sowie realistisch mit Blick auf die Anerkennung der Grenzen ärztlicher Handlungsmöglichkeiten und der grundsätzlich vorgegebenen Endlichkeit menschlichen Lebens.*

---

5 Vgl. dazu SCHÖNE-SEIFERT/FRIEDRICH 2013; DUTTGE/ZIMMERMANN-ACKLIN 2013.
6 Überlegungen zur Bedeutung der Empathie schließen sich hier unmittelbar an, vgl. SLOTE 2015.

Ihre Beschränkung auf die individuelle Handlungsebene zwischen Menschen, aus sozialethischer Sicht gewöhnlich als Mikro- oder Akteurs-Ebene, in der Medizinethik häufig als Ebene am Krankenbett bezeichnet, ist aus sozialethischer Perspektive und mit Blick auf Entscheidungssituationen zur Allokation knapper Mittel in der Gesundheitsversorgung allgemein dagegen nur bedingt überzeugend. Die von der Autorin als ‹Finanzierungsentscheider› bezeichneten Personen, welche sie Ärztinnen und Ärzten gegenüberstellt, haben auf der Mesoebene der Organisationen und der gesundheitspolitischen Makroebene de facto häufig Entscheidungen zu treffen, bei welchen die Kosteneffektivität von Maßnahmen aufgrund von Gerechtigkeitsüberlegungen nicht ignoriert werden sollte, beispielsweise bei Entscheidungen zur Einführung kostspieliger Therapien. Alleine aufgrund der Opportunitätskosten großer institutioneller Investitionen – aus ethischer Sicht ist zuallererst an die Verstärkung der impliziten oder ungeregelten Rationierung am Krankenbett zu erinnern, die sich vor allem in Form einer ‹Ausdünnung› der zur Verfügung stehenden Ressourcen vollzieht[7]– ist bei solchen Entscheidungen auch ethisch von Bedeutung, wie viele Menschenleben mit welchen finanziellen Investitionen gerettet werden können.[8] Dass die Autorin diesen Punkt durchaus anders beurteilt und aus deontologischen Gründen und mit Verweis auf die zu wahrende Menschenwürde zurückweist, hat sie beispielsweise in einem Sondervotum der Stellungnahme des Deutschen Ethikrats zur Frage von Kosten und Nutzen im Gesundheitswesen zum Ausdruck gebracht.[9]

Allerdings, und das ist mit Blick auf den zu kommentierenden Text entscheidend, lassen sich aus dieser sozialethischen Kritik keine Konsequenzen für die Handhabung der *Rule of Rescue* ableiten: Wenn menschliches Leben akut gefährdet ist, sollte im Sinne des Rechts auf Nothilfe grundsätzlich alles unternommen werden, um es zu retten, auch wenn die dabei ergriffenen Maßnahmen im Vergleich zu anderen möglichen Interventionen nicht oder weniger kosteneffektiv sind. Bei Entscheidungen auf der institutionellen und systemischen Ebene geht es dagegen in der Regel – und im Unterschied zu den Entscheidungen in Notsituationen – auf beiden Seiten einer Entscheidung um statistische, nicht um konkrete Leben: Darum sollten hier auch Überlegungen zur Kosteneffektivität von Maßnahmen mit in die Entscheidungen einbezogen werden.[10]

---

7 Vgl. KLEIN 2010.

8 Dieser Einwand spiegelt sich seit einiger Zeit auch in der Diskriminierungsdebatte, in welcher der Aspekt strukturell bedingter Diskriminierung hervorgehoben wird, vgl. POWERS/FADEN 2019; KLONSCHINSKI 2020; HÄDICKE/WIESEMANN 2021.

9 DEUTSCHER ETHIKRAT 2011, 98–124.

10 Vgl. Kap. II/1 im vorliegenden Band mit der Diskussion der einschlägigen Argumente.

2.3 Allokationsentscheidungen ‹Jenseits von Eden›

Was aus ökonomischer Sicht trivial, weil selbstverständlich klingt, dass nämlich knappe Ressourcen effizient einzusetzen seien, hat der systemtheoretisch denkende Sozialethiker Michael Schramm mit Blick auf systemische und institutionelle Entscheidungen einmal treffend so beschrieben:

> Jenseits von Eden leben wir in einer Welt der Knappheit: Unser Leben ist knapp (jede/jeder hat nur eines), unsere Zeit ist knapp, unsere Verstandeskapazitäten sind knapp, und nicht zuletzt sind auch die Ressourcen im Gesundheitswesen knapp. (…) Da wir nun nicht (mehr) im Paradies leben, können wir an der Tatsache, dass alles knapp ist, grundsätzlich nichts ändern. Wir können aber damit einigermaßen vernünftig umgehen (…).[11]

Was in diesem Zitat neben der theologischen Anspielung auf das verlorene Paradies, der grundsätzlichen Erinnerung an die «condition humaine» – der Angewiesenheit auf nicht-perfekte Entscheidungen – und dem Appell an die Vernunft mit anklingt, ist die für die Verteilungsdebatten in der Medizin wesentliche Einsicht, dass Knappheit auf mindestens zwei, oftmals nicht klar voneinander zu trennenden Bedingungen beruht, auf die unterschiedlich reagiert werden muss: Insoweit es um die grundsätzliche Endlichkeit des Lebens geht, kann Knappheit nur anerkannt werden, insoweit es jedoch um eine politisch hergestellte Knappheit geht, sollte diese sinnvoll, menschlich und vernünftig gestaltet werden.[12]

Mit Blick auf die gegenwärtigen ethischen Allokations-, Priorisierungs- oder Rationierungsdebatten lassen sich auf der Grundlage der Überlegungen von Weyma Lübbe zum rechten Verständnis der *Rule of Rescue*-Praxis mindestens drei wissenschaftliche Diskurse unterscheiden, die relativ unabhängig voneinander ausgetragen werden: Theorie- oder Begründungsdiskurse, gesellschaftspolitisch initiierte Anwendungsdiskurse und Diskurse über das helfende Handeln im Bereich der Caritas oder Diakonie.

2.3.1 BEGRÜNDUNGSDISKURSE

Von den relativierenden bzw. den eigenen Standpunkt problematisierenden Bemerkungen am Ende des Texts abgesehen lässt sich der Beitrag von Weyma Lübbe den allokationsethischen Grundsatz- oder Begründungsdiskursen zuordnen. Im Zentrum steht der Disput zwischen deontologischen und konsequentialistischen Theorieansätzen, wobei einerseits die Frage nach der Berücksichtigung der Anzahl von Menschenleben, die bei einer Entscheidung auf dem Spiel stehen, andererseits das Problem der Überforderung, wenn moralisch Handelnde für alle möglichen Folgen ihrer Handlungen und Unterlassungen verantwortlich gemacht würden, den roten Faden der Argumentation bilden.

---

11 SCHRAMM 2004, 1.

12 Vgl. ZIMMERMANN-ACKLIN 2008.

Eine pragmatische Analyse dieser Theoriedebatten weist – mit Blick auf intuitiv
bei vielen Menschen verankerte Verhaltensweisen – in folgende Richtung: Je akuter die Knappheit eines Gutes und je prekärer eine Situation, desto eher scheinen
Menschen bereit zu sein, sich bei Allokationsentscheidungen an den Folgen zu
orientieren und dabei namentlich die kurzfristige Überlebenswahrscheinlichkeit
als Zugangskriterium zu einer Behandlung miteinzubeziehen. Der klassische Fall
ist die Triage-Entscheidung von Ärztinnen und Ärzten bei einem Großunfall, im
Kriegsfall oder während einer Pandemie. Und umgekehrt: Unter alltäglichen Umständen wird mit Berufung auf verfassungsrechtlich gesicherte Grundrechte und
die moralische Idee der Egalität aller Menschen gefordert, dass alle Menschen unabhängig von Outcome-Überlegungen gleich behandelt werden sollten. Da der
Umfang der zur Verfügung stehenden Ressourcen in der Gesundheitsversorgung
der Hochlohnländer beeindruckend groß ist, besteht gewöhnlich keine Bereitschaft, die Ressourcenallokation mit Blick auf die Verbesserung der damit erzielten Gesundheit zu optimieren. Auch wenn diese intuitiv verankerten Urteile aus
Sicht der analytischen Ethik begründet kritisiert und beispielsweise von Weyma
Lübbe auch vehement abgelehnt werden, sind sie in konkreten Situationen wirksam und werden teilweise auch ethisch begrüßt.

Meine pragmatische Zugangsweise zu diesen in der klinischen Praxis äußerst
herausfordernden Problemen, die letztlich nur als «tragische Entscheidungen»
verstanden werden können, ist von meiner Auseinandersetzung mit der Thematik geprägt, wie die Allokation der zu Beginn des Jahrhunderts extrem knappen
und teuren Medikamente zur Behandlung von HIV und AIDS in afrikanischen
Staaten südlich der Sahara gerecht zu regeln sei: Hier hatte sich gezeigt, dass aus
pragmatischen Gründen zuerst die Ärzteschaft-, die Pflegefachkräfte, Lehrerinnen und Lehrer behandelt werden sollten, um die sachkundige Abgabe der knappen Medikamente nachhaltig zu sichern. Die Begründung dieses Vorgehens war,
wie oben angedeutet, rein pragmatisch und Output-orientiert und schloss die
Gleichbehandlung aller, beispielsweise über einen Losentscheid, aus nachvoll-
ziehbaren Gründen zunächst vollständig aus.[13]

Aufgrund der gegenwärtigen Corona-Pandemie werden diese pragmatischen
Beobachtungen, die selbstverständlich keine theoretische Begründung ersetzen
können, auch in den Hochlohnländern der Welt auf die Probe gestellt. Dazu nur
zwei kurze Bemerkungen, eine moralpragmatische und eine moraltheoretische:[14]
Pragmatisch gesehen wird meine Beobachtung mit Blick beispielsweise auf die
dramatischen Ereignisse im März und April 2020 in der norditalienischen Stadt

---

13 Vgl. ZIMMERMANN-ACKLIN 2005.

14 Für weitere Überlegungen und Literaturhinweise vgl. ZIMMERMANN 2022.

Bergamo zunächst einmal weitgehend bestätigt:[15] In dem Moment, in welchem es darauf ankam, unter massivem Zeitdruck und aufgrund minimaler Kenntnisse sowohl über den Verlauf der Covid-19-Infektion als auch möglicher therapeutischer Interventionen darüber zu entscheiden, wer einen der knappen Beatmungsplätze erhalten soll, wurde im Krankenhaus «Papst Johannes XXIII.» von den Behandlungsteams neben der *Dringlichkeit* vor allem die *Aussichten* einer Behandlung berücksichtigt.[16] Damit war damals auch verbunden, dass in der Regel junge infizierte Personen den hochaltrigen Menschen, die akut an Sars-CoV-2 erkrankt waren, vorgezogen wurden, weil deren (kurzfristige) Überlebenschance ganz offensichtlich ungleich viel höher zu sein schien.

Moral- und auch rechtstheoretisch wurde diese Vorgehensweise, die ihren Niederschlag auch in einer ersten Fassung der italienischen Behandlungsrichtlinien der Italienische Gesellschaft für Anästhesie, Analgesie, Reanimations- und Intensivmedizin (SIAARTI)[17] gefunden hatte, von Beginn an mit Verweis auf das Grundrecht auf Gleichbehandlung und damit aus guten Gründen massiv infrage gestellt.[18] Hier wird eine weitreichende Problematik aufgeworfen, die unter anderem zu einer massiven Kritik der Medizinethik durch die Rechtsphilosophie geführt hat, indem auf die «Rechtlichen Grenzen medizinischer Ethik»[19] sowie «Medizinethische Kriterien ohne ethische Begründung»[20] hingewiesen wird. Diese Debatten müssen in den nächsten Jahren aufgrund der Erfahrungen während der Pandemie sowohl rechtsphilosophisch als auch ethisch grundlegend diskutiert werden; pragmatisch gesehen sehe ich meine intuitiv verankerte und moralpragmatische Position jedoch zunächst einmal bestätigt: Wenn als Alternative zum oben angedeuteten Vorgehen in Bergamo 2020 ein Losentscheid um Beatmungsplätze vorgeschlagen worden wäre, wäre ein solches Vorgehen den Ärztinnen und Ärzten kaum zuzumuten gewesen: Sie hätten dann unter Umständen einen hochaltrigen Covid-19-Patienten mit minimalen Überlebenschancen einer jun-

---

15 Vgl. FAGIUOLI ET AL. 2020.

16 Vgl. ebd.; dass gleichzeitig fast alle planbaren Eingriffe inklusive Transplantationen abgesagt wurden, hatte im Übrigen damals zu einer äußerst prekären Situation in allen anderen Stationen geführt, wobei es auf diesen anderen Stationen *auch* um konkrete, behandlungsbedürftige Patientinnen und Patienten ging, nicht etwa «nur» um statistische Menschenleben, die aufgrund aufgeschobener oder unterlassener Interventionen verloren gingen oder in naher Zukunft verloren gehen werden.

17 Vgl. EHNI U. A. 2020.

18 Bekannt wurde in diesem Zusammenhang ein kritischer Verfassungs-Blogg von Weyma Lübbe (abgedruckt in LÜBBE 2020), vgl. darüber hinaus DIES. 2021; FATEH-MOGDHADAM/GUTMANN 2021.

19 FATEH-MOGDHADAM /GUTMANN 2021, 294.

20 Ebd. 312.

gen behandlungsbedürftigen Person mit sehr hohen Überlebenschancen vorzie-
hen und den jungen Menschen sterben lassen müssen, was ihnen meines Erachtens alleine angesichts der extrem stressigen Situation im Kampf um das Überleben möglichst vieler Menschen psychisch kaum zuzumuten gewesen wäre.

Bezüglich der Überforderungsthematik stellt sich schließlich das nur über eine
angemessene Handlungstheorie zu lösende Problem einer sinnvollen bzw. men-
schengerechten Eingrenzung von Folgenverantwortung auf der Mikroebene. Auf
diese Problematik geht Weyma Lübbe an mehreren Stellen in ihrem Text, unter
anderem mit dem Hinweis auf den Grundsatz *ultra posse nemo tenetur* auf meines
Erachtens plausible Weise ein.

2.3.2 ANWENDUNGSDISKURSE

Neben den Theorie- und Begründungsdiskursen werden parallel auch Anwendungsdiskurse geführt, die sich aufgrund des Priorisierungs- und Rationierungs-
drucks ergeben, der heute Entscheidungen am Krankenbett genauso prägt wie
Entscheidungen auf der Management-Ebene von Universitätskliniken sowie gesundheitspolitische Entscheidungen.[21] Die Hauptgründe für den zunehmenden
Druck sind der zunehmende Wohlstand und Erfolge in der biomedizinischen
Forschung, zusätzlich dürften sich in einigen Jahren demographische Veränderungen verstärkt auswirken. Wie sehr dabei um die Anwendung angemessener
Kriterien gerungen wird, soll anhand zweier Beispiele aus der Schweizer Gesund-
heitspolitik aufgezeigt werden.

Das Schweizer Bundesgericht hat in einer Entscheidung von 2010 erstmals entschieden, die Anwendung eines sehr teuren Medikaments – konkret handelte es
sich um den Wirkstoff Alglucosidase alfa mit dem Handelsnamen Myozyme, dessen einmalige Anwendung knapp eine halbe Million Franken kostet – sei angesichts des geringen Nutzens, den es hervorbringe, zu teuer bzw. nicht kosteneffektiv genug, um eine Finanzierung durch die Krankenkassen zu rechtfertigen. In
der Begründung des Urteils des höchsten Schweizer Gerichts, die Krankenkassen
müssten die Finanzierung von Myozyme nicht mehr übernehmen, geben die
Richter an, ein zusätzliches Lebensjahr dürfe nicht mehr als CHF 100.000 kosten;
dieses Kriterium werde durch Myozyme nicht erfüllt. Nur wenige Wochen später
hat das Bundesamt für Gesundheit jedoch entschieden, das umstrittene Medikament auf die sogenannte Spezialitätenliste zu setzen und die Kassen damit verpflichtet, es den behandlungsbedürftigen Patienten (es geht um Morbus Pompe-
Kranke, die von einer extrem seltenen Krankheit betroffen sind, in der Schweiz
sind nur etwa 15 Menschen behandlungsbedürftig) zu bezahlen.

---

21 Vgl. DABROWSKI/WOLF/ABMEIER 2012; DENGLER/FANGERAU 2013.

Sodann hat dasselbe Schweizer Bundesamt für Gesundheit in einer *Limitatio* von 2014 festgelegt, so das zweite Beispiel, dass das heilende Hepatitis C-Medikament Sofosbuvir (übliche Handelsnamen sind Sovaldi oder Harvoni, die Behandlungskosten lagen vor 2017 in der Schweiz bei ca. CHF 60.000 pro Patient) nur einigen, bereits durch Leberschäden gezeichnete Hepatitis C-Patienten von den Krankenkassen erstattet werden soll, weil die Finanzierung des Medikaments für alle Hepatitis C-Kranken in der Schweiz nicht finanzierbar sei.[22]

Mit Blick auf diese beiden Entscheidungen fällt aus ethischer Sicht auf, dass im ersten Fall politisch entschieden wurde, ein Medikament trotz mangelnder oder fraglicher Kosteneffektivität zu bezahlen, während im zweiten Fall entschieden wurde, ein offensichtlich kosteneffektives Medikament – Sofosbuvir ist bis heute alternativlos in der Heilung von Hepatitis C – vielen Betroffenen vorzuenthalten, allein weil die Kosten für die Behandlung aller Hepatitis C-Infizierten das System der Gesundheitsversorgung überstrapazieren würde. Offensichtlich spielt das Kriterium ‹Anzahl von Behandlungsbedürftigen› politisch eine größere Rolle als die Berücksichtigung der Kosteneffektivität einer Maßnahme.[23]

Damit soll lediglich angedeutet werden, dass sich in der Perspektive der Anwendungsdiskurse gewisse Probleme anders stellen als in der theoretischen Perspektive, dass damit zu rechnen ist, dass sich die politischen Debatten in naher Zukunft alleine aufgrund der Forschungserfolge im Bereich sehr teurer Onkologie-Medikamente häufen und zuspitzen werden, und dass das Kriterium der Kosteneffektivität von Maßnahmen angesichts der hohen Kosten für die Behandlung stark verbreiteter Krankheiten im politischen Entscheidungsprozess über gerechte Limitierungen praktisch gesehen kaum weiterhelfen wird.

Während die im Text von Weyma Lübbe erwähnten Priorisierungs- und Rationierungsentscheidungen im US-Staat Oregon ausschließlich für Sozialhilfeempfänger gelten, sind die erwähnten Schweizer Entscheidungen für alle Bürgerinnen und Bürger relevant und damit gesellschaftspolitisch von nicht zu unterschätzender Bedeutung. Das Problem neuer Behandlungsmöglichkeiten, welche das Kriterium der Kosteneffektivität erfüllen, jedoch aufgrund der hohen Anzahl Behandlungsbedürftiger unerschwinglich sind, dürfte unter der Annahme einer positiven Wirtschaftsentwicklung nur zu lösen sein, indem andere Limitierungskriterien gefunden und angewendet werden,[24] das Gesundheitsbudget auf Kosten anderer Staatsausgaben erweitert wird, oder indem auf die Einführung neuer Errungenschaften verzichtet wird – und damit Anreize

---

22 Für den weiteren Verlauf der politischen und rechtlichen Entscheidungen vgl. NATIONALE ETHIKKOMMISSION IM BEREICH DER HUMANMEDIZIN 2020.

23 Vgl. CHARLTON ET AL. 2017.

24 Vgl. SCHMITZ-LUHN/BOHMEIER 2013.

für die Pharma- und Medizintechnikindustrie geschaffen werden, ihre Preispolitik zu überdenken.[25]

2.3.3 Diskurse zur Legitimierung helfenden Handelns

Von diesen beiden Diskursen zu unterscheiden sind schließlich Beiträge zur ethischen Legitimierung helfenden Handelns beispielsweise im Bereich der Caritas oder Diakonie.[26] Hier ist die Behauptung relativ unbestritten, dass am leidenden Menschen ausgerichtete, unmittelbare Nothilfe und auf strukturelle Verbesserungen und Effizienz zielende Hilfe einander grundsätzlich ergänzen und nicht ausschließen. Sowohl die menschlich geforderte spontane Hilfe in Notlagen, die nicht zuerst über Kosteneffektivität und Opportunitätskosten nachdenkt, als auch das kluge Kalkül einer aufgeteilten und delegierten Verantwortung werden nicht zuletzt auch in der biblischen Erzählung vom barmherzigen Samariter miteinander verbunden.[27]

2.4 Fazit

Meines Erachtens gelingt es Weyma Lübbe auf überzeugende Weise, die Behauptung zu widerlegen, die *Rule of Rescue* wirke sich diskriminierend auf statistische Leben aus. Sie betont zu Recht die Identifizierbarkeit der von einer Handlung oder Unterlassung unmittelbar Betroffenen, die Zurechenbarkeit konkreter Entscheidungen und die karitative Funktion der Medizin: Im Zentrum steht die Hilfe für medizinisch Bedürftige, nicht die Produktion von möglichst viel Gesundheit.

Die praktische Beschäftigung mit Fragen nach der gerechten Verteilung knapper medizinischer Ressourcen zeigt jedoch, dass damit das Kriterium der Kosteneffektivität nicht automatisch vom Tisch ist: Geht es um Entscheidungen auf der Meso- oder Makro-Ebene, sollte auch dieses Kriterium berücksichtigt werden, um eine ungerechte Allokation zu vermeiden. Allzu hohe Erwartungen an die Problemlösungskapazität dieses Kriteriums dürften allerdings enttäuscht werden, wie Beispiele aus der Rationierungspraxis in der Schweiz zeigen.

Die zu Recht umstrittene Anwendung der *Rule of Rescue* bei Patientinnen und Patienten am Lebensende zeigt schließlich, dass die Dringlichkeit von Maßnahmen nicht das einzige Kriterium sein sollte, um unter Umständen auch nicht-kosteneffektive Nothilfe zu leisten, vielmehr ist hier die Anerkennung «natürlich» vorgegebener Grenzen wichtig, welche nicht zuletzt auch die Handlungsverantwortung auf sinnvolle Weise eingrenzt.

---

25 Vgl. dazu Nationale Ethikkommission im Bereich der Humanmedizin 2020.
26 Vgl. Theissen 1990; Rüegger/Sigrist 2011; Meireis u. a. 2015.
27 Vgl. Theissen 1990; vgl. Kap. I/3 im vorliegenden Band.

Schließlich möchte ich ergänzen, dass Handlungen unter Dringlichkeit stets auch einen expressiven Charakter haben, Ausdruckshandlungen sind.[28] Hilft eine Ärztin oder ein Arzt einem Unfallopfer in höchster Not, ist diese Handlung selbst und unabhängig von ihren Folgen bereits Ausdruck von etwas, beispielsweise von ihrer Bereitschaft und ihrem Willen, Menschen in Not beizustehen. Wird dabei deutlich, dass diese Ärztin oder dieser Arzt alles in ihrer bzw. seiner Macht Stehende unternimmt, auch wenn dies mit einem vielleicht fraglich hohen Mitteleinsatz verbunden ist, bleibt im Nachhinein und unabhängig vom Ausgang der Handlung die Gewissheit bestehen, dass ihre bzw. seine Handlungsmotive grundsätzlich gut waren und dass wir uns auf sie als Ärztin bzw. ihn als Arzt im Krisenfall verlassen können. Neben der Maximierung von Gesundheit ist auch die Erhaltung des Vertrauens in Institutionen und Personen ein hohes Gut, dessen Gefährdung unerwünschte Folgen nach sich ziehen dürfte.

LITERATUR

CHARLTON, VICTORIA/LITTLEJOHNS, PETER/KIESLICH, KATHARINA ET AL., *Cost Effective but Unaffordable: An Emerging Challenge for Health Systems*, in: British Medical Journal BMJ (2017), 356:j1402, online: https://doi.org/10.1136/bmj.j1402.

COHEN, I. GLENN/DANIELS, NORMAN/EYAL, NIR (Eds.), *Identified versus Statistical Lives. An Interdisciplinary Perspective*, New York 2015.

DABROWSKI, MARTIN/WOLF, JUDITH/ABMEIER, KARLIES (Hg.), *Gesundheitssystem und Gerechtigkeit*, Paderborn 2012.

DENGLER, KATHRIN/FANGERAU, HEINER (Hg.), *Zuteilungskriterien im Gesundheitswesen: Grenzen und Alternativen*, Bielefeld 2013.

DEUTSCHER ETHIKRAT, *Nutzen und Kosten im Gesundheitswesen. Zur normativen Funktion ihrer Bewertung. Stellungnahme*, Berlin 2011 (mit einem Sondervotum von WEYMA LÜBBE, 98–124).

DUTTGE, GUNNAR/ZIMMERMANN-ACKLIN, MARKUS (Hg.), *Gerecht sorgen – Verständigungsprozesse über den Einsatz knapper Ressourcen bei Patienten am Lebensende*, Göttingen 2013.

EHNI, HANS-JÖRG/WIESING, URBAN/RANISCH, ROBERT, *Entscheidungen unter akutem Ressourcenmangel: Europäische Triage-Empfehlungen in der COVID-19-Pandemie*, in: Zeitschrift für medizinische Ethik 66 (2020), 475–488.

FAGIUOLI, STEFANO/LORINI, FERDINANDO LUCA/REMUZZI, GIUSEPPE, *Adaptations and Lessons in the Province of Bergamo*, in: New England Journal of Medicine 382 (2020), e71.

FATEH-MOGDHADAM, BIJAN/GUTMANN, THOMAS, *Gleichheit vor der Triage. Rechtliche Rahmenbedingungen der Priorisierung von Covid-19-Patienten in der Intensivmedizin*, in: HÖRNLE, TATJANA/HUSTER, STEFAN/POSCHER, RALF (Hg.), *Triage in der Pandemie*, Tübingen 2021, 291–334.

GINTERS, RUDOLF, *Die Ausdruckshandlung. Eine Untersuchung ihrer sittlichen Bedeutsamkeit*, Düsseldorf 1976.

HÄDICKE, MAXIMILIANE/WIESEMANN, CLAUDIA, *Was kann das Konzept der Diskriminierung für die Medizinethik leisten? – Eine Analyse*, in: Ethik in der Medizin 33 (2021), 369–386.

---

28 Vgl. GINTERS 1976.

KLEIN, RUDOLF, *Rationing in the fiscal ice age. Guest Editorial*, in: Health Economics, Policy and Law 5 (2010), 389–396.

KLONSCHINSKI, ANDREA, *Einleitung: Was ist Diskriminierung und was genau ist daran moralisch falsch?*, in: Zeitschrift für praktische Philosophie 7 (2020), 133–154.

LÜBBE, WEYMA, *Corona-Triage – Ein Kommentar zu den anlässlich der Corona-Krise publizierten Triage-Empfehlungen der italienischen SIAARTI-Mediziner*, in: Zeitschrift für medizinische Ethik 66 (2020), 241–244.

—, *Effizienter Ressourceneinsatz in einer Pandemie und das Kriterium der klinischen Erfolgsaussicht. Prämissen und Fehlschlüsse*, in: HÖRNLE, TATJANA/HUSTER, STEFAN/POSCHER, RALF (Hg.), *Triage in der Pandemie*, Tübingen 2021, 257–289.

—, *Nonaggregationismus. Grundlagen der Allokationsethik*, Münster 2015.

—, *Rule of Rescue vs. Rettung statistischer Leben*, in: AmosInternational 11 (2017), 3–10.

MATHWIG, FRANK/MEIREIS, TORSTEN/PORZ, ROUVEN/ZIMMERMANN, MARKUS (Hg.), *Macht der Fürsorge? Moral und Macht im Kontext von Medizin und Pflege*, Zürich 2015.

NATIONALE ETHIKKOMMISSION IM BEREICH DER HUMANMEDIZIN (NEK), *Medikamentenpreise. Überlegungen zum gerechten Umgang mit teuren neuen Medikamenten*, Bern 2020.

POWERS, MADISON/FADEN, RUTH, *Structural Injustice. Power, Advantage, and Human Rights*, New York 2019.

RÜEGGER, HEINZ/SIGRIST, CHRISTOPH, *Diakonie – eine Einführung. Zur theologischen Begründung helfenden Handelns*, Zürich 2011.

SCHMITZ-LUHN, BJÖRN/BOHMEIER, ANDRÉ (Hg.), *Priorisierung in der Medizin. Kriterien im Dialog*, Berlin/Heidelberg 2013.

SCHÖNE-SEIFERT, BETTINA/FRIEDRICH, DANIEL, *Priorisierung nach Dringlichkeit? Kritische Überlegungen zur Rule of Rescue*, in: SCHMITZ-LUHN, BJÖRN/BOHMEIER, ANDRÉ (Hg.), *Priorisierung in der Medizin. Kriterien im Dialog*, Berlin 2013, 109–123.

SCHRAMM, MICHAEL, ‹*Alles hat seinen Preis*›. *Gerechtigkeit im Gesundheitssystem*, Stuttgart-Hohenheim 2004.

SLOTE, MICHAEL, *Why Not Empathy?*, in: COHEN, I. GLENN/DANIELS, NORMAN/EYAL, NIR (Eds.), *Identified versus Statistical Lives. An Interdisciplinary Perspective*, New York 2015, 150–157.

THEISSEN, GERD, *Die Legitimationskrise des Helfens und der barmherzige Samariter. Ein Versuch, die Bibel diakonisch zu lesen*, in: RÖCKLE, GERHARD (Hg.), *Diakonische Kirche: Sendung – Dienst – Leitung*, Neuenkirchen-Vluyn 1990, 46–76.

ZIMMERMANN-ACKLIN, MARKUS, *Bioethik und HIV/AIDS. Sozialethische Überlegungen zum weltweiten Zugang zur antiretroviralen Therapie*, in: WILS, JEAN-PIERRE/ZAHNER, MICHAEL (Hg.), *Theologische Ethik zwischen Tradition und Modernitätsanspruch. Festschrift für Adrian Holderegger zum sechzigsten Geburtstag*, Freiburg i. Ue./Freiburg i. Br. 2005, 197–215.

—, *Knappheit gerecht gestalten. Thesen zur Rationierung im Gesundheitswesen*, Basel 2008.

ZIMMERMANN, MARKUS, *Triage als Einübung von Priorisierung und Rationierung im Gesundheitswesen?*, in: MOOS, THORSTEN/PLONZ, SABINE (Hg.), *Öffentliche Gesundheit. Jahrbuch Sozialer Protestantismus*, Leipzig 2022, 173–187.

3 DISKRIMINIERUNGSGEFAHREN IN DER GESUNDHEITS-VERSORGUNG

Die Gesundheit ist ein transzendentales oder Ermöglichungsgut: Sie ist Bedingung der Möglichkeit zur Verwirklichung vieler weiterer Güter und Ziele im Leben eines Menschen, darum ist sie von großer Bedeutung für jede Einzelne und jeden Einzelnen.[2] Im Kontext der Verständigungsprozesse über soziale Gerechtigkeit wird danach gefragt, inwieweit eine Gesellschaft den Zugang zu diesem konditionalen Gut der Gesundheit für alle auf die Dauer zu sichern in der Lage und bereit ist. Eine Gesellschaft, so schreibt Wolfgang Kersting zu Recht mit Blick auf die Bereitstellung von Ermöglichungsgütern allgemein, in welcher eine selektive Unterversorgung mit transzendentalen Gütern anzutreffen sei und die keine egalitäre Grundversorgung mit transzendentalen Gütern ermögliche, verdiene nicht das Prädikat einer wohlgeordneten oder gerechten Gesellschaft.[3]

Das Schweizer Rechtssystem kennt kein eigentliches «Recht auf Gesundheit». Es ließe sich wohl auch keine Instanz benennen, welche angesichts der unterschiedlichen gesundheitlichen (Vor-)Belastungen von Menschen und der stets vagen Definition von Gesundheit ein solches Recht einzulösen imstande wäre. Dennoch besteht ein Anspruch darauf, dass sich die Eidgenossenschaft und insbesondere die für die Gesundheitspolitik in erster Linie zuständigen 26 Kantone im Sinne der sozialen Gerechtigkeit um die Gesundheit ihrer Bürgerinnen und Bürger bemühen. Dieser individuelle Anspruch ist heute rechtlich verankert auf der Grundlage von Artikel 12 der Schweizerischen Bundesverfassung im Sinne eines Rechts auf Notversorgung und von Artikel 41 überdies als Sozialziel, darüber hinaus gemäß Krankenversicherungsgesetz (KVG) im Sinne der Gewährleistung einer gesundheitlichen Basisversorgung.[4] Ethisch legitimiert sind diese rechtlichen Regelungen zum einen mit Hinweis auf die zu wahrende Menschenwürde, welche den Anspruch auf Hilfe in Not legitimiert, zum anderen mit Bezugnahme auf das Solidaritäts-, Gemeinwohl- und Versicherungsprinzip, welche eine grundlegende gesundheitlichen Basisversorgung begründen.

Geht es um die gesellschaftlichen Zusammenhänge von Gerechtigkeit und Gesundheit, ist es notwendig oder zumindest sinnvoll, zunächst aus Public Health-Sicht auf allgemeine gesellschaftliche Gesundheitsdeterminanten einzugehen, da

---

1 Der Text geht auf einen Vortrag zurück, den ich an der Jahrestagung der Schweizerischen Vereinigung für Rechts- und Sozialphilosophie zum Thema «Soziale Gerechtigkeit heute» am 07.06.2013 an der Universität Bern gehalten habe.

2 Vgl. KERSTING 2012; ZIMMERMANN [8]2018.

3 Vgl. KERSTING 2012, 297 f.

4 Vgl. den Überblick bei GÄCHTER 2007.

diese neben der Gesundheitsversorgung im engeren Sinne großen Einfluss auf Morbidität und Mortalität einer Bevölkerung ausüben. In einem Hochlohnland wie der Schweiz mit einer im internationalen Vergleich außerordentlich hohen durchschnittlichen Lebenserwartung ist es naheliegend, sich auf mögliche Diskriminierungspotentiale im engeren Bereich der Gesundheitsversorgung zu konzentrieren, wie im Anschluss an einige Begriffsklärungen gezeigt werden soll.

3.1 Soziale Gesundheitsdeterminanten

Michael Marmot und die von ihm 2005–2008 geleitete «WHO Commission on Social Determinants of Health» konnten plausibel zeigen, dass die Gesundheit einer Bevölkerung in hohem Maße mit ihren gesellschaftlichen Partizipationsmöglichkeiten, der Möglichkeit zur Kontrolle über das eigene Leben, sozialer Kohäsion und Gleichheit korreliert.[5] Hat eine Gesellschaft einmal einen gewissen sozioökonomischen Standard erreicht, hat der Ausbau der gesundheitlichen Versorgung im engeren Sinne (d. h. der ärztlichen Versorgung oder von Institutionen der Krankenversorgung wie Spitälern oder Fachkliniken) nur noch bedingt Einfluss auf Morbidität und Mortalität ihrer Bürgerinnen und Bürger. Im Hinblick auf die durchschnittliche Lebenserwartung sind dann Faktoren wie Gleichheit, Partizipationsmöglichkeit, Selbstkontrolle (im Sinne der Möglichkeit, ein Leben nach eigenen Vorstellungen führen zu können) und soziale Kohäsion in einer Gesellschaft offensichtlich entscheidender. Sind diese Bedingungen – beispielsweise die Möglichkeit der Teilhabe an wichtigen politischen Entscheidungen für alle – in einer Gesellschaft gegeben, wirken sie sich mit großer Wahrscheinlichkeit in Form einer positiven Rückkopplung auch wiederum auf den Bereich der Gesundheitsversorgung im engeren Sinne aus, indem beispielsweise eine flächendeckende Grundversorgung für Menschen in städtischen wie ländlichen Gebieten geschaffen wird. Trifft diese Vermutung zu, lassen sich die Effekte der Gesundheitsversorgung im engeren Sinne und der allgemeinen gesellschaftlichen Bedingungen zur Förderung von Gesundheit und Lebenserwartung wie Gleichheit, Teilhabe bis hin zur Freiheit, ein Leben nach eigenen Wertvorstellungen leben zu können, nur noch bedingt kausal auseinanderhalten.

Faszinierend ist in diesem Zusammenhang zu sehen, dass es national- oder teilstaatliche Gesellschaften wie das südindische Kerala, Costa Rica, Kuba oder auch Sri Lanka geschafft haben, einen hohen Gesundheitsgrad ihrer Bevölkerung zu erreichen, obgleich ihr Wirtschaftsvolumen und auch die Gesundheitsausgaben in keiner Weise an die Werte der Hochlohnländer der Welt heranreichen. Hier sind offensichtlich soziale Kohäsion, Gleichheit und die Befähigung der

---

5 Vgl. MARMOT 2006; VENKATAPURAM 2019; SIEGRIST 2021.

Menschen zu einem eigenständigen Leben – in Kerala im Unterschied zu einigen nordindischen Teilstaaten insbesondere der Frauen – wesentliche Kausalfaktoren, welche zu einem hohen Gesundheitsstandard, niedriger Morbiditätsrate und hoher durchschnittlicher Lebenserwartung beitragen. So lag im Jahr 2011 die durchschnittliche Lebenserwartung bei Geburt in Kerala mit 74 Jahren deutlich über der gesamtindischen mit 64 Jahren.[6] Die Gesellschaften von Costa Rica (79 Jahre) und Kuba (78 Jahre) erreichten im Jahr 2009 sogar dieselbe durchschnittliche Lebenserwartung wie die von Ungleichheit geprägte USA (79 Jahre).[7] Die Pro-Kopf-Ausgaben für die gesundheitliche Versorgung im engeren Sinne lagen dagegen gleichzeitig in Indien bei lediglich US$ 44,-, in Kuba bei US$ 672,-, in Costa Rica bei US$ 667,-, während in den USA im Jahr 2009 pro Kopf mehr als das zehnfache, nämlich US$ 7.960,- ausgegeben wurden.[8] Offensichtlich stehen eine partizipativ strukturierte Gesellschaft, eine qualitativ gute und sozial finanzierte Gesundheitsversorgung für alle und eine hohe durchschnittliche Lebenserwartung in einem engen Bedingungszusammenhang.

Auch wenn es sich aus dieser Public Health-Sicht lohnen würde, einen Blick auf soziale Gerechtigkeit und Diskriminierungsgefahren mit Auswirkung auf die Gesundheit der Bevölkerung zu werfen,[9] beschränke ich mich im Folgenden auf Diskriminierungsgefahren im Teilsystem der gesundheitlichen Versorgung im engeren Sinne. Trotz des enorm hohen Versorgungsstandards in der Schweiz lassen sich hier Diskriminierungsgefahren aufzeigen, welche grundlegende Aspekte der sozialen Gerechtigkeit tangieren und darum öffentliche Aufmerksamkeit verdienen.

Meinen Überlegungen lege ich die folgende These zugrunde: Entgegen der gemeinhin angenommenen Behauptung, in der Schweiz gäbe es keine sogenannte Zweiklassenmedizin, verhält es sich vielmehr so, dass die soziale Segregation, die sich in unterschiedlichen gesellschaftlichen Teilsystemen manifestiert und sich beispielsweise an Vermögens- und Einkommensunterschieden aufzeigen lässt, auch vor dem System der gesundheitlichen Versorgung nicht Halt macht. Bei näherem Hinsehen zeigen sich ähnliche Diskriminierungspotentiale im engeren

---

6 Vgl. UNITED NATIONS DEVELOPMENT PROGRAMME (UNDP) 2011, 16.

7 Vgl. WHO 2012, 52–59.

8 Vgl. ebd. 39. Die weltweit höchsten Pro-Kopf-Ausgaben für die Gesundheitsversorgung waren 2009 in Luxemburg (US$ 8.262,-) zu verzeichnen, gefolgt von der USA, Norwegen (US$ 7.533,-) und der Schweiz (US$ 7.185,-). Die niedrigsten Ausgaben pro Kopf waren dagegen in Eritrea (US$ 11,-), Äthiopien (US$ 16,-) und Myanmar (US$ 14,-) zu verzeichnen, im asiatischen Kontinent in Pakistan (US$ 20,-).

9 Vgl. ANAND ET AL. 2006; RUGER 2012; STRECH/MARCKMANN 2010; DANIS/PATRICK 2012; VENKATAPURAM 2019; ZIMMERMANN, erscheint 2024.

Bereich der medizinischen Versorgung wie sie auch aus anderen gesellschaftlichen Teilsystemen bekannt sind, am deutlichsten sichtbar im Umgang mit marginalisierten Menschen wie Sozialhilfeempfängerinnen und -empfängern, drogen-
süchtigen Personen, chronisch kranken oder hochaltrigen Menschen. Von daher
ist die Rede von der abzuwendenden «Zweiklassenmedizin» bestenfalls metapho-
risch im Sinne des Festhaltens am Ideal der Gleichbehandlung aller zu verstehen,
in der gesellschaftlichen Realität dagegen ist realistischerweise von der Existenz
einer «Mehrklassenmedizin» auszugehen.[10]

3.2 Begriffsklärungen

Im Rahmen der gesundheitsethischen Debatten haben sich in den letzten Jahren
unterschiedliche Gerechtigkeitsverständnisse bzw. -theorien behauptet.[11] Zwei
wichtige Ansätze sind einerseits das von Norman Daniels im Anschluss an John
Rawls entwickelte Verständnis von Chancengerechtigkeit im Bereich der gesundheitlichen Versorgung, welches im liberalen Sinne auf den Ausgangspunkt (die
Chancen oder Startbedingungen eines Menschen) fokussiert und in egalitärer
Tradition die Herstellung einer Gleichheit der Ausgangsbedingungen fordert,[12]
andererseits das an Theorien von Amartya Sen und Martha Nussbaum anknüpfende Konzept der Befähigungsgerechtigkeit, bei welchem sich im deutschen
Sprachraum beispielsweise Peter Dabrock auf die Output-Seite der Gesundheitsversorgung konzentriert, konkret anhand der Frage: Trägt das System der Gesundheitsversorgung in einem sinnvollen Maße dazu bei, die Menschen zur realen Teilhabe am gesellschaftlichen Leben zu befähigen und auf diese Weise allen
Menschen ein menschenwürdiges Leben zu ermöglichen?[13] Insbesondere sind die
gesundheitsethischen Beiträge immer dann mit Fragen der Verteilungsgerechtigkeit konfrontiert, wenn zu bestimmen ist, wer aus welchen Gründen wie weitge-
henden Zugang zur Gesundheitsversorgung erhalten soll.[14]

   Aus ethischer Sicht sind hierbei Abgrenzungsversuche zwischen dem Gerechten, also dem, was Menschen aufgrund moralischer Rechte zusteht, und dem Guten, den Vorstellungen von einem gelungenen Leben, von großer Bedeutung. Meiner Wahrnehmung nach sind die Fragen betreffend einer gerechten medizini-

---

10 Vgl. die Auseinandersetzung mit der Gerechtigkeit und Ungleichheit im Gesundheitswesen
aus sozialethischer Perspektive bei DABROWSKI U. A. 2012; daneben aus interdisziplinärer Perspektive BRUDERMÜLLER/SEELMANN 2012.

11 Vgl. im Überblick bei MARCKMANN U. A. 2003.

12 Vgl. DANIELS 2008.

13 Vgl. DABROCK 2012, 13; 219–286. Darüber hinaus finden libertäre und kommunitaristische
Gerechtigkeitsansätze Anwendung, die hier nicht weiter kommentiert werden sollen.

14 Vgl. ZIMMERMANN-ACKLIN 2011.

schen Versorgung deshalb so spannend und zu einem guten Teil schwierig zu beantworten, weil sie sich nur unter Bezugnahme auf konkrete Vorstellungen vom guten oder gelungenen Leben präzisieren lassen. Ob beispielsweise die unfreiwillige Kinderlosigkeit eine Krankheit, eine Behinderung oder eine normale natürliche Vorgegebenheit ist, lässt sich im Rahmen der Bestimmung des Gesundheitsbegriffs lediglich unter Bezugnahme auf Vorstellungen von einem gelungenen Leben beantworten: Je nach Antwort werden dann unterschiedlich weitgehende Forderungen an die soziale Finanzierung der kostenintensiven Reproduktionsmedizin gestellt.[15]

Unter (negativer) Diskriminierung wird im Folgenden eine ungerechtfertigte Ungleichbehandlung von Menschen verstanden, welche direkt, in Handlungen oder Unterlassungen, oder indirekt, vermittelt über Strukturen, Institutionen oder systemische Gegebenheiten, verursacht werden kann.[16] Eine Ungleichbehandlung an sich ist demnach noch kein hinreichendes Kriterium, um von einem Akt der Diskriminierung sprechen zu können. Allerdings ist sowohl die Frage, was eine *ungerechtfertigte* Form von Ungleichbehandlung kennzeichnet, schwierig zu beantworten, als auch die präzise Bestimmung der Schnittstelle zwischen individueller Verantwortung (beispielsweise einer Ärztin am Krankenbett) und institutionellen Vorgaben (z. B. eines Spitals mit Leitlinien für den Einsatz teurer Maßnahmen).[17] Unter der Bedingung von Ressourcenknappheit im Gesundheitswesen, zumal angesichts sehr unterschiedlicher genetischer Ausgangslagen behandlungsbedürftiger Menschen, sind Ungleichbehandlungen schlicht unvermeidbar. Diese sind aber erst dann Fälle von Diskriminierung, wenn sie aufgrund inakzeptabler Kriterien wie Herkunft, Alter, Weltanschauung, Religion, Geschlecht, Behinderung, Sprache oder sozialer Stellung geschehen.[18] Interessant wären hier Abgrenzungsversuche zum Armutsbegriff, der beispielsweise von Michael Marmot aus der Perspektive von Public Health definiert wird als das nicht am gesellschaftlichen Leben partizipieren können und darin begrenzt zu

---

15 Vgl. RAUPRICH/VOLLMANN 2012.

16 Vgl. NICKEL 1998; HERRMANN 2011 (die Autorin setzt sich schwerpunktmäßig mit der Begründbarkeit *positiver* Diskriminierung auseinander, die im Kontext der Gesundheitsversorgung zumindest aus Sicht der Patientinnen und Patienten weniger von Bedeutung zu sein scheint); KLONSCHINSKI 2020; HÄDICKE/WIESEMANN 2021.

17 Vgl. die ausführliche Erörterung bei WASSERMAN 1998.

18 Vgl. Schweizerische Bundesverfassung Art. 8: «(1) Alle Menschen sind vor dem Gesetz gleich. (2) Niemand darf diskriminiert werden, namentlich nicht wegen der Herkunft, der Rasse, des Geschlechts, des Alters, der Sprache, der sozialen Stellung, der Lebensform, der religiösen, weltanschaulichen oder politischen Überzeugung oder wegen einer körperlichen, geistigen oder psychischen Behinderung. (3) Mann und Frau sind gleichberechtigt. (…) (4) Das Gesetz sieht Massnahmen zur Beseitigung von Benachteiligung der Behinderten vor.»

werden, das Leben nach eigenen Wertvorstellungen zu leben.[19] Sowohl Fälle von Diskriminierung als auch von Armut lassen sich schließlich als Phänomene ungerechtfertigter Exklusion beschreiben,[20] in beiden Fällen liegt zudem die Vermutung einer Missachtung der Menschenwürde nahe.

Thematisch geht es um den Bereich der Gesundheitsversorgung. Gemäß Ausgangsthese dürften hier grundsätzlich ähnliche soziale Exklusions- und Inklusionsphänomene bestehen wie auch in anderen gesellschaftlichen Sphären, obgleich die gesundheitliche Grundversorgung in der Schweiz sozialpolitisch geregelt ist und solidarisch finanziert wird.

Mit Blick auf Diskriminierungspotentiale oder -gefahren sind zwei unterschiedlich weitreichende Dimensionen voneinander zu unterscheiden: Zum einen die Missachtung der Menschenwürde im Sinne einer Instrumentalisierung von Menschen, der Missachtung des persönlichen Selbstbestimmungsrechts bzw. des Lebensschutzes besonders gefährdeter oder vulnerabler Personen.[21] Zum anderen die Gefährdung von Rechtsgleichheit oder Rechtssicherheit, wie sie der frühere Nationalrat und heutige Bundesrat Ignazio Cassis in seinem Postulat «Wie viel soll die Gesellschaft für ein Lebensjahr zahlen?»[22] einforderte. Im zweiten Fall geht es zwar in der Regel nicht um die Missachtung der Menschenwürde, aber gleichwohl um diskriminierende Vorgänge, insofern beispielsweise aufgrund der impliziten oder ungeregelten Rationierung am Krankenbett oder bei der Berücksichtigung der Kosteneffektivität von Maßnahmen Grundrechte wie das Recht auf Selbstbestimmung sowie das auf Gleichbehandlung tangiert werden können.

Wichtig ist schließlich der Knappheitsbegriff: Aus ethischer Sicht ist der Umgang mit Knappheit oder knappen Ressourcen auch darum so umstritten, weil uns im Bereich der Gesundheitsversorgung zwei unterschiedliche Formen von Knappheit begegnen, die sich nur bedingt eindeutig voneinander abgrenzen las-

---

19 Vgl. MARMOT 2006, 2086.

20 Vgl. STICHWEH 2005, bes. 49–51: Der Exklusionsbegriff habe in gewisser Weise sowohl den Armutsbegriff als auch die Rede von sozialer Ungleichheit oder Schichtung beerbt. Er bringe stärker als der an ökonomischen Aspekten orientierte Armutsbegriff zum Ausdruck, dass es um die Beschreibung strukturell schwacher Positionen in der Gesellschaft insgesamt geht, die eher in Richtung von Macht- als von Mittellosigkeit zu denken wäre. Diese Beobachtung trifft sicherlich auf chronisch Kranke oder hochaltrige Menschen zu, die zwar über finanzielle Mittel verfügen mögen, aber gleichzeitig zu schwach sind, ihre Interessen im Betrieb einer großen Klinik durchzusetzen. Vgl. auch SCHILLIGER 2020.

21 Vgl. ZIMMERMANN-ACKLIN 2013b.

22 Es handelt sich um das am 17.03.2011 eingereichte Postulat 11.3218, das am 30.09.2011 vom Nationalrat angenommen wurde, und eine politische Reaktion auf den so genannten Myozyme-Entscheid des Bundesgerichts war.

sen: Zum einen besteht eine vorgegebene oder «existenzielle» Knappheit, die als solche anzuerkennen ist; hier geht es beispielsweise um die Knappheit von Spenderorganen oder die grundsätzliche Endlichkeit des menschlichen Lebens («*vita brevis*»).[23] Zum andern besteht eine bewusst hergestellte oder aufgrund der Anwendung bestimmter Kriterien erzeugte Knappheit, die es gerecht zu gestalten gilt und die sich entweder explizit, d. h. geregelt, wie beispielsweise im Fall der Reproduktionsmedizin in der Schweiz, oder implizit, d. h. ungeregelt am Krankenbett auswirkt.[24]

3.3 Gefahrenzonen

Es lassen sich zwei Gefahrenzonen im Bereich der Gesundheitsversorgung identifizieren, in welchen gegenwärtig ein erhebliches und die Menschenwürde unmittelbar bedrohendes Diskriminierungspotential besteht. Anschließend werden drei weitere Beispiele etwas ausführlicher erörtert, die zeigen sollen, wie gegenwärtig Diskriminierung in der Gesundheitsversorgung auch auf subtilere Weise und im Sinne einer Gefährdung von Rechtsgleichheit und -sicherheit droht.

3.3.1 BEHANDLUNG NICHT URTEILSFÄHIGER PATIENTINNEN UND PATIENTEN

Patientinnen und Patienten, die aus unterschiedlichen Gründen noch nicht oder nicht mehr urteilsfähig und deshalb besonders vulnerabel sind, sind stets massiven Diskriminierungsgefahren ausgesetzt. Sensible Bereiche sind in erster Linie die Neonatologie, die Pädiatrie, die Psychiatrie, darüber hinaus aber auch die Intensivmedizin und Geriatrie. Vorfälle in der Schweiz, die das hier bestehende Gefahrenpotenzial drastisch vor Augen geführt haben, sind der «Fall Entlisberg» aus dem Jahr 2009, bei welchem Pflegefachkräfte eines Zürcher Pflegeheims demütigende Szenen von nackten Patienten mit ihren Mobiltelefonen gefilmt haben, die Serientötungen eines Krankenpflegers im Pflegeheim Eichhof in Luzern, die im Jahr 2001 von den Behörden aufgedeckt wurden,[25] schließlich eine Anklage wegen mehrfacher Schändung von Patientinnen im Aufwachraum gegen einen Pfleger aus dem Universitätsspital Zürich im Jahr 2011. Diese Vorfälle verweisen auf die unter Umständen enorme Asymmetrie und das damit verbundene Machtge-

---

23 Vgl. DÜWELL ET AL. 2008.

24 Zur näheren Begriffsbestimmung vgl. ZIMMERMANN-ACKLIN 2010, 193–229.

25 Die entsprechende Medienmitteilung der Behörden wurde am 11.09.2001 veröffentlicht und stand damals sowohl im Schatten der Berichterstattung zum «11. September» als auch, kurze Zeit später, der Berichte über das Attentat im Kantonsrat in Zug vom 27.09.2001, so dass die Serientötungen damals kaum zu einem öffentlichen Thema wurden. Auch die Berichterstattung über den vier Jahre später durchgeführten Strafprozess fand nur geringes Echo in den Medien.

fälle zwischen Patientinnen und Patienten einerseits und den Angehörigen der Behandlungsteams andererseits, die im Zuge der sogenannten «Ökonomisierung der Gesundheitsversorgung», hier im Anschluss an Arne Manzeschke verstanden im Sinne einer Überformung des ärztlichen und pflegerischen Handelns durch ökonomische Kalküle und Ziele,[26] zusehends verschleiert wird.

Ein besonders sensibler Bereich ist in diesem Zusammenhang die Psychiatrie, insofern in diesem Kontext Freiheitsbeschränkungen wie die fürsorgliche Unterbringung (FU) sowie Zwangsbehandlungen zum klinischen Alltag gehören.[27]

3.3.2 KLINISCHE FORSCHUNG

Auch die klinische Forschung beinhaltet ein großes Diskriminierungspotential, dies ganz besonders dann, wenn es um Forschung an vulnerablen Patientinnen und Patienten geht, namentlich an Kindern, psychisch Kranken, schwangeren Frauen oder inhaftierten Personen.[28] Eine grundsätzliche Herausforderung besteht darin, dass Ärztinnen und Ärzte in der klinischen Forschung in der Regel zwei unabhängig voneinander bestehende Handlungsziele gleichzeitig verfolgen: Zum einen geht es ihnen darum, ihre Patientinnen und Patienten nach den Regeln der ärztlichen Kunst zu behandeln, zum anderen aber gleichzeitig, übergeordnete bzw. objektivierbare Forschungsergebnisse zu erarbeiten, welche für die Patientinnen und Patienten selbst in der Regel nichts erbringen. Diese Konstellation ist anfällig für Interessenskonflikte, insofern ein Arzt oder eine Ärztin, im Rahmen der sich etablierenden Pflegewissenschaft in zunehmendem Maße auch Pflegekräfte, gleichzeitig eine Patientin bzw. einen Patienten behandeln und ihre persönliche Karriere aufbauen. Aus ethischer Sicht ist beispielsweise zu fordern, dass Patientinnen und Patienten, die nicht bereit sind, bei einer klinischen Studie mitzumachen, oder auch Patientinnen und Patienten, die sich während einer bereits laufenden Studie zum Ausstieg entscheiden, genauso wie alle anderen Patientinnen und Patienten ein Recht auf eine gute Behandlung haben. Auch der angemessene Umgang mit genetischen Daten wird im Zusammenhang mit der klinischen Forschung und der Entwicklung der Präzisionsmedizin fraglich. Aufrufe von berühmten Forschern wie Craig Venter oder James Watson, Ergebnisse der

---

26 Vgl. MANZESCHKE 2009.

27 Die fürsorgliche Unterbringung ist seit 2013 im neuen Schweizer Erwachsenenschutzrecht geregelt, in welchem der Schutz der Patientenautonomie gegenüber dem alten Recht stark aufgewertet wurde und Zwangsbehandlungen sowie Freiheitsbeschränkungen neu geregelt wurden, vgl. HÄFELI 2012; SCHWEIZERISCHE AKADEMIE DER MEDIZINISCHEN WISSENSCHAFTEN 2013 und 2015.

28 Vgl. SCHWEIZERISCHE AKADEMIE DER MEDIZINISCHEN WISSENSCHAFTEN 2009; EMANUEL ET AL. 2011.

persönlichen DNA-Analyse im Internet zu publizieren und der Forschung zur Verfügung zu stellen, stellt die Idee des Datenschutzes vor neue Fragen.[29] Das im Jahr 2011 neu geschaffene Schweizerische «Bundesgesetz über die Forschung am Menschen» (Humanforschungsgesetz, HFG) regelt hier erstmals rechtlich eine Reihe problematischer Aspekte, die zuvor lediglich in ethischen Richtlinien thematisiert waren.

3.3.3 VERGÜTUNGSSYSTEM MIT DIAGNOSEBEZOGENEN FALLPAUSCHALEN (DRGs)

Das für die gesamte stationäre Spitalversorgung der Schweiz 2012 verbindlich eingeführte Vergütungssystem nach Fallpauschalen (der sogenannten Swiss-DRG, wobei das Akronym für «Diagnostic Related Group» steht) ist ebenfalls eine mögliche Quelle für diskriminierende Entscheidungen, wobei negative Auswirkungen weitaus subtiler und Kausalzusammenhänge verdeckter sind als in den beiden zuvor kommentierten Handlungsfeldern. In ihrer Beschäftigung mit der Versorgung gesellschaftlich marginalisierter Gruppen weisen Bernice Elger und Thomas Gächter zwar darauf hin, dass es mit dem Vergütungssystem nicht zwangsläufig zu Diskriminierungen kommen müsse, zeigen aber auf, dass mit den DRGs zumindest einige Diskriminierungsgefahren verbunden sind.[30] Bevor ich auf diese eingehe, ist zu betonen, dass grundsätzlich in jedem Entschädigungssystem Anreize zur Bevorteilung und Benachteiligung bestimmter Patientengruppen bestehen; in dieser Hinsicht unterscheidet sich das DRG-System nicht von anderen Regelungen, beispielsweise dem Vergütungssystem nach Tagespauschalen, in welchem Anreize zur zeitlichen Ausdehnung von Behandlungen bestehen bzw. zur Vermeidung von Behandlungen, die nur eine sehr kurze Aufenthaltsdauer benötigen.[31]

Ein Grundproblem des neuen Vergütungssystems in der Schweiz besteht darin, so betonen Bernice Elger und Thomas Gächter zu Recht, dass in einem Fallpauschalensystem stets von Durchschnittspatientinnen und -patienten ausgegangen wird. Aus Sicht der Krankenhäuser gibt es somit stets bessere und schlechtere Risiken, und es entstehen starke finanzielle Anreize, die aus Sicht der Organisation «schlechten Risiken» möglichst nicht aufzunehmen oder frühzeitig in andere Kliniken abzuschieben. Zu diesen aus Sicht der Organisationen «schlechten» Risiken gehören beispielsweise Neugeborene, Kinder, ältere Menschen, Patientinnen und Patienten mit Multimorbiditäten und auch sozial Be-

---

29 Vgl. in der Schweiz die entsprechenden Aufrufe des ETH-Professors für molekulare Systembiologie Ernst Hafen, z. B. HAFEN 2012.

30 Vgl. ELGER/GÄCHTER 2011, 171.

31 Vgl. VOLLMANN 2011.

nachteiligte wie Drogenabhängige oder Menschen in Haft.[32] Diese Aufzählung entspricht in etwa der Aufzählung von Marginalisierten auch in vielen anderen gesellschaftlichen Bereichen und bestätigt damit meine Ausgangshypothese. Ein Blick auf die Patientengruppen, deren Behandlung vorläufig noch nicht im neuen System vergütet werden, weil noch zu viele offene Fragen zu klären und politische Entscheidungen zu fällen sind, zeigt, dass zusätzlich weitere Risikogruppen bestehen: Zu ihnen gehören namentlich Rehabilitationspatienten, Patientinnen am Lebensende, Palliative Care- und Psychiatrie-Patienten. Ein wesentliches Problem besteht darin, dass sich die hier Betroffenen nicht oder nur bedingt einer bestimmten Diagnose oder Diagnose-Gruppe zuordnen lassen, so dass die Abrechnung von Leistungen schwierig wird. Menschen mit mehrfachen oder unklaren Diagnosen sind im DRG-System sozusagen Störfaktoren und damit Diskriminierungsgefahren ausgesetzt.

Auf eine bereits bestehende Diskriminierung alter Menschen mit demenziellen Störungen und Multimorbidität, welche auf das DRG-System zurückzuführen ist, hat der Zürcher Geriater Daniel Grob hingewiesen: Er gibt zu bedenken, dass sich die stationäre Akutgeriatrie finanziell nicht mehr lohne, da die DRGs dem pflegerischen Aufwand bei kognitiv eingeschränkten Patientinnen und Patienten zu wenig Rechnung tragen würden. Demenzkranke blieben durchschnittlich doppelt so lange im Spital im Vergleich zu anderen alten Patientinnen und Patienten, was bei Abrechnung über eine Tagespauschale vor der Einführung der DRGs unproblematisch war. Zu den Gründen für den längeren Spitalaufenthalt zählen gemäß Daniel Grob höhere Komplikationsrisiken, schlechter Ernährungszustand und der häufige Einsatz psychisch wirkender Medikamente.[33] Gegenwärtig zeichnet sich ab, dass sich die Pflegeheime stark verändern, insofern sie teilweise zu «Minispitälern» mit Stationen für die sogenannte Übergangspflege geworden sind. Hier sind Patientinnen und Patienten pflegerisch zu versorgen, die früher im Krankenhaus weitergepflegt wurden, dort aber heute möglichst früh entlassen werden.[34] Das hat zum einen finanzielle Folgen, da die Pflegekosten im Heim größtenteils von den Betroffenen selbst zu bezahlen sind. Zum andern fehlt in den Pflegezentren das hierfür benötigte Fachpersonal, so dass die Pflegequalität leidet. Hier scheint zudem eine enorme Ungleichheit in unterschiedlichen Regionen der Schweiz in Abhängigkeit zur Verfügbarkeit freier Pflegeplätze zu bestehen. Eine Krankenpflegerin, die in einem Ostschweizer Spital arbeitet, meinte im Rahmen einer Weiterbildungsveranstaltung, bei ihnen auf Station gäbe es «eine bis zwei Razzien pro Woche», die auf Befehl des Chefarztes

---

32 Vgl. ELGER/GÄCHTER 2011, 172.

33 Vgl. VÖGELI 2013; ZIMMERMANN-ACKLIN 2013b.

34 Vgl. SCHERRER 2012.

durchgeführt würden: Es müssten von der Pflege jeweils drei Patientinnen und Patienten ausgesucht und sofort entlassen werden, um wieder freie Betten zu haben. Für eine ordentliche Abklärung scheint dort keine Zeit zu bestehen. Es braucht nur wenig Phantasie, um sich vorzustellen, welche Patientinnen und Patienten in einem solchen Fall zuerst gehen müssen und welche bleiben dürfen. Zu vermuten ist, dass Privilegien und Marginalisierungen, die auch außerhalb der Einrichtung eine Rolle spielen, die Entlassungsentscheidungen beeinflussen.

Schließlich bleibt zu beachten, dass in einem Fallpauschalensystem der finanzielle Druck in einem Spital grundsätzlich steigt und die Verteilungskonflikte allein schon deshalb stärker werden, weil die über die Behandlung einzelner Patientinnen und Patienten vergüteten Pauschalen auch zur Finanzierung der Infrastrukturerhaltung, der Forschung sowie der Aus- und Weiterbildung der Mitarbeitenden eingesetzt werden müssen.[35]

3.3.4 HEALTH TECHNOLOGY ASSESSMENT (HTA)

Während das «Health Technology Assessment» (HTA) oder die Technologiefolgenabschätzung (TA) für Maßnahmen im Gesundheitsbereich in einigen europäischen Ländern bereits seit vielen Jahren etabliert ist,[36] stößt es bzw. sie in der Schweiz erst seit einigen Jahren auf ein gewisses Interesse.[37] Zwei Initiativen, die vor wenigen Jahren entstanden und inzwischen beide bereits wieder beendet wurden, stehen für diese Veränderung: Zum einen das «Swiss Medical Board», welches zunächst im Kanton Zürich, anschließend auf eidgenössischer Ebene tätig war und von unterschiedlichsten Organisationen mitgetragen wurde,[38] zum andern die Initiative «SwissHTA», welche zunächst vom Verband der forschenden Pharmaindustrie (Interpharma) zusammen mit dem Krankenkassenverband Santésuisse initiiert wurde, anschließend dann ebenfalls breiter abgestützt

---

35 Vgl. MARCKMANN/STRECH 2009; WILD U. A. 2011.

36 Vgl. CHARLTON 2020 zur Geschichte des inzwischen über zwanzig Jahre alten HTA-Instituts in UK, dem «National Institute for Health and Care Excellence (NICE)».

37 Vgl. zum Folgenden Kap. II/1 im vorliegenden Band.

38 Das Medical Board beendete gemäß eigenen Angaben seine Arbeiten Ende 2021, wobei einzelne Projekte noch über dieses Datum hinaus bearbeitet wurden. Dem Trägerverein gehörten an: Die Schweizerische Konferenz der kantonalen Gesundheitsdirektorinnen und -direktoren (GDK), die Verbindung der Schweizer Ärztinnen und Ärzte (FMH), die Schweizerische Akademie der Medizinischen Wissenschaften (SAMW), der Verband der forschenden pharmazeutischen Firmen der Schweiz (Interpharma), Verbände der Krankenversicherer (Santésuisse, curafutura), die Schweizerische Stiftung SPO Patientinnen- und Patientenschutz und der Dachverband Schweizerischer Patientinnen- und Patientenstellen (DVSP), der Dachverband chirurgisch und invasiv tätiger Fachgesellschaften (fmCh) und die Regierung des Fürstentums Liechtenstein.

war.[39] Seit 2015 besteht neu eine HTA-Einrichtung in der Schweizerischen Bundesverwaltung, die im Bundesamt für Gesundheit (BAG) angesiedelt wurde;[40] diese wird regelmäßig von politischen und ethischen Gremien dahingehend kritisiert, dass eine klare institutionelle Trennung zwischen HTA-Berichten, deren Bewertung und darauf beruhenden politischen Entscheidungen fehle.[41]

Health Technology Assessments oder «Wirtschaftlichkeitsuntersuchungen im Gesundheitswesen»[42] werden durchgeführt, um die medizinischen, sozialen, ökonomischen, rechtlichen und ethischen Implikationen des Einsatzes medizinischer Verfahren und Produkte systematisch, transparent und verlässlich zu evaluieren.[43] Konkret soll über HTA-Studien zum einen erkundet werden, welche etablierten Verfahren als nicht mehr kosteneffektiv zu beurteilen sind und darum auch nicht mehr von der Grundversicherung abgedeckt werden sollten, und zum andern, welche Neuentwicklungen so kosteneffektiv sind, dass sie zukünftig im Rahmen der Grundversicherung bezahlt werden sollten. Auch wenn diese Studien interdisziplinär und unter Einbezug rechtlicher und ethischer Expertise durchgeführt werden, steht in deren Zentrum die Bewertung der Kosteneffektivität von Maßnahmen und damit eine Strategie, die nicht das Wohlergehen des bzw. der einzelnen Patienten bzw. Patientin, sondern die Maximierung der Gesundheit der Bevölkerung insgesamt zum Maßstab nimmt.

Inwiefern diese Bewertungen das Potential haben, zur Diskriminierung beizutragen, hat beispielsweise das umstrittene «Myozyme-Urteil» des Bundesgerichts von 2010 gezeigt, bei welchem erstmals in der Schweiz höchstgerichtlich darüber entschieden wurde, wie groß der Nutzen einer Behandlung im Verhältnis zu deren Kosten sein müsse, damit eine Krankenkasse verpflichtet werden könne, eine Behandlung im Rahmen der Grundversicherung zu finanzieren.[44] Im besagten Urteil wurde festgestellt, dass der Nutzen, den Morbus Pompe-Kranke durch die Einnahme des Medikaments Myozyme hätten, im Vergleich zu den Kosten, die dadurch für die Krankenkassen entstünden, zu gering sei, so dass das Medikament den Betroffenen nicht mehr zur Verfügung zu stellen sei. Neu aus rechtli-

---

39 Vgl. http://www.swisshta.ch (13.07.2023), die letzte Aktualisierung der Website wurde im Jahr 2017 vorgenommen, Informationen über einen offiziellen Abschluss des Projekts sind hier nicht zu finden.

40 Vgl. https://www.bag.admin.ch/bag/de/home/versicherungen/krankenversicherung/krankenversicherung-leistungen-tarife/hta.html (13.07.2023).

41 Vgl. NATIONALE ETHIKKOMMISSION IM BEREICH DER HUMANMEDIZIN 2020.

42 SCHÖFFSKI 2008, 6.

43 Vgl. SCHLANDER U. A. 2011; ZIMMERMANN-ACKLIN 2013a.

44 Vgl. BG 9C_334/2010 vom 23.11.2010, dazu ethische Diskussionsbeiträge der Zeitschrift «Bioethica Forum» 4 (2011) Nr. 3.

cher Sicht war dabei, dass nicht mehr zwei alternative Maßnahmen (beispielsweise eine neue gegenüber einer etablierten Behandlung) miteinander verglichen wurden, um bei Nutzengleichheit die kostengünstigere Variante zu wählen, sondern dass eine einzelne Behandlung auf ihre Kosteneffektivität hin beurteilt wurde: Die Vergabe von Myozyme sei mit CHF 500.000 pro Patient oder Patientin jährlich angesichts des Nutzens, den dieses Medikament hinsichtlich der Erleichterung des Atmens erbringe, zu teuer, um weiterhin durch die solidarische Krankenversicherung bezahlt zu werden, und dies auch dann, wenn keine alternative Behandlungsmöglichkeit bestünde.[45]

Besonders umstritten ist in diesem Zusammenhang die Anwendung der QALYs (Quality Adjusted Life Years), einem gesundheitsökonomischen Messinstrument, welches mit den Kosten für ein qualitätsbereinigtes Lebensjahr arbeitet, um auf diese Weise unterschiedlichste Maßnahmen im Hinblick auf ihre Kosteneffektivität miteinander vergleichen zu können. Während das «Swiss Medical Board» diese anfangs angewendet hatte und davon ausging, ein QALY dürfe nicht mehr als CHF 50.000 bis maximal CHF 100.000 kosten, um eine Maßnahme als kosteneffektiv zu beurteilen und sozial zu finanzieren, lehnte die Initiative «SwissHTA» die auf einer überindividuellen Nutzenmaximierung basierende und damit utilitaristisch orientierte Anwendung der QALYs von Beginn an aus ethischen Gründen ab.

Ohne an dieser Stelle auf Details eingehen zu können,[46] scheint aus ethischer Sicht zweierlei wichtig: Angesichts der Knappheit der Ressourcen und dem immer schon bestehenden Wettbewerb sollte erstens auf das Kriterium der Kosteneffektivität nicht verzichtet werden:[47] Angesichts der Knappheit der zur Verfügung stehenden Mittel ist zumindest *auch* eine Frage der Verteilungsgerechtigkeit, ob beispielsweise mit einem Betrag von CHF 200.000 erreicht werden kann, die Lebenserwartung einer an Lungenkrebs im Endstadium erkrankten Person um wenige Tage zu erhöhen, oder ob einem an Hämophilie erkrankten Menschen damit das Leben gerettet werden kann. Allerdings bleibt stets zu bedenken, dass die Objektivierbarkeit von Lebensqualitätsmessungen (das «Q» im QALY) nur bedingt möglich ist, da diese je nach persönlicher Betroffenheit durchaus unterschiedlich eingeschätzt wird. Darüber hinaus sollte die Kosteneffektivität von Maßnahmen nur dann berücksichtigt werden, wenn im Rahmen einer Gesamteinschätzung neben der Wirksamkeit insbesondere auch das Kriterium der Zweckmäßigkeit oder Sinnhaftigkeit einer Maßnahme und damit Vorstellungen von einem guten Leben miteinbezogen werden.

---

45 Vgl. DUTTGE 2013.

46 Vgl. Kap. II/1 im vorliegenden Band.

47 Grundsätzlich anders (nämlich ablehnend) beurteilt dies LÜBBE 2011.

Zweitens ist zu beachten, dass eine unmittelbare politische Anwendung von QA-
LY-Berechnungen aus ethischer Sicht mit vielen Fragezeichen zu versehen ist:[48]
Systemimmanent bedingt ist es nämlich so, dass Menschen mit Behinderungen,
chronisch Kranke, Menschen im hohen Alter, Sterbende, aber auch Personen mit
seltenen Krankheiten (wie beispielsweise Morbus Pompe) durch die QALY-Berechnungen diskriminiert werden. Bei Menschen im hohen Alter als auch bei
Sterbenden liegt das beispielsweise daran, dass eine Behandlung nur noch eine
begrenzte Anzahl von qualitätsbereinigten Lebensjahren erzielen kann, so dass
die Kosten pro gewonnenem qualitätsbereinigtem Lebensjahr naturgemäß viel
höher liegen als beispielsweise bei einem ansonsten gesunden vierzigjährigen
Mann, der aufgrund einer Knochenfraktur behandelt werden muss. Maßnahmen
bei Menschen mit seltenen Erkrankungen sind in der Regel sehr teuer, weil sie nur
in wenigen Fällen Anwendung finden, womit auch die Kosten pro QALY sehr viel
höher liegen als für Therapien, welche bei sehr vielen Patientinnen und Patienten
angewendet werden.

Auch wenn die Schweiz im Bereich HTA nach wie vor am Anfang steht, liegt
die Vermutung nahe, dass die teilweise sehr hohen Erwartungen, die damit verbunden werden, nämlich Schaffung von Transparenz und Vergleichbarkeit von
Maßnahmen im Gesundheitswesen, Vermeidung von Fehl- und Überbehandlungen und das Abbremsen der Kostenentwicklung, kaum in einem größeren Umfang erfüllt werden dürften, da die Interpretationsspielräume groß bleiben, der
Druck der Pharmafirmen, neue Produkte zu lancieren, angesichts des insgesamt
zunehmenden Wohlstands kaum gebremst werden kann und zudem eine starke
Erwartungshaltung in der Bevölkerung besteht, neue, wenn auch sehr teure Maßnahmen ohne zeitliche Verzögerung zur Verfügung gestellt zu bekommen.

3.3.5 PRAXIS DER IMPLIZITEN RATIONIERUNG

Es ist weitgehend unbestritten, dass in der Schweiz heute eine Praxis der ungeregelten oder impliziten Rationierung am Krankenbett besteht, im gesundheitsökonomischen Fachjargon auch als *Muddling through elegantly*, als elegantes Durchwursteln, bezeichnet.[49] Auch Ignazio Cassis hat dies in der erwähnten offiziellen
parlamentarischen Anfrage an den Bundesrat (Postulat), wie viel die Erhaltung
eines Menschenlebens kosten dürfe, zugrunde gelegt und in diesem Zusammenhang eine bestehende Situation der Rechtsungleichheit und Rechtsunsicherheit
beklagt. Tatsächlich ist es aus ethischer Sicht problematisch, dass heute in der

---

48 Auch darum ist bei HTA stets zwischen der Analyse (Assessment), einer darauf beruhenden
Empfehlung (Appraisal) und der politischen Entscheidung (Decision) beispielsweise über die
Einführung einer neuen Maßnahme zu unterscheiden, vgl. SCHLANDER U. A. 2011.
49 Vgl. SOMMER 2001 und 2007.

Schweiz Patientinnen und Patienten eine für sie potenziell nützliche Maßnahme nicht erhalten, weil der behandelnde Arzt oder die behandelnde Ärztin der Meinung ist, die Anwendung dieser Maßnahme sei nicht angezeigt, sei beispielsweise zu teuer, ohne die Betroffen über diese Entscheidung und deren Begründung zu informieren.[50]

Implizite oder ungeregelte Leistungsbegrenzungen am Krankenbett durch das Behandlungsteam, welche potentiell nützliche Maßnahmen betreffen, sind insbesondere dann eine Realität, wenn, wie in der Schweiz heute der Fall, sehr viele Ressourcen zur Verfügung stehen und nur wenig explizite Regulierungen existieren.[51] Eine im Auftrag des Bundesamts für Gesundheit durchgeführte Studie von Brigitte Santos-Eggimann hat zudem gezeigt, dass implizite Rationierung vor allem in den Bereichen Psychiatrie, Rehabilitation, Versorgung chronisch Kranker und in der Langzeitpflege besteht; betroffene Personengruppen sind in erster Linie ältere Menschen und sozial schlecht integrierte Patientinnen und Patienten.[52] In diesem Zusammenhang ist zudem wichtig, dass die im Vergleich zu sonstigen Lebensphasen sehr kostenintensive Gesundheitsversorgung in der letzten Lebensphase mit steigendem Sterbealter kostengünstiger wird.[53] Offensichtlich besteht in der Schweiz heute eine etablierte Praxis der Altersrationierung, wobei jedoch unklar ist, ob diese (beispielsweise über den Willen bzw. die Zustimmung der Betroffenen) ethisch gerechtfertigt, sinnvoll oder gar zu begrüßen ist, oder ob es sich um eine etablierte Form von Altersdiskriminierung handelt.[54] Solange verlässliche empirische Studien zur gesundheitlichen Versorgung von Menschen im hohen Alter fehlen, lässt sich diese Frage nicht beantworten; zu vermuten ist, dass der bestehenden Altersrationierung in der Schweiz heute sowohl diskriminierende als auch ethisch gerechtfertigte Entscheidungen zugrunde liegen, also von einer komplizierten Mischung mit fließenden Übergängen von gerechten zu ungerechten Entscheidungen auszugehen ist.

---

50 Zur Frage nach ethischen Kriterien für Rationierungsentscheidungen am Krankenbett vgl. Kapitel II/5 im vorliegenden Band.

51 Vgl. Literaturangaben zu empirischen Studien in ZIMMERMANN-ACKLIN 2011 und 2014.

52 Vgl. SANTOS-EGGIMANN 2005.

53 Vgl. FELDER 2008; ZIMMERMANN U. A. 2019, 205–126.

54 Vgl. SCHWEDA 2013; vgl. auch Kapitel II/5 im vorliegenden Band.

3.4 Fazit

Die exemplarischen Erkundungen zeigen auf, dass heute in der Gesundheitsversorgung Schweiz Diskriminierungsgefahren sowohl im starken als auch im schwachen Sinn bestehen, also sowohl im Hinblick auf eine Instrumentalisierung von Menschen als auch im Sinne einer Gefährdung von Rechtsgleichheit und -sicherheit. Dabei fällt auf, dass unabhängig von Beispielen und Kontexten immer wieder ähnliche Gruppen besonders gefährdet bzw. ähnliche Bereiche der gesundheitlichen Versorgung besonders anfällig sind. Es ist wenig überraschend, dass in einer Gesellschaft, in welcher Selbstbestimmung und Freiheit als wichtige Werte angesehen werden, Menschen, welche die mit diesen Werten verbundenen Ansprüche nicht oder nur noch eingeschränkt wahrnehmen können, besonders gefährdet sind. Neugeborene, Kleinkinder, Menschen mit schweren kognitiven Einschränkungen, psychisch Kranke, alte Menschen mit demenziellen Störungen oder auch Angehörige gesellschaftlicher Randgruppen sind namentlich bei gesundheitlichen Problemen auf die Hilfe anderer angewiesen und können ihre Interessen nur bedingt selbst durchsetzen.

Zur Sicherung der sozialen Gerechtigkeit in einer Gesellschaft heißt das positiv, dass die zuständigen staatlichen Behörden, die Verantwortlichen in den Organisationen der Gesundheitsversorgung sowie die Angehörigen von Behandlungsteams am Krankenbett darum besorgt sein sollten, eine qualitativ hochstehende gesundheitliche Versorgung für alle auf die Dauer zu sichern. Auf der Grundlage einer Theorie der Befähigungsgerechtigkeit sollte die Aufmerksamkeit darauf gerichtet werden, dass alle Menschen zu einer realen Teilhabe am gesellschaftlichen Leben befähigt und zur Gestaltung ihres Lebens nach Maßgabe eigener Wertvorstellungen unterstützt werden. Werden diese Ziele anvisiert und zumindest teilweise auch erreicht, ist die Existenz unterschiedlicher Standards in der Gesundheitsversorgung, die sogenannte «Mehrklassenmedizin», aus sozialethischer Sicht zunächst einmal sekundär. Negativ gewendet sollte es den Verantwortlichen auf den genannten Ebenen darum gehen, *de facto* bestehende Formen von Diskriminierung sowie Diskriminierungsgefahren rechtzeitig zu erkennen und im Sinne der sozialen Gerechtigkeit dagegen anzugehen. Eine große Schwierigkeit dürfte dabei darin bestehen, neben den direkten auch die indirekten, also über Organisationen, Institutionen und Strukturen vermittelte Formen von Diskriminierungsgefahren im Blick zu behalten.

LITERATUR

ANAND, SUDHIR/PETER, FABIENNE/SEN, AMARTYA (Eds.), *Public Health, Ethics, and Equity*, Oxford/New York 2006.

BRUDERMÜLLER, GERD/SEELMANN, KURT (Hg.), *Zweiklassenmedizin?*, Würzburg 2012.

CHARLTON, VICTORIA, *NICE and Fair? Health Technology Assessment Policy Under the UK's National Institute for Health and Care Excellence, 1999–2018*, in: Health Care Analysis 28 (2020), 193–227.

DABROCK, PETER, *Befähigungsgerechtigkeit. Ein Grundkonzept konkreter Ethik in fundamentaltheologischer Perspektive*, Gütersloh 2012.

DABROWSKI, MARTIN/WOLF, JUDITH/ABMEIER, KARLIES (Hg.), *Gesundheitssystem und Gerechtigkeit*, Paderborn 2012.

DANIELS, NORMAN, *Just Health. Meeting Health Needs Fairly*, Cambridge/New York 2008.

DANIS, MARION/PATRICK, DONALD L., *Health Policy, Vulnerability, and Vulnerable Populations*, in: STRECH, DANIEL/MARCKMANN, GEORG (Hg.), *Public Health Ethik*, Berlin 2010, 211–235.

DUTTGE, GUNNAR, *Zwischen «Myozyme» und «Nikolaus»: Die Ratlosigkeit des (deutschen) Rechts*, in: DERS./ZIMMERMANN-ACKLIN, MARKUS (Hg.), *Gerecht sorgen. Verständigungsprozesse über den Einsatz knapper Ressourcen bei Patienten am Lebensende*, Göttingen 2013, 73–90.

DÜWELL, MARCUS/REHMANN-SUTTER, CHRISTOPH/MIETH, DIETMAR (Hg.), *The Contingent Nature of Life. Bioethics and the Limits of Human Existence*, Dordrecht 2008.

ELGER, BERNICE S./GÄCHTER, THOMAS, *DRG und die Gesundheitsversorgung marginaler Gruppen*, in: WILD, VERINA/PFISTER, ELIANE/BILLER-ANDORNO, NIKOLA (Hg.), *DRG und Ethik. Ethische Auswirkungen von ökonomischen Steuerungselementen im Gesundheitswesen*, Basel 2011, 171–185.

EMANUEL, EZEKIEL J./GRADY, CHRISTINE/CROUCH, ROBERT A. ET AL. (Eds.), *The Oxford Handbook of Clinical Research Ethics*, Oxford/New York 2011.

FELDER, STEFAN, *Im Alter krank und teuer? Gesundheitsausgaben am Lebensende*, in: GGW 8 (2008) Heft 4, 23–30.

GÄCHTER, THOMAS, *Rationierung als Lösung des Problems der Kostenentwicklung? Kommentar eines Rechtswissenschaftlers*, in: ZIMMERMANN-ACKLIN, MARKUS/HALTER, HANS (Hg.), *Rationierung und Gerechtigkeit im Gesundheitswesen. Beiträge zur Debatte in der Schweiz*, Basel 2007, 121–131.

HÄDICKE, MAXIMILIANE/WIESEMANN, CLAUDIA, *Was kann das Konzept der Diskriminierung für die Medizinethik leisten? – Eine Analyse*, in: Ethik in der Medizin 33 (2021), 369–386.

HÄFELI, CHRISTOPH, *Grundriss zum Erwachsenenschutzrecht*, Bern 2012.

HAFEN, ERNST, *Auf dem Weg zu einer besseren Medizin*, in: NZZ Nr. 97, 26.04.2012, 21.

HERRMANN, MARTINA, Art. «Diskriminierung», in: STOECKER, RALF/NEUHÄUSER, CHRISTIAN/RATERS, MARIE-LUISE (Hg.), *Handbuch angewandte Ethik*, Stuttgart 2011, 290–292.

KERSTING, WOLFGANG, *Egalitäre Grundversorgung und Rationierungsethik. Überlegungen zu den Problemen und Prinzipien einer gerechten Gesundheitsversorgung*, in: WIESING, URBAN (Hg.), *Ethik in der Medizin. Ein Studienbuch*, Stuttgart ⁴2012, 296–300.

KLONSCHINSKI, ANDREA, *Einleitung: Was ist Diskriminierung und was genau ist daran moralisch falsch?*, in: Zeitschrift für praktische Philosophie 7 (2020), 133–154.

LÜBBE, WEYMA, *Sondervotum*, in: DEUTSCHER ETHIKRAT, *Nutzen und Kosten im Gesundheitswesen. Zur normativen Funktion ihrer Bewertung. Stellungnahme*, Berlin 2011, 98–124.

MANZESCHKE, ARNE, *Zum Einfluss der DRG auf Rolle und Professionsverständnis der Ärztinnen und Ärzte*, in: SGBE-Bulletin 59 (2009), 11–13.

MARCKMANN, GEORG/LIENING, PAUL/WIESING, URBAN (Hg.), *Gerechte Gesundheitsversorgung. Ethische Grundpositionen zur Mittelverteilung im Gesundheitswesen*, Stuttgart 2003.

—/Strech, Daniel, *Auswirkungen der DRG-Vergütung auf ärztliche Entscheidungen: Eine ethische Analyse*, in: Zeitschrift für Medizinische Ethik 55 (2009), 15–27.

Marmot, Michael, *Health in an unequal world*, in: Lancet 368 (2006), 2081–2084.

Nationale Ethikkommission im Bereich der Humanmedizin (NEK), *Medikamentenpreise. Überlegungen zum gerechten Umgang mit teuren neuen Medikamenten*, Bern 2020.

Nickel, James W., Art. «*Discrimination*», in: *Routledge Encyclopedia of Philosophy*, Vol. 3, London/ New York 1998, 103–106.

Rauprich, Oliver/Vollmann, Jochen (Hg.), *Die Kosten des Kinderwunsches. Interdisziplinäre Perspektiven zur Finanzierung reproduktionsmedizinischer Behandlungen*, Münster 2012.

Ruger, Jennifer Prah, *Health and Social Justice*, Oxford/New York 2012.

Santos-Eggimann, Brigitte, *Is There Evidence of Implicit Rationing in the Swiss Health Care System?, Studie im Auftrag des Bundesamts für Gesundheit*, Bern 2005 (www.bag.admin.ch).

Scherrer, Reto, *Kurzaufenthalte in Langzeitpflege. Die in den Spitälern neu eingeführten Fallpauschalen wirken auch auf die Pflegezentren*, in: NZZ Nr. 260, 07.11.2012, 18.

Schilliger, Sarah, *Exklusion*, in: Bonvin, Jean-Michel/Maeder, Pascal/Knöpfel, Carlo et al. (Hg.), *Wörterbuch der Schweizer Sozialpolitik*, Zürich/Genf 2020, 154–156.

Schlander, Michael/Affolter, Christian/Sandmeier, Heiner u. a., *Schweizer HTA-Konsensus-Projekt: Eckpunkte für die Weiterentwicklung in der Schweiz*, Basel u. a. 2011.

Schöffski, Oliver, *Einführung*, in: ders./Graf von der Schulenburg, J.-Matthias (Hg.), *Gesundheitsökonomische Evaluationen. Dritte, vollständig überarbeitete Auflage*, Berlin/ Heidelberg 2008, 3–12.

Schweda, Mark, *Zu alt für die Hüftprothese, zu jung zum Sterben? Die Rolle von Altersbildern in der ethisch-politischen Debatte um eine altersabhängige Begrenzung medizinischer Leistungen*, in: Duttge, Gunnar/Zimmermann-Acklin, Markus (Hg.), *Gerecht sorgen. Verständigungsprozesse über den Einsatz knapper Ressourcen bei Patienten am Lebensende*, Göttingen 2013, 149–167.

Schweizerische Akademie der Medizinischen Wissenschaften, *Forschung mit Menschen. Ein Leitfaden für die Praxis*, Basel 2009.

—, *Rechtliche Grundlagen im medizinischen Alltag. Ein Leitfaden für die Praxis*, 2., überarb. Auflage, Basel 2013.

—, *Zwangsmassnahmen in der Medizin. Medizinisch-ethische Richtlinien*, Basel 2015.

Siegrist, Johannes, *Gesundheit für alle? Die Herausforderung sozialer Ungleichheit*, Darmstadt 2021.

Sommer, Jürg H., *Die implizite Rationierung bleibt notwendig. Zum Konzept des «muddling through elegantly»*, in: Zimmermann-Acklin, Markus/Halter, Hans (Hg.), *Rationierung und Gerechtigkeit im Gesundheitswesen. Beiträge zur Debatte in der Schweiz*, Basel 2007, 279–289.

—, *Muddling Through Elegantly: Rationierung im Gesundheitswesen*, Basel 2001.

Stichweh, Rudolf, *Inklusion und Exklusion. Studien zur Gesellschaftstheorie*, Bielefeld 2005.

Strech, Daniel/Marckmann, Georg (Hg.), *Public Health Ethik*, Berlin 2010.

United Nations Development Programme (UNDP), *Inequality-adjusted Human Development Index for India's State 2011*, New Delhi 2011.

Venkatapuram, Sridhar, *Health Disparities and the Social Determinants of Health: Ethical and Social Justice Issues*, in: Mastroianni, Anna C./Kahn, Jeffrey P./Kass, Nancy E. (Eds.), *The Oxford Handbook of Public Health Ethics*, New York 2019, 266–276.

Vögeli, Dorothee, *Dement im Akutspital – was dann? Fachleute fordern den Aufbau von geriatrischen Rehabilitationsangeboten im Kanton Zürich*, in: NZZ Nr. 85, 13.04.2013, 19.

VOLLMANN, JOCHEN, *DRG-Vergütung und ärztliche Professionsethik*, in: KETTNER, MATTHIAS/ KOSLOWSKI, PETER (Hg.), *Wirtschaftsethik in der Medizin. Wie viel Ökonomie ist gut für die Gesundheit?*, München 2011, 97–114.

WASSERMAN, DAVID, Art. «Discrimination, Concept of», in: Encyclopedia of Applied Ethics, Vol. 1, San Diego/London 1998, 805–814.

WHO, *World Health Statistics 2012*, Geneva 2012.

WILD, VERINA/PFISTER, ELIANE/BILLER-ANDORNO, NIKOLA (Hg.), *DRG und Ethik. Ethische Auswirkungen von ökonomischen Steuerungselementen im Gesundheitswesen*, Basel 2011.

ZIMMERMANN, MARKUS, Artikel «Gesundheit. I. Sozialethisch», in: *Staatslexikon. Recht, Wirtschaft, Gesellschaft, Zweiter Band*, Freiburg i. Br. ⁸2018, 1278–1283.

—, *Biomedizin und Biotechnologie unter dem Vorzeichen von Public Health*, in: SAUTERMEISTER, JOCHEN (Hg.), *Anwendungsorientierte Biomedizin und Biotechnologie. Theologisch-ethische Debatten und Zwischenbilanzen*, Freiburg i. Br., erscheint 2024.

—/FELDER, STEFAN/STRECKEISEN, URSULA/TAG, BRIGITTE, *Das Lebensende in der Schweiz. Individuelle und gesellschaftliche Perspektiven*, Basel 2019.

ZIMMERMANN-ACKLIN, MARKUS, *Bioethik in theologischer Perspektive. Grundlagen, Methoden und Bereiche*, Freiburg i. Ue./Freiburg i. Br. ²2010.

—, *Die Rationierungsdiskussion in der Schweiz. Beobachtungen aus ethischer Perspektive*, in: WILD, VERINA/ PFISTER, ELIANE/BILLER-ANDORNO, NIKOLA (Hg.), *DRG und Ethik. Ethische Auswirkungen von ökonomischen Steuerungselementen im Gesundheitswesen*, Basel 2011, 127–139.

—, *Gerechte Leistungsbeschränkungen? Ethische Überlegungen zur Kosten-Nutzen-Bewertung in der Medizin*, in: Bioethica Forum 6 (2013a), 75–77.

—, *Gesundheitsversorgung von Menschen im vierten Lebensalter in der Schweiz – Herausforderungen und Perspektiven*, in: MEIREIS, TORSTEN (Hg.), *Altern in Würde. Das Konzept der Würde im vierten Lebensalter*, Zürich 2013b, 153–167.

4 ZUR ÄRZTLICHEN GEWISSENSENTSCHEIDUNG BEI DER ALLOKATION KNAPPER GÜTER

Kontrolle ist in Vertrauen einzubetten, wie Hufeland es gefordert hatte. (…) Dazu mag etwa gehören: (…) dass ich als Arzt mehr der feministischen Moralphilosophie folge, nach der die Verteilungsgerechtigkeit zwischen selbstbestimmten Individuen in der Verantwortung und Sorge (care) für mein Gegenüber, für den Andern eingebettet ist (…).[1]

Hence, a conscientious physician ought to aim, first and foremost, to help her patients. To use a common phrase, a conscientious physician ought to exhibit ‹fidelity to the interests of the individual patient›.[2]

4.1 Ressourcenknappheit und ärztliches Ethos

Die Einführung ökonomischer Steuerungselemente in der Gesundheitsversorgung, beispielsweise der Abrechnung ärztlicher Leistungen nach Fallpauschalen, der Einführung von Managed Care oder der stärkeren Berücksichtigung der Kosteneffektivität medizinischer Maßnahmen, deuten auf die zunehmende Herausforderung der Allokation knapper Güter im Gesundheitswesen hin. Der damit verbundene finanzielle Druck verändert nicht zuletzt auch die Beziehung zwischen Arzt und Patient bzw. Ärztin und Patientin, auch wenn dies aus Sicht des traditionellen Ärzteethos nicht der Fall sein sollte. Nicht zufällig sind Allokationsfragen, meist unter dem Globalbegriff der negativ konnotierten «Ökonomisierung der Medizin», in den letzten Jahren auch zum Gegenstand der deutschsprachigen medizin- bzw. gesundheitsethischen Debatten geworden.[3]

In einem Punkt unterscheiden sich allokationsethische Beiträge von vielen anderen medizinethischen Überlegungen: Geht es um die gerechte Verteilung vorhandener Ressourcen, werden unterschiedliche Entscheidungsebenen, deren Interdependenzen und, damit verbunden, auch verschiedene Perspektiven und Rationalitäten (Denkweisen) wichtig. So ist es ein gravierender Unterschied, ob auf der Ebene des Krankenhausmanagements im Rahmen einer Neuausrichtung der Organisation darüber entschieden wird, bestimmte Leistungen abzubauen, ob auf politischer Ebene bei der Festlegung zukünftiger Schwerpunkte der Gesundheitsversorgung beispielsweise über den Ausbau von Palliative Care zuungunsten anderer Aufgaben beraten wird, oder ob von einem Behandlungsteam am Krankenbett erwogen wird, einer Patientin eine für sie nur bedingt nützliche, jedoch sehr teure Maßnahme anzubieten oder nicht. Aspekte der klinischen, Orga-

---

1 DÖRNER 2001, 21.

2 TAVAGLIONE/HURST 2012, 6.

3 In den USA haben entsprechende Debatten bereits in den siebziger und achtziger Jahren des letzten Jahrhunderts begonnen, vgl. den guten Überblick in MARCKMANN U. A. 2003.

nisations-, Management- und politischen Ethik sind zwar zunächst getrennt zu untersuchen, müssen anschließend aber zusammengeführt werden, um realistische Handlungsszenarien entwerfen zu können. Entscheidungen am Krankenbett lassen sich angemessen nur im Kausalzusammenhang mit Entscheidungen auf der organisationellen Meso- und der politischen Makroebene verstehen und beurteilen. Wenngleich es legitim und auch nötig ist, zunächst einmal nur eine der Entscheidungsebenen näher zu beleuchten, wie es im Folgenden geschieht, bleibt stets im Hinterkopf zu behalten, dass Entscheidungen auf einer Ebene in der Regel komplementäre Maßnahmen auf den anderen Ebenen notwendig machen. Entscheidet sich beispielsweise ein Behandlungsteam, eine neue und kostenintensive Maßnahme, z. B. eine Chemotherapie, eine Beatmungstechnik oder spezielle neurochirurgische Eingriffe bei Tumorpatientinnen und -patienten für alle behandlungsbedürftigen Patientinnen und Patienten einzuführen, bedarf es korrespondierender Umverteilungsmaßnahmen auf der organisationellen (z. B. Verzicht auf ebenfalls erwünschte zusätzliche Intensivbetten) und/oder auf der politischen Ebene (z. B. Verzicht auf den Neubau einer Schule oder eine Steuererhöhung). Die traditionell vertretene Aufgabenteilung sieht vor, dass sich ein Arzt bei seinen Entscheidungen durch die Bedürfnisse eines einzelnen Patienten leiten lässt, ein Krankenhausmanager an den möglichst positiven Jahresabschluss und den ausgewogenen Ausgleich unterschiedlicher Einzelinteressen denkt, während eine Politikerin angemessen zwischen unterschiedlichen (sozial-)politischen Bedürfnissen abwägen und insbesondere das Problem der Opportunitätskosten im Auge behalten sollte. Diese Aufteilung scheint heute aufgrund der vielen neuen und oftmals kostenintensiven Möglichkeiten in der Medizin nicht mehr problemlos zu funktionieren.

Dazu kommt, dass in den vergangenen Jahren das Nachdenken über das ärztliche Selbstverständnis, die ärztliche Identität und das damit verbundene ärztliche Ethos in der Medizinethik vernachlässigt wurde. Gründe dafür waren sicherlich der Nachholbedarf in Sachen Patientinnen- und Patientenautonomie, aber auch Tendenzen zur Spezialisierung und Verrechtlichung ärztlichen Handelns in den Hochlohnländern der Welt. In der Schweiz beispielsweise wurden in den letzten Jahren viele Bereiche ärztlichen Handelns rechtlich verbindlich gemacht, die bisher lediglich in ethischen Richtlinien geregelt waren. Jüngstes Beispiel ist das Gesetz zur Regelung der Forschung am Menschen (HFG, Humanforschungsgesetz), das 2014 in Kraft getreten ist und in welchem große Teile des traditionellen ärztlichen Ethos gesetzlich eingefordert werden sowie durch Ethikkommissionen zu prüfen sind. Schwierige ärztliche Entscheidungen, schwindende intuitive Gewissheiten infolge der Globalisierung und Technisierung, allem voran aber die

Demontage der ärztlichen Autorität in der Gesellschaft[4] haben zu einem wieder-
erwachten Interesse an Fragen der ärztlichen Identität geführt. Bereits vor einigen Jahren erhob Klaus Dörner in gleichsam prophetischer Manier seine Stimme
gegen eine hoffnungslos einseitige Medizinethik, welche das wichtigste, nämlich
die ärztliche Grundhaltung, ignoriere:[5] Gängige Medizinethiken bezeichnete er
als «Pfropf-Ethiken», die den Ärztinnen und Ärzten, nachdem diese zunächst de-
montiert und zu moralischen Monstern gemacht, von Außen übergestülpt worden wären.[6] Dagegen verlangte er, dass eine Medizinethik von der alltäglichen
Sittlichkeit einer Ärztin bzw. eines Arztes oder auch des ärztlichen Standes ausgehend entwickelt werden und zudem in diese Moralität eingebettet bleiben sollte, wobei auch ihm im Sinne einer ethischen Gleichgewichtstheorie klar war, dass
eine «Ethik von unten» kaum ohne eine «Ethik von oben» zu haben ist.[7]

Mit Blick auf einen angemessenen Umgang mit der Ressourcenknappheit auf
der Mikroebene bzw. am Krankenbett wird die ärztliche Gewissensentscheidung
insofern zum Thema, als die ärztliche Grundhaltung, Anwalt einer Patientin oder
eines Patienten und deren bzw. dessen Bedürfnissen zu sein, mit der Aufgabe,
vorhandene Ressourcen auf unterschiedliche Patientinnen- und Patientengruppen gerecht zu verteilen, in Konflikt geraten kann. In den Fachdiskursen weitgehend unbestritten ist heute, dass trotz bestehender Überbehandlungen und der
Verschwendung von Mitteln angesichts der zunehmend vorhandenen, teilweise
enorm kostenintensiven Möglichkeiten in der modernen Medizin eine Situation
der Knappheit entstanden ist, die es unmöglich macht, allen alles zu geben.[8]

Vorauszuschicken ist, dass das Gewissen keine normgebende, sondern eine
Prüfungs- und Weisungsinstanz ist, welche ein bestimmtes, autonom oder auto-
ritär vorgegebenes Set von Normen voraussetzt.[9] «Das Gewissen ist so etwas wie
die sittliche Identität des Menschen, die diesem in relativer Eigenständigkeit Verantwortung zuweist.»[10]

Im Sinne dieses Zitats von Dietmar Mieth geht es beim Gewissen um eine Instanz im Menschen, die vorausschauend prüft, ob eine Entscheidung mit den vo-

---

4   Vgl. prägnant OELZ 2010 bzw. das gesamte NZZ Folio-Themenheft «Die Ärzte. Ein Berufs-
    stand wird seziert» von Juni 2010.

5   Vgl. DÖRNER 2001.

6   Vgl. ebd. 9.

7   Vgl. ebd.; zur Methode einer ethischen Gleichgewichtstheorie («reflective equilibrium»), in
    früheren Ausgaben von den Autoren auch als «ethischer Kohärentismus» bezeichnet,
    BEAUCHAMP/CHILDRESS [8]2019, 439–444.

8   Vgl. ZIMMERMANN-ACKLIN 2013, 177–200.

9   Vgl. REINER 1974.

10 MIETH 1991, 222.

rausgesetzten Idealen und Normen übereinstimmt, oder die sich im Nachhinein in Form des berühmten «schlechten Gewissens» meldet, wenn eine bereits geschehene Handlung offensichtlich mit internalisierten Vorstellungen des beruflichen Ethos kollidiert.

Obgleich eine enge Verbindung zwischen Gewissen und Ich-Ideal, ärztlichem Selbstverständnis und Ethos besteht, setzt die Prüfung der Frage, inwieweit die Allokationsaufgabe das ärztliche Gewissen herausfordert, normative Überlegungen zur gerechten Allokation am Krankenbett sowie evaluative Erwägungen zu Vorstellungen zum ärztlichen Ethos voraus. Im Zentrum steht dabei die folgende Frage: Lässt sich das ärztliche Ethos der Sorge um individuelle Patientinnen und Patienten mit den Aufgaben einer gerechten Ressourcenverteilung und den damit verbundenen Leistungsbegrenzungen vereinbaren? Zugespitzt formuliert: Können Ärztinnen und Ärzte gleichzeitig Anwalt ihrer Patientinnen und Patienten und des Krankenhausbudgets sein?

4.2 Ärztliches Ethos und Leistungsbegrenzungen – ein Widerspruch?

Die Musterberufsordnung der deutschen Bundesärztekammer sieht zu Beginn im sogenannten «Gelöbnis» vor, dass Ärztinnen und Ärzte ihren Beruf in Gewissenhaftigkeit und Würde ausüben.[11] Auch die Standesordnung der Schweizerischen Ärzteverbindung FMH fordert, dass Ärzte und Ärztinnen keine Handlungen vornehmen, die sie mit ihrem Gewissen nicht vereinbaren können sowie alle Patientinnen und Patienten mit gleicher Sorgfalt und ohne Ansehen der Person zu betreuen haben.[12] Edmund Pellegrino war der Meinung, dass eine gewissenhafte Ärztin bzw. ein gewissenhafter Arzt stets von den Bedürfnissen ihres individuellen Patienten bzw. ihrer individuellen Patientin ausgehen und dessen Wohl im Normalfall sogar altruistisch über das eigene stellen sollte.[13] Auch im Zusammenhang mit der Rationierungsdebatte forderte der 2013 im Alter von 92 Jahren verstorbene, mit der katholischen Tradition vertraute US-amerikanische Philosoph und Medizinethiker im Fall eines Konflikts zwischen systemischen Zwängen und individuellen Ansprüchen eines Patienten bzw. einer Patientin die altruistische Aufgabe ärztlicher Eigeninteressen:

> When the system harms the patient then the question of the physician's primary agency arises. If he is primarily the patients advocate, agent and minister (rather than a bureaucratic pawn of the system), then he must protect the patient's interests against the system even at some risk and damage to his own self-interest.[14]

---

11 Vgl. WIESING [4]2012, 82–95, hier: 82.
12 Vgl. BONDOLFI/MÜLLER 1999, 444 f.
13 Vgl. PELLEGRINO 1989, 52; dazu ZIMMERMANN-ACKLIN [2]2010, 77–85.
14 PELLEGRINO 1986, 31, hier zitiert nach TAVAGLIONE/HURST 2012, 6.

Für ihn hat die individuelle Patientin und deren Ansprüche stets Vorrang vor übergeordneten Interessen oder systemischen Zwängen, selbst wenn die Berücksichtigung dieser individuellen Ansprüche zu Nachteilen für den behandelnden Arzt führen sollte. Ähnlich sieht dies der Tübinger Medizinethiker Urban Wiesing, wobei er ausblendet, dass Entscheidungen oberhalb der unmittelbaren Arzt-Patient-Beziehung zwangsläufig Konsequenzen für die ärztliche Vorgehensweise nach sich ziehen, insofern mögliche Leistungsbeschränkungen von einer Ärztin ihrer Patientin gegenüber erklärt und vor allem verantwortet werden müssen:

> Hingegen ist dem Arzt auf keinen Fall die Verantwortung für Rationierungen zuzuschreiben, weil ihn dies in den Konflikt bringen würde, einzelnen Patienten zu schaden. Wenn Rationierungen im Gesundheitssystem für notwendig erachtet werden, dann sollte der Arzt diese Aufgabe von sich weisen. Die Instanz der Verteilung, der Kostenträger, sollte die Verantwortung für die Verteilung übernehmen und sie oberhalb der Arzt-Patient-Beziehung regeln.[15]

Der Schweizer Herzchirurg Peter Stulz beschreibt in seiner Stellungnahme zur Rationierungsdebatte aus ärztlicher Sicht zwar die zunehmenden Spannungen, die zwischen der ärztlichen Zuständigkeit für den Patienten bzw. für die Patientin und Aufgaben in der Ressourcenallokation bestehen, bleibt jedoch ebenfalls strikt der Meinung, dass Ärztinnen und Ärzte ausschließlich für den individuellen Patienten bzw. die individuelle Patientin Partei zu ergreifen haben und die Rationierung von Leistungen vehement abzulehnen hätten.[16] Soweit das historisch verankerte Idealbild oder Ich-Ideal einer Ärztin oder eines Arztes.

Die heutige ärztliche Realität hat sich weit entfernt von diesem Ideal. Nicht zufällig absolvieren heute viele Ärztinnen und Ärzte Zusatzausbildungen im Managementbereich. Es besteht eine Praxis der sogenannten impliziten Rationierung am Krankenbett, die aus ethischer Sicht insbesondere darum problematisch ist, weil sie auf intransparenten Kriterien beruht und diejenigen benachteiligt, die sich am wenigsten zu wehren wissen. Selbst Peter Stulz erwähnt als gängige klinische Praktiken das Kaschieren oder Vorenthalten wichtiger Informationen beispielsweise zu Qualitätsunterschieden von Implantaten, die «Übersetzung» ökonomischer Motive in medizinische Begründungen, die sich Ärzte und Ärztinnen aufgrund ihres Wissensmonopols erlauben könnten, sowie die Zeitnot bzw. den Personalmangel als beliebte Lösungsstrategien bei ökonomischen Engpässen im klinischen Alltag.[17] In einer in Deutschland durchgeführten Studie konnte für die onkologische Versorgung gezeigt werden, dass Ärztinnen und Ärzte durchschnittlich mehr Zeit für besser bezahlende Patientinnen und Patienten mit Pri-

---

15 WIESING ⁴2012, 310.
16 Vgl. STULZ 2007, 148.
17 Vgl. ebd. 151 f. Er verweist dabei auf KUHLMANN 1999.

vatversicherung als für diejenigen mit lediglich einer gesetzlichen Krankenversicherung aufbringen; da Zeit eine ausschlaggebende Voraussetzung für ärztliche Empathie darstellt, resultiert aus dieser Bevorzugung schließlich eine qualitativ hochwertigere medizinische Versorgung.[18]

Auch die in vier europäischen Ländern durchgeführte «Values at the Bedside Study» hat Einblicke in alltägliche Rationierungsentscheidungen von Ärztinnen und Ärzten ermöglicht:[19] Auf die Frage, wie häufig ihre Patientinnen und Patienten während der letzten sechs Monate eigentlich notwendige Leistungen nicht erhalten hätten, antworteten die Mehrheit der befragten Ärztinnen und Ärzte, sie hätten dies durchschnittlich einmal im Monat erlebt. Als Beispiele genannt wurden das Fehlen indizierter Rehabilitationsmaßnahmen, von Pflegeheimplätzen, mangelnder Zugang zu Spezialistinnen und Spezialisten und eine mangelhafte Lebensende-Versorgung. Zudem hat sich herausgestellt, dass geistig eingeschränkte Personen, chronisch Kranke sowie Patientinnen und Patienten, welche teure Behandlungen benötigten, stärker benachteiligt werden als andere.[20] Ein weiteres und auf den ersten Blick verblüffendes Ergebnis besteht darin, dass der Rationierungsdruck auf die Behandlungsteams in denjenigen nationalen Kontexten am stärksten empfunden wird, in welchen die meisten Ressourcen zugänglich sind und die wenigsten Regelungen bestehen.[21] Hier wird deutlich, dass die Allokationsproblematik in den Hochlohnländern der Welt in erster Linie Folge der zunehmenden medizinischen Möglichkeiten und des zunehmenden Wohlstands ist. Stimmt diese Analyse, dann wird sich bei gleichbleibendem Fortschritt und Wirtschaftswachstum der Druck am Krankenbett, Behandlungen zu begrenzen, in Zukunft weiter verstärken.

Von einem typischen Rationierungsbeispiel aus dem ärztlichen Alltag berichtet der US-amerikanische Arzt und Ethiker Peter A. Ubel unter dem vielsagenden Titel «Confessions of a Bedside Rationer»[22]: Während der Behandlung eines Patienten, der über lang anhaltendes Kopfweh klagte, erwog er zusammen mit dem Patienten die Möglichkeit, eine Computertomographie (CT) zu erstellen. Schließlich entschieden sie sich gemeinsam zugunsten einer alternativen Vorgehensweise, nämlich zunächst ein Medikament abzusetzen, das der Patient seit einiger Zeit einnahm und welches die Kopfschmerzen eventuell mit verursacht haben könnte. Ein CT behielten sie sich als eine später eventuell sinnvolle Möglichkeit vor. Für den Arzt war im Nachhinein klar, dass er allein aus Kostengründen auf das CT

---

18 Vgl. NEUMANN U. A. 2012, 149.

19 Vgl. HURST ET AL. 2005; DIES. ET AL. 2007, 137.

20 Vgl. DIES. ET AL. 2007.

21 Vgl. DIES. ET AL. 2009, 10.

22 Vgl. UBEL 2007.

verzichtet hatte: Hätte er das Ergebnis einer solchen Aufnahme auf kostengünsti-
ge Weise erhalten können, hätte er auf jeden Fall zugunsten einer solchen Maßnahme entschieden. Zudem machte er dieses Motiv im Gespräch mit seinem Patienten nicht explizit, sondern verbarg die Kostengründe hinter medizinischen Erklärungen.

Widersprüche zwischen dem ärztlichen Ideal der alleinigen Ausrichtung an
den Bedürfnissen der Patientinnen bzw. Patienten und den Ansprüchen eines verantwortlichen Umgangs mit knappen Ressourcen liegen heute auf der Hand. In
den Grundsätzen der FMH-Standesordnung ist zu lesen, dass Ärztinnen und
Ärzte das Gebot der Wirtschaftlichkeit zu berücksichtigen hätten, womit nicht
nur an eine bestehende gesetzliche Regelung im Krankenversicherungsgesetz
(KVG) erinnert, sondern gleichzeitig ein gewisser Realitätssinn angemahnt wird.[23]
Wenigstens erwähnt werden muss, dass Ärztinnen und Ärzte mit ihrem Handeln
legitimer Weise immer auch ökonomische Interessen, beispielsweise die Erwirt-
schaftung ihres Einkommens, verfolgen, die durchaus in Widerspruch zu Patien-
tinnen- und Patienteninteressen, ganz sicher aber zu dem von Edmund Pellegrino
geforderten Altruismus-Ideal treten können.[24] Diese Thematik soll hier aber
nicht weiter verfolgt werden.

Welche Strategie können und sollen Ärztinnen und Ärzte in der angesprochenen Konfliktsituation zwischen Patientinnen- und Patienteninteressen und übergeordneten ökonomischen Zwängen verfolgen? Es bestehen folgende drei idealtypische Handlungsmöglichkeiten:

1. *Sie verweigern die Berücksichtigung übergeordneter ökonomischer Aspekte und richten
sich einzig an den individuellen Interessen und Bedürfnissen ihrer Patientinnen und Patienten aus. Dies könnte soweit führen, dass sie für den Fall, dass eine Versicherung eine
in ihren Augen notwendige Behandlung nicht zu bezahlen bereit ist, eine moralische
Pflicht zur Lüge gegenüber einer Krankenversicherung hätten.[25] Diese Möglichkeit erscheint prima vista naiv und mit Blick auf die Folgen – die Versicherungen würden solche Lücken rasch identifizieren und wirksame Gegenmaßnahmen schaffen – auch praktisch untauglich zu sein.[26]*

---

23 Vgl. BONDOLFI/MÜLLER 1999, 444.

24 Vgl. dazu beispielsweise mögliche Interessenkonflikte, die zwischen Ärzteschaft und Pharmaindustrie handlungsleitend werden können, angesprochen in Richtlinien der SCHWEIZERI-
SCHEN AKADEMIE DER MEDIZINISCHEN WISSENSCHAFTEN 2013.

25 Diese Pflicht zu lügen wird in Ausgabe 3/2012 des «American Journal of Bioethics» ausführlich
diskutiert, vgl. den zustimmenden Hauptartikel von TAVAGLIONE/HURST 2012, dagegen das
skeptische Editorial von MORREIM 2012.

26 So auch MORREIM 2012.

2. *Sie lassen sich in ihren Entscheidungen in erster Linie von übergeordneten ökonomischen Ansprüchen (Systemvorgaben) leiten und finden Mittel und Wege, diese Haltung auch strategisch umzusetzen. In der Literatur wird eine mögliche Methode unter dem Begriff «muddling through elegantly», dem eleganten Durchwursteln, ethisch kontrovers diskutiert.* [27] *Dieses Vorgehen erscheint unter anderem daher gefährlich, weil auf diese Weise das Vertrauensverhältnis zwischen Ärztin bzw. Arzt und Patientin bzw. Patient massiv gestört werden kann und letztlich Willkür- und Zufallsentscheide gefällt würden.*

3. *Sie wählen ein pragmatisches Vorgehen, bei welchem sowohl die individuellen Bedürfnisse der Patientinnen und Patienten als auch übergeordnete Ansprüche einer gerechten Allokation verfolgt und somit Kompromisslösungen gesucht werden, welche ärztliche Erfahrung, Urteilskraft und Einfallsreichtum mit der Berücksichtigung öffentlich ausgehandelter Regeln kombiniert. Dieses dritte Vorgehen scheint mir aus ethischer Sicht am ehesten vertretbar zu sein.*

Um die spontane Einschätzung einsichtiger zu machen, wird im nächsten Schritt die Knappheitsproblematik näher beleuchtet und analysiert, auf welche die genannten Strategien zu reagieren versuchen.

4.3 Knappheitsproblem und Verteilungskriterien

Auch wenn aufgrund der teilweise enormen Gewinne, die heute im System der Gesundheitsversorgung erwirtschaftet werden, der Vorwurf einer Überformung des medizinischen (inklusive ärztlichen) Handelns durch ökonomische Kalküle und Ziele unter dem Stichwort «Ökonomisierung der Medizin» durchaus zu Recht erhoben wird,[28] lässt sich die Erfahrung von Ressourcenknappheit und der damit entstehende Handlungsdruck nicht vorschnell mit diesen Vorgängen identifizieren und negativ beurteilen. Versuche von Ärzten und Ärztinnen, auch unter Berücksichtigung ökonomischer Effizienzkriterien auf diese Verteilungsprobleme zu reagieren, sind daher nicht *per se* als Symptom einer Gefährdung des traditionellen Ärzteethos zu verstehen.[29] Bei der Allokationsfrage geht es letztlich um das klassische Problem der Verteilungsgerechtigkeit, welches sich angesichts der vorgegebenen Knappheit aller Ressourcen grundsätzlich in jedem nationalstaatlichen Gesundheitssystem stellt, wenn dies auch angesichts der weltweit ungleich verteilten Mittel auf sehr unterschiedlichen Versorgungsniveaus geschieht.

---

27 Vgl. die differenzierte Diskussion bei SOMMER 2001.

28 Als Folge befürchtet Arne Manzeschke eine Umkehrung der Zweck-Mittel-Relation, so dass Geld nicht mehr als Mittel zur Versorgung Kranker, sondern die Versorgung Kranker zwecks Optimierung von Gewinnen eingesetzt würde, vgl. MANZESCHKE 2009.

29 Zu dieser Sichtweise tendiert auch MAIO 2012.

In den Hochlohnländern der Welt sollte eine Problemanalyse bei den unerhörten Erfolgen der medizinischen Forschung, den daraus resultierenden, stetig zunehmenden und teilweise sehr teuren ärztlichen Handlungsmöglichkeiten und dem seit Jahrzehnten steigenden wirtschaftlichen Wohlstand ansetzen. In dieser Herangehensweise erweist sich das Allokationsproblem in erster Linie als Folge grundsätzlich *erwünschter* Ursachen, gleichsam als ein aufgrund des Erfolgs systemintern hervorgerufenes Problem, das darum manchmal – ebenfalls vereinfachend und einseitig wertend – anhand des Begriffs der «Fortschrittsfalle» beschrieben wird. Gemäß dieser Sichtweise lässt sich der zunehmende Druck auf Behandlungsteams, Leistungen am Krankenbett begrenzen zu müssen, nicht in erster Linie auf einen Mangel an Solidarität, Ungleichbehandlungen oder ungerechte politische Entscheidungen zurückführen.

Darüber hinaus häufig für den Rationierungsdruck angeführte Kausalursachen wie die demographische Entwicklung, der Mangel an ärztlichem und pflegerischem Fachpersonal und die zunehmenden individuellen Ansprüche der sogenannten Baby-Boomer an das System der Gesundheitsversorgung sind aus heutiger Sicht noch als sekundär einzuschätzen, da sie sich voraussichtlich erst mittel- und langfristig auswirken werden. Auch wenn diese Ursachen in den gegenwärtigen Konflikten noch eine untergeordnete Rolle spielen, dürfte insbesondere der Mangel an Fachpersonal und die zunehmende Pflegebedürftigkeit von Menschen in sehr hohem Alter dazu beitragen, dass der Rationierungsdruck in den nächsten Jahren auf allen Ebenen zunehmen wird.

Angesichts dieser Entwicklungen, die als einen erwünschten Effekt eine seit Jahrzehnten ansteigende durchschnittliche Lebenserwartung mit sich bringt, wird die *prima vista* selbstverständliche Unterscheidung zwischen einer *existenziellen* und einer *hergestellten* Knappheit zunehmend klärungsbedürftig: Während das menschliche Leben stets begrenzt und die Lebenszeit schlechthin knapp ist, was aus individueller Sicht im Sinne einer existenziellen Knappheit schlicht anzuerkennen bleibt («vitam brevem esse, longam artem»[30]), wird aufgrund einer kriteriengeleiteten Ressourcenallokation Knappheit stets auch willentlich herbeigeführt, wobei es aus ethischer Sicht gilt, diese Verteilung möglichst gerecht zu gestalten. Auch wenn diese Unterscheidung notorisch unterbestimmt bleibt, wie beispielsweise in der zu Recht umstrittenen Rede von einer natürlich vorgegebenen Lebensspanne im Rahmen der Debatten um die Altersrationierung deutlich wird,[31] ist ihre möglichst präzise Bestimmung für unsere Frage grundlegend, namentlich dann, wenn es um die Bestimmung von sogenannten sinnlosen Maßnah-

---

30 SENECA 1971, 176 (Seneca zitiert hier Hippokrates), vgl. auch MARQUARD 2013 sowie MAIO 2011.

31 Vgl. Kap. II/5 im vorliegenden Band.

men («futile treatments») geht. Falls in einer Entscheidungssituation am Krankenbett plausibel gemacht werden kann, dass die Anwendung einer bestimmten Maßnahme Ausdruck der Verdrängung menschlicher Endlichkeit und Angst vor der Konfrontation mit der Sterblichkeit ist, würde es verpasst, in einem humanen Sinn existenzielle Knappheit anzuerkennen und damit ein «gutes Sterben» verhindert.[32] Wie komplex und schwierig diese Verständigungsprozesse sind, belegen beispielsweise neuere Ergebnisse der Palliative-Care-Forschung, insofern gezeigt wurde, dass Patientinnen und Patienten mit einem metastasierenden Lungenkrebs, welche *rechtzeitig* palliative Maßnahmen erhielten, nicht nur qualitativ besser und länger lebten als Patienten und Patientinnen einer Vergleichsgruppe mit einer Standardversorgung, sondern dass deren Behandlung gleichzeitig auch signifikant kostengünstiger war.[33]

Steht dagegen nicht die Anerkennung menschlicher Endlichkeit, sondern die Verteilung endlicher Ressourcen zur Debatte, geht es um die legitimen Kriterien der Allokation. Werden diese öffentlich diskutiert und begründet, ist die Rede von *expliziter* oder geregelter Rationierung, werden sie von Ärztinnen und Ärzten am Krankenbett im Einzelfall getroffen, wird von *impliziter* Rationierung gesprochen. Im Schweizer Recht bereits etablierte Kriterien für Maßnahmen, die über Sozialversicherungen bezahlt werden, sind medizinische Wirksamkeit, Zweckmäßigkeit und Wirtschaftlichkeit. Verfassungsrechtlich kommen als Kriterien die Achtung der Menschenwürde und das daraus resultierende Verbot jeglicher ungerechtfertigter Ungleichbehandlung (Diskriminierung) als wesentliche Grundlagen für eine gerechte Behandlung hinzu. Die Berücksichtigung sozialer Kriterien wie dem Alter, der gesellschaftlichen Stellung eines Patienten bzw. einer Patientin oder des sozialen Nutzens einer Maßnahme sind ethisch zu Recht umstritten und in der Regel abzulehnen. Alle erwähnten Kriterien sind klärungsbedürftig, insbesondere das Verständnis und die Berücksichtigung der «Zweckmäßigkeit» und «Wirtschaftlichkeit» medizinischer Maßnahmen. Wie umstritten die Interpretation der Kosteneffektivität von Maßnahmen ist, hat beispielsweise die Stellungnahme des Deutschen Ethikrats zu Kosten und Nutzen im Gesundheitswesen gezeigt: Beim Versuch, die beiden Kriterien der Gleichbehandlung und der Kosteneffektivität in ein vertretbares Gleichgewicht zu bringen, also eine strikt deontologische Ethik mit Nutzenüberlegungen zu verbinden, ist ein grundlegender Dissens zutage getreten.[34]

---

32 Als Beispiel begegnet in der Literatur und in persönlichen Gesprächen immer wieder der manchmal fragliche Einsatz von Herzschrittmachern mit eingebauten Defibrillatoren, vgl. z. B. KAUFMAN ET AL. 2011.

33 Vgl. TEMEL ET AL. 2010.

34 Vgl. DEUTSCHER ETHIKRAT 2011, vgl. darin das Sondervotum von Weyma Lübbe (DEUTSCHER ETHIKRAT 2011, 98–124); vgl. Kap. II/1 im vorliegenden Band.

Trotz dieser Probleme haben Samia Hurst und Marion Danis versucht, eine ethische Kriteriologie für Rationierungsentscheidungen am Krankenbett zu entwerfen, weil sie zu Recht davon ausgehen, dass Ärztinnen und Ärzte in der klinischen Praxis heute *nolens volens* mit der Aufgabe der Mittelbegrenzung konfrontiert werden.[35] Sie unterscheiden drei Möglichkeiten: Erstens Situationen akuter Knappheit, in welchen es im Sinne der Triage darum geht, beispielsweise darüber zu entscheiden, wer der Betroffenen ein verbleibendes Intensivbett erhält und wer nicht; zweitens Situationen, in denen aufgrund eines vorgegebenen Pauschalbudgets die Mittel allgemein limitiert und Begrenzungen darum unvermeidlich sind; drittens Entscheidungen, in welchen Ärztinnen und Ärzte der Meinung sind, dass der Nutzen einer Maßnahme für eine bestimmte Patientin in keinem Verhältnis zu den dafür aufzuwendenden Kosten steht.[36] In ihrer Kriteriologie kombinieren sie prozedurale und inhaltliche Elemente in folgenden sechs Bedingungen: Ärztinnen und Ärzte sollten (1) über eine generelle Kenntnis einschlägiger Gerechtigkeitstheorien verfügen, bei konkreten Entscheidungen aber gleichzeitig (2) individuelle Unterschiede bei Patientinnen und Patienten angemessen berücksichtigen; Entscheidungen sollten (3) auf Reziprozität, einer Balance zwischen Geben und Nehmen basieren, Entscheidungsprozesse sollten (4) konsistent und in jedem Fall gleich angewendet werden, sie sollten darüber hinaus (5) ausreichend explizit und für alle Betroffenen verständlich sein, schließlich (6) iterativ evaluiert und auf diese Weise verbessert werden.[37]

Die Autorinnen betonen, dass die Anwendung dieser Kriterien praktikabel sein und auf klinisch brauchbaren Begründungsstrategien beruhen sollte. Genau diese Praxistauglichkeit bezweifelt jedoch Peter A. Ubel in seinem Kommentar:[38] Der Arzt und Medizinethiker findet es zwar wichtig, zu überlegen, wie den klinisch Tätigen bei Rationierungsentscheidungen konkret geholfen werden könne, stellt jedoch im Selbstversuch fest, dass er in seiner eigenen ärztlichen Praxis die genannten sechs Kriterien kaum beachtet. Einige Elemente hält er aus praktischen Gründen für nicht umsetzbar, die Idee, Entscheidungen den Betroffenen gegenüber explizit zu machen, überdies für fraglich, da die damit verbundenen Risiken, namentlich der drohende Vertrauensverlust zwischen Arzt bzw. Ärztin und Patient bzw. Patientin, zu hoch seien.[39]

---

35 Vgl. HURST/DANIS 2007; dazu UBEL 2007.

36 Vgl. HURST/DANIS 2007, 249 f.

37 Vgl. ebd. 253–255.

38 Vgl. UBEL 2007.

39 Vgl. DERS. 2007, 269.

4.4 Wie können und sollen Ärztinnen und Ärzte vorgehen?

Offensichtlich bieten weder die Verweigerung noch die Anpassung an System-
zwänge akzeptable ärztliche Strategien im Umgang mit den genannten Herausforderungen. Wie kann dann eine gewissenhafte ärztliche Haltung praktisch
aussehen, welche sowohl die individuellen Bedürfnisse von Patientinnen und Patienten als auch die überindividuellen Ansprüche einer gerechten Allokation bei
Entscheidungen berücksichtigen? Zwei Beobachtungen sollen hier weiterhelfen.

Die erste besteht in einem methodischen Hinweis von Leonard M. Fleck:[40]
Ausgehend von der Feststellung, dass es Entscheidungsbereiche gebe, die sehr
komplex seien, sich nicht überblicken ließen und zu viele Unsicherheiten in sich
bergen würden, entwickelt der US-amerikanische Philosoph im Anschluss an
John Rawls die Theorie einer «nicht-idealen» Gerechtigkeit, die jedoch angesichts
der Unübersichtlichkeit der Verteilungsproblematik besser als bestehende Missstände und in diesem Sinne in einem ausreichenden Maße gerecht sei («not per-
fectly just», jedoch «just enough»[41]). Auf dieser theoretischen Basis und anhand einer Fülle konkreter Beispiele aus dem klinischen Alltag sucht er zunächst nach
Entscheidungen, die eindeutig gerecht und richtig sind, bei welchen beispielsweise grundlegende Kriterien wie medizinische Wirksamkeit, Zweckmäßigkeit und
Wirtschaftlichkeit unbestritten erfüllt waren. Dem stellt er Fälle gegenüber, welche gewöhnlich oder intuitiv genauso eindeutig als ungerecht und falsch, als Verschwendung, sinnlos oder unwirtschaftlich beurteilt werden. Anschließend plädiert er dafür, Entscheidungen in der so entstehenden mittleren Grauzone genauer anzuschauen und sich sowohl in den medizinethischen als auch öffentlichen
Debatten auf diese Fälle zu konzentrieren.[42] Mit dieser pragmatischen Vorgehensweise lenkt er die Aufmerksamkeit auf wirklich umstrittene Entscheidungen und Kriterien, vor allem aber verhindert er, dass Triage-Situationen – also Situationen mit absoluter Knappheit, die, wie erlebt, im Fall einer Pandemie bei der
Verteilung von Beatmungsplätzen in Intensivstationen eintreten können – als
Ausgangsmodell für öffentliche Verteilungs- und Priorisierungsdiskurse gewählt
werden. In Situationen absoluter Knappheit werde nämlich ungefragt ein utilita-
ristisches Maximierungskalkül zugrunde gelegt, das dem Grundsatz der Gleichbehandlung aller widerspricht und das darum in Situationen relativer Knappheit
zu Recht auf Ablehnung stößt. Anstelle der Katastrophenszenarien geraten zum
einen Fragen der *Angemessenheit* oder Proportionalität von Maßnahmen, zum anderen *Sinnfragen* bzw. Fragen des guten Lebens ins Zentrum der Aufmerksamkeit:
Ist es beispielsweise angemessen, bei einem hochaltrigen Patienten mit einer fort-

---

40 Vgl. FLECK 2009.

41 Ebd. 102.

42 Vgl. ebd. Kap. 4, besonders 108; ähnlich auch MORREIM 2012, 1.

geschrittenen Alzheimer-Demenz, der künstlich ernährt wird und voll pflegebedürftig ist, bei einem Nierenversagen eine Hämodialyse oder bei einer Tumorerkrankung mit einer Chemo- und Bestrahlungstherapie zu beginnen, weil damit eine Lebensverlängerung verbunden ist?

Die zweite Beobachtung betrifft die ärztliche Expertise. Erfahrene Ärztinnen und Ärzte verfügen typischerweise über eine besondere Problemlösungskompetenz. Sie müssen in ihrem Berufsalltag ständig Entscheidungen unter Unsicherheit und Zeitdruck fällen, wobei sie sich im Idealfall zum einen auf ihre mit der Zeit entstehende Sachkompetenz stützen, zum anderen auf Grundhaltungen wie Einfühlsamkeit, Mitleid, Fürsorge, Gerechtigkeit, Maßhalten und Klugheit. Auf diese Weise entsteht eine durch Lebenserfahrung und praktische Übung geschulte *Urteilskraft*, die mehr beinhaltet als Intuition, Empfindung und Gefühl, wie Theda Rehbock in Auseinandersetzung mit Entscheidungen in Grenzsituationen hervorgehoben hat.[43] Diese Urteilskraft versetze vielmehr in die Lage, eine individuelle Situation im Horizont allgemeiner Normen umfassend wahrzunehmen, zu erkennen und zu beurteilen.[44] Die Bedeutung dieser ärztlichen Wahrnehmungs- und Problemlösungskompetenz für ethisch vertretbare Entscheidungen am Krankenbett wird in den politisch geprägten Rationierungsdebatten häufig unterschätzt oder ganz ausgeblendet. Diese in erster Linie praktisch erworbene Kompetenz ist besonders im erwähnten mittleren Graubereich erforderlich, in Entscheidungssituationen also, in welchen keine gesellschaftlich vereinbarten Regeln vorliegen oder in welchen die Relevanz bestehender Regeln für einen spezifischen Fall unklar ist.

4.5 Fazit

Die eingangs gestellte Frage, ob sich das ärztliche Ethos der Sorge um individuelle Patientinnen und Patienten mit Aufgaben einer gerechten Ressourcenverteilung und den damit verbundenen Leistungsbegrenzungen vereinbaren lässt, ist aufgrund der angestellten Überlegungen zumindest insoweit zu beantworten, als Ärztinnen und Ärzte heute unweigerlich mit beiden Aufgaben konfrontiert werden. Falls die oben angestellte Analyse der Bedingungen für die am Krankenbett erfahrene Knappheit und den Rationierungsdruck zutrifft, sind beide Aufgaben – sowohl das Eingehen auf die Bedürfnisse einzelner Patientinnen und Patienten als auch die Sorge um eine gerechte Verteilung der vorhandenen Mittel – Teil des ärztlichen Ethos und nicht einfach Widersprüche. Das, was ein kluger, einfühlsamer und gerechter Arzt jeden Tag bei der Verteilung seiner Aufmerksamkeit und Zeit auf unterschiedliche Patientinnen als Herausforderung erlebt, gilt auch für

---

43 Vgl. REHBOCK 2005, 263.
44 Vgl. ebd.

die Allokation anderer Ressourcen der Gesundheitsversorgung. Darum scheint weder eine Verweigerungshaltung noch eine vorschnelle Anpassung an systemische Ansprüche eine gute Lösung zu sein.

Die Alternative, nämlich ein gewissenhafter, gerechter und darum ethisch vertretbarer Umgang mit den unterschiedlichen ärztlichen Aufgaben ist eine ethische Herausforderung, das Problem, das sich hier zusehends stellt, ein moralisches Problem, welches die ärztliche Identität betrifft und Gewissensentscheide erfordert. Das ärztliche Ideal der alleinigen Orientierung an den Bedürfnissen der Patientinnen und Patienten ist insofern zu ergänzen, allerdings nicht um utilitaristische Maximierungsstrategien oder ökonomisches Knowhow, sondern mit Gerechtigkeitssinn, dem Willen, Überlegungen zur Angemessenheit und zum Sinn von Maßnahmen zu erwägen und anzusprechen. Um diese Ansprüche reflektieren, diskutieren und im klinischen Alltag auf gute Weise etablieren zu können, bedarf es sowohl einer öffentlichen Debatte und politischer Entscheidungen als auch einer medizinethischen Auseinandersetzung um mögliche Kriterien, wie sie beispielsweise von Samia Hurst, Marion Danis und Peter Ubel angestoßen wurde. Ärztliche Gewissensentscheide können diese deliberativen Aufgaben nicht ersetzen, sie sind vielmehr Voraussetzung zur Ausbildung des ärztlichen Gewissens.

LITERATUR

BEAUCHAMP, TOM L./CHILDRESS, JAMES M., *Principles of Biomedical Ethics*, New York/Oxford [8]2019.

BONDOLFI, ALBERTO/MÜLLER, HANSJAKOB (Hg.), *Medizinische Ethik im ärztlichen Alltag*, Basel 1999.

DEUTSCHER ETHIKRAT, *Nutzen und Kosten im Gesundheitswesen. Zur normativen Funktion ihrer Bewertung*. Stellungnahme, Berlin 2011.

DÖRNER, KLAUS, *Der gute Arzt. Lehrbuch der ärztlichen Grundhaltung*, Stuttgart 2001.

HURST, SAMIA A./CHANDROS HULL, SARA/DuVAL, GORDON/DANIS, MARION, *Physicians' Responses to Resource Constraints*, in: Archives of Internal Medicine 165 (2005), 639–644.

—/FORDE, REIDUN/REITER-THEIL, STELLA ET AL., *Physicians' Views on Resource Availability and Equity in Four European Health Care Systems*, in: BMC Health Services Research 7 (2007), 137, online: www.biomedcentral.com/1472-6963/7/137.

—/PEGORARO, RENZO/SLOWTHER, ANNE-MARIE ET AL., *The Values at the Bedside Study. What Can We Learn From Physicians' Perceptions of and Contribution to Rationing in Four European Health Systems?*, Unpublished Symposium Paper, Brocher Foundation, Geneva, July 2009.

—/DANIS, MARION, *A Framework for Rationing by Clinical Judgment*, in: Kennedy Institute of Ethics Journal 17 (2007), 247–266.

KAUFMAN, SHARON R./MUELLER, PAUL S./OTTENBERG, ABIGALE L. ET AL., *Ironic Technology: Old Age and the Implantable Cardioverter Defibrillator in US Health Care*, in: Social Science & Medicine 72 (2011), 6–14.

KUHLMANN, ELLEN, *Im Spannungsfeld zwischen Informed Consent und konfliktvermeidender Fehlinformation: Patientenaufklärung unter ökonomischen Zwängen. Ergebnisse einer empirischen Studie,* in: Ethik in der Medizin 11 (1999), 146–161.

MAIO, GIOVANNI (Hg.), *Abschaffung des Schicksals? Menschsein zwischen Gegebenheit des Lebens und medizinisch-technischer Gestaltbarkeit,* Freiburg i. Br. 2011.

—, *Hilfe nach Berechnung und Kalkül? Von der Infragestellung des sozialen Grundgedankens der Medizin durch die Ökonomie,* in: BRUDERMÜLLER, GERD/SEELMANN, KURT (Hg.), Zweiklassenmedizin?, Würzburg 2012, 31–40.

MANZESCHKE, ARNE, *Zum Einfluss der DRG auf Rolle und Professionsverständnis der Ärztinnen und Ärzte,* in: SGBE-Bulletin 59 (2009), 11–13.

MARCKMANN, GEORG/LIENING, PAUL/WIESING, URBAN (Hg.), *Gerechte Gesundheitsversorgung. Ethische Grundpositionen zur Mittelverteilung im Gesundheitswesen,* Stuttgart 2003.

MARQUARD, ODO, *Zeit und Endlichkeit,* in: DERS., *Endlichkeitsphilosophisches. Über das Altern,* Stuttgart 2013, 40–54.

MIETH, DIETMAR, Art. «Gewissen/Verantwortung», in: EICHER, PETER (Hg.), *Neues Handbuch theologischer Grundbegriffe. Erweiterte Neuausgabe,* Bd. 2, München 1991, 219–231.

MORREIM, HAAVI, *Dodging the Rules, Ruling the Dodgers,* in: American Journal of Bioethics 12/3 (2012), 1–3.

NEUMANN, MELANIE/SCHEFFER, CHRISTIAN/WIRTZ, MARKUS ET AL., *Wie finanzielle Anreize die ärztliche Empathie beeinflussen. Eine Studie zur Perspektive onkologischer Patienten mit gesetzlicher und privater Krankenversicherung,* in: BRUDERMÜLLER, GERD/SEELMANN, KURT (Hg.), Zweiklassenmedizin?, Würzburg 2012, 131–156.

OELZ, OSWALD, *Antreten zur Visite. Ein stolzer Stand verliert das Elitäre, wird gewöhnlich und verbeamtet. Aus Berufung wird Job. Die Bilanz eines ehemaligen Chefarztes,* in: NZZ Folio, Themenheft «Die Ärzte. Ein Berufsstand wird seziert», Juni 2010, 24–28.

PELLEGRINO, EDMUND, *Der tugendhafte Arzt und die Ethik in der Medizin,* in: SASS, HANS-MARTIN (Hg.), *Medizin und Ethik,* Stuttgart 1989, 40–68.

—, *Rationing Health Care. The Ethics of Medical Gatekeeping,* in: Journal of Contemporary Health Law and Policy 23/2 (1986), 23–45.

REHBOCK, THEDA, *Personsein in Grenzsituationen. Zur Kritik der Ethik medizinischen Handelns,* Paderborn 2005.

REINER, HANS, Art. «Gewissen», in: RITTER, JOACHIM (Hg.), *Historisches Wörterbuch der Philosophie,* Bd. 3, Basel/Stuttgart 1974, Sp. 574–592.

SCHWEIZERISCHE AKADEMIE DER MEDIZINISCHEN WISSENSCHAFTEN, *Zusammenarbeit Ärzteschaft – Industrie,* Basel 2013.

SENECA, L. ANNAEUS, *De brevitate vitae,* in: DERS., *Philosophische Schriften,* Bd. 2, Darmstadt 1971, 176–237.

SOMMER, JÜRG H., *Muddling Through Elegantly. Rationierung im Gesundheitswesen,* Basel 2001.

STULZ, PETER, *Rationierung aus ärztlicher Sicht,* in: ZIMMERMANN-ACKLIN, MARKUS/HALTER, HANS (Hg.), *Rationierung und Gerechtigkeit im Gesundheitswesen. Beiträge zur Debatte in der Schweiz,* Basel 2007, 147–155.

TAVAGLIONE, NICOLAS/HURST, SAMIA A., *Why Physicians Ought to Lie for Their Patients,* in: The American Journal of Bioethics 12/3 (2012), 4–12.

TEMEL, JENNIFER S./GREER, JOSEPH A./MUZIKANSKY, ALONA ET AL., *Early Palliative Care for Patients with Metastatic Non–Small-Cell Lung Cancer,* in: New England Journal of Medicine 363 (2010), 733–742.

UBEL, PETER, *Confessions of a Bedside Rationer: Commentary on Hurst and Danis*, in: Kennedy Institute of Ethics Journal 17 (2007), 267–269.

WIESING, URBAN, *Ärztliche Verantwortung bei der Allokation*, in: DERS. (Hg.), *Ethik in der Medizin. Ein Studienbuch*, Stuttgart ⁴2012, 309–310.

— (Hg.), *Ethik in der Medizin. Ein Studienbuch*, Stuttgart ⁴2012.

ZIMMERMANN-ACKLIN, MARKUS, «When not all services can be offered to all patients» – *Ethische Überlegungen zur Finanzierung medizinischer Maßnahmen bei Patienten am Lebensende*, in: DUTTGE, GUNNAR/ZIMMERMANN-ACKLIN, MARKUS (Hg.), *Gerecht sorgen – Verständigungsprozesse über den Einsatz knapper Ressourcen bei Patienten am Lebensende*, Göttingen 2013, 177–200.

—, *Bioethik in theologischer Perspektive. Grundlagen, Methoden und Bereiche*, Freiburg i. Ue./Freiburg i. Br. ²2010.

5 ALTERSRATIONIERUNG UND GERECHTIGKEIT IM GESUNDHEITSWESEN

Der Vorschlag, den Zugang zur Gesundheitsversorgung auf der Grundlage des Alters einer Patientin oder eines Patienten einzuschränken, stößt gewöhnlich auf spontane Ablehnung. Eine solche Altersrationierung wäre, so die intuitive Reaktion, nicht nur eine ungerechtfertigte Ungleichbehandlung aufgrund eines äußerlichen Merkmals, also ein Akt der Diskriminierung, sondern darüber hinaus auch eine Benachteiligung von besonders vulnerablen, häufig und auf vielfache Weise abhängigen Menschen. Erfahrungen, daneben aber auch ethische sowie öffentliche Debatten während der Corona-Pandemie haben diesen Eindruck noch einmal massiv verstärkt: die Idee, bei der Zuteilung knapper Beatmungsplätze auf Intensivstationen das Alter behandlungsbedürftiger Personen zu berücksichtigen, stieß zumindest im europäischen Kontext auf vehemente Abwehr sowie ethische und rechtliche Bedenken.[1] Wieso kommt es trotzdem dazu, dass das Alter als Rationierungskriterium seit Jahren, in den US-amerikanischen Diskussionen schon seit den 1980er-Jahren und auch im Kontext von Triage-Entscheidungen während der Pandemie,[2] vorgeschlagen wird, und es nicht wenige Versuche gibt, das Alterskriterium auch aus ethischer Sicht zu legitimieren?[3]

Im Folgenden wird der Vorschlag einer Altersrationierung aus gesundheitsethischer Sicht diskutiert und beurteilt, indem in einem ersten Schritt der Kontext der gegenwärtigen Rationierungsdebatten in Deutschland und in der Schweiz umrissen wird, in einem zweiten Punkt Stand und Hauptthemen der ethischen Rationierungsdebatten dargelegt werden, in einem dritten Abschnitt wichtige Grundbegriffe wie Knappheit, Rationierung und Priorisierung erläutert werden, bevor dann in einem vierten Teil ein Überblick über das ethische Argumentarium geboten wird. Der abschließende fünfte Punkt besteht in dem Fazit, dass der Vorschlag einer Altersrationierung nach Abwägen einschlägiger Überlegungen aus ethischer Perspektive zumindest meiner Einschätzung nach keine vertretbare Lösung darstellt.

---

1   Im Kontext der Pandemie wurde das Alter meist indirekt über das Kriterium der besseren Wirksamkeit bzw. größerer Überlebenschancen bei jüngeren Personen diskutiert, vgl. beispielsweise Lübbe 2020; Ehni u. a. 2020; Emanuel et al. 2020; Lübbe 2021; Fateh-Mogdhadam/Gutmann 2021.

2   Vgl. beispielsweise Emanuel et al. 2020; White/Lo 2020 mit dem Argument, allen Menschen sollten gleiche Chancen gegeben werden, möglichst alle Lebensalter von Kindheit bis zum Alter durchlaufen zu können.

3   Einen Überblick bieten Marckmann 2003; Breyer 2006; Esslinger u. a. 2008.

5.1 Zum Kontext der Rationierungsdebatten

Um die umstrittenen Vorschläge besser einordnen und nachvollziehen zu können, ist zunächst deren Entstehungskontext von Bedeutung. Ausgangspunkt aller Rationierungsdebatten und -vorschläge ist die Einsicht in die Begrenztheit oder Knappheit aller Ressourcen. Dies wird in zunehmendem Maß und beschleunigt durch den medizinisch-technischen Fortschritt auch im Bereich der Gesundheitsversorgung offenkundig. Soll der Zugang zur Grundversorgung gerecht ausgestaltet werden, liegt es nahe, erstens zunächst dort anzusetzen, wo offensichtlich eine Praxis der Überversorgung (englisch «waste») besteht und mit den knappen Gütern verschwenderisch umgegangen wird. In den Hochlohnländern der Welt ist dies heute insbesondere bei Behandlungen am Lebensende der Fall: Hier wird oft ausgesprochen viel und unter Zuhilfenahme sehr teurer Therapien behandelt, obgleich dies häufig unangemessen erscheint und für die Betroffenen manchmal sogar schädlich ist.[4] Zweitens wird darauf verwiesen, die seit Jahren steigende durchschnittliche Lebenserwartung führe dazu, den natürlich vorgegebenen Altersprozess zu verdrängen, Altern als eine Krankheit zu interpretieren und alle möglichen teuren Therapien zu erfinden, welche die Anerkennung von Altern, Sterben und Tod verhindern.[5] Beide Beobachtungen, die der häufigen Überbehandlung am Lebensende und die der Verdrängung der Endlichkeit, werden in der Regel mit der Lebenssituation von Menschen in sehr hohem Alter in Verbindung gebracht. Es wird gefragt, ob es nicht angemessener, menschlicher und auch gerechter wäre, im hohen Alter auf vielerlei teure medizinische Eingriffe und Maßnahmen zu verzichten: Freiwillige Einschränkungen könnten in dieser Lebensphase dazu beitragen, so der einleuchtende Grundgedanke, unmenschliche Überbehandlungen zu verhindern, die Anerkennung der Endlichkeit ins Bewusstsein zurückzurufen und gleichzeitig Ressourcen einzusparen.

Grundsätzlich sind die Rationierungsdebatten als Reaktion auf die seit Jahren stetig und stärker als das Bruttoinlandprodukt ansteigenden Kosten für die Gesundheitsversorgung zu verstehen. Das medizinisch Machbare und das sozial Finanzierbare werden vermutlich auch in Zukunft noch weiter auseinanderdriften,[6] wie beispielsweise Debatten um die gerechte Allokation sehr teurer Medikamente zeigt.[7] Abstrakt gesehen bestehen grundsätzlich drei Möglichkeiten, auf die Kostensteigerung zu reagieren: Erstens durch die Bekämpfung der Ursachen,

---

4 Vgl. ALBISSER SCHLEGER U. A. 2008, HÜRNY/MÜNZER 2011; ZIMMERMANN-ACKLIN 2013; GAWANDE 2015; ZIMMERMANN 2017.

5 Vgl. CALLAHAN 1999; CALLAHAN 2011.

6 Vgl. MARCKMANN 2010, 8.

7 Vgl. beispielsweise NATIONALE ETHIKKOMMISSION IM BEREICH DER HUMANMEDIZIN 2020.

zweitens durch Erhöhung der Einnahmen, zum Beispiel durch Steuer- oder Beitragserhöhungen, oder drittens durch Zugangsbegrenzungen. Die erste Möglichkeit gestaltet sich deshalb so schwierig, weil die beiden hauptsächlichen Motoren der Kostensteigerung, der medizinische Fortschritt und die Wohlstandsentwicklung, im Prinzip erwünscht sind und gesellschaftlich kaum infrage gestellt werden. Die zweite Variante ist in den letzten Jahren bereits häufig eingesetzt worden, sei es durch Erhöhung der Lohnprozente für die Krankenkasse in Deutschland oder die Erhöhung von Krankenkassenprämien, Selbstbehalten und Kostenbeteiligungen in der Schweiz. Diese Möglichkeiten stoßen mittlerweile an ihre Grenzen: In Deutschland steigt das Defizit der gesetzlichen Krankenversicherung (GKV) seit Jahren und führt dort zu einer kontinuierlichen Erhöhung der individuellen Beitragssätze. In der Schweiz steigen die Kopfprämien für die Grundversicherung Jahr für Jahr an, so dass ein großer Teil der Haushalte die monatlichen Prämien nur noch mit Hilfe steuerfinanzierter Prämiensubventionen zu finanzieren vermag und viele Menschen ihre obligatorischen Krankenkassenbeiträge nicht mehr einbezahlen.[8] Als dritte Alternative bleibt dann die Einführung von Leistungsbegrenzungen oder die Rationierung gesundheitlicher Leistungen, die trotz aller politischer Widerstände gegen dieses Thema ethisch diskutiert werden sollte.

5.2 Zum Status quo der Rationierungsdebatte

In seiner Rede zur Eröffnung des 112. Deutschen Ärztetages 2009 unterschied der damalige Präsident der deutschen Bundesärztekammer, Jörg-Dietrich Hoppe (1940–2011), für die deutsche Rationierungsdebatte drei Diskussionsphasen:[9] In einem ersten «Talkshowstadium» in den 1990er-Jahren wäre das Problem lediglich erahnt und Symptome bloß zur Kenntnis genommen worden, ein zweites «Talkshowstadium» in der ersten Dekade des neuen Jahrzehnts sei von einigen wissenschaftlichen Beiträgen, maßgeblich aber von öffentlicher Empörung und politischen Reflexen geprägt gewesen. 2009 setze in Deutschland ein drittes Stadium mit einer mehr oder weniger offenen Diskussion über die Problembewältigung ein, die von wissenschaftlicher Arbeit, fundierter Analyse und konkreten Vorschlägen begleitet werde. Erst im Anschluss an diese Phase sah Jörg-Dietrich Hoppe Möglichkeiten und Bereitschaft in der Politik, die angesichts des massiven Drucks auf die Behandlungsteams, am Krankenbett zu sparen, seines Erachtens dringend nötigen Therapieoptionen auch zu realisieren.[10]

---

8 Vgl. die Stellungnahme der Zentralen Ethikkommission zum Umgang mit säumigen Prämienzahlerinnen und -zahlern und damit verbundener Leistungssperren der SCHWEIZERISCHE AKADEMIE DER MEDIZINISCHEN WISSENSCHAFTEN 2020.

9 Vgl. HOPPE 2009, 170 f.

10 Vgl. dazu aus Schweizer Perspektive ZIMMERMANN-ACKLIN 2011.

De facto besteht in Deutschland und auch in der Schweiz bereits seit einigen Jahren eine Praxis der impliziten (ungeregelten) Rationierung am Krankenbett.[11] Das heißt, dass aufgrund von Ressourcenknappheit bestimmte Behandlungen im Einzelfall nicht durchgeführt werden, obgleich sie für die betroffenen Personen nützlich wären. Ergebnisse einer Studie der Universität Lausanne[12] legen nahe, dass auch alte Menschen neben chronisch und psychisch Kranken, Rehabilitationspatientinnen und -patienten, Menschen mit Behinderungen und Angehörige gesellschaftlicher Randgruppen zu den Verlierern im Verteilungswettbewerb um den Zugang zu den Ressourcen im Gesundheitswesen gehören. Das überrascht nur bedingt, da diese Gruppen auch in anderen Gesellschaftsbereichen benachteiligt bzw. marginalisiert werden.

Die «Values at the bedside»-Studie hat zudem am Beispiel von vier europäischen Ländern empirisch gezeigt, dass der Rationierungsdruck am Krankenbett von den Angehörigen der Behandlungsteams um so stärker empfunden wird, je mehr Ressourcen zur Verfügung stehen und je weniger Regulierungen vorgegeben sind.[13] Diese zunächst widersprüchlich erscheinende Tatsache könnte damit erklärt werden, dass der Druck, am Krankenbett individuell zu rationieren, mit wachsenden medizinischen Möglichkeiten und fehlenden expliziten bzw. offiziell geregelten Einschränkungen zunimmt, wie es beispielsweise in der Onkologie angesichts extrem teurer neuer Medikamente einleuchtet, bei deren Einsatz pro Patient bzw. Patientin mit mehreren tausend Euro im Monat zu rechnen ist. Walter Krämer schreibt in diesem Zusammenhang von einer «Fortschrittsfalle»: Je mehr möglich sei, desto spürbarer werde die grundsätzliche Begrenztheit aller Ressourcen und damit die Frage nach der gerechten Ausgestaltung der gesundheitlichen Versorgung zu einer gesellschaftlichen Herausforderung.[14]

Die Gesundheitsausgaben sind zudem dort am höchsten, wo die Sterblichkeit hoch ist, also zu Beginn und am Ende des Lebens.[15] In den letzten Lebenswochen sind die mit Abstand größten Ausgaben zu verzeichnen, wobei diese, abgesehen von den Pflegekosten, mit zunehmendem Sterbealter deutlich sinken: Je älter wir sterben, desto weniger hoch sind die Ausgaben für die Gesundheitsversorgung in der letzten Lebensphase. Entgegen der gesundheitsökonomischen Medikalisierungsthese, die davon ausgeht, die Kosten würden aufgrund der steigenden Lebenserwartung und der demografischen Alterung stark zunehmen, wird daher die Alterung vermutlich keinen signifikanten Einfluss auf den Verlauf der Ge-

---

11 Vgl. BROCKMANN 2002; SANTOS-EGGIMANN 2005; SCHOENENBERGER ET AL. 2008.

12 Vgl. SANTOS-EGGIMANN 2005.

13 Vgl. HURST ET AL. 2006.

14 Vgl. KRÄMER 2007, 40.

15 Vgl. FELDER 2008, 26.

sundheitskosten ausüben.[16] Hinsichtlich der Kostenentwicklung in einer alternden Gesellschaft zu erwägen bleibt hingegen, dass mit der Hochaltrigkeit die Kosten für die Pflege steigen. Bei Menschen, die im Alter von 95 Jahren sterben, machen die Pflegekosten durchschnittlich drei Viertel der Gesamtkosten für die medizinische Versorgung aus, bei den unter 65-Jährigen sind die Ausgaben für die Pflege dagegen praktisch vernachlässigbar.[17] Daneben wird auch der medizinische Fortschritt dazu beitragen, dass die Gesundheitskosten mit der Alterung der Gesellschaft zunehmen, so dass trotz der erwähnten Einwände auch der Medikalisierungsthese einige Plausibilität zukommt.

5.3 Knappheit und Rationierung

In den Rationierungsdebatten werden meist implizit, seltener explizit, zwei unterschiedliche Formen von Knappheit thematisiert: Zum einen wird auf die vorgegebene oder existenzielle Knappheit angespielt, die es anzuerkennen gelte, und zum anderen auf eine hergestellte Knappheit, die gerecht auszugestalten sei. Obgleich beide Phänomene eng miteinander zusammenhängen – so können beispielsweise der Mangel an Intensivbetten in einem Akutspital oder eine Notfallsituation, in der der nächste Arzt bzw. die nächste Ärztin zu weit entfernt ist, um einen Patienten oder eine Patientin zu retten, sowohl Folge von vorgegebener als auch von bewusst herbeigeführter Knappheit sein –, erfordern sie aus ethischer Sicht grundlegend unterschiedliche Reaktionen: Während das Altern, Sterben und die Endlichkeit des Lebens letztlich als «conditions humaines» anzuerkennen und als solche in sinnvolle Lebensentwürfe zu integrieren sind, machen bewusst herbeigeführte Knappheitssituationen Überlegungen zur Verteilungsgerechtigkeit erforderlich. Aspekte des Guten bzw. gelungener Lebensentwürfe, und des Gerechten bzw. der Verteilungsgerechtigkeit, die in einer liberalen und kulturell heterogenen Gesellschaft zunächst einmal getrennt zu behandeln sind, hängen bei entscheidenden Fragen wie der Bestimmung der Sinnlosigkeit von Behandlungen de facto auf enge Weise miteinander zusammen. Medizinische Begriffe wie Sinnlosigkeit (engl. «futility»), die Rede von Indikationen bzw. der Indiziertheit von Maßnahmen, auch politisch getroffene Äußerungen wie «keine Aussicht auf menschenwürdiges Dasein» oder «keine Aussicht auf ein menschenwürdiges Leben»[18] lassen sich nicht ausschließlich über Aspekte des Gerechten und der Grundrechte abgrenzen, sondern beinhalten auch inhaltliche Vorstellungen vom Guten und damit Wertungen bzw. evaluative Urteile.

---

16 Vgl. ebd. 2008; ZIMMERMANN U. A. 2019, 105–126.

17 Vgl. FELDER 2008, 27.

18 So hieß es wörtlich in einer Resolution einer großen Schweizer Partei (der ehemaligen «Christlichen Volkspartei» oder CVP, die sich neu «Die Mitte» nennt): CVP 2010, 8.

Eine praktikable Rationierungsdefinition, die auch in einer Stellungnahme der «Schweizerischen Akademie der Medizinischen Wissenschaften» aufgenommen wurde,[19] lautet im Anschluss an Peter Ubel und Susan Goold:[20] Unter Rationierung werden implizite oder explizite Mechanismen verstanden, die dazu führen, dass einer behandlungsbedürftigen Person nützliche Leistungen nicht zur Verfügung stehen. Diese Definition ist aufgrund der Ausweitung auf «Mechanismen» (anstelle von bloß «Entscheidungen») und der ethisch zunächst neutralen Formulierung des «Nicht-zur-Verfügung-Stehens» (anstelle des normativ klar pejorativ konnotierten «Vorenthaltens») einerseits so weit gefasst, dass nicht nur bewusste Entscheidungen, sondern auch die vorgegebene Begrenztheit aller Ressourcen berücksichtigt werden, aber andererseits klar begrenzt bleibt auf das Nicht-zur-Verfügung-Stehen *nützlicher* Leistungen. Nützliche Leistungen stehen schließlich aus unterschiedlichsten Gründen häufig nicht zur Verfügung; erst diese offene Definition macht es dann auch möglich, zwischen gerechter und ungerechter Rationierung zu unterscheiden, ohne also bei der Rede von Rationierung oder Mittelbeschränkung die entscheidenden ethischen Fragen als bereits beantwortet vorauszusetzen. Es geht demnach nicht um die Frage, ob Rationierung sein soll oder nicht, sondern wie angesichts bestehender Grenzen bzw. Knappheit der Zugang zu den Ressourcen gerecht ausgestaltet werden kann. Ein methodischer Unterschied in der Rationierungspraxis besteht zudem darin, ob die Rationierung explizit, das heißt transparent und nach festgelegten Regeln durchgeführt wird, oder ob sie implizit, das heißt ungeregelt am Krankenbett durch die verantwortlichen Behandlungsteams praktiziert wird.

In Deutschland hat sich stattdessen die Rede von der Priorisierung gesundheitlicher Leistungen etabliert, wobei unter Priorisierung (und dem Pendant der Posteriorisierung) die Feststellung einer Vorrangigkeit (beziehungsweise Nachrangigkeit) bestimmter Indikationen, Patienten- und Patientinnengruppen oder Verfahren vor anderen (beziehungsweise nach anderen) verstanden wird. Die Rangreihenherstellung von Maßnahmen aus einem bestimmten Behandlungsbereich (zum Beispiel in der Versorgung von Herzkrankheiten) wird als vertikale, die Rangreihenherstellung zwischen unterschiedlichen Bereichen als horizontale Priorisierung bezeichnet. Priorisierung oder das Erstellen von Ranglisten ist nicht gleichzusetzen mit der Rationierung, sondern dient zunächst einmal dazu, Rangordnungen zu identifizieren und festzulegen. In diesem Sinne kann sie – muss aber nicht – zur Rationierung führen, und zwar in Abhängigkeit davon, wie viele Ressourcen *de facto* zur Verfügung stehen. Entsprechend wird im bundesdeutschen Diskurs, der sich stark von der als negativ konnotierten Rede von Rati-

---

19 Vgl. SCHWEIZERISCHE AKADEMIE DER MEDIZINISCHEN WISSENSCHAFTEN 2007.
20 Vgl. UBEL/GOOLD 1998, 213 f.

onierung abhebt, hervorgehoben, wenn die Rationierung irgendwann tatsächlich einmal notwendig würde, dann beträfe dies zuerst den Bereich des wenig(er)
Wichtigen, den Bereich der Posterioritäten also.[21]

5.4 Das Alterskriterium in der ethischen Diskussion

Eine rein pragmatische Begründung der Altersrationierung kann kaum überzeugen, da die mutmaßlichen Folgen für Menschen im hohen Alter mit Sicherheit
einschneidend wären und den Bereich der menschlichen Grundrechte tangieren
würden. Eine altersbezogene Rationierung könnte für die Betroffenen nicht nur
in gesundheitlicher und finanzieller Hinsicht erhebliche Belastungen mit sich
bringen, sondern auch in menschlicher, nämlich dann, wenn die alten Menschen
als gesellschaftliche Last, als eine Gruppe, die gleichsam parasitär auf Kosten der
Jungen lebt, beurteilt würden.[22] Die ethische Beweislast liegt darum auf der Seite
derjeniger, die eine Altersrationierung befürworten, wie Georg Marckmann zutreffend betont.[23]

5.4.1 ARGUMENTE ZUGUNSTEN DER ALTERSRATIONIERUNG

Zugunsten der Altersrationierung werden fünf sehr unterschiedliche Argumente
bzw. Überlegungen vorgetragen, die alle ethisch umstritten diskutiert und kontrovers eingeschätzt werden. Ein erstes Argument zugunsten der Altersrationierung besteht in einem Verweis auf die Bedeutung des utilitaristischen Prinzips
der Nutzenmaximierung. Demnach gilt diejenige Handlung als moralisch richtig, welche den größten Gesamtnutzen garantiert. In diesem Denkansatz wäre
die Altersrationierung gleichsam ein indirekter Nebeneffekt, insofern in den unterschiedlichen Kosten-Nutzen-Berechnungen der Einsatz einer Maßnahme bei
jüngeren Patientinnen und Patienten nicht selten einen größeren Gesamtnutzen
hervorbringt als der Einsatz derselben Mittel bei älteren Patientinnen und Patienten.[24] Dieser Gedanke wurde auch im Rahmen der Triage-Diskussionen im Kontext der Corona-Pandemie wieder aufgeworfen und diskutiert, wobei diese Debatten bei aller Ähnlichkeit in der Argumentation – hier anhand der Berücksichtigung der größeren Überlebenschancen bzw. der besseren Wirksamkeit von
intensivmedizinischen Maßnahmen geführt – die Besonderheit haben, dass es
bei Triage-Entscheidungen um *absolut* knappe Ressourcen geht.[25] Ohne näher auf

---

21 Vgl. RASPE/MEYER 2009; NAGEL U. A. 2010.
22 Vgl. HALTER 2007, 238.
23 Vgl. MARCKMANN 2005, 351.
24 Vgl. MARCKMANN 2006, 169.
25 Vgl. EMANUEL ET AL. 2020; WHITE/LO 2020; LÜBBE 2020; FATEH-MOGDHADAM/
GUTMANN 2021; ZIMMERMANN 2022.

die Komplexität unterschiedlicher Kosteneffektivitätsberechnungen und die schwierige und inhaltlich stets von Lebensqualitätsurteilen geprägte Bestimmung des Nutzens bei nicht absolut knappen Ressourcen einzugehen, ist hier grundsätzlich und zu Recht die Einseitigkeit der ethischen Begründung im Sinne der Förderung des Gemeinwohls zu kritisieren. Jeder Ethikansatz, der von der Würde aller Menschen und damit von der Idee der Gleichheit aller ausgeht, wird einer einseitigen Orientierung am Gesamtnutzen grundsätzlich ablehnend gegenüberstehen.[26]

Ein zweites Argument ist das der fairen Lebenszeit:[27] Dieses gründet in der Ansicht, für ein sogenanntes anständiges (angemessenes, im englischen Original «decent life») Leben ließe sich eine bestimmte Anzahl an Lebensjahren bestimmen, so etwas wie eine «faire Lebenszeit». Wird ein Mensch beispielsweise älter als siebzig Jahre, so der britische Philosoph und Medizinethiker John Harris, würde er die darüber hinausgehenden Jahre als eine Art Bonus erleben; Menschen, welche die siebzig Jahre nicht erreichten, würde hingegen etwas vorenthalten, was ihnen eigentlich aus Gerechtigkeitsgründen zustünde. Harris nennt selbst eine Reihe von Einwänden gegen seinen eigenen Vorschlag, hält den Gedankengang jedoch in denjenigen Situationen für plausibel, in welchen aufgrund akuter Mittelknappheit nicht alle Menschen überleben können: In diesen Fällen sollte aus Gerechtigkeitsgründen den jüngeren Menschen der Vorzug gegeben werden.[28] Auch dieses zweite Argument steht in grundsätzlichem Konflikt mit jeder Ethikkonzeption, die von einer unabhängig von Alter und Gesundheit zu achtenden Würde aller Menschen ausgeht. Zudem wirkt die Grenzziehung bei siebzig Jahren relativ willkürlich, lag in der Schweiz bereits im Jahr 2007 die durchschnittliche Lebenserwartung bei siebzigjährigen Männern immerhin bei zusätzlichen 14.7 Jahren, bei siebzigjährigen Frauen sogar bei weiteren 17.6 Jahren.[29] Der Anteil der über 75 Jahre alten Personen, die ihren Gesundheitszustand als sehr gut oder gut bezeichneten, lag im gleichen Jahr bei fast zwei Dritteln bzw. 68 Prozent.[30] Entsprechend hat die Innere Medizin heute nicht selten mit über neunzigjährigen Patientinnen und Patienten zu tun.

Eine dritte Überlegung verlegt den interpersonalen Vergleich von John Harris in eine intrapersonale Klugheitsabwägung. Mit seinem Argument der klugen Lebensplanung (dem «prudential life-span account») begründet der amerikanische

---

26 Vgl. HALTER 2007, 242.

27 Vgl. HARRIS. 1995, 139–143.

28 Vgl. DERS. 1995, 139; so auch WHITE/LO 2020 mit Bezug auf die Triage-Entscheidungen in einer Pandemie.

29 Vgl. HÖPFLINGER 2011, 62.

30 Vgl. HÜRNY/MÜNZER 2011, 135.

Philosoph und Gesundheitsethiker Norman Daniels die Möglichkeit, unter Knappheitsbedingungen aufgrund von gerechtigkeitsethischen Überlegungen auch auf das Alterskriterium zurückgreifen zu dürfen. Unter dem sogenannten Schleier des Nichtwissens betrachtet, also aus einer unabhängigen Sicht, in der ein Mensch nichts über seine reale Lebenssituation weiß, würden kluge Menschen ihre knappen Gesundheitsressourcen so einteilen, dass die meisten Mittel in der frühen und mittleren Lebensphase zur Verfügung stünden.[31] Mit der Situation der Menschen unter dem Schleier des Nichtwissens wird in der politischen Ethik eine fiktive Entscheidungssituation umschrieben, in welcher sich Menschen über Gerechtigkeitsvorstellungen verständigen, ohne bereits etwas über ihre reale gesellschaftliche Position, ihre Begabungen oder Gesundheit zu wissen. Norman Daniels stellt allerdings eine Reihe von Bedingungen auf, die gewährleistet sein müssten, damit seine Überlegung überzeugend als Begründung herangezogen werden könne; unter anderem fordert er eine Situation echter Knappheit, das Fehlen vertretbarer Alternativen und nicht zuletzt faire Meinungsbildungs- und Entscheidungsverfahren, die in einer pluralistischen Gesellschaft unabdingbar seien. Auch wenn die Klugheitserwägungen intuitiv auf Zustimmung stoßen mögen, bleibt doch fraglich, ob tatsächlich die meisten Menschen unter dem Schleier des Nichtwissens zur besagten Schlussfolgerung kämen und ob der hier implizit erhobene Vernunftanspruch zur Begründung eines sinnvollen biografischen Einteilens der Ressourcen nicht weit überzogen bzw. zu optimistisch ist. *De facto* dürften heute viele Menschen aus Klugheitsgründen und im Wissen darum, dass sie im Fall einer chronischen Erkrankung oder der Polymorbidität den größten Teil der Ressourcen erst im höheren Alter benötigten, anders argumentieren.

In ihren Ansprüchen noch weiter gehen Ansätze, die eine natürlich vorgegebene Lebensspanne voraussetzen und deren Anerkennung fordern.[32] Diese vierte Überlegung, vom US-amerikanischen Philosophen und Bioethiker Daniel Callahan (1930–2019) bereits in den 1980er-Jahren vorgelegt, geht davon aus, dass mit dem menschlichen Leben eine natürlich vorgegebene Länge verbunden sei, beispielsweise von siebzig oder achtzig Jahren, die es als solche anzuerkennen gelte. Werde dieses «Existenzial» bzw. diese «condition humaine» ignoriert, wie es in der heutigen US-amerikanischen Medizin geschehe, so sei damit gleichsam eine Selbstverkennung oder Hybris verbunden, die nicht grundlos zu unmenschlichen Behandlungen von Patientinnen und Patienten im hohen Alter führe.[33] Der Schweizer Onkologe Urs Strebel weist zusätzlich auf die internationale Ungleichverteilung der Lebenschancen hin:

---

31 Vgl. DANIELS 2003.

32 Vgl. CALLAHAN 1987.

33 Vgl. DERS. 1999.

Uns Menschen steht ein bestimmtes Maß an Lebenszeit zu, das zunächst stark abhängig ist vom Ort, an dem wir geboren werden. Die durchschnittliche Lebenserwartung liegt in Äthiopien bei rund 40, in der Schweiz bei gut 80 Jahren. Angesichts dieser durch die «loterie humaine» bedingten genuinen Ungerechtigkeit nimmt der Umgang mit der Frage des Alters als Rationierungskriterium bei uns eine Form an, die sich nur eine wohlhabende Gesellschaft leisten kann. Eine «makrogerechte» Verteilung aller verfügbaren Mittel an alle Menschen hätte ja ganz andere Konsequenzen.[34]

Auch wenn diese Hinweise intuitiv bei vielen Menschen auf Zustimmung stoßen oder zumindest Nachdenklichkeit auslösen könnten, funktionieren sie trotzdem nicht als überzeugende Grundlage für ein rechtlich verankertes Regime der Altersrationierung. Mit welchem Recht, so wäre zu fragen, sollte eine natürlich vorgegebene Grenze anerkannt werden, welche durch den medizinischen Fortschritt grundsätzlich verschoben bzw. verändert werden kann? Offensichtlich handelt es sich in diesem Gedanken um einen naturalistischen Fehlschluss, insofern von deskriptiven auf präskriptive Sätze geschlossen wird, konkret von der biologischen Tatsache der Endlichkeit des Lebens auf die moralische Forderung, aufgrund dieses Faktums seien bestimmte Handlungen ab einer gewissen Altersgrenze zu unterlassen. Um einen eudaimonistischen Fehlschluss würde es sich handeln, wenn aus einer persönlichen Einsicht in das gute und gelungene Leben normative Schlüsse gezogen werden sollten, die womöglich sogar rechtlich verankert würden. Gemeint ist der Versuch bzw. die Versuchung, aus Vorstellungen von einem guten und gelungenen Leben (gr. *eudaimonia*, Glück) unmittelbar normative Verbote, Erlaubnisse und Gebote begründende Schlüsse ziehen zu wollen. Dies könnte im Gegenteil zu einer Verstärkung der bereits heute bestehenden Diskriminierung alter und sehr alter Menschen in der Gesellschaft und damit indirekt zu einer Zunahme des Alterssuizids führen. Falls der grundlegende Hinweis auf die Bedeutung der Anerkennung von Endlichkeit stimmt, und intuitiv würden wohl viele Menschen zustimmen, bliebe zumindest zu klären, in welchem Verhältnis solche Sinneinsichten zu normativen Regelungen einer Altersrationierung stehen. Diese Einwände treffen natürlich nicht die von Urs Strebel angeführten Überlegungen zu einer weltweit gedachten Zugangsgerechtigkeit zu den Ressourcen der gesundheitlichen Versorgung;[35] allerdings trifft diese Feststellung auf nahezu alle konkreten Gerechtigkeitsdiskurse zu und zeigt zunächst, dass wir bezüglich der Frage nach der Verteilungsgerechtigkeit gewohnt sind, in nationalstaatlich vorgegebenen Grenzen zu reflektieren und zu argumentieren.[36]

---

34 STREBEL 2007, 259.

35 Vgl. dazu POGGE ET AL. 2010.

36 Versuche, diese nationalstaatlich ausgerichtete Beschränkung aus christlich-sozialethischer Sicht zu thematisieren und aufzubrechen finden sich beispielsweise bei MACK ET AL. 2009; MACK 2015; HEIMBACH-STEINS U. A. 2020.

Fünftens werden pragmatische Argumente zugunsten der Idee der Altersrationierung stark gemacht. Angesichts der Ressourcenknappheit sei mit dem Alterskriterium die am wenigsten ungerechte und praktisch am einfachsten zu handhabende Möglichkeit gegeben, die zudem mit der rechtzeitigen Einführung einer privaten Zusatzversicherung sozial abgefedert werden könnte; dies betont insbesondere der deutsche Gesundheitsökonom Friedrich Breyer.[37] Im Unterschied zu anderen sozialen Kriterien betreffe das Alter alle Menschen gleichermaßen, unabhängig von Geschlecht, Bildungsschicht, Herkunft, beruflichem Rang oder sozialen Aufgaben. Im Unterschied zur heute bestehenden Praxis der impliziten Rationierung bei älteren Patientinnen und Patienten ermögliche erst eine transparent geregelte Altersrationierung die private Absicherung nicht gedeckter Risiken. Dieses versicherungstechnische Argument ist im Kern mehr als pragmatisch, insofern es den mit der impliziten Rationierung verbundenen Paternalismus als ungerecht kritisiert. In dieser Hinsicht spricht es allerdings zunächst einmal nur gegen eine Praxis der ungeregelten Rationierung und nicht speziell für die Altersrationierung. Fraglich ist zudem, ob soziale Kriterien bei der Rationierung gesundheitlicher Leistungen überhaupt eine Rolle spielen sollten; Erfahrungen mit der Berücksichtigung sozialer Kriterien wie Arbeitsfähigkeit, pflegerische Pflichten für Angehörige oder die Möglichkeit, ein unabhängiges Leben zu führen, wie es bei der Regelung des Zugangs zur Bypass- und Hüftprothesen-Chirurgie in Neuseeland in den 1990er-Jahren der Fall war, wecken aus ethischer und rechtlicher Sicht jedenfalls erhebliche Zweifel.[38]

5.4.2 ARGUMENTE GEGEN DIE ALTERSRATIONIERUNG

Gegen die Idee der Altersrationierung werden vier pflichtenethische, die Grundrechte betreffende, zudem drei pragmatische Überlegungen betont. Der grundlegendste und erste Einwand beinhaltet den eingangs erwähnten Vorwurf einer unberechtigten Ungleichbehandlung und damit der Diskriminierung von Menschen im hohen Alter. Tatsächlich handelt es sich bei der Vorenthaltung nützlicher Behandlungen aufgrund eines bestimmten Alters um eine Missachtung der grundsätzlichen Gleichheit aller Menschen, die ethisch und verfassungsrechtlich gewöhnlich mit der Menschenwürde bzw. dem daraus abgeleiteten Diskriminierungsverbot zum Ausdruck gebracht wird.[39]

Ein zweiter Einwand unterstreicht, dass Menschen im hohen Alter einer speziell vulnerablen Gruppe angehören und daher besonderen Schutz verdienen. Das Argument des besonderen Schutzes für die Schwachen in der Gesellschaft trifft

---

37 Vgl. BREYER 2006 und 2007.

38 Vgl. EDGAR 2001.

39 Vgl. HALTER 2007, 242.

insofern auf die hochaltrigen Menschen zu, als alte Menschen in den westlichen
Gesellschaften tendenziell marginalisiert werden und dadurch aus vielen gesellschaftlichen Bereichen ausgeschlossen sind. Dadurch, dass sie nicht mehr in die
Erwerbsarbeit eingebunden sind, haben sie in der Regel keinen Zugang mehr zu
den entsprechenden Netzwerken und Seilschaften. Technische Neuerungen, rasche gesellschaftliche Veränderungen und hohe Mobilitätsansprüche tragen
ebenfalls zur Marginalisierung bei. Friedrich Breyer mag zu Recht behaupten,
dass ein transparent eingeführtes und klar geregeltes System der Altersrationierung nicht in sich diskriminierend sein muss, aber er unterschätzt dabei möglicherweise den indirekten Effekt, der darin bestehen könnte, dass eine bereits heute marginalisierte Gruppe noch mehr ins Abseits gedrängt werden könnte.[40] Der
Alterssuizid ist bereits heute eine Realität, die Suizidalität ist im gesellschaftlichen Vergleich bei hochaltrigen Menschen mit Abstand am höchsten;[41] ein Regime der Altersrationierung könnte diese Praxis zusätzlich fördern.

Teure Zusatzversicherungen für das Alter könnten sich nur Privilegierte leisten, so ein drittes Argument. Diese Personenkreise seien bereits heute dadurch
privilegiert, dass sie weniger häufig krank sind und eine höhere Lebenserwartung
haben als Menschen aus bildungsferneren Gesellschaftsschichten. Wird dem entgegnet, dass die Angehörigen niedriger Bildungsniveaus und unterer Einkom-
mensklassen ohnehin die Hochaltrigkeit nicht erreichen, so ist das zynisch und
weist eher darauf hin, dass hier aus Gerechtigkeitsgründen Maßnahmen zur Veränderung der Ungleichheiten gefordert wären.[42]

Ein vierter grundlegender Einwand gegen die Altersrationierung besteht in
dem Hinweis, dass ein dem ärztlichen und pflegerischen Ethos zutiefst wider-
sprechendes und kontraintuitives Verhalten gefordert würde, da das chronologische Alter oft nicht mit dem biologischen Alter von Menschen übereinstimme.
Kerngesunde 85-jährige Personen dürften in einem solchen System nicht mehr
kurativ behandelt werden, während Siebzigjährigen mit schwersten körperlichen
Schädigungen weiterhin alle Behandlungen zur Verfügung stünden.

Zu diesen grundlegenden Einwänden kommen drei pragmatische hinzu, welche die skeptischen Einwände verstärken. Erstens dürfte es richtig sein, dass sich
mit der Altersrationierung zumindest bei hochaltrigen Menschen keine nen-
nenswerten Beträge einsparen ließen. Die mit Abstand höchsten Ausgaben fallen
hier für die Pflege und damit in einem Bereich an, in welchem Einsparungen
kaum möglich bzw. vertretbar sind. Wenn schon, so müssten Entscheidungen
zum Behandlungsverzicht oder -abbruch in den letzten Lebenswochen bei relativ

---

40 Vgl. ebd. 238.
41 Vgl. NETZ 2005, 82.
42 Vgl. BREYER 2007, 34.

jungen Alten getroffen werden: Hier ist es allerdings praktisch oft unmöglich, *ex ante* zu bestimmen, ob und wann jemand sterben wird. Zweitens wird es praktisch fast unmöglich werden, in der alltäglichen ärztlichen und pflegerischen Praxis zwischen rein palliativen und rein kurativen Maßnahmen zu unterscheiden: Wo sollte hier die Grenzlinie gezogen werden? Erfahrungsgemäß können auch hochkomplizierte neurochirurgische Eingriffe palliativen Charakter haben, und gleichsam als «unerwünschte» Nebenwirkung den Todeszeitpunkt eines Tumorpatienten bzw. einer Tumorpatientin markant hinausschieben. Drittens schließlich wird darauf hingewiesen, dass die demokratische Legitimierung einer expliziten Altersrationierung in unseren älter werdenden Gesellschaften politisch keine Chance hätte. Die Abstimmungsgewichte verteilen sich in den nächsten Jahren immer mehr in Richtung älterer Menschen, so dass eine Abstimmung mit einem Vorschlag zu Ungunsten der älteren Menschen kaum zu gewinnen wäre. [43]

5.5 Die Altersrationierung ist keine Lösung

Die Altersrationierung bietet offensichtlich keine gerechte, sinnvolle und praktikable Lösung des Problems der steigenden Ausgaben für die gesundheitliche Versorgung. Zu viele plausible Einwände sprechen dagegen. Während die pflichtethischen und egalitaristischen, auf die Achtung der Menschenwürde rekurrierenden Argumente nicht jede Person überzeugen werden, sind doch auch die pragmatischen, unabhängig von Ethiktheorie und Menschenbild geltenden Einwände beträchtlich. Ein Kennzeichen einer guten und gerechten Gesellschaft besteht darin, dass besonderer Wert auf eine menschengerechte Sorge um die alten Menschen, ganz besonders die pflegebedürftigen, gelegt wird.

Obgleich die Ablehnung des Alters als Rationierungskriterium überzeugend zu sein scheint, bleibt zum Schluss ein Einwand in Erinnerung zu rufen, den Friedrich Breyer zu Recht immer wieder betont. Bereits heute besteht die verbreitete Praxis einer ungeregelten Altersrationierung am Krankenbett. Das mag zuweilen unproblematische oder sogar zu begrüßende Aspekte haben, insbesondere dann, wenn diese Praxis zur Verhinderung von sinnlosen oder sogar schädigenden Überbehandlungen hochaltriger Patientinnen und Patienten führt. Falls jedoch in den nächsten Jahren weiterhin ausschließlich an der impliziten Rationierung festgehalten und der Vorschlag der Altersrationierung abgelehnt wird, so dürften bei zunehmender Knappheit der Ressourcen, beispielsweise dem bevorstehenden Ärzte- und Pflegekräftemangel, diejenigen das Nachsehen haben, die ihre Interessen am wenigsten durchzusetzen wissen, u. a. ältere Menschen mit demenziellen Störungen. Aus ethischer Perspektive ist darum die Suche nach alternativen Rationierungskriterien zu intensivieren. Realistische Ansatzpunkte

---

43 Vgl. HALTER 2007, 240 f.; FELDER 2008, 26 f.

dafür bieten diejenigen Kriterien, welche bereits heute als Bedingungen zur Aufnahme von Maßnahmen in die solidarisch finanzierte Grundversorgung gefordert werden, in der Schweizerischen Gesetzgebung sind dies beispielsweise Wirksamkeit, Zweckmäßigkeit und Wirtschaftlichkeit von Maßnahmen. Im Sinne einer expliziten, das heißt transparenten und für alle gleichermaßen geltenden Rationierungspraxis könnten diese Kriterien enger als bisher ausgelegt werden, indem beispielsweise medizinisch nur marginal wirksame Maßnahmen aus der Grundversorgung ausgeschlossen werden.[44] Ob und inwieweit das auch für bedingt zweckmäßige und nur wenig kosteneffektive Eingriffe gelten sollte, ist schwierig zu beurteilen und bedarf weiterer ethischer Reflexion.[45]

LITERATUR

ALBISSER SCHLEGEL, HEIDI/PARGGER HANS/REITER-THEIL, STELLA, ‹Futility› – Übertherapie am Lebensende? Gründe für ausbleibende Therapiebegrenzung in Geriatrie und Intensivmedizin, in: Zeitschrift für Palliativmedizin 9 (2008), 67–75.

BREYER, FRIEDRICH, Das Lebensalter als Abgrenzungskriterium für Grund- und Wahlleistungen in der Gesetzlichen Krankenversicherung?, in: SCHÖNE-SEIFERT, BETTINA/BUYX, ALENA M./ACH, JOHANN S. (Hg.), Gerecht behandelt? Rationierung und Priorisierung im Gesundheitswesen, Paderborn 2006, 149–161.

—, Zum Konzept der altersbezogenen Rationierung von Gesundheitsleistungen: Zehn populäre Irrtümer, in: ZIMMERMANN-ACKLIN, MARKUS/HALTER, HANS (Hg.), Rationierung und Gerechtigkeit im Gesundheitswesen. Beiträge zur Debatte in der Schweiz, Basel 2007, 225–236.

BROCKMANN, HILKE, Why Is Less Money Spent on Health Care for the Elderly Than for the Rest of the Population? Health Care Rationing in German Hospitals, in: Social Science & Medicine 55 (2002), 593–680.

BUYX, ALENA M./FRIEDRICH, DANIEL R./SCHÖNE-SEIFERT, BETTINA, Marginalisierte Wirksamkeit als Posteriorisierungskriterium – Begriffsklärungen und ethisch relevante Vorüberlegungen, in: Ethik in der Medizin 21 (2009), 89–100.

CALLAHAN, DANIEL, End-of-Life Care: A Philosophical or Management Problem?, in: Journal of Law, Medicine and Ethics 39 (2011), 114–120.

—, False Hopes. Overcoming the Obstacles to a Sustainable, Affordable Medicine, New Brunswick 1999.

—, Setting Limits. Medical Goals in an Aging Society, New York 1987.

CVP, Resolution Gesundheitsmarkt Schweiz: Qualität zu fairen Preisen, Pressemeldung vom 09.04.2010.

DANIELS, NORMAN, Das Argument der Altersrationierung im Ansatz der klugen Lebensplanung, in: MARCKMANN, GEORG (Hg.), Gesundheitsversorgung im Alter. Zwischen ethischer Verpflichtung und ökonomischem Zwang, Stuttgart 2003, 151–169.

EHNI, HANS-JÖRG/WIESING, URBAN/RANISCH, ROBERT, Entscheidungen unter akutem Ressourcenmangel: Europäische Triage-Empfehlungen in der COVID-19-Pandemie, in: Zeitschrift für medizinische Ethik 66 (2020), 475–488.

44 Vgl. BUYX u. a. 2009.

45 Vgl. MARCKMANN 2011.

EMANUEL, EZEKIEL J./PERSAD, GOVIND/UPSHUR, ROSS ET AL., *Fair Allocation of Scarce Medical Resources in the Time of Covid-19*, in: New England Journal of Medicine 382 (2020), 2049–2055.

ESSLINGER, A. SUSANNE/HAJEK, S./SCHÖFFSKI, OLIVER/HEPPNER, HANS JÜRGEN, *Rationierung von Gesundheitsleistungen im Alter – theoretische Reflexion und praktische Relevanz*, in: Gesundheitsökonomie & Qualitätsmanagement 13 (2008), 276–282.

FATEH-MOGDHADAM, BIJAN/GUTMANN, THOMAS, *Gleichheit vor der Triage. Rechtliche Rahmenbedingungen der Priorisierung von Covid-19-Patienten in der Intensivmedizin*, in: HÖRNLE, TATJANA/HUSTER, STEFAN/POSCHER, RALF (Hg.), *Triage in der Pandemie*, Tübingen 2021, 291–334.

FELDER, STEFAN, *Im Alter krank und teuer? Gesundheitsausgaben am Lebensende*, in: Wissenschaftsforum in Gesundheit und Gesellschaft 8/4 (2008), 23–30.

GAWANDE, ATUL, *Sterblich sein. Was am Ende wirklich zählt. Über Würde, Autonomie und eine angemessene medizinische Versorgung*, Frankfurt a. M. 2015.

HALTER, HANS, *Anfragen zum Konzept der Altersrationierung aus ethischer Sicht*, in: ZIMMERMANN-ACKLIN, MARKUS/HALTER, HANS (Hg.), *Rationierung und Gerechtigkeit im Gesundheitswesen. Beiträge zur Debatte in der Schweiz*, Basel 2007, 237–246.

HARRIS, JOHN, *Der Wert des Lebens. Eine Einführung in die medizinische Ethik*, Berlin 1995.

HEIMBACH-STEINS, MARIANNE/MÖHRING-HESSE, MATTHIAS/KISTLER, SEBASTIAN/LESCH, WALTER (Hg.), *Globales Gemeinwohl. Sozialwissenschaftliche und sozialethische Analysen*, Paderborn 2020.

HÖPFLINGER, FRANÇOIS, *Viertes Lebensalter – zur Situation hochaltriger Menschen*, in: CARITAS SCHWEIZ (Hg.), *Sozialalmanach 2011. Schwerpunkt: Das vierte Lebensalter*, Luzern 2011, 59–72.

HOPPE, JÖRG-DIETRICH, *Verteilungsgerechtigkeit durch Priorisierung – Patientenwohl in Zeiten der Mangelverwaltung*, in: Arzt und Krankenhaus 6 (2009), 170–173.

HÜRNY, CHRISTOPH/MÜNZER, THOMAS, *Übertherapiert? Vernachlässigt? Die vierte Generation aus geriatrischer Sicht*, in: CARITAS SCHWEIZ (Hg.), *Sozialalmanach 2011. Schwerpunkt: Das vierte Lebensalter*, Luzern 2011, 133–147.

HURST, SAMIA/SLOWTHER, ANNE-MARIA/FORDE, REIDUN ET AL., *Prevalence and Determinants of Physician Bedside Rationing: Data from Europe*, in: Journal of General Internal Medicine 21 (2006), 1138–1143.

KRÄMER, WALTER, *Was macht Rationierung unvermeidbar?*, in: NATIONALER ETHIKRAT (Hg.), *Gesundheit für alle – wie lange noch? Rationierung und Gerechtigkeit im Gesundheitswesen. Vorträge der Jahrestagung des Nationalen Ethikrates 2006*, Berlin 2007, 35–42.

LÜBBE, WEYMA, *Corona-Triage – Ein Kommentar zu den anlässlich der Corona-Krise publizierten Triage-Empfehlungen der italienischen SIAARTI-Mediziner*, in: Zeitschrift für medizinische Ethik 66 (2020), 241–244.

—, *Effizienter Ressourceneinsatz in einer Pandemie und das Kriterium der klinischen Erfolgsaussicht. Prämissen und Fehlschlüsse*, in: HÖRNLE, TATJANA/HUSTER, STEFAN/POSCHER, RALF (Hg.), *Triage in der Pandemie*, Tübingen 2021, 257–289.

MACK, ELKE, *Eine Christliche Theorie der Gerechtigkeit*, Baden-Baden 2015.

—/SCHRAMM, MICHAEL/KLASEN, STEPHAN/POGGE, THOMAS, *Absolute Poverty and Global Justice. Empirical Data – Moral Theories – Initiatives*, London/New York 2009.

MARCKMANN, GEORG (Hg.), *Gesundheitsversorgung im Alter. Zwischen ethischer Verpflichtung und ökonomischem Zwang*, Stuttgart 2003.

— (Hg.), *Kostensensible Leitlinien: Ein Instrument zur expliziten Leistungssteuerung im Gesundheitswesen*, Berlin 2011.

—, *Alter als Verteilungskriterium in der Gesundheitsversorgung? Contra*, in: Deutsche Medizinische Wochenschrift 130 (2005), 351–352.

—, *Alter als Verteilungskriterium in der Gesundheitsversorgung*, in: SCHÖNE-SEIFERT, BETTINA/ BUYX, ALENA M./ACH, JOHANN S. (Hg.), *Gerecht behandelt? Rationierung und Priorisierung im Gesundheitswesen*, Paderborn 2006, 163–181.

—, *Kann Rationierung im Gesundheitswesen ethisch vertretbar sein?*, in: Wissenschaftsforum in Gesundheit und Gesellschaft 10/1 (2010), 8–15.

NAGEL, ECKHARD/ALBER, KATHRIN/BAYERL, BIRGITTA, *Rationalisierung, Priorisierung und Rationierung –Konzepte zur Gesundheitsversorgung der Zukunft*, in: Zeitschrift für Evidenz, Fortschritt und Qualität im Gesundheitswesen 104 (2010), 355–359.

NATIONALE ETHIKKOMMISSION IM BEREICH DER HUMANMEDIZIN (NEK), *Medikamentenpreise. Überlegungen zum gerechten Umgang mit teuren neuen Medikamenten*, Bern 2020.

NETZ, PETER, *Suizidalität im Alter – Medizinische, rechtliche und gesellschaftliche Aspekte*, in: WOLFSLAST, GABRIELE/SCHMIDT, KURT W. (Hg.), *Suizid und Suizidversuch. Ethische und rechtliche Herausforderung im klinischen Alltag*, München 2005, 81–92.

POGGE, THOMAS/RIMMER, MATTHEW/RUBENSTEIN, KIM (Eds.), *Incentives for Global Public Health. Patent Law and Access to Essential Medicines*, Cambridge/New York 2010.

RASPE, HEINER/MEYER, THORSTEN, *Vom schwedischen Vorbild lernen*, in: Deutsches Ärzteblatt 106/21 (2009), A1036–1039.

SANTOS-EGGIMANN, BRIGITTE, *Is There Evidence of Implicit Rationing in the Swiss Health Care System?, Studie erstellt im Auftrag des Bundesamts für Gesundheit*, unveröffentlichtes Manuskript, Lausanne 2005.

SCHOENENBERGER, ANDREAS W./RADOVANOVIC, DRAGANA/STAUFFER, JEAN-CHRISTOPHE ET AL., *Age-Related Differences in the Use of Guideline-Recommended Medical and Interventional Therapies for Acute Coronary Syndromes: A Cohort Study*, in: Journal of the American Geriatrics Society 56/3 (2008), 510–516.

SCHWEIZERISCHE AKADEMIE DER MEDIZINISCHEN WISSENSCHAFTEN (Hg.), *Projekt «Zukunft Medizin Schweiz» – Phase III: Rationierung im Schweizer Gesundheitswesen. Einschätzungen und Empfehlungen*, Basel 2007.

—, *«Schwarze Listen» – Leistungssperren medizinischer Versorgung aufgrund nicht bezahlter Prämien und Kostenbeteiligungen. Stellungnahme der Zentralen Ethikkommission*, Bern 2020.

STREBEL, URS, *Die Endlichkeit des Lebens als Rationierungskriterium. Eine Bewertung aus ärztlicher Sicht*, in: ZIMMERMANN-ACKLIN, MARKUS/HALTER, HANS (Hg.), *Rationierung und Gerechtigkeit im Gesundheitswesen. Beiträge zur Debatte in der Schweiz*, Basel 2007, 258–267.

UBEL, PETER/GOOLD, SUSAN, *Rationing Health Care. Not all Definitions are Created Equal*, Archives of Internal Medicine 158 (1998), 209–214.

WENDY, EDGAR, *Rationing Health Care in New Zealand – How the Public Has a Say*, in: COULTER, ANGELA/HAM, CHRIS (Hg.), *The Global Challenge of Health Care Rationing*, Buckingham/ Philadelphia 2001, 175–191.

WHITE, DOUGLAS B./LO, BERNARD, *A Framework for Rationing Ventilators and Critical Care Beds During the COVID-19 Pandemic*, in: JAMA 323 (2020), 1773–1774.

ZIMMERMANN-ACKLIN, MARKUS, *«When not all services can be offered to all patients» – Ethische Überlegungen zur Finanzierung medizinischer Maßnahmen bei Patienten am Lebensende*, in: DUTTGE, GUNNAR/ZIMMERMANN-ACKLIN, MARKUS (Hg.), *Gerecht sorgen – Verständigungsprozesse über den Einsatz knapper Ressourcen bei Patienten am Lebensende*, Göttingen 2013, 177–200.

—, *Die Rationierungsdiskussion in der Schweiz. Beobachtungen aus ethischer Perspektive*, in: WILD, VERINA/PFISTER, ELIANE/BILLER-ANDORNO, NIKOLA (Hg.), *DRG und Ethik. Ethische Auswirkungen von ökonomischen Steuerungselementen im Gesundheitswesen*, Basel 2011, 127–139.

ZIMMERMANN, MARKUS, *Teurer Abschied. Gesundheits- und Pflegekosten am Lebensende*, in: Herder Korrespondenz Spezial, Oktober 2017, 28–31.

—/FELDER, STEFAN/STRECKEISEN, URSULA/TAG, BRIGITTE, *Das Lebensende in der Schweiz. Individuelle und gesellschaftliche Perspektiven*, Basel 2019.

—, *Triage als Einübung von Priorisierung und Rationierung im Gesundheitswesen?*, in: MOOS, THORSTEN/ PLONZ, SABINE (Hg.), *Öffentliche Gesundheit. Jahrbuch Sozialer Protestantismus*, Leipzig 2022, 173–187.

6 RATIONIERUNG ALS PFLEGEETHISCHES PROBLEM

Obwohl Norwegen zu den materiell reichsten Ländern der Welt gehört und nach den USA die höchsten Pro-Kopf-Ausgaben für die Gesundheitsversorgung aufweist, empfinden Pflegefachkräfte wie Ärzteschaft auch dort einen Druck, bei klinischen Entscheidungen am Krankenbett die Kosten zu berücksichtigen.[1] Eine Studie zur Prioritätensetzung im Alltag norwegischer Intensivstationen ermöglicht Einblicke in Entscheidungen am Krankenbett und darin enthaltene Werturteile. Als Grundlage dienten dem Forschungsteam unter der Leitung von Kirstin Halvorsen von der pflegewissenschaftlichen Fakultät der Akershus-Universität einerseits Tiefeninterviews und andererseits Teilnehmerbeobachtungen. Dabei hat sich gezeigt, dass mit zunehmendem Schweregrad des Zustands von Patientinnen und Patienten auch häufiger intensivmedizinische Maßnahmen ergriffen werden, und dies unabhängig vom potentiellen Nutzen der Interventionen für die Patientinnen und Patienten.

Im Rahmen dieser Aktivitäten kommt es speziell im Handlungsbereich von Pflegefachpersonen regelmäßig zu Engpässen. Der Mangel an Pflegepersonal beeinflusst beispielsweise die Praxis der Sedierung: Um unerwünschte Missgriffe wie das Herausziehen von Schläuchen zu verhindern, werden Patientinnen und Patienten häufig stärker und länger sediert, als es bei ausreichendem Pflegepersonal eigentlich nötig wäre. Eine Pflegefachperson berichtet:

> Weil die Ressourcen so begrenzt sind, müssen Patienten manchmal etwas länger sediert werden, (…). Um uns um andere Patienten kümmern zu können, sedieren wir Patienten stärker, was ich als unethisch beurteile, wirklich, weil wir wissen, dass dies zu einer Lungenentzündung führen kann (…) und zu einer Verlängerung der Zeit am Respirator.[2]

Aufgrund fehlender Ressourcen sehen die Pflegenden wichtige Bereiche ihrer beruflichen Aufgaben bedroht. Im Vordergrund steht dabei das Problem des Zeitmangels, das es verunmögliche, auf die Bedürfnisse der Patientinnen und Patienten angemessen einzugehen. Eine Pflegende meinte im Interview:

> Es ist offensichtlich, dass dies [die Stellenkürzungen, MZ] Konsequenzen für die pflegerischen Aktivitäten nach sich zieht, besonders hinsichtlich der so genannten ‹weichen Aufgaben›. Die Zeit, sich um jemanden zu kümmern (…). Die zwischenmenschlichen Belange und die Sorge um den Patienten, das leidet letztlich. (…) Dinge, die wir nicht unbedingt tun müssen, kommen dann zu kurz: mit den Patientinnen und Patienten zu reden, ihre Motivation zu stärken (…) all die Sachen, die eben Zeit brauchen.[3]

---

1 Vgl. HALVORSEN ET AL. 2008, 716.
2 Ebd. 721 (eigene Übersetzung).
3 Ebd. 721 f. (eigene Übersetzung).

6.1 Problemstellung

Die Intensivmedizin eignet sich besonders gut, um ärztliche und pflegerische Herausforderungen der Verteilungsgerechtigkeit im Gesundheitswesen aufzuzeigen,[4] obgleich sich ähnliche Probleme auch in anderen Bereichen sowie der Langzeitpflege aufgrund der intensiven Betreuungsleistungen stellen.[5] Die Intensivmedizin gehört zum einen zu den neueren Errungenschaften der Medizin und steht damit gleichsam symbolisch für die immensen Fortschritte, die in den letzten Jahren in diesem Bereich erzielt wurden. Zum anderen ist sie sehr kostenintensiv. Ihr Anteil an den gesamten Spitalkosten der USA nahm von 8 Prozent im Jahr 1980 auf 20 Prozent im Jahr 2006 zu, was immerhin einem Prozent des gesamten US-amerikanischen Bruttoinlandprodukts entspricht.[6] Umstritten ist, wie viele Intensivbetten mathematisch gesehen nötig wären, um eine bestimmte Population zu versorgen. Der größte Anteil der Kosten für die Intensivpflege sind Personalkosten, während Behandlungen und Medikamente lediglich knapp ein Zehntel der Ausgaben betreffen.[7] Unbestritten ist auch, dass Morbidität und Mortalität auf Intensivstationen unmittelbar ansteigen, wenn zu wenig Personal vorhanden ist, was situationsbedingt immer wieder vorkommt. Bereits diese wenigen Anhaltspunkte zur Intensivmedizin machen deutlich, dass Rationierung, d. h. die Einschränkung oder Vorenthaltung an sich nützlicher oder sinnvoller Interventionen, eine Realität ist, und zwar auch und gerade in materiell wohlhabenden Ländern mit enorm hohen Pro-Kopf-Gesundheitsausgaben wie Norwegen oder der Schweiz, dass diese Rationierung am Krankenbett bezogen auf einzelne Patientinnen und Patienten geschieht und dass die Pflegenden dabei stark involviert sind.

Angesichts der Einschränkungen, Unmöglichkeiten und Grenzen, die in diesem Kontext von Pflegefachkräften ins Zentrum gestellt werden, ist es wichtig, auch an die Kehrseite dieser Realität zu erinnern, nämlich an die mögliche Einflussnahme und letztlich auch Macht, die mit der organisierten Pflege den Patientinnen und Patienten gegenüber verbunden ist. So machtlos, wie sich Pflegende selber sehen, sind sie nicht, wie Rainer Wettreck in Erinnerung ruft:[8] Neben der Disziplinarmacht, der Durchsetzung von Ordnungen einer Institution, der Therapiemacht, der Kontrolle des Gesundheitszustandes und der Sinn-, Wissens- und Deutungsmacht, dem eigenen systemischen Wissen, unterscheidet er eine Allokationsmacht, die bei der Verteilung der Zeit, aber auch der Mahlzeiten, der

---

4   Vgl. HURST/DANIS 2007.
5   Vgl. ZÚÑIGA U. A. 2013; ZÚÑIGA ET AL. 2015; ZANDER U. A. 2014.
6   Vgl. TRUOG ET AL. 2006.
7   Vgl. CHEVROLET/CHIOLERO 2003.
8   Vgl. WETTRECK 2001, 38 ff.

Schmerzmittel, der Körperhygiene, der Aufmerksamkeit und bei vielen kleinen Handreichungen zum Ausdruck kommt.

Was im Bereich der Intensivpflege aufgrund des komplexen technischen Aufwands, der meist kurzen Aufenthaltszeiten der Patientinnen und Patienten, des hohen Personalbedarfs und der hohen Kosten zugespitzt geschieht,[9] ist auch in anderen Bereichen eine bekannte Realität, nämlich die implizite Rationierung oder die ungeregelte Beschränkung von nützlichen Leistungen am Krankenbett. Die implizite Rationierung in der Pflege wird international auch unter den Begriffen «missed nursing care», «care left undone» oder «unfinished nursing care» diskutiert.[10] Untersuchungen in der Schweiz haben gezeigt, dass die implizite Rationierung besonders in den Bereichen Psychiatrie, Rehabilitation, in der Versorgung chronisch Kranker, in der Pflege insgesamt und hier speziell im Bereich der Langzeitpflege besteht.[11] Die Pflege ist offensichtlich ein knappes Gut, das gemäß gerechter Kriterien zu verteilen ist. In der Pflege kommt es zunächst aufgrund eines Mangels an zeitlichen, fachlichen oder personellen Ressourcen in Pflegeteams zur impliziten Rationierung.[12] Die RICH-Studie – das Akronym dieser auf Deutsch veröffentlichten Studie steht für «Rationing of Nursing Care in Switzerland (CH)» – belegt darüber hinaus für die Schweiz, dass ein signifikanter Zusammenhang zwischen der Arbeitsumgebungsqualität einerseits, d. h. der Angemessenheit der Stellenbesetzung und Fachkompetenz in Pflegeteams, der Zusammenarbeit zwischen Pflegenden und Ärzten, der Unterstützung der Pflegenden durch das Pflegemanagement, und der Anzahl nicht durchgeführter, notwendiger pflegerischer Leistungen, also der impliziten Rationierung am Krankenbett andererseits besteht.

Diese Zusammenhänge wurden durch die SHURP-Studie – «Swiss Nursing Homes Human Resources Project» – für die Situation der Pflege in Alters- und Pflegeheimen der Schweiz bestätigt: Auch wenn eine implizite Rationierung eher selten belegt ist, gehört sie doch zum Pflegealltag. Sie ist im Bereich der alltäglichen Unterstützung bei Essen, Trinken, Ausscheidungen und beim Mobilisieren eher selten anzutreffen, häufiger dagegen in den Bereichen der sozialen und emotionalen Unterstützung sowie der Rehabilitationsbemühungen. Zwar lässt sich ein Zusammenhang zwischen der impliziten Rationierung und den Personalressourcen feststellen, allerdings spielen Arbeitsstress, Konflikte im Team und mangelnde Anerkennung ebenfalls eine signifikante Rolle hinsichtlich der Häufigkeit

---

9 Vgl. WARD/LEVY 2007.

10 Vgl. JONES ET AL. 2015.

11 Vgl. SANTOS-EGGIMANN 2005.

12 Vgl. RICH-NURSING STUDY 2005; ZÚÑIGA U. A. 2013; ZÚÑIGA ET AL. 2015.

von impliziter Rationierung in Schweizer Pflegeheimen.[13] Studien zur Pflege im Akutbereich haben ähnliche Resultate hervorgebracht: Hier hat sich gezeigt, dass die implizite Rationierung aufgrund fehlender personeller Ressourcen teilweise durch eine gute Arbeitsumgebungsqualität kompensiert werden kann,[14] was umgekehrt weniger zu funktionieren scheint: durch Verbesserung des Personalschlüssels lässt sich der pflegerische Outcome – gemessen an der Mortalität der Patientinnen und Patienten – nicht verbessern, wenn nicht gleichzeitig Maßnahmen zur Verbesserung der Arbeitsumgebungsqualität ergriffen werden.[15]

Auch wenn im Bereich der Gesundheitsversorgung zunächst einmal begründet an der Vorstellung einer gleichen Versorgung für alle festgehalten wird, ist es offenkundig, dass es eine solche «Einklassenmedizin» und eine entsprechende «Einklassenpflege» niemals gegeben hat und angesichts der Fülle bestehender und zukünftiger Möglichkeiten auch nicht geben wird. Die Ergebnisse der erwähnten Studien zur impliziten Rationierung zeigen vielmehr, dass diejenigen Menschen, die gesellschaftlich marginalisiert sind, dies auch im Bereich der Gesundheitsversorgung nicht anders erfahren. Die gegenwärtige Klage über eine Zweiklassenmedizin inklusive einer Zweiklassenpflege lässt sich daher als ein deutliches Signal dafür verstehen, dass die in den letzten Jahren größer werdenden Unterschiede zwischen gesellschaftlich etablierten und gesellschaftlich marginalisierten Milieus auch in der Gesundheitsversorgung vermehrt zu Ungleichbehandlungen führen. Angesichts des wachsenden Wohlstands, der Fortschritte im Bereich der biomedizinischen Forschung und unter Anerkennung dessen, dass vorhandene (personelle und weitere) Ressourcen niemals ausreichen, um alle Bedürfnisse im Bereich der Gesundheitsversorgung zu befriedigen, kann es aus gesundheitsethischer Sicht realistischerweise nicht darum gehen, dasselbe Versorgungsniveau für alle Patientinnen und Patienten zu ermöglichen. Vielmehr sollte aus Gerechtigkeitsgründen die Frage im Zentrum stehen, wie sich eine qualitativ hochstehende Gesundheitsversorgung und Pflege für alle auf die Dauer sichern lässt. Die Verfolgung dieses Ziels setzt voraus, dass

· *die grundsätzliche Knappheit der vorhandenen, nicht nur finanziellen, sondern auch personellen Ressourcen nicht geleugnet wird,*[16]
· *die bereits bestehende implizite Rationierung möglichst transparent und damit zu einem professionellen sowie öffentlichen Thema gemacht wird,*

---

13 Vgl. ZÚÑIGA U. A. 2013; ZÚÑIGA ET AL. 2015.
14 Vgl. KALISCH/LEE 2012; SCHUBERT ET AL. 2013.
15 Vgl. AIKEN ET AL. 2011.
16 Vgl. ALEXANDER ET AL. 2004; ZÚÑIGA ET AL. 2015.

· *ungeregelte Leistungsbeschränkungen im Bereich nützlicher Behandlungen so weit als möglich durch öffentlich bestimmte und ethisch legitimierte Grenzziehungen ersetzt werden.*[17]

6.2 Umstrittene Begriffe

In den Rationierungsdebatten werden zwei unterschiedliche Formen von Knappheit thematisiert: Zum einen wird auf eine vorgegebene oder existenzielle Knappheit angespielt, die es anzuerkennen gelte, und zum anderen auf eine hergestellte Knappheit, die gerecht auszugestalten sei. Obgleich beide Phänomene eng miteinander zusammenhängen, erfordern sie aus ethischer Sicht grundlegend unterschiedliche Reaktionen. Ein Mangel an Pflegekapazität kann zum Beispiel strukturell – eine Folge von vorgegebener als auch von bewusst herbeigeführter Knappheit – oder auch situationsbedingt sein (z. B. aufgrund einer Pandemie). Aspekte des Gerechten bzw. der Verteilungsgerechtigkeit und des Guten bzw. gelungener Lebensentwürfe (Sinn- und Glücksfragen), die in einer kulturell heterogenen Gesellschaft zunächst einmal getrennt zu behandeln sind, hängen bei entscheidenden Fragen wie der Bestimmung der Sinnlosigkeit von Behandlungen *de facto* auf enge Weise miteinander zusammen. Die Rede von der Sinnlosigkeit («futility») von Maßnahmen auf der einen Seite oder deren Indiziertheit auf der anderen Seite, Begriffe wie die Wirksamkeit, Zweckmäßigkeit oder Wirtschaftlichkeit von Behandlungen, schließlich auch Umschreibungen wie «keine Aussicht mehr auf ein menschenwürdiges Leben zu haben» lassen sich nicht ausschließlich über Aspekte des Gerechten bestimmen, sondern beinhalten stets auch Vorstellungen vom Guten, von Lebensqualität und damit Wertungen, die Vorstellungen von einem gelungenen oder geglückten Leben beinhalten.

Unter Rationierung werden implizite oder explizite Mechanismen verstanden, die dazu führen, dass einer behandlungsbedürftigen Person nützliche Leistungen nicht zur Verfügung stehen.[18] Diese Definition ist aufgrund der Rede von «Mechanismen» (anstelle von «Entscheidungen») und dem «nicht zur Verfügung stehen» (anstelle von «vorenthalten») einerseits so weit gefasst, dass nicht nur bewusste Entscheidungen, sondern auch die vorgegebene Begrenztheit aller Ressourcen berücksichtigt werden, ist aber andererseits klar begrenzt auf das Nicht-zur-Verfügung-Stehen von nützlichen Leistungen. Nützliche Leistungen stehen schließlich aus unterschiedlichsten Gründen häufig nicht zur Verfügung, und erst diese offene Definition macht es möglich, zwischen gerechter und ungerechter Rationierung zu unterscheiden, ohne die entscheidenden ethischen Fragen als bereits beantwortet vorauszusetzen. Es geht folglich nicht darum, ob Rationierung sein

---

17 Vgl. DANIELS/SABIN 2002.

18 Vgl. UBEL/GOOLD 1998.

soll oder nicht, sondern wie angesichts bestehender Grenzen bzw. Knappheit der Zugang zu den Ressourcen gerecht ausgestaltet werden kann. Methodisch besteht ein wesentlicher Unterschied in der Rationierungspraxis darin, ob diese explizit, d. h. transparent und nach festgelegten Regeln, durchgeführt wird, oder ob sie implizit, d. h. ungeregelt am Krankenbett durch die Behandlungsteams, praktiziert wird. In Deutschland hat sich, in Anlehnung an skandinavische Länder, die Rede von der Priorisierung gesundheitlicher Leistungen etabliert, wobei unter Priorisierung (und dem Pendant der Posteriorisierung) die Feststellung einer Vorrangigkeit (bzw. Nachrangigkeit) bestimmter Indikationen, Patientinnen- und Patientengruppen oder Verfahren vor anderen (bzw. nach anderen) verstanden wird.[19] Die Rangreihenherstellung von Maßnahmen aus einem bestimmten Behandlungsbereich (z. B. in der Versorgung von Herzkrankheiten) wird vertikale, die Rangreihenherstellung zwischen unterschiedlichen Bereichen als horizontale Priorisierung bezeichnet. Priorisierung oder das Erstellen von Ranglisten ist demnach nicht gleichzusetzen mit der Rationierung, sondern dient zunächst einmal lediglich dazu, Rangordnungen zu identifizieren und festzulegen. In diesem Sinne kann sie, muss aber nicht, zur Rationierung führen, und zwar in Abhängigkeit dazu, wie viele Ressourcen zur Verfügung stehen. Entsprechend wird im bundesdeutschen Diskurs, der sich stark von der als negativ konnotierten Rede von Rationierung abhebt, hervorgehoben, wenn die Rationierung irgendwann tatsächlich notwendig würde, beträfe dies zuerst den Bereich des wenig Wichtigen, den Bereich der Posterioritäten also, wie es beispielsweise im Konzept der marginalen Wirksamkeit von Interventionen vorgeschlagen wird.[20]

Wesentliche Vorzüge des Priorisierungsbegriffs werden erstens in der damit verbundenen pragmatischen Herangehensweise gesehen, insofern der Priorisierungsbegriff weniger negativ besetzt ist als der Rationierungsbegriff und zunächst einmal Ordnung schaffen möchte, bevor definitiv entschieden wird. Ein zweiter Vorteil liegt aus Sicht der Pflegefachpersonen im Primat der klinischen Zugangsweise, die sich gegenwärtig durch eine gesundheitsökonomische Perspektive konkurrenziert sieht, welche aus Public-Health-Sicht die Gesundheit ganzer Bevölkerungen in den Blick nimmt und damit – aus dieser übergeordneten Perspektive auf der Meso- und Makroebene – die ärztliche und pflegerische Definitionsmacht über die Indikation von Behandlungen konkurrenziert.[21] In der Schweiz konnte sich der Priorisierungsbegriff bislang kaum etablieren, was damit zu tun haben könnte, dass erstens der finanzielle Druck noch geringer ist als in anderen Ländern wie in Schweden oder Deutschland, zweitens die Rationie-

---

19 Vgl. RASPE/MEYER 2009; NAGEL U. A. 2010; SCHMITZ-LUHN/BOHMEIER 2013.
20 Vgl. BUYX U. A. 2009.
21 Vgl. RASPE/MEYER 2009.

rungsdiskurse im Sinne einer konstruktiven Auseinandersetzung in den ärztlichen und pflegerischen Kreisen noch nicht wirklich angekommen sind und drittens die Infragestellung der klinischen Perspektive von Ärzteschaft und Pflegenden durch die Gesundheitsökonomie als weniger stark empfunden wird. Ob, und wenn ja, inwieweit sich die Einführung des Vergütungssystems gemäß Fallpauschalen («SwissDRG») im Jahr 2012 auf die Verstärkung der impliziten Rationierung in der Pflege ausgewirkt hat, lässt sich gegenwärtig nicht sagen; gemäß Aussagen der Pflegenden in Deutschland hat sich die Einführung des DRG-Systems dort zwar negativ auf die Befindlichkeit der Pflegenden und den Outcomes der Pflege ausgewirkt; allerdings lässt sich aufgrund empirischer Studien vermuten, dass die negativen Auswirkungen aus subjektiver Sicht der Pflegenden in der Regel überschätzt werden.[22]

6.3 Positionen, politische Strategien und ethisch relevante Kriterien

Auf die Frage, wie eine angemessene und ethisch vertretbare Reaktion auf die Ressourcenknappheit aussehen könnte, werden zugespitzt etwa folgende Antworten gegeben:[23]

· *Die sogenannten Marktvertreterinnen und Marktvertreter möchten individuelle Wahlmöglichkeiten wie risikoabhängige Krankenkassenprämien schaffen bzw. vorhandene Marktelemente wie Selbstbehalte und Franchisen verstärken. Auf diese Weise wollen sie ermöglichen, dass sich jede Person ein Versicherungspaket nach eigenen Vorstellungen zusammenstellen kann. Unmittelbar verbunden damit wäre, dass jede und jeder sich gleichsam selbst rationiert, nämlich nach Maßgabe der eigenen finanziellen Möglichkeiten, der vorhandenen Krankheitsrisiken und auch der je eigenen Wertvorstellungen.*

· *Daneben besteht die in politischen Kreisen verbreitete Position der Knappheits-Skeptikerinnen und -Skeptiker: Hier wird behauptet, dass es in Wirklichkeit keine Knappheit gebe, sondern lediglich Verschwendung und unnütze Interventionen (englisch «waste»). Sie plädieren daher konsequenterweise für eine Rationalisierung bzw. Effizienzsteigerung und teilweise, wenn sie realistisch sind, zusätzlich für eine moderate Erhöhung der finanziellen Mittel für die Gesundheitsversorgung.*

· *Eine eher in linken politischen Kreisen vertretene Position ist die der «Gesundheit hat keinen Preis»-Vertreterinnen und -Vertreter: Hier wird die Lösung darin gesehen, im Bereich der Gesundheitsversorgung mehr Mittel zur Verfügung zu stellen, und dies entweder zuungunsten anderer Bereiche oder auf der Basis von Steuererhöhungen.*

· *Vertreterinnen und Vertreter einer expliziten Rationierung dagegen gehen davon aus, dass Grenzen anerkannt und bewusst gesetzt bzw. politisch ausgestaltet werden sollten. Sie unterstreichen zum einen mit Hinweis auf die Legitimation von Entscheidungen die*

---

22 Vgl. ZANDER U. A. 2013.

23 Vgl. zum Folgenden DANIELS/SABIN 2002, 13 f.

Wichtigkeit öffentlicher Debatten und zum anderen den Vorzug geregelter bzw. trans-
parenter Entscheidungen, die auf der Meso- und Makroebene zum Beispiel durch kos-
tensensible Leitlinien zu fällen sind.[24]

- *Auch Vertreterinnen und Vertreter einer impliziten Rationierung gehen davon aus,*
  dass Grenzen anerkannt und ausgestaltet werden sollten, halten aber explizite Formen
  für unrealistisch bzw. nicht realisierbar und plädieren deshalb zugunsten der Rationie-
  rung im Einzelfall am Krankenbett, dem «eleganten Durchwursteln», wie es in der Fach-
  diskussion genannt wird.[25]

Die beiden ersten Positionen bieten keine vertretbaren und praktikablen Alternativen: Eine Stärkung der Marktelemente würde mit sich bringen, dass die Gesundheitsversorgung gemäß finanzieller Möglichkeiten sehr stark variieren würde.
Bereits heute benachteiligte Bevölkerungsgruppen würden zusätzlich benachteiligt, weil sie zum Beispiel nicht in der Lage wären, ungedeckte Maßnahmen der
Grund- oder Behandlungspflege zu erwerben. Einschneidende Rationierungsentscheidungen für Menschen mit Sozialhilfe, die sich keine Krankenkasse leisten könnten, würden überdies nötig. Die Einführung von risikoabhängigen Prämien würde zudem zu einer gesellschaftlichen Stigmatisierung kranker Menschen führen, die mit Hinweis auf die Achtung der Würde und der Solidarität
abzulehnen wäre.

Auch die Rationalisierung, also die Steigerung der Effizienz der vorhandenen
Mittel, bietet keinen nachhaltigen Ausweg: Sie ist zwar sowohl aus ökonomischer
als auch aus ethischer Sicht stets gefordert, da sowohl die Überbehandlung von
Patientinnen und Patienten als auch der verschwenderische Umgang mit begrenzten Mitteln mit Hinweis auf das Nicht-Schadens- und das Gerechtigkeitsprinzip stets abzulehnen sind; sie reicht aber aufgrund der Unsicherheit bei Pro-
gnosestellungen und der mangelnden Beeinflussung der Ursachen der Kostensteigerung, nämlich Fortschritt und Wohlstand, nicht aus. Eine stete Erhöhung
der Mittel, wie sie von den «Gesundheit-hat-keinen-Preis»-Vertreterinnen und
-Vertretern gefordert wird, hätte schließlich hohe gesellschaftliche Opportunitätskosten zur Folge, d. h. die Mittel würden an anderen Stellen fehlen, welche –
wie beispielsweise die Bildungs- und Arbeitsmarktpolitik – ebenfalls kausalur-
sächlich die Gesundheit der Bevölkerung beeinflussen.

Somit bleiben nur die beiden letztgenannten Rationierungsszenarien als realistische Alternativen, wobei internationale Erfahrungen zeigen, dass eine Misch-
form von impliziter und expliziter Methode realistisch und gerecht – bzw. am
wenigsten ungerecht – sein dürfte.[26] In jedem Gesundheitssystem werden

---

24 Vgl. STRECH U. A. 2009.
25 Vgl. SOMMER 2007.
26 Vgl. HAM/COULTER 2003.

Grenzen gesetzt. Die aus ethischer Sicht entscheidende Frage lautet demnach nicht, ob rationiert werden soll, sondern wie, gemäß welcher Kriterien und Vorgaben dies sinnvollerweise geschehen sollte, damit ungerechte Allokationspraktiken vermieden und gerechte Zuteilungen gefördert werden. Ethisch relevante Kriterien umfassen sowohl das gerechte (normative Aspekte) als auch das gute Leben (evaluative oder wertende Aspekte wie Sinn- und Identitätsfragen). Bezüglich beider Bereiche sind die Achtung und der Schutz der Menschenwürde von grundlegender Bedeutung. Insofern sie an der Menschenwürde teilhaben, sind alle Menschen gleich: Das bedeutet, dass Autonomie und Freiheit jedes Menschen stets zu achten sind und dass besonders verletzliche Menschen wie Menschen mit einer Demenz, im persistierenden Koma, oder auch Angehörige gesellschaftlicher Randgruppen – in der Schweiz zum Beispiel abgewiesene Asylbewerberinnen und -bewerber bzw. Menschen ohne offiziellen Aufenthaltsstatus – besonders zu schützen sind. Erst die Anerkennung der Freiheit und der Schutz der besonders vulnerablen Menschen ermöglichen ein menschliches bzw. menschenwürdiges Zusammenleben.

Von den normativ relevanten Kriterien sind im Hinblick auf die Rationierung folgende besonders hervorzuheben:
· *die Ermöglichung von Chancengleichheit,*
· *die Ablehnung jeder Form von ungerechtfertigter Ungleichbehandlung oder Diskriminierung aufgrund äußerlicher Merkmale wie Alter, Geschlecht oder Herkunft,*
· *das Fürsorgeprinzip im Sinne einer bevorzugten Behandlung von Patientinnen und Patienten mit dem größten Bedarf bzw. der stärksten Dringlichkeit,*
· *das Solidaritätsprinzip sowohl im Sinne der Förderung des Gemeinwohls als auch im Sinne einer besonderen Rücksicht auf bzw. Integration von Benachteiligten,*
· *die Achtung und Förderung der Eigenverantwortung im Hinblick auf die eigene Gesundheit,*
· *die Wirtschaftlichkeit bzw. Kosteneffektivität von Maßnahmen, d. h. die Berücksichtigung der Frage, wie hoch der zusätzliche Nutzen im Verhältnis zu den Kosten einer Maßnahme ist.*

Normativ von Bedeutung sind also sowohl Rechte und Pflichten als auch Folgenüberlegungen.

Bei evaluativen Kriterien geht es nicht um die Einhaltung von Normen (Gebote, Verbote oder Erlaubnisse), deren Berücksichtigung sich über die Anwendung von Prinzipien überprüfen lassen, sondern vielmehr um inhaltliche Vorstellungen von dem, was im Leben wichtig und wertzuschätzen ist. Diese Lebensqualitätskriterien, Wert- oder Güterhaltungen können sich sowohl auf das Leben eines einzelnen Menschen als auch auf die Gesellschaft als Ganze beziehen. Es geht zunächst um individuelle Vorstellungen von einem gelingenden Leben und Sterben, wie sie beispielsweise im Rahmen einer Patientenverfügung individuell festgehalten werden können (die sogenannte Werteanamnese). Gleichzeitig werden Vorstellungen von einer guten Gesellschaft thematisiert, die sich in politischen Forderungen niederschlagen können. Auf der Hand liegt, dass bei diesen Kriterien eine große Nähe zu persönlichen Erfahrungen, moralischen Überzeugungen, schließlich zu kulturellen und weltanschaulich-religiösen Prägungen – der ethischen Identität[27] – vorauszusetzen ist, die sich darum auch in den Auseinandersetzungen um eine angemessen Ausgestaltung der Pflege nicht ignorieren lassen.

Klar ist einerseits, dass sich individuelle Glücksvorstellungen bzw. gesellschaftliche (kulturell und weltanschaulich) verankerte Vorstellungen von einem gelungenen Leben nicht verallgemeinern lassen, dass sie nicht objektiv bzw. wesensmäßig (natürlich) vorgegeben sind. Offenkundig ist aber gleichzeitig, dass bei der Formulierung von gesetzlichen Regelungen auf der Makroebene, von Leitlinien auf der Mesoebene und beim Treffen von Entscheidungen am Krankenbett auf der Mikroebene stets auch subjektive Faktoren wie Erwartungen, Anspruchsniveaus und Normalitätsvorstellungen ihren Einfluss ausüben. Darum ist die Beschäftigung mit diesen Aspekten nicht nur bei schwierigen Entscheidungen bei einem einzelnen Patienten bzw. einer einzelnen Patientin, sondern auch in den sozialethischen Rationierungsdebatten unumgänglich. Verbunden sind damit Verständigungsversuche über Definitionen von Lebensqualität, Vorstellungen von Gesundheit, Krankheit und Behinderung,[28] letztlich auch über die sinnvolle Reichweite sozial finanzierter Maßnahmen in der Gesundheitsversorgung, den Umfang einer menschen- und sachgerechten Basisversorgung und damit auch über die Reichweite einer «guten» respektive «sicheren» Pflege, auf welche Patientinnen, Klienten und Bewohnerinnen einer Einrichtung gleichermaßen Anspruch haben.

Die These von Irene Bachmann-Mettler,[29] Pflegende in der Onkologie könnten einer Auseinandersetzung mit der Rationierung entgehen, wenn a) eine hochspezialisierte Pflege («Advanced Nursing Practice») gefördert würde, b) attraktive Aufgabenbereiche für die Pflegenden («Primary Nursing» bzw. Bezugspflege) zur Verfügung stünden und c) die Idee der Magnetkliniken (Bezeichnung für gewisse Kliniken in den USA, die sich durch eine geringe Fluktuation der Pflegenden und hohe Attraktivität, z. B. einem Stellenschlüssel von 1:4 in der Pflege auszeichnen) umgesetzt würde, ist einleuchtend hinsichtlich einer sinnvollen Weiterentwicklung der Onkologiepflege. Sie ist jedoch nicht plausibel in Bezug auf die Auseinandersetzung mit der Rationierung. Zum einen ist dieser Vorschlag von einer einseitig die Pflege und deren Optimierung gewichtenden Sichtweise geprägt und

---

27 Vgl. MANDRY 2002.

28 Vgl. ZIMMERMANN 2018.

29 Vgl. BACHMANN-METTLER 2007.

könnte durch eine Reihe anderer Perspektiven – beispielsweise der Rehabilitationsmedizin, der Palliative Care oder der Psychiatrie, welche im Wettbewerb um
die knappen Güter vermutlich andere Schwerpunkte setzen würden – kontrastiert werden. Zum anderen wird in diesem Vorschlag übersehen, dass es auch in
einer noch so privilegierten bzw. idealen Personalsituation, zum Beispiel aufgrund eines Notfalls, jederzeit zu Engpässen kommen kann, welche Rationierungsentscheidungen notwendig machen. Dass dies bereits für alltägliche Entscheidungen gilt, zeigen Samia Hurst und Marion Danis an dem Beispiel der gerechten Zeiteinteilung: Wenn morgens insgesamt 90 Minuten für die Visite auf
einer Intensivstation mit zehn Betten zur Verfügung stehen, erhalten die ersten
Patienten oft mehr als neun Minuten Aufmerksamkeit, während die letzten in der
Regel mit weniger Zeit zu rechnen haben.[30]

6.4 Herausforderungen auf der Mikroebene

Rationierung oder Leistungsbegrenzungen im Bereich nützlicher Behandlungen
sind offensichtlich unumgänglich. Maßnahmen zur expliziten, also geregelten
und transparenten Rationierung können vornehmlich auf der Makro- und Mesoebene gestaltet werden, beispielsweise durch politische Budgetentscheidungen
auf der obersten Ebene bzw. kostensensible Leitlinien und Entscheidungen des
Pflegemanagements auf der Meso- oder Organisationsebene. Die größte Herausforderung für Pflegende besteht sicherlich im Umgang mit Leistungsbegrenzungen am Krankenbett auf der Mikroebene, die auch bei etablierten Regeln angesichts stets zunehmender Möglichkeiten eine Herausforderung bleibt. In Auseinandersetzung mit Knappheitssituationen in der Intensivmedizin – der Knappheit von Zeit, Betten und Personal, die in Abhängigkeit zur Situation jederzeit
akut werden kann –, haben Samia Hurst und Marion Danis ein Konzept der ethischen Entscheidungsfindung für die Rationierung am Krankenbett entwickelt.[31]
Sie unterscheiden drei Knappheitssituationen:

· *die Situation akuter Knappheit wie während der Corona-Pandemie, die eine Triage nö*
tig mache;
· *die Situation starker, aber nicht akuter Knappheit, welche den Vergleich eines Behand*
lungsbedürftigen mit anderen potentiellen Patientinnen und Patienten nahelege («Wür
den wir als Team in einem ähnlichen Fall genauso entscheiden?»);
· *Situationen, die eine Einhaltung fester Behandlungslimiten erfordern, in welchen die*
Kosten den zu erwartenden Nutzen nicht mehr rechtfertigen, also bei zu geringer Kos
teneffektivität.

---

30 Vgl. HURST/DANIS 2007, 250.

31 Vgl. ebd.

Auf dieser Basis entfalten die Autorinnen ein Ensemble prozeduraler, normativer und tugendethischer Regeln, welches bei Entscheidungen eingehalten werden sollte. Ein solches Vorgehen gewährleistet die Möglichkeit, Rationierungsentscheidungen am Krankenbett unter Einbezug aller wichtigen Parameter zu fällen. Hinsichtlich der eingangs erwähnten Beispiele aus den norwegischen Intensivstationen hieße das, dass neben dem – unter Umständen zeitweisen – Mangel an Pflegepersonal bei Entscheidungen zur Begrenzung der Behandlung auch weitere Aspekte wie die Kohärenz zu Entscheidungen in analogen Fällen oder die Kosteneffektivität und damit Output-Faktoren stärker mitberücksichtigt würden. Dagegen wären alleine der Schweregrad einer Erkrankung oder die Dringlichkeit einer Maßnahme, die in der Praxis oft den Ausschlag zu geben scheinen, als Begründung unzureichend. Die Intensivpflegenden wären somit in einem Prozedere der Entscheidungsfindung integriert, in welchem einsichtig begründet werden kann und muss, warum eine Begrenzung der Ressourcen im Einzelfall gerecht bzw. weniger ungerecht ist.

6.5 «Kultur des Miteinanders»

Was kann aus Sicht von Pflegefachpersonen konkret unternommen werden, wenn es in einer Situation im Pflegealltag offensichtlich dazu kommt, dass einer Patientin oder einem Patienten offenkundig nötige und grundsätzlich auch zur Verfügung stehende Pflegemaßnahmen vorenthalten werden, wenn also ungerecht rationiert wird? – In solchen Situationen ist zunächst wesentlich, einen individuellen Eindruck durch Nachfrage bei anderen zu überprüfen: Schätzen Teamkolleginnen und -kollegen die Situation ähnlich ein? Ist dies der Fall, liegt es nahe, eine Teambesprechung einzufordern, eine ethische Fallbesprechung vorzuschlagen oder auch ein ethisches Konsil – eine Beratung durch eine ethische Fachperson – zu erbitten, um im Team gemeinsam nach Lösungen zu suchen.[32] Dabei bleibt stets zu beachten, dass durch Stress, Arbeitsverdichtung, Konflikte im Team, mangelnde Anerkennung der Arbeit und schlechte Arbeitsumgebungsbedingungen insgesamt die implizite Rationierung in der Pflege verstärkt wird. Ist es in einer konkreten Situation unmöglich, die personellen Ressourcen kurzfristig zu verstärken, liegen eventuell Verbesserungsmöglichkeiten in diesen anderen Bereichen: Auch durch eine stressfreiere Arbeitspraxis, das Ansprechen und Bearbeiten von Konflikten im Team sowie die gegenseitige Anerkennung der Arbeitsleistung können Situationen ungerechter Rationierung am Pflegebett angegangen, gemildert oder sogar verhindert werden. Darüber hinaus bleibt stets zu bedenken, dass die Ursachen für eine ungerechte Rationierungssituation auch in strukturellen Problemen begründet sein können, welche angemessen nur auf

---

32 Vgl. Schweizerische Akademie der Medizinischen Wissenschaften 2012.

der Meso- (z. B. durch das Krankenhausmanagement) oder der Makroebene (die Gesundheitspolitik) zu lösen sind und sich mittel- und langfristig nicht alleine auf der Mikroebene, also in der unmittelbaren Versorgung am Krankenbett, angemessen lösen lassen.

Im Rahmen eines Ethik-Projekts am Klinikum Nürnberg, das Karl-Heinz Wehkamp 1999 startete, war der Unmut unter den Pflegenden offenkundig: «Wir brauchen keine Ethik, sondern Stellen!» hieß es programmatisch in den Interviews.[33] Es stellte sich dann heraus, dass die Gründe für die Unzufriedenheit in der resignativen Stimmung der Mitarbeitenden und den autoritären Führungskonzepten auf der Leitungsebene lagen. Der Einbezug der Pflegenden in die Prozesse der Entscheidungsfindung und Weiterbildungen im Bereich Ethik haben dann zu einer neuen Kultur des Miteinanders geführt. Eine solche Kultur des Miteinanders kann im besten Fall dazu beitragen, dass die Begrenztheit der Mittel nicht geleugnet, sondern interdisziplinär auf den unterschiedlichen Ebenen angegangen und gerecht gestaltet wird. Offensichtlich bringt diese neue Kultur des Miteinanders auch eine größere Verantwortung im Umgang mit der pflegerischen Allokation mit sich, die auf neue Aufgaben im Pflegemanagement und insbesondere in der Pflegeausbildung hindeuten. Sie setzt neue Akzente im Selbstverständnis und Ethos der Pflege, die angesichts der Fortschritte in der Medizin und Pflege, des zunehmenden Wohlstands und der dadurch stärker empfundenen Ressourcenknappheit nicht zur Resignation, sondern zur bewussten und gerechten Ausgestaltung einer menschen- und fachgerechten Pflege mit hohen professionellen und ethischen Ansprüchen führen sollten.

LITERATUR

AIKEN, LINDA H./CIMIOTTI, JEANNIE P./SLOANE, DOUGLAS M. ET AL., *Effects of Nurse Staffing and Nurse Education on Patient Deaths in Hospitals With Different Nurse Work Environments*, in: Medical Care 49 (2011), 1047–1053.

ALEXANDER, G. CALEB/WERNER, RACHEL M./UBEL, PETER A., *The Costs of Denying Scarcity*, in: Archives of Internal Medicine 164 (2004), 593–596.

ANAND, SUDHIR/PETER, FABIENNE/SEN, AMARTYA (Hg.), *Public Health, Ethics, and Equity*, Oxford/New York 2006.

BACHMANN-METTLER, IRÈNE, *Die zukünftige Rolle der Pflegenden in der Onkologie*, in: Onkologe 13 (2007), 356–359.

BREYER, FRIEDRICH, *Zum Begriff der Rationierung. Kommentar eines Gesundheitsökonomen*, in: ZIMMERMANN-ACKLIN, MARKUS/HALTER, HANS (Hg.), *Rationierung und Gerechtigkeit im Gesundheitswesen. Beiträge zur Debatte in der Schweiz*, Basel 2007, 110–112.

---

33 Vgl. RABE 2009, 256.

Buyx, Alena M./Friedrich, Daniel R./Schöne-Seifert, Bettina, *Marginale Wirksamkeit als Posteriorisierungskriterium – Begriffsklärungen und ethisch relevante Vorüberlegungen*, in: Ethik in der Medizin 21 (2009), 89–100.

Chevrolet, Jean-Claude/Chioléro René, *Traitements et médicaments coûteux aux soins intensifs. Une réflexion sur la légitimité d'un rationnement et sur le rôle du réanimateur*, in: Médecine et Hygiène 61 (2003), 2419–2422.

Daniels, Norman/Sabin, James, *Setting Limits Fairly. Can We Learn To Share Medical Resources?*, Oxford/New York 2002.

Halvorsen, Kristin/Forde Reidun/Nortvedt, Per, *Professional Challenges of Bedside Rationing in Intensive Care*, in: Nursing Ethics 15 (2008), 715–728.

Ham, Chris/Coulter, Angela, *International Experience of Rationing*, in: Ham, Chris/Robert, Glenn (Eds.), *Reasonable Rationing. International Experience of Priority Setting in Health Care*, Maidenhead/Philadelphia 2003, 4–15.

Hurst, Samia/Danis, Marion, *A Framework for Rationing by Clinical Judgment*, in: Kennedy Institute of Ethics Journal 17 (2007), 247–266.

Jones, Terry L./Hamilton Patti/Murry, Nicole, *Unfinished Nursing Care, Missed Care, and Implicit Rationed Care: State of the Science Review*, in: International Journal of Nursing Studies 52 (2015), 1121–1137.

Kalisch, Beatrice J./Lee, Kyung Hee, *Missed Nursing Care. Magnet Versus Non-Magnet Hospitals*, in: Nursing Outlook 60 (2012), e32–e39.

Mandry, Christof, *Ethische Identität und christlicher Glaube. Theologische Ethik im Spannungsfeld von Theologie und Philosophie*, Mainz 2002.

Nagel, Eckhard/Alber, Kathrin/Bayerl, Birgitta, *Rationalisierung, Priorisierung und Rationierung – Konzepte zur Gesundheitsversorgung der Zukunft*, in: Zeitschrift für Evidenz, Fortschritt und Qualität im Gesundheitswesen 104 (2010), 355–359.

Rabe, Marianne, *Ethik in der Pflegeausbildung. Beiträge zur Theorie und Didaktik*, Bern 2009.

Raspe, Heiner/Meyer, Thorsten, *Vom schwedischen Vorbild lernen*, in: Deutsches Ärzteblatt 106/21 (2009), A1036–A1039.

Rich-Nursing-Study, *Rationing of Nursing Care in Switzerland: Effects of Rationing of Nursing Care in Switzerland on Patients and Nurses Outcome. Studie im Auftrag des Bundesamts für Gesundheit*, unveröffentlichtes Manuskript, Basel 2005.

Santos-Eggimann, Brigitte, *Is There Evidence of Implicit Actioning in the Swiss Health Care System? Studie im Auftrag des Bundesamts für Gesundheit*, unveröffentlichtes Manuskript, Lausanne 2005.

Schmitz-Luhn, Björn/Bohmeier, André (Hg.), *Priorisierung in der Medizin. Kriterien im Dialog*, Berlin/Heidelberg 2013.

Schubert, Maria/Ausserhofer, Dietmar/Desmedt, Mario et al., *Levels and Correlates of Implicit Rationing of Nursing Care in Swiss Acute Care Hospitals – A Cross Sectional Study*, in: International Journal of Nursing Studies 50 (2013), 230–239.

Schweizerische Akademie der Medizinischen Wissenschaften, *Ethische Unterstützung in der Medizin. Medizin-ethische Empfehlungen*, Basel 2012.

Sommer, Jürg H., *Die implizite Rationierung bleibt notwendig. Zum Konzept des «muddling through elegantly»*, in: Zimmermann-Acklin, Markus/Halter, Hans (Hg.), *Rationierung und Gerechtigkeit im Gesundheitswesen. Beiträge zur Debatte in der Schweiz*, Basel 2007, 279–289.

Strech, Daniel/Freyer, Daniela/Börchers, Kirstin et al., *Herausforderungen expliziter Leistungsbegrenzungen durch kostensensible Leitlinien. Ergebnisse einer qualitativen Interviewstudie mit leitenden Klinikärzten*, in: Gesundheitsökonomie & Qualitätsmanagement 14/1 (2009), 38–43.

TRUOG, ROBERT D./BROCK, DAN/COOK, DEBORAH J. ET AL., *Rationing in the Intensive Care Unit*, in: Critical Care Medicine 34 (2006), 958–963.

UBEL, PETER/GOOLD, SUSAN, *Rationing Health Care. Not all Definitions are Created Equal*, in: Archives of Internal Medicine 158 (1998), 209–214.

WANDELER, ELSBETH, *DRG: Sind die an allem schuld?*, in: Krankenpflege 102/4 (2009), 19–21.

WARD, NICOLAS S./LEVY, MITCHELL M., *Rationing and Critical Care Medicine*, in: Critical Care Medicine 35/2 Suppl. (2007), S102–S105.

WETTRECK, RAINER, *«Am Bett ist alles anders» – Perspektiven professioneller Pflegeethik*, Münster 2001.

ZANDER, BRITTA/DOBLER, LYDIA/BUSSE, REINHARD, *The Introduction of DRG Funding and Hospital Nurses' Changing Perceptions of Their Practice Environment, Quality of Care and Satisfaction: Comparison of Cross-Sectional Surveys Over a 10-Year Period*, in: International Journal of Nursing Studies 50 (2013), 219–229.

—/DOBLER, LYDIA/BÄUMLER, MICHAEL/BUSSE, REINHARD, *Implizite Rationierung von Pflegeleistungen in deutschen Akutkrankenhäusern – Ergebnisse der internationalen Pflegestudie RN4Cast*, in: Gesundheitswesen 76 (2014), 727–734.

ZIMMERMANN, MARKUS, Artikel «*Gesundheit. I. Sozialethisch*», in: Staatslexikon. Recht, Wirtschaft, Gesellschaft, Bd. 2, Freiburg i. Br. [8]2018, 1278–1283.

ZÚÑIGA, FRANZISKA/AUSSERHOFER, DIETMAR/SERDALY, CHRISTINE ET AL., *SHURP. Schlussbericht zur Befragung des Pflege- und Betreuungspersonals in Alter- und Pflegeinstitutionen der Schweiz*, Universität Basel 2013, online: https://shurp.unibas.ch/vortraege-publikationen (20.02.2022).

—/AUSSERHOFER, DIETMAR/HAMERS, JAN P. H. ET AL., *The Relationship of Staffing and Work Environment With Implicit Rationing of Nursing Care in Swiss Nursing Homes – A Cross-Sectional Study*, in: International Journal of Nursing Studies 52 (2015), 1463–1474.

7 PRÄZISIONSMEDIZIN UND GERECHTIGKEIT

Inwiefern werden mit der Präzisionsmedizin Fragen der Gerechtigkeit aufgeworfen? Welche Erwartungen und Hoffnungen im Hinblick auf ein gutes oder gelungenes Leben werden mit diesem neuen Medizinprojekt verbunden? – Entlang dieser beiden Fragestellungen werden im vorliegenden Kapitel zwei wesentliche sozialethische Aspekte beleuchtet, die mit der personalisierten, individualisierten bzw. Präzisionsmedizin aufgeworfen werden. Eine theologisch-ethische Perspektive ist zudem an Hintergrundtheorien interessiert, d. h. an Sinnfragen und Lebensentwürfen, wie sie bei medizinischen Behandlungen zumindest im Hintergrund nicht selten eine Rolle spielen. Der jüdische Philosoph Benjamin Gesundheit hat es folgendermaßen auf den Punkt gebracht: «We are not treating diseases, we are treating human beings, and therefore, we must understand their cultures, their belief systems and their personalities.»[1]

7.1 DNA-Gemeinschaften und Solidarität

Kürzlich lud mich ein Arbeitskollege dazu ein, sein persönliches DNA-Profil auf der Website der US-amerikanischen Firma «23andme» anzuschauen. Es ging ihm offensichtlich nicht darum, dass ich seine persönlichen Gesundheitsrisiken und -stärken kennenlerne, vielmehr wollte er mich dazu auffordern, es ihm gleich zu tun und ebenfalls zur DNA-Community zu stoßen, die gemeinsam ganz Neues erreichen möchte. Die Firma, welche DNA-Tests anbietet, ruft dazu auf, weltweit genetische Gemeinschaften zu bilden, um sich auf diese Weise auf ein neues medizinisches Zeitalter vorzubereiten. In diesem Zeitalter der Präzisionsmedizin verwalten die Beteiligten ihre Daten selbst, legen Profile an, tun sich mit «Gleichgesinnten» zusammen, übernehmen mehr Verantwortung für die eigene Gesundheit und mischen nicht zuletzt auch in der Forschung direkt mit.

Daraus lässt sich zum einen schließen, dass es bei der Präzisionsmedizin nicht oder zumindest nicht nur im Sinne der bis vor einigen Jahren gängigen Selbstbezeichnung «personalisierte Medizin» um die individuelle Person geht, sondern stets auch um die Schaffung neuer oder die Konsolidierung bestehender Beziehungen. Nicht zufällig wird in der Medizin- und Bioethik gegenwärtig das Prinzip der Solidarität wiederentdeckt, nachdem dessen Grundgedanken des enger Zusammenstehens gemeinsam Betroffener in den letzten zwei Dekaden hinter dem einseitig betonten Autonomieprinzip ein nahezu unbemerktes Schattendasein gefristet hatte.[2] In diesem Sinne haben auch Barbara Prainsack und Alena Buyx in ihren Büchern «Solidarity: Reflections on an Emerging Concept in

---

1 GESUNDHEIT 2012, 74.

2 Vgl. Kap. I/4 im vorliegenden Band; daneben: ZIMMERMANN, erscheint 2024.

Bioethics»[3] und, inhaltlich darauf basierend, «Solidarity in Biomedicine and Beyond»[4] zur Bereitstellung der persönlichen DNA in öffentlich zugänglichen Biobanken aufgerufen. Zweitens gehen die Anliegen der Präzisionsmedizin weit über die Genomik und den Umgang mit unseren Angaben zum Erbgut hinaus. Angestrebt wird nicht weniger als ein neues Verständnis der Medizin insgesamt, das wesentlich an Erkenntnissen von Public Health orientiert ist und auch als «proaktive P4-Medizin» bezeichnet wird.

7.2 Begriffsklärungen

Die «Schweizerische Akademie der Medizinischen Wissenschaften» hat in einem Positionspapier aus dem Jahr 2012 unter dem Titel «Potential und Grenzen von ‹Individualisierter Medizin›» folgende Definition des neu ausgerichteten Medizinverständnisses vorgeschlagen: «Die individualisierte Medizin (…) ermöglicht völlig neue Perspektiven für das Verständnis von Krankheitsentstehung und Krankheitsverlauf, aber auch neue Ansatzpunkte zur Entwicklung von Wirkstoffen.»[5]

Sie sei ein medizinisches Vorgehen,

> (…) bei dem die Daten eines Individuums auf molekularer Ebene erhoben und diese mit Mitteln der Informationstechnologie im Hinblick auf eine individualisierte Prognosestellung, Beratung und/oder Therapie eben dieses Individuums ausgewertet werden. Je nach Art der erhobenen Daten kann diese Definition enger gefasst werden (z. B. durch Beschränkung auf genomische Daten, die so genannte ‹genomische Medizin›) oder durch den Miteinbezug anderer Daten erweitert werden (z. B. anamnestische bzw. krankheitsbezogene Daten, die so genannte ‹datenbasierte Medizin›).[6]

In dem an den Chancen der neuen Medizin ausgerichteten Bericht der «European Science Foundation», der ebenfalls 2012 unter dem Titel «Personalised Medicine for the European Citizen»[7] erschienen ist, wird die Präzisionsmedizin im erweiterten oder datenbasierten Sinn verstanden: Sie sei am besten als Summe einer genomischen, stratifizierenden und an den Prinzipien der proaktiven P4-Medizin ausgerichteten Disziplin zu verstehen, welche neben den genomischen Daten ebenfalls Angaben zu den Proteinen, Enzymen, Hormonen, Blutzuckerwerten, dem Gewicht, der Krankheitsgeschichte etc. miteinbezieht. Erst wenn alle genannten Aspekte berücksichtigt würden, könne ein zukunftsfähiges Verständnis der personalisierten Medizin erarbeitet und Missverständnisse sowie Engführungen vermieden werden. Die vier «P» oder Prinzipien der sogenannten P4-Me

---

3 PRAINSACK/BUYX 2011.

4 PRAINSACK/BUYX 2017; vgl. dazu ZIMMERMANN 2020.

5 SCHWEIZERISCHE AKADEMIE DER MEDIZINISCHEN WISSENSCHAFTEN 2012, 5.

6 Ebd. 10.

7 EUROPEAN SCIENCE FOUNDATION 2012.

dizin stehen dabei für die vier Adjektive prädiktiv, präventiv, personalisiert und partizipatorisch: «Thus, the future of medicine might best be considered as predictive, preventive, personalised and participatory, a view now known as proactive P4 medicine.»[8]

Entscheidend sei, dass Patienten und Patientinnen als primär Agierende verstanden würden, als diejenigen, die wissen, auf was es ankomme, die entscheiden, was zu tun sei, die selbst Forschungsprojekte initiieren, so dass Angehörige der Behandlungsteams, Forschende, selbst Manager, Politikerinnen und Politiker sowie Big-Pharma in ihren Zuständigkeiten und Kompetenzen relativiert würden.

Die «Gerechtigkeit», ein Grundbegriff der politischen Philosophie, lässt sich dagegen weniger eindeutig definieren. Zunächst ist sie als Grundhaltung oder Tugend im Leben eines Menschen zu unterscheiden von der Gerechtigkeit als Eigenschaft von Organisationen, Institutionen und Systemen. Zudem werden unterschiedliche Gerechtigkeitstheorien diskutiert, die sich teilweise in zentralen Annahmen und Zielen widersprechen. In den gesundheitsethischen Debatten haben sich während der vergangenen Jahre vor allem zwei Theorieansätze etablieren können: Einerseits das von Norman Daniels im Anschluss an John Rawls entwickelte Verständnis von Chancengerechtigkeit, welches im liberalen Sinne auf den Ausgangspunkt (die Chancengleichheit) fokussiert und in egalitärer Tradition die Herstellung einer Gleichheit der Ausgangsbedingungen fordert.[9] Andererseits das an Überlegungen von Amartya Sen und Martha Nussbaum anknüpfende Konzept der Befähigungsgerechtigkeit, das sich auf die Output-Seite der Gesundheitsversorgung konzentriert, zum Beispiel anhand der Frage: Trägt das System der Gesundheitsversorgung dazu bei, die Menschen zur realen Teilhabe am gesellschaftlichen Leben zu befähigen und ein menschenwürdiges Leben zu führen?[10] Im Zentrum der Auseinandersetzungen stehen Fragen der Verteilungsgerechtigkeit, welche sich auch in der Schweiz – insbesondere aufgrund der ständigen Ausweitung neuer und häufig sehr teurer Behandlungsmöglichkeiten – gegenwärtig in verstärktem Ausmaß stellen.[11]

Analog zu den beiden Modellen der Chancen- und Befähigungsgerechtigkeit sind Abgrenzungsversuche zwischen dem Gerechten, dem, was Menschen aufgrund moralischer Rechte zusteht, und dem Guten, das, was den Menschen mit Hinweis auf ein gelungenes Leben zustehen sollte, von Bedeutung. Medizin- und gesundheitsethische Fragen sind oft schwierig zu beantworten, weil sie sich nur unter Bezugnahme auf Vorstellungen von einem gelungenen Leben präzisieren

8 Ebd. 14.
9 Vgl. DANIELS 2008.
10 Vgl. DABROCK 2012, 13.
11 Vgl. NATIONALE ETHIKKOMMISSION IM BEREICH DER HUMANMEDIZIN 2020.

lassen. Ob beispielsweise die genetische Disposition für den Brust- oder Prostata-krebs eine Krankheit oder eine natürliche Vorgegebenheit ist, lässt sich im Rahmen der Bestimmung des Gesundheitsbegriffs lediglich unter Bezugnahme auf Vorstellungen von einem gelungenen Leben beantworten: Ist nur ein langes Leben ein gelungenes Leben? Ist nur ein Leben ohne Leiden, Einschränkungen und Ungewissheiten ein gutes Leben? – Je nach Antworten werden dann unterschiedlich weitgehende Forderungen an die soziale Finanzierung von Präventionsmaßnahmen gestellt, die, wie das Ergehen Angelina Jolies im Zusammenhang mit ihrer prophylaktischen Mastektomie gezeigt hat, sehr teuer werden können.

Unter «Diskriminierung» schließlich wird eine ungerechtfertigte Ungleichbehandlung von Menschen verstanden, welche direkt oder indirekt, interpersonal oder vermittelt über Strukturen, verursacht werden kann. Was eine ungerechtfertigte Form von Ungleichbehandlung kennzeichnet, ist allerdings nicht einfach zu beantworten. Ungleichbehandlungen sind sicher dann Fälle von Diskriminierung, wenn sie aufgrund inakzeptabler Kriterien wie Herkunft, Alter, Weltanschauung oder Geschlecht geschehen. Die Frage ist, welche Rolle genetische und andere Gesundheits- bzw. Krankheitsdispositionen dabei spielen: Ist es ungerecht, Menschen aufgrund ihrer genetischen Disposition oder beispielsweise aufgrund ihres Körpergewichts unterschiedlich zu behandeln? Wer ist in der Pflicht, wenn es darum geht, Unterschiede auszugleichen? Hier wird zusätzliches Wissen in Zukunft zusätzliche Verantwortung mit sich bringen und damit auch die Frage, wie die soziale Finanzierung von Maßnahmen gerecht und sinnvoll ausgestaltet werden kann.

In theologisch-ethischer Perspektive zu sprechen bedeutet insbesondere, die Dimensionen zu berücksichtigen, die im eingangs erwähnten Zitat von Benjamin Gesundheit zum Ausdruck kommen: Es ist nicht unwichtig, wie Menschen sich selbst verstehen, wie sie mit Hoffnung, Vertrauen oder mit Sinnfragen umgehen, die insbesondere dann wichtig werden, wenn der Alltag durch «bad news» durchbrochen wird und wenn es gilt, angesichts völlig neuer Ausgangslagen wieder Orientierung im Leben zu finden.[12] So weit wie Georg Pfleiderer würde ich jedoch nicht gehen, wenn er im Kontext der prädiktiven Medizin schreibt, der christliche Glaube stelle unter allen Umständen eine sinnvolle personale Identität sicher.[13]

---

12 Vgl. dazu FRANK ²2013.

13 Vgl. PFLEIDERER 2012, 98; vgl. die weiterführenden, inspirierenden Überlegungen zur Thematik in DERS. 2016.

7.3 Sozialethische Herausforderungen

Im Zentrum der sozialethischen Überlegungen stehen zunächst Aspekte der Verteilungsgerechtigkeit und damit unter anderem die Frage, gemäß welcher Kriterien der Zugang zu den Möglichkeiten der Präzisionsmedizin durch die Krankenkassen finanziert werden soll. Die Ebene der globalen Verteilungsgerechtigkeit sei wenigstens kurz erwähnt: Es ist offensichtlich so, dass weltweit heute bereits bestehende Ungleichheiten im Zugang zu Ressourcen der Gesundheitsversorgung durch Errungenschaften im Bereich der Präzisionsmedizin noch einmal verschärft werden dürften.

Mit Sebastian Schleidgen und Georg Marckmann unterscheide ich drei Ebenen, auf welchen sich Allokationsfragen ergeben:[14] Zunächst stellt sich die Frage, wie viele Ressourcen anteilmäßig für den Bereich der Erforschung der Präzisionsmedizin insgesamt aufgewendet werden sollten. Zweitens ist zu beantworten, wie die Mittel innerhalb dieses Forschungsbereichs verteilt werden sollen: Hier kollidieren unterschiedliche Optionen und Interessen miteinander, wobei massive finanzielle Interessen beteiligt sind; Entscheidungen könnten dazu führen, dass Forschung vor allem dort betrieben wird, wo sich anschließend in der Anwendung auch hohe Gewinne erzielen lassen, so dass es in der Folge zur Diskriminierung genetischer Minderheiten oder von Menschen mit seltenen Erkrankungen kommen könnte. Auf einer dritten Ebene ist schließlich zu entscheiden, wie die bereits vorhandenen Möglichkeiten der Präzisionsmedizin den einzelnen Patientinnen und Patienten zugänglich gemacht werden sollen: Wer erhält Zugang zu welcher Therapie und wer bezahlt diese?

Mit Blick auf diese dritte Ebene weist der Basler Gesundheitsökonom Stefan Felder in seiner Replik auf Thomas Szucs auf wichtige Mechanismen hin:[15] Die Pharmaindustrie investiere dann in Forschung und Entwicklung, wenn differenzierte Verträge für die Vergütung möglich seien, beispielsweise Pay-for-Performance- (P4P) oder Risk-Sharing-Verträge zwischen der Pharmaindustrie und den Krankenkassen. Diese Praxen der differenzierten Vergütung wären aus ethischer Sicht daraufhin zu befragen, nach welchen Kriterien sie ausgestaltet werden, wobei Kosteneffektivitätsberechnungen eine zentrale Rolle spielen dürften. Berechnungen mithilfe von QALYs (qualitätsbereinigten Lebensjahren) sind zu Recht umstritten, da QALY-Berechnungen potenziell Menschen mit Behinderungen, Menschen am Lebensende und Patientinnen und Patienten mit seltenen Krankheiten benachteiligen. Überdies ist es eine ausstehende politische Aufgabe, die Zahlungsbereitschaft der Bevölkerung zu erkunden und Schwellenwerte festzulegen, welche angeben, wie viel ein quali-

---

14 Vgl. SCHLEIDGEN/MARCKMANN 2013, 228–230.
15 Vgl. SZUCS/BLANK 2016; FELDER 2016.

tätsbereinigtes Lebensjahr maximal kosten dürfe; hier steht die Schweiz erst
am Anfang.

Welche Gruppen zu den Verlieren und welche zu den Gewinnern der Präzisionsmedizin gehören werden, dürfte in erster Linie davon abhängen, welcher Risi-
kogruppe Personen angehören, also wie die genetische und gesundheitliche Disposition von Personen insgesamt aussieht, und erst in zweiter Linie davon, was
sich versicherte Personen im Bereich der Zusatzversicherungen leisten können.
Felix Gutzwiller und Patricia Blank weisen zudem im Namen des «Expertenfo-
rums personalisierte Medizin» darauf hin, dass nach wie vor unklar sei, unter
welchen Bedingungen die Krankenkassen einen Test bzw. eine Analyse, die in einem ausländischen Labor durchgeführt werden muss, bezahlen.[16]

Aufgrund der mit der Aufteilung in genetische Communities verbundenen
Stratifizierung sind ebenfalls große Spannungen zu erwarten, wobei aus heutiger
Sicht noch weitgehend unklar ist, zu welcher Gemeinschaft einzelne Bürgerinnen und Bürger gehören werden. Zu erwarten ist, dass sich aufgrund genetischer
Zugehörigkeiten neue Inklusions- und Exklusionsphänomene ergeben werden,
wobei u. a. die Größe und Zahlungsfähigkeit einer Community, für die ein spezifisches Medikament oder Verfahren entwickelt wird, von entscheidender Bedeutung sein dürfte. Es könnte sich beispielsweise ergeben, dass gesellschaftlich privilegierte Personen Teil einer genetischen Minderheit sind und damit im Bereich
der Gesundheitsversorgung keine Privilegien mehr genießen können und umgekehrt. Sebastian Schleidgen und Georg Marckmann machen zu Recht darauf aufmerksam, dass sich aufgrund dieser Stratifizierung diskriminierende Praktiken
ergeben könnten.

Bereits heute sind im Schweizerischen «Bundesgesetz über genetische Untersuchungen beim Menschen (GUMG)»[17] vor allem zwei Konsequenzen gesetzlich geregelt: In Ausnahmefällen kann ein Arbeitgeber bzw. eine Arbeitgeberin von einer
Person auf Stellensuche einen genetischen Test verlangen (Art. 40); werden Lebens-
versicherungen über CHF 400.000 abgeschlossen, kann die Versicherung verlangen, dass bekannte Testergebnisse offengelegt werden (Art. 43 f.). Diese Regelungen
dürften mit zunehmenden Wissen und der Verbreitung privat durchgeführter
Tests zu intensiven öffentlichen Diskussionen über die Grenzwerte führen.

Heute wird öffentlich dazu aufgerufen, die persönlichen DNA-Analyseergeb-
nisse online zugänglich zu machen, um die Forschung in diesem Bereich zu unterstützen. Hier stellen sich eine Reihe schwieriger Fragen betreffend des Daten-

---

16 Vgl. GUTZWILLER/BLANK 2013.

17 Dieses Gesetz aus dem Jahr 2004 wurde inzwischen vollständig überarbeitet und 2018 vom
Parlament in einer neuen Fassung angenommen; die überarbeitete Fassung des GUMG ist seit
01.12.2022 in Kraft.

schutzes und der informierten Zustimmung.[18] Einerseits bietet die Veröffentlichung der eigenen Daten erst die Grundlage dazu, Zugehörigkeiten zu erkennen und Teilhabe an den neuen Communities zu ermöglichen. Andererseits ist es heute unter Umständen möglich, mit Hilfe der vielen Informationen in den neuen Social Media anonymisierte Daten zu re-identifizieren und damit Aufschluss über die gesundheitlichen Dispositionen von Bürgerinnen und Bürgern zu erhalten, was insbesondere für Krankenkassen oder andere Versicherungen von Interesse sein dürfte.

Besonders heikel sind die von betroffenen Patientengruppen selbst durchgeführten Studien,[19] da es hier um eine völlig neuartige Forschungspraxis geht. Aus ethischer Sicht sind zunächst dieselben Kriterien wie in der etablierten klinischen Forschung relevant, allerdings erhalten einige Elemente wie die informierte Zustimmung sowie die Übernahme von Risiken einen anderen Stellenwert. Besonders heikel aus ethischer Sicht ist die Mischung aus Freiwilligkeit der Teilnahme und der Beteiligung profitorientierter Unternehmen, welche auf Basis des neu gewonnenen Wissens unter Umständen sogar Patente anmelden. Die Grenzen zwischen der akademischen, industriellen und Patientinnen- und Patientenforschung werden hier neu gezogen, wobei das Wissen asymmetrisch verteilt ist und die Betroffenen selbst gefährdet sind, da sie in der Regel am kürzeren Hebel sitzen (d. h. im Unterschied zur Industrie nicht oder nur bedingt organisiert sind).

Der Humangenetiker Hansjakob Müller hat darauf hingewiesen, dass Entwicklungen in der personalisierten Medizin nicht nur durch akademische Forschung beeinflusst, sondern auch von Industrien gesteuert werden, die genetische Diagnostikgeräte und -verfahren entwickeln und verkaufen wollen, sowie von Privatlabors, die über Internet genetische Analysen anbieten oder die in der Schweiz mit Gentests ins Geschäft kommen wollen.[20] Neben dem klinischen Einsatz der genetischen Diagnostik ist längst ein Markt mit Direct-to-Consumer-Tests entstanden. Das genetische Wissen, das hier generiert wird, kann natürlich auch für eine reguläre klinische Behandlung im Spital wichtig werden, allerdings auch bei Abschluss einer Lebensversicherung.[21]

Im Positionspapier der SAMW wird davor gewarnt, dass Aussagen über Wahrscheinlichkeiten und deren richtige Interpretation auch von unseriösen Expertinnen und Experten angeboten würden, der Markt von DTC-Tests sei unkontrol-

---

18 Vgl. dazu beispielsweise zur Vorgehensweise der US-amerikanischen «Precision Medicine Initiative» (PMI) bei COLLINS/VARMUS 2015; SABATELLO/APPELBAUM 2017; darüber hinaus zu unterschiedlichen Modellen VAYENA/BLASIMME 2017.

19 Vgl. VAYENA/TASIOULAS 2013.

20 Vgl. MÜLLER 2013, 626.

21 Vgl. dazu die umfassende TA-Studie 2020 von LANG U. A. 2020.

lierbar und unregulierbar.[22] Es bestehe ein Mangel an genetischer Beratung, eine informierte Zustimmung fehle insbesondere bei Kindern, Neugeborenen oder auch bei Vaterschaft-Tests, zudem wird auf die Rückkopplung zwischen dem klinischen und privaten Bereichen hingewiesen: Durch die klinische Etablierung der personalisierten Medizin würden auch private Initiativen in gewisser Weise abgesegnet und etabliert, auch wenn sie noch so unseriös sein mögen.

Aufgrund der Online-Datenbanken erhalten auch bestehende Zugehörigkeiten ein neues Gewicht, namentlich familiäre Bande und ethnische Zugehörigkeiten. Durch DNA-Muster entstehen auch hier neue Inklusions- und Exklusionsphänomene, insofern beispielsweise Tests oder Medikamente nur bei Menschen bestimmter ethnischer Herkünfte aussagekräftig sind oder wirken.

David Jones, Professor für Kultur der Medizin in Harvard, betont die zunehmende Bedeutung ethnischer Herkünfte:[23]

> The number of race-based patterns applications and awards has increased significantly over the past twenty years. Companies now market race-based vitamins. Nike has even developed a specific line of walking shoes, the Nike Air Native, tailored for the supposedly unique thickness of Native American feet. Such products stay less as a testimony of science than as a testimony of the identity politics and the ‹durable preoccupation› with race that made Bi-Dil possible.[24]

BiDil ist die erste «black drug», das erste «ethnische Medikament» gegen Bluthochdruck und zur Bekämpfung von Herzversagen, das angeblich nur bei Native Americans wirkt, allerdings nie bei anderen Ethnien seriös getestet wurde. Der Autor relativiert Versuche der Selbstdeklaration von ethnischen Zugehörigkeiten, indem er darauf hinweist, dass ein Bürger bzw. eine Bürgerin, der oder die für sich selbst eine spanische Abstammung in Anspruch nimmt, genetisch *de facto* sowohl zu 100 Prozent europäischer, afrikanischer oder Maya-Abstammung sein könnte.

Susan Lindee, Historikerin und Sozialwissenschaftlerin an der Universität von Pennsylvania, schreibt von der Entstehung neuer biologischer Bürgerschaften. Es entstünde eine neuartige Kultur mit eigenen Aufgaben, Zielen und Pflichten:

> DNA has become an intimate experience and an actor in a network of kinship, identity, and meaning in industrialized and prosperous nations in which consumers can afford to purchase this kind of citizenship. The DNA experience is the central product of an industry that promises consumers various kinds of truth, generally for $79 to $399.[25]

---

22 Vgl. SAMW 2012, 20.

23 Vgl. JONES 2013, 162 f., 164, bes. 166 f.

24 Ebd. 167.

25 LINDEE 2013, 190.

Die Genomik sei Teil einer Massenkultur geworden, habe die Welt der Labors verlassen und sei längst der Kontrolle durch die Expertinnen und Experten entglitten, was nicht sonderlich gut wäre für die genetische Wissenschaft.[26]

7.4 Hoffnungen und Befürchtungen

Die hoffnungsvolle Vision der proaktiven P4-Medizin, die prädiktiv, präventiv, personalisiert und partizipativ ansetzen möchte und um den Patienten bzw. die Patientin zentriert ist, ist bei aller Plausibilität auch fraglich, insbesondere darum, weil sie von einem einseitigen Patientenbild ausgeht. Real existierende Patientinnen und Patienten sind in der Regel besonders vulnerabel, auf Hilfe angewiesen, tendenziell nicht handlungsfähig und abhängig. Es entsteht der Eindruck, dass bei der P4-Medizin der gesunde, junge, gebildete Mensch als Vorbild dient, der zudem gewohnt ist, mit den neuen Social Media umzugehen und sich mit anderen, ähnlich Privilegierten zusammentut, um seinen bereits privilegierten Status zu verstärken.

Ernüchternd ist ein Blick auf den Erklärungswert von prädiktiven (voraussagenden) Tests und Präventionsmöglichkeiten, die DNA-Mystik sozusagen. Eine herkömmliche Familienanamnese hat beispielsweise gewöhnlich einen viel höheren Prädiktionswert als die Anwendung vieler DNA-Tests. Präventionstipps beschränken sich zudem zumeist auf bekannte Hinweise wie Bewegung, gesunde und ausgewogene Ernährung, Sport, keinen Alkohol und Nikotin etc. Aus theologischer Sicht ist es naheliegend, Tendenzen zur Sakralisierung der DNA als dem Schöpfungs- oder Lebenscode oder auch der Denkfigur, Forscherinnen und Forscher würden «Gott spielen», kritisch zu überdenken und zurückzuweisen:[27] Diese Metaphern werden weder dem Menschen und seinem Schöpfungsauftrag noch einem biblischen Gottesbild gerecht.

Ein weiterer kritischer Einwand betrifft das zugrunde gelegte Menschenbild: Es wird davon ausgegangen, dass der Mensch maßgeblich zu seinem Ergehen beitragen kann, wenn er nur rechtzeitig und mit der nötigen Sachkenntnis interveniert. Dabei handelt es sich um ein einseitiges Menschenbild, da letztlich der einzelne Mensch auf sich selbst und seine Entscheidungen zurückgeworfen wird,[28] wobei sozusagen von einem «Angelina Jolie-Effekt» die Rede sein könnte, welcher einen gewissen Heroismus beinhaltet. Menschen sind jedoch relationale Wesen, die auf Anerkennung angewiesen sind. Daniel Hell hat zudem auf die Bedeutung des Vertrauens (in das Leben) hingewiesen, wenn es um den Umgang mit Ängsten und Ansprüchen an sich selbst geht. Neben Schicksal und Machsal (durch

---

26 Vgl. ebd. 194.
27 Vgl. PETER 2010.
28 Vgl. MAIO 2011.

Prävention und Partizipation) sei von Bedeutung, dass zwischen Menschen Vertrauen entstehen könne, was nur im Zusammenspiel zwischen Menschen zu erreichen sei.[29]

Auch aus biblischer Sicht ist das menschliche Leben erlösungsbedürftig, bleibt
stets Fragment, besteht die «condition humaine» wesentlich in der Erkenntnis,
aufeinander und auf die Zuwendung Gottes angewiesen zu sein. Das heißt nicht,
dass Forschung oder Fortschritt in Frage gestellt würden, im Gegenteil: Die Aufgabe, Schmerzen und Leiden zu lindern, ist einer der vornehmsten Aufgaben von
Menschen an Menschen: «There is a basic obligation – philosophically and theo-
logically – to know, to study, discover and improve the world, and, therefore, we
have been granted the permission and given the duty to advance medical
progress»[30], schreibt Benjamin Gesundheit aus jüdischer Perspektive. Wenn das
über die personalisierte Medizin möglich wird, wäre das umso besser. Aber wir
sollten dabei die menschlichen Vorgegebenheiten nicht vergessen, insbesondere
Ansätzen gegenüber, die diese Grundbedingung im eugenischen oder transhu-
manistischen Sinne ändern wollen. Georg Pfleiderer betont zu Recht das Prekäre
im spätmodernen Bild einer starken und stabilen individuellen Identität.[31]

7.5 Fazit

Im Rahmen der proaktiven P4-Medizin soll ganz Neues erreicht werden, indem
Patienten und Patientinnen bzw. Bürgerinnen und Bürger zu primär Agierenden
werden und ihr Schicksal bereits präventiv selbst in die Hand nehmen. Gegenüber individualistischen Konzepten ist neu, dass dies zusammen mit anderen
und im Namen der Solidarität zu erreichen sei. Aus sozialethischer Sicht sind dabei Aspekte der Verteilungsgerechtigkeit und konkurrierender Vorstellungen
von einem gelungenen Leben zu bedenken. Zusätzliches Wissen wird in Zukunft
mehr Verantwortung mit sich bringen, und wie eine Disposition zu beurteilen ist,
lässt sich nur mit Bezug auf Vorstellungen von einem gelungenen Leben konkret
beantworten. Fragen, die aus der Gerechtigkeitsperspektive zu stellen sind, lauten
etwa: Wer übernimmt die Kosten? Wer gehört dazu, wer nicht? Wer garantiert
den Datenschutz? Wer profitiert von Gewinnen, wer trägt die Kosten? Entstehen
neue genetische Identitäten? Aus Sicht des guten Lebens sind es Fragen nach dem
Patientenbild, dem Menschenbild und nicht zuletzt der Bedeutung von Tester-
gebnissen für Entscheidungen im alltäglichen Leben. Aus theologisch-ethischer
Sicht ist zudem wesentlich, dass Menschen Beziehungswesen sind, die auf Vertrauen und Anerkennung angewiesen sind. Solange im Blick bleibt, dass mensch-

---

29 Vgl. HELL 2012, 276 f.

30 GESUNDHEIT 2012, 83.

31 Vgl. PFLEIDERER 2012, 100.

liches Leben stets fragmentarisch oder imperfekt, biblisch gesprochen: erlösungsbedürftig bleibt, sind Erfolge des medizinischen Fortschritts und jegliche Ermutigung sowie Befähigung zur Eigeninitiative zu begrüßen.[32]

LITERATUR

COLLINS, FRANCIS S./VARMUS, HAROLD, *A New Initiative on Precision Medicine*, in: New England Journal of Medicine 372 (2015), 793–795.

DABROCK, PETER, *Befähigungsgerechtigkeit. Ein Grundkonzept konkreter Ethik in fundamentaltheologischer Perspektive*, Gütersloh 2012.

DANIELS, NORMAN, *Just Health. Meeting Health Needs Fairly*, Cambridge/New York 2008.

EUROPEAN SCIENCE FOUNDATION (ESF), *Personalised Medicine for the European Citizens. Towards More Precise Medicine for the Diagnosis, Treatment and Prevention of Disease*, Strasbourg 2012.

FELDER, STEFAN, *Was braucht es, damit sich personalisierte Medizin für die pharmazeutischen Unternehmen und für die Gesellschaft rechnet?*, in: KLUSMAN, ISABEL/VAYENA, EFFY (Hg.), *Personalisierte Medizin. Hoffnung oder leeres Versprechen?*, Zürich 2016, 129–134.

FRANK, ARTHUR W., *The Wounded Storyteller. Body, Illness and Ethics*, Chicago/London ²2013.

GESUNDHEIT, BENJAMIN, *Fate and Judaism – Philosophical and Clinical Aspects*, in: PFLEIDERER, GEORG/BATTEGAY, MANUEL/LINDPAINTNER, KLAUS (Eds.), *Knowing One's Medical Fate in Advance. Challenges for Diagnosis and Treatment, Philosophy, Ethics and Religion*, Basel 2012, 74–86.

GUTZWILLER, FELIX/BLANK, PATRICIA R., *Gentests in der Schweiz: es herrscht Handlungsbedarf*, in: Schweizerische Ärztezeitung 94 (2013), 629–631.

HELL, DANIEL, *Kann Depression auch Sinn machen? Krisen als Schicksal, Machsal und Trausal*, in: MAIO, GIOVANNI (Hg.), *Abschaffung des Schicksals? Menschsein zwischen Gegebenheiten des Lebens und medizinisch-technischer Gestaltbarkeit*, Freiburg i. Br. 2012, 265–279.

JONES, DAVID, *The Prospects of Personalized Medicine*, in: KRIMSKY, SHELDON/GRUBER, JEREMY (Eds.), *Genetic Explanations. Sense and Nonsense*, Cambridge/London 2013, 147–170.

LANG, ALEXANDER/GSCHMEIDLER, BRIGITTE/GRUBER, MALTE-C. ET AL., *Neue Anwendungen der DNA-Analyse: Chancen und Risiken. Interdisziplinäre Technikfolgenabschätzung*, Zürich 2020.

LINDEE, SUSAN, *Map Your Own Genes! The DNA Experience*, in: KRIMSKY, SHELDON/GRUBER, JEREMY (Eds.), *Genetic Explanations. Sense and Nonsense*, Cambridge/London 2013, 186–200.

MAIO, GIOVANNI (Hg.), *Abschaffung des Schicksals? Menschsein zwischen Gegebenheit des Lebens und medizin-technischer Gestaltbarkeit*, Freiburg i. Br. 2011.

MÜLLER, HANSJAKOB, *Genetische Labordiagnostik – heute und Morgen*, in: Schweizerische Ärztezeitung 94 (2013), 626–628.

NATIONALE ETHIKKOMMISSION IM BEREICH DER HUMANMEDIZIN (NEK), *Medikamentenpreise. Überlegungen zum gerechten Umgang mit teuren neuen Medikamenten*, Bern 2020.

PETER, TED, *Is The Human Genome Sacred?*, in: PFLEIDERER, GEORG/BRAHIER, GABRIELA/LINDPAINTNER, KLAUS (Eds.), *GenEthics and Religion*, Basel 2010, 108–117.

---

32 Vgl. weiterführend und in Auseinandersetzung mit meinen hier dargelegten Thesen PFLEIDERER 2016.

PFLEIDERER, GEORG, *Modern Medicine and My Future Life: A Christian-Theological Perspective*, in: DERS./BATTEGAY, MANUEL/LINDPAINTNER, KLAUS (Eds.), *Knowing One's Medical Fate in Advance. Challenges for Diagnosis and Treatment, Philosophy, Ethics and Religion*, Basel 2012, 87–105.

—, *Personalisierte Medizin: Individualisierung durch Stratifizierung? Einige grundsätzliche ethische Überlegungen in theologischer Perspektive*, in: KLUSMAN, ISABEL/VAYENA, EFFY (Hg.), *Personalisierte Medizin. Hoffnung oder leeres Versprechen?*, Zürich 2016, 179–187.

PRAINSACK, BARBARA/BUYX, ALENA, *Solidarity in Biomedicine and Beyond*, Cambridge/New York 2017.

—, *Solidarity. Reflections on an Emerging Concept in Bioethics*, Elgin Drive 2011.

SABATELLO, MAYA/APPELBAUM, PAUL S., *The Precision Medicine Nation*, in: Hastings Center Report 47/4 (2017), 19–29.

SCHLEIDGEN, SEBASTIAN/MARCKMANN, GEORG, *Alter Wein in neuen Schläuchen? Ethische Implikationen der Individualisierten Medizin*, in: Ethik in der Medizin 25 (2013), 223–231.

SCHWEIZERISCHE AKADEMIE DER MEDIZINISCHEN WISSENSCHAFTEN, *Potential und Grenzen von «Individualisierter Medizin». Ein Positionspapier*, Basel 2012.

SZUCS, THOMAS D./BLANK, PATRICIA R., *Wird sich personalisierte Medizin rechnen? Betrachtungen aus gesundheitsökonomischer Sicht*, in: KLUSMAN, ISABEL/VAYENA, EFFY (Hg.), *Personalisierte Medizin. Hoffnung oder leeres Versprechen?*, Zürich 2016, 117–128.

VAYENA, EFFY/BLASIMME, ALESSANDRO, *Biomedical Big Data: New Models of Control Over Access, Use and Governance*, in: Bioethical Inquiry 14 (2017), 501–513.

—/TASIOULAS, JOHN, *Adapting Standards: Ethical Oversight of Participant-Led Health Research*, in: PLOS Medicine 2013;10(3):e1001402. doi: 10.1371/journal.pmed.1001402.

ZIMMERMANN, MARKUS, *Biomedizin und Biotechnologie unter dem Vorzeichen von Public Health*, in: SAUTERMEISTER, JOCHEN (Hg.), *Anwendungsorientierte Biomedizin und Biotechnologie. Theologisch-ethische Debatten und Zwischenbilanzen*, Freiburg i. Br., erscheint 2024.

—, *Rezension von Barbara Prainsack/Alena Buyx, Solidarity in Biomedicine and Beyond, Cambridge/New York 2017*, in: Ethik in der Medizin 32 (2020), 117–119.

TEIL III

ENTSCHEIDUNGEN AM LEBENSBEGINN

1 VERFÜGBARES LEBEN? MÖGLICHKEITEN UND GRENZEN DER REPRODUKTIVEN AUTONOMIE

> Autonom lebt nur, wer frei dafür ist, sich von der Welt, den anderen und erst Recht von sich selbst überraschen zu lassen.[1]

> Zur Würde des Menschen gehört, dass er das Zufällige leiden kann, und zu seiner Freiheit gehört die Anerkennung des Zufälligen.[2]

Wichtige Ereignisse im Leben widerfahren nicht selten ungeplant. Eine zufällige Begegnung, ein Zug, der ausfällt und den vorgesehenen Tagesablauf durcheinanderbringt, eine unerwartete Nachricht, eine Pandemie, die alle Reisevorhaben oder eine Krankheitsdiagnose, die alle Lebenspläne infrage stellt. Manchmal führen Widerfahrnisse im Leben dazu, dass ein Mensch völlig aus der Bahn geworfen wird und den roten Faden in seiner eigenen Geschichte neu entdecken muss.[3] Gelungene Autonomie oder Selbstbestimmung setzt darum nicht nur voraus, dass eine Person sich selbst gut kennt und darum weiß, was sie wollen möchte;[4] sie umfasst auch die Anerkennung des Widerständigen und der Kontingenz menschlichen Daseins, eine Erwartungshaltung, die im Auge behält, dass alles auch ganz anders kommen kann als eigentlich geplant.

Im Bereich der Reproduktion, dem «Kinder machen»[5], dem «Kinder wollen»[6] oder angesichts «der Verantwortung, ein Kind zu bekommen»[7], scheint die Dimension der Anerkennung des Unverfügbaren oder Widerständigen hingegen zusehends weniger relevant zu sein: Immer mehr ist mach- und planbar, angefangen bei der Partnerinnen- oder Partnersuche über Online-Portale, den Möglichkeiten der Empfängnisregelung, über die Zuhilfenahme von reproduktionsmedizinischen Techniken wie Social Freezing, Spermien-, Eizell- oder Embryonenspende, der Leihmutterschaft und Gebärmuttertransplantation bis hin zum zeitlich exakt geplanten und in die Arbeitsagenda passenden Kaiserschnitt.[8] Zudem ist das Kinderkriegen eindeutig Privatsache, entsprechende Wünsche und Entscheidungen liegen zweifellos in der Entscheidungshoheit jeder einzelnen

---

1 SEEL 2000, 629.

2 MARQUARD 1986, 132.

3 Vgl. FRANK ²2013.

4 Vgl. STANGE/SCHWEDA 2022.

5 Vgl. BERNARD 2014.

6 Vgl. BLEISCH/BÜCHLER 2020.

7 Vgl. WIESEMANN 2006.

8 Gegenwärtige Visionen gehen bis hin zur Annahme, dass Reproduktion und Sexualität vollständig voneinander getrennt werden, vgl. GREELY 2016.

Person. Zu Recht wird darum die reproduktive Autonomie betont und in diesem Bereich als ethisch wie rechtlich wichtigster Grundsatz eingefordert.[9] Werden Kinder geboren, wird dann das Kindeswohl zum obersten Prinzip, an dem sich alle weiteren Handlungen ethisch wie rechtlich zu messen haben.

Klar ist, dass von diesen Überlegungen viele Menschen betroffen sind, wie ein Bericht des deutschen Bundesministeriums für Familie, Senioren, Frauen und Jugend aus dem Jahr 2014 gezeigt hat:[10] Von allen kinderlosen Frauen und Männern im Alter zwischen 20 und 50 Jahren waren in Deutschland immerhin ein Viertel ungewollt kinderlos: Sie wollten ein eigenes Kind, konnten sich diesen Wunsch aber bisher nicht erfüllen, weil beispielsweise ein passender Partner oder eine passende Partnerin fehlte oder aufgrund von Fertilitätsproblemen.[11] Außerdem warteten sie teilweise seit vielen Jahren auf den erhofften Nachwuchs, ein Fünftel der Frauen und ein Drittel der Männer bereits seit zehn Jahren und mehr.[12] Dabei konnten sich über die Hälfte der Betroffenen vorstellen, eine Kinderwunschbehandlung in Anspruch zu nehmen.[13]

Auch wenn die Perspektive der Machbarkeit und der reproduktiven Freiheit – besonders überzeugend und unabdingbar im Zuge der Emanzipation und Freiheitsbewegung der hier in der Regel aufgrund Schwangerschaft und Geburt weitaus stärker involvierten Frauen als Männer – auch in der Ethik nachvollziehbar starke Betonung findet, bedarf sie einer komplementären Sichtweise, um lebensverhindernd wirkende Einseitigkeiten als solche zu erkennen: Auch im Zeitalter der Online-Portale und unter Zuhilfenahme von künstlicher Intelligenz bei der Partnerinnen- und Partnersuche bleibt die Begegnung von Menschen, die einander lieben (wollen) und einen Kinderwunsch teilen, ein Abenteuer mit teilweise offenem Ausgang. Nicht verfügbar bleibt zudem weitgehend, ob sich infolge gelungener Partnerinnen- oder Partnersuche eine erwünschte Schwangerschaft tatsächlich einstellt oder nicht. Ungewiss ist darüber hinaus, ob die Zuhilfenahme teilweise sehr teurer reproduktionsmedizinischer Maßnahmen tatsächlich zum gewünschte Ziel führt oder nicht; sollte es aber wie ersehnt funktionieren, bleibt abzuwarten, ob das im Mutterleib heranwachsende Kind tatsächlich auch gesund ist und darüber hinaus auch die Geburt ohne gravierende Komplikationen verläuft. Selbst dann schließlich, wenn ein gesundes Kind geboren wird, verändert es alleine durch seine Anwesenheit eine Partnerschaft in vielerlei Hinsicht, ohne dass diese neue Familienkonstellation zuvor erprobt werden konnte. Ist bis

---

9   Vgl. BÜCHLER 2017.
10 Vgl. BUNDESMINISTERIUM 2014.
11 Vgl. ebd. 10.
12 Vgl. ebd. 17.
13 Vgl. ebd. 19.

hierher dann alles gut und wunschgemäß verlaufen, stellen sich Herausforderungen, die mit Erwartungen an ein gelungenes Familienleben verbunden sind. Dass auch hier durchaus mit Dissonanzen, Problemen und unvorhergesehenen Enttäuschungen zu rechnen ist, zeigt beispielsweise die Idee des Co-Parenting, in welcher Partnerschaft, Sexualität und Reproduktion bewusst voneinander getrennt werden, um befürchtete Familienkonflikte zu vermeiden.[14] Mit Blick auf diese Unabwägbarkeiten im Kontext der Reproduktion wird im Folgenden zunächst das Unbehagen aufgegriffen, das sich angesichts der einseitigen Betonung der Machbarkeit im Bereich der Reproduktionsmedizin während der letzten Jahre zusehends ergeben hat. Anschließend werden ethisch relevante Entwicklungen und Herausforderungen benannt, auf deren Basis dann ein Ausblick formuliert wird.

1.1 Unverfügbarkeit des Lebens

Hartmut Rosa hat in einer auf viel Beachtung gestoßenen Gesellschaftsanalyse unter dem Begriff der «Verfügbarmachung der Welt» auf Einseitigkeiten hingewiesen, die mithilfe der Resonanz entscheidend korrigiert werden könnten:[15] «Wenn Beschleunigung das Problem ist, dann ist Resonanz vielleicht die Lösung»[16], so eröffnet er seine Monographie. Dabei grenzt er sich ab von der ihm nicht selten zugeschriebenen Idee der «Entschleunigung» als Ausweg aus der Sackgasse einer einseitigen, an der Machbar- und Verfügbarkeit der Dinge orientierten Form der Weltaneignung: die Entschleunigung diene vielleicht als Mittel, biete jedoch nicht die Lösung; diese bestehe vielmehr in der Beachtung der Resonanz. Um zu erläutern, was der Autor damit meint, dient ihm zunächst eine Konkretisierung des Gegenteils, wobei er vier Dimensionen der Verfügbarkeit identifiziert,[17] die sich auch im Bereich der Reproduktionsmedizin leicht identifizieren lassen:[18]

1. Das ‹Sichtbarmachen› von etwas, das Erkennbarmachen, das immer genauere Hinschauen und Ausleuchten der Dinge: Diese erste Dimension ist im Bereich der Reproduktionsmedizin während der letzten Jahrzehnte auf unübertroffene Weise erreicht worden, zum einen in vivo durch den Ultraschall und zum anderen in vitro durch die Embryonenforschung, und dieses immer frühzeitigere Offenlegen der Zusammenhänge und Entwicklungen wird ständig verbessert, verfeinert und optimiert.

---

14 Vgl. VOGELSANG 2020; WIMBAUER 2021.

15 Vgl. ROSA 2018; ergänzend: DERS. 2019.

16 DERS. 2018, 13.

17 Vgl. DERS. 2019, 21–24.

18 Zur Verfügbarmachung von Schwangerschaft und Geburt vgl. ebd. 71–75.

2. *Das ‹physisch Erreichbar und Zugänglich-Machen› von etwas, beispielsweise mit der Mondlandung: Im Bereich der Reproduktionsmedizin ist dasselbe durch die Herstellbarkeit von Embryonen in vitro oder durch die Konservierbarkeit von menschlichen Keimzellen[19] ebenfalls schon seit Jahren perfektioniert worden.*

3. *Die dritte Dimension besteht gemäß Autor in der ‹Kontrollierbarkeit und Beherrschbarkeit› von etwas, beispielsweise der Welt, der Meere, der Lüfte, des Klimas, wie der militärische Einsatz von Drohnen zeige: Auch diese Dimension wurde in der Reproduktionsmedizin im umfassenden Sinn erreicht, insofern Embryonen heute nach Qualitätskriterien in vitro ausgewählt bzw. selektiert werden. Bereits mit einigem Erfolg versucht wird, die menschliche DNA in der Keimbahn zu korrigieren. Auch können einige Operationen mit Erfolg bereits während der Schwangerschaft durchgeführt werden.*

4. *Die vierte Dimension schließlich identifiziert Hartmut Rosa mit der ‹Nutzbarmachung› der etablierten und kontrollierten Praktiken, der Indienstnahme, der Instrumentalisierung von etwas; Dinge würden zum Material und Objekt unserer Wünsche und Projektionen transformiert. Auch das ist im Bereich der Reproduktionsmedizin mit den Kinderwunschkliniken, den weltweiten Eizell- und Spermienmärkten sowie der Leihmutterschafts-Praxis bereits weitgehend realisiert worden.*[20]

Als Reaktion auf diese Weltzugewandtheit erlebten wir ein Zurückweichen der Welt, das letztlich ein Versagen des Programms der Verfügbarmachung der Welt bedeute, so Hartmut Rosa weiter: *De facto* stelle sich nicht selten das Gegenteil von dem ein, was eigentlich beabsichtigt wurde.[21] Die Welt ziehe sich sozusagen zurück, werde unlesbar (Hans Blumenberg), grau und farblos (Michael Ende), entzaubert (Max Weber), absurd (Albert Camus), entfremdet (Karl Marx), erweise sich als bedroht und bedrohlich zugleich (Ulrich Beck), was heute besonders deutlich im Bereich der Umweltzerstörung wahrzunehmen sei. In Anknüpfung an die Marx'schen Beobachtungen zur Entfremdung der Arbeit deutet er die Gegenwart als eine von Entfremdung gekennzeichnete Wirklichkeit, als eine Welt, in der die Beziehungen zueinander, zu den Dingen, zur Herstellung bei der Arbeit und zu sich selbst zutiefst gestört seien, eine Welt der Einsamkeit, Beziehungslosigkeit und Isolation. Er beschreibt diese negativen Phänomene als «Resonanzlosigkeit», die sich im Burnout als der zeittypischen Massenerkrankung widerspiegle: «Das Weltverstummen ist die Grundangst der Moderne, sie findet hierin nur ihren zeitgemäßen und vielleicht gesteigerten Ausdruck.»[22]

---

19 Vgl. BOZZARO 2013.

20 Vgl. beispielsweise die Websites der weltweit größten Samenbank «Cyros» in Dänemark (https://dk.cryosinternational.com, 06.07.2022) oder auch die der ebenfalls bedeutenden kalifornischen «Cryobank» (https://www.cryobank.com/, 06.07.2022).

21 Vgl. ROSA 2019, 25–36.

22 Ebd. 34. Ähnlich lautet die theologisch inspirierte Kritik an der Entfremdung in den Bereichen Arbeit und Sexualität bereits bei SÖLLE 1985.

Als «Gegengift» gegen diese Formen der menschlichen Entfremdung von sich selbst, von den anderen und von der Welt beschreibt er ein Leben zwischen Verfügbarmachen und Geschehenlassen anhand des Begriffs der Resonanz der Welt.

> Nicht das Verfügen über Dinge, sondern das in Resonanz treten mit ihnen, sie durch eigenes Vermögen – Selbstwirksamkeit – zu einer Antwort zu bringen und auf diese Antwort wiederum einzugehen, ist der Grundmodus lebendigen menschlichen Daseins (...).[23]

«Resonanz» bezeichne einen Beziehungsmodus, der durch vier Merkmale gekennzeichnet sei:[24]

1. *Das Moment der ‹Berührung› oder Affizierung: Es gehe darum, inwendig von etwas erreicht zu werden. Es gehe um eine «Anrufung» von etwas: von einer Melodie, einem Bild, einer Landschaft, einem Menschen – verstanden als Gegenstück zur Instrumentalisierung. Das ist zunächst ein passiver Part.*

2. *Das Moment der ‹Selbstwirksamkeit› oder der Antwort: Eine aktive Reaktion auf dieses Berührtwerden erst mache es sinnvoll, von Resonanz zu sprechen. Als Beispiel dafür nennt er das Aufnehmen und Verarbeiten eines Buchs, das viel mehr sei als das bloße Lesen desselben. Das ist also als ein aktiver Part zu verstehen.*

3. *Das Moment der ‹Anverwandlung› oder der Transformation: Durch das Ereignis der Begegnung bzw. Resonanz würden Menschen verändert oder verwandelt; es geschehe etwas, was im Zustand einer Depression unmöglich wäre. Das ist ein gemischt aktiver und passiver Part, insofern eine Person durch ein Widerfahrnis verändert wird, die Person allerdings auch aktiv dazu bereit sein muss, sich verändern zu lassen.*

4. *Das Moment der ‹Unverfügbarkeit›: Die in den ersten drei Schritten beschriebene Erfahrung der Resonanz lasse sich weder herstellen noch erzwingen, sondern ergebe sich, sei also «unverfügbar». Ratgeber-Literatur helfe hier genauso wenig weiter wie Schemata zur Entscheidungsfindung. Unverfügbar sei die Resonanz auch in dem Sinne, dass Personen vorher nicht wüssten, auf welche Weise sie durch eine Resonanzerfahrung verändert werden. Die erhoffte Erfahrung könne also weder herbei gezerrt noch erkämpft werden.*

Das Resümee des Autors lautet: Wir Menschen wollten uns die Welt heute verfügbar(er), die Dinge in und um uns beherrschbar(er) machen, doch genau dabei würde die Welt uns entgleiten, was in der Folge einen großen Frust bewirke.[25]

---

23 ROSA 2019, 38.

24 Vgl. ebd. 37–47.

25 Vgl. über die Ausführungen von Hartmut Rosa hinaus entsprechende Bedenken und Anregungen in den Sammelbänden MAIO 2011, hier besonders Teil III zum Thema «Der Anfang des Lebens zwischen Schicksal und Planbarkeit», sowie MAIO U. A. 2013.

Es liegt nahe, diese Beobachtungen auch im Bereich der Reproduktionsmedizin zu erkennen, ohne dass damit die Technisierung oder Verfügbarmachung einfach abgelehnt oder negativ beurteilt würde. Ein Vorteil der von Hartmut Rosa vorgelegten gesellschaftlichen Diagnose und Therapie besteht ja gerade darin, dass er die Handlungsziele der Menschen, die in der modernen Reproduktionsmedizin eine Hilfe sehen, in keiner Weise infrage stellt. Im Gegenteil: Treffen seine Beobachtungen zu, wären Paare mit Kinderwunsch gut beraten, diese zu beachten, um ihr ersehntes Ziel tatsächlich zu erreichen. Bleibt beispielsweise ein Paar mit Kinderwunsch über eine längere Phase erfolglos und stellt sich keine Schwangerschaft ein, wächst nicht selten die Ungeduld und damit auch der verkrampfte körperliche Umgang miteinander; es entstehen Zwänge, typischerweise immer während des Eisprungs der Frau Sex haben zu müssen, was wiederum zu Blockaden und Konflikten führen kann. Reproduktionsmedizinische Techniken zur Hilfe zu nehmen, um das erwünschte Ziel rascher zu erreichen, ist dann eine naheliegende Idee. Wird dann ein erstes Kind mit Hilfe einer Hormonbehandlung und einer In-vitro-Fertilisation geboren, kann das entlastend wirken und auch eine ausgelassenere und entspanntere Sexualität ermöglichen, was dann nicht selten dazu beiträgt, dass sich eine weitere Schwangerschaft ohne technische Hilfe einstellt.

Allerdings sollte die Resonanz nicht im Sinne einer «Verfügbarmachung durch die Hintertür» missverstanden werden, sozusagen als eine noch raffiniertere Strategie der Selbstbehauptung, der dann das Moment des sich Verändern- oder Transformieren-Lassens und die nötige Zukunftsoffenheit fehlen. «Wir Menschen sind stets mehr unsere Zufälle als unsere Wahl»[26], behauptet Odo Marquard in seiner «Apologie des Zufälligen»: Das Leben bestehe aus Handlungs-Widerfahrnis-Gemischen, es lasse sich nur erzählen, nicht planen.

> (...) Handlungen werden dadurch zu Geschichten, dass ihnen etwas dazwischenkommt passiert, widerfährt. Eine Geschichte ist eine Wahl, in die etwas Zufälliges – etwas Schicksalzufälliges – einbricht: darum kann man Geschichten nicht planen, sondern muss sie erzählen.[27]

Er schrieb bereits vor über dreißig Jahren von der modernen Welt als dem Zeitalter der tachogenen Weltfremdheit, in dem Menschen zunehmend nicht mehr erwachsen würden. Die Angst vor der Beliebigkeit sei eine optische Täuschung der Jugend, die Einsicht in die Bedeutsamkeit der Zufälle hingegen eine Alterserfahrung, die in erster Linie mit der Erfahrung der Sterblichkeit zu tun habe: die Dominanz des Schicksalszufälligen gegenüber der Absolutmachung des Menschen.[28]

---

26 MARQUARD 1986, 127; vgl. auch DERS. 1981.

27 DERS. 1986, 129.

28 Vgl. ebd. 130 f.

Daraus folgt für ihn: «Zur Würde des Menschen gehört, dass er das Zufällige leiden kann, und zu seiner Freiheit gehört die Anerkennung des Zufälligen.»[29]

1.2 Gegenwärtige Veränderungen und ethische Herausforderungen

Die Technisierung und Ausweitung der modernen Reproduktionsmedizin, neue Erkenntnisse im Bereich der Humangenetik sowie die Etablierung und Verbesserung der intensivmedizinischen Versorgung Neugeborener haben dazu geführt, dass die Handlungs- und Entscheidungsmöglichkeiten am Lebensbeginn während der letzten Jahre enorm ausgeweitet wurden. Der damit verbundene Entscheidungsdruck sowohl bei den Behandelnden als auch bei den Wunscheltern kann oftmals weder auf Erfahrungen, Routinen noch auf Orientierungswissen zurückgreifen.

Wie weitreichend damit aufgeworfene Fragen sein können, belegen beispielsweise die Verständigungsprozesse rund um die Regelung der Präimplantationsdiagnostik.[30] Hier stellen sich Fragen wie: Nach Maßgabe welcher Kriterien sollen Embryonen im Labor selektiert werden dürfen? Wer sollte diese Entscheidungen zu welchem Zeitpunkt treffen? Was unterscheidet schweres, unzumutbares Leiden von einem nur leichten, zumutbaren Leiden? Wo sollten sinnvollerweise ethische oder rechtliche Grenzen gezogen werden, um Missbräuche oder eine unerwünschte Ausweitung der Selektionspraxis zu verhindern? Wie können die Grenzziehungen ethisch und rechtlich plausibel begründet werden? – Selbst in liberalen Gesetzgebungen wie in Israel sind Grenzziehungen unumgänglich, wie beispielsweise die Regelung der Auswahl von Embryonen nach Geschlecht («sex selection») zeigt: diese ist in Israel im Unterschied zu den meisten anderen Ländern der Welt zwar erlaubt, jedoch nur in Situationen, in denen Familien bereits vier Nachkommen desselben Geschlechts haben.[31]

Im Zusammenhang mit Zeugung, Schwangerschaft und Geburt ist darum *erstens* nicht zufällig von einer zunehmenden *Medikalisierung* die Rede: An die Stelle des «Zufalls Natur» sind neu weitreichende medizinische Eingriffsmöglichkeiten getreten. In dem inzwischen berühmten Buch «From Chance to Choice»[32], dessen Titel sich mit Hilfe Odo Marquards mit «Vom Schicksal zum Machsal»[33] übersetzen ließe, wurden bereits um die Jahrhundertwende die Möglichkeiten der Re-

---

29 Ebd. 132.

30 Vgl. für die Schweiz beispielsweise: SCHWEIZERISCHE AKADEMIE DER MEDIZINISCHEN WISSENSCHAFTEN 2020; NATIONALE ETHIKKOMMISSION IM BEREICH DER HUMANMEDIZIN 2022.

31 Vgl. LAVI 2010; RAZ ET AL. 2022.

32 BUCHANAN ET AL. 2000.

33 MARQUARD 1981, 67.

produktionsmedizin und Humangenetik gerechtigkeitsethisch diskutiert. Wie weitgehend Zeugung, Schwangerschaft und Geburt medikalisiert sind und wie unübersichtlich die Entscheidungsbarrieren für Wunscheltern heute sind, zeigt ein Bericht der britischen «Human Genetics Commission», der 2006 unter dem vielsagenden Titel «Making Babies. Reproductive Decisions and Genetic Techno-logies» erschienen ist. In einer erläuternden Grafik werden die Möglichkeiten der bestehenden Techniken und damit verbundener Entscheidungsmöglichkeiten für die Wunscheltern visualisiert.[34] Entstanden ist ein unübersichtlicher Par-cours, der sichtbar macht, dass die menschliche Reproduktion inzwischen zu ei-nem verzweigten Fachgebiet der Reproduktionsmedizin, Gynäkologie, Human-genetik und Neonatologie geworden ist: Die Varianten beginnen bei einer geneti-schen Beratung der Wunscheltern, führen über das genetische Carrier Screening, die Ei- und Spermienspende, das Angebot nicht-invasiver und invasiver Tests zur Erkundung der Befindlichkeit des Embryos oder Fötus, die Beteiligung an Scree-nings zur Detektion von Aneuploidien oder anderer Störungen, und enden im besten Fall mit der Geburt eines gesunden Säuglings. Paare mit Kinderwunsch, die heute mit diesen Entscheidungsmöglichkeiten konfrontiert werden, sind in zunehmenden Maße auf ärztliche Begleitung, Erklärungen und Deutungen ange-wiesen, um verstehen zu können, worin ihre Handlungsoptionen genau beste-hen, um auf dieser Basis dann sinnvolle Entscheidungen treffen zu können.

Medizinethisch spiegelt sich diese Zunahme an Handlungs- und Entschei-dungsmöglichkeiten *zweitens* im Konzept der *reproduktiven Autonomie*.[35] Betont wird damit zunächst, dass hinsichtlich der Zeugung von Nachwuchs den Eltern die alleinige Entscheidungshoheit zukommt, welche diese gemäß ihrer jeweiligen Werthaltungen wahrnehmen dürfen. Damit gedanklich verbunden ist allerdings auch die umstrittenere Idee einer «liberalen Eugenik» und damit der Möglichkeit, auf das «genetische Make-up» des Nachwuchses aufgrund individueller Wertvor-stellungen Einfluss nehmen zu können, wie es im Vorwort des zitierten engli-schen Berichts heißt. Eine Frage ist, ob das, was heute Wunscheltern im Rahmen der Wahrnehmung ihrer reproduktiven Autonomie tun, tatsächlich mit dem umstrittenen Eugenikbegriff bezeichnet werden sollte, wie es namentlich die vier Autoren der erwähnten Monographie «From Chance to Choice» tun.[36] Eigentlich war der Eugenik-Begriff an staatliche Interventionen und Vorschriften gebun-den, von den Autoren als traditionelle oder alte Eugenik bezeichnet. Im Verständ-nis der neuen oder liberalen Eugenik hingegen sollten alleine die Wunscheltern darüber entscheiden, welche Merkmale die eigenen Kinder haben bzw. nicht ha-

---

34 Vgl. HUMAN GENETICS COMMISSION 2006, 7.
35 Vgl. BÜCHLER 2017; BÜCHLER/BLEISCH 2020.
36 Vgl. BUCHANAN ET AL. 2000.

ben sollen.[37] Um anzudeuten, in welchem Sinne diese neuen Möglichkeiten zukünftig zum Einsatz kommen könnten und inwiefern sie als Grundhaltung schon immer bestanden haben, erwähnt der amerikanische Philosoph Michael J. Sandel in seinem «Plädoyer gegen die Perfektion» die berühmten Tennisstars Venus und Serena Williams: Ihr Erfolg gehe unter anderem auf die entschiedenen Pläne ihres Vaters Richard Williams zurück, der gemäß eigener Aussage bereits vor der Geburt der beiden Kinder beschlossen hatte, die noch nicht geborenen Kinder zu Weltstars des Tennis zu machen: «If you don't plan it, believe me it's not going to happen», sagte der Vater in einem Interview mit der New York Times und ergänzte provokativ, an die Adresse der staatlichen Bildungseinrichtungen und die Bedeutung der familiären Erziehung betonend:

> You can take all your universities, your Harvards and your Yales, and throw them out, because the most prestigious university in the world is family.[38]

Den Entscheidungen liegt zudem *drittens* ein *Beziehungsgeschehen* zugrunde, insofern mehrere Menschen, teilweise auch weitere Generationen miteinbezogen oder von den Folgen bestimmter Handlungsweisen betroffen sind. Ist ein Kind geboren, kann die Autonomie der Eltern durchaus auch gegen die Autonomie des Kindes stehen, nämlich dann, wenn ein Neugeborenes einen natürlichen Überlebenswillen zeigt, die Eltern hingegen davon überzeugt sind, ihr Kind sollte nur palliativ behandelt werden, damit es in Ruhe sterben könne.[39] Die Göttinger Medizinethikerin Claudia Wiesemann betont die Dimension der relationalen Autonomie im Kontext der neuen Techniken:

> Mit den neuen medizinischen Körpertechniken nehmen wir Einfluss auf unser Zusammenleben mit uns besonders nahe stehenden Personen, mit unsern Kindern, unsern Partnern, den Mitgliedern unserer Familie, unseren Verwandten. Zugleich verändern wir damit, was Kindsein, Familie oder Herkunft bedeuten.[40]

Ihres Erachtens sind wir auf ethische Modelle jenseits des am isolierten Individuum orientierten «Informed Consent» angewiesen; sie skizziert sodann eine Beziehungsethik, die maßgeblich auf der Verantwortung liebender Eltern aufbaut und weniger auf normativ konzipierte Verbote, Gebote und Erlaubnisse setzt. Hille Haker teilt zwar ihre sorgeethischen und feministischen Anliegen, kritisiert jedoch die fehlenden normativen Bedingungen in diesem Ansatz.[41] Sie selbst ent-

---

37 Vgl. ebd.; SANDEL 2008, 85–103; kritisch dazu neben SANDEL 2008 auch HABERMAS 2001.

38 FINN 1999, 1; vgl. SANDEL 2008, 73. Die Geschichte wurde 2021 vom US-amerikanischen Regisseur Reinaldo Marcus Green unter dem Titel «King Richard» verfilmt und mit einem Oscar prämiert.

39 Vgl. GARTEN/VON DER HUDE 2014.

40 WIESEMANN 2006, 9.

41 Vgl. HAKER 2013, 271.

wirft eine responsorische Ethik der Elternschaft, in welcher sie strebensethische Überlegungen mit normativen Ansprüchen zu verbinden versucht: Ihr ist wichtig, dass die elterliche Verantwortung bereits die Anerkennung des Kindes und damit Pflichten des Schutzes, der Förderung und des Respekts der Freiheit mit enthalte.[42] In ihrem Modell der Elternschaft sieht sie überdies auch gewisse normative Ansprüche im Umgang mit den Techniken der Reproduktionsmedizin angelegt, zum Beispiel ein Verbot der Kommerzialisierung von Keimzellen, einen angemessenen Embryonenschutz, die Garantie gewisser ethischer Standards in der Praxis der Reproduktionsmedizin sowie die Möglichkeit, dass via Samen- oder Eizellspende gezeugte Kinder das Recht erhalten, über ihre genetische Herkunft informiert zu werden.[43]

Auch Axel Honneth hat in seinem unter dem Titel «Das Recht der Freiheit»[44] erschienenen rechtsphilosophischen Entwurf in ähnlicher Stoßrichtung die Bedeutung der sozialen Dimension von Freiheit unterstrichen, welche neben der rechtlichen (negativen) und moralischen (individuellen, an der Selbstverwirklichung orientierten) Freiheit oft vergessen oder unterbelichtet werde. In sozialen Praktiken wie namentlich der Freundschaft, welche er als «Heimstätte sozialer Freiheit»[45] bezeichnet, der intimen Beziehung, hier schreibt er von einem «Freiheitsgewinn durch Liebe»[46], und der Familie, die dazu befähige, der «unvermeidlichen Periodizität unseres organischen Lebens die Schwere zu nehmen»[47], legt er im Anschluss an Hegel eine «moralische Grammatik»[48] der Wirklichkeit frei und rekonstruiert auf diese Weise Verständnisse sozialer Praktiken, die letztlich der Realisierung intersubjektiver Freiheit dienten.[49] Autonomie allein im Sinne individueller Abwehr- und Anspruchsrechte – ohne den bzw. die Anderen – bleibe sozusagen auf verlorenem Posten und lasse sich letztlich nicht realisieren.

In kritischer Auseinandersetzung mit Entwicklungen im Bereich der Fortpflanzungsmedizin haben Elisabeth Beck-Gernsheim und Ulrich Beck ein Kapitel in ihrem Buch «Fernliebe»[50] mit dem ironischen Titel überschrieben: «Meine Mutter war eine spanische Eizelle: Über Kinderwunschtourismus und globale

---

42 Vgl. ebd. 281.
43 Vgl. ebd.; auch HAKER 2020.
44 HONNETH 2011.
45 Ebd. 249.
46 Ebd. 271.
47 Ebd. 307.
48 Ebd. 229.
49 Vgl. ebd. 230.
50 BECK/BECK-GERNSHEIM 2011.

Patchwork-Familien».[51] Sie greifen damit *viertens Veränderungen von Beziehungen, Abstammung und Familienformen* in einer globalisierten Welt auf, welche in den zumeist nationalstaatlich verlaufenden medizinethischen Diskussionen noch zu wenig Beachtung fänden und hinsichtlich ihrer Folgen kaum einzuschätzen seien. Das Beispiel Ägypten zeige, dass bereits heute eine internationale Migration in verschiedene Richtungen entstanden sei: Ägyptische Frauen der Unter- und Mittelschicht, die eine künstliche Befruchtung in Anspruch nehmen möchten, müssen zunächst in einem Land der arabischen Halbinsel gut bezahlte Arbeit suchen, um sich dann in Ägypten behandeln lassen zu können, während Frauen der reichen Oberschicht sich für Behandlungen nach Mitteleuropa oder in die USA begäben, da Kostengründe für sie keine Rolle spielten.[52] Angesichts der internationalen Schwangerschaftsindustrie entstünden transnationale Herkunftslandschaften und Familienbindungen, so dass in näherer Zukunft viele Menschen die Herkunftsfrage beschäftigen werde, so das Autorenpaar mit Hinweis auf viele plausible Beispiele.

In der Medizinethik bislang ebenfalls unterbelichtet ist zudem *fünftens* die Bedeutung *kultureller Hintergründe* für unterschiedliche Ausprägungen der reproduktiven Autonomie. Das gilt insbesondere für Vorstellungen von gelungener Sexualität, einem glücklichen Familienleben, aber auch im Hinblick auf Gender-Aspekte und nicht zuletzt Lebensende-Entscheidungen bei Neugeborenen. Letzteres hatte bereits die EURONIC-Studie[53] gezeigt und findet auch in den «Empfehlungen der Schweizerischen Gesellschaft für Neonatologie für Entscheidungen bei extrem unreifen Frühgeborenen»[54] Erwähnung, da Entscheidungen über das Beenden der künstlichen Beatmung in Skandinavien oder den Niederlanden anders gehandhabt und eingeschätzt werden als beispielsweise in Italien: Offensichtlich spielen hier nationalstaatlich geprägte Handlungsmuster eine entscheidendere Rolle als die Religiosität oder Berufserfahrung der Mitglieder von Behandlungsteams. Ähnliche Bedingtheiten dürften auch für Entscheidungen von Eltern gelten, auch wenn darüber bislang keine empirischen Studien vorliegen. Von Interesse für diese Fragen ist insbesondere der israelische Kontext: Im orthodoxen Judentum beispielsweise gehört die Vorstellung, eigene Kinder zu haben, zu den elementaren Ideen eines geglückten Lebens. Bleibt ein Paar kinderlos, ist das ein gravierendes Problem, entsprechend liberal wird selbst in religiös sehr konservativen Kreisen der experimentelle Umgang mit Embryonen bewertet, und entsprechend weit entwickelt sind in Israel die Fortpflanzungstechnologien:

---

51 Ebd. 195–222.
52 Vgl. ebd. 198 f.
53 CUTTINI ET AL. 2000; REBAGLIATO ET AL. 2000.
54 BERGER ET AL. 2011.

Vier Fünftel der israelischen Frauen machen mindestens einen genetischen Test während ihrer ersten Schwangerschaft, es bestehen mehr Fruchtbarkeitskliniken pro Kopf als in irgendeinem anderen Land der Welt und die Geschlechtsauswahl bei Embryonen bei der Präimplantationsdiagnostik ist, wie erwähnt, staatlich erlaubt für Familien, die vier oder mehr Kinder von einem Geschlecht haben. Shei Lavi bezeichnet diese Situation zwischen religiösem Konservatismus und liberaler Regelung der Reproduktionsmedizin als Paradox der jüdischen Bioethik.[55]

Eine grundlegende Herausforderung betrifft schließlich *sechstens* die *Verschiebung der Grenzen von Natur und Kultur,* mit der wir heute zusehends konfrontiert sind. Auch diese lässt sich nicht über das Prinzip der reproduktiven Autonomie klären, sondern bedarf einer gesellschaftlichen Verständigung und Einigung über anzuerkennende und festzulegende Grenzen. Möglichkeiten wie die Reprogrammierbarkeit von Körperzellen zu induzierten pluripotenten Stammzellen (iPS-Zellen), die Technik der Embryonenselektion nach Maßgabe des HLA-Typus werdenden Lebens (von Bedeutung bei der Erzeugung eines sogenannten «Retter-Babys»), der Spermien- und Eizellspende, Leihmutterschaft und Embryonentransfer bei Frauen nach der Menopause, aber auch neue Möglichkeiten, menschliches Leben an der Grenze zur Lebensfähigkeit bereits ab der 23. Schwangerschaftswoche zu erhalten, stellen intuitiv verankerte Gewissheiten in Frage und führen zu Verunsicherungen. Angesichts dieser Herausforderungen fordert Michael J. Sandel mehr Gespür für den Geschenkcharakter des Lebens («Sense of Giftedness»), Jürgen Habermas warnt vor der Verletzung bislang gültiger und sinnvoller Tabus.[56] Beide Denker deuten damit an, dass hier Bereiche berührt werden, welche der Reproduktionsmedizin und den Möglichkeiten der reproduktiven Autonomie entzogen bleiben sollten. Dabei exponieren sie sich auf eine Weise, die meist mit Hinweis auf einen naturalistischen Fehlschluss, also einem nicht vertretbaren Schluss vom Sein auf das Sollen, abgelehnt wird. Auch wenn diese Gegenargumente prima vista einleuchten und es offensichtlich schwierig ist, Bereiche des Natürlichen oder Gewachsenen vom Bereich des Künstlichen oder Gemachten abzugrenzen, welche als solche geachtet und unberührt bleiben sollten, ist es doch notwendig, sich über solche Grenzverläufe zu verständigen.[57] Weder plausibel noch praktikabel wäre die Haltung, welche diese grundlegenden Fragen kurzschlussartig über die Entscheidungsautonomie von einzelnen Paaren mit Kinderwunsch beantworten lassen möchte. Ebenso bedingt überzeugend sind ideologiekritische Kommentare, welche wie bei Rosi Braidotti das gesamte Gefüge der modernen Reproduktionsmedizin als «Transposition des Lebens im

---

55 Vgl. LAVI 2010.
56 Vgl. SANDEL 2008, 105–120; HABERMAS 2001.
57 Vgl. dazu Kap. I/2 im vorliegenden Band.

Zeitalter des Biokapitalismus»[58] verwerfen. Brauchbare Konzepte, welche moralische Orientierung für Entscheidungen in Grenzbereichen ermöglichen sollen, müssen wohl den Weg über die Reflexion konkreter Erfahrungen von Paaren gehen, grundlegende Intuitionen und Werthaltungen wie die Ehrfurcht oder Achtung vor dem Leben einbeziehen und über eine anthropologische Vermittlung verlaufen.[59]

Schließlich sind *siebtens* Tendenzen zur *Verrechtlichung des Lebensanfangs* im Auge zu behalten, die gegenwärtig international zu beobachten sind und in gewisser Hinsicht als normale Begleiterscheinung der Medikalisierung, Globalisierung und Ökonomisierung der Reproduktionsmedizin erklärbar sein dürften. Offensichtlich migrieren dabei moralische Vorstellungen über ethische Richtlinien zusehends in den Bereich des positiven Rechts, wie es beispielsweise im Schweizer Humanforschungsgesetz (HFG), im Gesetz zur genetischen Untersuchung beim Menschen (GUMG) oder ganz besonders auch im Fortpflanzungsmedizingesetz (FmedG) der Fall ist. Ob sich Missbrauch und Ausweitungserscheinungen auf diese Weise effizient verhindern lassen, bleibt zu überprüfen und fraglich. Die Schaffung, Überarbeitung und stete Anpassung gesetzlicher Regelungen in der Schweiz wie dem Bundesgesetz über genetische Untersuchungen beim Menschen (GUMG) oder dem Fortpflanzungsmedizingesetz (FmedG) zeigen deutlich, dass wir es in diesem Bereich mit vorläufigen bzw. provisorischen Regelwerken zu tun haben.

Analog ist an Veränderungen im Bereich des Familienrechts zu denken. Anne Röthel zeigt in einem Aufsatz unter dem Titel «Lebensformen, Rechtsformen und Leitbilder: Familienrecht in europäischer Perspektive»[60], wie tiefgreifend sich die familienrechtliche Landschaft in den letzten zwanzig Jahren alleine in Europa verändert hat, wie differenziert, gleichzeitig aber auch permissiv auf neue Lebensformen durch Einführung einer Fülle neuer rechtlicher Regeln reagiert wird.

1.3 Fazit und Ausblick

Die ethischen Diskurse zur neuen Reproduktionsmedizin und ihren Möglichkeiten werden gewöhnlich exemplarisch und an konkreten Beispielen geführt, sind pragmatisch, konkret und an normativen Fragen ausgerichtet, die durch neue technische Möglichkeiten wie beispielsweise das Social Freezing oder die Präimplantationsdiagnostik aufgeworfen werden. Einzelnen technischen Handlungsmöglichkeiten übergeordnete Beobachtungen werden dadurch zumindest in den einschlägigen ethischen Debatten tendenziell vernachlässigt. Überdies fällt auf,

---

58 BRAIDOTTI 2009.
59 Vgl. dazu Kap. 1/2 und I/7 im vorliegenden Band.
60 RÖTHEL 2010.

dass die normativen Einzeldebatten in der Regel techniklastig geführt werden: Zunächst muss es darum gehen, neue Techniken in ihren Grenzen und Möglichkeiten überhaupt verstehen und einschätzen zu können, bevor deren Anwendung im klinischen Alltag ethisch beurteilt werden kann. In den ethischen, teilweise auch in den ebenfalls normativ ausgerichteten politischen und rechtlichen Auseinandersetzungen führt das einerseits zu einer starken Gewichtung technischer Expertise – ohne humangenetische sowie zellbiologische Spezialkenntnisse lässt sich in der Regel wenig konkret Stellung nehmen zu neuen Techniken wie z. B. den nicht-invasiven Pränatal-Tests (NIPT) oder dem Genome Editing – und andererseits zu einer Konzentration auf die Entscheidungshoheit – der reproduktiven Autonomie – einzelner Paare oder Frauen.

Die hier angestellten Beobachtungen zur Unverfügbarkeit des Lebens und zu den gesellschaftlichen Entwicklungen wie namentlich der Medikalisierung des Lebensbeginns, der Bedeutung kultureller Hintergründe oder der Verschiebung der Grenzen zwischen Natur und Kultur stellen dagegen den Versuch dar, diese normativen Überlegungen zu reproduktionsmedizinischen Einzeltechniken durch einige übergeordnete Beobachtungen zu ergänzen, mit dem Ziel, das Gesamtbild vollständiger zu machen. Natürlich können Überlegungen wie diese die Einzeldiskurse[61] nicht ersetzen, aber um eine andere Perspektive ergänzen.

Die Verfügbarkeit und das Verfügbarmachen des menschlichen Lebens am Lebensbeginns nimmt kontinuierlich zu, Beispiele bieten gegenwärtig die Embryonenforschung, das Genome Editing, neue genetische Tests und Erkenntnisse oder die Etablierung von Carrier Screenings. Das ist einerseits faszinierend, birgt andererseits aber auch die Gefahr, das von Hartmut Rosa als Resonanz beschriebene Phänomen zu verdrängen oder zu vergessen. Die damit einhergehende Vorstellung der technischen Machbarkeit und unmittelbaren Verfügbarmachung von Dingen, die sich dem Zugriff durchaus auch entziehen, kann im Bereich der Reproduktionsmedizin zu enttäuschten Erwartungen, Blockaden, Beziehungskonflikten und bis zum Burnout führen. Eine menschlich angemessene Nutzung der reproduktionsmedizinischen Möglichkeiten dürfte in der Realität davon geprägt sein, die technischen Möglichkeiten einerseits sinnvoll zu nutzen, sich aber andererseits nicht davon vereinnahmen und bestimmen zu lassen.

---

61 Vgl. beispielsweise die Ethik-Stellungnahmen und Richtlinien der Schweizerischen «Nationalen Ethikkommission für den Bereich der Humanmedizin» (NEK), die seit 2001 kontinuierlich zu einzelnen Themen der Reproduktionsmedizin erscheinen; alle Publikationen finden sich online unter https://www.nek-cne.admin.ch/ (14.07.2023).

LITERATUR

BECK, ULRICH/BECK-GERNSHEIM, ELISABETH, *Fernliebe. Lebensformen im globalen Zeitalter*, Berlin 2011.

BERGER, THOMAS M./BERNET, VERA/EL ALAMA, SUSANNA ET AL., *Perinatal Care at the Limit of Viability Between 22 and 26 Completed Weeks of Gestation in Switzerland*, in: Swiss Medical Weekly 2011, w13280.

BERNARD, ANDREAS, *Kinder machen. Neue Reproduktionstechnologien und die Ordnung der Familie. Samenspender, Leihmütter, Künstliche Befruchtung*, Frankfurt a. M. 2014.

BIERI, PETER, *Wie wollen wir leben?*, St. Pölten/Salzburg 2011.

BLEISCH, BARBARA/BÜCHLER, ANDREA, *Kinder wollen. Über Autonomie und Verantwortung*, München 2020.

BOZZARO, CLAUDIA, *Ein Kind ja, aber erst irgendwann… Überlegungen zum Einsatz von Egg- und Ovarian-Tissue Freezing*, in: MAIO, GIOVANNI/EICHINGER, TOBIAS/BOZZARO, CLAUDIA (Hg.), *Kinderwunsch und Reproduktionsmedizin. Ethische Herausforderungen der technisierten Fortpflanzung*, Freiburg i. Br./München 2013, 233–249.

BRAIDOTTI, ROSI, *Zur Transposition des Lebens im Zeitalter des Biokapitalismus*, in: WEISS, MARTIN G. (Hg.), *Bios und Zoë. Die menschliche Natur im Zeitalter ihrer Reproduzierbarkeit*, Frankfurt a. M. 2009, 108–135.

BUCHANAN, ALLEN/BROCK, DAN W./DANIELS, NORMAN/WIKLER, DANIEL, *From Chance to Choice. Genetics and Justice*, Cambridge/New York 2000.

BÜCHLER, ANDREA, *Reproduktive Autonomie und Selbstbestimmung. Dimensionen, Umfang und Grenzen an den Anfängen menschlichen Lebens*, Basel 2017.

BUNDESMINISTERIUM FÜR FAMILIE, SENIOREN, FRAUEN UND JUGEND (Hg.), *Kinderlose Frauen und Männer. Ungewollte oder gewollte Kinderlosigkeit im Lebenslauf und Nutzung von Unterstützungsangeboten*, Berlin 2014.

CUTTINI MARINA/NADAI, MATTEO/KAMINSKI, MONIQUE ET AL., *End-of-Life Decisions in Neonatal Intensive Care: Physicians' Self-Reported Practices in Seven European Countries*, Lancet 355 (2000), 2112–2118.

FINN, ROBIN, *Tennis: Williamses Are Buckled In and Rolling, at a Safe Pace*, in: New York Times, 14.11.1999, Section 8, 1.

FRANK, ARTHUR W., *The Wounded Storyteller. Body, Illness, and Ethics*, Chicago/London ²2013.

GARTEN, LARS/VON DER HUDE, KERSTIN (Hg.), *Palliativversorgung und Trauerbegleitung in der Neonatologie*, Berlin/Heidelberg 2014.

GREELY, HENRY T., *The End of Sex and the Future of Human Reproduction*, Cambridge/London 2016.

HABERMAS, JÜRGEN, *Die Zukunft der menschlichen Natur. Auf dem Weg zu einer liberalen Eugenik*, Frankfurt a. M. 2001.

HAKER, HILLE, *Eine Ethik der Elternschaft*, in: MAIO, GIOVANNI/EICHINGER, TOBIAS/BOZZARO, CLAUDIA (Hg.), *Kinderwunsch und Reproduktionsmedizin. Ethische Herausforderungen der technisierten Fortpflanzung*, Freiburg i. Br./München 2013, 269–292.

—, *Reproductive Rights and Reproductive Technologies*, in: DIES., *Towards a Critical Political Ethics. Catholic Ethics and Social Challenges*, Basel/Würzburg 2020, 239–265.

HONNETH, AXEL, *Das Recht der Freiheit. Grundriss einer demokratischen Sittlichkeit*, Berlin 2011.

HUMAN GENETICS COMMISSION, *Making Babies. Reproductive Decisions and Genetic Technologies*, London 2006.

LAVI, SHEI, *The Paradox of Jewish Bioethics in Israel: The Case of Reproductive Technologies*, in: VOIGT, FRIEDEMANN (Hg.), *Religion in bioethischen Diskursen. Interdisziplinäre, internationale und interreligiöse Perspektiven*, Berlin 2010, 81–101.

MAIO, GIOVANNI (Hg.), *Abschaffung des Schicksals? Menschsein zwischen Gegebenheit des Lebens und medizinisch-technischer Gestaltbarkeit*, Freiburg i. Br. 2011.

—, *Gefangen im Übermaß an Ansprüchen und Verheissungen. Zur Bedeutung des Schicksals für das Denken der modernen Medizin*, in: DERS. (Hg.), *Abschaffung des Schicksals? Menschsein zwischen Gegebenheit des Lebens und medizinisch-technischer Gestaltbarkeit*, Freiburg i. Br. 2011, 10–48.

—/EICHINGER, TOBIAS/BOZZARO, CLAUDIA (Hg.), *Kinderwunsch und Reproduktionsmedizin. Ethische Herausforderungen der technisierten Fortpflanzung*, Freiburg i. Br./München 2013.

MARQUARD, ODO, *Apologie des Zufälligen*, in: DERS., *Apologie des Zufälligen*, Stuttgart 1986, 117–139.

—, *Ende des Schicksals? Einige Bemerkungen über die Unvermeidlichkeit des Unverfügbaren*, in: DERS., *Abschied vom Prinzipiellen. Philosophische Studien*, Stuttgart 1981, 67–90.

NATIONALE ETHIKKOMMISSION IM BEREICH DER HUMANMEDIZIN, *Richtlinien zur Regelung der Präimplantationsdiagnostik im Fortpflanzungsmedizingesetz (PID-Richtlinien)*, Bern 2022.

RAZ, AVIAD E./NOV-KLAIMAN, TAMAR/HASHILONI-DOLEV, YAEL ET AL., *Comparing Germany and Israel Regarding Debates on Policy-Making at the Beginning of Life: PGD, NIPT and Their Paths of Routinization*, in: Ethik in der Medizin 34 (2022), 65–80.

REBAGLIATO, MARISA/CUTTINI, MARINA/BROGGIN, LARA ET AL., *Neonatal End-of-Life Decision Making. Physicians' Attitudes and Relationship With Self-reported Practices in 10 European Countries*, in: Journal of the American Medical Association 284 (2000), 2451–2459.

ROSA, HARTMUT, *Resonanz. Eine Soziologie der Weltbeziehung*, Berlin 2018.

—, *Unverfügbarkeit*, Wien/Salzburg 2019.

RÖTHEL, ANNE, *Lebensformen, Rechtsformen und Leitbilder: Familienrecht in europäischer Perspektive*, in: VÖLMICKE, ELKE/BRUDERMÜLLER, GERD (Hg.), *Familie – ein öffentliches Gut? Gesellschaftliche Anforderungen an Partnerschaft und Elternschaft*, Würzburg 2010, 119–142.

SANDEL, MICHAEL J., *Plädoyer gegen die Perfektion. Ethik im Zeitalter der genetischen Technik*, Berlin 2008.

SCHWEIZERISCHE AKADEMIE DER MEDIZINISCHEN WISSENSCHAFTEN, *Präimplantative genetische Testverfahren PGT. Medizin-ethische Empfehlungen*, Bern 2020.

SEEL, MARTIN, *Aktive und passive Selbstbestimmung*, in: Merkur 54 (2000), 626–631.

—, *Sich bestimmen lassen. Studien zur theoretischen und praktischen Philosophie*, Frankfurt a. M. 2002.

SÖLLE, DOROTHEE, *lieben und arbeiten. Eine Theologie der Schöpfung*, Stuttgart 1985.

STANGE, LENA/SCHWEDA, MARK, *Gesundheitliche Vorausverfügungen und die Zeitstruktur guten Lebens*, in: Ethik in der Medizin 34 (2022), 239–255.

VOGELGESANG, LAURA-MARIA, *Co-Parenting als Familienform: Eine Auseinandersetzung mit der aktuellen Forschungslandschaft*, in: BUSCHMEYER, ANNA/ZERLE-ELSÄSSER, CLAUDIA (Hg.), *Komplexe Familienverhältnisse. Wie sich das Konzept «Familie» im 21. Jahrhundert wandelt*, Münster 2020, 48–62.

WIESEMANN, CLAUDIA, *Von der Verantwortung, ein Kind zu bekommen. Eine Ethik der Elternschaft*, München 2006.

WIMBAUER, CHRISTINE, *Co-Parenting und die Zukunft der Liebe. Über post-romantische Elternschaft*, Bielefeld 2021.

2 SOZIALETHIK DER PRÄNATALDIAGNOSTIK AM BEISPIEL DES NICHT-INVASIVEN PRÄNATAL-TESTS

Mit Blick auf die heute etablierte Pränataldiagnostik, das heißt in erster Linie Ultraschall, Bestimmung mütterlicher Serummarker und die bewährten invasiven Methoden, bietet der seit einigen Jahren zusätzlich häufig durchgeführte nicht-invasive Pränatal-Test (NIPT) eine signifikante Ausweitung der Möglichkeiten: Dessen Anwendung ergibt frühzeitig während der Schwangerschaft und ohne einen invasiven Eingriff Erkenntnisse über die chromosomale und teilweise auch genetische Beschaffenheit eines Embryos oder Fötus. Zudem sind Aussagen über das Geschlecht des Embryos oder Fötus und dessen Blutgruppe möglich. Daher bietet der NIPT sowohl eine weitere Option im Ensemble der vorgeburtlichen genetischen Diagnostik als auch eine signifikante Ausweitung derselben, auch wenn er – zumindest zum gegenwärtigen Zeitpunkt – nicht oder kaum diagnostisch angewendet werden kann: Die beiden Ausnahmen sind die Geschlechtsbestimmung und die Bestimmung der Blutgruppe, welche bereits heute in den meisten Fällen mittels NIPT mit nahezu diagnostischer Genauigkeit ermittelt werden können.[1]

Aus ethischer Sicht stellen sich hier zunächst einmal schwierige Fragen aus individualethischer Perspektive, die sowohl die reproduktive Autonomie als auch das Ergehen des heranwachsenden oder dann unter Umständen geborenen Kindes betreffen; zu thematisieren sind die Möglichkeiten eines selektiven Schwangerschaftsabbruchs bis hin zu einer guten Beratungspraxis.[2] Diese individualethischen Fragen werden im Folgenden explizit ausgeklammert, so dass der Blick frei wird für sozialethische Aspekte, die mit diesen Herausforderungen verbunden sind; diese werden im Rahmen der etablierten Ethikdiskurse selten genauer analysiert und meist lediglich ergänzend zu individualethischen Aspekten kommentiert.[3] Im Zentrum der sozialethisch relevanten Aspekte stehen Fragen nach der gesellschaftlich relevanten Nutzenbestimmung des NIPT, nach dessen Auswirkungen auf die öffentliche Gesundheit sowie auf eine mögliche Veränderung

---

1   Wäre dies generell möglich, müsste das Akronym NIPD anstelle von NIPT heißen: nicht-invasive pränatale Diagnose/Diagnostik.

2   Vgl. dazu ausführlich BRAUER U. A. 2016, 258–295: Die Ausführungen zu diesem Unterkapitel der Schweizer TA-Studie stammen von Barbara Bleisch und wurden komplementär zu den sozialethischen Aspekten konzipiert, die im vorliegenden Text von mir aufgegriffen werden. Vgl. auch NATIONALE ETHIKKOMMISSION IM BEREICH DER HUMANMEDIZIN 2016.

3   Vgl. beispielsweise ERNST 2020, 338–366; selbst im 2019 erschienenen, über 900 Seiten umfassenden *Oxford Handbook of Public Health Ethics* findet sich lediglich ein kurzer Überblicksbeitrag zum Thema, der ebenfalls nur bedingt auf die gesellschaftlichen Folgen der Pränataldiagnostik eingeht, vgl. DRAPKIN LYERLY ET AL. 2019, 417–419.

der Verständnisse von Gesundheit, Krankheit und Behinderung. Überdies wird genauer angeschaut, wie der Diskriminierungsvorwurf von Menschen mit Behinderungen aus gesellschaftlicher Sicht einzuschätzen ist. Weitere Themen, die jedoch nur gestreift werden, sind der Datenschutz, die Ausgestaltung des Zugangs zu den neuen Verfahren, die Eingrenzung des Anwendungsfelds und schließlich mögliche zukünftige Entwicklungen.

2.1 Zur Nutzenbestimmung des NIPT

In medizinischen und gesundheitspolitischen Kontexten wird gewöhnlich ungefragt davon ausgegangen, dass sich der gesellschaftliche Nutzen vorgeburtlicher gendiagnostischer Maßnahmen überzeugend aufweisen lasse. Jedoch stellt bereits der Versuch, diesen Nutzen aus ökonomischer Sicht zu konkretisieren, um diesen dann in eine Wirtschaftlichkeits- oder Kosteneffektivitätsberechnung einfließen zu lassen, als schwierig heraus.[4] Ohne eine möglichst präzise Bestimmung des zusätzlichen gesellschaftlichen Nutzens, der durch die Anwendung des relativ teuren NIPT erzielt werden kann, lassen sich jedoch auch Kosteneffektivitätsüberlegungen kaum realisieren. Der Aufweis der Wirtschaftlichkeit einer Maßnahme stellt beispielsweise gemäß Schweizerischem Krankenversicherungsgesetz eine Bedingung dar, damit diese öffentlich bzw. solidarisch finanziert werden kann.

So werden die Erhöhung der Detektionsrate von Embryonen oder Föten mit einer Trisomie 21[5] sowie die Verhinderung von Fehlgeburten, die aufgrund des Verzichts auf die Anwendung invasiver Untersuchungen erreicht werden kann, als zusätzlicher Nutzen gewichtet, der durch den NIPT zu erreichen sei.[6] Andere Nutzenbestimmungen wie beispielsweise der Hinweis darauf, dass die Anwendung des NIPT im Vergleich mit den heute etablierten diagnostischen Maßnahmen in Niedriglohnländern der Welt den Bedarf an medizinischen Expertinnen und Experten reduziere, die in der Lage seien, invasive Tests durchzuführen und eine Ultraschalldiagnostik professionell durchzuführen,[7] sind dagegen zum einen sachlich fraglich – namentlich mit Blick auf die auch nach Anwendung eines NIPT nach wie vor notwendige Beratung und Ultraschalldiagnostik –, beruhen zum anderen aber indirekt auf demselben Grundgedanken wie die genannten Nutzenbestimmungen: Grundlegend ist auch hier, dass die Verhinderung der Geburt von Föten mit Trisomie 21 und die Verhinderung von Fehlgeburten aufgrund invasiver Tests einen individuellen sowie gesellschaftlichen Nutzen darstellen.

---

4   Vgl. BRAUER U. A. 2016, 161–188.

5   Zum gegenwärtigen Stand des medizinischen Wissens um das Down Syndrom vgl. BULL 2020.

6   Vgl. BRAUER U. A. 2016, 161–188.

7   Vgl. ALLYSE ET AL. 2015, 119.

Auf der Basis dieser Nutzenbestimmung werden Überlegungen zur Kosteneffektivität angestellt, indem beispielsweise die Kosten des NIPT und etablierter pränataldiagnostischer Maßnahmen in ein Verhältnis zur Reduktion von Fehlgeburten gestellt werden: Es wird zum Beispiel berechnet, wie viel der öffentlich finanzierte NIPT für alle schwangeren Frauen zusätzlich pro verhinderter Fehlgeburt kosten würde.[8] Ein anderer Ansatz besteht in der Berechnung der Kosten für die Detektion eines Fötus mit Trisomie 21 bei der Anwendung unterschiedlicher Verfahren.[9]

Einen entscheidenden Schritt weiter gehen Studien, in welchen die lebenslangen Behandlungskosten für Menschen mit Trisomie 21 gewichtet werden.[10] Sie kommen zu dem Ergebnis, dass der Ersatz der Serumuntersuchungen durch den NIPT unter Berücksichtigung dieser Gesamtlebenskosten äußerst kosteneffektiv sei: Würden diese Lebenskosten für Menschen mit Trisomie 21 berücksichtigt, ermögliche die Einführung des NIPT Einsparungen von ca. US\$ 278.000 für jeden zusätzlich detektierten Fall. Lebenskosten werden in diesen Studien definiert als eine Kombination von direkten Kosten (die durchschnittliche Differenz von Kosten für die Gesundheitsversorgung und Erziehung von Menschen mit und ohne Down-Syndrome) und indirekten Kosten (Verlust von Produktivität aufgrund der gesundheitlichen Belastungen und der Sterblichkeit, die mit dem Geburtsdefekt verbunden seien). Ähnlich werden in anderen Studien die lebenslangen Behandlungskosten für Menschen mit einer Behinderung im Vergleich zu Menschen ohne eine Behinderung miteinander verglichen, um auf diese Weise den im philosophischen Diskurs als «savings argument» diskutierten Aspekt[11] zu belegen.[12]

Beim Versuch, die Vertretbarkeit und Relevanz des sogenannten Savings- oder Spar-Arguments auch philosophisch-ethisch zu begründen, bringt Stephen John keine empirischen Belege dafür, dass finanzielle Einsparungen durch selektive Schwangerschaftsabbrüche *de facto* auch möglich sind. In seiner Argumentation geht er schlicht davon aus, dass diese Einsparungen möglich seien.[13] Für ihn ist wesentlich, dass das Wissen um mögliche finanzielle Einsparungen den Entscheidungsspielraum und damit die reproduktive Autonomie von schwangeren Frau-

---

8 Vgl. NEYT ET AL. 2014; GARFIELD/ARMSTRONG 2012; MORRIS ET AL. 2014.

9 Vgl. SONG ET AL. 2013; BEULEN ET AL. 2014; OKUN ET AL. 2013; CHITTY ET AL. 2016; WANG ET AL. 2022.

10 Vgl. WALKER ET AL. 2014; ZHANG ET AL. 2019.

11 Vgl. beispielsweise JOHN 2015.

12 Vgl. O'LEARY ET AL. 2013; NEWACHECK ET AL. 2004; CROEN ET AL. 2007 mit Berechnungen zu Kosten bei Kindern mit und ohne Autismus.

13 Vgl. JOHN 2015, 5.

en grundsätzlich vergrößere. Dieses zusätzliche Wissen erweitere sozusagen die Grundlage für eine autonome Entscheidung über Abbruch oder Fortsetzung einer Schwangerschaft, ohne dass damit bereits vorgegeben sei, in welchem Verhältnis finanzielle zu anderen Überlegungen bei einer solchen Entscheidung zu stehen hätten.

In einer gemeinsamen Stellungnahme der «Europäischen Gesellschaft für Humangenetik» (ESHG) und der «Amerikanischen Gesellschaft für Humangenetik» (ASHG) von 2015[14] heißt es, dass grundsätzlich nichts gegen die Anwendung des «Savings-Arguments» spreche, so lange die Zielsetzung der Pränataldiagnostik nicht ausschließlich im Einsparen von Kosten gesehen werde. Jedoch sei unklar, so der Text weiter, wie entsprechende Berechnungen zuverlässig durchgeführt werden könnten.[15] Damit stellen die Fachgesellschaften die empirische Basis des «Savings-Arguments» in Frage, indem sie an der seriösen Durchführbarkeit solcher Berechnungen zweifeln. Diesen Standpunkt teilt auch der Philosoph Stephen Wilkinson: In seiner liberalen Studie zur Ethik der Reproduktionsmedizin betont er im Kapitel «Do People with Disabilities ‹Cost More›?»[16] (deutsch: «Kosten Menschen mit Behinderungen mehr?») die Unmöglichkeit, Einsparungsmöglichkeiten überzeugend aufzeigen und seriös berechnen zu können: Erstens sei «Behinderung» als Konzept dazu viel zu breit und ungenau, zweitens müssten, wenn überhaupt möglich, Berechnungen äußerst umfassend sein, wobei dann unklar wäre, was in einem solchen breiten Ansatz genau mitberücksichtigt werden müsste, drittens schließlich könnten ökonomische Berechnungen in ihren Ergebnissen durchaus auch kontraintuitiv sein, wie beispielsweise Berechnungen zu den Kosten von Rauchern zeigten: Der Autor vermutet, dass diese Kontraintuitivität auch für die Lebenskosten von Menschen mit Behinderung zutreffen könnte, das heißt, dass die intuitiv als zutreffend angenommene Tatsache, die Lebenskosten für Menschen mit Behinderung seien höher als für Menschen ohne Behinderungen, sich aus ökonomischer Sicht auch als falsch herausstellen könnte. Daher plädiert er für Zurückhaltung, solange keine zuverlässigen Berechnungen vorlägen. Schließlich gibt er zu bedenken, dass das Cost-of-Care-Argument zu «widerwärtigen Schlussfolgerungen» führen könne, allerdings ohne diese näher zu präzisieren, und vertritt die Meinung, dass es schon aufgrund dieser möglichen Folgen nicht gebraucht werden sollte.[17]

---

14 Vgl. DONDORP ET AL. 2015.
15 Vgl. ebd. 9.
16 WILKINSON 2010, 101–104.
17 Vgl. ebd. 107.

Sowohl ökonomisch als auch in sozialethischer Perspektive lassen sich Nutzen und Kosteneffektivität des NIPT nicht oder nur bedingt aufzeigen: Die jeweils zugrunde gelegten Annahmen zur Nutzenbestimmung sind nur teilweise plausibel und können nur bedingt als Berechnungsgrundlage zur Bestimmung der Kosteneffektivität des NIPT herangezogen werden. Worin der gesellschaftliche Nutzen besteht, wenn zahlenmäßig weniger Menschen mit Trisomie 21 geboren werden bzw. existieren, lässt sich nicht zeigen. Menschen mit Down-Syndrom sagen zudem von sich selbst, dass sie sich weder krank noch leidend fühlen, sondern so wie andere Menschen ein Leben mit Vorzügen und Nachteilen führen würden.[18]

Aus sozialethischer Sicht wird hier – wie auch im folgenden Teilkapitel zur Public Health – die Unterscheidung zwischen individueller und gesellschaftlicher Perspektive wesentlich: Während eine schwangere Frau oder ein betroffenes Paar für sich zu der Einsicht kommen kann, dass sie die Geburt eines Kindes mit Trisomie 21 oder einer anderen Behinderung überfordern würde und sie sich daher zu einem Schwangerschaftsabbruch entscheidet, lässt sich eine entsprechende Beurteilung aus gesellschaftlicher Sicht nicht analog begründen: Mögliche individuelle Vorteile oder Belastungen lassen sich nicht durch deren Aufsummierung in einen gesellschaftlichen Nutzen oder Schaden übersetzen. Auf diesen wesentlichen und ethisch relevanten Aspekt verweisen zum Beispiel Weyma Lübbe, Hille Haker und mit Tom Shakespeare auch ein einflussreicher Vertreter der Disability Studies.[19] Ein plausibler gesellschaftlicher Nutzen könnte beispielsweise in der Verbesserung der Gesundheit einzelner Menschen oder Gruppen bestehen, auch in der Vermeidung von Leiden oder Schmerzen Einzelner oder von Gruppen, jedoch nicht in der Verhinderung der Geburt von Menschen mit bestimmten Eigenschaften. Die soziale Finanzierung des NIPT lässt sich jedoch nur dann überzeugend begründen, wenn auch nachweislich ein gesellschaftlicher Nutzen mit dessen Anwendung verbunden ist.[20] Eine Besonderheit dieser Überlegungen besteht zudem darin, dass über den Einsatz der pränatalen Diagnostik die Verhinderung von Leiden und Schmerzen in den meisten Fällen nur über einen Schwangerschaftsabbruch zu erreichen ist; nur in sehr seltenen Fällen sind therapeutische Interventionen möglich.

Zu Recht in der Kritik ist in diesem Zusammenhang, dass Krankenkassen im Bereich der Grundversicherung bereitwillig pränatale genetische Tests bezahlen, während sie sich nicht selten weigern, entsprechende Tests zur Diagnosestellung auch postnatal zu finanzieren. Offenbar liegt dieser Unterscheidung die Annahme zugrunde, dass pränatal durchgeführte Tests wirksamer, zweckmäßiger oder

---

18 Vgl. KARPIN/SAVELL 2012, 29; NICKLAS-FAUST 2014.
19 Vgl. LÜBBE 2003; HAKER 2011, 56–68; SHAKESPEARE 2014, 113–136.
20 Vgl. DONDORP ET AL. 2015, 8.

wirtschaftlicher seien als postnatal durchgeführte, was nur bedingt nachvollziehbar scheint. Der unterschiedlichen Praxis scheint die Annahme zugrunde zu
liegen, dass eine möglichst profunde Entscheidungsgrundlage bereitgestellt werden muss, solange ein Schwangerschaftsabbruch in Frage kommt, während eine
postnatale Diagnosestellung zur Verbesserung einer Behandlung eines geborenen Menschen nicht indiziert sei. Stefan Huster hat dazu 2012 ein Gutachten für
den Deutschen Ethikrat erstellt, was zeigt, dass analoge Fragen auch im deutschen Kontext bestehen. Die Ergebnisse dieses Gutachtens sind auf die deutsche
Gesetzgebung bezogen und lassen daher keine unmittelbaren Schlüsse für den
Schweizer Kontext zu.[21] Das Schweizer Bundesgericht hat in Urteilen vom
18.04.2013[22] und 14.04.2015[23] klar gemacht, dass die Beweislast für die Wirksamkeit, Zweckmäßigkeit und Wirtschaftlichkeit einer Gendiagnostik bei Kindern
mit Behinderungen wie Mikrozephalie oder Wachstumsstörungen bei den Eltern
und Ärzten liegt. Die Sicherung einer Diagnose (z. B. das Vorliegen oder nicht
Vorliegen eines Turner-Syndroms) zur besseren Planbarkeit von Therapie, För-
dermaßnahmen und Konsequenzen für die Lebensplanung von Eltern und Kind
reichten den Richtern in beiden Fällen nicht aus, um eine Finanzierung der genetischen Tests durch die Krankenkassen zu begründen. Diese unterschiedliche
Handhabung der Beweislast für genetische Untersuchungen vor und nach der Geburt eines Kindes stellt aus sozialethischer Sicht eine nicht begründbare Ungleichbehandlung dar und ist deshalb als diskriminierend abzulehnen.

Offen ist die Frage, ob die positiven Erfahrungen, welche schwangere Frauen
mit dem NIPT machen, in der Summe als ein gesellschaftlicher Nutzen definiert
und evaluiert werden könnte.[24]

Problematisch ist die Bestimmung der Kosteneffektivität des NIPT insbesondere dann, wenn über die Kosten für die Durchführung von Tests hinaus die Bewertung von Embryonen, Föten oder Menschen mit und ohne Behinderungen in
eine Kalkulation mit einbezogen werden. Wird beispielsweise berechnet, wie viel
die Detektion eines zusätzlichen Embryos mit Trisomie 21 koste oder einzusparen helfe, wird dabei implizit davon ausgegangen bzw. vorausgesetzt, dass sich
eine schwangere Frau bei positivem Befund für einen Schwangerschaftsabbruch
entscheiden werde; offensichtlich verhält es sich *de facto* auch in den meisten Fällen so, dass schwangere Frauen sich bei einem Befund von Trisomie 21 zugunsten
eines Schwangerschaftsabbruchs entscheiden.[25] Das Vorgehen ist besonders

---

21 Vgl. HUSTER/GOTTWALD 2012.

22 BGE 9C_1011/2012.

23 BGE 9C_748/2014.

24 Vgl. LEWIS ET AL. 2014a und 2014b; BRAUER U. A. 2016, 85–159.

25 Vgl. BRAUER U. A. 2016, 51 f.

fraglich, wenn dabei die Lebenskosten eines Menschen miteinbezogen werden, der Wert eines menschlichen Lebens damit messbar und in Geldeinheiten ausgedrückt wird: Hier wird implizit davon ausgegangen, dass ein menschliches Leben gemessen an seiner Produktivität aus gesellschaftlicher Sicht wertvoller und wertloser sein könne. Damit wird implizit vorausgesetzt, dass eine Gesellschaft einen Nutzen oder Schaden in Abhängigkeit zur Befindlichkeit oder Fitness der Nachkommen davontrage. Gemäß diesem Ansatz wäre es für eine Gesellschaft ein in Geldeinheiten messbarer Vorteil, wenn besonders arbeitstüchtige und kräftige Menschen zur Welt kämen, kranke und schwache Menschen hingegen verhindert würden.

Diese Argumentationsweise erinnert nicht nur von Ferne an sozialdarwinistische Theorien, sondern entspricht diesen im Kern. Derartige Lebenswertberechnungen aus gesellschaftlicher Sicht anzustellen ist keineswegs eine neue Idee. Sie bilden beispielsweise die Grundlage für Adolf Josts Studie «Das Recht auf den Tod» von 1895 und waren vor allem im Anschluss an den Ersten Weltkrieg die Basis für eine Reihe deutschsprachiger Schriften, die im Bereich der damals wissenschaftlich betriebenen Rassenhygiene und Eugenik veröffentlicht wurden. Die bekannteste Schrift ist die zuerst 1920, anschließend in vielen weiteren Auflagen erschienene Monographie des bekannten Strafrechtlers Karl Binding und des Psychiaters Alfred Hoche «Die Freigabe der Vernichtung lebensunwerten Lebens. Ihr Maß und ihre Form»[26]. Als Beispiele für lebensunwertes Leben wurden insbesondere Menschen mit Behinderungen, schwer Kranke und Sterbende angeführt.

Das Kernproblem in diesen Ansätzen besteht in der Einführung von Lebensqualitätskriterien, welche bereits dann nicht unproblematisch sind, wenn sie individualethisch und aus der Sicht eines betroffenen Menschen selbst herangezogen werden.[27] Wird der Wert eines menschlichen Lebens jedoch aus gesellschaftlicher Sicht als Entscheidungsgrundlage über dessen Sein oder Nicht-Sein herangezogen, wird der Lebensschutz insbesondere vulnerabler Gruppen eliminiert und das Existenzrecht der Betroffenen infrage gestellt.

Ein Gedankenexperiment vermag die Reichweite dieser Bedenken deutlich zu machen: Falls eine sozialethische Maxime darin bestehen sollte, die Geburt von Menschen mit volkswirtschaftlich gesehen besonders hohen Gesamtlebenskosten und niedriger Produktivität möglichst zu verhindern, wäre es naheliegend, zuerst diejenigen Embryonen und Föten im Sinne einer negativen Eugenik vorgeburtlich zu eliminieren, welche infolge ihrer Geburt besonders hohe Gesamtle-

---

26 BINDING/HOCHE 1920. Diese Schrift wird auch im US-amerikanischen Grundlagenwerk BUCHANAN ET AL. 2000 als eine der Grundschriften der so genannten alten bzw. staatlich gelenkten Eugenik rezipiert.

27 Vgl. PORNSCHLEGEL 2003; MCINTOSH/SOMMERS 2013; BRAUER U. A. 2016, 260–267.

benskosten generieren. Es liegt auf der Hand, dass bei solchen Berechnungen der Gesamtlebenskosten eine Behinderung nur einen Faktor neben vielen anderen darstellen würde, weiterhin zu berücksichtigende Aspekte wären der potentielle Bedarf an Sozialversicherungen, Sozialhilfe und der Gesundheitsversorgung, Arbeitsunfähigkeit oder auch negative Milieueinflüsse (Bildungsferne genauso wie Wohlstandsverwahrlosung).

2.2 Pränatale genetische Diagnostik aus Sicht von Public Health

Wie bereits erwähnt ist es nicht gleichzusetzen, ob eine Entscheidung aufgrund einer vorgeburtlichen genetischen Diagnostik aus individueller oder gesellschaftlicher Sicht beurteilt wird. Gesellschaftlich und aus Sicht einer Public-Health-Ethik ist es als Vorteil zu begrüßen, wenn die Gesundheit der Bevölkerung gefördert und Leiden vermindert werden kann.

Diese Unterscheidung zwischen individueller und sozialer Perspektive liegt auch der Abgrenzung der «liberalen Eugenik» von der weitaus problematischeren, traditionellen Form der «alten Eugenik» zugrunde: Die liberale Eugenik geht davon aus, dass eugenische Entscheidungen auf der reproduktiven Autonomie einer schwangeren Frau beruhen[28] und nicht, wie in der traditionellen autoritativen Eugenik, auf staatlichen Entscheidungen, mit dem Ziel der Förderung der Public Health.[29] Offensichtlich lassen sich Begründungen für individuelle Entscheidungen von schwangeren Frauen oder Paaren nicht verallgemeinern und im Sinne der Förderung der öffentlichen Gesundheit formulieren, ohne dass äußerst problematische eugenische Public-Health-Programme entstehen. Weyma Lübbe hat in einem einflussreichen Text darauf hingewiesen, dass Menschen im Privatbereich immer wieder Entscheidungen auf der Basis von Kriterien treffen, die aus gesellschaftlicher Sicht sehr problematisch, weil gegen die Menschenrechte gerichtet zu bewerten seien, beispielsweise bei der Partnerwahl.[30]

Möglich ist allerdings, dass in der privaten Sphäre getroffene Einzelentscheidungen auf die Dauer und im Ganzen dazu führen, dass öffentliche Güter gefährdet werden, wie das Beispiel Indien zeigt: Einzelentscheidungen von schwangeren Frauen, mit Hilfe des vorgeburtlichen Ultraschalls weibliche Föten zu detektieren,

---

28 Vgl. BRAUER U. A. 2016, 258–295.

29 Vgl. BUCHANAN ET AL. 2000; AGAR 2000, 171: «While old-fashioned authoritarian eugenicists sought to produce citizens out of a single centrally designed mould, the distinguishing mark of the new liberal eugenics is state neutrality. Access to information about the full range of genetic therapies will allow prospective parents to look to their own values in selecting improvements for future children. Authoritarian eugenicists would do away with ordinary procreation freedoms. Liberals instead propose radical extensions of them.»

30 Vgl. LÜBBE 2003.

um deren Geburt durch einen Schwangerschaftsabbruch zu verhindern, hat während der letzten Jahre dazu geführt, dass in einigen ländlichen Gebieten Indiens ein massives Ungleichgewicht der Geschlechter entstanden ist, so dass beispielsweise viele junge Männer keine Ehefrau mehr finden.[31] Im Sinne dieses Beispiels lässt sich fragen, ob verbreitete individuelle Entscheidungen, beispielsweise die Geburt von Föten mit bestimmten Eigenschaften oder einem bestimmten Geschlecht zu verhindern, nicht zu ähnlichen Schieflagen führen könnten. Gesellschaftliche Werthaltungen und Ideale – wie im genannten Beispiel indische Heiratsregeln oder der für Frauen eingeschränkte Zugang zum Arbeitsmarkt – sind nicht selten wirkursächlich an autonomen Entscheidungen einzelner Menschen beteiligt, was zu Phänomenen der Normalisierung, Konformismus und Anpassung beitragen kann. Der gesellschaftliche Normalisierungsdruck kann einer freien Entscheidung unter Umständen auch im Weg stehen, die Anwendung des NIPT beispielsweise zu reiner Routine werden.[32] In der Literatur werden Beispiele genannt für eugenisch begründete Entscheidungen, die sich aufgrund der Einführung des NIPT in Mittel- und Niedriglohnländern der Welt ergeben könnten.[33]

Ein positives Zukunftsszenario für die Schweiz, in welchem die Anerkennung von Verschiedenheit und von Menschen mit Behinderung angenommen wird, wurde in einer Studie des Gottlieb Duttweiler Instituts mit Blick auf die Situation von Menschen mit Behinderung im Jahr 2035 entworfen.[34] Da sich eine Politik der Inklusion von Menschen mit Behinderungen bereits heute politisch, gesellschaftlich und rechtlich sichtbar etabliert habe, geht die Studie von einem grundsätzlich positiven Bild der gesellschaftlichen Zukunft aus. Solidarität, Empathie, Gemeinwohlorientierung und Offenheit für die «Nichtperfektion» des Menschen würden sich allerdings nicht von alleine entfalten, so die Autorinnen, sondern bedürften einer Reihe gesellschaftlicher Engagements, unter anderem der Sensibilisierung der Öffentlichkeit für den Wert der Vielfalt menschlichen Lebens.[35]

Aus Sicht von Public Health wird auch die ethische Überlegung angestellt, ob die reproduktive Autonomie im Sinne einer Pflicht zur Auswahl bestimmter Embryonen und Föten eingeschränkt werden sollte.[36] Die Philosophen Julian Savu-

---

31 Vgl. BRAUER U. A. 2016, 216–221: Hier ist aus rechtlicher Sicht von einer möglichen Begrenzung der reproduktiven Autonomie die Rede, falls höherwertige öffentliche Interessen das Recht auf Wissen der schwangeren Frau überwiegen sollten.

32 Vgl. ebd. 259 f.

33 Vgl. ALLYSE ET AL. 2015.

34 Vgl. HAUSER/TENGER 2015, 2–6.

35 Vgl. ebd. 4.; BRAUER U. A. 2016, 130 f.: «Information über medizinische und soziale Aspekte der Behinderung», hier thematisiert im Kontext der Beratung.

36 Vgl. KARPIN/SAVELL 2012, 32.

lescu und Guy Kahane versuchen beispielsweise eine Pflicht zu begründen, Kinder mit den besten Lebensaussichten zu zeugen («to create children with best life»).[37] Diese Überlegungen setzen allerdings die positive Beantwortung der Frage voraus, ob es stets schlecht sei für einen Menschen, ein Leben mit einer Behinderung zu führen.[38] Franziska Felder, Professorin für Inklusive Pädagogik und Behinderungsforschung an der Universität Wien, ist der Meinung, dass sich diese Frage nur anhand einer Theorie des guten Lebens beantworten lasse, womit sie wiederum auf die individualethische Perspektive verweist.[39] Der Philosoph und Ethiker Thomas Schramme betont die Schwierigkeit, «well-being» oder das gute, gedeihende Leben allgemein definieren zu können.[40]

Auch hier gelten wieder die oben genannten Beobachtungen: Sobald auf gesellschaftlicher Ebene Kriterien über den Wert und Unwert menschlichen Lebens etabliert und ethisch oder rechtlich verankert werden sollen, wird das Lebensrecht von Menschen infrage gestellt, deren Befindlichkeit als unwert eingestuft wird. Das wiederum widerspricht den grundlegenden Menschenrechten, im Fall des Tötungsverbots der Achtung der Menschenwürde.

Grundlegend ist eine Unterscheidung, die in der Stellungnahme der europäischen und US-amerikanischen Fachgesellschaften getroffen wird. Hier werden zwei Ziele unterschieden, welche durch die vorgeburtliche genetische Diagnostik und auch den NIPT angestrebt werden sollen: Zum einen gehe es darum, die autonome Entscheidung einer schwangeren Frau zu ermöglichen, zum anderen, die öffentliche Gesundheit zu fördern.[41] Wichtig ist der Hinweis, dass beispielsweise bei der Durchführung der Ultraschalldiagnostik die Umsetzung beider Ziele angestrebt werde, während es bei anderen Maßnahmen lediglich um eines der beiden Ziele gehe. Daher sei besonders genau zu kommunizieren, welches Ziel auf welchem Weg erreicht werden soll. Sie betonen zu Recht, dass auch beim NIPT beide Ziele verfolgt würden: Durch die Chromosomenuntersuchung solle die reproduktive Autonomie gestärkt, durch die Untersuchung der Blutgruppe hingegen sollten Public-Health-Ziele verfolgt werden. Aus ethischer Sicht sei es wichtig, beide Ziele klar voneinander zu trennen. Ob sich diese Strategie der klaren Kommunikation über die unterschiedlichen Ziele vorgeburtlicher genetischer Untersuchungen praktisch umsetzen lässt, ist aus sozialethischer Sicht jedoch fraglich und betrifft die genetische Beratung genauso wie den Verlauf öffentlicher Diskurse.

---

37 Vgl. SAVULESCU/KAHANE 2009; vgl. Kap. III/3 im vorliegenden Band.
38 Vgl. FELDER 2012 und 2013; BICKENBACH ET AL. 2014.
39 Vgl. BRAUER U. A. 2016, 267–271.
40 Vgl. SCHRAMME 2014.
41 Vgl. DONDORP ET AL. 2015, 8.

2.3 Gesundheit, Krankheit und Behinderung

Wahrnehmung und Verständnisse von Gesundheit, Krankheit und Behinderung unterliegen kontextuellen Bedingungen. Kulturelle, zeitliche, soziale wie individuelle Umstände tragen dazu bei, dass sich Vorstellungen, (normative) Erwartungen und Ziele hinsichtlich dieser Grundkonzepte verändern. Offensichtlich geht es beim Verständnis von Gesundheit, Krankheit und Behinderung unter anderem um subjektive und objektive Komponenten, um eine Mischung aus deskriptiven und normativen Elementen, um die Bestimmung von Funktionalität und Dysfunktionalität des Menschen, um medizinische und soziale Zuschreibungen und damit um komplexe, kultur- und wertgebundene Begriffe.[42]

Gegenwärtig wird Gesundheit nicht in erster Linie statisch, als ein bestimmter Zustand verstanden, beispielsweise als Abwesenheit von Krankheiten oder die Fähigkeit, mit Einschränkungen pragmatisch umgehen zu können. Das Gesundheitsverständnis ist vielmehr dynamisch, geprägt von der Idee einer permanenten und quasi täglich anzustrebenden Optimierung des Befindens.

Im Bericht «Ziele und Aufgaben der Medizin zu Beginn des 21. Jahrhunderts» der Schweizerischen Akademie der Medizinischen Wissenschaften wird Gesundheit als ein Fließgleichgewicht definiert, welches das Individuum ständig mit seiner Umwelt herzustellen versucht, um sein Wohlbefinden zu optimieren.[43] Während sich traditionelle Medizin und Pflegewissenschaft in ihren Spezialisierungen, Behandlungen und ihrem Selbstverständnis an Krankheiten und Defiziten orientieren, wird seit einigen Jahren im Zeichen von Public Health und der Etablierung der interdisziplinär angelegten Gesundheitswissenschaften die Neuorientierung an der Gesundheit bzw. der Gesundheitsförderung und -prävention gefordert. Diese Veränderung ist nicht zuletzt auch die Basis für die Idee einer steten Verbesserung und Optimierung («Enhancement») nicht nur einzelner Menschen, sondern auch der gesamten Bevölkerung.[44]

Andreas Lob-Hüdepohl betont aus sozialethischer Sicht die Bedeutung soziokultureller Wahrnehmungsmuster für das Verständnis von Krankheit, Gesundheit und Behinderung[45], ein im besten Sinne des Wortes aufklärerisches Buch des Humangenetikers Wolfram Henn trägt den Titel «Warum Frauen nicht schwach, Schwarze nicht dumm und Behinderte nicht arm dran sind. Der Mythos von den guten Genen»[46].

---

42 Vgl. HUCKLENBROICH/BUYX 2013; ZIMMERMANN 2018.

43 Vgl. SCHWEIZERISCHE AKADEMIE DER MEDIZINISCHEN WISSENSCHAFTEN 2004, 18.

44 Vgl. ECKHARDT U. A. 2011; EILERS U. A. 2012.

45 Vgl. LOB-HÜDEPOHL 2006, 237.

46 HENN 2004.

Im Kontext des neuen Gesundheitsverständnisses erhalten auch genetische Tests eine veränderte Bedeutung: Abgesehen von den bereits etablierten prädiktiven Tests beispielsweise im Bereich des erblichen Brust- oder Darmkrebs, die dazu führen, dass Patientinnen und Patienten sich behandeln lassen, bevor sich ein Krankheitssymptom gezeigt hat (eine Realität, die durch die Entscheidung Angelina Jolies zur prophylaktischen Mastektomie bekannt wurde), führt der vereinfachte Zugang zu genetischen Diagnosetechniken über Internet heute zur Bildung von «genetischen Gemeinschaften», die sich weltweit aufgrund ähnlicher genetischer Ausgangslagen zusammentun und sich gegenseitig in der Gesundheitsförderung und Prävention unterstützen.[47] In einem einseitig an den Chancen der personalisierten Medizin ausgerichteten Bericht der European Science Foundation «Personalised Medicine for the European Citizen» von 2012 wird die Förderung der sogenannten «proaktiven P4-Medizin» (das Akronym steht für eine vier-Prinzipien-Medizin) gefordert, wobei sich die vier Prinzipien auf die Adjektive prädiktiv, präventiv, personalisiert und partizipatorisch beziehen.[48] In diesem Verständnis werden auch die neuen Möglichkeiten der Humangenetik in ein revidiertes Gesamtverständnis der Medizin eingebettet, in welchem die Orientierung an der Genetik, Gesundheitsförderung, Prävention und der unmittelbaren Beteiligung bzw. Verantwortung jedes und jeder Einzelnen von zentraler Bedeutung sind.

Aus Sicht der Disability Studies werden diese Veränderungen kritisch beurteilt, wobei insbesondere die vorgeburtliche genetische Diagnostik und hier insbesondere Tendenzen zu einer Anpassung an gesellschaftliche Ideale wie Fitness, die Spirale der Verbesserung und Steigerung der Leistungsfähigkeit im Zentrum der Aufmerksamkeit stehen.[49] Daneben wird auf der Ebene der Hintergrundtheorien auch die einseitige Betonung an der Autonomie im Sinne der individuellen Selbstverantwortung kritisiert: Dieser Einseitigkeit wird mit Hinweis auf ein Menschenbild entgegnet, in welchem die gegenseitige Angewiesenheit von Menschen aufeinander und die Bedeutung der Fürsorge (Care) füreinander stärker wahrgenommen werden. Unter dem Begriff «Normalisierung» bzw. «Selbstnormalisierung» wird schließlich festgestellt, dass die genannten gesellschaftlichen Ideale zu einer Orientierung an einem reduktionistisch verstandenen «normalen Menschen» (im Sinne eines Norm-Menschen) in das eigene

---

47 Vgl. PRAINSACK/BUYX 2011 und 2017; kritisch dazu JONES 2013 und LINDEE 2013; vgl. Kap. II/7 im vorliegenden Band.

48 EUROPEAN SCIENCE FOUNDATION 2012, 14: «Thus, the future of medicine might best be considered as predictive, preventive, personalised and participatory, a view now known as proactive P4 medicine.»

49 Vgl. EILERS U. A. 2012; BRAUER U. A. 2016, 309.

Selbstbild aufgenommen werden und dann auch Basis für die reproduktive Autonomie bilden.[50]

Ein weiterer Kritikpunkt betrifft die mit bestimmten Krankheiten oder Behinderungen verbundene Einschätzung der Lebensqualität, welche je nach Perspektive des bzw. der Urteilenden sehr unterschiedlich ausfallen kann.[51] Dies führt heute zum Beispiel bei der Einschätzung der Kosteneffektivität medizinischer Maßnahmen im Bereich des Health Technology Assessment (HTA) zu Schwierigkeiten und spielt indirekt auch bei der Diskussion um die Verteilung knapper Mittel im Gesundheitswesen eine Rolle.[52] Bei der Bestimmung der durch eine Maßnahme erzielten qualitätsbereinigten Lebensjahre (QALYs) ist ein Problem, dass die erreichbare Lebensqualität bei Menschen mit chronischen Erkrankungen oder Behinderungen prinzipiell niedriger eingestuft wird als bei nicht-kranken Menschen oder Menschen ohne Behinderungen und dadurch die Kosten pro QALY bei einer Behandlung von Menschen mit Behinderungen stets höher liegen als bei Patientinnen und Patienten ohne Behinderung, was einer strukturellen Diskriminierung gleichkommt.[53]

In der Diskussion um die vorgeburtliche genetische Diagnostik sind mit Blick auf das Verständnis von Krankheit und Behinderung heute zudem zwei Unterscheidungen wesentlich: *Erstens* diejenige zwischen dem medizinischen und sozialen Modell der Behinderung, *zweitens* diejenige zwischen schweren und lediglich leichten Beeinträchtigungen. Während die Kritik am medizinischen Modell von Behinderung eine der zentralen Anliegen der Behindertenbewegung und der Disability Studies darstellt und entsprechend breit diskutiert wird,[54] ist die Unterscheidung zwischen einer bloß leichten gegenüber einer gravierenden Beeinträchtigung ein Kriterium, das zwar im Zusammenhang mit der Totalrevision des Schweizerischen «Gesetz zur Genetischen Untersuchung beim Menschen» (GUMG)[55] bis in gesetzliche Regelungen hinein relevant geworden ist und *de facto* in vielen einschlägigen Texten der Argumentation zugrunde gelegt wird, jedoch kaum diskutiert oder konkretisiert wird. Letztlich stehen beide Unterscheidun-

---

50 Vgl. WALDSCHMIDT 2003.

51 Vgl. AHLVIK-HARJU 2014; LOB-HÜDEPOHL 2006.

52 Vgl. Kap. II/1 im vorliegenden Band.

53 Vgl. WASSERMAN/ASCH 2013.

54 Vgl. RALSTON/HO 2010; NICKLAS-FAUST 2014; WASSERMAN/ASCH 2013.

55 Die revidierte Fassung des Gesetzes ist am 01.12.2022 in Kraft getreten; aus ethischer Sicht zum Schweregrad einer Krankheit oder Beeinträchtigung vgl. NATIONALE ETHIKKOMMISSION IM BEREICH DER HUMANMEDIZIN 2016, 14 f.; differenzierter und mit Blick auf die Präimplantationsdiagnostik in NATIONALE ETHIKKOMMISSION IM BEREICH DER HUMANMEDIZIN 2022, 8; 18–20; vgl. auch SCHWEIZERISCHE AKADEMIE DER MEDIZINISCHEN WISSENSCHAFTEN 2020, 9.

gen in einem Bedeutungszusammenhang, insofern sich besonders gravierende Schädigungen letztlich nicht mehr in einem sozialen Modell von Behinderung überzeugend erklären und verstehen lassen: Je gravierender eine psychische oder physische Schädigung bei einem Menschen aufgrund einer erblichen Erkrankung ausfällt, desto weniger plausibel lässt sich aufzeigen, dass sich eine Behinderung einzig auf eine Folge sozialer Ausgrenzung zurückführen lässt.

Zunächst zur *ersten* Unterscheidung: In jeder Definition von Behinderung spielen mindestens zwei Elemente eine wesentliche Rolle, zum einen eine körperliche oder psychische Eigenschaft, die als Schädigung oder Dysfunktion wahrgenommen wird, zum anderen persönliche oder soziale Einschränkungen, die mit dieser Schädigung einhergehen.[56] Einer der stark kontroversen Punkte in den Disability- und Bioethik-Debatten – der in den Auseinandersetzungen um den Beitritt der Schweiz zum UN-Übereinkommen über die Rechte von Menschen mit Behinderungen von 2006 auch politisch debattiert wurde[57] – betrifft die Verhältnisbestimmung dieser beiden Elemente zueinander, wobei zwei extreme Standpunkte vertreten werden: Der eine behauptet, dass alleine die Schädigung, der andere, dass alleine die sozialen Bedingungen für die Behinderung verantwortlich seien. Diese beiden Positionen werden in zwei Modellen zum Ausdruck gebracht: Dem medizinischen Modell, das die Schädigung für wesentlich hält, und dem sozialen Modell, in welchem die gesellschaftlichen Umstände für die Behinderung verantwortlich gemacht werden. In der Bioethik wird häufig das medizinische Modell zugrunde gelegt,[58] in den Disability Studies meist das soziale Modell, so dass eine Metadiskussion über eine mögliche Behindertenfeindlichkeit der Bioethik entstanden ist.[59]

Sabine Müller analysiert zutreffend, dass es in dieser Modelldebatte um eine Neuprägung von emotional und normativ belegten Begriffen geht: Was früher «Behinderung» hieß und negativ konnotiert wurde und wird,[60] wird im sozialen Modell neu «Schädigung» genannt, während der negativ besetzte Begriff «Behinderung» der Gesellschaft und ihren Strukturen angelastet wird: Behindernd seien Strukturen sowie Verhaltens- und Denkweisen, nicht Schädigungen wie beispielsweise eine Seh-, Geh- oder Lernbehinderung.[61] Anhand der Kontroverse um die Hörbehinderung gelingt es ihr aufzuzeigen, dass es sehr fraglich ist, Embryonen in vitro so zu selektieren, dass sie ebenfalls mit dieser Schädigung auf die

---

56 Vgl. WASSERMAN/ASCH 2013.

57 Vgl. KÄLIN U. A. 2008; SCHWEIZERISCHER BUNDESRAT 2010; GRAUMANN 2011, 26–79.

58 Pointiert und in Auseinandersetzung mit den Disability Studies auch in MÜLLER 2013.

59 Vgl. GRAUMANN 2003 und 2014; KUHLMANN 2003.

60 Beispielsweise hat sich in der gegenwärtigen Jugendsprache der Ausspruch «Du bist wohl behindert!» als gängige negative Ausdrucksweise etabliert.

61 Vgl. MÜLLER 2013, 116.

Welt kommen werden: Der Grund dieser Infragestellung liegt genau dort, wo das medizinische Modell von Behinderung ansetzt und das soziale Modell unplausibel wird. Diese Grenze wurde auch von Andreas Kuhlmann beschrieben, der als Philosoph und Bioethiker selbst von einer starken Beeinträchtigung betroffen war und im Alter von 49 Jahren infolge eines Suizids verstorben ist.[62] Die Unterscheidung und die Versuche der Grenzbestimmung werden im nächsten Abschnitt (2.4) noch einmal aufgegriffen, wenn es um die Einschätzung des Diskriminierungsvorwurf im Kontext der vorgeburtlichen Diagnostik geht.

Zur *zweiten* Unterscheidung zwischen bloß leichten gegenüber schweren Beeinträchtigungen lassen sich problemlos Belegstellen anführen, die zeigen, wie wichtig dieser Orientierungspunkt in den rechtlich- wie ethisch-normativen Debatten heute *de facto* geworden ist. In der bereits erwähnten neu überarbeiteten Version des Schweizerischen «Gesetzes über die genetische Untersuchung am Menschen» wird in Art. 15 neu die Schwere eines Leidens betont. Im besagten Artikel wird das Wort «wesentlich» im Gesetzestext ergänzt, so dass dieser lautet: Art. 15: 1. «Pränatale Untersuchungen dürfen nur durchgeführt werden, wenn sie dazu dienen: a. Eigenschaften abzuklären, welche die Gesundheit des Embryos oder des Fötus direkt und *wesentlich* beeinträchtigen (…).»

In den Erläuterungen zur Gesetzesrevision des Bundesrats heißt es dazu mit Verweis auf den NIPT:

> Mit der Entwicklung der NIPT entfallen Barrieren, welche bisher die Durchführung der genetischen PND (Pränataldiagnostik, M. Z.) einschränkten (…). Daher sieht Buchstabe a neu zusätzlich vor, genetische Untersuchungen an Ungeborenen auf Abklärungen von Merkmalen einzuschränken, welche die Gesundheit nicht nur ‹direkt›, sondern auch ‹wesentlich› beeinträchtigen. *Mit dem Begriff ‹wesentlich› muss zukünftig die Schwere eines Leidens als Kriterium berücksichtigt werden. Damit dürfen Eigenschaften, welche die Gesundheit von Embryonen oder Föten beeinflussen, nur noch dann untersucht werden, wenn sie die Lebensqualität dauerhaft und in einem erheblichen Ausmass beeinträchtigen.* Zur weiteren Erläuterung dieser Begriffe erscheint es sinnvoll, dass sich die Nationale Ethikkommission im Rahmen einer Stellungnahme oder Empfehlung dazu äussert.[63]

Demnach soll die vorgeburtliche genetische Diagnostik nur durchgeführt werden dürfen, wenn die Lebensqualität eines betroffenen Embryos im Anschluss an die Geburt dauerhaft und in erheblichem Ausmaß eingeschränkt würde. Diese Aussage bleibt äußerst vage. Angesichts dessen, dass sie eine normative Grenze für die Erlaubtheit von Tests festlegen soll, ist sie wenig plausibel.

---

62 Vgl. KUHLMANN 2003; DÜWELL 2008a.

63 SCHWEIZERISCHER BUNDESRAT 2015, 63 (Hervorhebung eingefügt, MZ). Die Nationale Ethikkommission hat sich in den Richtlinien zur Präimplantationsdiagnostik ausführlicher mit dieser Frage befasst, vgl. NATIONALE ETHIKKOMMISSION IM BEREICH DER HUMANMEDIZIN 2022, 8; 18–20; vgl. auch SCHWEIZERISCHE AKADEMIE DER MEDIZINISCHEN WISSENSCHAFTEN 2020, 9.

Ein Blick in die Literatur zeigt, dass zwar die grundsätzliche Bedeutung dieser Unterscheidung in vielen Beiträgen betont wird,[64] jedoch kaum Hinweise auf deren Konkretisierung gemacht werden. In der Stellungnahme der europäischen und US-amerikanischen humangenetischen Fachgesellschaften heißt es beispielsweise, dass eine Entscheidung über die Fortsetzung einer Schwangerschaft bei nur geringen Schädigungen besonders schwierig sein könnte, wobei hier auch Anomalien auf den Geschlechtschromosomen wie das Klinefelter-Syndrom oder «minor abnormalities or cosmetic traits» als «mild» bezeichnet werden. Im Hinblick auf diese Schädigungen wird in der Stellungnahme vor möglichen Ausweitungserscheinungen bzw. Slippery-Slope-Effekten gewarnt.[65]

Isabel Karpin und Kristin Savell gehen ausführlicher auf die Unterscheidung ein und kommen in ihrer rechtswissenschaftlichen Studie zu dem Schluss, dass die Grenzziehung zwischen leichter und schwerer Beeinträchtigung letztlich bei den werdenden Eltern selbst liegen müsse, da sie sich nicht objektivieren lasse.[66] Die Philosophin Weyma Lübbe unterscheidet zunächst mit Verweis auf deren intuitive Klarheit zwischen absoluten und lediglich relativen Lasten für die Eltern und das werdende Kind. Allerdings konzediert auch sie, dass die Grenzbestimmung zwischen absolut belasteten Embryonen von solchen, die aufgrund einer relativen oder kleinen Schädigung dem Konkurrenzdruck einer Leistungsgesellschaft vermutlich nicht gewachsen sein würden, schwierig sei. Für den Fall, dass ein Mensch aufgrund seiner Einschränkungen dem Konkurrenzdruck nicht standhalten könnte, plädiert sie im Sinne des sozialen Modells von Behinderung für eine Veränderung der Gesellschaft. Eine scharfe Grenzziehung lasse sich jedoch nicht einfach vornehmen, womit auch in ihren Überlegungen deutlich wird, dass das ursprünglich über die Intuition (tief sitzende moralische Überzeugungen mit kognitiven und emotionalen Anteilen) gelöste Problem wieder unbeantwortet erscheint:

> Sind nur andauernde Schmerzen absolut belastend, oder ist es z. B. auch das Wissen, dass man im mittleren Alter an Chorea Huntington sterben wird? Inwieweit ist fehlende Gehfähigkeit eine absolute Belastung? Oder ist das nur ein Konkurrenznachteil?[67]

Weiterführend sind die Bemerkungen zu ernsthaften medizinischen Bedingungen («serious medical conditions») im Beitrag von Megan Allyse und ihrem Team[68]: Die

---

64 Vgl. u. v. a. LÜBBE 2003; KARPIN/SAVELL 2012; MÜLLER 2013; PORTER/SMITH 2013; SHAKESPEARE 2014; ALLYSE ET AL. 2015, 118; DONDORP ET AL. 2015, 6 f.

65 Vgl. DONDORP ET AL. 2015.

66 Vgl. KARPIN/SAVELL 2012, 347 f.; diese Einschätzung teilt auch die NATIONALE ETHIKKOMMISSION IM BEREICH DER HUMANMEDIZIN 2022, 18–20.

67 LÜBBE 2003, 219 f.

68 Vgl. ALLYSE ET AL. 2015.

US-amerikanischen Autorinnen und Autoren, die sich mit internationalen Regelungen des NIPT und damit verbundenen Herausforderungen befassen, weisen darauf hin, dass genetische Veränderungen, die im Embryo genotypisch nachgewiesen werden können, sich phänotypisch sehr unterschiedlich stark auswirken können:

> Although factors like the severity of a genetic condition, the viability of the fetus/child, and the quality of life of the family are important considerations, the variable expressivity and penetrance of genetic disorders, including trisomy 21, make it difficult to predict the physical or emotional health of an affected child.[69]

Darüber hinaus betonen sie, dass diese Herausforderung mit hoher Wahrscheinlichkeit noch weitaus bedeutender werden, wenn es mittels NIPT möglich sein wird, das gesamte Genom eines Embryos zu analysieren.

Der Versuch einer Konkretisierung des Kriteriums durch die Nationale Ethikkommission im Rahmen von Richtlinien zur gesetzlichen Regelung der Präimplantationsdiagnostik in der Schweiz[70] stellt einen Versuch dar, die Unterscheidung zwischen schwerer und leichter Schädigung bzw. Krankheit aus ethischer Sicht so einzugrenzen, dass einerseits keine Diskriminierung oder Stigmatisierung bestimmter Menschen daraus resultiert, andererseits aber trotzdem möglichst konkrete Anhaltspunkte für Entscheidungssituationen genannt werden können. Als wesentlich erachtet die Nationale Ethikkommission erstens das Empfinden einer unzumutbaren Belastung durch die Wunscheltern, zweitens die Nachvollziehbarkeit dieser Einschätzung durch eine ärztliche Fachperson sowie drittens die Berücksichtigung gesellschaftlich verankerter Werthaltungen. Entsprechend werden zwei prozedurale Regeln formuliert: Die Eltern müssen eine unzumutbare Belastung geltend machen, und die behandelnde Ärztin bzw. der behandelnde Arzt muss diese Unzumutbarkeit im Rahmen allgemein anerkannter Kriterien nachvollziehen können. Die allgemein anerkannten Kriterien werden mit Blick auf Krankheitsfolgen wie folgt bestimmt:

> Beeinträchtigung der Möglichkeit, ein selbstbestimmtes Leben zu führen, namentlich durch erhebliche, nicht nur vorübergehende Einschränkungen der Bewegungsfreiheit, der Fähigkeit zur Bewältigung des Alltags, kognitiver Fähigkeiten oder der Kommunikations- und Beziehungsfähigkeit; chronische intensive Schmerzen oder eine deutlich reduzierte Lebenserwartung.[71]

Zudem weist die Kommission darauf hin, dass der Gesetzgeber die Unzumutbarkeit einer Situation für die Eltern anvisiert habe, nicht etwa eine Unzumutbarkeit für die Kinder selbst, wodurch das eugenische Potential der Regelung einge-

---

69 Ebd. 118.

70 Mit der gesetzlichen Erlaubnis der Präimplantationsdiagnostik im Jahr 2017 wurde im Schweizer Fortpflanzungsmedizingesetz in Art. 5a festgelegt, dass eine Präimplantationsdiagnostik lediglich im Fall einer drohenden *schweren* Krankheit eingesetzt werden darf.

71 NATIONALE ETHIKKOMMISSION IM BEREICH DER HUMANMEDIZIN 2022, 8.

schränkt wird und die Bestimmung der schweren Krankheit stark an die Handlungs- und Entscheidungsmöglichkeiten, letztlich die reproduktive Autonomie der Wunscheltern zurückbindet.[72]

Mit Blick auf die beiden hier untersuchten Unterscheidungen – zwischen dem medizinischen und sozialen Modell von Behinderung einerseits und zwischen leichter und schwerer Beeinträchtigung andererseits – besteht offensichtlich ein Bedeutungszusammenhang: Je gravierender die Schädigung eines Menschen, desto weniger plausibel wird das soziale Modell von Behinderung; und umgekehrt: Je leichter eine Schädigung, desto verständlicher lässt sich die damit verbundene Behinderung als ein gesellschaftliches Problem beschreiben. Entscheidend ist, dass je nach Antwort auf die Überzeugungskraft eines Modells sich entweder ein Schwangerschaftsabbruch oder die Veränderung gesellschaftlicher Bedingungen nahelegen.

2.4 Vorwurf der Diskriminierung von Menschen mit Behinderung

Der Diskriminierungsvorwurf gegenüber Menschen mit Behinderungen durch die etablierte Praxis der vorgeburtlichen genetischen Diagnostik wird in Befragungen als zutreffend bzw. relevant beurteilt.[73] Ob und inwieweit sich diese vielfach geäußerten Befürchtungen sozialethisch auch begründen lassen, wird seit Jahren umstritten diskutiert.[74]

Im Zentrum dieser Debatten steht die als Expressionsargument bezeichnete Annahme, dass mit der vorgeburtlichen genetischen Diagnostik zwar keine direkte Diskriminierung von Menschen mit Behinderungen gegeben sei, die Selektionspraxis jedoch implizit oder indirekt eine gesellschaftliche Abwertung von Menschen mit bestimmten Eigenschaften bzw. Schädigungen zum Ausdruck bringe. Entscheiden sich schwangere Frauen oder Paare einzig aufgrund eines bestimmten diagnostizierten Merkmals zu einem Schwangerschaftsabbruch, drückt sich gemäß Sigrid Graumann darin eine abwertende Haltung gegenüber denjenigen Menschen aus, die mit diesem Merkmal leben:[75]

> Demnach ist weniger die individuelle Entscheidung, eine Schwangerschaft mit einem behinderten Kind abzubrechen, das Problem. Ethisch problematisch ist vielmehr die Selbstverständlichkeit, mit der immer neue und verfeinerte Verfahren vorgeburtlicher Selektion entwickelt, etabliert, angeboten und in Anspruch genommen werden. Davon geht die Botschaft an werdende Eltern aus, eine verantwortungsvolle Familienplanung umfasse, alles zu tun, um kein krankes oder behindertes Kind zu bekommen. Darin zeigt sich eine tief sitzen-

---

72 Vgl. ebd. 19; vgl. auch KARPIN/SAVELL 2012; BRAUER U. A. 2016, 189–255.

73 Vgl. BRAUER U. A. 2016, 144.

74 Vgl. u. v. a. VAN DEN DAELE 2005; DÜWELL 2008b, 148–154; KARPIN/SAVELL 2012, 31–58; GRAUMANN 2014, 216 f.; SHAKESPEARE 2014, 113–136.

75 Vgl. GRAUMANN 2014, 216.

de und gesellschaftlich breit verankerte abwertende Einstellung gegenüber behinderten Menschen. Der neue Bluttest zur niederschwelligen pränatalen Diagnostik des Down Syndroms ist nur der neueste Beleg hierfür.[76]

Auch dieser indirekte Diskriminierungsvorwurf wird im ethischen und politischen Diskurs in der Regel mit Hinweis auf die gegenwärtig *de facto* bestehende gesellschaftliche Akzeptanz und positive Förderung von Menschen mit Behinderungen[77] als unzutreffend zurückgewiesen. Es wird insbesondere hervorgehoben, dass sich empirisch kein Kausalzusammenhang zwischen der vorgeburtlichen genetischen Diagnostik und einer Diskriminierung von Menschen mit Behinderungen aufzeigen lasse.[78] Diese an sich positive und zu begrüßende Tatsache wird auch von den meisten Vertreterinnen und Vertretern des Expressionsarguments nicht bezweifelt, so dass fraglich ist, ob mit diesem Einwand der Aussagegehalt des Expressionsarguments tatsächlich erfasst wird.

Marcus Düwell plädiert darum für den Versuch, sich trotz des erwähnten Einwands zunächst einmal darum zu bemühen, den möglichen Sinn des Expressionsarguments zu klären. Wichtig sei, dass der Diskriminierungsvorwurf nicht als wissenschaftliche These, sondern in gesellschaftspolitischen Zusammenhängen entstanden sei.[79] Er erwägt fünf mögliche Sinnverständnisse des Expressionsarguments[80] und kommt ähnlich wie Sigrid Graumann zum Schluss, dass nicht individuelle Entscheidungen, sondern die vorgeburtliche Diagnostik als gesellschaftlich etablierte und gut organisierte Praxis das anvisierte Problem darstelle: Der organisierte Charakter der Diagnostik vermittle den Eindruck eines gesellschaftlich geteilten negativen Werturteils gegenüber Menschen mit Behinderungen.

Allerdings macht er im Anschluss an diese hermeneutischen Bemühungen auf einen wichtigen zusätzlichen Aspekt aufmerksam: Wie dieses implizite Werturteil nämlich moralisch zu gewichten sei, hänge maßgeblich von der Moraltheorie ab, die vertreten werde.[81] Was als eine ungerechtfertigte Ungleichbehandlung

---

76 Ebd. 216 f.

77 Vgl. HAUSER/TENGER 2015.

78 Vgl. VAN DEN DAELE 2005.

79 Vgl. DÜWELL 2008b, 149.

80 (1) Diskriminierung des Fötus selbst, (2) Vorwurf im Sinne einer sozialempirischen Aussage, (3) psychologische Interpretation im Sinne einer faktischen Kränkung von Menschen mit Behinderungen, (4) als Aussage über die Motivation von Paaren, die sich aufgrund eines genetischen Befunds für einen Schwangerschaftsabbruch entscheiden, (5) als implizites, generelles negatives Werturteil über ein Leben mit Behinderungen, vgl. DÜWELL 2008b, 150 f.

81 Dass dies der Fall ist, zeigen auch die Diskussionen über die Früheuthanasie und die hier von einigen Ethikerinnen und Ethikern befürwortete Aufhebung des Tötungsverbots für Neugeborene mit Behinderungen (GIUBILINI/MINERVA 2013). Der Zusammenhang gilt im Übrigen

(Diskriminierung) einzuschätzen sei, hänge maßgeblich an der Beantwortung der Frage, wer aus ethischer Sicht wem was schulde bzw. gegenüber anderen zu etwas verpflichtet sei. Diese Frage wird im Rahmen einer kantischen Ethiktheorie, welche von der Aufweisbarkeit moralischer Rechte und Pflichten allen Menschen gegenüber ausgehe, anders beantwortet als beispielsweise in einem Care-Ansatz oder einer präferenzutilitaristischen Ethik.[82]

Dass diese theoretischen Hintergründe alles andere als belanglos auch im Hinblick auf die Gesetzgebung sind, haben die Auseinandersetzungen um den Beitritt der Schweiz zur UN-Menschenrechtskonvention über die Rechte von Menschen mit Behinderungen von 2006 gezeigt. Ratifiziert wurde die Übereinkunft in der Schweiz erst im Jahr 2014, vorausgegangen waren Debatten über den Grad staatlicher Verpflichtung nicht nur hinsichtlich der Gewährung negativer (Abwehrrechte gegen Ungleichbehandlung), sondern auch positiver sozialer (Ermöglichungs-)Rechte, welche auf die Herstellung von Chancengleichheit zielen.[83] Diesen korrespondieren auf staatlicher Ebene Unterlassungs-, Schutz- und Gewährleistungspflichten.[84]

Unter Diskriminierung aufgrund von Behinderung wird im UN-Übereinkommen verstanden

> (…) jede Unterscheidung, Ausschließung oder Beschränkung aufgrund von Behinderung, die zum Ziel oder zur Folge hat, dass das auf die Gleichberechtigung mit anderen gegründete Anerkennen, Genießen oder Ausüben aller Menschenrechte und Grundfreiheiten im politischen, wirtschaftlichen, sozialen, kulturellen, bürgerlichen oder jedem anderen Bereich beeinträchtigt oder vereitelt wird. Sie umfasst alle Formen der Diskriminierung, einschließlich der Versagung angemessener Vorkehrungen (…).

Angemessene Vorkehrungen meinen

> (…) notwendige und geeignete Änderungen und Anpassungen, die keine unverhältnismäßige oder unbillige Belastung darstellen und die, wenn sie in einem bestimmten Fall erforderlich sind, vorgenommen werden, um zu gewährleisten, dass Menschen mit Behinderungen gleichberechtigt mit anderen alle Menschenrechte und Grundfreiheiten genießen oder ausüben können (…).[85]

---

nicht nur für den moraltheoretischen Ansatz, der jeweils vertreten wird, sondern auch für die ontologisch zu entscheidende Frage nach der Definition von Person und Personalität, wobei offensichtlich ist, dass die beiden theoretischen Vorentscheidungen über Moraltheorie und Personenverständnis in einem engen erkenntnistheoretischen Zusammenhang stehen.

82 Vgl. DÜWELL 2008b, 153.

83 Vgl. BIELEFELDT 2009; GRAUMANN 2011.

84 Vgl. KÄLIN U. A. 2008, 19.

85 UN-Übereinkommen über die Rechte von Menschen mit Behinderungen, Art. 2, in der Schweiz in Kraft getreten am 14.05.2014.

Bereits diese Begriffsdefinitionen zeigen, wie weitgehend im vorliegenden Dokument die staatlichen Schutz- und Ermöglichungspflichten ausgelegt werden und wo im Rahmen dieses Menschenrechtsverständnisses bereits Formen von Diskriminierung gegen Menschen mit Behinderungen gesehen werden. Aus Sicht dieses Abkommens wird auch das Expressionsargument verständlicher, insofern dem negativen Werturteil gegenüber Behinderung, das der vorgeburtlichen Diagnostik letztlich zugrunde liegt, eine positive Vision von «Diversity» (dem Reichtum, der aufgrund der Unterschiedlichkeit menschlichen Lebens bestehe) entgegengestellt wird. Der Menschenrechtsspezialist Heiner Bielefeldt hebt in einem Kommentar zur Konvention entsprechend deren Bedeutung zur Humanisierung der Gesellschaft im Ganzen hervor:

> Indem sie (die Konvention, M. Z.) Menschen mit Behinderungen davon befreit, sich selbst als ‹defizitär› sehen zu müssen, befreit sie zugleich die Gesellschaft von einer falsch verstandenen Gesundheitsfixierung, durch die all diejenigen an den Rand gedrängt werden, die den durch Werbewirtschaft und Biopolitik vorangetriebenen Imperativen von Fitness, Jugendlichkeit und permanenter Leistungsfähigkeit nicht Genüge tun. In diesem Sinne kommt der ‹diversity-Ansatz›, für den die Behindertenrechtskonvention steht, zuletzt uns allen zugute.[86]

Diese Überlegungen zum Diskriminierungsvorwurf gegenüber der etablierten vorgeburtlichen genetischen Diagnostik vermögen deutlich respektive verständlicher zu machen, warum und inwiefern sich in der organisierten und etablierten Praxis der Pränataldiagnostik eine indirekte bzw. implizite Diskriminierungsgefahr eruieren lässt. Deren Einschätzung hängt jedoch einerseits von ethischen Hintergrundtheorien und der daraus folgenden Reichweite gegenseitiger Rechte und Pflichten, anderseits und wesentlich aber von zukünftigen Entwicklungen ab. Ob sich mittel- und langfristig eher die Wertschätzung der Unterschiedlichkeit, wie sie auch im UN-Übereinkommen über die Rechte von Menschen mit Behinderungen zum Ausdruck kommt,[87] oder die Orientierung an Norm-Menschen und damit eine indirekte Diskriminierung von Menschen mit Behinderungen durchsetzen wird, lässt sich gegenwärtig nicht abschätzen.

2.5 Datenschutz

Wie die Diskussion der Totalrevision des erwähnten Schweizer «Gesetzes zur Genetischen Untersuchung beim Menschen» (GUMG) gezeigt hat, stehen im Rahmen von Überlegungen zur Sicherung des Datenschutzes insbesondere die Regelung der Rechte auf Wissen und Nichtwissen, der Umgang mit Zufallsbefunden sowie der Umgang mit Erkenntnissen über lediglich indirekt in einen Test einbe-

---

86 BIELEFELDT 2009, 16.
87 Vgl. DERS. 2009; HAUSER/TENGER 2015.

zogene Personen (Blutsverwandte) im Zentrum.[88] Insbesondere wurde auf eine gesetzliche Lücke aufmerksam gemacht, die heute hinsichtlich der Umsetzung des Rechts auf Wissen und Nichtwissen bei nur indirekt involvierten Personen besteht. Zudem wurde darauf hingewiesen, dass ein Kind mit Eintreten der Urteilsfähigkeit ein Recht sowohl auf Wissen als auch auf Nichtwissen hat, auch wenn noch weitgehend unklar ist, wie Eltern, Erziehungsberechtigte oder Ärztinnen und Ärzte diese Forderungen konkret umsetzen sollen.

Diese rechtlichen Aspekte sind auch aus sozialethischer Sicht von Bedeutung. Drei Besonderheiten – unter anderem vorgeburtlich erhobener – genetischer Daten bilden die Grundlage für sozialethische Überlegungen zum Datenschutz und deuten die Herausforderungen, Chancen und Gefahren an, die mit neuen humangenetischen Erkenntnissen verbunden sind: Erstens liefern genetische Testergebnisse von Föten in der Regel auch genetisches Wissen über unbeteiligte Verwandte, wodurch blutsverwandtschaftliche Beziehungen eine zusätzliche Bedeutung erhalten. Zweitens lassen sich genetische Daten heute nur noch bedingt anonymisieren,[89] so dass sich biologische Proben, genetische Testergebnisse und entsprechende Einträge in Datenbanken bei Interesse immer einfacher auf ihre Herkunft zurückführen lassen. Und drittens nehmen die Erkenntnisse über Zusammenhänge zwischen Genotyp und Phänotyp stetig zu,[90] so dass genetische Testergebnisse zunehmend umfassendere Aussagen über Veranlagungen für bestimmte Merkmale und Erkrankungen ermöglichen.

Unabhängig davon, ob sich ein Paar aufgrund eines vorgeburtlichen Testergebnisses für oder gegen einen Schwangerschaftsabbruch entscheidet, entstehen also neue Herausforderungen im Bereich des sicheren Umgangs mit genetischen Daten: Bei einem Schwangerschaftsabbruch hinsichtlich des Wissens über genetische Veranlagungen von Blutsverwandten, bei Geburt eines Kindes zusätzlich in Bezug auf dessen eigenes Recht auf Wissen und Nichtwissen. Besonders weitreichend ist die Verantwortung im Umgang mit genetischen Daten, wenn vorgeburtlich erhobene Daten gespeichert werden und nach der Geburt eines Kindes zur Verfügung stehen. Über die individualethischen und rechtlichen Fragen hinaus ergeben sich aus sozialethischer Sicht Herausforderungen, die im Zusammen-

---

88 Vgl. BRAUER U. A. 2016, 242–248.

89 Vgl. ECKHARDT U. A. 2014, 170.

90 Eine ständig aktualisierte Übersicht über den Stand der humangenetischen Erkenntnisse bietet die öffentlich zugängliche OMIM-Website (Online Mendelian Inheritance in Man) der US-amerikanischen John Hopkins University unter https://www.omim.org/statistics/entry (14.07.2023). Demnach sind gegenwärtig 27'000 menschliche Gene bekannt, wobei bei 6'673 die Phänotyp-Beschreibung und die molekulare Basis bekannt sind; von diesen betreffen 6'255 Gene die Autosomen, 379 das X-Chromosom, 5 das Y-Chromosom und 34 Gene die mitochondriale DNA.

hang mit Big Data, dem Data Mining, den Biobanken, dem Recht auf informationelle Selbstbestimmung, Eigentumsrechte und insbesondere der personalisierten Medizin diskutiert werden und hier nicht weiter ausgeführt werden sollen.[91]

Spezifisch im Zusammenhang mit der vorgeburtlichen genetischen Diagnostik ist aus sozialethischer Sicht zu fordern, dass Daten zwar für die betroffenen Kinder zugänglich bleiben, jedoch vor fremden Zugriffen durch Forschung, Industrie, Krankenversicherungen, Schulen, späteren Arbeitgebern oder auch Familienmitgliedern geschützt bleiben. Insbesondere mit Blick auf die Kranken- und weitere Sozialversicherungen ist zudem von Bedeutung für den gesamten gesellschaftlichen Zusammenhalt, dass der Zugang zu den Versicherungen aufgrund genetischer Dispositionen nicht eingeschränkt und auch die solidarische Finanzierung der Versicherungswerke nicht infrage gestellt werden. Gegenwärtig geltende Regelungen im Bereich des Privatrechts wie die Einschränkung des Nachforschungsverbots zum Beispiel bei Abschluss einer Lebensversicherung mit einer Versicherungssumme von mehr als CHF 400.000[92] sind zu überdenken, insofern bereits pränatal und damit ohne Zustimmung des später geborenen Menschen genetische Daten erhoben wurden.

Solange mit dem NIPT wie in der heute gängigen Praxis lediglich chromosomale Unregelmäßigkeiten getestet werden, werden hinsichtlich des Datenschutzes keine qualitativ neuen Fragen aufgeworfen, die sich nicht bereits im Umgang mit den etablierten genetischen Untersuchungen stellen.

2.6 Zugang zum NIPT

Die Regelung des Zugangs zum NIPT ist heute in der Schweiz rechtlich mit Arztvorhalt geregelt, wobei zu berücksichtigen bleibt, dass der Test via Internet prinzipiell frei und ohne vorgängige Beratung zugänglich ist. Aus sozialethischer Sicht sind Aspekte der Zugangsgerechtigkeit und mögliche falsche sowie missbräuchliche Anwendungen des NIPT zu bedenken.

Die genetische Beratung der Eltern oder einer schwangeren Frau vor und nach dem NIPT ist unabdingbar, um eine informierte Entscheidung der Frau oder eines Paares zu ermöglichen. Daher sind der in der Schweiz rechtlich etablierte Arztvorbehalt bzw. das Verbot der Direct-to-consumer-Tests ethisch gut begründet: Nur die Abgabe des NIPT durch einen Arzt oder eine Ärztin garantiert die Einhaltung der nötigen Qualitätsstandards und die Einhaltung der Anforderungen an die informierte Zustimmung.

---

91 Vgl. ECKHARDT U. A. 2014, 163–181, mit Überlegungen zur Privacy und den Datenschutz; BRAUCHBAR 2015; KLUSMAN/VAYENA 2016; Kap. II/7 im vorliegenden Band.
92 Vgl. Art. 43 im revidierten «Gesetz zur Genetischen Untersuchung beim Menschen» (GUMG). Der Artikel wurde im revidierten Gesetz unverändert übernommen, das seit 01.12.2022 in Kraft ist.

Zur finanziellen Regelung des Zugangs zum NIPT ist zu bemerken, dass eine Spannung besteht zwischen der Schaffung eines gerechten Zugangs zum NIPT für alle, d. h. insbesondere einer Zugangsmöglichkeit unabhängig von den finanziellen Möglichkeiten einer schwangeren Frau einerseits und der Gefahr einer moralischen Legitimierung und Routinisierung aufgrund der generellen Kostenübernahme durch die Grundversicherung andererseits.[93]

Schließlich bleibt zu bedenken, dass der NIPT gegenwärtig am Internet frei zugänglich ist. Versprochen werden Ergebnisse über das Geschlecht des Fötus und ein Vaterschaftstest.[94] Beide Ergebnisse sind problematisch, wenn sie zur Grundlage für einen Schwangerschaftsabbruch werden. Hinsichtlich des Vaterschaftstests bestehen zudem Bedenken zum Datenschutz. Problematisch aus gesellschaftlicher Sicht ist in beiden Fällen eine mögliche Routinisierung des NIPT in Bereichen, in welchen es nicht um schwere genetische Beeinträchtigungen des Fötus geht. Darüber hinaus stellt sich ähnlich wie in anderen Bereichen die Frage, wie mit dem zunehmenden Wissen im Bereich der genetischen Diagnostik gesellschaftlich angemessen umgegangen werden kann.

2.7 Weiterentwicklung des NIPT

Noch ist unklar, wann sich eine effiziente Weiterentwicklung des NIPT in der klinischen Praxis etablieren kann. Aufgrund von Bemerkungen der humangenetischen Fachgesellschaften,[95] der Tatsache, dass die praktisch bereits durchführbare Gesamtgenomanalyse seit Jahren kontinuierlich kostengünstiger wird[96] und nicht zuletzt der stetig zunehmenden Erkenntnisse über die Zusammenhänge zwischen Genotyp und Phänotyp ist die Wahrscheinlichkeit groß, dass dies bereits mittelfristig der Fall sein könnte. Zum einen wäre es denkbar, mittels NIPT die fötale DNA auf bestimmte einzelne Mutationen hin diagnostizieren zu können, wozu monogenetische Erkrankungen (insbesondere das Screening nach rezessiven monogenetischen Krankheiten, das sogenannte Prenatal Carrier Scree-

---

93 In der Schweiz wird der NIPT bereits seit dem Jahr 2015 durch die Krankenkassen übernommen, wenn sich im Ersttrimester-Test ein erhöhtes Risiko für Trisomien ergeben hat; in Deutschland wird der Test unter ähnlichen Bedingungen seit 2022 von den Kassen bezahlt, der in der Regel zuvor erforderliche Ersttrimester-Test jedoch ist dort privat zu bezahlen; in Italien ist der NIPT auch im Jahr 2022 noch von den schwangeren Frauen selbst zu bezahlen. Zur ethischen Kontroverse der Finanzierung vgl. SCHMITZ 2020; REHMANN-SUTTER/SCHÜES 2020.

94 Vgl. DONDORP ET AL. 2015, 9.

95 Vgl. DONDORP ET AL. 2015.

96 Vgl. LU ET AL. 2014 mit einer Übersicht über Möglichkeiten, Schwierigkeiten und Kosten der Gesamtgenomsequenzierung. Einen Überblick über den neueren Entwicklungsstand bietet LANG U. A. 2020, 41–58.

ning, dürfte dann an Bedeutung gewinnen[97]), aber auch Dispositionen für spätere Erkrankungen gehören. Zum anderen würde die Gesamtdiagnose des fötalen Genoms ermöglichen, mehrere tausend genetische Mutationen und Dispositionen bei einem Fötus gleichzeitig zu testen, wobei noch relativ unklar ist, was mit den Ergebnissen diagnostisch genau angefangen werden kann.

Sollte es in diesem Sinne zu einer pränatalen personalisierten Medizin[98] kommen, welche gemeinsam mit erweiterten Möglichkeiten im Bereich intrauteriner Therapien realisiert werden könnte, dürften sich aus sozialethischer Perspektive über die behandelten Themen hinaus vermutlich keine zusätzlichen inhaltlichen Fragen stellen. Dagegen würden einige Herausforderungen dringlicher werden, namentlich die Frage nach dem Umgang mit Wissen über Prädispositionen, Veranlagungen, Behinderungen sowie Erkrankungen, den Datenschutz, die informationelle Selbstbestimmung und nicht zuletzt die durch die bioinformatische Forschung und das Internet zusehends eingeebnete Unterscheidung der Handhabung genetischer, gesundheitsbezogener und darüber hinausgehender persönlicher Daten.[99]

LITERATUR

AGAR, NICOLA, *Liberal Eugenics*, in: SINGER, PETER/KUHSE, HELGA (Eds.), *Bioethics. An Anthology*, Oxford 2000, 171–181.

AHLVIK-HARJU, CAROLIN, *The Invisible Made Visible? The Ethical Significance of Befriending People With Disabilities*, in: Studia Theologica – Nordic Journal of Theology 68 (2014), 122–146.

ALLYSE, MEGAN/MINEAR, MOLLIE A./BERSON, ELISA ET AL., *Non-Invasive Prenatal Testing: A Review of International Implementation and Challenges*, in: International Journal of Women's Health 7 (2015), 113–126.

BEULEN, LEAN/GRUTTERS JANNEKE P. C./FAAS, BRIGITTE H. ET AL., *The Consequences of Implementing Non-Invasive Prenatal Testing in Dutch National Health Care: A Cost-Effectiveness Analysis*, in: European Journal of Obstetrics & Gynecology and Reproductive Biology 182 (2014), 53–61.

BICKENBACH, JEROME E./FELDER, FRANZISKA/SCHMITZ, BARBARA (Eds.), *Disability and the Good Human Life*, New York 2014.

BIELEFELDT, HEINER, *Zum Innovationpotenzial der UN-Behindertenrechtskonvention. Essay. Deutsches Institut für Menschenrechte*, Berlin 2009.

BINDING, KARL/HOCHE, ALFRED, *Die Freigabe der Vernichtung lebensunwerten Lebens. Ihr Maß und ihre Form*, Leipzig 1920.

BRAUCHBAR, MATHIS, *Nutzung von Gesundheitsdaten im digitalen Zeitalter*, in: Bioethica Forum 8 (2015), 54–55.

---

97 Vgl. DE JONG/DE WERT 2015, 54.

98 Vgl. DE JONG/DE WERT 2015.

99 Aus der Perspektive der personalisierten Medizin vgl. dazu ECKHARDT U. A. 2014; KLUSMAN/VAYENA 2016; DEUTSCHER ETHIKRAT 2018.

BRAUER, SUSANNE/STRUB, JEAN-DANIEL/BLEISCH, BARBARA ET AL., *Wissen können, dürfen, wollen? Genetische Untersuchungen während der Schwangerschaft*, Zürich 2016.

BUCHANAN, ALLAN/BROCK, DAN W./DANIELS, NORMAN/WIKLER, DANIEL, *From Chance to Choice. Genetic and Justice*, Cambridge/New York 2000.

BULL, MARILYN J., *Down Syndrome*, in: New England Journal of Medicine 382 (2020), 2344–2352.

CHITTY, LYN S./WRIGHT, DAVID/HILL, MELISSA ET AL., *Uptake, Outcomes, and Costs of Implementing Non-Invasive Prenatal Testing for Down's Syndrome Into NHS Maternity Care: Prospective Cohort Study in Eight Diverse Maternity Units*, in: BMJ 2016;354:i3426, online: http://dx.doi.org/10.1136/bmj.i3426.

CROEN, LISA A./NAJJAR, DANIEL V./RAY, G. THOMAS ET AL., *A Comparison of Health Care Utilization and Costs of Children With and Without Autism Spectrum Disorders in a Large Group-Model Health Plan*, in: Pediatrics 118 (2007), 1203–1211.

DE JONG, ANTINA/DE WERT, GUIDO, *Prenatal Screening: An Ethical Agenda for the Near Future*, in: Bioethics 29 (2015), 46–55.

DEUTSCHER ETHIKRAT, *Big Data und Gesundheit – Datensouveränität als informationelle Freiheitsgestaltung. Stellungnahme*, Berlin 2018.

DONDORP, WYBO/DE WERT, GUIDO/BOMBARD, YVONNE ET AL., ON BEHALF OF THE EUROPEAN SOCIETY OF HUMAN GENETICS (ESHG) AND THE AMERICAN SOCIETY OF HUMAN GENETICS (ASHG), *Non-Invasive Prenatal Testing for Aneuploidy and Beyond: Challenges of Responsible Innovation in Prenatal Screening*, in: European Journal of Human Genetics 23 (2015), 1438–1450.

DRAPKIN LYERLY, ANNE/JAFFE, ELANA/LITTLE, MARGARET OLIVIA, *Access to Pregnancy-Related Services: Public Health Ethics Issues*, in: MASTROIANNI, ANNA C./KAHN, JEFFREY P./KASS, NANCY E. (Eds.), *The Oxford Handbook of Public Health Ethics*, New York 2019, 415–425.

DÜWELL, MARCUS, *Bioethik. Methoden, Theorien und Bereiche*, Stuttgart 2008b.

—, *Zum Tod von Andreas Kuhlmann*, in: Ethik in der Medizin 21 (2008a), 84.

ECKHARDT, ANNE/BACHMANN, ANDREAS/MARTI, MICHÈLE U. A., *Human Enhancement*, Zürich 2011.

— /NAVARINI, ALEXANDER A./RECHER, ALECS U. A., *Personalisierte Medizin*, Zürich 2014.

EILERS, MIRIAM/GRÜBER, KATHRIN/REHMANN-SUTTER, CHRISTOPH (Hg.), *Verbesserte Körper – gutes Leben? Bioethik, Enhancement und Disability Studies*, Frankfurt a. M. 2012.

ERNST, STEPHAN, *Am Anfang und Ende des Lebens. Grundfragen medizinischer Ethik*, Freiburg i. Br. 2020.

EUROPEAN SCIENCE FOUNDATION, *Personalised Medicine for the European Citizens. Towards More Precise Medicine for the Diagnosis, Treatment and Prevention of Disease*, Strasbourg 2012.

FELDER, FRANZISKA, *Inklusion und Gerechtigkeit. Das Recht behinderter Menschen auf Teilhabe*, Frankfurt a. M./New York 2012.

—, *Why is it Bad to Have a Disability?*, in: Topoi. An International Review of Philosophy 32 (2013), 179–187.

GARFIELD, S. S./ARMSTRONG, S. O., *Clinical and Cost Consequences of Incorporating a Novel Non-Invasive Prenatal Test into the Diagnostic Pathway for Fetal Trisomies*, in: Journal of Managed Care Medicine 15 (2012), 34–41.

GIUBILINI, ALBERTO/MINERVA, FRANCESCA, *After Birth Abortion: Why Should the Baby Live?*, in: Journal of Medical Ethics 39 (2013), 261–263.

GRAUMANN, SIGRID, *Assistierte Freiheit. Von einer Behindertenpolitik der Wohltätigkeit zu einer Politik der Menschenrechte*, Frankfurt a. M./New York 2011.

—, *Ethik und Behinderung*, in: Zeitschrift für Medizinische Ethik 60 (2014), 207–219.

—, *Sind «Biomedizin» und «Bioethik» behindertenfeindlich? Ein Versuch, die Anliegen der Behindertenbewegung für die ethische Diskussion fruchtbar zu machen*, in: Ethik in der Medizin 15 (2003), 161–170.

HAKER, HILLE, *Hauptsache gesund? Ethische Fragen der Pränatal- und Präimplantationsdiagnostik*, München 2011.

HAUSER, MIRJAM/TENGER, DANIELA, *Menschen mit Behinderung in der Welt 2035. Wie technologische und gesellschaftliche Trends den Alltag verändern*, Zürich 2015.

HENN, WOLFRAM, *Warum Frauen nicht schwach, Schwarze nicht dumm und Behinderte nicht arm dran sind. Der Mythos von den guten Genen*, Freiburg i. Br. 2004.

HUCKLENBROICH, PETER/BUYX, ALENA (Hg.), *Wissenschaftstheoretische Aspekte des Krankheitsbegriffs*, Münster 2013.

HUSTER, STEFAN/GOTTWALD, SINA, *Gutachten. Kostenübernahme genetischer Untersuchungen zur genetischen Diagnostik von Krankheiten und zur Therapieplanung (sog. Companion Diagnostics) durch die GKV*, Bochum 2012.

JOHN, STEPHEN, *Efficiency, Responsibility and Disability: Philosophical Lessons From the Savings Argument for Pre-Natal Diagnosis*, in: Politics, Philosophy & Economics 14 (2015), 3–22.

JONES, DAVID, *The Prospects of Personalized Medicine*, in: KRIMSKY, SHELDON/GRUBER, JEREMY (Eds.), *Genetic Explanations. Sense and Nonsense*, Cambridge/London, 147–170.

JOST, ADOLF, *Das Recht auf den Tod. Sociale Studie*, Göttingen 1895.

KÄLIN, WALTER/KÜNZLI, JÖRG/WYTTENBACH, JUDITH U. A., *Mögliche Konsequenzen einer Ratifizierung der UN-Konvention über die Rechte von Menschen mit Behinderungen durch die Schweiz. Gutachten zuhanden des Generalsekretariats GS-EDI/Eidgenössisches Büro für die Gleichstellung von Menschen mit Behinderungen EBGB*, Bern 2008.

KARPIN, ISABEL/SAVELL, KRISTIN, *Perfecting Pregnancy. Law, Disability, and the Future of Reproduction*, New York 2012.

KLUSMAN, ISABEL/VAYENA, EFFY (Hg.), *Personalisierte Medizin. Hoffnung oder leeres Versprechen?*, Zürich 2016.

KUHLMANN, ANDREAS (2003), *Therapie als Affront? Zum Konflikt zwischen Behinderten und Medizin*, in: Ethik in der Medizin 15 (2003), 151–160.

LANG, ALEXANDER/GSCHMEIDLER, BRIGITTE/GRUBER, MALTE-C. U. A., *Neue Anwendungen der DNA-Analyse: Chancen und Risiken Interdisziplinäre Technikfolgenabschätzung*, Zürich 2020.

LEWIS, CELINE/HILL, MELISSA/CHITTY, LYN S., *Non-Invasive Prenatal Diagnosis for Single Gene Disorders: Experience of Patients*, in: Clinical Genetics 85 (2014a), 336–342.

— /HILL, MELISSA/SILCOCK, C. ET AL., *Non-Invasive Prenatal Testing for Trisomy 21: A Cross-Sectional Survey of Service Users' Views and Likely Uptake*, in: BJOG. An International Journal of Obstetrics and Gynaecology 121 (2014b), 582–594.

LINDEE, SUSAN, *Map Your Own Genes! The DNA Experience*, in: KRIMSKY, SHELDON/GRUBER, JEREMY (Eds.), *Genetic Explanations. Sense and Nonsense*, Cambridge/London 2013, 186–200.

LOB-HÜDEPOHL, ANDREAS, *Biopolitik und die soziale Inszenierung von Behinderung*, in: HILPERT, KONRAD/MIETH, DIETMAR (Hg.), *Kriterien biomedizinischer Ethik. Theologische Beiträge zum gesellschaftlichen Diskurs*, Freiburg i. Br./Basel/Wien 2006, 234–254.

LU, JAMES T./CAMPEAU, PHILIPPE M./LEE, BRANDON H., *Genotype-Phenotype Correlation – Promiscuity in the Era of Next-Generation Sequencing*, in: New England Journal of Medicine 371 (2014), 593–596.

LÜBBE, WEYMA, *Das Problem der Behindertenselektion bei der pränatalen Diagnostik und der Präimplantationsdiagnostik*, in: Ethik in der Medizin 15 (2003), 203–220.

MCINTOSH, IAN/SOMMERS ANNE, *In the Best Interests of Whom? Wrongful Life and Birth Torts: A Regretful Return of State-Sanctioned Ableism*, in: International Journal of disability, community & rehabilitation 12 (2013), online: http://www.ijdcr.ca/VOL12_02/articles/mcintosh.shtml (30.08.2022).

MORRIS, STEPHEN/KARLSEN, SAFFRON/CHUNG, NANCY ET AL., *Model-Based Analysis of Costs and Outcomes of Non-Invasive Prenatal Testing for Down's Syndrome Using Cell Free Fetal DNA in the UK National Health Service*, in: PLOS ONE 9 (4): e93559. doi:10.1371/journal.pone.0093559.

MÜLLER, SABINE, *Behinderung in der medizinischen Diskussion – Zur Kontroverse der Modelle von Behinderung unter besonderer Berücksichtigung von Gehörlosigkeit und Body Integrity Disorder*, in: HUCKLENBROICH, PETER/BUYX, ALENA (Hg.), *Wissenschaftstheoretische Aspekte des Krankheitsbegriffs*, Münster 2013, 105–137.

NATIONALE ETHIKKOMMISSION IM BEREICH DER HUMANMEDIZIN, *Richtlinien zur Regelung der Präimplantationsdiagnostik im Fortpflanzungsmedizingesetz (PID-Richtlinien)*, Bern 2022.

—, *Überlegungen zur ethischen Einschätzung des Nicht-Invasiven Pränatal-Tests (NIPT)*, Bern 2016.

NEWACHECK, PAUL W./INKELAS, MOIRA/KIM, SUE E., *Health Services Use and Health Care Expenditures for Children With Disabilities*, in: Pediatrics 114 (2004), 79–85.

NEYT, MATTIAS/HULSTAERT, FRANK/GYSELAERS, WILFRIED, *Introducing the Non-Invasive Prenatal Test for Trisomy 21 in Belgium: A Cost-Consequences Analysis*, in: BMJ Open 2014;4: e005922. doi:10.1136/bmjopen-2014-005922.

NICKLAS-FAUST, JEANNE, *Behinderung als soziale Konstruktion und Pränataldiagnostik*, in: DUTTGE, GUNNAR/ENGEL WOLFGANG/ZOLL, BARBARA (Hg.), *«Behinderung» im Dialog zwischen Recht und Humangenetik*, Göttingen 2014, 59–70.

O'LEARY, PETER/MAXWELL, SUSANNAH/MURCH, ASHLEIGH/HENDRIE, DELIA, *Prenatal Screening for Down Syndrome in Australia: Costs and Benefits of Current and Novel Screening Strategies*, in: Australian and New Zealand Journal of Obstetrics and Gynaecology 53 (2013), 425–433.

OKUN, N./TEITELBAUM, M./HUANG, T. ET AL., *The Price of Performance: A Cost and Performance Analysis of the Implementation of Cell-Free Fetal DNA Testing for Down Syndrome in Ontario, Canada*, in: Prenatal Diagnosis 34 (2013), 350–356.

PORNSCHLEGEL, CLEMENS, *Gibt es ein Recht, nicht geboren zu werden? Zum «Fall Perruche»*, in: GRAUMANN, SIGRID/GRÜBER, KATHRIN (Hg.), *Medizin, Ethik und Behinderung. Beiträge aus dem Institut Mensch, Ethik und Wissenschaft*, Frankfurt a. M. 2003, 133–151.

PORTER, GERARD/SMITH, MALCOLM K., *Preventing the Selection of «deaf Embryos» Under the Human Fertilisation and Embryology Act 2008: Problematizing Disability?*, in: New Genetics and Society 32 (2013), 171–189.

PRAINSACK, BARBARA/BUYX, ALENA, *Solidarity. Reflections on an Emerging Concept in Bioethics*, Elgin Drive 2011.

—, *Solidarity in Biomedicine and Beyond*, Cambridge 2017.

RALSTON, D. CHRISTOPHER/HO, JUSTIN HUBERT (Eds.), *Philosophical Reflections on Disability*, Dordrecht 2010.

REHMANN-SUTTER, CHRISTOPH/SCHÜES, CHRISTINA, *Die NIPT-Entscheidung des G-BA. Eine ethische Analyse*, in: Ethik in der Medizin 32 (2020), 385–403.

SAVULESCU, JULIAN/KAHANE, GUY, *The Moral Obligation to Create Children With the Best Chance of the Best Life*, in: Bioethics 23 (2009), 274–290.

SCHMITZ, DAGMAR, *Why Public Funding for Non-Invasive Prenatal Testing (NIPT) Might Still Be Wrong: A Response to Bunnik and Colleagues*, in: Journal of Medical Ethics 46 (2020), 781–782.

SCHRAMME, THOMAS, Disability (Not) as a Harmful Condition. The Received View Challenged, in: BICKENBACH, JEROME E./FELDER, FRANZISKA/SCHMITZ, BARBARA (Eds.), Disability and the Good Human Life, New York 2014, 72–92.

SCHWEIZERISCHE AKADEMIE DER MEDIZINISCHEN WISSENSCHAFTEN, Präimplantative genetische Testverfahren PGT, Bern 2020.

—, Ziele und Aufgaben der Medizin zu Beginn des 21. Jahrhunderts, Basel 2004.

SCHWEIZERISCHER BUNDESRAT, Erläuterungen zur Totalrevision des Bundesgesetzes über genetische Untersuchungen beim Menschen, Bern 2015.

—, Übereinkommen über die Rechte von Menschen mit Behinderungen. Erläuternder Bericht, Bern 2010.

SHAKESPEARE, TOM, Disability Rights and Wrongs Revisited, New York 2014.

SONG, KEN/MUSCI, THOMAS J./CAUGHEY, AARON B., Clinical Utility and Cost of Non-Invasive Prenatal Testing With cfDNA Analysis in High-Risk Women Based on a US Population, in: The Journal of Maternal Fetal & Neonatal Medicine 26 (2013), 1180–1185.

VAN DEN DAELE, WOLFGANG, Vorgeburtliche Selektion: Ist die Pränataldiagnostik behindertenfeindlich?, in: DERS. (Hg.), Biopolitik. Leviathan Sonderheft 23 (2005), 97–122.

WALDSCHMIDT, ANNE, Normierung oder Normalisierung: Behinderte Frauen, der Wille zum «Normkind» und die Debatte um die Pränataldiagnostik, in: GRAUMANN, SIGRID/SCHNEIDER, INGRID (Hg.), Verkörperte Technik – Entkörperte Frau. Biopolitik und Geschlecht, Frankfurt a. M. 2003, 95–109.

WALKER, BRANDON S./JACKSON, BRIAN R./LaGRAVE, DANIELLE ET AL., A Cost-Effectiveness Analysis of Cell Free DNA as a Replacement for Serum Screening for Down Syndrome, in: Prenatal Diagnosis 34 (2014), 1–7.

WANG, SHUXIAN/LIU, KEJUN/YANG, HUIXIA/MA, JINGMEI, A Cost-Effectiveness Analysis of Screening Strategies Involving Non-Invasive Prenatal Testing for Trisomy 21, in: Frontiers in Public Health 10:870543. doi:10.3389/fpubh.2022.870543.

WASSERMAN, DAVID T./ASCH, ADRIENNE, Disability, People with, in: LaFOLLETTE, HUGH (Ed.), The International Encyclopedia of Ethics, Wiley-Blackwell 2013, 1373–1386.

WILKINSON, STEPHEN, Choosing Tomorrow's Children. The Ethics of Selective Reproduction, Oxford 2010.

ZHANG, WEI/MOHAMMADI, TIMA/SOU, JULIE/ANIS, ASLAM H., Cost-Effectiveness of Prenatal Screening and Diagnostic Strategies for Down Syndrome: A Microsimulation Modeling Analysis, in: PLoS ONE 14 (12): e0225281, online: https://doi.org/10.1371/journal.pone.0225281.

ZIMMERMANN, MARKUS, Gesundheit. I. Sozialethisch, in: Staatslexikon. Recht, Wirtschaft, Gesellschaft, Zweiter Band, 8., völlig neu bearbeitete Auflage, Freiburg i. Br. 2018, 1278–1283.

3 SOLLEN WIR BESSEREN NACHWUCHS ZEUGEN? GENOME EDITING IN ETHISCHER PERSPEKTIVE

Vier Antworten auf die Frage, ob wir besseren Nachwuchs zeugen sollten, halte ich für besonders relevant. Diese vier Antworten werde ich im Rahmen dieses Kapitels in ethischer Perspektive erörtern, und dies unter besonderer Berücksichtigung der Möglichkeiten, die gegenwärtig durch das Genome Editing, die Keimbahneingriffe bei menschlichen Embryonen, neu eröffnet werden.[1]

Eine erste Antwort auf die Titelfrage lautet: ‹Ja, wir sind sogar moralisch verpflichtet, alles in unseren Handlungsmöglichkeiten Stehende – unter Einbezug des Genome Editing – zu tun, um das Leben unserer Kinder zu verbessern.› Eine zweite Reaktion formuliert zurückhaltender, aber ebenfalls positiv: ‹Ja, für den Fall, dass eine künstliche Befruchtung (eine In-Vitro-Fertilisation) durchgeführt werden muss und dadurch die Möglichkeit besteht, auf der Petrischale die fittesten Nachkommen auszuwählen und nur diese in den Mutterleib zu transferieren, sollten wir diese Möglichkeit auch nutzen.› Eine dritte Antwort bleibt vorsichtiger, aber noch immer positiv: ‹Ja, wir sollten alles tun, unseren Kindern gute Lebensmöglichkeiten und eine gute Erziehung zu bieten, dabei aber auf die Anwendung von Humantechniken wie das Genome Editing und Selektionsentscheidungen am Lebensbeginn verzichten.› Daneben meldet sich heute im Zuge des sogenannten Anti-Natalismus viertens auch eine eindeutig negative Antwort zu Wort: ‹Nein, wir sollten aus moralischen Gründen und aus Rücksicht auf den Klimawandel ganz darauf verzichten, weiteren Nachwuchs zu zeugen.› Offenkundig beruhen diese unterschiedlichen Antworten – durchaus auch unabhängig von der Einschätzung des Genome Editing – auf tiefgreifenden Meinungsverschiedenheiten, unterschiedlichen Moralen, Werthaltungen, Idealen und Vorstellungen von einem gelungenen (intergenerationellen) Leben.

Die Beschäftigung mit dem Genome Editing, also der Möglichkeit, bereits in der Keimbahn gezielt in das menschliche Erbgut eingreifen und Veränderungen vornehmen zu können, welche in der Folge das gesamte Erbgut des individuellen Menschen und darüber hinaus auch aller seiner Nachkommen verändert, lösen einen gewissen ethisch-existenziellen Schwindel aus.[2] Im Jahr 2015 wurden erste

---

1 Der Text geht zurück auf eine Vorlesung, die ich am 27.11.2019 in der Vortragsreihe «Erbgut editieren» am «Collegium generale» auf Einladung von Prof. Dr. Rouven Porz an der Universität Bern gehalten habe.

2 BENNO MATTLI (2019) beispielsweise überschrieb einen Bericht über die Verurteilung He Jiankui's auf der Titelseite der Neuen Zürcher Zeitung mit «‹Chinas Frankenstein› muss drei Jahre ins Gefängnis».

Versuche an nicht überlebensfähigen Embryonen durchgeführt,[3] drei Jahre später hat der chinesische Biophysiker He Jiankui mit der Veröffentlichung seiner
Humanexperimente international für Aufsehen gesorgt.[4] Inzwischen sind Versuche der Gen-Editierung an menschlichen Embryonen bereits in einigen Ländern
etabliert. Diese Experimente bilden allerdings nur einen Teil der gegenwärtigen
Embryonenforschung; in diesem Bereich werden gegenwärtig ethische Fragen
auch durch die Herstellung von Embryoiden auf der Basis pluripotenter Stammzellen[5] oder durch die erstmals gelungene Entwicklung von Embryonen *in vitro*
über den vierzehnten Tag hinaus[6] aufgeworfen, um zwei besonders umstrittene
Beispiele zu nennen. Das Genome Editing betrifft mit dem Keimbahneingriff
zwar einen besonders sensiblen Bereich, der zudem über Jahrzehnte als Tabuzo-
ne betrachtet wurde, sollte aber realistischerweise im Kontext der gesamten humanen Embryonenforschung betrachtet und bewertet werden, in der sich gegenwärtig beeindruckende entwicklungsbiologische, zellbiologische sowie humangenetische Fortschritte abzeichnen.[7]

Im Kern der ethischen Überlegungen stellt sich die bereits im Jahr 2001 von
Jürgen Habermas in Reaktion auf die humangenetische Forschung an Embryonen und den damaligen bioethischen Meilenstein «From Chance to Choice»[8] aufgeworfene Frage: Woran können wir uns im Handeln noch orientieren, wenn
das, was uns bislang mehr oder weniger Orientierung zu geben vermochte,
Schritt für Schritt selbst zum Objekt der Veränderung wird?[9] Gemeint sind die
Natur oder Naturordnung, das Naturwüchsige und Lebendige im Unterschied
zum Gemachten und Hergestellten, das Wesen des Menschen, die *Condition humaine*, intuitiv verankerte Unterscheidungen wie die zwischen Mensch, Tier und
Maschine und damit Deutungskategorien, die sich auf etwas abstützen, was zusehends selbst zum Objekt menschlich-intentionaler Veränderung wird.[10]

Im Folgenden werde ich auf einige der damit verbundenen Aspekte aus ethischer Sicht eingehen, indem ich in drei Schritten – gleichsam vom Abstrakten
zum Konkreten – erstens zu verstehen versuche, was sich gegenwärtig bezüglich

---

3   Vgl. LIANG ET AL. 2015; verwendet wurden menschliche Embryonen mit drei Zellkernen.

4   Vgl. ZIMMERLI 2018.

5   Vgl. WEI ET AL. 2021; zur ethischen Auseinandersetzung vgl. PIOTROWSKA 2021; NICOLAS
ET AL. 2021.

6   Vgl. LOVELL-BADGE 2021.

7   Zum gegenwärtigen Stand der Techniken und den damit verbundenen ethischen Herausforderungen vgl. TUROCY ET AL. 2021.

8   Vgl. BUCHANAN ET AL. 2000.

9   Vgl. HABERMAS 2001.

10 Vgl. dazu Kap. I/2 im vorliegenden Band.

des menschlichen Selbstverständnisses verändert, zweitens exemplarisch den weltweit geführten Ethikdiskurs zum Genome Editing kommentiere, drittens schließlich auf die im Titel genannte Idee der Verbesserung des Nachwuchses eingehe.

3.1 Autopoiesis als neues Leitbild

Die Idee der Selbsterschaffung, der Autopoiesis, scheint im Wahrnehmen, Denken und dem Selbstverständnis zusehends diejenige Rolle einzunehmen, welche seit der Aufklärung der Idee der Autonomie, also der Selbstgesetzgebung und Freiheit zukommt.[11] «Wir sollten Gottes Werk übertreffen»[12], meinte Peter Sloterdijk bereits im Jahr 2001 programmatisch und provokativ in einem Interview in der Kulturzeitschrift «Du». Zwei Jahre zuvor hatte er auf Schloss Elmau zur Schaffung von «Regeln für den Menschenpark» aufgerufen, womit er – in seiner ernstzynischen Weise – im Anschluss an Martin Heidegger, Friedrich Nietzsche und Platon auf das Ende des Humanismus und die Notwendigkeit hinwies, Züchtungsideen für uns Menschen zu entwerfen, wobei er damals den möglichen Einbezug gentechnischer Veränderungen nur am Rande erwähnte.[13]

Gemäß dieser Ideen sollte die Natur des Menschen, sein Wesen, seine Grundbeschaffenheit – die *Condition humaine* – selbst verändert und, wenn möglich, auf biologischem Weg verbessert werden. Bewunderung und Ehrfurcht angesichts des ewigen Gesetzes in uns und des bestirnten Himmels über uns, so Immanuel Kant in seiner Kritik der praktischen Vernunft,[14] werden heute abgelöst durch ein risikofreudiges, an der Biologie des Menschen orientiertes Verbessern der Spezies *Homo sapiens*, letztlich der gesamten belebten Natur, und zwar unter den Leitideen einer stolzen Selbstbehauptung und evolutionärer Fitness. «From Chance to Choice»[15], «Vom Schicksal zum Machsal»[16]: wo Passivität, Anerkennung, Ehrfurcht und Staunen waren, treten als neue Leitkategorien Aktivität, Selbstoptimierung, Selektion, Fitness und Durchsetzungsvermögen.

---

11 Vgl. WILS 2002; RÖSSLER 2017.

12 SLOTERDIJK/HEINRICHS 2001.

13 Vgl. SLOTERDIJK 1999.

14 Vgl. KANT 1980, 300 (KpV, A 289): «Zwei Dinge erfüllen das Gemüt mit immer neuer und zunehmenden Bewunderung und Ehrfurcht, je öfter und anhaltender sich das Nachdenken damit beschäftigt: der bestirnte Himmel über mir, und das moralische Gesetz in mir. Beide darf ich nicht als in Dunkelheiten verhüllt, oder im überschwänglichen, außer meinem Gesichtskreise, suchen und bloß vermuten; ich sehe sie vor mir und verknüpfe sie unmittelbar mit dem Bewusstsein meiner Existenz.»

15 BUCHANAN ET AL. 2000.

16 MARQUARD 1981, 67.

Bevor ich auf das Genome Editing und ethisch relevante Argumente eingehe, möchte ich zwei weitere Zeitzeugen zu Wort kommen lassen, die ähnlich wie Peter Sloterdijk auf der Sinn- bzw. existenziellen Ebene auf die Leitideen von Selbstoptimierung, Machbarkeit und Fortschritt reagieren. So erinnert der Österreicher Schriftsteller Leopold Federmair in einem «Plädoyer für das relativ Gute» unter dem Titel «Wir gehen an unserem Optimierungswahn zugrunde»[17] an die Paradoxie der Optimierungstendenzen, die wir heute von der Zeugung über die Geburt, die Schule und Universität, die Arbeitswelt, das optimierte Alter bis zur Bahre – hier unter dem Stichwort «Sterbequalität»[18] – kennen. Diese Paradoxie der Optimierungstendenzen kommt beispielsweise darin zum Ausdruck, dass die Menschen im Durchschnitt immer älter werden, jedoch überfordert sind mit der Frage, welchen Sinn ihr Leben im sehr hohen Alter noch haben könnte; oder auch einfach darin, wie schon «Der kleine Prinz»[19] und «Momo»[20] in Erinnerung riefen, dass wir unseren Alltag zeitlich ständig optimieren, ohne zu erreichen, dass dabei Zeit und Raum für Ruhe, Betrachtung, Entspannung oder das Phänomen der Resonanz[21] entstehen würde. Aristoteles war hingegen davon überzeugt, dass in der *Theoria*, dem betrachtenden Leben, dem *bios theoretikos* oder der *vita contemplativa* die bestmögliche Lebensform bestehe.[22] Der in Hiroshima lebende Leopold Federmair beschreibt dagegen, was heute mit und in uns geschieht, als eine unerwünschte Verdichtung: «All das erzeugt Stress, Hysterie, einen alltäglichen Druck der Anpassung, Erneuerung, Selbsterfindung, Optimierung. Die Frage ist, wie lange wir das noch aushalten, als Einzelne und als Gesellschaft. Oder ob das Ganze früher oder später implodiert.»[23]

Einen klugen Ausweg sieht er darin, auf eine ‹immer bessere Welt› zu verzichten und den Mut zu haben, sich einmal auszuklinken: «Das relativ Gute ist gut genug. Die Welt, wie sie ohne technische Hilfsmittel erscheint, ist schön und aufregend genug. Weniger ist nicht mehr, sondern besser.»[24]

Der andere Zeitzeuge ist der 1934 geborene Schweizer Schriftsteller und Literaturwissenschaftler Adolf Muschg. In einer Ansprache zur Inbetriebnahme eines neuen Linearbeschleunigers zur Tumorbehandlung am Universitätsspital Zürich (USZ) – veröffentlicht unter dem Titel «Wir sehen immer genauer ins Körperinne-

---

17 FEDERMAIR 2019.

18 Vgl. beispielsweise MAYLAND ET AL. 2022.

19 SAINT-EXUPÉRY 2015.

20 ENDE 2005.

21 Vgl. ROSA 2018; vgl. dazu Kap. III/1 im vorliegenden Band.

22 Vgl. ARISTOTELES 2001, 17 (EN I, 3).

23 FEDERMAIR 2019, 10.

24 Ebd.; vgl. ähnlich bei SANDEL 2008.

re. Die medizinische Technik verschiebt die Grenze zwischen Leben und Tod. Aber kein Gerät tilgt die Nähe zum Tod» – prägte der inzwischen 88-jährige Autor einige Aussagen, die kein Theologe besser formulieren könnte, darunter beispielsweise:

> Zugleich tritt jeder Fortschritt mit dem Anspruch auf, etwas noch nie Dagewesenes zu bringen, und will als Fetisch verehrt sein, der eine ganz neue Zukunft eröffnet. (…) Wer verbesserte Apparate als Lösung betrachtet, wird auch den Menschen nach ihrem Vorbild modellieren.[25]

Damit deutet er in Anspielung auf Genesis 1,26 und die dort angesprochene Gottebenbildlichkeit des Menschen in leichter Abwandlung auf die eingangs gestellte Frage hin, nämlich nach wessen Bild und Gleichnis die Menschen sich in Zukunft gestalten wollen oder sollen. Dazu passt die Vision bzw. Dystopie des Französischen Autors Michel Houellebecq, die er am Ende seines Romans «Les particules élémentaires» andeutet und in welcher er vorschlägt, einen neuen Menschen nach dem Bild und Gleichnis seiner Romanfigur zu schaffen – einen Menschen aus der Retorte, gezeugt durch Klonen, geschlechtslos, unsterblich und ohne Individualität.[26] Adolf Muschg formuliert in seiner Rede schließlich in Anspielung auf Nietzsches Zarathustra: «Am Ende soll die Condition humaine nicht nur verbessert, sondern verändert, nach dem Vorbild seiner Werkzeuge fit gemacht sein, um den alten Gottesmenschen zum Menschengott zu mutieren.»[27]

In diesem Fortschrittsprogramm sieht er bei aller Wertschätzung für die neuen technischen Möglichkeiten letztlich «eine mörderische Überforderung des menschlichen Primaten»[28]; nicht zuletzt verweist er auf den Tod, der jedem Fortschritt eine Grenze setze, wobei Grenze dem Leben auch Form und Gestalt verleihe:

> Der Tod setzt jedem Fortschritt eine Grenze; da bleibt der Mensch als Individuum – also die Form, in der jedem von uns das Menschliche begegnet – unheilbar; da erlöschen alle Bilder des Wünschbaren, und die Vorstellung des Machbaren fällt ins Leere. Was immer das Gerät besser kann, kann es nur in diesen Grenzen; (…). Ist der Apparat Teil der Lösung oder des Problems? Ich glaube, es wäre kein Fortschritt, wenn er mit seiner schärferen Sicht noch besser ausblendete, was nicht nur die Schwäche des Menschen ist und auch nicht nur sein Schicksal, sondern auch seine wahre Stärke: das Bewusstsein der Endlichkeit. Es ist eine Quelle jener Kraft, die uns nicht nur für Kunstwerke empfänglich macht, sondern das Leben selbst als Kunst begreifen lehrt. Endlichkeit heisst Grenze, ja; aber Grenze bedeutet auch: Form.[29]

---

25 MUSCHG 2019, 36.

26 Vgl. HOUELLEBECQ 1998, 315.

27 MUSCHG 2019, 36.

28 Ebd.; vgl. die ähnliche Einschätzung bereits bei RAHNER 1966.

29 MUSCHG 2019, 36.

Unabhängig von der Frage, ob Peter Sloterdijk und Michel Houellebecq mit ihren Einschätzungen und Visionen richtig liegen oder eher Leopold Federmair und Adolf Muschg, eine Wahl und Einschätzung der grundlegenden Bestimmung des Menschen und des humanen Fortschritts entbindet nicht vom ethischen Argumentieren mit Blick auf einzelne Handlungsmöglichkeiten, dem ich mich im nächsten Teil zuwenden möchte.

3.2 Ethisches Argumentarium zum Genome Editing

Ethisch relevant sind zum einen normative, zum anderen evaluative, Werte und Vorstellungen vom guten Leben betreffende Aspekte: Die erstgenannten zielen auf Rechte und Pflichten, Verbote und Erlaubnisse, auch Folgen gewisser Handlungen und Eingriffe, die zweitgenannten auf das gelungene, gedeihende oder sinnvolle Leben. Da mit der Anwendung des Genome Editing eine ganze Reihe normativer Streitfragen aufgeworfen werden und gegenwärtig um weltweit geltende Regulierungen gerungen wird, stehen die ‹harten› normativen Aspekte im Zentrum der international geführten Debatten, auf die ich darum im Folgenden auch eingehen werde.[30] Die ‹weicheren› Überlegungen[31] werde ich im dritten Abschnitt aufgreifen, da die Idee einer Verbesserung stets auf Vorstellungen vom Guten basiert. In diesem Abschnitt geht es zunächst um normative Fragen: Diese lassen sich mit Blick auf das Genome Editing kaum sinnvoll eingrenzen, denn

- *sie beginnen bei der ‹Embryonenforschung›: Dürfen menschliche Embryonen hergestellt werden, um mit ihnen zu experimentieren und sie anschließend wieder zu verwerfen?,*
- *betreffen die Fragen der ‹Forschungsethik›: vom Informed Consent bis zur Verhältnismäßigkeit von Risiken und Nutzen,*
- *schließen eine Reihe ‹gerechtigkeitsethischer oder politisch-ethischer Aspekte› mit ein: Wer soll Zugang zu welchen Techniken erhalten? Entstehen neue Ungleichheiten? Kommt es zur Diskriminierung von Bevölkerungsgruppen? Entsteht eine neue Eugenik?,*
- *und enden schließlich bei ‹Menschheits- und evolutionsethischen Fragen›, insofern es um Eingriffe geht, deren Folgen nicht nur einzelne Zellen und Menschen, sondern alle zukünftigen Generationen betreffen.*

Da die Forschung in diesem Bereich international agiert, ist eine nationalstaatlich geprägte Perspektive auf die Thematik nur bedingt sinnvoll, auch wenn selbstverständlich sowohl die jeweiligen normativen Rechtsordnungen als auch die partikularen kulturellen Traditionen in den ethischen Debatten berücksichtigt werden müssen, wenn verhindert werden soll, dass sie gleichsam im «luftleeren

---

30 Vgl. BRAUN ET AL. 2018; HARDT 2019; ERNST 2020, 367–388.
31 Vgl. PARENS/JOHNSTON 2019.

Raum» geführt werden. Anders jedoch als beispielsweise die schweizerische Debatte um die Präimplantationsdiagnostik, bei welcher bis 2016 neue gesetzliche
Regelungen in der Schweizerischen Bundesverfassung und im Fortpflanzungsmedizingesetz im Zentrum der Aufmerksamkeit standen, geht es bei der Diskussion des Genome Editing nicht um die Frage, ob die Praxis in der Schweiz erlaubt
werden und das Recht entsprechend geändert werden sollte, sondern – ähnlich
wie beim Klimawandel und den entsprechenden umweltethischen Debatten – sozusagen um eine Menschheitsfrage, mit der heute letztlich jede Gesellschaft unabhängig von eigenen Regulierungen und Traditionen konfrontiert wird.

Einschlägige ethische Stellungnahmen zum Thema aus unterschiedlichen nationalstaatlichen Kontexten sind verblüffend verschieden in Umfang, Aufbau
und Gewichtung der Argumente, auch wenn sich alle darin einig sind, dass eine
klinische Praxis des Genome Editing – wie im Fall He Jiankui's durchgeführt – gegenwärtig auf keinen Fall ethisch vertretbar ist. Die Schweizerische «Nationale
Ethikkommission im Bereich der Humanmedizin» hat dem Genome Editing in
einer Stellungnahme drei Seiten gewidmet, die US-amerikanischen «National
Academies of Sciences, Engineering, and Medicine» 310 Seiten, der englische
«Nuffield Council on Bioethics» 180, der «Deutsche Ethikrat» 232 und eine Kommission der WHO in einer internationalen Stellungnahme zur Governance des
humanen Genome Editing schließlich nur 59 Seiten.[32]

Auch in Aufbau, Argumentation und Empfehlungen unterscheiden sich diese
Stellungnahmen. Die Schweizerische «Nationale Ethikkommission» beispielsweise geht in ihrem kurzen Papier von dem gesetzlich in der Schweiz verankerten
Verbot der genetischen Veränderung von Keimzellen und Embryonen aus und
stellt auf dieser Basis lapidar fest, dass dieses Verbot auch die Erforschung des Genome Editing beim Menschen verunmögliche.[33] Anschließend wird nur kurz und
nüchtern ausgeführt, wie sich unter der Annahme einer Abschaffung dieses Verbots relevante Grundpositionen gruppieren würden, nämlich in drei Lager: in (1)
grundsätzliche Gegnerinnen und Gegner der Keimbahneingriffe beim Menschen, die sich gegen jede gezielte Veränderung der menschlichen DNA ausspre-
chen; in (2) Befürworterinnen und Befürworter ausschließlich einer Forschungspraxis, bei der keine menschlichen Embryonen zerstört würden (was *de facto* ei-

---

32 Vgl. Nationale Ethikkommission im Bereich der Humanmedizin 2016; Nation-
al Academies of Sciences, Engineering, and Medicine 2017; Nuffield Council on
Bioethics 2018; Deutscher Ethikrat 2019; WHO Expert Advisory Committee on
Developing Global Standards for Governance and Oversight of Human
Genome Editing 2021 (dieses Governance-Papier wurde gleichzeitig ergänzt um ein kurzes
Positions- sowie ein ausführlicheres Empfehlungsschreiben derselben Kommission).

33 Vgl. Nationale Ethikkommission im Bereich der Humanmedizin 2016.

nem Verbot der Grundlagenforschung gleichkommt, da diese ohne Embry-
onenversuche mit anschließender Zerstörung der veränderten Embryonen
schlicht unmöglich wäre), und (3) in Befürworterinnen und Befürworter einer
Praxis, die sich auf die Grundlagenforschung beschränken, die klinische Forschung und Anwendung zumindest vorläufig komplett ausschließen würde.[34]

Ganz anders aufgebaut ist die britische Stellungnahme des «Nuffield Council
on Bioethics»: In der Stellungnahme wird von der im Vereinigten Königreich bereits etablierten Embryonenforschung ausgegangen, infolgedessen wird weder
die Embryonenstatus- noch die Menschenwürde-Diskussion geführt, welche
hingegen die Stellungnahme des «Deutschen Ethikrats» zu den Eingriffen in die
menschliche Keimbahn gleichsam wie ein roter Faden durchziehen. Stattdessen
wird in drei Schritten vorgegangen: Erstens werden die individuellen Interessen
der Involvierten, zweitens gesellschaftlich relevante Folgen und schließlich drittens die Fragen betreffend der Zukunft der Menschheit erörtert.[35] Der «Nuffield
Council» definiert dabei zwei Grundprinzipien, denen gemäß das Genome
Editing beim Menschen nur dann erlaubt sei, wenn zum einen das Wohlergehen
der dabei entstehenden zukünftigen Personen («Principle 1: The welfare of the future person») und zum anderen die soziale Gerechtigkeit und Solidarität für alle
in der Gesellschaft («Principle 2: Social justice and solidarity») gesichert seien.[36]

Angesichts dieser unterschiedlichen ethischen Herangehensweisen an dasselbe Thema und der Herausforderung, einen weltweit gültigen Konsens herzustellen, scheint es *prima facie* naheliegend und sinnvoll, eher bei der britischen als bei
den schweizerischen oder deutschen Stellungnahmen anzusetzen und von dort
ausgehend zu fragen, was auf dieser Basis an ethischen Bedenken bezüglich des
Genome Editing transkulturell plausibel zu vermitteln ist. Anders formuliert:
Unter der Bedingung, dass das Ziel ein internationaler Konsens sein soll, sollten
wir global gesehen nach Kriterien suchen, die auch auf Basis eines liberal geregelten Umgangs mit menschlichen Keimzellen und Embryonen, wie es beispielsweise in dem vom ethischen Utilitarismus geprägten Vereinigten Königreich heute
der Fall ist (wo auch die Mitochondrienspende und die Herstellung von Chimären
erlaubt sind), sich konsensual vereinbaren lassen.[37] Global wird es unmöglich
sein, eine Einigung zu erzielen, die hinter Standards der Embryonenforschung
zurückgeht, welche in Ländern wie England, Belgien, den USA, China oder Singapur bereits etabliert sind. Diese Einschätzung ist nicht opportunistisch zu verste-

---

34 Vgl. ebd.

35 Vgl. NUFFIELD COUNCIL ON BIOETHICS 2018.

36 Vgl. ebd. 75; 87.

37 Auch TUROCY ET AL. 2021, 1571, empfehlen, ethisch bei der britischen Herangehensweise
anzusetzen.

hen, sondern vielmehr realpolitisch im Sinn der sogenannten Governance; diese Perspektive hat zugegebenermaßen eher strategischen Charakter, darüber hinaus aber auch eine gewisse normative Relevanz im Sinne des Praktikabilitätsprinzips.

Bevor ich zu den Argumenten komme, ist der auch von der WHO-Kommission nicht zufällig ins Zentrum gerückte Governance-Begriff kurz zu kommentieren. In ihrer Stellungnahme zum Genome Editing widmet die Kommission der Begriffsklärung ein ganzes Kapitel: Mit «Governance» werden die Normen, Werte und Regeln bezeichnet, die einen *iterativen Prozess* öffentlicher Meinungsbildungen kennzeichnen, so dass im Ergebnis eines öffentlichen Meinungsbildungsprozesses Transparenz, Partizipation, Inklusion sowie Rückmeldungen ermöglicht werden.[38] «Good Governance» sei wertebasiert und prinzipiengeleitet.[39] Eine angemessene Berücksichtigung inhaltlicher moralischer Differenzen soll demnach über speziell geregelte und iterativ angelegte öffentliche Meinungsbildungsprozesse ermöglicht werden.[40] Infrage steht dabei zu Recht, wie angesichts dieser Vorgehensweise moralische Inhalte ernst genommen, im politischen Prozessen integriert und als solche auch ausgehalten werden können. Offen bleibt, wie unter diesen Umständen verhindert werden kann, dass die Bioethik inhaltlich entleert wird und nur noch als staatliches Instrument der Akzeptanzbeschaffung mit den Zielen der Legitimierung und Normalisierung gewisser neuer Humantechniken wahrgenommen wird.[41] Eine Alternative besteht allenfalls in einer Art Doppelstrategie, die einerseits auf globaler Ebene versucht, über das Konzept der Good Governance Verständigung zu erreichen, während anderseits auf nationalstaatlicher Ebene und im Rahmen partikularer Wertegemeinschaften inhaltlich geprägte normative Diskurse gepflegt werden; vermittelnd bestünde dann die Aufgabe einer globalen Bioethik – im Unterschied zu einer globalen Biopolitik – darin, nach gemeinsamen inhaltlichen Anliegen zu suchen, kontroverse Ansichten zu debattieren und die sich als unlösbar herausstellenden Kontroversen als solche auch bestehen zu lassen bzw. anzuerkennen. Die hier wesentliche Unterscheidung zwischen Ethik und Politik dürfte im Zuge internationaler Herausforderungen wie in der Umwelt-, Medizin oder Medienethik – aber auch mit Blick auf einen gerechten Umgang mit Big Data – immer wichtiger werden.[42]

---

38 Vgl. WHO 2021, X.
39 Vgl. ebd.
40 Vgl. dazu kritisch NOWOTNY/TESTA 2009, 96–100, sowie Kap. I/1 im vorliegenden Band.
41 Vgl. ebd.
42 Vgl. dazu ZIMMERMANN-ACKLIN 2010.

Im Sinne dieser Überlegungen möchte ich die ethisch-normative Argumentation Dieter Birnbachers aufgreifen, der sich – ähnlich wie der Nuffield Council in seiner Stellungnahme – aus Sicht einer liberalen und utilitaristisch ausgerichteten Ethik mit der Einschätzung des Genome Editing befasst.[43] Auch für ihn ist unbestritten, dass ein klinischer Einsatz des Genome Editing derzeit nicht in Frage kommt, weil die damit verbundenen Risiken – insbesondere unerwünschte On-Target- und Off-Target-Effekte[44] – zu groß und die Nebenfolgen für die Menschen, die so geboren würden, unbekannt seien.[45]

Allerdings ist er mit Blick auf ein mögliches Forschungsmoratorium der Meinung, dass das Recht auf Forschungsfreiheit es verunmögliche, die Forschung in diesem Bereich grundsätzlich zu verbieten. Die Würde der dabei verbrauchten Embryonen sei mit den Fortschritten in der Krankheitsbekämpfung abzuwägen und die Forschung darum vertretbar. Er verwirft auch die Idee, die menschliche DNA sei gleichsam sakrosankt und dürfe daher nicht intentional verändert werden und begründet dies mit Verweis auf ein nicht haltbares Naturverständnis. Auch die Einwände, welche Eingriffe in das Genom eines zukünftigen Menschen als einen Übergriff auf dessen Selbstbestimmung oder eine unvertretbare Technisierung der Reproduktion darstellten, verwirft er. Für ihn ist klar: Solange es nicht um ein Enhancement und damit um eine unerwünschte Ausweitung beispielsweise im eugenischen Sinne gehe (ein Slippery-Slope-Argument), eröffne das Genome Editing einem Menschen eher eine offene Zukunft bzw. Zukunftschancen: das Recht auf eine offene Zukunft würde offensichtlich geachtet, hier formuliert in Anspielung auf das Argument des «Rechts auf eine offene Zukunft» Joel Feinbergs, und verbaue sie ihm nicht.[46]

Hinsichtlich der Frage, ob die Technik des Genome Editing in Zukunft sicher genug gemacht werden könne, sieht er allerdings ein substanzielles, nicht nur temporäres Problem: Seines Erachtens ist es stark genug, um das Genome Editing grundsätzlich infrage zu stellen.[47] Angesichts dessen, dass vom Genome Editing alle Zellen betroffen seien, die Intervention irreversibel sei und überdies alle zukünftigen Generationen betroffen wären, sei das Risiko dieser Technik im Vergleich mit den Chancen, die sich neu ergeben, schlechthin zu groß und darum unvertretbar. Dazu komme, dass mit der Präimplantationsdiagnostik eine gute Alternative bestünde, um bereits heute und ohne Keimbahneingriff nahezu

---

43 Vgl. BIRNBACHER 2018.

44 Zum Stand der Technik und bisherigen Erfahrungen vgl. TUROCY ET AL. 2021.

45 Vgl. BIRNBACHER 2018, 55.

46 Vgl. ebd. 56–62. Zur Diskussion um das «Recht auf eine offene Zukunft» im Kontext der Enhancement-Debatten vgl. FENNER 2019, 304–309.

47 Vgl. BIRNBACHER 2018, 63 f.

dieselben Ziele erreichen zu können. Für Dieter Birnbacher ist darum klar, dass die Präimplantationsdiagnostik weiterentwickelt und dem Genome Editing vorgezogen werden sollte. Aufgrund der wenigen Paare, die nicht mittels Präimplantationsdiagnostik ein genetisch eigenes Kind zeugen könnten, ließe sich nicht begründen, warum ein derart hohes Risiko wie beim Genome Editing eingegangen werden sollte.[48]

Mit Blick auf die Argumentation von Dieter Birnbacher sowie die in der Stellungnahme des Nuffield Council genannten Prinzipien bleiben aus liberal-konsequentialistischer Sicht schließlich drei starke normative Einwände gegen das Genome Editing bestehen: Erstens das Risiko-Argument (mit dem Hinweis auf das unverhältnismäßige Risiko), zweitens das Technik-Argument (mit dem Hinweis auf eine bestehende Alternative zur Erreichung derselben Ziele) sowie drittens das Slippery-Slope-Argument (mit dem Hinweis auf die Möglichkeit einer unerwünschten Ausweitung der Keimbahninterventionen in Richtung eines eugenisch inspirierten Enhancements).

Allerdings sind auch diese drei konsequentialistischen Argumente in den internationalen Debatten starken Anfragen ausgesetzt, sie sind alles andere als unumstritten: Bezüglich der Birnbacher-These, das Risiko des Genome Editing sei ein substanzielles, auch zukünftig nicht zu änderndes Problem, kommen viele Gremien zu einer anderen Einschätzung. Sie gehen vielmehr davon aus, dass die Technik des Genome Editing perfektioniert werden könne, wobei beispielsweise auf das neu entwickelte «Prime editing»[49] verwiesen wird, bei welchem jeweils nur ein Strang der DNA (und nicht der Doppelstrang) durchtrennt wird. Das Argument wird in diesem Sinne umgekehrt und zur ethischen Begründung der Grundlagenforschung zur Verbesserung der Technik vorgetragen.

Auch das Argument, dass mit der Präimplantationsdiagnostik eine gute Alternative zur Erreichung derselben Ziele bestehe, wird in Fachkreisen infrage gestellt: George Daley mit seinem Team von der Harvard University unterstreicht in einem Plädoyer zugunsten eines vernünftigen Einsatzes des Genome Editing die Grenzen der Präimplantationsdiagnostik: In der Mehrheit der Versuche bliebe diese Technik erfolglos und häufig könnten zu wenig genetisch gesunde Embryonen *in vitro* erzeugt werden, um die Geburt eines gesunden Kindes zu erreichen.[50]

---

48 Vgl. ebd.

49 Vgl. ANZALONE ET AL. 2019; TUROCY ET AL. 2021. Für Literaturhinweise danke ich dem Humangenetiker Benno Röthlisberger, Mitglied der Schweizerischen Nationalen Ethikkommission im Bereich der Humanmedizin.

50 Vgl. DALEY ET AL. 2019. Auffällig ist, dass dieselben Argumente im Zuge der Abstimmung über die gesetzliche Erlaubnis der Präimplantationsdiagnostik in der Schweiz von den Befürworterinnen und Befürwortern als übertrieben oder gar falsch bezeichnet wurden.

Die Befürchtung schließlich, dass durch die Erlaubnis des Genome Editing eine unerwünschte Ausweitung in Richtung eines Human-Enhancement-Programms provoziert würde, wird ebenfalls nicht von allen geteilt: Philosophen wie Julian Savulescu und Guy Kahane beispielsweise sehen in einer möglichen Verbesserung der menschlichen Spezies einen erwünschten Effekt und bezweifeln zudem die Möglichkeit, sinnvoll zwischen Therapie und Enhancement unterscheiden zu können.[51]

Somit stellt sich kurz- und mittelfristig auf globaler Ebene mit Nachdruck die Frage, auf welcher normativen Basis eine internationale Konvention das Genome Editing ablehnend oder kritisch beurteilen könnte.[52]

3.3 «Procreative beneficience» und das gute Leben

Das Prinzip des prokreativen Wohltuns besagt: Paare mit Kinderwunsch sollten, soweit dies im Bereich ihrer Möglichkeiten liegt, denjenigen Embryo *in vitro* auswählen oder erzeugen, der nach Schwangerschaft und Geburt voraussichtlich das beste Leben haben oder wenigstens ein so gutes Leben haben wird wie andere Menschen. Julian Savulescu und Guy Kahane haben dieses Prinzip formuliert und als zutreffend bzw. begründbar verteidigt; sie verstehen es im Sinne einer *Prima-facie*-Pflicht, also einer relativen Pflicht, bei deren Einhaltung Kosten, Risiken und die Belastungen der involvierten Personen mit zu berücksichtigen seien.[53] Die beiden britischen Moralphilosophen vergleichen es zudem mit der unbestrittenen Pflicht, dem eigenen Kind die bestmögliche Erziehung zu sichern. In ihrer Argumentation gehen sie von einer objektiven, also verallgemeinerbaren Güterordnung aus, wie sie beispielsweise auch bei Messungen der Lebensqualität in der klinischen Forschung zugrunde gelegt wird. Wichtig sind ihnen dabei Werte wie Gesundheit, Intelligenz, Körpergröße, Durchsetzungsvermögen, Ausdauer, Fitness, also alles im weitesten Sinne messbare Größen und Dispositionen, die auf unterschiedliche Weise genutzt werden können. Zusammen mit Ingmar Persson geht Julian Savulescu in einem 2012 unter dem Titel «Unfit for the future. The Need for Moral Enhancement» verfassten Buch noch einen Schritt weiter und plädiert für ein moralisches Enhancement: es gehe darum, mit Hilfe der Gen- und Neurotechniken Fähigkeiten wie die Empathie, Fairness, Friedfertigkeit und Sozialität zu fördern.[54] Ein wichtiges Argument zugunsten dieser Ideen besteht in dem bereits erwähnten Hinweis darauf, dass sich therapeutische und Enhance-

---

51 Vgl. SAVULESCU/KAHANE 2017.

52 Vgl. den kritisch-konstruktiven Kommentar zur Stellungnahme der WHO aus südafrikanischer Perspektive bei SHOZI ET AL. 2022.

53 Vgl. SAVULESCU/KAHANE 2017, 593.

54 Vgl. PERSSON/SAVULESCU 2012.

ment-Eingriffe nicht klar voneinander unterscheiden ließen: Sowohl die Idee, bei einem Wunschkind via Genome Editing eine mit schweren Schäden verbundene Erbkrankheit zu verhindern als auch der Vorschlag, dem Nachwuchs auf diese Weise zu mehr Intelligenz oder Empathie zu verhelfen, zielten beide auf dasselbe, nämlich eine Verbesserung der Lebensbedingungen für den Nachwuchs, und sollten daher auch nicht unterschiedlich bewertet werden.[55]

Tatsächlich geht es bei diesen Vorschlägen nicht oder nur indirekt um einen Eingriff in die Handlungsfreiheit eines zukünftigen Menschen, was daran erkennbar ist, dass es um die Förderung von Dispositionen oder Bedingungsgütern gehen soll, namentlich um die Gesundheit, Intelligenz, Empathie, Körpergröße oder das Durchsetzungsvermögen. Das alles sind transzendentale Güter, welche die Bedingung der Möglichkeit für ein gutes Leben darstellen, jedoch selbst keine inhaltlichen Antworten auf die Frage voraussetzen, worin ein geglücktes Leben bestehen könnte, wofür Empathie, Intelligenz oder Durchsetzungsvermögen zweckhaft eingesetzt werden könnten oder sollten.

Auf derselben Ebene setzt auch die Anti-Natalismus-Bewegung an mit dem Argument, in einer Gesamtabwägung stelle sich heraus, dass der Schmerz im Leben stets größer sei als das Glück, warum es vorzuziehen oder besser sei, überhaupt nicht gezeugt und geboren zu werden; und dies unabhängig von der Frage, ob der geborene Mensch empathisch oder egozentrisch, intelligent oder weniger intelligent etc. ausgestattet sei.[56] Raphael Samuel, der seine Eltern vor Gericht verklagt hat, weil sie ihn gezeugt haben, moniert beispielsweise, Eltern bekämen ihre Kinder nur zu ihrer eigenen Befriedigung: «Kinder schulden ihren Eltern nichts, sie gehören ihnen nicht, sie sind keine Sklaven!»[57] Sie müssten nicht Medizin studieren, weil ihre Eltern sich das wünschten, genauso wenig müssten sie auf eine langersehnte Auslandsreise verzichten, sagt er. Damit argumentiert die Anti-Natalismus-Bewegung auf derselben empirischen Ebene wie das genannte Prinzip des prokreativen Wohltuns, nur mit umgekehrtem Vorzeichen: Vorausgesetzt wird in beiden Fällen, es gehe bei der Sinnbestimmung der menschlichen Existenz um eine Abwägung zwischen Lust, Leistung, Intelligenz, Gesundheit (und moralische Vollkommenheit) einerseits und Schmerz, Unterlegenheit, Behinderung, Krankheit (und moralischer Lasterhaftigkeit) andererseits. Aus Sicht einer theologischen Ethik, die Sinn- und Existenzfragen traditionell anders und

---

55 Es handelt sich sozusagen um ein Counter-Slope-Argument, also eines, das gegen das erwähnte Slippery Slope-Argument vorgetragen wird und ebenfalls auf dem Gedanken beruht, dass erstens mit Blick auf die erwähnte Unterscheidung kein sinnvoller Einschnitt identifizierbar sei und dass mit der Therapie zweitens etwas grundsätzlich Erwünschtes realisierbar würde.

56 Vgl. HALLICH 2018 und 2022.

57 Zitiert nach ZASLAWSKI 2019, 48.

mit Verweis auf den biblischen Heilsindikativ angeht,[58] liegt es nahe, auf diese
Abwägungen mit einem berühmten Zitat aus John Stuart Mills Utilitarismus-
Schrift zu reagieren: «Es ist besser, unzufriedener Mensch zu sein als ein zufriede-
nes Schwein, besser, ein unzufriedener Sokrates als ein zufriedener Narr.»[59]

Ohne in diesem Rahmen auf die komplexe und durchdachte Argumentation
Julian Savulescus und seiner Kollegen angemessen eingehen zu können,[60] beurteile ich das Prinzip des prokreativen Wohltuns und die gesamte Idee einer moralischen Pflicht zur Verbesserung des Menschen bzw. der Menschheit ablehnend.
Einige Gründe dafür sind die Folgenden:

Der Denkansatz der «procreative beneficience» ist einseitig individualistisch
und denkt ausschließlich in Richtung einer möglichst günstigen Anpassung einzelner Personen an die gesellschaftlichen Rahmenbedingungen, nie umgekehrt.
Warum sollte nicht die (oftmals Menschen behindernde) Gesellschaft verändert
werden, wie es beispielsweise im Rahmen der Disability Studies gefordert wird?
Die Philosophin Dagmar Fenner kritisiert im Zusammenhang mit dem Neuro-
enhancement zu Recht die Tendenz, mittels Psychopharmaka Menschen fähiger
zu machen, mit gesundheitsschädigenden Arbeitssituationen oder unrealistischen Bildungsanforderungen besser zurechtzukommen. Hier werde die Aufmerksamkeit auf persönliche Defizite und mangelnde Botenstoffe gelegt, während die eigentlichen Ursachen von Problemen übersehen würden.[61]

Die Idee widerspiegelt zudem eine einseitige Betonung des Körpers und des
Biologischen, während andere Dimensionen des Menschseins ausgeblendet oder
vernachlässigt werden. Geht es dagegen um das angesichts der heute bestehenden technischen Möglichkeiten utopische Ideal des moralischen Enhancements,
so überzeugt mich Aristoteles nach wie vor mehr als Guy Kahane und Julian Savulescu, wenn er im zweiten Buch seiner Nikomachischen Ethik behauptet, von
Natur aus (das meint hier: biologisch, genetisch, bei der Geburt und damit vor
dem Beginn der Erziehung und Prägung durch andere Personen) seien Menschen
weder gut noch schlecht, gerecht würden sie alleine dadurch, dass sie Gerechtes
tun, durch Einübung also; entsprechend wichtig sei die Erziehung, die den entscheidenden Grundstein für ein tugendhaftes Leben lege.[62]

---

58 Vgl. ZIMMERMANN, im Erscheinen: Heilsindikativ meint die biblische Zusage, jeder einzelne
Mensch sei von Gott geliebt, angenommen und anerkannt, so, wie er ist, das heißt ohne jede Vor-
leistung (und vor jedem moralischen Imperativ).

59 MILL 1985, 18.

60 Vgl. dazu PARENS/JOHNSTON 2019, darin besonders LEACH SCULLY 2019; FENNER 2019; in
theologischer Perspektive zudem TAYLOR/DELL'ORO 2006.

61 Vgl. FENNER 2019, 270.

62 Vgl. ARISTOTELES 2001, 57–59 (EN II,1).

Darüber hinaus wird die Spannung zwischen der Suche nach der menschlichen Perfektion einerseits und der Anerkennung des Fragmentarischen, der Vulnerabilität des Lebens andererseits einseitig zugunsten der Perfektionierung und Machbarkeit aufgelöst – im Fall des Anti-Natalismus einseitig zugunsten der Nicht-Existenz –, was ich für lebensfern halte. Abgesehen davon, dass dabei wesentliche Erfahrungen wie Schicksalsschläge und das Scheitern übergangen werden, kann die Idee, sich einseitig auf die Kontrolle und das Machen zu konzentrieren, im Leben auch blockieren und ein sinnvolles Leben gerade verhindern.[63] Dagmar Fenner empfiehlt in ihren Einschätzungen zum genetischen Enhancement einmal werdenden Eltern eine Haltung der Gelassenheit gegenüber unabwendbaren Kontingenzen zu bewahren.[64]

Überdies wird die Idee einer bedingungslosen Anerkennung infrage gestellt oder zumindest gefährdet, wie sie namentlich das Eltern-Kind-Verhältnis maßgeblich prägt oder idealerweise prägen sollte. In diesem Sinne schreibt der US-amerikanische Philosoph Michael Sandel auch vom Geschenkcharakter des Lebens, aus dem heraus eine Grundhaltung der Zurückhaltung und Dankbarkeit erwachsen könne.[65]

Wer sollte zudem darüber entscheiden, worin das Gute oder Bessere für den Nachwuchs genau besteht? Die Existenz einer objektiven, überindividuellen Wertehierarchie wird nur von wenigen angenommen, und wenn, dann sind sowohl Inhalte als auch Anordnung umstritten. Der liberale Philosoph John Harris ist realistischer, wenn er mit Hinweis auf die reproduktive Autonomie schreibt, die Eltern sollten nach ihren je eigenen Vorstellungen Entscheidungen treffen.[66] Zur Frage steht dann, gemäß welcher Vorstellungen sich Wunscheltern entscheiden und wie sie mit dem gesellschaftlichen Druck umgehen sollten, der bestimmte Vorgaben nahelegen würde. Würde ein gesellschaftlicher Normalisierungsdruck auf zukünftige Eltern wirken, wäre das zwar keine (staatliche) Eugenik im eigentlichen Sinn des Begriffs, aber es würde vermutlich dennoch ein gesellschaftliches Klima entstehen, in welchem eugenische Zwänge eine große Rolle spielen würden.

Was schließlich die Möglichkeit einer klaren Grenzziehung zwischen Therapie und Enhancement betrifft, plädiere ich dafür, auf pragmatische Weise zunächst von plausiblen Beispielen für beide Praktiken auszugehen, um sich dann Schritt für Schritt von beiden Seiten in die Grauzone vorzuarbeiten, um auf diese Weise eine einigermaßen nachvollziehbare Unterscheidung vornehmen zu kön-

---

63 Vgl. ZIMMERMANN, im Erscheinen.
64 Vgl. FENNER 2019, 311.
65 Vgl. SANDEL 2008, 102 f.; FENNER 2019, 309–311.
66 Vgl. HARRIS 2007.

nen: Würde es beispielsweise gelingen, mittels Keimbahneingriff bei einem Neugeborenen eine rezessive Erbkrankheit wie die Cystische Fibrose zu eliminieren, wäre dies eindeutig ein Fall von Therapie; würden auf diesem Weg hingegen Intelligenz und Körpergröße verändert, wäre dies ein klarer Fall von Enhancement.

Zum Schluss noch eine andere Beobachtung: Der 1935 geborene Fundamentaltheologe und Ignatius von Loyola-Kenner Peter Knauer hat in seiner Ethik im Rahmen von Überlegungen zur Entscheidungsfreiheit des Menschen einen wichtigen Hinweis gegeben: Im Laufe einer gelungenen Normalbiographie werde die Entscheidungsfreiheit stets kleiner, und zwar aufgrund der Entscheidungen, die ein Mensch im Laufe seines Lebens – aus freiem Willen – hinsichtlich seiner Lebensgestaltung getroffen habe. Paradoxerweise ermögliche erst die Festlegung eine größtmögliche Freiheit bei größtmöglicher Einschränkung der Entscheidungsfreiheit. Je stärker ein Mensch sein persönliches Profil – privat wie beruflich – entwickle, das ihm eine Perspektive des Weiterkommens ermögliche, desto kleiner werde der Entscheidungsspielraum, seine Optionen; erlebt würde dies hingegen nicht als eine Beeinträchtigung, sondern als gewünschte Dynamik und Vertiefung.[67]

In diesem Sinne sollte ein gelungenes Leben nicht mit einem Leben verwechselt werden, bei dem möglichst viele Handlungsoptionen offen stehen. Letztlich ist es ein fataler Irrtum anzunehmen, das Glück bestehe darin, möglichst viele Möglichkeiten – möglichst große Intelligenz, möglichst robuste Gesundheit, möglichst gutes Durchsetzungsvermögen, möglichst große Empathiefähigkeit etc. – zu haben, statt persönliche Entscheidungen im Sinne der je eigenen Fähigkeiten zu treffen. Die Angst, sich dabei festlegen zu sollen und dann nicht mehr frei wählen zu können, verhindert gerade das, was angestrebt wird: ein gutes und gedeihendes Leben. Auch Scheitern kann schließlich nur, wer sich zuvor für etwas entschieden hatte. Die Lübecker Philosophin Christina Schües, Autorin einer «Philosophie des Geborenseins», betont entsprechend: Die Verbesserung eines Lebens bedeute stets die Verbesserung von erfahrenem, gelebtem Leben, nicht von ungelebtem Leben.[68]

---

67 Vgl. KNAUER 2002, 71 f.

68 Vgl. SCHÜES 2016; die referierte Aussage habe ich einem englischsprachigen Vortrag über die Idee des Enhancement entnommen, den Christine Schües am 06.12.2012 in Belgrad gehalten hat: dieser ist online zugänglich unter https://www.youtube.com/watch?v=wemt1GdgFLs (14.07.2023).

3.4 Fazit

Die vier zu Beginn formulierten Antworten auf die Frage, ob wir besseren Nachwuchs zeugen sollten, lassen sich auf der Basis der angestellten Überlegungen folgendermaßen kommentieren: Die erste und vierte Antwort, der Vorschlag zum Enhancement u. a. über Keimbahninterventionen sowie die Haltung des Anti-Natalismus, scheinen mir an demselben Problem zu leiden und daran letztlich auch zu scheitern: der einseitigen Orientierung an einem Kosten-Nutzen-Kalkül, das primär in Form einer Schmerzen-Fitness-Bilanz ausgelegt wird. Die beiden verbleibenden Antworten, eine mehr technikorientierte, welche die Selektion via Präimplantationsdiagnostik und Pränataldiagnostik mit einbezieht, und eine konservativere, welche auf jegliche perinatale Selektion verzichten möchte, berücksichtigen dagegen weiterreichende menschliche Sinn- und Existenzerfahrungen. Ich persönlich tendiere zur konservativen Antwort, weil mir die Festlegung von Selektionskriterien für Entscheidungen am Lebensbeginn und auch für einen selektiven Schwangerschaftsabbruch infolge Pränataldiagnostik nicht unproblematisch zu sein scheinen.[69]

Die Gefahr von Einseitigkeiten ist groß. Die Faszination des Neuen kann zur Blindheit gegenüber grundlegenden menschlichen Erfahrungen führen. Gleichzeitig ist die Einigung auf gemeinsame Werte weltweit schwierig. Was unabdingbar zur Regelung des Genome Editing wie der gesamten Embryonenforschung bleibt, ist die Förderung einer globalen Governance in diesem Bereich mit der hier impliziten Anerkennung eines Primats des Politischen. Es gilt, weltweit Diskurse zu etablieren und Räume zur Teilhabe zu schaffen, um sinnvoll und flexibel mit den neuen Humantechniken umgehen zu lernen. Das klingt nach einem offenen und langwierigen Vorgehen sowie einem ständigem «trial and error». Dieses scheint mir alternativlos zu sein; dabei sollte es jedoch Tabuzonen geben, welche beispielsweise von He Jiankui in seinen Menschenversuchen eindeutig überschritten wurden.

LITERATUR

ANZALONE, ANDREW V./RANDOLPH, PEYTON B./DAVIS, JESSIE R. ET AL., *Search-and-Replace Genome Editing Without Double-Strand Breaks or Donor DNA*, in: Nature 576 (2019), 149–157.
ARISTOTELES, *Die Nikomachische Ethik griechisch-deutsch*, Düsseldorf/Zürich 2001.
BIRNBACHER, DIETER, *Prospects of Human Germline Modification by CRISPR-Cas9 – an Ethicist's View*, in: BRAUN, MATTHIAS/SCHICKL, HANNAH/DABROCK, PETER (Eds.), *Between Moral Hazard and Legal Uncertainty. Ethical, Legal and Societal Challenges of Human Genome Editing*, Wiesbaden 2018, 53–66.

---

69 Vgl. dazu meine Darstellung der Versuche, eine Kriteriologie für Selektionskriterien bei der Präimplantationsdiagnostik ethisch zu begründen, im Kap. III/2 in diesem Band.

BRAUN, MATTHIAS/SCHICKL, HANNAH/DABROCK, PETER (Eds.), *Between Moral Hazard and Legal Uncertainty. Ethical, Legal and Societal Challenges of Human Genome Editing*, Wiesbaden 2018.

BUCHANAN, ALLEN/BROCK, DAN W./DANIELS, NORMAN/WIKLER, DANIEL, *From Chance to Choice. Genetics and Justice*, Cambridge/New York 2000.

DALEY, GEORGE Q./LOVELL-BADGE, ROBIN/STEFANN, JULIE, *After the Storm – A Responsible Path for Genome Editing*, in: New England Journal of Medicine 380 (2019), 897–899.

DEUTSCHER ETHIKRAT, *Eingriffe in die menschliche Keimbahn. Stellungnahme*, Berlin 2019.

ENDE, MICHAEL, *Momo oder die seltsame Geschichte von den Zeit-Dieben und von dem Kind, das den Menschen die gestohlene Zeit zurückbrachte*, Stuttgart/Wien 2005.

ERNST, STEPHAN, *Am Anfang und Ende des Lebens. Grundfragen medizinischer Ethik*, Freiburg i. Br. 2020.

FEDERMAIR, LEOPOLD, *Wir gehen an unserem Optimierungswahn zugrunde. Plädoyer für das relativ Gute*, in: Neue Zürcher Zeitung, 24.09.2019, 10.

FENNER, DAGMAR, *Selbstoptimierung und Enhancement. Ein ethischer Grundriss*, Tübingen 2019.

HABERMAS, JÜRGEN, *Die Zukunft der menschlichen Natur. Auf dem Weg zu einer liberalen Eugenik*, Frankfurt a. M. 2001.

HALLICH, OLIVER, ‹*Besser, nicht geboren zu sein.*› *Ist es rational, die eigene Existenz zu bedauern?*, in: Zeitschrift für praktische Philosophie 5 (2018), 179–212.

—, *Besser, nicht geboren zu sein? Eine Verteidigung des Anti-Natalismus*, Berlin 2022.

HARDT, ANNIKA, *Technikfolgen-Abschätzung des CRISPR/Cas-Systems. Über die Anwendung in der menschlichen Keimbahn*, Berlin/Boston 2019.

HARRIS, JOHN, *Enhancing Evolution: The Ethical Case for Making Better People*, Princeton 2007.

HOUELLEBECQ, MICHEL, *Les particules élémentaires*, Paris 1998.

KANT, IMMANUEL, *Kritik der praktischen Vernunft. Grundlegung der Metaphysik der Sitten. Werkausgabe*, Bd. VII, hg. von WILHELM WEISCHEDEL, Frankfurt a. M. 1980.

KNAUER, PETER, *Handlungsnetze. Über das Grundprinzip der Ethik*, Frankfurt a. M. 2002.

LEACH SCULLY, JACKIE, *Choice, Chance, and Acceptance*, in: PARENS, ERIK/JOHNSTON, JOSEPHINE (Eds.), *Human Flourishing in an Age of Gene Editing*, New York 2019, 143–156.

LIANG, PUPING/XU, YANWEN/ZHANG, XIYA ET AL., *CRISPR/Cas9-Mediated Gene Editing in Human Tripronuclear Zygotes*, in: Protein & Cell 6 (2015), 363–372.

LOVELL-BADGE, ROBIN, *Why Stem-Cell Guidelines Needed an Update*, in: Nature 593 (2021), 479.

MARQUARD, ODO, *Ende des Schicksals? Einige Bemerkungen über die Unvermeidlichkeit des Unverfügbaren*, in: DERS., *Abschied vom Prinzipiellen. Philosophische Studien*, Stuttgart 1981, 67–90.

MATTLI, BENNO, «*Chinas Frankenstein*» *muss drei Jahre ins Gefängnis*, in: Neue Zürcher Zeitung 31.12.2019, 1.

MAYLAND, CATRIONA R./SUNDERLAND, KATY A./COOPER, MATTHEW et al., *Measuring Quality of Dying, Death and End-of-Life Care for Children and Young People: A Scoping Review of Available Tools*, in: Palliative Medicine 36 (2022), 1186–1206.

MILL, JOHN STUART, *Der Utilitarismus*, Stuttgart 1985.

MUSCHG, ADOLF, *Wir sehen immer genauer ins Körperinnere. Die medizinische Technik verschiebt die Grenze zwischen Leben und Tod. Aber kein Gerät tilgt die Nähe zum Tod*, in: Neue Zürcher Zeitung 25.07.2019, 36.

NATIONAL ACADEMIES OF SCIENCES, ENGINEERING, AND MEDICINE, *Human Genome Editing: Science, Ethics, and Governance*, Washington D. C. 2017.

NATIONALE ETHIKKOMMISSION IM BEREICH DER HUMANMEDIZIN, *Gene editing an menschlichen Embryonen – Eine Auslegeordnung*, Bern 2016.

NICOLAS, PAOLA/ETOC, FRED/BRIVANLOU, ALI H., *The Ethics of Human-Embryoids Model: A Call for Consistency*, in: Journal of Molecular Medicine 99 (2021), 569–579.

NOWOTNY, HELGA/TESTA, GIUSEPPE, *Die gläsernen Gene. Die Erfindung des Individuums im molekularen Zeitalter*, Frankfurt a. M. 2009.

NUFFIELD COUNCIL ON BIOETHICS, *Genome Editing and Human Reproduction*, London 2018.

PARENS, ERIK/JOHNSTON, JOSEPHINE (Eds.), *Human Flourishing in an Age of Gene Editing*, New York 2019.

PERSSON, INGMAR/SAVULESCU, JULIAN, *Unfit for the Future. The Need for Moral Enhancement*, Oxford/New York 2012.

PIOTROWSKA, MONICA, *Research Guidelines for Embryoids*, in: Journal of Medical Ethics 2021;47:e67.

RAHNER, KARL, *Experiment Mensch. Theologisches über die Selbstmanipulation des Menschen*, in: ROMBACH, HEINRICH (Hg.), *Die Frage nach dem Menschen. Aufriss einer philosophischen Anthropologie*, Freiburg i. Br./München 1966, 45–69.

ROSA, HARTMUT, *Resonanz. Eine Soziologie der Weltbeziehung*, Berlin 2018.

RÖSSLER, BEATE, *Autonomie. Ein Versuch über der gelungene Leben*, Berlin 2017.

SAINT-EXUPÉRY, ANTOINE, *Der kleine Prinz*, München 2015.

SANDEL, MICHAEL, *Plädoyer gegen die Perfektion. Ethik im Zeitalter der genetischen Technik*, mit einem Vorwort von JÜRGEN HABERMAS, Berlin 2008.

SAVULESCU, JULIAN/KAHANE, GUY, *Understanding Procreative Beneficence*, in: FRANCIS, LESLIE (Ed.), *The Oxford Handbook of Reproductive Ethics*, Oxford/New York 2017, 592–622.

SCHÜES, CHRISTINA, *Philosophie des Geborenseins*, Freiburg i. Br./München ²2016.

SHOZI, BONGINKOSI/KAMWENDO, TAMANDA/KINDERLERER, JULIAN ET AL., *Future of Global Regulation of Human Genome Editing: A South African Perspective on the WHO Draft Governance Framework on Human Genome Editing*, in: Journal of Medical Ethics 48 (2022), 165–168.

SLOTERDIJK, PETER/HEINRICHS, HANS-JÜRGEN, *Gottes Werk übertreffen. Horizonte der homöotechnischen Wende. Ein Gespräch*, in: Du. Die Zeitschrift für Kultur Nr. 718 (2001), 68–73.

SLOTERDIJK, PETER, *Regeln für den Menschenpark. Ein Antwortschreiben zu Heideggers Brief über den Humanismus*, Frankfurt a. M. 1999.

TAYLOR, CAROL R./DELL'ORO, ROBERTO (Eds.), *Health and Human Flourishing*, Washington D. C. 2006.

TUROCY, JENNA/ADASHI, ELI Y./EGLI, DIETER, *Heritable Human Genome Editing: Research Progress, Ethical Considerations, and Hurdles to Clinical Practice*, in: Cell 184 (2021), 1561–1574.

WEI, YUBAO/ZHANG, CUILIAN/FAN, GUOPING/MENG, LI, *Organoids as Novel Models for Embryo Implantation Study*, in: Reproductive Sciences 28 (2021), 1637–1643.

WHO EXPERT ADVISORY COMMITTEE ON DEVELOPING GLOBAL STANDARDS FOR GOVERNANCE AND OVERSIGHT OF HUMAN GENOME EDITING, *Human Genome Editing: A Framework for Governance*, Geneva 2021.

WILS, JEAN-PIERRE, *Der Mensch im Konflikt der Interpretationen*, in: HOLDEREGGER, ADRIAN/MÜLLER, DENIS/SITTER-LIVER, BEAT/ZIMMERMANN-ACKLIN, MARKUS (Hg.), *Theologie und biomedizinische Ethik. Grundlagen und Konkretionen*, Freiburg i. Br./Freiburg i. Ue. 2002, 173–191.

ZASLAWSKI, VALERIA, *Warum habt ihr mich gezeugt?*, in: Neue Zürcher Zeitung, 30.08.2019, 48.

ZIMMERLI, WALTER CH., *Das Erbe des Doktor He Jiankui. Es ist eine lästige Frage: Nach wessen Bild sollen wir neue Menschen schaffen?*, in: Neue Zürcher Zeitung, 27.12.2018, 34.

ZIMMERMANN-ACKLIN, MARKUS, *Chancen und Gefahren einer Politisierung der Bioethik. Ein Aus-blick*, in: DERS., *Bioethik in theologischer Perspektive. Grundlagen, Methoden, Bereiche*, Freiburg i. Ue./Freiburg i. Br. ²2010, 409–426.

ZIMMERMANN, MARKUS, *Zum Umgang mit Unsicherheit und Ungewissheit – Überlegungen aus theo-logisch-ethischer Perspektive*, in: LINDENAU, MATHIAS (Hg.), *Zum Umgang mit Unsicherheit und Ungewissheit*, im Erscheinen.

TEIL IV

ENTSCHEIDUNGEN AM LEBENSENDE

1 «JEDER, DER GEHT, BELEHRT UNS EIN WENIG.» STERBEKULTUR, LEBENSKUNST UND ENDLICHKEIT

Bei mir sind gerade alle Seile und Verbindungen abgerissen. Ich würde gerne einfach nur wegdämmern.[1]

Death allows new ideas and new ways.[2]

Solange Sterben nicht zum Alltag gehört, bleibt es immer ein tendenziell einsames Sterben.[3]

Unsere Tage zu zählen lehre uns! Dann gewinnen wir ein weises Herz. (Psalm 90,12)

«Perspektiven zum Sterben. Auf dem Weg zu einer Ars moriendi nova?»[4] – so lautet der programmatische Titel einer interdisziplinären Buchreihe, die vor einigen Jahren beim Franz Steiner Verlag initiiert wurde. Der Sammelband bietet eine kontroverse Auseinandersetzung um die Beantwortung der im Buchtitel aufgeworfenen Frage und lässt dabei eine Fülle offener, ungeklärter Aspekte zurück. Diese bieten eine ideale Ausgangsbasis, um gegenwärtige Phänomene und Entwicklungen im Umgang mit Sterben und Tod aus ethischer Sicht kritisch zu kommentieren. «Kritisch» meint zunächst dem Wortsinn gemäß analytisch-unterscheidend; mit Blick auf die Idee der Etablierung einer neuen Sterbekultur ist mit «kritisch» aber durchaus auch skeptisch-zweifelnd gemeint. Die öffentliche Aufmerksamkeit, die der letzten Lebensphase gegenwärtig zunehmend entgegengebracht wird, die «Entdeckung des Sterbens», wie es die Berner Soziologin Ursula Streckeisen einmal in Analogie zur Rede von der «Entdeckung der Kindheit»[5] im 16./17. Jahrhundert genannt hat, führt heute zur Entstehung neuer Normen und Ideale, welche die Wahrnehmung und Bewertung der letzten Lebensphase zusehends kennzeichnen und die in ethischer Perspektive ambivalent – sowohl Orientierung gebend als auch Freiheit einschränkend – erscheinen.

---

1 SCHLINGENSIEF 2009, 49 f.

2 SALLNOW/SMITH 2022, 837.

3 MATHWIG 2014b, 92.

4 SCHÄFER U. A. 2012a; der Titel des ersten Bandes dieser Buchreihe, herausgegeben von HILT U. A. 2010, lautet: «Endlichkeit, Medizin und Unsterblichkeit. Geschichte, Theorie, Ethik.» Zwölf Jahre später ist die Buchreihe bei Band 4 angelangt; bislang scheint weniger möglich gewesen zu sein, als sich die Herausgeber Andreas Frewer, Christof Müller-Busch und Daniel Schäfer bei der Gründung der Buchreihe vermutlich erhofft hatten.

5 Vgl. ARIÈS 1975.

1.1 Ars moriendi nova

Den Initianten der erwähnten Buchreihe geht es nach eigener Aussage um die Implementierung einer neuen Sterbekunst, wobei Hospizbewegung und Palliativmedizin ihrer Ansicht nach bereits wichtige Impulse geben konnten, und zwar einerseits zugunsten einer differenzierten Auseinandersetzung mit Sterben und Tod sowie andererseits zur praktischen Umsetzung des ihres Erachtens zentralen Ziels, nämlich möglichst vielen Menschen ein menschenwürdiges Sterben zu ermöglichen.[6] In einem programmatischen Text wenden sich die Herausgeber des Sammelbands und der Buchreihe überdies mit einem moralischen Appell an eine breitere Öffentlichkeit, der dazu aufruft, wir sollten heute neue Formen des Umgangs mit Sterben und Tod einüben; diese sollten nicht nur mit den gegenwärtigen Bedingungen konform sein, sondern darüber hinaus diese auch neu gestalten und verbessern.[7] Eine entscheidende Textpassage, in der auch der Bezug zur traditionellen *Ars moriendi* erläutert wird, lautet:

> Unser Vorschlag zu einer Neuorientierung der Debatte jenseits der Grabenkämpfe zwischen Sterbehilfe-Befürwortern und -Gegnern orientiert sich zwar nicht inhaltlich, aber methodisch am Prinzip der überlieferten Ars moriendi, die als Gebrauchsliteratur an der Schwelle zur Neuzeit schichtübergreifend einen hohen Verbreitungsgrad hatte. Wir möchten daher *mentale, visuelle, pädagogische* und *pragmatische* Möglichkeiten der Vorbereitung möglichst vieler Menschen auf das Sterben und auch einen differenzierten Umgang mit der eigenen Leiche thematisiert wissen. Es soll dabei von einer weltanschaulich neutralen Basis ausgegangen werden, die notwendige, aber nicht hinreichende Argumente für eine Auseinandersetzung mit dem eigenen Tod legt, weshalb zusätzliche Elemente – etwa (moral)philosophische Normen oder religiöse Werte – individuell darauf aufgebaut werden können. Sinngebung oder Sinnlosigkeit von Sterben, Tod und Jenseitsglaube werden deshalb hier nicht primär erwogen, auch wenn derartige Deutungen bei diesen Themen implizit immer mitschwingen und natürlich auch Konsequenzen für die Sterbepraxis haben können.[8]

Einer der hier geäußerten Kerngedanken beruht auf der Annahme, das Sterben ließe sich individuell vorbereiten und der Umgang damit kulturell proaktiv ausgestalten. Erreicht werden könne dies über mentale, visuelle, pädagogische und pragmatische Maßnahmen, die ihrerseits nicht von dichten, religiösen oder philosophischen Vorstellungen vom Guten geprägt, also in gewisser Weise inhaltlich neutral sein sollten.[9] Mit dieser neu zu gestaltenden Kultur im Umgang mit Sterben und Tod soll eine heute bestehende Lücke gefüllt werden, die trotz der

---

6 Vgl. FREWER U. A. 2012, 12 (Vorwort).

7 Vgl. SCHÄFER U. A. 2021b, 15.

8 Ebd. 18 f.

9 Eine Publikumszeitschrift, die ein solches Programm einzulösen oder umzusetzen versucht, ist das seit 2012 viermal im Jahr online und im Druck erscheinende Magazin «Leben und Tod», vgl. https://www.lebenundtod.com (18.01.2023).

vielen Aktivitäten in den Bereichen Hospiz, Palliative Care und Sterbehilfeorganisationen nach Meinung der drei Autoren nach wie vor besteht.

Aus katholisch-theologischer Sicht sei klärend erwähnt, dass die kirchlich-lehramtliche, von Johannes Paul II. bekannt gemachte Rede von der «Kultur des Todes» eine völlig andere und nahezu konträre Bedeutung hat. Gemeint ist hier eine Kultur der Unmenschlichkeit, der Sünde und Entsolidarisierung, die sich beispielsweise in der Tötung menschlichen Lebens am Lebensbeginn und -ende – durch Schwangerschaftsabbruch und Euthanasie – besonders schlimmen Ausdruck verleihe und die aus Sicht des Papstes durch eine «Kultur des Lebens», einer gesellschaftlichen und individuellen Haltung der unbedingten Lebensbejahung und Förderung der Würde jeder Person, konterkariert werden sollte.[10] In dieser katholischen Perspektive besteht offensichtlich keinerlei Anschlussfähigkeit an die eingangs erwähnte Idee.

Eine bemerkenswerte Initiative, welche die *Ars-moriendi-nova*-Idee dagegen bestärkt und aufgrund der hier geäußerten positiven Wertschätzung des Todes in gewisser Hinsicht noch übertrifft, ist die im Jahr 2022 im «Lancet» erschienene «Value of Death-Study».[11] Das von einer international zusammengesetzten Kommission verfasste, umfangreiche «Lebensende-Manifest» beginnt mit dem Hinweis auf ein heute bestehendes globales Paradox: Während viele Menschen in den Hochlohnländern der Welt an ihrem Lebensende in Krankenhäusern überbehandelt und ihre Angehörigen zusehends marginalisiert würden, blieben viele andere Menschen in den weniger privilegierten Ländern der Welt unterbehandelt, sie würden an Krankheiten sterben, die eigentlich behandelbar wären und entbehrten dabei einer angemessenen Schmerzbehandlung. Dem stellen die Expertinnen und Experten der «Commission on the Value of Death» eine «realistische Utopie»[12] entgegen, deren Grundforderung darin besteht, Sterben und Tod nicht zu ver-

---

10 Vgl. JOHANNES PAUL II. 1995, 19; 26; 29; 37 u. ö.

11 Vgl. SALLNOW/SMITH 2022: Libby Sallnow (St. Christopher's Hospice in London) und Richard Smith (ehemaliger Chefredaktor des British Medical Journal) haben den definitiven, 48 Seiten umfassenden Text geschrieben, beigetragen dazu haben allerdings alle 27, aus unterschiedlichen Ländern und Kontinenten stammenden Expertinnen und Experten der «Commission on the Value of Death».

12 In der Zusammenfassung der Stellungnahme heißt es programmatisch (SALLNOW/SMITH 2022, 837): «Radically reimagining a better system for death and dying, the *Lancet* Commission on the Value of Death has set out the five principles of a realistic utopia, a new vision of how death and dying could be. The five principles are: the social determinants of death, dying, and grieving are tackled; dying is understood to be a relational and spiritual process rather than simply a physiological event; networks of care lead support for people dying, caring, and grieving; conversations and stories about everyday death, dying, and grief become common; and death is recognised as having value.»

drängen, sondern eine angemessene Wertschätzung entgegenzubringen: Tod
und Leben gehörten zusammen, ohne Tod gäbe es kein Leben, der Tod habe daher
einen positiven Wert für das menschliche Leben:

> Philosophers and theologians from around the globe have recognised the value that death
> holds for human life. Death and life are bound together: without death there would be no
> life. Death allows new ideas and new ways. Death also reminds us of our fragility and same-
> ness: we all die. Caring for the dying is a gift, as some philosophers and many carers, both
> lay and professional, have recognised. Much of the value of death is no longer recognised in
> the modern world, but rediscovering this value can help care at the end of life and enhance
> living.[13]

Obgleich Anliegen und Ziele der auch von den Autoren der *Ars-moriendi-nova*-
Idee unterstützten «Charta zur Betreuung schwerstkranker und sterbender Menschen in Deutschland»[14] zu begrüßen sind, ist es fraglich, die proaktive Schaffung
einer neuen Sterbekunst oder -kultur für möglich oder sinnvoll zu halten. Meine
Skepsis bezieht sich erstens auf die starke Fokussierung auf die Sterbephase selbst
bzw. auf deren rechtzeitige Vorbereitung, und ich frage mich, ob das nicht grundsätzlich die falsche Such- und Handlungsrichtung ist; sie bezieht sich zweitens
auf die Absicht, eine weltanschaulich neutrale Sterbekultur etablieren zu wollen,
da bereits die traditionelle *Ars moriendi*, auf die dabei methodisch Bezug genommen werden soll, unabhängig von der damaligen Jenseitsangst und der religiös
verankerten Bedrohung durch die ewige Verdammnis schlicht nicht denkbar gewesen wäre;[15] meine Zurückhaltung bezieht sich drittens darauf, dass im Konzept der *Ars moriendi nova* (auch der «Value of Death-Study») die erschreckenden
und brutalen Seiten von Sterben und Tod weitgehend ausgeblendet werden;[16] sie
ergibt sich darüber hinaus viertens daraus, dass die Idee einer allen Menschen gemeinsamen Sterbekultur, die auf einer biographisch rechtzeitig einsetzenden
Auseinandersetzung mit Sterben und Tod gründet, an der Realität unterschiedlicher Vorstellungen von einem guten Sterben vorbeizugehen scheint.[17]

---

13 Ebd.

14 Vgl. https://www.charta-zur-betreuung-sterbender.de/die-charta.html (17.01.2023). Die Initiative stammt aus dem Bereich der Palliative Care und wurde von Beginn im Jahr 2008 an gesellschaftlich breit unterstützt. Inzwischen (Stand Januar 2023) wurde sie in Deutschland von 2'775
Organisationen und Institutionen sowie von 30'470 Einzelpersonen unterzeichnet.

15 Vgl. dazu auch WILS 2012; im Wissen um diese Schwierigkeit unternimmt Carlo Leget seit
Jahren den Versuch, eine nicht religiös verankerte Neuinterpretation der Ars moriendi zu formulieren, vgl. LEGET 2021.

16 Vgl. SÖRRIES 2012.

17 Vgl. beispielsweise STREECK 2020: In ihrer philosophischen Dissertation dekonstruiert die
Autorin exemplarisch die Ideale der Palliative-Care-Bewegung sowie der Sterbehilfeorganisationen aus der Perspektive des Konzepts der Authentizität.

Tatsächlich ist bezüglich neuer kultureller Ausdrucksformen um Sterben, Tod und Trauer vieles in Bewegung, wie nicht zuletzt die rege Forschungs- und Publikationstätigkeit im Bereich der Thanatosoziologie belegt.[18] Im Folgenden erkunde ich zunächst, wie das, was heute im Umgang mit Sterben und Tod gesellschaftlich vor sich geht, näher zu verstehen ist, bevor ich nach Möglichkeiten und Grenzen eines selbstbestimmten Sterbens frage; im dritten Teil geht es mir schließlich um ein sprachliches Herantasten an das, was sich unter Berücksichtigung der genannten Bedenken zu einer zeitgemäßen Sterbekunst heute sinnvoll aussagen lässt.[19]

1.2 Lebensende zwischen Entfremdung und Enttabuisierung

Nachdem während der letzten Jahrzehnte viele etablierte, in der Regel religiös fundierte Traditionen rund um Sterben, Tod und Trauer aufgegeben wurden, befinden wir uns heute zumindest in den Hochlohnländern der Welt in einer gesellschaftlichen Umbruchsituation, was zu Verunsicherungen, einer gewissen Hilflosigkeit und teilweise auch zu spontanen Ersatzhandlungen führt. Gleichzeitig werden neue Ideen entworfen, gesellschaftlich anerkannt und etabliert, was namentlich für Projekte in den Bereichen Hospizbewegung, Palliative Care, Sterbehilfeorganisationen sowie neue Bestattungsformen und Trauerrituale[20] gelten dürfte.

Eine Standortbestimmung in ethischer Perspektive stößt heute auf besondere Merkmale oder Kennzeichen wie etwa die Pluralität der Ideale, die Professionalisierung und Technisierung des Lebensendes, eine Enttabuisierung und Normierung des Sterbens sowie eine Zentrierung der Diskurse auf das bürgerliche Bildungsmilieu.

1.2.1 PLURALITÄT DER IDEALE

Eine Diskursanalyse gegenwärtig bestehender Vorstellungen von einem guten Sterben deutet auf eine Vielfalt nebeneinander bestehender Ideale hin.[21] Diesen Vorstellungen liegen unterschiedliche, u. a. religiöse, spirituelle und säkulare Überzeugungssysteme zugrunde, sie sind weltanschaulich also nicht neutral,

---

18 Aus der Vielzahl aktuell erscheinender thanatosoziologischer Beiträge sticht beispielsweise das 2022 neu initiierte «Jahrbuch für Tod und Gesellschaft» hervor, vgl. BENKEL/MEITZLER 2022a.

19 Erste Überlegungen dazu habe ich an den 14. Süddeutschen Hospiztagen zum Thema «Bloß nicht zur Last fallen» – Angewiesensein und die Illusion der Autonomie» am 27.06.2013 unter dem Titel «Ars moriendi heute. Überlegungen zur Kunst des Sterbens» in Rastatt vorgetragen.

20 Zur Bedeutung neuer Bestattungsformen vgl. BENKEL/MEITZLER 2022b, zur Trauerforschung NEIMEYER 2022 und NEIMEYER ET AL. 2022.

21 Vgl. ZIMMERMANN U. A. 2019, 157–180; STRECKEISEN 2022.

sondern – ganz im Gegenteil – eng verknüpft mit bestimmten Menschen-, Welt-
und teilweise auch Gottesbildern, persönlichen Identitätsvorstellungen bzw. individuellen Selbstverständnissen, die die erwähnten Ideale von einem guten Sterben unterschiedlich prägen.[22] Konkrete Vorstellungen von einem guten Sterben
wie das bewusste, vorbereitete Sterben, das selbstbestimmte, furchtlose Sterben,
das Sterben verstanden als ein seelischer Prozess, das Sterben als Übergang oder
auch im Sinne der Selbstbehauptung[23] ergänzen sich teilweise und sind teils auch
miteinander vereinbar, sie widersprechen sich partiell aber auch in wesentlichen
Punkten. Die eingangs erwähnte Idee einer rechtzeitigen Vorbereitung des eigenen Lebensendes erscheint beispielsweise unvereinbar mit Positionen, die in der
Verdrängung der eigenen Sterblichkeit – beispielsweise im Anschluss an Epikur –
ihr persönliches Ideal sehen.[24]

1.2.2 Professionalisierung

Aufgrund der Delegation der Zuständigkeiten für das Sterben an spezialisierte Organisationen wie Krankenhäuser, Hospize und Pflegeheime erleben im
Laufe einer typischen spätmodernen Normalbiographie viele Menschen das
Sterben eines anderen nicht mehr mit, sie haben daher auch keine Ahnung
mehr, was in der Endphase des menschlichen Lebens wichtig werden könnte;
das führt einerseits zu einer starken Entfremdung von dem, was im Sterbeprozess gewöhnlich geschieht und verstärkt andererseits existenzielle Ängste mit Blick auf den möglichen Verlauf des eigenen Lebensendes. Aufgrund
des medizinischen Fortschritts und des gesellschaftlichen Wohlstands kollidieren im Sterben heute zwei unterschiedliche Interessenscluster, Kulturen
oder Rationalitäten miteinander, wodurch Vermittlungs- oder Überset-
zungsbemühungen – beispielsweise über das sogenannte Advance Care Planning[25] – notwendig werden: Es kollidieren die klinische Rationalität mit
schwierigen Entscheidungen am Lebensende auf der einen und individuelle

---

22 Vgl. zum Konzept der ethischen Identität MANDRY 2002; zum Zusammenhang zwischen
Menschen-, Welt- und Gottesbildern sowie der Moral bei HALTER 1995, dazu: ZIMMERMANN
2019.

23 Vgl. dazu detaillierter ZIMMERMANN U. A. 2019, 157–180; STRECKEISEN 2022.

24 Vgl. das berühmte Epikur-Zitat, überliefert von DIOGENES LAERTIUS 1921, 244: «Das angeblich schaurigste aller Übel also, der Tod, hat für uns keine Bedeutung; denn so lange wir noch da
sind, ist der Tod nicht da; stellt sich aber der Tod ein, so sind wir nicht mehr da. Er hat also weder
für die Lebenden Bedeutung noch für die Abgeschiedenen, denn auf jene bezieht er sich nicht,
diese aber sind nicht mehr da.» – In einem aktuellen Interview hat sich der 87-jährige Schweizer
Schriftsteller Peter Bichsel auf ähnliche Weise geäußert, vgl. BICHSEL 2022.

25 Vgl. KRONES/OBRIST 2020; als Beispiel für einen gelungenen Vermittlungs- oder Überset-
zungsversuch vgl. RÜEGGER/KUNZ 2020.

Vorstellungen und Ideale von einem guten Sterbeverlauf auf der anderen Seite.[26]

1.2.3 ENTTABUISIERUNG

Gleichzeitig wurde bislang kaum so viel, so offen und so transparent in der Öffentlichkeit über Sterben und Tod gesprochen wie heute. Lebensende und Tod werden, bis hin zum Sterben im Museum oder bei laufender Kamera im YouTube-Kanal[27], gleichsam vollständig enttabuisiert. Armin Nassehi schreibt in diesem Zusammenhang nicht zufällig von der «Geschwätzigkeit des Todes»[28], die einherzugehen scheint mit einer gewissen Verharmlosung des brutalen Todes. Das auf diese Weise entstehende Detailwissen über Sterbeverläufe und mögliche medizinische Interventionen während der letzten Lebensphase kann offensichtlich die erwähnte Entfremdung nicht verhindern, sondern verstärkt diese auf dialektische Weise: Je größer das Wissen um das, was beispielsweise auf einer Intensivstation oder während einer Chemotherapie geschehen kann oder machbar ist, desto stärker werden existenzielle Verunsicherung und Ängste vor dem, was mit einem selbst in der letzten Lebensphase geschehen könnte.[29] Entsprechend wäre phänomenologisch zu unterscheiden zwischen dem unmittelbaren Miterleben des Sterbens Nahestehender und dem medial vermittelten, stets inszenierten Sterben Fremder.

1.2.4 NORMIERUNG DES STERBENS

Gleichzeitig bestehen unter anderen in den Bereichen der Hospiz- und Palliativversorgung sowie bei den Sterbehilfeorganisationen Tendenzen, bestimmte Sterbeverläufe zu idealisieren und damit gesellschaftlich zu normieren, so dass die öffentliche Aufmerksamkeit auf bestimmte als gut oder gelungen geltende Verläufe gelenkt wird.[30] Ein bekanntes Beispiel für diese Tendenzen bieten sogenannte Phasenmodelle des Sterbens wie diejenigen von Elisabeth Kübler-Ross oder Monika Renz, die ursprünglich phänomenologisch und deutend gemeint gewesen sein mögen, *de facto* jedoch häufig normativ im Sinne zu bewältigender Parcours

---

26 Beispiele für dieses Phänomen bieten neben vielen anderen die gesellschaftlichen Diskurse über die terminale Sedierung sowie den «Freiwilligen Verzicht auf Nahrung und Flüssigkeit (FVNF)».

27 Vgl. CADUFF 2022 sowie CADUFF U. A. 2022.

28 NASSEHI 2003, 309; vgl. auch WILS 2022.

29 Vgl. den programmatischen Buchtitel «Sterben ohne Angst. Was Palliativmedizin leisten kann» von BAUSEWEIN 2015.

30 Vgl. STREECK 2020, die in ihrem philosophischen Doktorat auf eine Reihe soziologischer, in der Regel ethnographisch erzielter Ergebnisse zurückgreifen kann, vgl. vor allem DRESSKE 2005 und 2012.

verstanden werden.[31] Ein anderes frappantes Beispiel bietet die Einrichtung der Patientenverfügungen, die von ihrer Entstehung her ein emanzipatives Dokument zur Sicherung der Selbstbestimmung in Situationen der Urteilsunfähigkeit sind, beispielsweise ein Instrument zur Absicherung individueller Vorstellungen gegenüber systemischen Abläufen. Dagegen wurde im politischen Diskurs der Schweiz bereits mehrfach versucht, daraus ein sterbepädagogisches Instrument zur Bewusstseinsbildung der Bevölkerung zu machen, indem das Schreiben einer Patientenverfügung ab 50 Jahren oder die Verpflichtung für Personen ab 50 Jahren, ihrer Krankenversicherung gegenüber eine Erklärung abzugeben, ob sie eine Patientenverfügung erstellt haben oder nicht, rechtlich verbindlich gemacht werden sollten.[32]

1.2.5 Zentrierung auf das bürgerliche Bildungsmilieu

Nicht zuletzt widerspiegeln die Überlegungen und Ideale eine Fixiertheit der Lebensende-Diskurse auf das bürgerliche, bildungsnahe Mittelstandsmilieu, was sich exemplarisch an der nahezu ausschließlich von Frauen ehrenamtlich getragenen Hospizbewegung in Deutschland zeigt, darüber hinaus aber auch an der eingangs erwähnten *Ars-moriendi-nova*-Idee, weitgehend über kognitive und pädagogische Maßnahmen zum Aufbau einer neuen Sterbekultur beitragen zu wollen. Negativ formuliert ist festzustellen, dass es in den Lebensende-Diskursen kaum um das Sterben gesellschaftlich marginalisierter Personen geht – von Menschen in Haft, Obdachlosen, abgewiesenen Asylbewerberinnen und Asylbewerbern ohne Aufenthaltsgenehmigung, der bildungsfernen und materiell armen Bevölkerung – und zudem auch das «schreckliche oder grausame Sterben» ausgeklammert wird; zu denken wäre hier an das Sterben im Krieg, an Hunger, aufgrund eines Erdbebens oder auch infolge von Seuchen oder Pandemien, wie es jüngst während der Corona-Pandemie zu einer Realität für viele Menschen in Mitteleuropa wurde.[33]

---

31 Vgl. Kübler-Ross 1983; Renz 2015.

32 Entsprechende Vorstöße wie beispielsweise das Postulat 14.3258 von Alec von Graffenried zum Thema «Obligatorische Patientenverfügung» vom 21.3.2014 wurden von der Schweizer Regierung (dem Bundesrat) und dem Parlament bisher abgelehnt. In der Begründung des genannten Postulats heißt es beispielsweise: «Viele Menschen erachten eine Patientenverfügung zwar für sinnvoll und notwendig, scheuen sich jedoch, sich mit einem solch emotional belastenden Thema zu beschäftigen. Mit der obligatorischen Erklärung über eine Patientenverfügung ab dem 50. Lebensjahr würden die Menschen sensibilisiert und dadurch befähigt, sich mit einer Frage auseinanderzusetzen, die in unserer Gesellschaft weitgehend ein Tabu ist.» https://www.parlament. ch/de/ratsbetrieb/suche-curia-vista/geschaeft?AffairId=20143258 (24.02.2023).

33 Vgl. Zimmermann 2022.

1.2.6 INDIVIDUELLE UND GESELLSCHAFTLICHE LEITBILDER

Der Versuch dieser knappen Bestandsaufnahme indiziert eine Reihe sozial- und individualethisch relevanter Fragen und Aspekte, die zeigen, wie naiv es wäre, das Lebensende-Thema einseitig von der Idee der individuellen Selbstbestimmung aus anzugehen oder zu entwerfen. Individuelle Idealvorstellungen bilden sich vielmehr in Auseinandersetzung mit gesellschaftlichen Ansichten und Idealen heraus und lassen sich nur so angemessen verstehen. Unter den erwähnten sozialen Entwicklungen fallen insbesondere gewisse Engführungen und Fixierungen auf, namentlich auf das Sterben im hohen Alter, den Tod infolge einer Tumorerkrankung, das Sterben in bildungsnahen Milieus, das auf einer bewussten und möglichst rechtzeitig einsetzenden Auseinandersetzung gründet. Daneben sind widersprüchliche, dialektisch wirkende Phänomene festzustellen, namentlich die Gleichzeitigkeit von Enttabuisierung und Entfremdung, vom Willen zu mehr Transparenz und der Verstärkung existenzieller Ängste, von der Betonung der Selbstbestimmung und gleichzeitig wirkender sozialer Normierungstendenzen. Ist die Vorstellung des selbstbestimmten Sterbens letztlich eine Illusion?

1.3 *Selbstbestimmtes Sterben – eine Illusion?*

Das normative Selbstbestimmungsprinzip gründet auf der Annahme bzw. der regulativen Idee der individuellen persönlichen Freiheit.[34] Diese ist zunächst unverzichtbare Denk-Voraussetzung für eine integrative, kontextsensible, also hermeneutisch ausgerichtete theologische Ethik. Ist diese Annahme realistisch? Was folgt aus möglichen Antworten für die Idee eines selbstbestimmten Sterbens?

Historisch stand zu Beginn der neueren biomedizinischen Ethik im Allgemeinen und der Sterbehilfe-Debatten im Besonderen im Zuge der 1968er-Jahre die Idee der *negativen* Freiheit, der Befreiung von Bevormundungen und Fremdbestimmungen aller Art, von der noch heute die Diskurse um das «selbstbestimmte Sterben» im Umfeld der Sterbehilfeorganisationen maßgeblich geprägt sind.[35] Diese Ausrichtung hat in erster Linie mit dem Ringen gegen gesetzliche Hürden und Verbote zu tun, wie sie hinsichtlich der Tötung auf Verlangen und auch der Beihilfe zum Suizid nach wie vor in vielen Ländern der Welt bestehen.[36]

---

34 Vgl. dazu Kap. I/5 im vorliegenden Band.

35 Vgl. den programmatischen Titel «Selbstbestimmt bis zuletzt. Sterbehilfe in der Schweiz» von LÜÖND 2022.

36 Vgl. MROZ ET AL. 2021.

1.3.1 VON DER NEGATIVEN ZUR POSITIVEN FREIHEIT ...

Mit dem Wunsch, das Sterben zu kontrollieren und die Sterbephase nach eigenen Vorstellungen zu gestalten, geraten Autonomie und Selbstbestimmung ins Zentrum der Aufmerksamkeit. Zu Beginn der neueren medizinethischen Lebensende-Debatten war fast ausschließlich von der Freiheit *von* Bevormundungen und Fremdbestimmungen die Rede, äußerst selten wurde dagegen darauf eingegangen, woran sich eine Person beispielsweise beim Schreiben einer Patientenverfügung positiv inhaltlich orientieren könnte.

Philosophisch wird zwischen der negativen Freiheit als «Freiheit von ...» und der positiven oder auch reflexiven Freiheit im Sinne einer «Freiheit zu ...» unterschieden.[37] Im Zeichen der Reflexivität spätmoderner Gesellschaften liegt die Entscheidungshoheit in der Regel heute bei der individuellen Person, diese darf einerseits entscheiden, andererseits aber muss sie auch entscheiden; sie hat sozusagen keine Option, *nicht* zu entscheiden. Die erfolgreiche Befreiung von vorgeformten Lebensmustern oder -formen hat gleichsam reflexiv zur Folge, dass Menschen heute «gezwungen» sind, über ihr Leben und ihre Lebensform selbst zu entscheiden.[38]

«Freiheit (...) ist dieses einzige, ursprüngliche, jedem Menschen, kraft seiner Menschheit, zustehende Recht»[39], schrieb Immanuel Kant zu Beginn der Aufklärung. In seiner Freiheitsschrift ging John Stuart Mill noch einen Schritt weiter, indem er das Freiheitsrecht im Sinne der Souveränität einer Person über sich selbst auslegte: «Über sich selbst, über seinen eigenen Körper und Geist ist der Einzelne souveräner Herrscher.»[40] Wesentlich war auch bei ihm zunächst die Idee der negativen Freiheit, der Freiheit von Feudalismus, Leibeigenschaft, Unterdrückung, Versklavung, Patriarchat und Bevormundungen aller Art. Dieses Basisrecht ist bis heute unbestritten.

Darüber hinaus konkretisierte Immanuel Kant sein Freiheitsverständnis in der berühmt gewordenen «Beantwortung der Frage, was ist Aufklärung» von 1783:

> Aufklärung ist der Ausgang des Menschen aus seiner selbst verschuldeten Unmündigkeit. Unmündigkeit ist das Unvermögen, sich seines eigenen Verstandes zu bedienen.[41] (Dabei sei es, d. V.) so bequem, unmündig zu sein. Habe ich ein Buch, das für mich Verstand hat, einen Seelsorger, der für mich Gewissen hat, einen Arzt, der für mich die Diät beurteilt, u. s. w.: so brauche ich mich ja nicht selbst zu bemühen. Ich habe nicht nötig, zu denken, wenn ich nur bezahlen kann; andere werden das verdrießliche Geschäft schon für mich übernehmen.[42]

---

37 Vgl. dazu grundlegend den Freiheits-Entwurf von HONNETH 2011.

38 Vgl. BECK/ZIEGLER 1997.

39 KANT 1991a, 345 (MS/RL AB45).

40 MILL 1974, 17.

41 KANT 1991b, 53 (A 481).

42 Ebd. (A 482).

Freiheit meine also nicht nur, ein negatives Abwehrrecht wahrzunehmen, sondern darüber hinaus selbständig bzw. selbstverantwortlich nachzudenken, sich eine Meinung zu bilden und auf dieser Basis persönliche Entscheidungen zu treffen, ohne sich intellektuellen, religiösen oder ärztlichen Autoritäten unterzuordnen. Das positive Freiheitsverständnis verdankt sich also nicht alleine den gesellschaftlichen Entwicklungen der reflexiven Spätmoderne nach 1968, sondern ist bereits dem aufklärerischen Freiheitsverständnis inhärent. Person- und Autonomie-Verständnis im Sinne dieser positiven Freiheit ist voraussetzungsreich: Es geht davon aus, dass eine Person urteilsfähig ist und darüber hinaus sich selbst genügend kennt, um zu wissen, was sie tatsächlich wollen soll. Im Idealfall sollten Menschen zu Autorinnen und Autoren ihres eigenen Lebens werden und eine transparente Identität ausbilden, schreibt Peter Bieri in seiner kleinen Freiheitsschrift, die er im Sinne der positiv verstandenen Freiheit unter den Titel «Wie *wollen* wir leben?»[43] gestellt hat.

Im Zuge dieses Autonomie-Verständnisses fällt heute selbst die Definitionsmacht über eine Krankheit weitgehend in die Zuständigkeit einer Patientin bzw. eines Patienten. Es wird zusehends zur Aufgabe einer erkrankten oder sterbenden Person, Körpererfahrungen und narrative Zugänge zu erkunden und zu verstehen, wer er oder sie angesichts dieser neuen Erfahrungen ist, sein kann oder sein will.[44] Erhält eine Person aus heiterem Himmel eine Krebsdiagnose, ist sie gefordert, ihr Leben neu zu ordnen, sich zurechtzufinden in einer Sphäre, die für sie bislang möglicherweise völlig fremd war, die jedoch nahezu alle bis dahin für sie geltenden kurz- und mittelfristigen Pläne auf den Kopf stellen könnte. Diese anspruchsvolle Aufgabe macht deutlich, dass Autonomie oder Selbstbestimmung in Lebenskrisen oder am sich abzeichnenden Lebensende sich in keiner Weise erschöpft in Abwehrreflexen gegenüber religiösen, staatlichen oder medizinischen Autoritäten. In der unmittelbaren Konfrontation mit der eigenen Endlichkeit und Verletzlichkeit wird die Geschichte, die eine Person bis zu diesem Zeitpunkt in eigener Autorenschaft als die ihr eigene «geschrieben» und gelebt hat, infrage gestellt, löst sich zum Beispiel in einer als Chaos empfundenen Situation auf, wird umgeschrieben zu einer Geschichte der Wiederherstellung der eigenen Identität oder zur Suche nach dem roten Faden der eigenen Geschichte.[45]

In einer Erörterung zum Phänomen der menschlichen Vulnerabilität und einem angemessenen Umgang mit derselben erinnert Hille Haker[46] an die Tage-

43 BIERI 2011 (Hervorhebung eingefügt), vgl. besonders 15.

44 Vgl. FRANK 2013.

45 Vgl. FRANK ²2013; dazu meine Ausführungen in Kap. I/6 im vorliegenden Band.

46 Vgl. HAKER 2015, 216–219. Ihre Überlegungen basieren auf Beobachtungen zur Bedeutung des Trosts bei Hans Blumenberg, inspiriert durch die *Ars-moriendi*-Schrift von WILS 2007; vgl. auch

bucheinträge des sterbenskranken Christoph Schlingensief,[47] welche die angedeuteten Erfahrungen messerscharf beschreiben. Wesentlich für unsere Fragestellung sind zunächst die Zeilen, die der Autor seinem Buch voranstellt und es
im Sinne einer Kampfschrift gegen den Verlust der Autonomie und der Sprachlo-
sigkeit im Sterben charakterisiert:

> Dieses Buch ist das Dokument einer Erkrankung, keine Kampfschrift. Zumindest keine
> Kampfschrift gegen eine Krankheit namens Krebs. Aber vielleicht eine für die Autonomie
> des Kranken und gegen die Sprachlosigkeit des Sterbens. Meine Gedanken aufzuzeichnen,
> hat mir jedenfalls sehr geholfen, das Schlimmste, was ich je erlebt habe, zu verarbeiten und
> mich gegen den Verlust meiner Autonomie zu wehren. Vielleicht hilft es nun auch einigen,
> diese Aufzeichnungen zu lesen. Denn es geht hier nicht um ein besonderes Schicksal, son-
> dern um eines unter Millionen.[48]

Ganz analog zu den Erfahrungen und Überlegungen von Arthur W. Frank widerspiegelt das Tagebuch Christoph Schlingensiefs das Ringen um die eigene narrative Identität, um den roten Faden der eigenen Geschichte, den der bekannte Regisseur, Aktionskünstler und Autor vor seiner Krise auf vielfache Weise gesponnen
hatte und der nun verloren zu gehen drohte: «Bei mir sind gerade alle Seile und
Verbindungen abgerissen. Ich würde gerne einfach nur wegdämmern.»[49] Und
weiter:

> Sie bekommen mitgeteilt, dass sie krank sind, und geraten dann in einen Prozess, der sie völ-
> lig entmündigt. Nicht die Krankheit ist das Leiden, sondern der Kranke leidet, weil er nicht
> fähig ist zu reagieren, weil er nicht die Möglichkeit hat, mitzumachen. Er ist dem System
> ausgeliefert, weil niemand in diesem System bereit ist, ernsthaft mit ihm zu sprechen.[50]

Ohne diesen Zeilen gerecht werden zu können – so provozieren diese Aussagen
eine Auseinandersetzung mit dem Krankenhaussystem sowie angemessenen
Formen der Kommunikation zwischen Betreuenden und Patienten –, wird bereits in diesen wenigen Zeilen klar, dass Autonomie und Selbstbestimmung weit
mehr sind als Abwehrrechte, dass sie zudem auf vielfache Weise gefährdet sind
und ihre Ausgestaltung eine lebenslange Aufgabe darstellt, die in Krisenzeiten
und erst recht am Lebensende auf ganz besondere Weise herausgefordert wird.

---

die kürzlich von Jean-Pierre Wils vorgelegte kleine Phänomenologie des Trostes, WILS 2022,
35–62.

47 Vgl. SCHLINGENSIEF 2009.

48 Ebd. 9.

49 Ebd. 49 f.

50 Ebd. 88.

1.3.2 ... ZUR SOZIALEN FREIHEIT ...

Negative und positive Freiheit bedürfen einer Ergänzung um die soziale Dimension: Menschliche Freiheit, Autonomie oder Identität sind von ihrem Wesen her nur verbunden mit der Freiheit der anderen denkbar und möglich, in der Sprache Martin Bubers formuliert: «Der Mensch wird am Du zum Ich.»[51] Durch die starke Konzentration auf Abwehrrechte und die individualistische Idee der Verantwortung für den eigenen Lebensentwurf ist die soziale oder Beziehungsdimension während der letzten Jahre in den medizinethischen Diskursen vernachlässigt worden. In Reaktion auf dieses Manko wurden zum einen das Konzept der relationalen Autonomie und zum anderen Care-Ethiken entwickelt, in welchen die menschliche Angewiesenheit auf andere, die menschliche Bedürftigkeit und Vulnerabilität stärker gewichtet werden.[52] Auch Arthur W. Frank betont im Vorwort zur zweiten Auflage seines «Wounded Storytellers», in welchem er die Verantwortung des Kranken für sein eigenes Ergehen ins Zentrum stellt: «I needed others' thoughts in order to become fully aware of my own.»[53]

Was dies für das Konzept eines selbstbestimmten Sterbens bedeuten kann, habe ich an anderer Stelle anhand von Fallbeispielen ausgeführt.[54] Wesentlich scheint mir eine Einsicht, die auch grundlegend für das Modell des «Shared-Decision-Making»[55] ist, dem ethisch im Autonomieprinzip gründenden Ideal also, Ärztinnen und Ärzte sollten schwierige Entscheidungen *gemeinsam* mit ihren Patientinnen und Patienten treffen. Dieses Vorgehen setzt nämlich erstens voraus, dass eine vulnerable und schwer erkrankte Person auf Anteilnahme und Respekt eines anderen Menschen angewiesen ist, um sich in einer existenziellen Krise neu zurechtfinden zu können;[56] es setzt zweitens voraus, dass schwierige Entscheidungen grundsätzlich nur im Austausch mit anderen sinnvoll zu treffen sind, da sie ein Verhandeln, Streiten, Ringen, Interpretieren und Abwägen allein schon deshalb voraussetzen, weil eine Patientin oder ein Patient einen Zugang zu den eigenen Wünschen, Vorstellungen, letztlich zum «roten Faden» der eigenen Biographie finden muss. Schließlich setzt es drittens voraus, dass Ärztinnen und Ärzte über eine Expertise verfügen, die für Entscheidungen einer schwer kranken oder sterbenden Person dringend nötig ist und die nur in einem auf Vertrauen basierenden Gespräch vermittelt werden kann. Durch das «Shared» im Konzept wird

---

51 BUBER 1995, 28 (zuerst 1923 erschienen).

52 Vgl. Kap. I/6 im vorliegenden Band; zum Ansatz der Care-Ethiken: ZIMMERMANN, *Fürsorge*, im Erscheinen.

53 FRANK ²2013, xi.

54 Vgl. Kap. I/6 im vorliegenden Band.

55 Vgl. UBEL 2012; UBEL ET AL. 2018; BOMHOF-ROORDINK ET AL. 2019.

56 Vgl. HAKER 2015, 216.

also die Selbstbestimmung des Patienten oder der Patienten nicht geschmälert oder relativiert, sondern im Gegenteil überhaupt erst ermöglicht.[57]

Diese Beobachtungen gelten auch für Entscheidungen zugunsten eines assistierten Suizids: Solange das Gespräch mit einem Arzt oder einer Ärztin über eigene Sterbewünsche darauf beruht, dass die ärztliche Person den Wunsch im Sinne der Suizidprävention und des Lebensschutzes möglichst abwehren will, bleibt das Selbstbestimmungskonzept der sterbewilligen Person auf die negative Freiheit beschränkt; erst wenn ein im Hinblick auf die Suizidabsichten ergebnisoffenes Gespräch möglich ist, können auch die positive und soziale Dimension der Freiheit ins Spiel kommen und dazu führen, dass ein Arzt oder eine Ärztin gemeinsam mit einer sterbewilligen Person herausfinden kann, worin eine dem autonomen Willen der Person entsprechende Entscheidung konkret bestehen könnte.[58]

1.3.3 ... UND SCHLIESSLICH ZUR SPIRITUELLEN FREIHEIT

Ist von der Relationalität die Rede, kommt ein weiterer, die persönliche Identität betreffender Aspekt hinzu, nämlich derjenige der Bezogenheit des Menschen auf eine größere Sinnwirklichkeit, der er sich verdankt weiß oder als deren Teil er sich selbst versteht. Aus Sicht des christlichen Glaubens sind hier die Relation des Menschen zu Gott, die menschliche Gottbezogenheit, die christlichen Vorstellungen von Schöpfung, Menschwerdung und Erlösung wichtig, theologisch reflektiert in der Schöpfungstheologie, Christologie und Soteriologie.

Durchaus auch unabhängig von einer religiösen Perspektive kommt im Konzept der spirituellen Autonomie das Phänomen der existenziellen Angst angesichts des Todes zur Sprache.[59] Während oben (Teil 1.2) von existenziellen Ängsten und Verunsicherungen im Plural die Rede ist, welche sich auf unerwünschte oder befürchtete Sterbeverläufe und damit auf das Leben beziehen, ist mit der existenziellen Angst im Singular der Tod selbst gemeint und zwar der je eigene Tod und damit das Erschrecken vor dem endgültigen Ende des eigenen Lebens bzw. der eigenen Existenz.[60] Während die moderne Medizin, Sterbehilfeorganisationen und zu einem guten Teil auch die Palliative Care einseitig auf die existen-

---

57 Vgl. UBEL ET AL. 2018.

58 Zur Komplexität von Sterbewünschen vgl. OHNSORGE ET AL. 2019.

59 Vgl. LEGET 2021, 38; zu Gemeinsamkeiten und Unterschieden zwischen christlichen und philosophisch-existenziellen Strategien im Umgang mit Unsicherheit und Kontingenz vgl. ZIMMERMANN, *Zum Umgang*, im Erscheinen.

60 Vgl. dazu den treffenden Kommentar von Frank Mathwig zum modernen Totentanz von Jared Muralt und Balts Nill, in: MATHWIG 2016, 11: «Beim Totentanz ist alles anders. Da begegnen Lebende nicht Toten, sondern dem Tod, genauer ihrem eigenen Tod – nicht in der totzitierten, etwas langweiligen Rilke-Variante ‹Oh Herr, gieb jedem seinen eigenen Tod›, sondern *face to face*.»

ziellen Ängste angesichts des Sterbens reagieren und konkrete Handlungsmöglichkeiten für die letzte Lebensphase bieten, reagiert die Spiritual Care auf diese
existenzielle Angst vor dem Nicht-mehr-Sein und thematisiert Sinnfragen, die
das Ganze des Lebens und die persönliche Identität betreffen.

Die einseitige Ausrichtung der modernen Medizin auf körperliche Phänomene hatte bereits zu Beginn der 1920er-Jahre zur Wiederentdeckung spiritueller
Aspekte in Krankheit, Leiden und Sterben geführt.[61] Inzwischen ist die sogenannte Spiritual Care international zu einem eigenständigen Reflexions- und
Handlungsbereich geworden. Simon Peng-Keller, Inhaber des einzigen universi-
tären Lehrstuhls für Spiritual Care in der Schweiz, Mitherausgeber sowohl der
wissenschaftlichen Zeitschrift «Spiritual Care. Zeitschrift für Spiritualität in den
Gesundheitsberufen» als auch der Buchreihe «Studies in Spiritual Care», assozi-
iert mit dem Spiritualitätsbegriff die Achtsamkeit und den Sinn für das Ge-
schenkhafte im Leben.[62] In seiner auf große Beachtung gestoßene Monographie
«Das Geheimnis des Lebens berühren. Spiritualität bei Krankheit, Sterben, Tod.
Eine Grammatik für Helfende»[63] hat Erhard Weiher sprachlich zwischen der existenziellen und spirituellen Dimension unterschieden: Existenzielle Erfahrungen
würden uns *widerfahren* – beispielsweise bei der Mitteilung einer schlimmen Diagnose –, die Spiritualität hingegen meine *den deutenden Umgang* damit.[64] Es gehe, so
der erfahrene Krankenhausseelsorger, um eine Tiefendimension in Menschen,
die viel zu tun habe mit der religiösen Dimension, aber nicht an einen religiösen
Glauben gebunden sei. Mit Anspielung auf seinen Buchtitel schreibt er:

> Spiritualität ist jede Erfahrung, bei der sich der Mensch mit dem Geheimnis des Lebens – als
> heiligem Geheimnis – in Verbindung weiß.[65]

Wird diese Verbindung gefährdet, ist im Kontext der Spiritual Care – in Ergänzung zu körperlichen, seelischen sowie sozialen Schmerzen – von spirituellen
Schmerzen die Rede: Das Besondere dieser existenziellen oder spirituellen

---

61 Vgl. Peng-Keller 2021, 19–43.

62 Vgl. ders. 2012, 94 f.

63 Weiher 2008; vgl. auch sein Vorwort zur deutschsprachigen Ausgabe von Leget 2021, 7–10.

64 Vgl. ebd. 26 f.

65 Ebd. 27. Es ist sicher kein Zufall, dass ich mich bei meiner positiven Annäherung an die theologisch alles andere als unumstrittene Spiritual Care mit Simon Peng-Keller, Erhard Weiher und
Carlo Leget auf drei katholische Theologen beziehe; meines Erachtens sind diese Autoren äußerst sensibel für kritische Einwände, die beispielsweise von Mathwig 2014a dargelegt werden:
Dort betont der Berner protestantische Theologe und Barthianer zu Recht, dass es aus theologischer Sicht am Lebensende nicht darum gehen kann, eine bestimmte (spirituelle) Leistung zu
erbringen oder eine besondere (spirituelle) Erfahrung zu machen, sondern im Gegenteil: das eigene Leben Gott anzuvertrauen und sein Heil wirken zu lassen. Ganz ähnlich hat das auch Hans
Halter einmal aus katholisch-ethischer Sicht formuliert, vgl. Halter 1994, 16 u. ö.

Schmerzen am Lebensende komme von daher, so Erhard Weiher, dass im Tod alle Beziehungen getrennt würden, letztlich auch diejenige eines Menschen zu sich selbst.[66] Zu den Selbstobjekten, zu denen eine Beziehung bestehe, gehörten namentlich der eigene Leib, die Selbstkontrolle, die eigene Lebenserzählung, der innere Lebensauftrag, die Träume, die Kontur des eigenen Selbst, die Autonomie, die Nähe des Lebens sowie die eigene Existenz:

> Wenn Spiritualität die Beziehung ist, durch die sich der Mensch mit dem Geheimnis des Lebens als heiligem Geheimnis in Verbindung weiß, dann entstehen spirituelle Schmerzen in einem impliziten Sinn überall da, wo sich der Mensch in seiner Verbindung zum Geheimnis des Lebens bedroht oder abgeschnitten sieht.[67]

Das zwei Wochen vor seinem Tod veröffentlichte Album «You want it darker» des 82-jährigen Leonard Cohen lässt etwas von dem spirituellen Schmerz erahnen, den der für seine melancholischen Schöpfungen weltbekannte Chansonnier und Schriftsteller aus Quebec angesichts des nahenden Todes empfunden haben mag.[63] Im Titelsong des Albums bezeugt er mit seiner tiefen, raunenden, fast andächtigen Stimme eine Mischung aus unendlicher Lebensenttäuschung («A million candles burning/For the love that never came») und des Sich-Ergebens eines gläubigen Juden in die Hand Gottes («hineni, I'm ready my Lord»).

Die von Leonard Cohen in Sprache, Musik und Bild auf einzigartige Weise zum Ausdruck gebrachte spirituelle Freiheit scheint mir heute gefährdet zu sein.[69] In einem Lancet-Beitrag zu Vorstellungen von einem guten Sterben zitiert Jane Feinmann[70] den englischen Thanatosoziologen Tony Walter und dessen Warnung vor «zu viel» bzw. falsch verstandener Spiritual Care am Lebensende:

> So how can medicine provide human face in the care of the dying? British experts warned both against over-regulation and too much ‹spirituality›. The widespread provision of ‹spiritual care› in British hospices can be deeply insulting, warned Walter. ‹Spirituality is very problematical and the view that everyone can die without pain and having found meaning in their death, just isn't true›, he said.[71]

---

66 Vgl. WEIHER 2008, 198 f.

67 Ebd. 198.

68 Vgl. die zweisprachige (deutsch/englische) Ausgabe seiner letzten Collage mit Gedichten, Notizen und Zeichnungen COHEN 2018.

69 Vgl. bereits ZIMMERMANN-ACKLIN 2004, 96; polemisch zugespitzt GRONEMEYER/ HELLER 2014, theologisch-ethisch unübertroffen MATHWIG 2014a, diskursanalytisch und philosophisch STREECK 2020.

70 Vgl. FEINMANN 2002.

71 FEINMANN 2002, 1846; der hier zitierte englische Thanatosoziologe beschäftigt sich nach wie vor kritisch mit den Entwicklungen von Sterben und Trauer, vgl. beispielsweise WALTER 2017.

Tony Walter warnt hier zu Recht vor einem Verständnis von Spiritual Care, das im therapeutischen Sinn davon ausgeht, bei entsprechender Begleitung einer sterbenden Person könne diese von ihren spirituellen Schmerzen befreit werden und in ihrem Tod einen Sinn entdecken. Dieses freiheitsgefährdende Missverständnis mag teilweise daher stammen, dass von spirituellen *Schmerzen* die Rede ist und fälschlicherweise davon ausgegangen wird, wie bei somatisch bedingten Schmerzen ließen sich auch spirituelle Schmerzen mit einer angemessenen Behandlung lindern oder beseitigen. Spiritual Care ist dazu jedoch nicht in der Lage, vielmehr kann sie versuchen beizutragen, dass ein Mensch seine existenzielle Not zur Sprache bringt, um diese dann mit ihm zu ertragen oder auszuhalten, ohne sie – wie bereits die Freunde Hiobs – mit Worten zuzudecken oder durch Ablenkung zu ignorieren.

Dieses Missverständnis und die damit verbundene Gefährdung der spirituellen Freiheit wird möglicherweise auch durch das Ideal verstärkt, ein gutes Sterben lasse sich daran erkennen, dass die sterbende Person ihren Abschied innerlich bejaht habe und ausgeglichen, ohne negative Gefühle und inneren Widerstand sterben konnte. Die ursprünglich deskriptiv-erklärend verstandenen Sterbephasen, die Elisabeth Kübler-Ross[72] Ende der 1960er-Jahre empirisch erschlossen hatte, werden heute nicht selten normativ und im Sinne eines im Idealfall zu durchlaufenden Parcours interpretiert, so dass sie das Gegenteil von dem bewirken, wozu sie ursprünglich dienen sollten: Anstelle eines besseren und tieferen Verstehens dessen, was im Sterben eines Menschen vor sich geht, werden sie zu einer Leistung, die im besten Fall im Verlauf der letzten Lebenswochen zu erfüllen ist, damit von Außen von einem «guten Sterben» die Rede sein kann. Erfahrungen wie die von Leonard Cohen, Christoph Schlingensief oder auch von Susan Sontag, wobei die Letztgenannte partout nicht sterben wollte und sich bis zum letzten Atemzug mit allen ihr zur Verfügung stehenden Mitteln dagegen gewehrt hatte,[73] werden auf diese Weise verunmöglicht oder zumindest erschwert. Für die Umstehenden mag es einfacher sein, wenn ein geliebter Mensch ruhig und im Frieden mit sich selbst gehen kann, aber in Situationen, in denen dies nicht der Fall ist, sollte eine Person im Sinne der spirituellen Freiheit an ihrem Ende das zum Ausdruck bringen (dürfen), was sie selbst empfindet, auch wenn das nicht in ein vorgestanztes Schema passt.[74]

---

72 Vgl. KÜBLER-ROSS 1983.

73 Dargestellt aus Sicht ihres Sohnes in RIEFF 2009.

74 Vgl. dazu die wegweisenden Studien von Stefan Dreßke (z. B. DRESSKE 2005 und 2012), auf die auch Nina Streeck in ihrer Dissertation Bezug nimmt, vgl. STREECK 2020.

1.4 Fragmente einer zeitgemäßen Lebens- und Sterbekunst

In meinem sprachlichen Herantasten an sinnvolle, freiheitseröffnende Orientierungspunkte nehme ich weniger Bezug auf konkrete Aspekte, wie sie beispielsweise Richard Smith in einer Kolumne in dem damals von ihm herausgegebenen
«British Medical Journal» veröffentlicht hat[75] oder wie sie Heinz Rüegger und Roland Kunz in ihrem Buch zum selbstbestimmten Sterben dargelegt haben.[76] Meine Beobachtungen beziehen sich auf grundlegendere anthropologische Aspekte,
wie sie beispielsweise von Carlo Leget seit Jahren thematisiert werden.[77]

1.4.1 LEBENSKUNST UND ENDLICHKEIT

Die Kunst des Sterbens beruht meiner Einschätzung nach weder auf einem spezifischen Verhalten während der letzten Lebensphase selbst noch in einer besonderen persönlichen Fertigkeit, die während einer Normalbiographie eingeübt wird
und sich am Lebensende als günstig erweisen könnte. Zwar ist anzuerkennen,
dass eine definitive Antwort darauf, ob das Leben eines Menschen ein geglücktes
oder glückliches Leben war, sich erst geben lässt, wenn auch die letzte Phase
durchlebt wurde.[78] Gleichwohl besteht ein gewisser Grund zur Annahme, dass
ein gelungenes, ein «gelebtes» oder mehr oder weniger geglücktes menschliches
Leben, auf das eine Person an ihrem Ende zurückschauen kann, dazu beiträgt, das
eigene Ende leichter zu akzeptieren; und umgekehrt: ein misslungenes, abgebro-
chenes, fragmentarisches Leben könnte am Ende auch das Abschiednehmen erschweren.[79]

Im Sinne dieser Annahme liegt dann die Schlussfolgerung nahe, dass die Einübung ins Leben – die Lebenskunst oder *Ars vivendi* – zumindest im übertragenen
Sinne eine Vorbereitung auf das Sterben sein kann.[80] Trifft diese Beobachtung zu,

---

75 Vgl. SMITH 2000.

76 Vgl. RÜEGGER/KUNZ 2020.

77 Vgl. in deutscher Übersetzung LEGET 2021.

78 Vgl. STREBEL 2007, 262, mit Hinweis auf Herodot und die dort bezeugte Antwort Solons an
Kroisos, wer denn der glücklichste Mensch sei: Kroisos Hoffnung, er würde von Solon genannt
wurde demnach nicht erfüllt; vielmehr wies Solon den erfolgreichen und wohlhabenden König
Kroisos darauf hin, dass sich diese Frage erst beantworten ließe, wenn klar sei, ob der König sein
Leben auch glücklich beendet habe.

79 Dass die negative Variante auch für Menschen gelten kann, die in christlicher Hoffnung sterben, hat Henning Luther am Ende seines kurzen und von Krankheit gezeichneten Lebens betont.
vgl. LUTHER 1998.

80 So Hans Halter auch aus Sicht des christlichen Glaubens, HALTER 1994, 14: «*Die Verantwortung*
im Zusammenhang mit unserem Sterben ist nicht vom Blick auf das Sterben her zu gewinnen.
Die Verantwortung ist vom *Lebensverständnis* her zu gewinnen. Das Neue Testament redet in erster Linie vom Leben, nicht vom Sterben.»

ist während der letzten Phase dasselbe wichtig wie auch sonst im Leben. Dazu kommt, dass mit einem «Leben in Fülle» stets die Erfahrung der Endlichkeit verknüpft ist: Die Gunst und Befähigung, ein gelungenes individuelles, familiäres, freundschaftliches oder gemeinschaftliches Leben führen zu können, beinhaltet stets die Erfahrung von Zeitlichkeit, Werden und Vergehen, ohne dass kein Leben möglich wäre.[81] Das nicht gelebte Leben dagegen, Unerledigtes, ein Leben unter Vorbehalt, nicht zu Ende Gebrachtes könnten dagegen die Anerkennung der eigenen Endlichkeit erschweren. Das meint wohl auch die biblische Formel, Abraham oder Hiob seien «alt und lebenssatt gestorben» (Gen 25,8 und Hiob 42,17).

Der 1935 in Luzern geborene Schriftsteller Peter Bichsel antwortete kürzlich im Rahmen eines Interviews auf die Frage der Journalisten, ob ihn Vergänglichkeit und Tod beschäftigten, mit der unverblümten Bemerkung: «Ich schäme mich gelegentlich dafür, dass es mich überhaupt nicht beschäftigt. Ich gehe völlig unvorbereitet in das Abenteuer Tod.»[82] Auf die darauffolgende Nachfrage, wie er denn mit dem Tod seiner Frau und seines Schriftstellerfreunds Jörg Steiner umgehe, meinte er dann aber:

> Der Tod der anderen beschäftigt mich sehr. Der eigene nicht. Ich habe meine Frau nie vermisst, solange ich zu Hause war. Auch wenn ich ganz allein hier sitze, vermisse ich sie nicht: Sie könnte ja im Zimmer nebenan sein. Sobald ich weg bin von zu Hause, vermisse ich sie. Es fällt mir ein, dass ich sie anrufen und etwas erzählen möchte. Halt, sage ich dann, geht ja nicht. Die Therese gibt's nicht mehr. Wenn ich Leute zufällig treffe, muss ich das Therese sagen, ich muss ihr erzählen, was jener oder dieser nun macht. Geht alles nicht mehr. (…) Leute, die einem nahestehen, nehmen eine Sprache mit ins Grab. Bei Jörg Steiner war das sehr stark.[83]

Das Gespräch endet schließlich mit einer verblüffenden Antwort des Schriftstellers auf die Schlussfrage der Journalisten, ob er, Peter Bichsel, denn lange leben möchte: «Das war nicht geplant. Weiss der Teufel, das war nicht geplant. Und man kann mir nicht vorwerfen, dass ich je etwas unternommen habe in meinem Leben, um alt zu werden. Ich bin nicht selber schuld, dass ich alt geworden bin.»[84]

Mit seinen Antworten konterkariert der Befragte eine Reihe gegenwärtiger Vorstellungen und Ideale im Umgang mit Sterben und Tod. Die Endlichkeit des Lebens steht ihm permanent vor Augen, beispielsweise wenn er abends ins Bett geht und seine Frau nicht neben ihm liegt, oder wenn er sich wie früher jeden Donnerstag mit seinem Freund Jörg Steiner zum Austausch treffen möchte, der

---

81 Darauf verweist völlig zu Recht auch die Value-of-Death-Commission, vgl. SALLNOW/ SMITH 2022, 837.

82 Vgl. BICHSEL 2022, 35.

83 Ebd.

84 Ebd.

jedoch nicht mehr kommen kann.[85] Gleichzeitig bekümmert ihn das eigene Sterben nicht, jedenfalls nicht im Sinne einer täglichen (Vor-)Sorge; das «Abenteuer Tod», wie er es nennt, kommt dann, wenn es für ihn soweit ist. Aus seinen Worten spricht ein tiefes Vertrauen ins Leben. Auch in einer Verlängerung seines Lebens sieht er kein sinnvolles Ziel, er wundert sich vielmehr, dass andere gestorben sind, während er noch lebt, wo er doch intentional nichts dazu beigetragen habe. Auch wenn in seinen Antworten eine gehörige Portion Ironie mitschwingen mag, entzieht er mit ihnen der Idee der Schaffung einer neuen Sterbekultur den Boden. Dafür eröffnet er die Perspektive auf eine alternative Sterbekultur, die ich als Kultur der Lebenskunst bezeichnen möchte. Eine ihrer Botschaften lautet, Partnerschaft und Freundschaft möglichst zu leben und zu genießen, so lange die anderen (noch) da sind.[86]

1.4.2 DIE PASSIVE SEITE DER AUTONOMIE

Autonomie wäre einseitig verstanden, wenn sie ausschließlich aktiv, im eigenen Entscheiden und Tun, gesehen und gelebt würde. Sie hat vielmehr auch eine passive Seite, wie Martin Seel in seinen Texten immer wieder betont, wie es auch im Konzept der sozialen und spirituellen Freiheit angelegt ist und wie es Hartmut Rosa mit Hinweis auf das Phänomen der Resonanz und in seiner Rede von der Unverfügbarkeit des Lebens aufnimmt.[87] Martin Seel macht an einer Stelle in seinem Essay zu den «Paradoxien der Erfüllung» auf folgende Aussage aus Marcel Prousts «Recherche» aufmerksam: «Doch im Austausch gegen das, was unsere Einbildungskraft uns vergebens erwarten lässt und was wir umsonst so mühevoll zu entdecken bestrebt sind, schenkt das Leben uns etwas, was weit über unser Vorstellungsvermögen hinausgeht.»[88]

Der Frankfurter Philosoph relativiert im Sinne dieser Lebenserfahrung die Idee, das eigene Leben und Sterben rational entwerfen, planen, verfügbar machen und Schritt auf Tritt kontrollieren zu können, ohne dabei das, worauf das Planen eigentlich zielt, nämlich das geglückte Leben (und Sterben), zu gefährden oder gar

---

85 Vgl. BOZZARO 2014, 242: «Wir finden deshalb im Alter die Zeit, weil wir die Illusion unserer Unsterblichkeit nicht mehr länger aufrechterhalten können. Krankheiten, Einschränkungen, der Verlust von Lebensmöglichkeiten, aber vor allem auch der Verlust jener Menschen, mit denen wir das Leben geteilt haben, zwingen uns zur Einsicht in die Tatsache unserer eigenen Sterblichkeit und Endlichkeit.»

86 Ganz ähnliche Gedanken äußert auch Peter Noll in seinen Diktaten über Sterben & Tod, wenn er über die Bedeutung des *Memento mori* schreibend nachdenkt, vgl. z. B. NOLL 1989, 83: «Sehen wir das Leben vom Tode her, werden wir freier, vieles wird leichter, manches intensiver. Etwas zum letzten Mal sehen ist fast so gut, wie etwas zum ersten Mal sehen.»

87 Vgl. SEEL 2000 und 2006; ROSA 2018 und 2019.

88 PROUST 2011, 128 (vgl. den Hinweis bei SEEL 2006, 29, wo er eine andere Übersetzung zitiert).

zu verunmöglichen. In einem Essay bringt er dieses Phänomen in zwei Sätzen auf
den Punkt, wenn er schreibt:

> Im Schlechten wie erst recht im Guten übersteigt der Verlauf eines Lebens jede Antizipation
> dieses Verlaufs. (…) Das Ideal eines rational geordneten Lebens (…) ist hoffnungslos einsei-
> tig. (…) Autonom lebt nur, wer frei dafür ist, sich von der Welt, von den anderen und erst
> recht von sich selbst überraschen zu lassen.[89]

Diese Beobachtung und die darauf beruhenden Thesen zur Autonomie provozieren drei kurze Bemerkungen. Erstens gilt diese Diagnose im Schlechten wie im
Guten, wie der Autor selbst unterstreicht und auch Marcel Proust in seiner «Recherche» ausführlich beschreibt: Niemand weiß, ob und wenn ja, wie er oder sie
am nächsten Morgen erwacht. Die heutige Schicksalsvergessenheit ist uns Menschen offenkundig nicht angemessen.[90] Auch das letzte Wort in Beate Rösslers
Monographie zum Zusammenhang von Autonomie und gelungenem Leben ist
nicht zufällig dem Schicksal gewidmet:

> Das gelungene Leben ist dann eines, das wir – im Großen und Ganzen, gemeinsam mit an-
> deren – selbst bestimmen, das wir als ausreichend sinnvoll und ausreichend glücklich erfah-
> ren, das ein respektvolles Verhältnis zu anderen einschließt und in dem das Schicksal uns
> halbwegs gnädig ist.[91]

Zweitens kulminiert die Aussage Martin Seels plausiblerweise mit dem Hinweis
darauf, frei sein könne nur eine Person, die offen dafür sei, sich von sich selbst
überraschen zu lassen. Leidenschaften, Emotionen, Charaktereigenschaften,
auch spontane Einfälle oder Intuitionen sind elementare Bestandteile des
menschlichen Selbst. Inwieweit Menschen auf diese reagieren und ihr Handeln
daran orientieren sollten, ist wohl stets neu auszutarieren; diese Elemente jedoch
vollständig zu ignorieren, dürfte aber sicher in die Irre leiten.[92] Drittens folgt daraus nicht,[93] dass Patientenverfügungen wertlos wären; genauso wie andere konkrete Vorbereitungen auf eine Zeit, in der die eigene Urteilsfähigkeit nicht mehr
gegeben ist, sind sie durchaus hilfreich für diejenigen, die anstelle einer anderen
Person womöglich über Leben und Tod entscheiden müssen. Aus den Beobachtungen folgt dagegen schon, dass auch mit Blick auf schwierige Entscheidungen

---

89 SEEL 2000, 629.

90 Vgl. MAIO 2011; dazu auch meine Ausführungen in Kap. I/5 im vorliegenden Band.

91 RÖSSLER 2017, 399.

92 Die ignatianischen Exerzitien (geistlichen Übungen), die dazu dienen, wichtige Entscheidungen im Leben zu treffen, gehen selbstverständlich davon aus, dass eine persönliche Entscheidungsfindung nur möglich ist aufgrund eines genauen Hinhörens auf die *innere* Stimme, das Herz
oder das Selbst einer Person, und zwar durch ein «Verspüren und Verkosten von innen her» (im
spanischen Originaltext: «el sentir y gustar de las cosas internamente»), mit allen Sinnen also und
unter Beachtung der Gefühle, vgl. dazu ROSENBERGER 2018, 316.

93 Vgl. SEEL 2006, 115–129.

am Lebensende ein Vorbehalt dahingehend zu bedenken bleibt, dass kein Mensch wissen kann, wie er oder sie die letzten Stunden tatsächlich erleben wird und was er oder sie dann – ob urteilsfähig oder -unfähig – wollen wird, wenn die Todesstunde eingetroffen sein wird.[94]

1.4.3 VERTRAUEN UND AUTONOMIE

Das geglückte oder gedeihende Leben ist gleichzeitig auch *der* Gegenpart zu den Ängsten (im Plural) vor Enttäuschungen, dem Scheitern, den Abgründen der menschlichen Psyche, der Abhängigkeit, dem Ausgeliefertsein, letztlich auch vor der Existenzangst (im Singular), sich selbst zu verlieren, sterben zu müssen. Martin Luther vergleicht in seinem «Sermon zur Bereitung des Sterbens»[95] aus dem Jahr 1519 diese existenzielle Angst angesichts des Todes mit der Geburt. Analog zum Geburtsvorgang beschreibt er das Sterben als Durchgang durch einen engen Kanal in ein neues Leben hinein:

> (…) und es geht hier (beim Sterben) zu gleichwie ein Kind aus der kleinen Wohnung seiner Mutter Leib mit Gefahr und Ängsten geboren wird in diesen weiten Himmel und Erden, das ist auf diese Welt, so geht der Mensch durch die enge Pforte des Todes aus diesem Leben; (…).[96]

Eine ähnliche Analogie stellt Anja Jardine her, indem sie das Sterben ihres Vaters und die Geburt ihres Sohnes parallel in einem kleinen Text erzählt:

> Diese letzten Tage mit ihm, das Sterben meines Vaters, gehören zu dem Kostbarsten in meinem Leben. Sie ragen aus allem heraus, wie sonst nur die Geburt meines Sohnes. Ereignisse wie Wegmarken. Es ist die Kombination aus Liebe und Schmerz, die in dieser Intensität wohl ihre Amplitude erreichte.[97]

Seit der Vater ihr vorausgegangen sei, schreibt sie am Schluss, mache ihr der eigene Tod weniger Angst. Dies nicht etwa, weil sie – wie Martin Luther – glauben würde, dass ihr Vater irgendwo auf sie warte, sondern aufgrund eines Zuspruchs, den ihr Vater häufig ihr gegenüber geäußert habe, nämlich: «Ich zeige dir, wie es geht, und nächstes Mal kannst du das alleine.» Es ist das Selbstvertrauen und nicht zuletzt das Urvertrauen ins Leben, das aus einer tiefen Verbundenheit mit anderen Menschen erwächst und zur Erleichterung ihrer Angst beiträgt. Ver-

---

94 Diese Bedingtheit widerspiegelt sich auch im Schweizerisches Zivilgesetzbuch in Art. 372,2 im Kontext der Regelung der Patientenverfügung, indem es hier heißt: Bei der Anwendung des in der Verfügung dargelegten Willens müsse stets geprüft werden, ob dieser niedergeschriebene Wille noch dem mutmaßlichen Willen eines Patienten oder einer Patientin entspricht.

95 LUTHER 1998.

96 Ebd. 51.

97 JARDINE 2016, 31.

trauen ist letztlich eine Grundbedingung, um überhaupt sinnvoll handeln zu können.[98]

1.4.4 SCHMERZEN UND LEIDEN

Von einer intensiv empfundenen Kombination aus Schmerzen und Liebe ist bereits im Zitat von Anja Jardine die Rede: Beide schließen einander in wesentlichen Momenten des Lebens offensichtlich nicht aus. Das gelebte Leben ist normalerweise mit Glück *und* Schmerz verbunden, das Ziel eines Todes ohne Leiden («Death without Suffering»), wie ein internationaler Weiterbildungskurs überschrieben war, verkennt offensichtlich unsere *condition humaine*, da Sterben, Abschied und Trauer in der Regel mit Schmerzen und/oder Leiden verbunden sein dürften.

Die Brutalität und das Erschütternde im Leben machen auch vor dem Lebensende nicht halt. Diese Realitäten gehören nicht exklusiv zum Sterben; sie sind Teil des Lebens und *darum* auch der letzten Lebensphase. Das zu verdrängen wäre sinnlos: «Man kann das Böse leugnen, aber nicht den Schmerz.»[99] Tod und Sterben haben aufgrund ihrer Endgültigkeit auch etwas Erschreckendes – und das nicht nur im Krieg oder bei Naturkatastrophen.

Aus Sicht der Phänomenologie des Schmerzes ergibt sich die Einsicht: «Der Schmerz ist eine Möglichkeit des Lebendigseins, er ist Teil des Lebens. Er kann dieses schützen – man denke an die Warnfunktion vieler vor allem akuter Schmerzformen – er kann es aber auch zerstören.»[100] Diese Bedingtheit gilt im gesamten Leben, auch und erst recht im Sterben. Schmerzen machen sprachlos. Dabei wäre ein Weg, das Leben mit Schmerzen erträglich(er) zu machen, den Schmerz zur Sprache zu bringen. Jean-Pierre Wils schreibt von einer Kulturarbeit am Schmerz, die zu einer Transformation ins Leiden führen könne: Eine Ethik des Schmerzes hätte nicht nur die nötige Schmerzbekämpfung zu berücksichtigen, sondern auch für dieses «zur Sprache bringen» der Schmerzen einzustehen.[101] Er macht zudem darauf aufmerksam, dass Schmerzen zu einer extremen Vereinsamung und bis zur Bedrohung und Zersetzung von Identität und Personalität eines Menschen führen können.[102] Die existenzielle Angst (im Singular) vor dem vollständigen Selbstverlust, auf die die Spiritual Care zu reagieren

---

98 Zur Bedeutung des Vertrauens für die gelebte Autonomie namentlich im Bereich der Medizin vgl. WIESEMANN 2016; zur Bedeutung des Vertrauens im Horizont des christlichen Glaubens vgl. ZIMMERMANN, *Zum Umgang*, im Erscheinen.

99 BÜCHNER [3]2014, 35.

100 Vgl. BOZZARO 2016, 318 f.

101 Vgl. WILS 1999, 160.

102 Vgl. ebd. 165–167.

versucht, droht also nicht nur im Sterben, sondern unter Umständen auch mitten im Leben.

1.4.5 «JEDER, DER GEHT, BELEHRT UNS EIN WENIG ÜBER UNS SELBER»[103]

Im Sterben ist darum nicht eine besondere Gabe, Befähigung oder Haltung gefragt, sondern dasselbe wie auch sonst im Leben.[104] Christlich formuliert heißt das beispielsweise mit Rekurs auf die drei göttlichen Tugenden: Glauben, dass ich mein Leben verdankt und es in guten Händen weiß; hoffen, dass der Tod nicht das letzte Wort hat; und lieben. Wenn es dann im eigentlichen Sinn ans Sterben geht, so hat es Hans Halter einmal treffend formuliert, kommt nicht etwas völlig Neues, sondern ist das von Bedeutung, was auch sonst das gute Leben bestimmen sollte, nämlich: Lieben, Geben, was wir haben, um Vergebung bitten, Frieden schließen, die Sorgen aus der Hand geben, nicht zuletzt unseren Körper anderen zur Pflege und schließlich zur Beerdigung anvertrauen.[105]

Im Alter von 56 Jahren den eigenen Tod vor Augen, dachte der Jurist und Pfarrerssohn Peter Noll in seinen «Diktaten über Sterben & Tod» über den Sinn von Psalm 90,12 («Unsere Tage zu zählen lehre uns! Dann gewinnen wir ein weises Herz») nach. Er schrieb:

> Das Verhältnis zu den anderen wird anders. *Daran kannst Du so kurz vor dem Tode nicht viel ändern. Aber vorher.* Mehr diejenigen lieben, die dich lieben, weniger dich denjenigen widmen, die dich nicht lieben. Geduldiger werden, wo du zu ungeduldig warst, ruhiger, wo du zu unruhig warst, offener und härter, wo du nachgiebig und anpassungswillig warst.[106]

Den eigenen Tod und damit die Endlichkeit vor Augen, wird so manches klarer, was im gesamten Leben von Bedeutung ist. Und umgekehrt: Was im Sterben wichtig ist, ergibt sich aus dem, was sich im Verlauf des Lebens als wesentlich herausgestellt hat. Wird diese Erfahrung ernst genommen, besteht eine sinnvolle oder angemessene *Ars moriendi (nova)* in einer *Ars vivendi*, in der Einübung ins gute oder gelungene Leben. Diese impliziert gemäß Psalm 90,12 das *memento mori* oder die Einsicht in die Endlichkeit menschlichen Lebens; sie benötigt jedoch nicht in barocker Manier einen Totenschädel auf dem Schreibtisch oder ein besonderes Erziehungsprogramm, sondern ergibt sich – trotz aller Verdrängungskunst – durch das gelebte Leben. Jeder Mensch, der bereits einen geliebten Menschen verloren hat, weiß, was gemeint ist. Daraus folgt nicht, dass es sinnvoll und zur Rea-

---

103 DOMIN 2022, 65.
104 Vgl. HALTER 1994, 16: «Leben in der Nachfolge Christi, leben in Glaube, Hoffnung und Liebe ist ein lebenslanges, sinnvolles Sterben im übertragenen Sinn. Und wenn es dann ums Sterben im engeren Sinn des Wortes geht, dann kommt eigentlich nicht etwas völlig Neues.»
105 Vgl. ebd.
106 NOLL ³1987, 83 (Hervorhebung eingefügt, d. V.).

lisierung des «Shared Decision Making» unabdingbar ist, sich über Wünsche und medizinische Entscheidungen am Lebensende rechtzeitig Gedanken zu machen; das alleine begründet jedoch noch keine Sterbekunst.

Im Zentrum der Auseinandersetzung mit dem Sterben steht die Anerkennung dessen, dass Menschen endliche Wesen sind, die sich weder selbst geschaffen haben noch ihr eigenes Ende[107] zu bestimmen in der Lage sind. Das ist das, was wir an den Sterbebetten lernen können. Klug scheint mir der Ratschlag Martin Luthers zu sein, Sterbenden zuzugestehen, in existenzieller Not das Sterben zu verdrängen und dem nahenden Ende Lebensbilder entgegenzustellen.[108] Verdrängen ist menschlich und kann Trost oder Gnade sein. Zur Bedeutung von Psalm 90,12 hat Hilde Domin ein wunderschönes Gedicht hinterlassen, ihr überlasse ich das letzte Wort.

UNTERRICHT

Jeder der geht
Belehrt uns ein wenig
über uns selber.
Kostbarster Unterricht
an den Sterbebetten.
Alle Spiegel so klar
wie ein See nach großem Regen,
ehe der dunstige Tag
die Bilder wieder verwischt.

Nur einmal sterben sie für uns,
nie wieder.
Was wüssten wir je
ohne sie?
Ohne die sicheren Waagen
auf die wir gelegt sind
wenn wir verlassen werden.
Diese Waagen ohne die nichts
sein Gewicht hat.

---

107 Zur existenziellen Bedeutung von Anfang und Ende des Lebens vgl. Kap. I/7 im vorliegenden Band.

108 Vgl. LUTHER 1998, 53: «Im Leben sollte man sich mit des Todes Gedanken üben und [sie] zu uns fordern, wenn er noch ferne ist und nicht treibt. Aber im Sterben, wenn er von selbst schon allzu stark da ist, ist es gefährlich und nichts nütze. Da muss man sein Bild ausschlagen und nicht sehen wollen (…).»

Wir, deren Worte sich verfehlen,
wir vergessen es.
Und sie?
Sie können die Lehre
nicht wiederholen.

Dein Tod oder meiner
der nächste Unterricht:
so hell, so deutlich,
dass es gleich dunkel wird.

HILDE DOMIN[109]

LITERATUR

ARIÈS, PHILIPPE, *Geschichte der Kindheit*, München/Wien 1975.

BAUSEWEIN, CLAUDIA, *Sterben ohne Angst. Was Palliativmedizin leisten kann*, München 2015.

BECK, ULRICH/ZIEGLER, ULF, *eigenes Leben. Ausflüge in die unbekannte Gesellschaft, in der wir leben*, München 1997.

BENKEL, THORSTEN/MEITZLER, MATTHIAS (Hg.), *Jahrbuch für Tod und Gesellschaft (Band 1)*, Weinheim 2022a.

—/—, *Körper, Kultur, Konflikt. Studien zur Thanatosoziologie*, Baden-Baden 2022b.

BICHSEL, PETER, «*Ich gehe völlig unvorbereitet in das Abenteuer Tod». Die eigene Vergänglichkeit beschäftige ihn nicht, der Tod der anderen aber sehr, sagt der 87-jährige Peter Bichsel im Gespräch mit Roman Bucheli und Benedict Neff*, in: Neue Zürcher Zeitung, 08.12.2022, 34.

BIERI, PETER, *Wie wollen wir leben?*, St. Pölten/Salzburg 2011.

BOMHOF-ROORDINK, HANNA/GÄRTNER, FANIA R./STIGGELBOUT, ANNE M./PIETERSE, ARWEN H., *Key Components of Shared Decision Making Models: A Systematic Review*, in: BMJ Open 2019;9:e031763. doi:10.1136/bmjopen-2019-031763.

BOZZARO, CLAUDIA, *Das Leben als Ernstfall. Der individuelle Lebensvollzug im Horizont der verrinnenden Zeit*, in: Zeitschrift für Praktische Philosophie 1 (2014), 233–262.

—, *Zum anthropologischen Stellenwert des Schmerzes*, in: Schmerz 30 (2016), 317–322.

BUBER, MARTIN, *Ich und Du*, Stuttgart 1995 (zuerst 1923).

BÜCHNER, GEORG, *Dantons Tod*, Berlin [3]2014 (zuerst 1835).

CADUFF, CORINA, *Sterben und Tod öffentlich gestalten. Neue Praktiken und Diskurse in den Künsten der Gegenwart*, Paderborn 2022.

—/AFZALI, MINOU/MÜLLER, FRANCIS/SOOM-AMMANN, EVA (Hg.), *Kontext Sterben. Institutionen – Strukturen – Beteiligte*, Zürich 2022.

COHEN, LEONARD, *Die Flamme. The Flame*, Köln 2018.

DIOGENES LAERTIUS, *Leben und Meinungen berühmter Philosophen. Zweiter Band*, Leipzig 1921.

DOMIN, HILDE, *Sämtliche Gedichte*, hg. v. MICHAEL HERWEG/MELANIE REINHOLD, Frankfurt a. M. [9]2022.

---

109 DOMIN 2022, 65 f.

DRESSKE, STEFAN, *Das Hospiz als Einrichtung des guten Sterbens. Eine soziologische Studie der Interaktion mit Sterbenden*, in: SCHÄFER, DANIEL/MÜLLER-BUSCH, CHRISTOF/FREWER, ANDREAS (Hg.), *Perspektiven zum Sterben. Auf dem Weg zu einer Ars moriendi nova?*, Stuttgart 2012, 103–119.

—, *Sterben im Hospiz. Der Alltag in einer alternativen Pflegeeinrichtung*, Frankfurt a. M. 2005.

FEINMANN, JANE, *Breaking Down the Barriers to a Good Death*, in: Lancet 360 (2002), 1846.

FRANK, ARTHUR W., *The Wounded Storyteller. Body, Illness, and Ethics*, Chicago/London ²2013.

FREWER, ANDREAS/MÜLLER-BUSCH, CHRISTOF/ SCHÄFER, DANIEL, *Neue Kunst des Sterbens? Zur Kultur der Medizin am Lebensende. Vorwort*, in: SCHÄFER, DANIEL/MÜLLER-BUSCH, CHRISTOF/FREWER, ANDREAS (Hg.), *Perspektiven zum Sterben. Auf dem Weg zu einer Ars moriendi nova?*, Stuttgart 2012, 9–14.

GRONEMEYER, REIMER/HELLER, ANDREAS, *In Ruhe sterben. Was wir uns wünschen und was die moderne Medizin nicht leisten kann*, München 2014.

HAKER, HILLE, *Vom Umgang mit der Verletzlichkeit des Menschen*, in: BOBBERT, MONIKA (Hg.), *Zwischen Parteilichkeit und Gerechtigkeit. Schnittstellen von Klinikseelsorge und Medizinethik*, Berlin 2015, 195–225.

HALTER, HANS, *Jede Moral findet ihren Gott – findet Gott seine Moral?*, in: CONFERENTIA EPISCOPORUM REIPUBLICAE SLOVENIAE/STRUKELJ, ANTON (Hg.), *Dei voluntatem facere. Opus collectaneum in honorem Aloysii Sustar*, Ljubljana/Celje 1995, 487–497.

—, *Leben dürfen – sterben müssen. Christliche Meditation über das Leben und Sterben und die Sterbehilfe*, Freiburg i. Ue. 1994.

HILT, ANNETTE/JORDAN, ISABELLA/FREWER, ANDREAS (Hg.), *Endlichkeit, Medizin und Unsterblichkeit*, Stuttgart 2010.

HONNETH, AXEL, *Das Recht der Freiheit. Grundriß einer demokratischen Sittlichkeit*, Berlin 2011.

JARDINE, ANJA, *Blick in den Maschinenraum. Etwas ist geschehen, als mein Sohn geboren wurde und mein Vater starb. Nicht nur, dass einer kam und einer ging*, in: Neue Zürcher Zeitung, 03.10.2016, 31.

JOHANNES PAUL II., *Evangelium vitae. Enzyklika über den Wert und die Unantastbarkeit des menschlichen Lebens*, Rom/Bonn 1995.

KANT, IMMANUEL, *Beantwortung der Frage: Was ist Aufklärung?*, in: *Werkausgabe*, Band XI, hg. v. WILHELM WEISCHEDEL, Frankfurt a. M. 1991b, 53–61.

—, *Die Metaphysik der Sitten. Metaphysische Anfangsgründe der Rechtslehre*, in: *Werkausgabe*, Band VIII, hg. v. WILHELM WEISCHEDEL, Frankfurt a. M. 1991a, 307–499.

KRONES, TANJA/OBRIST, MONIKA, *Wie ich behandelt werden will. Advance Care Planning*, Zürich 2020.

KÜBLER-ROSS, ELISABETH, *Interviews mit Sterbenden*, Stuttgart 1983 (zuerst 1969).

LEGET, CARLO, *Der innere Raum. Wie wir erfüllt leben und gut sterben können*, Ostfildern 2021.

LÜÖND, KARL, *Selbstbestimmt bis zuletzt. Sterbehilfe in der Schweiz. Vom Tabu zum Modell in Europa. Mit 36 Portraits*, Basel 2022.

LUTHER, HENNING, *Die Lügen der Tröster. Das beunruhigende des Glaubens als Herausforderung für die Seelsorge*, in: Praktische Theologie 33 (1998), 163–176.

LUTHER, MARTIN, *Sermon von der Bereitung zum Sterben*, in: SCHWARZ, REINHARD, *Das Bild des Todes im Bild des Lebens überwinden – Eine Interpretation von Luthers Sermon von der Bereitung zum Sterben*, in: HEUBACH, JOACHIM (Hg.), *Gewißheit angesichts des Sterbens. Veröffentlichungen der Luther-Akademie e.V. Ratzeburg*, Bd. 28, Erlangen 1998, 32–64 (eine moderne sprachliche Überarbeitung des Originals von Martin Luther von Oktober 1519 bietet R. Schwarz auf den Seiten 51–64).

MAIO, GIOVANNI (Hg.), *Abschaffung des Schicksals? Menschsein zwischen Gegebenheit des Lebens und medizinisch-technischer Gestaltbarkeit*, Freiburg i. Br. 2011.

MANDRY, CHRISTOF, *Moralische Identität und christlicher Glaube. Theologische Ethik im Spannungsfeld von Theologie und Philosophie*, Mainz 2002.

MATHWIG, FRANK, «*Will you still need me, will you still feed me … ?*» *Bedeutung haben – auch in Krankheit und Sterben*, in: NOTH, ISABELLE/KOHLI REICHENBACH, CLAUDIA (Hg.), *Palliative und Spiritual Care. Aktuelle Perspektiven in Medizin und Theologie*, Zürich 2014b, 85–101.

—, *Lächeln bitte! Dem Tod ins Gesicht sehen*, in: MURALT, JARED/NILL, BALTS, *Totentanz?*, Bern/ Berlin 2016, 7–13.

—, *Worum sorgt sich Spiritual Care? Bemerkungen und Anfragen aus theologisch-ethischer Sicht*, in: NOTH, ISABELLE/KOHLI REICHENBACH, CLAUDIA (Hg.), *Palliative und Spiritual Care. Aktuelle Perspektiven in Medizin und Theologie*, Zürich 2014a, 23–41.

MILL, JOHN STUART, *Über die Freiheit*, Stuttgart 1974.

MROZ, SARAH/DIERICKX, SIGRID /DELIENS, LUC ET AL., *Assisted Dying Around the World: A Status Quaestionis*, in: Annals of Palliative Medicine 10 (2021), 3540–3553.

MÜLLER, MONIKA, *Ars vivendi nova: Überlegungen zu einer neuen Lebenskultur*, in: SCHÄFER, DANIEL/ MÜLLER-BUSCH, CHRISTOF/FREWER, ANDREAS (Hg.), *Perspektiven zum Sterben. Auf dem Weg zu einer Ars moriendi nova?*, Stuttgart 2012, 151–153.

NASSEHI, ARMIN, *Geschlossenheit und Offenheit. Studien zur Theorie der modernen Gesellschaft*, Frankfurt a. M. 2003.

NEIMEYER, ROBERT A. (Ed.), *New Techniques of Grief Therapy Bereavement and Beyond*, New York/ London 2022.

—/HARRIS, DARCY L./WINOKUER, HOWARD R./THORNTON, GORDON F. (Eds.), *Grief and Bereavement in Contemporary Society. Bridging Research and Practice*, New York/London 2022.

NOLL, PETER, *Diktate über Sterben & Tod. Mit der Totenrede von Max Frisch*, München/Zürich ³1989.

OHNSORGE, KATHRIN/REHMANN-SUTTER, CHRISTOPH/STREECK, NINA/GUDAT, HEIKE, *Wishes To Die at the End of Life and Subjective Experience of Four Different Typical Dying Trajectories. A Qualitative Interview Study*, in: PLoS ONE 14(1): e0210784, online: https://doi.org/10.1371/journal.pone.0210784 (2019).

PENG-KELLER, SIMON, *Klinikseelsorge als spezialisierte Spiritual Care. Der christliche Heilungsauftrag im Horizont globaler Gesundheit*, Göttingen 2021.

—, *Spiritualität im Kontext moderner Medizin*, in: BELOK, MANFRED/LÄNZLINGER, URS/SCHMITT, HANSPETER (Hg.), *Seelsorge in Palliative Care*, Zürich 2012, 87–97.

PROUST, MARCEL, *Auf der Suche nach der verlorenen Zeit*, Bd. 6: *Die Flüchtige*, Frankfurt a. M. 2011.

RENZ, MONIKA, *Hinübergehen. Was beim Sterben geschieht. Annäherungen an letzte Wahrheiten unseres Lebens*, Freiburg i. Br./Basel/Wien 2015.

RIEFF, DAVID, *Tod einer Untröstlichen. Die letzten Tage von Susan Sontag*, München 2009.

ROSA, HARTMUT, *Resonanz. Eine Soziologie der Weltbeziehung*, Berlin 2018.

—, *Unverfügbarkeit*, Wien/Salzburg 2019.

ROSENBERGER, MICHAEL, *Frei zu leben. Allgemeine Moraltheologie*, Münster 2018.

RÖSSLER, BEATE, *Autonomie. Ein Versuch über der gelungene Leben*, Berlin 2017.

RÜEGGER, HEINZ/KUNZ, ROLAND, *Über selbstbestimmtes Sterben. Zwischen Freiheit, Freiheit und Überforderung*, Zürich 2020.

SALLNOW, LIBBY/SMITH, RICHARD, *Report of the Lancet Commission on the Value of Death: Bringing Death Back Into Life*, in: Lancet 399 (2022), 837–884.

SCHÄFER, DANIEL/FREWER, ANDREAS/MÜLLER-BUSCH, CHRISTOF, *Ars moriendi nova. Überlegungen zu einer neuen Sterbekultur*, in: SCHÄFER, DANIEL/MÜLLER-BUSCH, CHRISTOF/ FREWER, ANDREAS (Hg.), *Perspektiven zum Sterben. Auf dem Weg zu einer Ars moriendi nova?*, Stuttgart 2012b, 15–23.

—/MÜLLER-BUSCH, CHRISTOF/FREWER, ANDREAS (Hg.), *Perspektiven zum Sterben. Auf dem Weg zu einer Ars moriendi nova?*, Stuttgart 2012a.

SCHLINGENSIEF, CHRISTOPH, *So schön wie hier kanns im Himmel gar nicht sein. Tagebuch einer Krebserkrankung*, Köln 2009.

SEEL, MARTIN, *Aktive und passive Selbstbestimmung*, in: Merkur 54 (2000), 626–632.

—, *Paradoxien der Erfüllung. Philosophische Essays*, Frankfurt a. M. 2006.

SMITH, RICHARD, *A Good Death. An Important Aim for Health Services and for Us All*, in: British Medical Journal 320 (2000), 129 f.

SÖRRIES, REINER, *Der Tod ist der Feind des Lebens, oder: Vom Irrtum, das Sterben könne eine Kunst sein*, in: SCHÄFER, DANIEL/MÜLLER-BUSCH, CHRISTOF/FREWER, ANDREAS (Hg.), *Perspektiven zum Sterben. Auf dem Weg zu einer Ars moriendi nova?*, Stuttgart 2012, 159–162.

STREBEL, URS, *Die Endlichkeit des Lebens als Rationierungskriterium. Eine Bewertung aus ärztlicher Sicht*, in: ZIMMERMANN-ACKLIN, MARKUS/HALTER, HANS (Hg.), *Rationierung und Gerechtigkeit im Gesundheitswesen. Beträge zur Debatte in der Schweiz*, Basel 2007, 258–267.

STRECKEISEN, URSULA, *Welche Medizin? Welche Seelsorge? Über Diskurse guten Sterbens*, in: BENKEL, THORSTEN/MEITZLER, MATTHIAS (Hg.), *Jahrbuch für Tod und Gesellschaft*, Bd. 1, Weinheim 2022, 56–70.

STREECK, NINA, *Jedem seinen eigenen Tod. Authentizität als ethisches Ideal am Lebensende*, Frankfurt a. M. 2020.

UBEL, PETER A., *Critical Decisions: How You and Your Doctor Can Make the Right Medical Choices Together*, New York 2012.

—/SCHERR, KAREN A./FAGERLIN, ANGELA, *Autonomy: What's Shared Decision Making Have to Do With It?*, in: American Journal of Bioethics 18 (2018/2), W11–W12. doi:10.1080/15265161.2017.1409844.

WALTER, TONY, *What Death Means Now. Thinking Critically About Dying and Grieving*, Bristol/Chicago 2017.

WEIHER, ERHARD, *Das Geheimnis des Lebens berühren. Spiritualität bei Krankheit, Sterben, Tod. Eine Grammatik für Helfende*, Stuttgart 2008.

WIESEMANN, CLAUDIA, *Vertrauen als moralische Praxis – Bedeutung für Medizin und Ethik*, in: STEINFATH, HOLMER/WIESEMANN, CLAUDIA U. A., *Autonomie und Vertrauen. Schlüsselbegriffe der modernen Medizin*, Wiesbaden 2016.

WILS, JEAN-PIERRE, *Ars moriendi. Über das Sterben*, Frankfurt a. M. 2007.

—, *Ars moriendi. Über das Verhältnis von Weltanschauung, Recht und Moral*, in: SCHÄFER, DANIEL/MÜLLER-BUSCH, CHRISTOF/FREWER, ANDREAS (Hg.), *Perspektiven zum Sterben. Auf dem Weg zu einer Ars moriendi nova?*, Stuttgart 2012, 39–51.

—, *Der Schmerz und das Leiden*, in: DERS., *Die Moral der Sinne. Essays*, Tübingen 1999, 146–187.

—, *Die ungeheure Geschwätzigkeit des Todes: Literaturessay zur Thanatosoziologie*, in: Soziopolis. Gesellschaft beobachten, online: https://nbn-resolving.org/urn:nbn:de:0168-ssoar-82048-3 (2022).

—, *Weggabelungen in Sicht. Kleine Anthropologie des Lassens in erregten Zeiten*, Basel/Würzburg 2022.

ZIMMERMANN-ACKLIN, MARKUS, *Tod aus Liebe? Zur Problematik der Sterbehilfe aus individualethischer Perspektive*, in: TRAPPE, TOBIAS (Hg.), *Liebe und Tod. Brennpunkte menschlichen Daseins*, Basel 2004, 103–125.

ZIMMERMANN, MARKUS, *Christliche Existenz und theologische Ethik. Hans Halters Antwort auf die Frage nach dem christlichen Proprium*, in: BOGNER, DANIEL/DERS. (Hg.), *Fundamente theologischer Ethik in postkonfessioneller Zeit. Beiträge zu einer Grundlagendiskussion*, Basel/Würzburg 2019, 181–196.

—, *Ethik der Beziehung, Fürsorge und Empathie in der Perspektive der Care-Ethiken*, in: SAUTERMEISTER, JOCHEN/BOBBERT, MONIKA (Hg.), *Handbuch Ethik und Psychologie*, Berlin, im Erscheinen.

—, *Triage als Einübung von Priorisierung und Rationierung im Gesundheitswesen?*, in: MOOS, THORSTEN/ PLONZ, SABINE (Hg.), *Öffentliche Gesundheit. Jahrbuch Sozialer Protestantismus*, Leipzig 2022, 173–187.

—, *Zum Umgang mit Unsicherheit und Ungewissheit – Überlegungen aus theologisch-ethischer Perspektive*, in: LINDENAU, MATHIAS (Hg.), *Zum Umgang mit Unsicherheit und Ungewissheit*, im Erscheinen.

—/FELDER, STEFAN/STRECKEISEN, URSULA/TAG, BRIGITTE, *Das Lebensende in der Schweiz. Individuelle und gesellschaftliche Perspektiven*, Basel 2019.

2 SUIZIDHILFE IN DER SCHWEIZ. NORMALISIERUNG, AUSWEITUNG UND REGULIERUNGSVERSUCHE

> Wir sollten die Tragik der Selbsttötung, auch und gerade die der assistierten Selbsttötung, nicht vergessen, und ihre moralische Komplexität nicht reduzieren auf eine ‹emanzipatorische Selbsttechnik›.[1]
>
> Der Tod kommt für das Leben stets zu früh.[2]

Während in Ländern wie Deutschland, Österreich, Frankreich oder Spanien gegenwärtig um eine geeignete Regelung der Suizidhilfe und teilweise auch der ärztlichen Lebensbeendigung auf Verlangen gerungen wird, bestehen in anderen Hochlohnländern der Welt, allen voran in den Niederlanden, in Belgien, im US-Bundesstaat Oregon, der Schweiz und seit 2016 auch in Kanada langjährige Erfahrungen mit den umstrittenen ärztlichen Praktiken. Auch wenn jeder Nationalstaat seine eigenen Wege und Möglichkeiten erkunden muss, auf welche Weise er mit diesen heiklen Lebensende-Entscheidungen umzugehen gedenkt – wie beispielsweise eine rechtliche Regulierung und eine vertretbare ärztliche Praxis ausgestaltet werden könnten –, liegt es nahe, dass in diesen Prozessen auch internationale Erfahrungen nicht ignoriert werden sollten. Dies gilt insbesondere mit Blick auf Folgenargumente, welche sich auf mögliche und zu erwartende Missbrauchs- und Ausweitungserscheinungen beziehen und damit auf Extrapolationen beruhen, die sich in Ländern mit langjährigen Erfahrungen in gewisser Weise bereits überprüfen lassen.

In der relativ unübersichtlichen internationalen Umbruchssituation möchte ich mit vorliegendem Diskussionsbeitrag auf eine spezifische Erfahrung aus dem Schweizer Kontext im Umgang mit der Suizidhilfe hinweisen, die für Suchprozesse in anderen Ländern von Bedeutung sein dürften: In der Schweiz zeigt sich, dass auch infolge einer gewissen Normalisierung oder Veralltäglichung der Suizidhilfe die gesellschaftlichen Diskussionen und Herausforderungen rund um die Suizidhilfe eher zu- als abnehmen. Die Idee, mit einer Liberalisierung und gesellschaftlichen Etablierung der Suizidhilfe sei eine gewisse Entspannung der Debatten, Problemstellungen und auch Forderungen an den Gesetzgeber zu erwarten, bewahrheitet sich zumindest mit Blick auf die Schweizer Entwicklungen nicht, im Gegenteil: Spannungen und Schwierigkeiten nehmen zu, wie ich im Folgenden anhand einer nüchternen Bestandsaufnahme zeigen werde. Belege dafür, dass diese Beobachtung bzw. Erfahrung auch für Länder wie Belgien, die Niederlanden oder Ka-

---

1   WILS 2021, 21.

2   MATHWIG 2010, 72.

nada zutrifft, lassen sich in den nationalstaatlich geführten Ethikdebatten entdecken.[3]

Die Beobachtung ist ein deutlicher Hinweis darauf, dass sich Praktiken wie die Suizidhilfe oder auch die ärztliche Lebensbeendigung auf Verlangen auch mittel- und langfristig nicht normalisieren, regeln oder veralltäglichen lassen. Besonders reflektiert haben dieses Phänomen Jean-Pierre Wils in seinem Büchlein «Sich den Tod geben. Suizid als letzte Emanzipation?» und Frank Mathwig in seiner Monographie zur Suizidhilfe in der Schweiz, die ich daher beide mit einem Zitat meinen Überlegungen vorangestellt habe.[4] Auch wenn beide Autoren die umstrittenen Lebensende-Praktiken liberal beurteilen, weisen sie zu Recht darauf hin, dass in den pragmatisch geführten Auseinandersetzungen sowohl der Tiefgang wie die Ernsthaftigkeit fehlen. Zu denken ist hier an den berühmten ersten Satz aus Albert Camus' Essay «Un raisonnement absurde»: «Il n'y a qu'un problème philosophique vraiment sérieux : c'est le suicide.»[5]

Das ist vermutlich der wichtigste Grund, warum die gesellschaftlichen Auseinandersetzungen um die Suizidhilfe auch nach Jahren nicht verstummen: Die Selbsttötung eines Menschen – wie auch eine ärztliche Tötung auf Verlangen – sind drastische Handlungen, die in jeder individuellen Lebensgeschichte eine Tragödie bedeuten und in gesellschaftlicher Perspektive Unruhe und Verwirrung bewirken. Die vorwiegend pragmatisch geführten Debatten zum assistierten Suizid sollen suggerieren, dass alles halb so schlimm ist und sich normalisieren ließe; das Gegenteil dürfte sich als richtig erweisen: Die Praktiken wirken nachhaltig verstörend.

2.1 Entwicklungen

Während der letzten Jahre gingen ein bis zwei Prozent aller Todesfälle in der Schweiz auf einen assistierten Suizid zurück.[6] Aus der Gesamtperspektive betrachtet handelt es sich bei dieser Praxis also nach wie vor um ein marginales Phänomen. Ein Blick auf die totale Anzahl assistierter Suizide pro Jahr hingegen ergibt einen anderen Eindruck, da sich diese in den zwölf Jahren zwischen 2008 und 2020 mehr als verfünffacht hat, nämlich von zunächst 253 auf 1'251 Todesfälle

---

3   Vgl. pars pro toto für Belgien RAUS ET AL. 2021; für die Niederlande WILS 2021; für Kanada vgl. den Streit um die Einschätzung der Slippery-Slope-These zwischen DOWNIE/SCHUKLENK 2021 und KOCH 2021.

4   Vgl. WILS 2021 und MATHWIG 2010.

5   CAMUS 2006, 221.

6   Vgl. BOSSHARD 2017. Für Ergebnisse der gegenwärtigen Lebensende-Forschung in der Schweiz inklusive detaillierter Literaturangaben vgl. ZIMMERMANN U. A. 2019.

pro Jahr.[7] Gemäß Angaben des Schweizerischen Bundesamts für Statistik (BFS) nahmen im Jahr 2020 vor allem Personen über 64 Jahren einen assistierten Suizid in Anspruch. Im Jahr 2020 waren insgesamt 510 Männer und 741 Frauen betroffen, wovon lediglich 74 Männer bzw. 76 Frauen jünger als 65 Jahre alt waren. Detaillierte Angaben über die Grunderkrankungen der betroffenen Personen im Jahr 2018 zeigen, dass gut 40 Prozent von einer Krebserkrankung betroffen waren, knapp 12 Prozent von Krankheiten des Nervensystems, weitere 12 Prozent von Herz-Kreislauferkrankungen sowie etwas mehr als ein Drittel von anderen Erkrankungen, wozu auch Demenzen und Depressionen gehörten.[8]

In der Todesursachenstatistik der Schweiz werden ausschließlich diejenigen Suizidhilfe-Fälle berücksichtigt, bei welchen Personen mit Wohnsitz in der Schweiz involviert waren und das Versterben den Behörden anschließend gemeldet wurde. Nicht erfasst werden demnach Fälle von Suizidhilfe für sterbewillige Menschen, die eigens für den assistierten Suizid aus dem Ausland anreisen;[9] ebenfalls nicht erfasst sind die – mutmaßlich jedoch sehr wenigen – Suizidhilfefälle, die sich zwischen einer sterbewilligen Person und deren Helferin oder Helfer, beispielsweise einer Hausärztin, ereignen und entgegen geltendem Recht den Behörden nicht als ein außergewöhnlicher Todesfall gemeldet werden.

Die statistischen Angaben widerspiegeln somit ein ambivalentes Bild: Einerseits ist der Anteil der Suizidhilfe-Fälle, gemessen an allen Todesfällen und beispielsweise im Vergleich zu den Personen, die in der Schweiz im Zustand einer tiefen und bis zum Tod anhaltenden Sedierung sterben, relativ gering;[10] andererseits nahm die Anzahl der Suizidhilfen in der Schweiz während der letzten Jahre stark zu.

Die Ergebnisse einer Studie zu Lebensende-Entscheidungen in der Schweiz aus ärztlicher Perspektive erlauben zudem Einblicke in regionale Unterschiede: Während die Suizidhilfe im untersuchten Jahr 2013/2014 in der Deutschschweiz am häufigsten und in der Romandie etwas weniger häufig durchgeführt wurde, war diese Praxis in der italienischsprachigen Schweiz offenbar inexistent.[11] Worauf

---

7 Vgl. BUNDESAMT FÜR STATISTIK 2020; eine Tabelle mit Angaben zu den Jahren 2019 und 2020 ist zu finden unter https://www.bfs.admin.ch/bfs/de/home/statistiken/gesundheit/gesundheitszustand/sterblichkeit-todesursachen/spezifische.assetdetail.23145296.html (01.03.2023).

8 Vgl. BUNDESAMT FÜR STATISTIK 2020.

9 Vgl. GAUTHIER U. A. 2015, 611–617; SPERLING 2019.

10 In der Deutschschweiz sterben jährlich über ein Viertel aller Sterbenden im Zustand einer tiefen, bis zum Tod anhaltenden Sedierung, in der italienischsprachigen Schweiz (Tessin) sind es sogar über ein Drittel, vgl. HURST ET AL. 2018. Zu beachten ist, dass sich die Angaben in dieser Studie auf die Gesamtzahl aller nicht-plötzlichen Todesfälle in der Schweiz im Jahr 2013/14 beziehen und nicht auf generell alle Todesfälle. Für Details vgl. ZIMMERMANN U. A. 2019.

11 Vgl. HURST ET AL. 2018.

diese Unterschiede zurückzuführen sind, ist derzeit noch weitgehend unklar; neben der Vermutung, dass Parallelen zu den entsprechenden Nachbarstaaten Deutschland, Frankreich und Italien möglich wären, ist die Annahme naheliegend, dass beispielsweise sterbewillige Personen aus dem Tessin für eine Suizidhilfe nach Zürich reisen, wo im Vergleich aller 26 Kantone der Schweiz mit großem Abstand die meisten Suizidhilfefälle zu verzeichnen sind.

Gegenwärtig bestehen in der Schweiz sieben Sterbehilfe-Organisationen, welche bei einem typischen Ablauf einer Suizidassistenz eine führende Rolle einnehmen: Die beiden größten Organisationen sind «Exit Deutsche Schweiz» und «Exit A.D.M.D.» (französischsprachige Schweiz), daneben bestehen die gemessen an der Mitgliederzahl kleineren Organisationen «Dignitas», «Life-Circle», «Ex International», «Liberty Life» sowie «Pegasos». Letztgenannte fünf Organisationen praktizieren die Suizidhilfe in erster Linie oder ausschließlich bei sterbewilligen Personen aus dem Ausland. Über die Aktivitäten der sieben Organisationen im Bereich der Suizidhilfe ist nur das bekannt, was die Organisationen selbst auf ihren Websites bzw. in ihren Jahresberichten veröffentlichen; abgesehen von der polizeilichen Untersuchung jedes Suizids und damit auch der assistierten Suizide besteht weder eine öffentliche Kontrolle von deren Aktivitäten noch existiert ein Monitoring. Gemäß eigener Angaben hat «Exit Deutsche Schweiz» im Jahr 2018 bei 905 Personen Suizidhilfe geleistet, im Jahr 2021 bei 973 und 2022, ein Jahr später, bereits bei 1'125.[12] Ein Vergleich dieser Angaben mit den offiziellen Zahlen des Bundesamts für Statistik für das Jahr 2018 legt nahe, dass die übrigen ca. 250 beim Bundesamt für Statistik gemeldeten Fälle mehr oder weniger auf Aktivitäten von «Exit A.D.M.D.» in den französischsprachigen Kantonen zurückzuführen sein dürften, während die anderen fünf Organisationen im Jahr 2018 keine oder zumindest kaum in der Schweiz wohnhafte Personen beim Suizid begleitet hatten.

Während die Zahl der *Suizide* in der Schweiz zwischen 2010 und 2020 relativ stabil um etwa 1'000 Fälle pro Jahr lagen, hat sich die Zahl der *assistierten Suizide* gleichzeitig verfünffacht. Wird zudem berücksichtigt, dass bei den Suiziden weitaus mehr *unter* 65-jährige Personen sowie mehr *Männer* als Frauen betroffen waren, wird deutlich, dass sich die Personengruppen, die von einem Suizid oder von einer Suizidbeihilfe betroffen sind, epidemiologisch deutlich voneinander unterscheiden.[13] Suizide und assistierte Suizide haben zwar gemeinsam, dass sich in beiden Fällen Personen willentlich selbst das Leben nehmen, betreffen darüber hinaus jedoch unterschiedliche Personengruppen und, so lässt sich vermuten, sie beruhen auf unterschiedlichen Motiven bzw. Beweggründen. Das häufig vorgetragene und stark emotionalisierte Argument, eine sterbewillige Person, welche

---

12 Vgl. www.exit.ch (01.03.2023).

13 Vgl. BUNDESAMT FÜR STATISTIK 2020 und 2022.

keine Möglichkeit zur Suizidbegleitung finde, begehe stattdessen aus Verzweiflung einen brutalen Suizid, dürfte daher zumindest für die Schweiz nur äußerst selten zutreffen.[14]

2.2 Wahrnehmungen und Einschätzungen

Die öffentliche Wahrnehmung und Einschätzung der Suizidhilfe hat sich in der schweizerischen Gesellschaft seit den 1990er-Jahren bis heute von einer zunächst vorsichtig-skeptischen Haltung in Richtung einer breiten Akzeptanz verändert.[15] Meines Erachtens lässt sich der Status quo am treffendsten mit dem Begriff *Normalisierung* beschreiben. Während die Debatten in Deutschland, Österreich, Frankreich oder auch UK von relativ scharfen Kontroversen zwischen befürwortenden und ablehnenden Positionen geprägt waren und teilweise nach wie vor auch zu sein scheinen, verliefen die öffentlichen Diskurse in der Schweiz weniger polarisiert.[16] Anzeichen für eine Normalisierung der Situation lassen sich viele nennen, das stärkste Zeichen dafür – wohl auch aus Sicht vieler Nachbarländer sowie des europäischen Menschengerichtshofs – besteht darin, dass die Schweiz bis heute auf eine gesetzliche Regelung der Suizidhilfe im engeren Sinne, beispielsweise mit einem Aufsichtsgesetz zur Kontrolle der Sterbehilfeorganisationen oder einem Suizidhilfe-Gesetz, wie es im US-Bundesstaat Oregon mit dem «Death With Dignity Act» existiert, verzichtet hat. Dies ist anders bei gesellschaftspolitisch polarisierten Nachbarthemen wie beispielsweise der grünen Gentechnik, der genetischen Untersuchungen am Menschen, der Embryonenforschung, der Forschung am Menschen oder der Reproduktionsmedizin.

Weitere Hinweise für die behauptete Normalisierung, für deren Beleg keine mir bekannten wissenschaftlichen Forschungsresultate – beispielsweise in Form von Medienanalysen – vorliegen, bestehen etwa darin, dass die SRF-Fernsehdiskussion, die im Anschluss an die Erstaustrahlung des Theaterstücks «Gott» von Ferdinand von Schirach im November 2020 live durchgeführt wurde, im Unterschied zur zeitgleichen Debatte im deutschen Fernsehen weitgehend unkontro-

---

14 Dass diese Annahme auch für die USA zutrifft, zeigen JONES/PATON 2015; zu demselben Resultat kommt mit Verweis auf eine Online-Veröffentlichung der «American Association of Suicidology», die 2017 unter dem Titel «Suicide is not the same as physician aids in dying» erschienen ist, auch RÖHRLE 2022, 95 f.

15 Vgl. ZIMMERMANN-ACKLIN 2012; ZIMMERMANN 2016.

16 So beispielsweise die Ergebnisse einer im Auftrag der Schweizerischen Akademie der Medizinischen Wissenschaften (SAMW) durchgeführte Umfrage unter Ärztinnen und Ärzten, die ergeben hat, dass je etwa ein Zehntel der befragten Personen die Suizidhilfe stark befürworten bzw. stark dagegen sind, während ein großer Teil von 80 Prozent der Thematik relativ neutral gegenüber steht, vgl. BRAUER ET AL. 2015.

vers verlief,[17] oder dass in der auflagenstarken Schweizer Konsumentenzeitschrift
«Gesundheitstipp» eine Umfrage zur Qualität der Sterbehilfeorganisationen mitsamt Empfehlungen erschienen ist, an welche sich sterbewillige Personen am besten wenden sollten.[18] Auch die Stellungnahmen der christlichen Kirchen in der
Schweiz sind – abgesehen von der ablehnenden Stimme der katholischen Schweizer Bischofskonferenz[19] – eher moderat bis versöhnlich.[20]

Die Ergebnisse einer jüngst erschienenen Studie zum Meinungsbild hinsichtlich der Suizidhilfe bei über 55 Jahre alten Schweizerinnen und Schweizern belegen die genannten Eindrücke:[21] In einer umfassenden repräsentativen Befragung
zeigte sich, dass über vier Fünftel der Befragten die gesetzliche Erlaubtheit der
Suizidhilfe unterstützen, dass sich nahezu zwei Drittel vorstellen können, selbst
einmal um Suizidhilfe zu bitten und dass knapp ein Drittel in Erwägung zieht,
demnächst Mitglied einer Sterbehilfe-Organisation zu werden, wobei ein Zwan-
zigstel (fünf Prozent) der Befragten zum Zeitpunkt der Untersuchung im Jahr
2015 bereits Mitglied war. Bei Personen mit höherem Bildungsgrad sowie älteren
Personen zwischen 65 und 74 Jahren war die Zustimmung zur Suizidhilfe und zu
entsprechenden Praktiken höher als bei weniger gebildeten sowie jüngeren und
hochaltrigen Personen; signifikant niedriger war die Zustimmung zudem bei religiös praktizierenden Personen.[22]

Eine Befragung zum Meinungsbild von in Schweizer Kliniken tätigen Psychia-
terinnen und Psychiatern hinsichtlich der Suizidhilfe bei schwer und dauerhaft
psychisch erkrankten Personen hat ergeben, dass knapp die Hälfte der befragten
Fachpersonen die Suizidhilfe für schwer und dauerhaft psychisch erkrankte Personen ablehnen, ein Fünftel dieser Frage neutral gegenübersteht sowie knapp ein
Drittel einer solchen Handlung tendenziell zustimmt.[23] Gefragt nach der Einschätzung spezifischer Fallvignetten ergab sich, dass im Fall einer Patientin oder

---

17 Vgl. VON SCHIRACH 2020; Schweizer Fernsehen SRF, 23.11.2020, online: https://www.srf.
ch/kultur/gesellschaft-religion/srf-themenabend-die-schwierige-frage-wie-selbstbestimmt-
ein-mensch-sterben-darf (01.03.2023) und Deutsches Fernsehen, in: Das Erste, online: https://
www.daserste.de/unterhaltung/film/gott-von-ferdinand-von-schirach/index.html
(01.03.2023); vgl. auch meinen theologisch-ethischen Kommentar in ZIMMERMANN 2022.

18 Vgl. GOSSWEILER 2019: die volle Punktzahl und Empfehlung erhält hier ausschließlich «Exit
Deutsche Schweiz».

19 Vgl. BIOETHIK-KOMMISSION DER SCHWEIZERISCHEN BISCHOFSKONFERENZ 2010; daneben die eher dialogorientierte Stellungnahme SCHWEIZERISCHE NATIONALKOMMISSION
JUSTITIA ET PAX 2016.

20 Vgl. beispielsweise SCHWEIZERISCHER EVANGELISCHER KIRCHENBUND 2010.

21 Vgl. VILPERT ET AL. 2020.

22 Vgl. ebd.

23 Vgl. HODEL ET AL. 2019.

eines Patienten mit schwerer Anorexie etwas mehr als ein Drittel bereit wäre, einen solchen Sterbewunsch zu unterstützen, bei den Beispielen Depression und Schizophrenie lagen diese Zustimmungswerte etwa gleich bei rund einem Drittel. Selbst im Fall der auch in der Schweiz umstrittenen Suizidhilfe für sterbewillige Personen mit einer psychischen Erkrankung deutet damit ein relativ großer Anteil der für die ärztliche Betreuung zuständigen Fachpersonen an, diese Möglichkeit grundsätzlich zu unterstützen.

Eine im Jahr 2018 entstandene, mit Sicht auf das bisherige Einvernehmen eher untypische Meinungsverschiedenheit zwischen der für die medizinethischen Richtlinien verantwortlichen «Schweizerischen Akademie der Medizinischen Wissenschaften» (SAMW) und der «Schweizerischen Ärztevereinigung» (FMH) geht auf die Neuformulierung der medizinisch-ethischen Richtlinien der SAMW zum Themenbereich «Lebensende» von 2018 zurück: Diese wurden von der FMH zunächst abgelehnt und nicht in die ärztlichen Standesregeln aufgenommen.[24] Dadurch bestanden während einiger Jahre zwei unterschiedliche Richtlinien nebeneinander: Gemäß ärztlichem Standesrecht galten die Richtlinien aus dem Jahr 2004, die sich ausschließlich auf Patientinnen und Patienten am Lebensende bezogen, gemäß SAMW hingegen die neuen Richtlinien, die zusätzlich sterbewillige Patientinnen und Patienten allgemein umfassen und im Jahr 2018 unter dem Titel «Umgang mit Sterben und Tod» erschienen sind. Streitgegenstand war zum einen die Frage nach der Sicherung des Lebensschutzes für sterbewillige Personen, die sich *nicht* am Lebensende befinden; zum andern stand der Schutz der Ärzteschaft zur Debatte, was durch eine klare zeitliche Begrenzung der Suizidhilfe auf das Lebensende von Patientinnen und Patienten erreicht werden sollte. Gemäß 2018 geäußerter Meinung der FMH sollte darum für Sterbewillige außerhalb der Sterbephase eine nicht-ärztliche Regelung gefunden werden, bei welcher der Staat und nicht die Ärzteschaft für die Kontrolle und Abgabe des üblicherweise in der Schweiz eingesetzten und tödlich wirkenden Mittels Natriumpentobarbital (NAP) zuständig wäre.[25] Infolge einer inhaltlichen Anpassung der SAMW-Richtlinien, die den beiden Einwänden der FMH in gewisser Weise entgegenkommen und einen Kompromiss darstellen, hat die Ärztevereinigung die Richtlinien im Jahr 2022 doch noch in ihr Standesrecht aufgenommen. Neu ist namentlich in der Kriterienliste der überarbeiten Fassung von einem «schwerwiegenden Leiden» die Rede, das zusätzlich zu einem «unerträglichen Leiden» vorliegen müsse, damit eine ärztliche Suizidhilfe durchgeführt werden darf; zudem wird die Suizidhilfe

---

24 Vgl. SCHWEIZERISCHE AKADEMIE DER MEDIZINISCHEN WISSENSCHAFTEN ¹2018 sowie ²2022; WIDLER/KOHLBACHER 2018; FMH 2022.

25 Vgl. WIDLER/KOHLBACHER 2018.

bei gesunden Personen ausdrücklich ausgeschlossen.[26] In einer kurzen Medienmitteilung der FMH heißt es dazu:

> Die Ärztekammer hatte am 25. Oktober 2018 die Übernahme der Richtlinien «Sterben und
> Tod» in das ärztliche Standesrecht abgelehnt, weil ihr die Bestimmung zur ärztlich assistier-
> ten Suizidbeihilfe zu unbestimmt war. Hier gibt es verschiedene wichtige Werte zu berück-
> sichtigen. Einerseits ist die Autonomie der Patientinnen und Patienten ein Kernanliegen der
> Ärztinnen und Ärzte, andererseits müssen nicht-urteilsfähige Patientinnen und Patienten
> geschützt werden. Betroffene Urteilsfähige hingegen müssen davor geschützt werden, dass
> andere Druck auf sie ausüben. Von zentraler Bedeutung sind das Berufsethos und die Sui-
> zidprävention. Bei den überarbeiteten Richtlinien handelt es sich nun um eine Präzisierung
> der Vorgängerversion, von der die FMH und die SAMW überzeugt sind, dass sie die ver-
> schiedenen betroffenen Interessen und Zielkonflikte bestmöglich berücksichtigt.[27]

2.3 Heikle Themen

Dass die Suizidhilfe in der Schweizer Gesellschaft insgesamt breite Zustimmung erfährt, heißt nicht, dass es betreffend der Suizidhilfepraxis nicht
gleichwohl eine Reihe schwieriger und kontrovers diskutierter Aspekte gäbe,
wie die unterschiedlichen Meinungen zur Suizidhilfe bei psychisch schwer erkrankten Personen bereits gezeigt haben. Relevante Themen betreffen insbesondere Sterbeorte, Zulassungskriterien, Verfahren sowie die Lebensende-
Forschung.[28]

Hinsichtlich der *Sterbeorte* ist zunächst an die Psychiatrie zu erinnern: Gemäß
zweier Bundesgerichtsentscheide von 2006 und 2010 ist der assistierte Suizid
auch für psychisch kranke Personen erlaubt, jedoch empfiehlt das Gericht hier
große Vorsicht und verlangt zwei psychiatrische Fachgutachten zur Sicherstel-
lung der Urteilsfähigkeit der sterbewilligen Person hinsichtlich des Suizidwun-
sches.[29] Suizidhilfe für Kinder und Jugendliche im Bereich der Pädiatrie sind bislang zwar kaum ein Thema in der Schweiz;[30] was entsprechende Debatten beinhalten dürften, zeigen gegenwärtig die entsprechenden Diskussionsbeiträge

---

26 Vgl. SCHWEIZERISCHE AKADEMIE DER MEDIZINISCHEN WISSENSCHAFTEN ²2022, 26 f.

27 FMH 2022.

28 Auch wenn die Definition des im Strafgesetzbuch verbotenen Handelns aus selbstsüchtigen
Beweggründen immer wieder Gerichte beschäftigt – in der Regel geht es dabei um die Einschätzung möglicher finanzieller Interessen – hat dieser Vorwurf bislang noch zu keiner bekannteren
bzw. öffentlich diskutierten Verurteilung geführt und ist entsprechend *de facto* nebensächlich.

29 Vgl. Bundesgerichtsurteile vom 03.11.2006 (2A.48/2006) sowie vom 12.04.2010 (2C_9/2010);
weiterhin BÖHNING 2021 (hier zu den Bundesgerichtsurteilen: Nef 2021, 104).

30 Vgl. jedoch die Bemerkungen in: NATIONALE ETHIKKOMMISSION IM BEREICH DER HU-
MANMEDIZIN 2005; daneben hat sich die Kommission ein Jahr später auch zu konkreten Zulas-
sungskriterien geäußert, vgl. NATIONALE ETHIKKOMMISSION IM BEREICH DER HUMANME-
DIZIN 2006.

unter anderem aus dem kanadischen Kontext.[31] Die Frage, ob auch Personen in
Haft ein Recht darauf haben, einen assistierten Suizid in Anspruch zu nehmen,
wird hingegen seit einigen Jahren in der Schweiz intensiv diskutiert, tendenziell
positiv beantwortet und sollte in den kommenden Jahren auf kantonaler Ebene
geregelt werden.[32] Seit Jahren kontrovers diskutiert wird auch die Frage, ob die
Sterbehilfe-Organisationen Zugang zu Akutspitälern inklusive Universitätskliniken erhalten sollten, wobei die Regelungen je nach Klinik unterschiedlich ausfallen; die Frage, ob die genannten Organisationen auch Zugang zu Pflegeheimen
erhalten sollten, erzeugt weniger Kontroversen und wird insbesondere darum
generell eher positiv beantwortet, weil Bewohnerinnen und Bewohner von Pflegeheimen im Unterschied zu Krankenhaus-Patientinnen und -Patienten keine
Möglichkeit haben, für eine Suizidbeihilfe nach Hause oder an einen anderen Ort
auszuweichen.[33]

Bezüglich der *Zulassungskriterien* für sterbewillige Personen steht die Feststellung der Urteilsfähigkeit im Zentrum der Aufmerksamkeit: Während die Bedeutung des Kriteriums für die Suizidhilfe an sich unumstritten ist, wird hier um zuverlässige Maßstäbe und Verfahren gerungen, um dieses Kriterium zuverlässig zu
prüfen.[34] Seit der Publikation der SAMW-Richtlinien «Umgang mit Sterben und
Tod» von 2018 haben aufgrund des erwähnten Einspruchs der Schweizerischen
Ärztevereinigung (FMH) das Kriterium des Lebensendes und, in Abhängigkeit
dazu, dasjenige des unerträglichen Leidens neue Aufmerksamkeit erfahren.
Während die Richtlinien am Kriterium des unerträglichen Leidens ansetzen, will
die FMH am nahen Lebensende festhalten. Beide Seiten verweisen auf wichtige
Aspekte: Zugunsten der Gewichtung des Kriteriums des unerträglichen Leidens
spricht, dass heute *de facto* ein großer Teil der Suizidhilfe in der Schweiz bei sterbe-

---

31 Vgl. DeMichelis et al. 2019: Zur Diskussion steht unter anderem, wer die Möglichkeit eines assistierten Sterbens anspricht, auf welche Weise die Urteilsfähigkeit festgestellt wird und
was geschieht, wenn die Eltern gegen den Sterbewunsch ihres Kindes sind; vgl. daneben die
grundsätzlichen ethischen und rechtlichen Überlegungen bei Dorscheidt 2023.

32 Vgl. Tag/Baur 2019; Schweizerisches Kompetenzzentrum für den Justizvollzug 2019; Della Croce 2022; Bozzaro/Zimmermann 2022; Scherrer 2023.

33 Kantonal bestehen in Bezug auf die Suizidhilfe in Pflegeheimen unterschiedliche gesetzliche
Regelungen, umstritten diskutiert wird beispielsweise im Kanton Neuenburg die Frage, ob kirchliche Einrichtungen, die staatlich finanziert werden, den Sterbehilfe-Organisationen den Zugang zu ihren Einrichtungen verbieten dürfen. Die Regelungen in den Akutspitälern sind unterschiedlich: Während die Unikliniken in Lausanne und Genf den assistierten Suizid in ihren
Kliniken unter Einhaltung festgelegter Kriterien erlauben, ist dieser in den Unikliniken in Zürich
und Bern außer in eng definierten Notsituationen gegenwärtig verboten.

34 In diesem Kontext sind auch neue Richtlinien entstanden, vgl. Schweizerische Akademie der Medizinischen Wissenschaften 2019.

willigen Personen durchgeführt wird, die sich noch nicht an ihrem Lebensende befinden; da SAMW-Richtlinien in erster Linie das pragmatische Anliegen verfolgen, bestehende Praktiken und Herausforderungen möglichst zeitnah zu kommentieren und hier Orientierung zu bieten, sollten die neuen Lebensende-Richtlinien für die bestehende Realität Kriterien entwickeln. Für eine Gewichtung des Lebensende-Kriteriums dagegen wird zu bedenken gegeben, dass sich mit der Barriere des Lebensendes aus der Perspektive der Ärzteschaft normativ ein gewissermaßen objektiver Anhaltspunkt nennen lässt, der dazu beiträgt, die ärztliche Suizidhilfe quantitativ einigermaßen begrenzt zu halten. Zudem wird zu Recht darauf hingewiesen, dass eine Diagnosestellung zum Vorliegen eines unerträglichen Leidens schwierig sei, wie beispielsweise die internationale Debatte um die Bedeutung und Einschätzung des existenziellen (weder körperlichen noch psychischen) Leidens belegt.[35] Die seit einigen Jahren anhaltende Auseinandersetzung um den sogenannten Altersfreitod in der Schweiz und das hier inhärente Kriterium der Lebensmüdigkeit belegt diese Schwierigkeit.[36] Der Fall einer ärztlichen Suizidhilfe bei einer 86-jährigen, gesunden Frau aus Genf, die nicht mehr alleine – ohne ihren verstorbenen Mann – weiterleben wollte, beschäftigt gegenwärtig die Gerichte in der Schweiz.[37] Im Zentrum der Auseinandersetzung steht hier die rechtlich schwierige und mit Blick auf das Heilmittelgesetz zu beurteilende Frage, ob ein Arzt oder eine Ärztin einer gesunden Person ein todbringendes Mittel verschreiben darf.[38] Weitgehend unumstritten dagegen sind die Überprüfung der Beständigkeit eines Sterbewunsches sowie das Einholen einer Zweitmeinung.

Neben den Sterbeorten und den Zulassungskriterien stehen *Prozeduren* bzw. *Vorgehensweisen* zur Debatte, wobei die Frage nach Rolle und Funktion der Ärzteschaft sowie der Sterbehilfeorganisationen mit Abstand die bedeutendste ist.[39] Das Schweizer Modell der Suizidhilfe ist im Unterschied zu den ärztlich zentrierten bzw. medikalisierten Modellen in Belgien und in den Niederlanden an der Idee ausgerichtet, dass jede Person grundsätzlich das Recht hat, ihr Leben zu beenden und dazu die Hilfe beliebiger anderer Personen in Anspruch nehmen darf.

---

35 Vgl. BOZZARO 2015.

36 Namentlich an den Jahrestagungen von «Exit Deutsche Schweiz» hat der Altersfreitod in den vergangenen Jahren eine besondere Rolle gespielt, vgl. dazu einige Beiträge unter www.exit.ch (01.03.2023).

37 Vgl. Bundesgerichtsurteil vom 09.12.2021 (6B_646/2020).

38 Vgl. RÜTSCHE U. A. 2022; die SAMW-Richtlinien von 2022 schließen diese Möglichkeit wie erwähnt zwar ausdrücklich aus, als Soft-Law sind sie jedoch nicht Teil des verbindlichen Rechts.

39 Vgl. zum Vergleich der Rolle der Organisationen in Oregon und der Schweiz bei ZIEGLER/ BOSSHARD 2007; zur Rolle der Ärzteschaft vgl. BOSSHARD ET AL. 2008.

Die Ärzteschaft ist zwar in der Regel in das Geschehen involviert, die Leitung des Vorgehens obliegt jedoch normalerweise einer Sterbehilfeorganisation und den dort engagierten Einzelpersonen, die sowohl Ärztinnen oder Ärzte, durchaus aber auch medizinische Laien sein können.[40] Diese Aufteilung der Aufgaben steht immer dann zur Debatte, wenn über rechtliche Regelungen nachgedacht wird, in denen tendenziell die Ärztinnen und Ärzte aufgrund ihres professionellen Hintergrunds den Lead des Geschehens übernehmen sollten.[41] Darüber hinaus steht zur Diskussion, auf welche Weise und durch wen die Einhaltung der Zulassungskriterien kontrolliert werden sollte oder könnte, wobei namentlich darüber zu entscheiden bleibt, ob diese *ante* oder erst *post mortem* durchgeführt werden sollte. Momentan geschieht eine gewisse Kontrolle im Anschluss an einen Suizid, insofern die zuständigen Behörden die Fälle im Nachhinein untersuchen. Ebenfalls zur Debatte steht, ob das NAP ein geeignetes Mittel für einen Suizid ist,[42] insbesondere dann, wenn dieses in der Humanmedizin seit vielen Jahren nicht mehr eingesetzte Barbiturat nicht intravenös verabreicht wird, sondern oral eingenommen wird; über die nicht unwesentliche Frage, in wie vielen Fällen die Verabreichung heute intravenös geschieht und durch wen eine Infusion dann eingerichtet wird, besteht keine Kenntnis. Nicht zuletzt wurde auch bereits erwogen, todbringende Mittel einzusetzen, die wie beispielsweise das Heliumgas rezeptfrei zu erhalten sind.[43]

Ein letzter heikler Aspekt betrifft die *Lebensende-Forschung*. Wie erwähnt, besteht im Unterschied beispielsweise zum US-Bundesstaat Oregon kein Monitoring der Suizidhilfe-Fälle in der Schweiz, welches eine gewisse Einschätzung und Kontrolle der Vorgänge in diesem Handlungsbereich ermöglichen würde; gegenwärtig gibt es auch keinen ausdrücklichen politischen Willen oder öffentlichen Druck, ein solches Monitoring zu etablieren; dadurch beruhen Kenntnisse über die Suizidhilfe-Praxis in der Schweiz heute nahezu ausschließlich auf Äußerungen der Sterbehilfeorganisationen (oder involvierter Ärztinnen und Ärzte), die ihre Aktivitäten auf diese Weise gleichsam selbst kontrollieren. Erfahrungen im Kontext eines Nationalen Forschungsprogramms «Lebensende» (NFP 67), in dessen Rahmen von 2012 bis 2017 in insgesamt 33 Forschungsprojekten Aspekte des

---

40 Vgl. die Darstellung des Geschehens aus Sicht eines Hausarztes bei MOTTU 2002.

41 Vgl. beispielsweise das für den deutschen Kontext entworfene, die ärztliche Rolle aufwertende Regulierungsmodell von BORASIO U. A. 2020.

42 Vgl. dazu den in verschiedener Hinsicht bemerkenswerten Beitrag (u. a. aufgrund des angestellten Vergleichs mit der Vollstreckung der Todesstrafe, der Infragestellung gängiger Methoden der Euthanasie- sowie Suizidhilfe-Methoden aus anästhesiologischer Sicht), an dem auch zwei Schweizer Ärzte als Autoren beteiligt sind: SINMYEE ET AL. 2019.

43 Vgl. ZIMMERMANN-ACKLIN 2008.

Lebensendes in der Schweiz erkundet wurden,[44] zeigen darüber hinaus, dass die Sterbehilfeorganisationen der wissenschaftlichen Forschung sowie Erkundung ihrer Praxis skeptisch bis zurückweisend gegenüberstehen.[45]

Insgesamt entsteht mit Blick auf diese heiklen Themen der Eindruck, dass sich trotz einer gewissen «Normalisierung» der Suizidhilfe in der Schweiz immer wieder Klärungsbedarf ergibt, welcher namentlich die Erkundung, Ausgestaltung und Sicherung der Suizidhilfe-Praxis betrifft. Politisch wird bezweifelt, dass sich die genannten Herausforderungen und offenen Fragen durch eine detaillierter Gesetzgebung ausräumen ließen; das zeigen nicht zuletzt auch analoge Debatten in Ländern, welche wie Kanada, Belgien oder die Niederlande umfassende und teilweise seit Jahren etablierte gesetzliche Regelungen des ärztlich assistierten Sterbens kennen.

2.4 Regulierungsbemühungen

Politische Bemühungen, die Suizidhilfe in der Schweiz gesetzlich nuancierter als heute zu regeln, bestehen seit den 1990er-Jahren, blieben bis heute jedoch weitgehend ohne Konsequenzen.[46] In einschlägigen Urteilen des Bundesgerichts oder auch in Stellungnahmen des Eidgenössischen Justiz- und Polizeidepartements (EJPD, des Schweizerischen Justizministeriums) wird regelmäßig auf die ethischen Richtlinien der SAMW, die dem Bereich des sogenannten Soft Law zuzurechnen und daher rechtlich nicht bindend sind, verwiesen, obgleich deren inhaltliche Ausrichtung zum Streitgegenstand geworden sind. Die Nationale Ethikkommission für den Bereich der Humanmedizin (NEK) hatte bereits 2005 im Rahmen einer ausführlichen Stellungnahme zum Thema eine weitergehende gesetzliche Regelung empfohlen; nach damaliger Meinung der NEK sollte unter anderem die Überprüfung der Zulassungskriterien, eine vertretbare Regelung der Suizidhilfe bei psychisch Kranken, Kindern und Jugendlichen sowie eine staatliche Aufsicht der Sterbehilfeorganisationen gesetzlich sichergestellt werden.[47]

Die Gründe für das bisherige Scheitern der Schaffung einer Neuregelung sind komplex, sowohl was die einzelnen Vorstöße und Regulierungsversuche als auch

---

44 Für Angaben zu Projekten und Publikationen vgl. die Website des NFP 67 www.nfp67.ch (01.03.2023) sowie ZIMMERMANN U. A. 2019.

45 Die Sterbehilfeorganisationen haben 2013 an einer gemeinsamen Medienkonferenz zum Widerstand gegen das Programm aufgerufen, eine Organisation («Dignitas») hat schließlich bis vor Bundesgericht geklagt, um mit Berufung auf das Öffentlichkeitsgesetz interne Papiere zu erhalten, namentlich die Gutachten, die zur Auswahl der 33 Projekte beigetragen haben.

46 Einschlägige Dokumente, parlamentarische Vorstöße und Berichte finden sich auf der Website des Schweizerischen Bundesamts für Justiz https://www.bj.admin.ch/bj/de/home/gesellschaft/gesetzgebung/archiv/sterbehilfe.html (01.03.2023).

47 Vgl. NATIONALE ETHIKKOMMISSION IM BEREICH DER HUMANMEDIZIN 2005, 77.

was die grundsätzliche Frage nach dem Handlungsbedarf und dem Zweck einer Gesetzgebung in diesem Bereich betrifft. Der Europäische Menschenrechtsgerichtshof hat im Jahr 2013 in einem Urteil darauf hingewiesen, dass die bestehende Rechtsunsicherheit im Bereich der Suizidhilfe in der Schweiz nicht akzeptabel und zu klären sei; das Urteil ist aus pragmatischen Gründen nicht rechtskräftig geworden, da die Klägerin vorzeitig verstorben war, so dass die Eidgenossenschaft in diesem Punkt nicht unter europäischen Handlungsdruck zur Legiferierung geraten war.[48] Die Klägerin wollte aus Altersgründen einen assistierten Suizid begehen, hatte jedoch erfolglos versucht, eine ärztliche Person zu finden, die ihr das NAP verschreiben würde. Im Kern geht es um die schwierig zu beantwortende Frage, unter welchen Umständen eine sterbewillige Person ein Recht darauf hat, das NAP zu erhalten. Unter anderem weist dieses Problem[49] darauf hin, dass der Gesetzgeber die Rolle und Funktion der Ärzteschaft im Kontext der Suizidhilfe zu definieren hat. Genau dieser Punkt, bei dem es unter anderem um die ärztliche Entscheidungshoheit über die Verschreibung todbringender Mittel geht, wird jedoch innerhalb der Ärzteschaft wie auch gesellschaftlich in der Schweiz kontrovers diskutiert. Auch aus diesem Grund werden die gegenwärtigen Gesetzgebungsbemühungen in Deutschland und Österreich mit großer Aufmerksamkeit verfolgt. Die Frage ist, wie eine gesetzliche Regelung aussehen kann, welche der Ärzteschaft zwar weitgehende Befugnisse einräumt, jedoch einen ärztlichen Paternalismus (zugunsten oder gegen die Suizidhilfe) gleichzeitig verhindert. Aus Sicht der Schweizer Erfahrungen handelt es sich dabei sozusagen um ein «hölzernes Eisen»: Entweder behalten die Ärztinnen und Ärzte die Letztentscheidung darüber, wer das NAP erhält, oder es werden offizielle Zugangsregeln etabliert, deren Überprüfung in der Regel keine ärztliche Fachexpertise verlangt.

2.5 Ausblick

Kurz- und mittelfristig ist davon auszugehen, dass die Anzahl der Suizidhilfefälle in der Schweiz weiter zunehmen wird. Die Corona-Pandemie und die besonderen Schwierigkeiten, vor die Pflegeheime in dieser Zeit gestellt wurden,[50] dürfte diese Zunahme verstärken. Angesichts dieser Erwartungen und der Gesetzgebungsprozesse im europäischen Ausland dürfte der Druck in der Schweiz zunehmen, eine gesetzliche Regelung zu schaffen, sei dies lediglich in Form eines Aufsichts-

---

48 Vgl. Urteil Gross vs. Switzerland, online: https://hudoc.echr.coe.int/eng#{%22itemid%22: [%22001-119703%22]} (01.03.2023).

49 Zum Recht auf Suizidhilfe vgl. die vertiefenden Überlegungen aus ethischer Sicht von HURST/ MAURON 2017.

50 Vgl. NATIONALE ETHIKKOMMISSION IM BEREICH DER HUMANMEDIZIN 2020.

gesetzes für die Sterbehilfeorganisationen, eines eigentlichen Suizidhilfe-Gesetzes oder einer Ausarbeitung des Strafgesetzbuch-Artikels. Damit der gesellschaftspolitische Diskurs nicht an der realen Entwicklung vorbeizielt, wären sowohl ein Monitoring der Suizidhilfefälle als auch eine Forschung im Bereich der Motive von sterbewilligen Personen, die um Suizidhilfe bitten[51], unabdingbar.

Insgesamt wird es darauf ankommen, dass die Schweizer Gesellschaft die Fähigkeit behält und ausbaut, mit dem Pluralismus unterschiedlicher Sterbeideale zu leben und diese Vielfalt soweit als möglich auch zu tolerieren, also mitzutragen.[52] Das wird vermutlich nur dann möglich sein, wenn gleichzeitig sowohl die Akzeptanz anderer Vorstellungen eines guten Sterbens eingeübt als auch eine für möglichst viele Bürgerinnen und Bürger akzeptable rechtliche und praktische Ausgestaltung der umstrittenen Formen der Sterbehilfe erarbeitet werden. Der eingangs erwähnte Vorbehalt dürfte sich gleichwohl bestätigen: Eine Normalisierung oder Veralltäglichung der Suizidhilfe wird sich aller Voraussicht nach und mit Blick auf Entwicklungen wie in Belgien oder den Niederlanden kaum einstellen. Die Selbsttötung, ob mit oder ohne Hilfe eines anderen Menschen, bedeutet eine Grenzüberschreitung, die sich letztlich einer Normalisierung entzieht.

LITERATUR

BIOETHIK-KOMMISSION DER SCHWEIZERISCHEN BISCHOFSKONFERENZ, *Stellungnahme der Bioethikkommission der Schweizer Bischofskonferenz: Organisierte Beihilfe zum Suizid*, Freiburg i. Ue. 2010, online: https://www.kommission-bioethik.bischoefe.ch/wp-content/uploads/sites/8/2010/03/Organisierte-Beihilfe-zum-Suizid.pdf (01.03.2023).

BIRKENSTOCK, EVA, *Option assistierter Suizid. Wann genug ist, entscheide ich*, Zürich/Genf 2022.

—/BÜTIKOFER, MICHELLE, *Wann genug ist, entscheide ich. Entscheidungsfindung und Entscheidungsfreiheit am Lebensende mit der Option Assistierter Suizid*, 1. Version vom 29.04.2021, Bern 2021.

BÖHNING, ANDRÉ (Hg.), *Assistierter Suizid für psychisch Erkrankte. Herausforderung für die Psychiatrie und Psychotherapie*, Bern 2021.

BORASIO, GIAN-DOMENICO/JOX, RALF J./TAUPITZ, JOCHEN/WIESING, URBAN, *Selbstbestimmung im Sterben – Fürsorge zum Leben. Ein verfassungskonformer Gesetzesvorschlag zur Regelung des assistierten Suizids*, Stuttgart ²2020.

BOSSHARD, GEORG, *Assistierter Suizid in der Schweiz: Ursprung, Entwicklung, empirische Befunde*, in: BORASIO, GIAN-DOMENICO/JOX, RALF J./TAUPITZ, JOCHEN/WIESING, URBAN (Hg.), *Assistierter Suizid: der Stand der Wissenschaft*, Berlin/Heidelberg 2017, 29–40.

—/BROECKAERT, BERT/CLARK, DAVID ET AL., *A Role for Doctors in Assisted Dying? An Analysis of Legal Regulations and Medical Professional Positions in Six European Countries*, in: Journal of Medical Ethics 34 (2008), 28–32.

---

51 Vgl. als Beispiel für die Richtung, in welcher vermehrt geforscht werden sollte: BIRKENSTOCK/BÜTIKOFER 2021; BIRKENSTOCK 2022.

52 Vgl. ZIMMERMANN U. A. 2019, 157–180; STRECKEISEN 2022.

BOZZARO, CLAUDIA, Ärztlich assistierter Suizid: Kann ‹unerträgliches Leiden› ein Kriterium sein?, in: Deutsche Medizinische Wochenschrift 140 (2015), 131–134.

—/ZIMMERMANN, MARKUS, Das ärztlich assistierte Sterben von Personen in Haft. Ethische Überlegungen auf dem Hintergrund erster Erfahrungen in Belgien und der Schweiz, in: FEICHTNER, ANGELIKA/KÖRTNER, ULRICH/LIKAR, RUDOLF U. A. (Hg.), Assistierter Suizid, Hintergründe, Spannungsfelder und Entwicklungen, Berlin/Heidelberg 2022, 173–184.

BRAUER, SUSANNE/BOLLIGER, CHRISTIAN/STRUB, JEAN-DANIEL, Swiss physicians' attitudes to assisted suicide. A qualitative and quantitative empirical study, in: Swiss Medical Weekly 145 (2015), w14142, doi:10.4414/smw.2015.14142.

BUNDESAMT FÜR STATISTIK, Medienmitteilung «Todesursachenstatistik 2018»: Häufigste Todesursachen bleiben im Jahr 2018 stabil – assistierter Suizid nimmt stark zu, 14.12.2020, online: https://www.bfs.admin.ch/news/de/2020-0189 (01.03.2023).

—, Medienmitteilung «Suizide im Jahr 2020»: Weniger als 1000 Suizide im Jahr 2020 – Langjährige Tendenz weiter sinkend, 03.10.2022, online: https://www.bfs.admin.ch/bfs/de/home/aktuell/neue-veroeffentlichungen.assetdetail.23446122.html (03.03.2023).

CAMUS, ALBERT, Œuvre complètes I (1931–1944), Paris 2006.

DELLA CROCE, YOANN, Assisted Suicide for Prisoners: An Ethical and Legal Analysis From the Swiss Context, in: Bioethics 36 (2022), 381–387.

DeMICHELIS, CAREY/SHAUL, RANDI ZLOTNIK/RAPOPORT, ADAM, Medical Assistance in Dying at a Paediatric Hospital, in: Journal of Medical Ethics 45 (2019), 60–67.

DORSCHEIDT, JOZEF H. H. M., The Legal Relevance of a Minor Patient's Wish To Die: A Temporality-Related Exploration of End-of-Life Decisions in Pediatric Care, in: History and Philosophy of Life Sciences 45 (2023), 2, online: https://doi.org/10.1007/s40656-022-00554-3 (01.03.2023).

DOWNIE, JOCELYN/SCHUKLENK, UDO, Social Determinants of Health and Slippery Slopes in Assisted Dying Debates: Lessons From Canada, in: Journal of Medical Ethics 47 (2021), 662–669.

FMH, Ärztekammer verabschiedet SAMW-Richtlinien zu «Sterben und Tod». Medienmitteilung, 19.05.2022, Bern 2022.

GAUTHIER, SASKIA/MAUSBACH, JULIAN/REISCH, THOMAS/BARTSCH, CHRISTINE, Suicide Tourism: A Pilot Study on the Swiss Phenomenon, in: Journal of Medical Ethics 41 (2015), 611–617.

GOSSWEILER, ANDREAS, Wenn Menschen nicht mehr leben wollen. Freitodbegleitung: Grosse Unterschiede zwischen den vier Vereinen, in: Gesundheitstipp, Oktober 2019, 18 f.

HODEL, MARTINA A./HOFF, PAUL/IRWIN, SCOTT A. ET AL., Attitudes Toward Assisted Suicide Requests in the Context of Severe and Persistent Mental Illness: A Survey of Psychiatrists in Switzerland, in: Palliative and Supportive Care 17 (2019), 621–627.

HURST, SAMIA A./MAURON, ALEXANDRE, Assisted Suicide in Switzerland: Clarifying Liberties and Claims, in: Bioethics 31 (2017), 199–208.

—/ZELLWEGER, UELI/BOSSHARD, GEORG/BOPP, MATTHIAS, Medical End-of-Life Practices in Swiss Cultural Regions: A Death Certificate Study, in: BMC Medicine (2018), 16:54, https://doi.org/10.1186/s12916-018-1043-5.

JONES, DAVID ALBERT/PATON, DAVID, How Does Legalization of Physician-Assisted Suicide Affect Rates of Suicide?, in: Southern Medical Journal 108 (2015), 599–604.

KOCH, TOM, MAID's Slippery Slope: a Commentary on Downie and Schuklenk, in: Journal of Medical Ethics 47 (2021), 670 f.

MATHWIG, FRANK, Zwischen Leben und Tod. Zur Suizidhilfediskussion in der Schweiz aus theologisch-ethischer Sicht, Zürich 2010.

MOTTU, FRANÇOIS, Suicide d'un patient: le médecin doit-il y participer? Réflexions sur le « suicide médicalement assisté », in: PrimaryCare 2 (2002), 132–135.

NATIONALE ETHIKKOMMISSION IM BEREICH DER HUMANMEDIZIN (NEK), *Beihilfe zum Suizid*, Bern 2005.

—, *Schutz der Persönlichkeit in Institutionen der Langzeitpflege. Ethische Erwägungen im Kontext der Corona-Pandemie*, Bern 2020.

—, *Sorgfaltskriterien im Umgang mit Suizidbeihilfe*, Bern 2006.

NEF, UELI, *Die juristischen und politischen Rahmenbedingungen des assistierten Suizids*, in: BÖHNING, ANDRÉ (Hg.), *Assistierter Suizid für psychisch Erkrankte. Herausforderung für die Psychiatrie und Psychotherapie*, Bern 2021, 89–116.

RAUS, KASPER/VANDERHAEGEN, BERT/STERCKX, SIGRID, *Euthanasia in Belgium: Shortcomings of the Law and Its Application and of the Monitoring of Practice*, in: Journal of Medicine and Philosophy 46 (2021), 80–107.

RÖHRLE, BERND, *Der assistierte Suizid in der aktuellen Debatte: relevante Erkenntnisse und offene Fragen aus der Psychologie*, in: BOBBERT, MONIKA (Hg.), *Assistierter Suizid und Freiverantwortlichkeit. Wissenschaftliche Erkenntnisse, ethische und rechtliche Debatten, Fragen der Umsetzung*, Baden-Baden 2022, 93–140.

RÜTSCHE, BERNHARD/HÜRLIMANN, DANIEL/THOMMEN, MARC, *Ist Suizidhilfe für Gesunde mittels Natrium-Pentobarbital strafbar?*, in: sui generis 2022, 113–121, DOI: https://doi.org/10.21257/sg.211.

SCHERRER, GIORGIO, *Verwahrter geht mit Exit aus dem Leben. Der erste Fall von Sterbehilfe in einem Schweizer Gefängnis wirft schwierige Fragen auf – der Ethiker Peter Schaber hat klare Antworten*, in: NZZ vom 10.03.2023, 11.

SCHWEIZERISCHE AKADEMIE DER MEDIZINISCHEN WISSENSCHAFTEN, *Urteilsfähigkeit in der medizinischen Praxis. Medizin-ethische Richtlinien*, Bern 2019.

—, *Umgang mit Sterben und Tod*, Bern ¹2018 und ²2022.

SCHWEIZERISCHE NATIONALKOMMISSION JUSTITIA ET PAX (Hg.), *Alterssuizid als Herausforderung – ethische Erwägungen im Kontext der Lebensende-Diskurse und Ein Diskussionsbeitrag in christlich-sozialethischer Perspektive*, Bern 2016, online: https://www.juspax.ch/studie-suizidhilfe-im-alter/ (01.03.2023).

SCHWEIZERISCHER EVANGELISCHER KIRCHENBUND, *Leben dürfen – Sterben können. Zur aktuellen Diskussion um die Suizidhilfe. 10 Fragen – 10 Antworten*, Bern 2010, online: https://www.evref.ch/themen/theologie-ethik/bioethik/lebensende/ (01.03.2023).

SCHWEIZERISCHES KOMPETENZZENTRUM FÜR DEN JUSTIZVOLLZUG, *Der assistierte Suizid im Straf- und Massnahmenvollzug. Grundlagenpapier*, Freiburg i. Ue. 2019.

SINMYEE, SMRUTI V./PANDIT, VIRAJ J./PASCUAL, JUAN M. ET AL., *Legal and Ethical Implications of Defining an Optimum Means of Achieving Unconsciousness in Assisted Dying*, in: Anaesthesia 74 (2019), 630–637.

SPERLING, DANIEL, *Suicide Tourism. Understanding the Legal, Philosophical, and Socio-Political Dimensions*, Oxford 2019.

STRECKEISEN, URSULA, *Welche Medizin? Welche Seelsorge? Über Diskurse guten Sterbens*, in: BENKEL, THORSTEN/MEITZLER, MATTHIAS (Hg.), *Jahrbuch für Tod und Gesellschaft*, Bd. 1, Weinheim 2022, 56–70.

TAG, BRIGITTE/BAUR, ISABEL, *Suizidhilfe im Freiheitsentzug. Expertise zuhanden des Schweizerischen Kompetenzzentrums für den Justizvollzug*, Universität Zürich, Kompetenzzentrum Medizin – Ethik – Recht Helvetiae, 26.07.2019.

VILPERT, SARAH/BORRAT-BESSON, CARMEN/BORASIO, GIAN-DOMENICO/MAURER, JÜRGEN, *Associations of End-of-Life Preferences and Trust in Institutions With Public Support for Assisted Suicide Evidence From Nationally Representative Survey Data of Older Adults in Switzerland*, in: PLoS ONE 15(4): e0232109. https://doi.org/10.1371/journal.pone.0232109 (published in 2020b).

—/BOLLIGER, ELIO/BORRAT-BESSON, CARMEN ET AL., *Social, Cultural and Experiential Patterning of Attitudes and Behaviour Towards Assisted Suicide in Switzerland: Evidence From a National Population-Based Study*, in: Swiss Medical Weekly 2020a;150:w20275, doi:10.4414/smw.2020.20275.

VON SCHIRACH, FERDINAND, *Gott. Ein Theaterstück*, München 2020.

WIDLER, JOSEF/KOHLBACHER, MICHAEL, *Suizid bei Krankheit*, in: Schweizerische Ärztezeitung 99 (2018), 971 f.

WILS, JEAN-PIERRE, *Sich den Tod geben. Suizid als letzte Emanzipation?*, Stuttgart 2021.

ZIEGLER, STEPHEN/BOSSHARD, GEORG, *Role of Non-Governmental Organisations in Physician Assisted Suicide. Could Right To Die Organisations Be Part of the Solution to the Many Ethical Difficulties Doctors Face Over Assisted Suicide?*, in: British Medical Journal 334 (2007), 295–298.

ZIMMERMANN-ACKLIN, MARKUS, *Mit Helium in den Tod? Zur Diskussion um die Beihilfe zum Suizid in der Schweiz (Editorial)*, in: Ethik in der Medizin 20 (2008), 83–85.

—, *Öffentliche Sterbehilfediskurse in Deutschland und in der Schweiz. Beobachtungen aus ethischer Sicht*, in: ANDERHEIDEN, MICHAEL/ECKHART, WOLFGANG U./SCHMITT, EVA U. A. (Hg.), *Handbuch Sterben und Menschenwürde*, Bd. 3, Berlin 2012, 1531–1546.

ZIMMERMANN, MARKUS, *Gott. Theologisch-ethischer Kommentar zu einem verfilmten Theaterstück*, in: LESCH, WALTER/LENIGER, MARKUS (Hg.), *Fragen von Leben und Tod. Medizin und Ethik im Film*, Marburg 2022, 195–205.

—, *Praxis und Institutionalisierung von Lebensende-Entscheidungen in der Schweiz. Beobachtungen aus sozialethischer Perspektive*, in: PLATZER, JOHANN/GROSSSCHÄDL, FRANZISKA (Hg.), *Entscheidungen am Lebensende. Medizinethische und empirische Forschung im Dialog*, Baden-Baden 2016, 119–140.

—/FELDER, STEFAN/STRECKEISEN, URSULA/TAG, BRIGITTE, *Das Lebensende in der Schweiz. Individuelle und gesellschaftliche Perspektiven*, Basel 2019.

3 WAS UNTERSCHEIDET DIE SUIZIDHILFE VON DER TÖTUNG AUF VERLANGEN?

> Das Sterben eines Menschen hat (…) durch die Errungenschaften der modernen Medizin (…) seine naturale Unverfügbarkeit als schicksalhaftes Ereignis verloren.[1]

> Die Differenzierung danach, ob die finale Tötungshandlung durch den Sterbewilligen selbst oder einen anderen vorgenommen wird, lässt sich in der Praxis oft nur an Nuancen festmachen.[2]

In technisierten Hochleistungsgesellschaften mit einer entsprechenden medizinischen Versorgung ist das Sterben riskant geworden.[3] Seit die Medizin in der Lage ist, auf vielfältige Weise in den Sterbeprozess einzugreifen und in vielen Fällen das Eintreten des Lebensendes zu verhindern oder zumindest hinauszuzögern, wird der Tod nicht mehr in erster Linie als ein zu bekämpfender Feind, sondern als eine zu gestaltende Aufgabe wahrgenommen.[4] Wie oder auf welche Weise diese gestalterische Aufgabe in die Realität umgesetzt werden soll und darf, ist allerdings umstritten. Heute bestehen unterschiedlichste Vorstellungen von dem, wie ein menschliches, würdiges oder gutes Sterben aussehen könnte, manche davon schließen die aktive Lebensverfügung in Form einer assistierten Selbsttötung oder einer Tötung auf Verlangen mit ein.[5] Abgesehen von der Möglichkeit des Alterssuizids[6] sind dies zwei gesellschaftlich umstrittene Handlungsweisen, um im Fall einer schweren Erkrankung, Behinderung, eines schweren Leidens oder während des unmittelbaren Sterbeprozesses die Umstände, den Verlauf und vor allem den exakten Zeitpunkt des eigenen Todes selbst zu bestimmen.[7]

Im Folgenden geht es darum, Ähnlichkeiten und Unterschiede zwischen diesen beiden umstrittenen Handlungen, der Suizidhilfe und Tötung auf Verlangen, näher zu erkunden. Eine entscheidende Differenz zwischen beiden wird in ethischen, rechtlichen und gesellschaftspolitischen Diskursen häufig implizit angenommen oder ohne weitere Kommentierung schlicht als gegeben unterstellt, sie

---

1 BORMANN 2017b, 11.

2 ROSTALSKI 2021.

3 Vgl. MATHWIG 2010, 79; vgl. dazu Kap. IV/5 im vorliegenden Band.

4 Vgl. SCHNEIDER 2005.

5 Vgl. ZIMMERMANN U. A. 2019, 157–180; STRECKEISEN 2022; vgl. dazu Kap. IV/1 im vorliegenden Band.

6 Vgl. ZIMMERMANN-ACKLIN 2011.

7 Entsprechend wird dieses Sterbeideal unter dem Titel beschrieben: «Selbstbehauptung: dem Leiden entrinnen durch Lebensbeendigung», vgl. ZIMMERMANN U. A. 2019, 174–178.

wird aber selten als solche thematisiert oder aufgewiesen.[8] Tatsächlich liegen beide Praktiken nahe beieinander: Motive, Handlungsabsichten, Vorgehensweisen,
involvierte Personen, vor allem der moralisch umstrittene Akt der Lebensverfügung sowie kurz- und mittelfristige Folgen sind bei beiden Handlungsweisen
weitgehend deckungsgleich. Gleichwohl werden sie in der Regel rechtlich unterschiedlich geregelt und nicht selten auch ethisch unterschiedlich bewertet: Während die Suizidhilfe rechtlich gesehen als eine Sonderform der Selbsttötung und
damit als eine Variante einer grundsätzlich nicht oder nur bedingt – nämlich bei
unlauteren Motiven der helfenden Person – strafbaren Handlung beurteilt wird,
wird die Tötung auf Verlangen rechtlich im Bereich der Fremdtötung eines Menschen eingeordnet und ist nach wie vor in den meisten Ländern der Welt strafrechtlich verboten.[9] Warum in einzelnen Nationalstaaten wie in einigen US-Bun-
desstaaten, der Schweiz, Deutschland und Österreich ausschließlich die Suizidhilfe, in anderen wie in Belgien, den Niederlanden, Kanada, Australien und neu
auch Spanien und möglicherweise Portugal hingegen beide umstrittene Praktiken zugleich rechtlich möglich gemacht und etabliert wurden oder werden, entzieht sich einer einfachen Erklärung und wäre näher zu untersuchen. Eindeutig
ist in jedem Fall: Wird die aus rechtlicher Sicht weitaus umstrittenere Praxis einer
ärztlichen Fremdtötung auf Verlangen rechtlich erlaubt, so wird gleichzeitig auch
die ärztliche Suizidhilfe neu und liberal geregelt. Umgekehrt ist dies nicht der
Fall: Wird die Suizidhilfe wie in der Schweiz liberal praktiziert und geregelt, bleibt
es beim strafrechtlichen Verbot der Tötung auf Verlangen; auffällig ist zudem,
dass Meinungen wie die eingangs zitierte Position der deutschen Juristin Frauke
Rostalski, die die Möglichkeit in Frage stellen, sinnvoll zwischen der Suizidhilfe
und der Tötung auf Verlangen zu unterscheiden, in der Minderheit sind.[10]

Das sogenannte Insulin-Urteil des deutschen Bundesgerichtshofs vom
28.06.2022, bei welchem die Abgrenzung von Suizidhilfe und Tötung auf Verlangen im Zentrum stand und ein Landgerichtsurteil mit dem Hinweis darauf aufgehoben wurde, dass die aufgrund einer Tötung auf Verlangen verurteilte Ange-

---

8 Dies gilt auch für den umfangreichen und handlungstheoretisch ausgerichteten Sammelband
von BORMANN 2017a.

9 Vgl. MROZ ET AL. 2021. Zu arztrechtlichen Regelungen in der Schweiz vgl. AEBI-MÜLLER
U. A. 2016, 415–430; im Kontext der bundesdeutschen Debatte des umstrittenen Verfassungsge-
richtsentscheids zur Suizidhilfe vom 26.02.2020 hat ROSTALSKI 2021 die Relevanz der Unterscheidung aus rechtlicher Sicht massiv in Frage gestellt. Zur theologisch-ethischen
Auseinandersetzung mit dem Verfassungsgerichtsurteil vgl. KÜHNBAUM-SCHMIDT 2022.

10 Vgl. ROSTALSKI 2021, vgl. ähnlich auch bei KNAUER/KUDLICH 2022, 247; in der Schweiz
wird meines Wissens eine vergleichbare Position von keiner Fachperson vertreten, die rechtlichen und politischen Fachdiskurse konzentrieren sich in der Schweiz eindeutig auf die Praxis der
Suizidhilfe.

klagte in Wirklichkeit ihrem Mann eine straffreie Suizidhilfe geleistet habe, hat die Diskussion noch einmal komplizierter gemacht: Frauke Rostalski und Erik Weiss sind zwar der Ansicht, dass der Bundesgerichtshof die Tatherrschaft nicht überzeugend beschrieben und das Urteil darum dogmatisch falsch begründet habe: Ihres Erachtens hat es sich eben doch um eine klare Tötung auf Verlangen gehandelt, da die Tatherrschaft bei der Angeklagten lag; sie sind allerdings mit dem Freispruch einverstanden und plädieren im Sinne der oben dargelegten Infragestellung der unterschiedlichen Bewertung dafür, das ihres Erachtens paternalistische strafrechtliche Verbot der Tötung auf Verlangen im bundesdeutschen Strafgesetzbuch aufzuheben und im Sinne der Autonomie neu zu regeln.[11]

Aus Sicht der theologischen Ethik katholischer Prägung hingegen ist es umgekehrt: Moralisch entscheidend und stets verboten ist der Akt der Lebensverfügung, und ein solcher ist sowohl bei der Suizidhilfe als auch bei einer Tötung auf Verlangen gleichermaßen gegeben.[12]

Um das Verhältnis beider Handlungen zueinander näher zu erkunden, werden im ersten Teil zentrale Begriffe geklärt, bevor im zweiten Abschnitt Beobachtungen zu den jeweils zugrunde liegenden Handlungsmodellen sowie einigen praktischen Erfahrungen folgen. Drittens werden dann Ähnlichkeiten und Differenzen beschrieben, bevor abschließend ein kurzes Fazit folgt.

3.1 Suizidhilfe und Tötung auf Verlangen im Kontext von Lebensende-Entscheidungen

Die hier betrachteten beiden Handlungsweisen werden in der Lebensende-Forschung gewöhnlich im Rahmen eines umfassenderen Spektrums von Lebensende-Entscheidungen eingeordnet und erkundet.[13] Unter Lebensende-Entscheidungen werden medizinische Maßnahmen und Praktiken verstanden, die den Verlauf des Sterbens maßgeblich beeinflussen und in der Regel darauf abzielen, das Sterben nicht weiter zu verhindern, es zuzulassen, in Kauf zu nehmen oder auch aktiv herbeizuführen. In der einschlägigen Literatur zum Thema ist gewöhnlich

---

11 Vgl. ROSTALSKI/WEISS 2023. Der Tathergang im besprochenen Urteil bestand darin, dass eine Frau ihrem Mann auf dessen Verlangen eine tödliche Dosis Insulin gespritzt hat, *nachdem* der sterbewillige Mann bereits eigenständig eine tödlich wirkende Tablettendosis eingenommen hatte. Der Bundesgerichtshof stützt sich in seinem Urteil darauf, der Mann sei nach Gabe der Insulindosis noch immer bei Bewusstsein gewesen und habe die Möglichkeit gehabt, einen Rettungsdienst zu rufen; darum habe es sich um eine Suizidhilfe, nicht um eine Tötung auf Verlangen gehandelt. – Mir scheint die Kritik von F. Rostalski und E. Weiss einleuchtend zu sein und der Bundesgerichtshof zu Unrecht von einer Suizidhilfe ausgeht, wenngleich daraus für mich nicht folgt, dass darum das Verbot der Tötung auf Verlangen aufgehoben werden sollte.

12 Vgl. dazu die Darstellung und differenzierte Diskussion bei ERNST 2020, 83–200.

13 Vgl. Definitionen, Studienergebnisse und Literaturangaben dazu bei ZIMMERMANN U. A. 2019, 61–79.

von medizinischen Entscheidungen am Lebensende («Medical End of Life Decisions») die Rede.[14]

Gewöhnlich werden dabei fünf Arten von Entscheidungen unterschieden: (1)
Das ärztlich assistierte Sterben, (2) das Lindern von Schmerzen und Symptomen
mit möglicherweise lebensverkürzender Wirkung, (3) das Beenden von lebenser-
haltenden Maßnahmen bzw. der Verzicht auf diese, (4) die anhaltende tiefe Sedierung bis zum Tod und (5) der «Freiwillige Verzicht auf Nahrung und Flüssigkeit»
(FVNF).[15] Auch wenn eine Reihe von Einwänden zu erwägen wären, welche die
Sinnhaftigkeit dieser Einteilung betreffen, beruhen wichtige empirische Studien
zu Lebensende-Entscheidungen aus den Niederlanden, Belgien, der Schweiz – im
Rahmen der sogenannten EURELD-Studie[16] darüber hinaus auch aus Italien, Dänemark und Schweden – auf dieser Systematik, so dass die internationale Ver-
gleichsforschung aus pragmatischen Gründen zumindest vorläufig wohl dabei
bleiben wird. Einwände gegen diese Einteilung betreffen beispielsweise die Tatsache, dass häufig mehrere der genannten Praktiken gleichzeitig durchgeführt werden oder auch die Schwierigkeit aus Sicht der befragten Ärzteschaft, bestimmte
Handlungsweisen eindeutig einer Kategorie zuordnen zu können, da die Definitionen zu wenig eindeutig sind oder falsch verstanden werden.[17]

Innerhalb der hier im Fokus stehenden ersten Handlungsgruppe, dem ärztlich
assistierten Sterben, das begrifflich auch in das kanadische Recht als «Ärztliche
Assistenz im Sterben» («Medical Aid in Dying» oder MAiD)[18] eingegangen ist,
werden drei Praktiken unterschieden: (a) Die ärztliche Tötung auf Verlangen, die
im niederländischen und belgischen Kontext auch als «Euthanasie» bezeichnet
wird, (b) der ärztlich assistierte Suizid oder die ärztliche Suizidhilfe sowie (c) die
ärztliche Lebensbeendigung ohne ausdrückliches Verlangen.[19] Bei diesen Be-
griffsbestimmungen fällt zunächst auf, dass stets von *ärztlichen* Handlungen die
Rede ist und damit eine klare inhaltliche Einschränkung vorgenommen wird. Ein
Grund für diese spezifisch ärztliche Ausrichtung dürfte bei der niederländischen
Praxis während der 1990er-Jahre liegen, als mit den ab 1990 regelmäßig durchge-

---

14 Vgl. ebd. 61.

15 Vgl. ebd. 65.

16 Vgl. VAN DER HEIDE ET AL. 2003; das Akronym EURELD steht für «European End of Life
Decisions».

17 Wie entscheidend sich diese Probleme auch für den ethischen Diskurs auswirken können,
zeigt DEN HARTOGH 2020 am Beispiel der Handlungskategorie «ärztliche Lebensbeendigung
ohne ausdrückliches Verlangen».

18 Vgl. DOWNAR ET AL. 2020.

19 Auch mit dem Akronym LAWER bezeichnet, welches für «Life Termination Acts Without
Explicit Request of the Patient» steht, vgl. DEN HARTOGH 2020.

führten empirischen Studien zu Lebensende-Entscheidungen in den Niederlanden begonnen wurde: Damals bereits bestand in den Niederlanden – damit also lange vor der offiziellen gesetzlichen Regelung der Euthanasie von 2002 – eine zunächst rechtlich noch unerlaubte, jedoch geduldete ärztliche Praxis der Tötung auf Verlangen sowie der ärztlichen Suizidhilfe, die auch maßgeblich die spätere gesetzliche Regelung geprägt hat: Gesetzlich wird in den Niederlanden ausschließlich eine *ärztliche* Tötung auf Verlangen sowie eine *ärztliche* Suizidhilfe unter Einhaltung gewisser Bedingungen straffrei behandelt. Damit ist einmal mehr klar,[20] dass keine Terminologie vollständig neutral oder rein deskriptiv sein kann, sondern auch bei neutral erscheinenden Begriffskonzepten zu Lebensende-Entscheidungen stets mit rechtlichen, ethischen, kulturellen und medizinischen Konnotationen zu rechnen ist. Diese sollten möglichst transparent gemacht und zur Sprache gebracht werden, um Missverständnisse zu vermeiden bzw. die Verständigung zu ermöglichen.

Für die folgenden Überlegungen zum Vergleich von Tötung auf Verlangen und Suizidhilfe kann hingegen offenbleiben, ob die handelnde bzw. assistierende Person ein Arzt bzw. eine Ärztin oder eine Person ohne ärztliche Expertise ist. Ausgegangen wird dagegen davon, dass eine sterbewillige Person ihren Sterbewunsch klar, unmissverständlich, aufgeklärt, urteilsfähig, frei – d. h. nicht manipuliert – und auch wiederholt zum Ausdruck gebracht hat. Daneben ist von Bedeutung, dass die beiden hier untersuchten Handlungsweisen lediglich einen Ausschnitt aus einem größeren Handlungsspektrum darstellen, wobei beispielsweise bei der «anhaltenden tiefen Sedierung bis zum Tod», die manchmal auch als «terminale Sedierung» bezeichnet wird, unter gewissen Umständen von fließenden Übergängen zu einer Tötung auf Verlangen auszugehen ist;[21] beim «Freiwilligen Verzicht auf Nahrung und Flüssigkeit» (FVNF) hingegen bestehen je nach Umständen Abgrenzungsprobleme, und dies sowohl zur Suizidhilfe als auch zur kontinuierlichen tiefen Sedierung bis zum Tod.[22]

Unter *Suizidhilfe* wird im Folgenden die Unterstützung einer sterbewilligen Person bei der Durchführung ihrer Selbsttötung verstanden. Die Unterstützung kann in Form des Besorgens und Bereitstellens eines todbringenden Mittels, in

---

20 Vgl. dazu meine ausführlichen Erörterungen in ZIMMERMANN-ACKLIN [2]2002, Kap. 2, 88–154.

21 Vgl. SCHWEIZERISCHE AKADEMIE DER MEDIZINISCHEN WISSENSCHAFTEN [2]2022, 23: «Für alle Beteiligten muss (…) klar sein, dass die kontinuierliche tiefe Sedierung bis zum Tod nicht zum Zweck der Lebensbeendigung eingesetzt werden darf, sondern dass ihr Ziel die Erleichterung eines Sterbeprozesses ist, der bereits eingesetzt hat. Aus diesem Grund soll die Tiefe der Sedierung anhand der Symptome gesteuert werden.»

22 Vgl. COORS U. A. 2019.

der Anleitung der Handhabung dieser Mittel, schließlich im mehr oder weniger langen Dabeibleiben während der Einnahme des Mittels bis zur offiziellen Feststellung des Todes durch einen Arzt bzw. eine Ärztin bestehen; die Feststellung der Urteilsfähigkeit im Hinblick auf einen Suizid hingegen ist kein Teil der Beihilfe. In der Schweiz gilt der Tod durch Suizid rechtlich als ein nicht natürlicher Tod und erfordert daher eine nachträgliche Überprüfung durch eine staatliche Instanz, beispielsweise durch einen Untersuchungsrichter oder die Polizei. Die Begriffe «Freitod» und «Selbstmord» werden in diesem Zusammenhang in der Regel vermieden, da sie moralisch aufgeladen bzw. zu wenig deskriptiv sind: Während der Begriff «Freitod» suggeriert, es handle sich um einen Freiheitsakt, einen reinen «Bilanzsuizid», der auch als «Rational Suicide» (Vernunftsuizid) oder als Suizid in Konsequenz einer vernünftigen Abwägung bezeichnet wird, schwingt beim Begriff «Selbstmord» eine moralische Verurteilung der Handlung als eine unerlaubte und moralisch besonders verwerfliche Form der Lebensverfügung mit. In der Schweiz wird der Begriff «Freitod» vor allem von Sterbehilfeorganisationen verwendet, während der Begriff «Selbstmord» im Art. 115 des auf das Jahr 1937 zurückgehende und im Jahr 1942 in Kraft getretene Schweizer Strafgesetzbuch zu finden ist. Dort lautet der noch heute mit «Verleitung und Beihilfe zum Selbstmord» überschriebene Artikel 115: «Wer aus selbstsüchtigen Beweggründen jemanden zum Selbstmorde verleitet oder ihm dazu Hilfe leistet, wird, wenn der Selbstmord ausgeführt oder versucht wurde, mit Freiheitsstrafe bis zu fünf Jahren oder Geldstrafe bestraft.»[23]

Unter einer *Tötung auf Verlangen* wird dagegen eine möglichst schmerzlose, rasche und gezielte Lebensbeendigung verstanden, die eine Person auf das inständige Begehren oder Verlangen eines sterbewilligen Menschen an diesem ausführt. Im niederländischen und belgischen Kontext ist in der Regel nicht von einer Tötung, sondern von einer Lebensbeendigung auf Verlangen die Rede; wird diese durch einen Arzt oder eine Ärztin durchgeführt, wird das Vorgehen als «Euthanasie» bezeichnet, was im Deutschen sprachlich so nicht möglich, weil missverständlich wäre und falsche Assoziationen wachrufen würde.[24] Das entsprechende Verbot im Schweizerischen Strafgesetzbuch unter dem Titel «Tötung auf Verlangen» in Artikel 114 lautet: «Wer aus achtenswerten Beweggründen, namentlich aus Mitleid, einen Menschen auf dessen ernsthaftes und eindringliches Verlangen tötet, wird mit Freiheitsstrafe bis zu drei Jahren oder Geldstrafe bestraft.» Bis vor einigen Jahren wurde diese Praxis häufig auch als «aktive Sterbehilfe» bezeichnet, wobei sich unter anderem als Problem ergab, dass in dieser auf der Aktiv-Passiv-Unterscheidung basierenden Differenzierung die Unterscheidung zwischen ei-

---

23 Zur Entstehung und Bedeutung des Strafrechtsartikels 115 vgl. VENETZ 2008.
24 Zur Begriffsgeschichte von «Euthanasie» vgl. ZIMMERMANN-ACKLIN ²2002, 19–87.

ner direkten und indirekten Form der aktiven Sterbehilfe verdeckt und unberücksichtigt blieb, was immer wieder zu Missverständnissen geführt hatte. Die Direkt-Indirekt-Unterscheidung bezieht sich auf die unterschiedliche Absicht oder Intention einer handelnden Person: Direkt meint das rechtlich als «vorsätzlich» bezeichnete Handeln, also eine gezielte, beabsichtigte Tötung; indirekt dagegen steht für «nicht vorsätzlich», also eine unbeabsichtigte, bloß als Nebenwirkung einer anderen Handlung, namentlich einer Linderung von Schmerzen oder Symptomen, in Kauf genommene, aber somit aktiv herbeigeführte Lebensverkürzung.[25]

3.2 Handlungsmodelle und Erfahrungen

Um Gemeinsamkeiten und Unterschiede der beiden hier betrachteten, ethisch wie rechtlich umstrittenen Handlungsweisen näher charakterisieren zu können, bietet sich ein erfahrungsorientierter Ansatz an. Ein Blick auf das Verständnis der Praktiken in der Schweiz einerseits und in den Niederlanden bzw. Belgien andererseits kann dazu beitragen, die unterschiedlichen «Logiken», Denk- und Sichtweisen respektive Kulturen, die den jeweiligen Handlungskonzepten zugrunde liegen, besser verstehen und einordnen zu können. Eine induktive bzw. erfahrungsorientierte Zugangsweise hat gegenüber einer deduktiven – rechtlichen oder prinzipienethischen – Herangehensweise zudem den Vorteil, dass sie die Öffentlichkeiten in Ländern wie Deutschland, Österreich, Großbritannien oder Frankreich, in welchen gegenwärtig intensive Sterbehilfe-Diskussionen geführt werden, auf bereits erprobte und gemachte Erfahrungen hinweisen kann.

Die Lebensende-Praktiken in den Bereichen Suizidhilfe und Tötung auf Verlangen in der Schweiz sowie in den Benelux-Ländern beruhen, so meine Beobachtung, historisch und mit gewisser Bedeutung bis heute auf einem grundlegend verschiedenen Handlungskonzept, was allerdings in den gegenwärtigen, zusehends international geführten Debatten kaum mehr einen Niederschlag findet. Zunächst fällt deutlich auf, dass der Anteil von Suizidhilfe-Fällen gemessen an allen Todesfällen in der Schweiz – im Vergleich mit US-amerikanischen Teilstaaten wie Oregon, erst recht aber im Vergleich mit Belgien und den Niederlanden – einzigartig hoch ist, während dasselbe für den Anteil der Fälle von ärztlicher Tötung auf Verlangen in den Niederlanden gilt, letzteres sogar im Vergleich mit Belgien.[26] Während in der Schweiz die Tötung auf Verlangen strafrechtlich verboten ist und gemäß anonym durchgeführter Studien auch nur marginal

---

25 Vgl. dazu ebd. 223–345; BORMANN 2017a.

26 Vgl. MROZ ET AL. 2021, 3549; einen umfassenden Überblick über gegenwärtig vorliegende empirische Studien zur Situation u. a. in den Niederlanden bietet RÖHRLE 2022; für detaillierten Angaben zur Suizidhilfe in der Schweiz vgl. Kap. IV/2 im vorliegenden Band.

praktiziert wird,[27] hat die Suizidhilfe in den Niederlanden – obgleich erlaubt – quantitativ nur eine marginale Bedeutung.[28]

Historisch und kulturell basiert die Praxis der Suizidhilfe in der Schweiz auf der Idee des *Bilanzsuizids*, das heißt auf der Ansicht, jede Bürgerin und jeder Bürger habe das Recht, sich aufgrund einer persönlich als ausweglos empfundenen Situation das Leben zu nehmen; benötigt eine Person dabei Hilfe oder Unterstützung, so die Idee, kann sie zur leichteren Umsetzung der Selbsttötung auch die Hilfe einer anderen Person erbitten, die nicht Ärztin oder Arzt sein muss. Dagegen beruht die Praxis der ärztlichen Tötung auf Verlangen in den Benelux-Staaten auf der Idee einer *Verkürzung eines bereits begonnenen, als unerträglich empfundenen Sterbeprozesses*. Aufgrund der Annahme eines unerträglichen Leidens am Lebensende, sozusagen eines sich aufgrund der heutigen therapeutischen Möglichkeiten sich unerträglich in die Länge ziehenden Sterbeprozesses ist gleichsam gegeben, dass stets eine Ärztin oder ein Arzt in das Geschehen involviert ist, die oder der neben der Möglichkeit der Linderung des Leidens die Möglichkeit erhält, eine als sinnlos empfundene Leidensphase zu verkürzen, das Leben einer Person möglichst rasch und schmerzlos zu beenden.

Diese unterschiedlichen «Sitze im Leben» oder historischen Entstehungskontexte der beiden Praktiken in der Schweiz und in den Niederlanden bzw. Belgien führen dazu, dass im Fall der Schweiz die Ärztinnen und Ärzte bei der Suizidhilfe in der Regel eine Nebenfunktion haben, während sie in den Benelux-Ländern die Rolle eines Hauptakteurs übernehmen. Während die Assistenz zum Suizid in der Schweiz unter Einhaltung der Bedingung der Nicht-Eigennützigkeit rechtlich *allen* Personen erlaubt ist, ist diese Handlung analog zur Tötung auf Verlangen in den Niederlanden ausschließlich den Ärztinnen und Ärzten vorbehalten. Das Schweizer Modell bleibt somit folgerichtig auf die Suizidhilfe beschränkt; in der Schweiz gab es bislang auch keine gesellschaftlichen Vorstöße in Richtung einer Erlaubnis der Tötung auf Verlangen. Im Modell der Niederlande und Belgiens hingegen, in welchem Ärztinnen und Ärzte als wichtigste Akteure bzw. Akteurinnen gelten, entfällt gleichsam die rechtliche und ethische Relevanz der Unterscheidung zwischen der Suizidhilfe und der Tötung auf Verlangen und werden beide Handlungen rechtlich gleichermaßen geregelt.

---

27 Vgl. BOSSHARD ET AL. 2016: Gemäß dieser wiederholten EURELD-Studie für die Schweiz wurde eine Tötung auf Verlangen in der Schweiz im Jahr 2013 in etwa 0,3 Prozent aller Todesfälle praktiziert.

28 Von gesamthaft 6705 Fällen in den Niederlanden im Jahr 2020 betrafen lediglich 216 Fälle eine ärztliche Suizidbeihilfe, die übrigen 6489 Fälle betrafen eine ärztliche Tötung auf Verlangen, vgl. RÖHRLE 2022, 93. Vgl. auch VAN DER HEIDE ET AL. 2017: Hier wird zusätzlich gezeigt, dass der Anteil der Suizidhilfe-Fälle seit 1990 sehr gering war und seit 2005 sogar noch einmal abgenommen hat.

Aus belgischer und niederländischer Perspektive wurde darum auch bereits vor der gesetzlichen Regelung von 2002 problematisiert, dass bei einer ärztlichen Suizidhilfe mehr klinische Komplikationen zu verzeichnen seien als bei einer ärztlichen Tötung auf Verlangen. In der Praxis geschehe es nicht selten, so die empirische Beobachtung bereits in den 1990er-Jahren, dass aufgrund praktischer Schwierigkeiten bei der Durchführung der Suizidhilfe (beispielsweise Erbrechen, Wiedererwachen oder das Eintreten eines Komas) die beteiligte ärztliche Person sich dazu entschließe, Maßnahmen zur Euthanasie zu ergreifen.[29] Implizit wurde damit zum Ausdruck gebracht, dass die Suizidhilfe gegenüber der Tötung auf Verlangen gravierende Mängel aufweise, eine Regelung, die ausschließlich die Suizidhilfe erlaube, praktisch gesehen keinesfalls genügen würde und der Ausbildung der Ärzteschaft in der zuverlässigen Durchführung beider Handlungen große Bedeutung zukomme.[30]

Auch die Aufgabe der staatlichen Aufsicht zur Sicherung des Lebensschutzes von vulnerablen Gruppen ist mit Blick auf beide Praktiken verschieden: Während in der Schweiz in erster Linie im Vordergrund stand und nach wie vor steht, die Tätigkeit der Sterbehilfeorganisationen zu kontrollieren, geht es in den Niederlanden und Belgien um die Kontrolle des ärztlichen Handelns respektive der Interaktion zwischen Arzt bzw. Ärztin und sterbewilliger Person. Aufgrund dieser praktisch bestehenden Differenzen kann das Schweizer Modell als *Bürger- bzw. Bürgerinnen-Modell*, die Regelung in den Niederlanden und Belgien als *medikalisiertes Modell* bezeichnet werden. Im ersten steht die Idee eines Rechts auf den Suizid, im zweiten die der Beschleunigung des Sterbens im Mittelpunkt.

Gegenwärtig zeigt sich, dass die umstrittenen Themen, die auf der Basis der beiden Modelle in den genannten Ländern diskutiert werden, einander immer stärker gleichen. Es ist naheliegend, dass dies deshalb der Fall ist, weil zum einen die existenziellen Situationen der sterbewilligen Personen in den unterschiedlichen nationalstaatlichen Kontexten und zum anderen die Befürchtungen hinsichtlich Missbrauch oder Ausweitung einander zusehends gleichen.

Wie bereits an anderer Stelle ausführlich dargelegt,[31] betreffen in der Schweiz – trotz starker Zunahme der öffentlichen Akzeptanz – die nach wie vor umstritten debattierten Themen der Suizidhilfe namentlich

· *Sterbeorte: wie Psychiatrien, Pädiatrien, Akutspitäler, Pflegeheime und Gefängnisse;*
· *Zulassungskriterien: wie Lebensende, unerträgliches Leiden, Lebensmüdigkeit, Alter;*
· *Verfahren: wie die Beteiligung der Sterbehilfe-Organisationen und deren Kontrolle, der Einsatz von Barbituraten und der Art von deren Verabreichung;*

---

29 Vgl. GROENEWOUD ET AL. 2000.
30 Vgl. ebd. 556.
31 Vgl. Kap. IV/2 im vorliegenden Band.

· *Lebensende-Forschung: Monitoring und fehlende empirische Studien zu den näheren Umständen der seit einigen Jahren stark zunehmenden Suizidhilfe;*
· *rechtliche Regulierungsbemühungen: wie die Ideen, ein Aufsichtsgesetz für Sterbehilfe-Organisationen zu schaffen, eine Ergänzung des Strafgesetzbuchartikels vorzunehmen oder ein eigentliches Suizidhilfe-Gesetz zu schaffen.* [32]

Auch in den Niederlanden und Belgien [33] nimmt die ärztliche Tötung auf Verlangen seit einigen Jahren – ähnlich wie die Suizidhilfe in der Schweiz – stark zu, gemessen am Anteil an den gesamten Todesfällen jedoch auf einem viel höheren Niveau als in der Schweiz. Dieser quantitative Niveauunterschied dürfte in erster Linie darauf zurückzuführen sein, dass die öffentliche Akzeptanz für diese umstrittenen Handlungsweisen in den Niederlanden und Belgien zeitlich um einige Jahre früher eintrat als in der Schweiz. Entgegen der Erwartung, dass sich mit einer Normalisierung der ärztlichen Tötung oder Lebensbeendigung auf Verlangen auch die öffentlichen Dispute legen würden, finden jedoch auch die Debatten in Belgien und den Niederlanden kein Ende und sind während der letzten Jahre eher intensiver geworden. [34]

Gestritten wird beispielsweise um die Reichweite der Autonomie sterbewilliger Patientinnen und Patienten: [35] Zur Debatte steht, wie weitgehend und mit Berufung auf welche Gründe die involvierten Ärztinnen und Ärzte Bitten um Euthanasie zurückweisen dürften. *De facto* werden über die Hälfte der Anfragen von der Ärzteschaft mit dem Hinweis darauf abgelehnt, die rechtlich geforderten Kriterien würden nicht erfüllt. Diese Realität hat beispielsweise in den Niederlanden im Jahr 2012 zur Gründung sogenannter Lebensende-Kliniken («Levenseindeklinieken», seit 2019 werden sie als Euthanasie-Expertise-Zentren bezeichnet «Expertisecentrum Euthanasie») geführt, die dann zum Einsatz kommen, wenn eine Hausärztin oder ein Hausarzt nicht bereit dazu ist, Euthanasie zu leisten. [36] Konflikte können konkret dann entstehen, wenn eine sterbewillige Person beispielsweise im Bereich der Psychiatrie eine therapeutische Behandlung ablehnt, obgleich diese zur Standardbehandlung gehören würde; eine andere Situation, die das ärztliche Ethos bzw. Selbstverständnis tangiert, kann entstehen, wenn aus

---

32 Vgl. ebd. mit den entsprechenden Quellenangaben.

33 Das dritte Land der BENELUX-Staaten, Luxemburg, ist gemäß neueren Studien nur marginal von der Thematik betroffen, Literatur zu öffentlichen Debatten ist mir nicht bekannt; gemäß MROZ ET AL. 2021, 3550, waren im Jahr 2017 in Luxemburg gesamthaft 11 Personen von einer ärztlichen Tötung auf Verlangen betroffen, was 0,26 Prozent aller Todesfälle ausmachte.

34 Vgl. CHAMBAERE ET AL. 2015; KOUWENHOVEN ET AL. 2019; FLORIJN 2020; DOM ET AL. 2020; RAUS ET AL. 2021; VISSERS ET AL. 2022; MARIJNISSEN ET AL. 2022; RÖHRLE 2022.

35 Vgl. u. a. KOUWENHOVEN ET AL. 2019; FLORIJN 2020; RAUS ET AL. 2021.

36 Vgl. KOUWENHOVEN ET AL. 2019.

ärztlicher Sicht kein nachvollziehbares unerträgliches Leiden vorliegt.[37] Zu diskutieren bleiben daher die Grenzziehungen, wo einerseits genau die Selbstbestimmung der sterbewilligen Personen enden sollte, um in diesem umstrittenen Bereich der ärztlichen Tötungspraxis nicht in eine Art wunscherfüllende Medizin zu geraten, und wo andererseits ein ethisch und rechtlich unvertretbarer ärztlicher Paternalismus beginnen würde.

Auch wenn quantitativ eher selten, wird auch der angemessene Umgang mit Euthanasiebitten im Bereich der Psychiatrie intensiv und kontrovers diskutiert.[38] Daneben ist die Euthanasiepraxis bei Menschen mit einer Demenz ein großes Thema, wobei in den Niederlanden im Unterschied zu Belgien rechtlich die Möglichkeit besteht, eine Tötung auf Verlangen in einer Patientenverfügung festzuhalten und so auch für späte Demenzstadien zu ermöglichen.[39] Insgesamt wird eine Ausweitung der Kriterien und Indikationen zur Debatte gestellt, die sich beispielsweise darin zeigt, dass heute in Belgien zusehends Menschen im hohen Alter mit einer Polymorbidität oder Lebensmüdigkeit um ihre Tötung bitten, während noch vor einigen Jahren in viel stärkerem Maße an Tumorkrankheiten leidende und eher jüngere Patientinnen und Patienten betroffen waren.[40]

Nicht zuletzt wird auch die Rolle der Ex-post-Kontrollkommissionen in Belgien zur Debatte gestellt: Problematisch sei, dass lange nicht alle Fälle gemeldet würden, dass die den Kommissionen vorliegenden Berichte anonym seien, die Brauchbarkeit der dabei eingesetzten Formulare fraglich und die vorliegenden Information mangelhaft seien, die Zusammensetzung zu einseitig ärztlich sei und so eine Machtkonzentration entstehe, die eigentlich in den Bereich des Rechtsvollzugs gehörte.[41]

Ein Blick auf die Inhalte der Debatten in der Schweiz einerseits und in den Niederlanden sowie Belgien andererseits zeigt, dass es grundsätzlich um ähnliche Herausforderungen geht, die sich größtenteils auf umstrittene Ausweitungsvorschläge der Praktiken der Suizidhilfe bzw. der Euthanasie beziehen. Ein markanter Unterschied besteht hingegen darin, dass in der Schweiz die Sterbehilfeorganisationen und deren Aktivitäten und in den Niederlanden sowie Belgien die Ärzteschaft im Zentrum der Auseinandersetzungen stehen. Eine Bemerkung verdient schließlich die Beobachtung, dass in einem medikalisierten Modell wie in den Benelux-Ländern der politische Druck, die Palliative Care als Alternativangebot auszubauen und zu stärken, weitaus größer ist und effizi-

---

37 Vgl. FLORIJN 2020.
38 Vgl. DOM ET AL. 2020; RAUS ET AL. 2021.
39 Vgl. MARIJNISSEN ET AL. 2022.
40 Vgl. RAUS ET AL. 2021.
41 Vgl. ebd.

enter umgesetzt wird als in einem Bürgerinnen- bzw. Bürgermodell, wie es die Schweiz kennt.[42]

3.3 Ähnlichkeiten und Unterschiede

Ähnlichkeiten zwischen dem assistierten Suizid und der Tötung auf Verlangen lassen sich mindestens drei benennen: Der Akt der willentlichen Lebensverfügung, die Beteiligung und Hilfestellung anderer sowie die Motivation der Sterbewilligen.

In beiden Fällen handelt es sich um eine willentliche, beabsichtigte und möglichst rasch sowie schmerzlos durchgeführte Tötung eines Menschen, obgleich sich im Fall eines assistierten Suizids ein Mensch selbst das Leben nimmt, während bei einer Tötung auf Verlangen eine Fremdtötung vorliegt. In der katholischen Ethiktradition wird der Akt der intendierten Lebensverfügung bei einem unschuldigen Menschen moralisch abgelehnt und dies unabhängig von der Frage, wer der Handelnde ist. Im Unterschied zu anderen Maßnahmen bei schwer leidenden oder sterbenden Patientinnen und Patienten ist eine Tötungshandlung stets irreversibel.

Eine weitere Gemeinsamkeit besteht in der Beteiligung einer anderen Person, deren Aufgabe darin besteht, dem bzw. der Sterbewilligen bei der Ausführung seines bzw. ihres Sterbewunsches behilflich zu sein. Obgleich sich Art und Weise der Hilfestellung bei der Suizidhilfe und der Tötung auf Verlangen voneinander unterscheiden, besteht eine wesentliche Gemeinsamkeit darin, dass die helfende zusammen mit der sterbewilligen Person zu der Überzeugung gelangt sein sollte, dass im Akt der Lebensbeendigung die einzige akzeptable Handlungsalternative besteht. In beiden Fällen wird also von einem hohen Grad an Einfühlungsvermögen und Verständnis der Gesamtsituation des bzw. der Sterbewilligen durch die helfende Person ausgegangen.

Angesichts der Radikalität und Irreversibilität beider Handlungen ist davon auszugehen, dass die Sterbewilligen in beiden Fällen ähnlich motiviert sind. Als problematisch empfunden werden insbesondere Lebenssituationen, die durch Abhängigkeit, Autonomieverlust und von schwerem bis unerträglichem Leiden geprägt sind. Bei aller anzunehmenden Heterogenität der Motive liegt die Vermutung nahe, dass Erfahrungen von Sinn- und Aussichtslosigkeit, von unerträglichen Schmerzen, Isolation, Verlassenheit, Angst vor Überbehandlung sowie vor

---

42 Vgl. beispielsweise für die Niederlande pars pro toto das von 2014 bis 2020 durchgeführte und mit 51 Millionen Euro dotierte Forschungsprogramm ZonMw, online: https://www.zonmw.nl/ en/research-and-results/palliative-care/programmas/programme-detail/palliative-care (05.05.2023) und für die weitaus weniger etablierte (Forschungs-)Situation in der Schweiz beispielsweise ZIMMERMANN ET AL. 2019, 83–102.

einem Selbst- und Kontrollverlust ursächlich an den Sterbewünschen beteiligt sind.[43]

Auch die Unterschiede zwischen beiden Handlungsweisen liegen auf der Hand. Es lassen sich mindestens drei identifizieren: Die Handlungshoheit, die Rolle der Ärztinnen und Ärzte sowie die jeweiligen gesellschaftlichen Gefahren einer etablierten Praxis.

Wie bereits hervorgehoben, liegt die Handlungshoheit im Fall eines assistierten Suizids beim bzw. bei der Sterbewilligen selbst und bei einer Tötung auf Verlangen bei einer anderen Person. Das gilt auch dann, wenn ein todbringendes Mittel bei einem assistierten Suizid intravenös verabreicht wird und eine sterbewillige Person lediglich den Infusionshahn selbständig öffnet. Liegt eine Selbsttötung vor, wird diese strafrechtlich gewöhnlich völlig anders behandelt als eine Fremdtötung. Der Suizid wurde in Deutschland bereits im 18. Jahrhundert entpönalisiert und ist heute weltweit straffrei, während eine Fremdtötung zu den gravierendsten Straffällen zählt, und das auch dann, wenn die handelnde Person im Auftrag bzw. in Übereinstimmung mit dem Willen der sterbewilligen Person agiert hat. Missbrauchs- und Ausweitungsgefahren sind bei einer Praxis der Tötung auf Verlangen vermutlich als gravierender zu veranschlagen als bei einer etablierten Praxis des assistierten Suizids.

Ein ebenfalls wesentlicher Unterschied zwischen beiden Praktiken besteht in der Rolle der beteiligten Ärztinnen und Ärzte. Während eine assistierte Selbsttötung nahezu keiner ärztlichen Expertise bedarf, setzt eine Tötung auf Verlangen ärztliches Wissen und Können voraus. Eine Suizidhilfe kann zur Not, beispielsweise unter Zuhilfenahme von Heliumgas, auch ohne die Verschreibung eines todbringenden Mittels durch einen Arzt bzw. eine Ärztin erfolgen,[44] aber eine Tötung auf Verlangen setzt voraus, dass zunächst ein Sedativum und anschließend ein todbringendes Mittel, beispielsweise ein Muskelrelaxantium, intravenös verabreicht wird, was ein ärztliches Knowhow voraussetzt. Schließlich dürfte es einen nicht unerheblichen Unterschied im Erleben des Sterbewilligen ausmachen, ob eine Suizidhilfe in den Räumlichkeiten einer Organisation oder zu Hause unter Hilfestellung eines mehr oder weniger unbekannten nicht-ärztlichen Sterbehelfers bzw. einer Sterbehelferin erfolgt, oder ob eine Tötung auf Verlangen im Rahmen einer unter Umständen langjährigen Beziehung zwischen Ärztin bzw. Arzt und Patient bzw. Patientin am Krankenbett, im Krankenhaus oder zu Hause erfolgt.

Ein entscheidender Unterschied besteht schließlich mit Blick auf die mit den beiden Praxen verbundenen gesellschaftlichen Gefahren: Eine etablierte Praxis

---

43 Vgl. beispielsweise FISCHER ET AL. 2009.

44 Vgl. ZIMMERMANN-ACKLIN 2008.

der Suizidhilfe kann dazu führen, dass ein Druck auf Menschen in schwierigen Lebenssituationen und im hohen Alter entsteht, sich selbst für eine vorzeitige Lebensbeendigung zu entscheiden. Die hauptsächliche Gefahr besteht also in einer gesellschaftlichen Entsolidarisierung mit Menschen, die auf andere angewiesen sind und deren Hilfe benötigen. Die Praxis der Tötung auf Verlangen hingegen birgt stärker die Gefahr in sich, dass Ärztinnen und Ärzte, die es gewohnt sind, Menschen in ausweglosen Situationen auf deren Verlangen zu töten, dazu übergehen könnten, diese Handlungen aus Mitgefühl auch bei solchen Patientinnen und Patienten in Erwägung zu ziehen, die sich in ähnlich schwierigen Situationen befinden mögen, sich selbst aber noch nicht – wie Säuglinge und Kleinkinder – oder nicht mehr – wie Komatöse, Menschen mit schweren demenziellen Störungen – äußern können.

3.4 Fazit

Bei allen Ähnlichkeiten der beiden hier betrachteten Handlungsweisen, der Suizidhilfe einerseits und der Tötung auf Verlangen andererseits, die vor allem im Akt der absichtlichen Lebensverfügung, der Hilfestellung durch andere und dem Motiv des Entrinnens aus einer als sinnlos und unerträglich empfundenen Leidenssituation bestehen, offenbaren sich beim näheren Hinschauen eine Reihe von Differenzen, welche auch die unterschiedlichen rechtlichen und ethischen Einschätzungen zumindest teilweise zu erklären vermögen.

Zunächst liegen den beiden Handlungsweisen *historisch* sehr unterschiedliche Ideen zugrunde: Während die Suizidhilfe auf der Idee eines Bilanzsuizids in ausweglos empfundenen Situationen basiert, verdankt sich die Tötung auf Verlangen der Idee einer Beschleunigung des Sterbens. Aus *strafrechtlicher* Sicht liegt der entscheidende Unterschied in der verschiedenen Handlungshoheit, wobei eine Selbsttötung grundsätzlich anders qualifiziert wird als eine Fremdtötung. *Praktisch* gesehen zeigt sich, dass die Suizidhilfe quantitativ nur dann eine Rolle spielt, wenn die Tötung auf Verlangen verboten ist; ist letztere erlaubt, präferieren fast alle sterbewilligen Personen die Lebensbeendigung durch eine Ärztin oder einen Arzt. *Gesellschaftspolitisch* stehen im Fall der Suizidhilfe die Sterbehilfeorganisationen, im Fall der ärztlichen Tötung auf Verlangen die Ärzteschaft im Zentrum der Aufmerksamkeit; entsprechend werden auch die Missbrauchsmöglichkeiten unterschiedlich identifiziert und geht es im ersten Fall um eine Kontrolle der Organisationen, im zweiten um die Kontrolle der Ärzteschaft. Auch hinsichtlich der mit den Handlungsweisen in Verbindung gebrachten *Befürchtungen* lassen sich klare Unterschiede benennen: Während bei der Suizidhilfe die mögliche Entsolidarisierung mit marginalisierten Menschen im Zentrum steht, besteht bei der ärztlichen Tötung auf Verlangen die Gefahr, dass Ärztinnen und Ärzte die Tötungspraxis aus Mitgefühl und/oder Gewohnheit auf nicht urteilsfähige Patientinnen und Patienten ausweiten könnten, beispielsweise auf Neugeborene mit schweren Schädigungen, schwerkranke Kinder oder Personen mit demenziellen Störungen.

Auch wenn es weder sinnvoll noch angemessen ist, aufgrund dieser phänomenologischen Betrachtung eine normative Einschätzung vorzunehmen, erweist sich eine Erkenntnis als gesellschaftspolitisch bedeutend: Während es möglich ist, die Suizidhilfe in gewisser Distanz zum System der medizinischen Versorgung gesetzlich zu regeln und zu praktizieren, gilt das Gegenteil für die Tötung auf Verlangen, welche nur als Bestandteil der Gesundheitsversorgung regel- und praktizierbar ist.

LITERATUR

AEBI-MÜLLER, REGINA/FELLMANN, WALTER/GÄCHTER, THOMAS U. A., *Arztrecht*, Bern 2016.

BORMANN, FRANZ-JOSEF (Hg.), *Lebensbeendende Handlungen. Ethik, Medizin und Recht zur Grenze von ‹Töten› und ‹Sterbenlassen›*, Berlin/Boston 2017a.

—, *Vorwort*, in: DERS. (Hg.), *Lebensbeendende Handlungen. Ethik, Medizin und Recht zur Grenze von ‹Töten› und ‹Sterbenlassen›*, Berlin/Boston 2017b, XI–XII.

BOSSHARD, GEORG/ZELLWEGER, UELI/BOPP, MATTHIAS ET AL., *Medical End-of-Life Practices in Switzerland: A Comparison of 2001 and 2013*, in: JAMA Internal Medicine 176 (2016), 555–556.

CHAMBAERE, KENNETH/VANDER STICHELE, ROBERT/MORTIER, FREDDY ET AL., *Recent Trends in Euthanasia and Other End-of-Life Practices in Belgium*, in: New England Journal of Medicine 372 (2015), 1179–1181.

COORS, MICHAEL/SIMON, ALFRED/ALT-EPPING, BERND (Hg.), *Freiwilliger Verzicht auf Nahrung und Flüssigkeit. Medizinische und pflegerische Grundlagen – ethische und rechtliche Bewertungen*, Stuttgart 2019.

DEN HARTOGH, GOVERT, *Counting Cases of Termination of Life without Request: New Dances with Data*, in: Cambridge Quarterly of Healthcare Ethics 29 (2020), 395–402.

DOM, GEERT/STOOP, HEIDI/HAEKENS, AN/STERCKX, SIGRID, *Euthanasia and Assisted Suicide in the Context of Psychiatric Disorders: Sharing Experiences From the Low Countries*, in: Psychiatria Polska 54 (2020), 661–672.

DOWNAR, JAMES/FOWLER, ROBERT A./HALKO, ROXANNE ET AL., *Early Experience With Medical Assistance in Dying in Ontario, Canada: A Cohort Study*, in: Canadian Medical Association Journal (CMAJ) 192 (2020), E173–E181, DOI: https://doi.org/10.1503/cmaj.200016.

ERNST, STEPHAN, *Am Anfang und Ende des Lebens. Grundfragen medizinischer Ethik*, Freiburg i. Br. 2020.

FLORIJN, BAREND W., *From Reciprocity to Autonomy in Physician-Assisted Death: An Ethical Analysis of the Dutch Supreme Court Ruling in the Albert Heringa Case*, in: The American Journal of Bioethics 22 (2022), 51–58.

GROENEWOUD, JOHANNA H./VAN DER HEIDE, AGNES/ONWUTEAKA-PHILIPSEN, BREGJE D. ET AL., *Clinical Problems With the Performance of Euthanasia and Physician-Assisted Suicide in the Netherlands*, in: New England Journal of Medicine 342 (2000), 551–556.

KNAUER, CHRISTOPH/KUDLICH, HANS, *Die Entscheidung des Bundesverfassungsgerichts zur geschäftsmäßigen Suizidbeihilfe (§ 217 StGB) und ihre Folgen*, in: BOBBERT, MONIKA (Hg.), *Assistierter Suizid und Freiverantwortlichkeit. Wissenschaftliche Erkenntnisse, ethische und rechtliche Debatten, Fragen der Umsetzung*, Baden-Baden 2022, 221–249.

KOUWENHOVEN, PAULINE S. C./VAN THIEL, GHISLAINE J. M. W./VAN DER HEIDE, AGNES ET AL., *Developments in Euthanasia Practice in the Netherlands: Balancing Professional Responsibility and the Patient's Autonomy*, in: European Journal of General Practice 25 (2019), 44–48.

KÜHNBAUM-SCHMIDT, KRISTINA (Hg.), *Streitsache Assistierter Suizid. Perspektiven christlichen Handelns*, Leipzig 2022.

MARIJNISSEN, RADBOUD M./CHAMBAERE, KENNETH/OUDE VOSHAAR, RICHARD C., *Euthanasia in Dementia: A Narrative Review of Legislation and Practices in the Netherlands and Belgium*, in: Frontiers in Psychiatry 2022, 13:857131.doi: 10.3389/fpsyt.2022.857131.

MATHWIG, FRANK, *Zwischen Leben und Tod. Die Suizidhilfediskussion in der Schweiz aus theologisch-ethischer Sicht*, Zürich 2010.

MROZ, SARAH/DIERICKX, SIGRID/DELIENS, LUC ET AL., *Assisted Dying Around the World: A Status Quaestionis*, in: Annals of Palliative Medicine 10 (2021), 3540–3553.

RAIJMAKERS, NATASJA J. H./VAN DER HEIDE, AGNES/KOUWENHOVEN, PAULINE S. C. ET AL., *Assistance in Dying for Older People Without a Serious Medical Condition Who Have a Wish To Die: A National Cross-Sectional Survey*, in: Journal of Medical Ethics 41 (2015), 145–150.

RAUS, KASPER/VANDERHAEGEN, BERT/STERCKX, SIGRID, *Euthanasia in Belgium: Shortcomings of the Law and Its Application and of the Monitoring of Practice*, in: Journal of Medicine and Philosophy 46 (2021), 80–107.

RIETJENS, JUDITH A. C./VOORHEES, JENNIFER R./VAN DER HEIDE, AGNES/DRICKAMER, MARGARET A., *Approaches to Suffering at the End of Life: The Use of Sedation in the USA and Netherlands*, in: Journal of Medical Ethics 40 (2014), 235–240.

RÖHRLE, BERND, *Der assistierte Suizid in der aktuellen Debatte: relevante Erkenntnisse und offene Fragen aus der Psychologie*, in: BOBBERT, MONIKA (Hg.), *Assistierter Suizid und Freiverantwortlichkeit. Wissenschaftliche Erkenntnisse, ethische und rechtliche Debatten, Fragen der Umsetzung*, Baden-Baden 2022, 93–140.

ROSTALSKI, FRAUKE, *Der Suizid und das Strafrecht*, in: FAZ vom 13.02.2021, online: https://www.faz.net/aktuell/politik/die-gegenwart/pro-und-kontra-sterbehilfe-suizid-und-strafrecht-17189115.html (03.03.2023).

—/WEISS, ERIK, *§ 216 StGB im Lichte des Rechts auf selbstbestimmtes Sterben: Ein strafrechtsdogmatisch falscher Schritt des BGH in die richtige Richtung – Besprechung von BGH, Beschluss vom 28.6.2022 – 6 StR 68/21*, in: Medizinrecht 41 (2023), 179–188.

SCHNEIDER, WERNER, *Wandel und Kontinuität von Sterben und Tod in der Moderne. Zur gesellschaftlichen Ordnung des Lebensendes*, in: BAUERNFEIND, INGO/MENDL, GABRIELE/SCHILL, KERSTIN (Hg.), *Über das Sterben. Entscheiden und Handeln am Ende des Lebens*, München 2005, 30–54.

SCHWEIZERISCHE AKADEMIE DER MEDIZINISCHEN WISSENSCHAFTEN, *Umgang mit Sterben und Tod*, Bern ²2022.

STRECKEISEN, URSULA, *Welche Medizin? Welche Seelsorge? Über Diskurse guten Sterbens*, in: BENKEL, THORSTEN/MEITZLER, MATTHIAS (Hg.), *Jahrbuch für Tod und Gesellschaft, Bd. 1*, Weinheim 2022, 56–70.

VAN DER HEIDE, AGNES/DELIENS, LUC/FAISST, KARIN ET AL., *End-of-Life Decision-Making in Six European Countries: Descriptive Study*, in: Lancet 362 (2003), 345–350.

—/VAN DELDEN, JOHANNES J. M./ONWUTEAKA-PHILIPSEN, BREGJE D., *End-of-Life Decisions in the Netherlands over 25 Years*, in: New England Journal of Medicine 377 (2017), 492–494.

VENETZ, PETRA, *Suizidhilfeorganisationen und Strafrecht*, Zürich/Basel/Genf 2008.

VISSERS, STIJN/DIERICKX, SIGRID/CHAMBAERE, KENNETH ET AL., *Assisted Dying Request Assessments by Trained Consultants: Changes in Practice and Quality – Repeated Cross-Sectional Surveys (2008–2019)*, in: BMJ Supportive & Palliative Care 2022;0:1–11. doi:10.1136/bmjspcare-2021-003502.

ZIMMERMANN-ACKLIN, MARKUS, *Euthanasie. Eine theologisch-ethische Untersuchung*, Freiburg i. Ue./Freiburg i. Br. ²2002.

—, *Menschenwürdig sterben? Ethische Überlegungen zum Alterssuizid und zur Suizidprävention*, in: CARITAS SCHWEIZ (Hg.), *Sozialalmanach 2011. Caritas-Jahrbuch zur sozialen Lage der Schweiz, Schwerpunkt: Das vierte Alter*, Luzern 2011, 195–207.

—, *Mit Helium in den Tod? Zur Diskussion um die Beihilfe zum Suizid in der Schweiz (Editorial)*, in: Ethik in der Medizin 20 (2008), 83–85.

ZIMMERMANN, MARKUS/FELDER, STEFAN/STRECKEISEN, URSULA/TAG, BRIGITTE, *Das Lebensende in der Schweiz. Individuelle und gesellschaftliche Perspektiven*, Basel 2019.

4 SCHLIESSEN PALLIATIVE CARE UND POSTMORTALE ORGANSPENDE EINANDER AUS?

Intimacy or utility?[1]

Der Entscheid, die lebenserhaltende Therapie abzubrechen, darf nicht durch die Möglichkeit einer Organspende beeinflusst werden. (...) Angesichts der langen Wartelisten für Transplantationen sollten potenzielle Spender nicht verloren gehen.[2]

Aussagen zur Organspende in der Patientenverfügung können Angehörige davon entlasten, unter Zeitdruck eine Entscheidung über die Entnahme von Organen treffen zu müssen.[3]

Die Statistik zur Organspende-Praxis weltweit zeigt auf den ersten Blick, dass die Zahlen auch zwischen den Hochlohnländern stark divergieren: Während die USA oder Spanien mit über 40 Organspenderinnen und -spendern auf eine Million Bürgerinnen und Bürger (PMP, «Per Million People») Spitzenwerte verzeichnen, liegen andere Länder wie Deutschland, Ungarn oder Polen mit Werten um die 10 PMP deutlich tiefer.[4] Gründe für diese Diskrepanzen gibt es sicherlich viele. Einen der Gründe möchte ich in diesem Kapitel aus ethischer Sicht näher beleuchten, auch wenn weitgehend unklar ist, ob und wenn ja wie stark sich dieser Aspekt quantitativ bemerkbar macht: Es geht um Auswirkungen auf die Bereitschaft zur postmortalen Organspende, die auf Palliative-Care-Ideale zurückzuführen sind und darin bestehen, am Lebensende auf gewisse Behandlungen zugunsten der Erhaltung der Lebensqualität verzichten zu wollen. Diese Ideale können bewirken, dass weniger Patientinnen und Patienten überhaupt in eine Situation geraten, in der sie aufgrund eines Hirn- oder Herz-Kreislauf-Todes als postmortale Spenderinnen oder Spender angefragt werden bzw. infrage kommen können.[5]

Auch wenn diese Diskussion international geführt wird, konzentriere ich mich in meinen Beobachtungen auf die Situation in der Schweiz, da hier einige wichtige Weichenstellungen betreffend unseres Themas vorgenommen werden:

---

1 BENDORF ET AL. 2013, 1.

2 SCHWEIZERISCHE AKADEMIE DER MEDIZINISCHEN WISSENSCHAFTEN 2018, 29.

3 DIES. 2020, 12.

4 Vgl. dazu die Angaben auf der Website des INTERNATIONAL REGISTRY IN ORGAN DONATION AND TRANSPLANTATION: https://www.irodat.org/?p=database (07.06.2023). Angaben zur Schweiz (mit aktuell 19 PMP) und Europa sind auf der Website von Swisstransplant zu finden: https://www.swisstransplant.org/fileadmin/user_upload/Bilder/Home/Organ-_und_Gewebespende/Fakten_und_Zahlen/Jahreszahlen/2022/Abb.3.03_2022_DE.jpg (07.06.2023).

5 Bereits vor einigen Jahren hatte ich in einem Text dazu Stellung genommen, vgl. ZIMMERMANN 2014, beurteile die Situation aus heutiger Sicht jedoch differenzierter als damals.

(1) Eine Schweizer Volksabstimmung im Jahr 2022 ergab eine mehrheitliche Beja-
hung der Widerspruchsregelung bei der Organspende, welche voraussichtlich im
Jahr 2026 anstelle der gegenwärtig geltenden Zustimmungslösung gesetzlich in
Kraft treten wird. Damit wird zukünftig neu und beispielsweise wie in Österreich
oder Spanien bereits heute auch in der Schweiz davon ausgegangen, dass bei nicht
vorliegendem Widerspruch alle Bürgerinnen und Bürger grundsätzlich zu einer
postmortalen Organspende bereit sind. (2) Die Idee des Advance Care Planning
(ACP), auch als gesundheitliche Vorausplanung (GVP) bezeichnet, wird gegenwärtig
als sinnvolle Ergänzung und Erweiterung der Patientenverfügungen in der Schweiz
etabliert.[6] (3) Wie die als Motto dem Kapitel vorangestellten Zitate belegen, bestehen
hinsichtlich der Identifikation möglicher Organspenderinnen und -spender im Bereich der Intensivmedizin spezifische Interessenkonflikte, da die Ärztinnen und
Ärzte zwei nicht in jedem Fall miteinander vereinbare Ziele zu vertreten haben: Einerseits sind sie dem Wohlergehen ihrer Patientinnen und Patienten verpflichtet,
gleichzeitig stehen sie unter dem Druck, die Anzahl der Organspenden zu erhöhen,
um Personen auf den Wartelisten helfen zu können. (4) Eine besondere Entwicklung
in der Schweiz besteht darin, dass neu in allen größeren Versorgungszentren neben
der etablierten Hirntod-Spende (DBD, «Donation after Brain Death») auch die Explantation bei Herz-Kreislauf-Toten (DCD, «Donation after Cardiac or Circulatory
Death») praktiziert wird, welche beispielsweise in Deutschland verboten ist; in den
Unikliniken Zürich und Genf wurden im Jahr 2022 bereits mehr DCD- als DBD-
Spenden durchgeführt, was auf deren zunehmende Bedeutung hinweist. (5) Auch die
Anliegen der Palliative Care stoßen zusehends auf öffentliche Beachtung, was sich
beispielsweise in einem vom Bundesrat im Jahr 2020 veröffentlichten Bericht zur
Förderung derselben in der Schweiz niederschlägt.[7] (6) Angesichts bestehender Lebensende-Debatten in der Schweiz – namentlich der Kontroversen um eine angemessene Ausgestaltung der Suizidhilfe – ist nicht zu verkennen, dass heute ein Nebeneinander sehr unterschiedlicher Vorstellungen von einem guten Sterben besteht.[8]
Diese Vorstellungen schließen einander teilweise aus und beinhalten nicht zuletzt
auch konkrete Vorstellungen von einem gelungenen Sterbe- und Trauerprozess, die
teilweise mit einer Organspende bzw. Explantation unvereinbar sind. (7) Ein Son-
derthema, das bislang in der Schweiz zumindest praktisch noch keine Rolle spielt, ist
die Organspende im Kontext des medizinisch assistierten Sterbens.[9]

---

6   Vgl. NATIONALE ARBEITSGRUPPE GESUNDHEITLICHE VORAUSPLANUNG 2023.

7   Vgl. SCHWEIZERISCHER BUNDESRAT 2020.

8   Vgl. dazu die Ausführungen in Kap. IV/1 im vorliegenden Band.

9   Zum Vorschlag, im Kontext der Suizidhilfe in der Schweiz die Organspende zu ermöglichen
und auf diese Weise das Knappheitsproblem zu lösen, vgl. SHAW 2014; ähnlich wieder DERS./
MORTON 2020.

Im Anschluss erstens an die Klärung einiger Grundlagen und Begriffe geht es im zweiten Teil zunächst um praktische Herausforderungen, bevor im dritten Teil der Einfluss gewisser Idealvorstellungen von Sterben, Tod und Trauer thematisiert wird. Das medizinisch-assistierte Sterben mit anschließender Organspende ist Gegenstand des vierten Abschnitts, bevor abschließend die Titelfrage in einem kurzen Fazit verhalten negativ beantwortet wird.

4.1 Grundlagen

Unter der palliativen Medizin, Pflege und Begleitung, kurz auch als *Palliative Care* bezeichnet, wird eine ganzheitliche – körperliche, seelische, soziale sowie spirituelle Aspekte berücksichtigende – Betreuung und Behandlung von Menschen mit unheilbaren, lebensbedrohlichen und/oder chronisch fortschreitenden Krankheiten verstanden.[10] Idealerweise wird sie rechtzeitig und begleitend zu kurativen Behandlungen eingesetzt, ihr Schwerpunkt liegt aber zu der Zeit, in der die Heilung einer Krankheit als nicht mehr möglich betrachtet wird. Wichtige Ziele bestehen in der Erhaltung der optimalen Lebensqualität eines sterbenden Menschen bis zum Tod und der Unterstützung der Angehörigen. Auch wenn in der Palliative Care spezifisches Sachwissen beispielsweise im Bereich der Schmerztherapie oder der Behandlung therapierefraktärer Symptome ein wichtiges Kennzeichen ist, geht es ihr um einen umfassenden Betreuungsansatz, der sich gegen Einseitigkeiten einer rein biomedizinisch-technisch ausgerichteten Medizin und die Idee der grenzenlosen Machbarkeit wendet.[11]

Die postmortale *Organspende* wird gewöhnlich im Zeichen der weltweit bestehenden Organknappheit thematisiert, wobei mit der Rede von einer *Spende* semantisch die Idee eines altruistischen Akts in den Vordergrund gestellt wird.[12] Umstritten ist die Bedeutung des Hirntodkonzepts, von dessen Anerkennung jedoch die Möglichkeit der Beachtung der «Dead-Donor-Rule» abhängt; diese besagt, dass Organe ausschließlich Leichen entnommen werden dürfen, eine Explantation also nicht zur Lebensbeendigung führen darf.[13] Kontrovers debattiert werden darüber hinaus auch die vorbereitenden Maßnahmen an noch lebenden Patientinnen und Patienten, da diese rein fremdnützig auf die möglichst gute Erhaltung von Organen ausgerichtet sind und nicht einer sterbenden Person selbst

---

10 Vgl. Bundesamt für Gesundheit/Schweizerische Konferenz der kantonalen Gesundheitsdirektorinnen und Gesundheitsdirektoren 2010, 8; Schweizerische Akademie der Medizinischen Wissenschaften 2019a; Deutsche Gesellschaft für Palliativmedizin u. a. 2020.

11 Vgl. Zimmermann-Acklin 2014.

12 Vgl. Jox et al. 2016.

13 Vgl. Hanley 2020.

zugute kommen. Auch die wichtig werdende Praxis der DCD-Spende, also der Explantation von Organen nach einem Herz-Kreislauf-Stillstand – in der Schweiz zusätzlich dem sekundären Hirntod[14] –, wird kontrovers diskutiert, da die Brauchbarkeit der entnommenen Organe stark davon abhängt, wie lange nach dem Herzstillstand und einer erfolglosen Reanimation gewartet werden muss, bis die Organe explantiert werden dürfen; dadurch entsteht ein Zeitdruck, der anders als beim (primären) Hirntod nicht maschinell behoben werden kann. Aktuelle Forschungsergebnisse aus den USA zeigen, dass – entgegen bisheriger Annahmen und Erfahrungen – auch die infolge einer DCD-Spende explantierten Herzen erfolgreich transplantiert werden können.[15]

Die inzwischen auch in der Schweiz in großer Vielfalt vorliegenden *Patientenverfügungen*[16] ermöglichen es, vor Eintritt einer Urteilsunfähigkeit auf Entscheidungen am Lebensende Einfluss zu nehmen. Das betrifft namentlich die Möglichkeit, sowohl Einstellungen betreffend palliativer Behandlungen als auch die persönliche Bereitschaft zur Organspende schriftlich festzuhalten. In der gemeinsam von der Schweizer Ärztevereinigung (FMH) und der Schweizerischen Akademie der Medizinischen Wissenschaften (SAMW) herausgegebenen Patientenverfügung heißt es bezüglich einer Organspende beispielsweise:

> Sie können einer Organspende zustimmen oder einer solchen Spende widersprechen. Wenn Sie sich entscheiden, Organe zu spenden, erklären Sie sich auch mit den vorbereitenden organerhaltenden Massnahmen einverstanden. Sie können nur eine der drei Varianten 1, 2 oder 3 ankreuzen:
>
> Variante 1: Ich möchte meine Organe spenden. Jegliche Organe, Gewebe und Zellen können nach meinem Tod aus meinem Körper entnommen werden.
>
> Variante 2: Ich möchte alle meine Organe spenden ausser: …
>
> Variante 3: Ich möchte meine Organe nicht spenden.[17]

Negative Erfahrungen mit den Patientenverfügungen – im entscheidenden Zeitpunkt lagen sie nicht vor oder konnten nicht gefunden werden, die Ausführungen waren uneindeutig, missverständlich, widersprüchlich oder ließen sich nicht auf eine konkrete Entscheidungssituation beziehen etc. – haben zur Etablierung des *Advance Care Planning* (ACP) geführt, einer systemischen und prozeduralen Vorgehensweise der Erkundung des Patientenwillens, welche mehrere Gespräche mit Gesundheitsexpertinnen und -experten mit dem Ziel der Befähigung der zu

---

14 Vgl. SCHWEIZERISCHE AKADEMIE DER MEDIZINISCHEN WISSENSCHAFTEN 2019b, 26.

15 Vgl. SCHRODER ET AL. 2023; SWEITZER 2023.

16 Vgl. die Übersicht bei STREECK 2021, als ein Beispiel FMH/SCHWEIZERISCHE AKADEMIE DER MEDIZINISCHEN WISSENSCHAFTEN 2022.

17 FMH/SCHWEIZERISCHE AKADEMIE DER MEDIZINISCHEN WISSENSCHAFTEN 2022, 12 (Langfassung) bzw. 6 (Kurzfassung).

beratenden Personen beinhaltet.[18] Maßgeblich ist dabei die Idee, das Gesundheitspersonal sowie Bürgerinnen und Bürger zu einem Zeitpunkt zusammenzubringen, bevor es zu schwierigen Entscheidungssituationen kommt, in welchen die Betroffenen dann oft nicht mehr nach ihrem Willen gefragt werden können. Ausführungen zum ACP im Bereich der Notfall- und Intensivmedizin machen klar, dass es vordergründig zwar um die Sicherung der Patientenautonomie, im Kern jedoch – und hierin ähnlich wie in der Palliative Care – um die Verteidigung von Patientenwünschen gegen Überbehandlungen, einer Reanimation in aussichtsloser Situation oder die Verkennung der Endlichkeit menschlichen Lebens geht.[19]

Mit dem *medizinisch assistierten Sterben* sind in erster Linie die ärztliche Tötung auf Verlangen und der ärztlich assistierte Suizid gemeint.[20] Wird die ärztliche Tötung auf Verlangen mit einer DCD-Organspende kombiniert («Organ donation after euthanasia», ODE), wie es bis 2021 in Belgien, Kanada, den Niederlanden und Spanien in insgesamt 286 Fällen durchgeführt wurde, sind aufgrund der komplexen Umstände einer DCD-Spende eine Reihe von Fragen zu klären.[21] Die erste ODE wurde 2005 in Belgien durchgeführt, seit 2017 besteht neu die Möglichkeit, eine solche Spende auch infolge einer zu Hause durchgeführten Tötung auf Verlangen durchzuführen («Organ donation after euthanasia from home», ODEH).[22] Auffällig ist, dass in anderen Ländern, in welchen die ärztliche Lebensbeendigung oder Tötung auf Verlangen ebenfalls erlaubt ist – in Luxemburg, Kolumbien, einigen australischen Teilstaaten sowie Neuseeland –, bislang noch keine ODE durchgeführt wurde. In Luxemburg und Kolumbien ist eine DCD unerlaubt; während die Einführung dieser Möglichkeit in Luxemburg diskutiert wird, stehen in Kolumbien einer Einführung kulturelle Hindernisse im Weg.[23]

4.2 Praktische Herausforderungen

Die bundesdeutsche Organspende-Diskussion und -politik der letzten Jahre zeigt, dass die relativ niedrige Spenderate in Deutschland nicht in erster Linie mit einer mangelnden Bereitschaft der Bevölkerung zu erklären, sondern maßgeblich auf strukturelle Defizite zurückzuführen ist. Diese systemisch bedingten

---

18 Vgl. RIETJENS ET AL. 2017; HÖFLING U. A. 2019.

19 Vgl. IN DER SCHMITTEN U. A. 2015.

20 Vgl. die Erläuterungen in Kap. IV/3 im vorliegenden Band.

21 Vgl. MULDER ET AL. 2022. Unbeantwortet bleibt, ob es auch bereits Organspenden infolge von Suizidhilfe-Fällen gegeben hat.

22 Vgl. ebd. Table 8, 2772: Bis 2021 wurden 286 ODE und 8 ODEH durchgeführt, davon die meisten in Kanada (136 ODE und 5 ODEH). Insgesamt wurden auf diese Weise weltweit bisher 1'131 Organe gespendet, welche in 837 Patientinnen bzw. Patienten implantiert wurden.

23 Vgl. ebd. 2762.

Probleme führten dazu, dass mögliche – und vermutlich auch von sich aus zur Spende bereite – Spenderinnen und Spender in den Krankenhäusern nicht identifiziert und ihre Angehörigen nicht angesprochen werden.[24] Unabhängig davon, wie hoch der Erklärungswert dieser These ist, wird damit implizit angenommen, dass neben der subjektiven Spende-Bereitschaft der Bürgerinnen und Bürger die Rolle ärztlicher Gatekeeper auf Intensivstationen von wesentlicher Bedeutung ist: Je nach deren Engagement sinkt oder steigt die Anzahl der Spenderinnen und Spender. Den Ärztinnen und Ärzten kommt damit große Verantwortung zu, die auf ihrer zweifachen Verpflichtung beruht, sich zum einen für das Wohl der zu behandelnden Person, zum andern für das Wohl der Personen auf den Wartelisten einzusetzen.[25] In den kanadischen Ethikrichtlinien für Organspende-Beauftragte in der Intensivmedizin wird die dabei entstehende Herausforderung treffend so formuliert: «They must manage the dual obligation of caring for dying patients and their families while providing and/or improving organ donation services.»[26]

Aus ethischer Sicht identifizieren Aric Bendorf und Kollegen aus Australien in dieser doppelten Rolle einen Konflikt zwischen den Anliegen der Palliative Care einerseits und der Transplantationsmedizin andererseits:

> For countries with end-of-life care strategies that stress palliation, advance care planning and treatment withdrawal for the terminally ill, the adoption of initiatives to meaningfully raise deceased donor rates will require increasing the rate at which brain death is diagnosed. This poses a difficult, and perhaps intractable, medical, ethical and sociocultural challenge as the changes that would be required to increase rates of brain death would mean conjugating an intimate clinical and cultural focus on the dying patient with the notion of how this person's death might be best managed to be of benefit to others.[27]

Den Entscheidungskonflikt der beratenden Ärztinnen und Ärzte interpretieren sie als eine konkrete Situation einer umfassenderen ethischen und kulturellen Herausforderung, nämlich entscheiden zu müssen zwischen einer Kultur der Zurückhaltung versus einer Kultur der Technik, oder, wie sie im Titel ihres Beitrags pointiert formulieren, einer Kultur der Intimität versus einer Kultur der Nützlichkeit.[28]

---

24 Vgl. BRAUN/RAHMEL 2020.

25 Dass diese Verantwortung bei den Mitgliedern der Behandlungsteams auch mit Stress, Trauer, ethischen Dilemmata oder stellvertretenden Traumata verbunden sein kann, thematisiert die australische Studie von DICKS ET AL. 2020.

26 SHEMIE ET AL. 2017, 41.

27 BENDORF ET AL. 2013, 1.

28 Vgl. DIES. 2013; ebenfalls aus australischer Sicht bestätigend VAN HAREN ET AL. 2020.

Auch wenn unbekannt ist, wie stark sich dieser kulturelle Aspekt in der Realität auf die Anzahl zur Verfügung stehender Organe auswirkt, ist die Problemstellung als solche weitgehend unbestritten. Bereits ein Forschungsgutachten zur «Inhousekoordination bei Organspenden» vom Deutschen Krankenhausinstitut aus dem Jahr 2012 hatte den Zusammenhang zwischen der zunehmenden Verbreitung von Patientenverfügungen und dem Rückgang der Organspenden thematisiert.[29] Im Gutachten ist dazu zu lesen:

> Die Inhousekoordination unterstreicht des Weiteren, dass bei infauster Prognose nicht zuletzt Therapielimitierungen bzw. einschlägige Patientenverfügungen einen limitierenden Faktor für die Organspende darstellen. Deswegen sollte noch stärker ins Bewusstsein von Krankenhauspersonal und Patienten bzw. Angehörigen gerückt werden, dass die Ablehnung bestimmter lebensverlängernder Maßnahmen und die Zustimmung zu einer möglichen Organspende keinen Widerspruch bilden müssen. So können etwa Patienten oder ihre Angehörigen einer kurzfristigen Lebensverlängerung oder den erforderlichen Maßnahmen hierfür ausdrücklich zustimmen, wenn dadurch die Abklärung zur Organspende oder eine Organentnahme wahrscheinlich wird. Dies kann oder sollte ggf. auch in Patientenverfügungen geregelt werden. Vor diesem Hintergrund müssen Patientenverfügungen nicht zwingend einen limitierenden Faktor für die Organspende darstellen, sondern können sie sogar unterstützen und fördern.[30]

Die Lösung des grundsätzlich anerkannten Problems wird also darin gesehen, dass Personen in ihren Patientenverfügungen ihre Bereitschaft zur Organspende ausdrücklich deklarieren und sich damit einverstanden erklären, dass unter gewissen Umständen – aus altruistischen Beweggründen – auf einen vorzeitigen Therapieabbruch verzichtet wird. Offensichtlich wurde dieser Punkt damals in den wenigsten Verfügungsformularen berücksichtigt,[31] wie es heute in der oben zitierten Variante der FMH und SAMW, aber auch im Formular der «Christlichen Patientenvorsorge» der Fall ist.[32] Dort heißt es, konkreter auf zusätzliche Maßnahmen hinweisend als im zitierten Gutachten:

> Es ist mir bewusst, dass Organe nur nach Feststellung des Hirntodes bei aufrechterhaltenem Kreislauf entnommen werden können. Deshalb gestatte ich ausnahmsweise für den Fall, dass bei mir eine Organspende medizinisch in Frage kommt, die kurzfristige (Stunden bis höchstens wenige Tage umfassende) Durchführung intensivmedizinischer Maßnahmen zur Bestimmung des Hirntodes nach den Richtlinien der Bundesärztekammer und zur anschließenden Entnahme der Organe.[33]

---

29 Vgl. BLUM 2012, 12 f., 109 f.

30 Ebd. 12 f.

31 Vgl. ebd. 109.

32 Vgl. DEUTSCHE BISCHOFSKONFERENZ/RAT DER EVANGELISCHEN KIRCHE IN DEUTSCHLAND 2018, 30 f. (bzw. S. 7 im Formular).

33 Ebd. 7 (im Formular).

Insgesamt scheinen mir diese pragmatischen Möglichkeiten, mit dem Konflikt umzugehen, ein bei vielen Menschen heute bestehendes Unbehagen eher zu verdecken als offenzulegen, nämlich am Lebensende überbehandelt zu werden. Trifft diese Mutmaßung zu, dürfte mit der weiteren Etablierung von Patientenverfügungen und dem ACP die Spendebereitschaft eher zurückgehen als bestärkt werden. Die in der Schweiz anstehende Widerspruchsregelung wird an dieser Tendenz vermutlich wenig ändern, sie könnte sie im Gegenteil eher noch bestärken.

Im 1254 Seiten umfassenden «Oxford Textbook of Palliative Medicine»[34] sind dem Thema «Organspende» nur wenige Zeilen gewidmet, die – vielleicht typischerweise[35] – den angesprochenen Konflikt nicht aufnehmen. Im Kontext der Überlegungen zur Intensivmedizin, konkret im Unterkapitel «End-of-life conversations»[36], heißt es: Eine Organspende gehöre zu den üblichen Lebensendeentscheidungen und sollte auf einem respektvollen Umgang mit den Betroffenen sowie deren Angehörigen basieren. Es handle sich dabei um ein Standardvorgehen, eine Entscheidung sollte aber auf dem Wunsch des Sterbenden beruhen («… organ donation may be consistent with the patient's values or recorded wishes»[37]). Schließlich wird empfohlen, Gespräche über mögliche Spendebereitschaft sollten sich einerseits auf den Gewinn für mögliche Empfängerinnen und Empfänger, andererseits auf die Möglichkeit, aus der Tragödie des Verlusts eines lieben Menschen etwas Gutes tun zu können, fokussieren.[38] Mögliche Konflikte hinsichtlich eines eigentlich anstehenden Therapieabbruchs und der Fortsetzung zwecks Organerhaltung bleiben hier mit Hinweis auf den altruistischen Anteil einer Organspende unthematisiert.

4.3 Ideale

Neben diesen praktischen Herausforderungen werden zudem grundsätzliche Vorbehalte gegenüber der postmortalen Organspende geäußert. Diese basieren in der Regel auf bestimmten Sterbe- und Trauervorstellungen oder -idealen, welche die typische Vorgehensweise bei einer Explantation vollständig ausschließen und meist kombiniert werden mit der Ablehnung des Hirntodkon-

---

34 CHERNY ET AL. 2015a.

35 Typischerweise darum, weil sowohl die Palliative Care als auch die Bereitschaft, Organe altruistisch für andere Menschen zu spenden, grundsätzlich als moralisch gut gelten, so dass beide Handlungsweisen fraglos nebeneinander bestehen können (sollten).

36 Vgl. CHERNY ET AL. 2015b.

37 Ebd. 1015.

38 Vgl. ebd. 1015 f.

zepts.[39] Mit Verweis auf ein ganzheitliches, natürliches und schrittweises Abschiednehmen und Trauern richten sich diese Ideale gegen dieselbe einseitige und technisierte Medizin, von der sich auch die Palliative Care kritisch absetzen möchte.

Nachdem Thomas Klie und Johann-Christoph Student, beide Pioniere der Hospiz- und Palliative Care-Bewegung in Deutschland, in einem Ratgeber zu Patientenverfügungen ihre Skepsis gegenüber dem Hirntodkonzept zum Ausdruck gebracht haben, treffen sie folgende ambivalente Aussage zum Problem der Zustimmung zu einer Organspende:

> Das Hauptproblem bei der Entscheidung zur Zustimmung zu einer Organspende dürfte darin liegen, dass eigentlich nur jeder Mensch ganz allein für sich entscheiden kann, ob er sich bereits als ‹Leiche› definieren lassen möchte, wenn seine Hirntätigkeit weitestgehend erloschen ist, oder ob er in der Entnahme von Organen eine Unterbrechung seines Sterbeprozesses sieht. – Hier gibt es kein wirkliches ‹Richtig› oder ‹Falsch›, sondern nur eine ganz persönliche Position, über die nachzudenken es sich lohnt, ehe man einen Organspendeausweis unterschreibt oder eine entsprechende Position in einer Patientenverfügung ankreuzt.[40]

Diese Bemerkung trägt aufgrund ihrer impliziten Botschaft wohl eher zur Verunsicherung als zur Orientierung bei. Die Autoren lassen keinen Zweifel daran, dass sie für sich selbst entschieden haben, dass das Hirntodkriterium unzureichend sei, eine Organentnahme den Sterbeprozess unterbreche und der Trauerprozess der Angehörigen dadurch behindert werde. Obgleich es hier nicht ausdrücklich gemacht wird, beschränkt sich folgerichtig eine moralisch integre Möglichkeit einzig darauf, den natürlichen Sterbeprozess zuzulassen sowie den für die Angehörigen wichtigen Trauerprozess zu ermöglichen, das heißt konsequenterweise auch, eine postmortale Organspende auszuschließen.

Im Unterschied zu den praktischen Herausforderungen handelt es sich hier um einen weltanschaulich-philosophischen Einwand auf der Ebene der persönlichen Überzeugungen. Eine Formulierung des hier adressierten Hauptproblems lautet etwa: Je nach persönlicher Überzeugung eines Menschen wird der Hirntod als ein relevantes oder nicht genügendes Kriterium zur Todesbestimmung angesehen und entsprechend für «richtig» oder «falsch» gehalten. Entsprechend dürfte

---

39 Eine Art von Anti-Organspende-Ethik bietet BERGMANN 2011, 15: «Egal, welchen moralisch hohen und pietätvollen Anstrich die Transplantationsmedizin sich zu geben vermag: Unsere ethischen Normen im Umgang mit Sterbenden und Toten, die Prämissen der medizinischen Ethik und schließlich das Tötungsverbot werden durch das Prozedere der Organgewinnung über Bord geworfen. Eine ethische Verpflichtung zur Organspende kann es daher nicht geben.» Vgl. auch DIES. 2019a und b.

40 KLIE/STUDENT 2011, 104. Insbesondere J.-C. Student ist ein wichtiger Vertreter der Palliative Care-Bewegung in Deutschland, vgl. STUDENT/NAPIWOTZKY 2011: In diesem Standardwerk zur Pflegepraxis in der Palliative Care bleibt die Organspende hingegen unkommentiert.

für den Trauerprozess der Angehörigen gelten, dass dieser je nach persönlicher
Überzeugung der Angehörigen bei einer Organspende als möglich oder unmöglich angesehen und erlebt wird. Daraus folgt, dass eine Person ihre Entscheidung
mit ihren Angehörigen besprechen sollte, um sicher zu gehen, dass nach ihrem
Tod ein angemessener Trauerprozess stattfinden kann. Die höchstpersönliche
Entscheidung eines Menschen über dessen Spendebereitschaft wird demzufolge
durch den familiären Kontext stark mitbestimmt; dies ist eine Tatsache, die auch
in der klinischen Umsetzungspraxis einer strikten Zustimmungs- oder Wider-
spruchslösung unabdingbar ist: Nur unter Inkaufnahme inakzeptabler Folgen
wäre es möglich, eine Organspende gegen den expliziten Willen der Angehörigen
eines Verstorbenen durchzuführen.[41]

Auf Grundlage eigener Erfahrungen und einer breiten Literaturrecherche haben Christy Simpson und ihr Team aus Kanada mögliche Ablehnungsgründe und
Konflikte beschrieben, die aus dem Kontext der Hirntoddefinition in der klinischen Praxis bekannt sind:[42] Als mögliche Gründe unterscheiden sie (1) Trauer,
ein unerwartetes Geschehen und das Bedürfnis nach Zeit, um mit diesen zurecht
zu kommen, (2) Missverständnisse, (3) fehlendes Vertrauen und (4) religiöse, spirituelle oder philosophische Differenzen. Sie stellen sieben Strategien vor, wie
Ärztinnen und Ärzte mit diesen unterschiedlichen Herausforderungen umgehen
und negative Folgen möglichst verhindern können.[43] Die genannten Erfahrungen, Themen und Strategien lassen vermuten, dass praktische Herausforderungen und unterschiedliche Sterbe- und Trauerideale in der klinischen Realität fließend ineinander übergehen und sich nur bedingt voneinander trennen lassen.

4.4 Das medizinisch assistierte Sterben als Sonderfall

In der Kombination von einer ärztlichen Tötung auf Verlangen mit einer Organspende nach Herz-Kreislauf-Tod werden zwei ethisch stark umstrittene und in
der Durchführung heikle Praktiken miteinander verbunden. Die Organspende
nach einer Euthanasie (ODE oder ODEH), die bislang erst in vier Ländern der
Welt praktiziert wird und für deren Durchführung in Spanien bis zum Jahr 2022
noch kein offizielles Protokoll vorlag, befindet sich nach wie vor in der Pionier-
phase: Es werden erste Erfahrungen gemacht, die aber noch kaum evaluiert oder
gar gesichert sind.[44] Die wenigen Informationen, die dazu bislang publiziert

---

41 Vgl. KESSELRING ET AL. 2007 sowie NATIONALE ETHIKKOMMISSION IM BEREICH DER
HUMANMEDIZIN 2019, 23 f.

42 Vgl. SIMPSON ET AL. 2023.

43 Vgl. ebd. 732 f., z. B. einen anderen Arzt bzw. eine andere Ärztin einbeziehen, eine formelle
Zweitmeinung einholen, ein formelles ethisches Konsil einholen etc.

44 Vgl. MULDER ET AL. 2022.

wurden, zeigen gewisse Parallelen zu den oben angestellten Beobachtungen und Überlegungen, wenngleich die Perspektive geradezu umgekehrt zu sein scheint: Während sich viele Menschen sorgen, an ihrem Lebensende überbehandelt oder zugunsten anderer bereits vor dem definitiven Todeseintritt «ausgenutzt» zu werden, wünschen sich andere Menschen an ihrem Lebensende geradezu das volle medizinisch-technische Programm inklusive der weiteren Nutzung ihrer Organe.

Ohne an dieser Stelle auf Details einzugehen, ist es offensichtlich, dass die Kombination einer ärztlichen Tötung auf Verlangen mit einer DCD-Spende enorme prozedurale Herausforderungen mit sich bringt: Dies beginnt mit der Frage, gemäß welcher Kriterien eine Lebensbeendigung durchgeführt werden darf, auf welche Weise und an welchem Ort dies geschehen soll; es geht weiter mit der Durchführung von Gesprächen mit der sterbewilligen Person und deren Angehörigen über die Durchführung und Folgen einer Organspende; wesentlich ist zudem eine genaue Absprache und Planung der zeitlich verschränkt durchgeführten Maßnahmen für die Lebensbeendigung und den vorbereitenden Maßnahmen zur Organkonservierung; anschließend bedarf auch die Art und Weise der Todeszeitpunktbestimmung einer vorausgehenden Klärung, und nicht zuletzt bestimmt die einzuhaltende Wartezeit zwischen Todeseintritt und Explantation die Frage, ob ausschließlich die Lungen und Nieren, oder darüber hinaus auch das Herz explantiert werden soll.[45]

Allen diesen und weiteren Herausforderungen zum Trotz werden die Prozeduren in erster Linie aufgrund eindringlicher Bitten der sterbewilligen Personen durchgeführt.[46] Offenbar möchten Menschen ihrem absichtlich herbeigeführten Lebensende mit der Organspende einen gewissen Sinn beilegen, dem destruktiven Akt der Tötung etwas Gutes beifügen. Aus bisherigen Erfahrungen geht sogar hervor, dass Menschen sich für eine Lebensbeendigung entscheiden, *weil* sie nur auf diese Weise ihre Organe spenden können; ein niederländischer Patient wird mit folgenden Worten zitiert: «I want to donate to be able to do something good with the diseased body that's also leading me to choose euthanasia.»[47] Auch in der Öffentlichkeit finde diese Praxis eine starke

---

45 Vgl. ebd.

46 Vgl. ebd. 2770 mit einigen Zitaten sterbewilliger Personen.

47 MULDER ET AL. 2022, 2770. – Eine ähnliche Konstellation ist aus dem Bereich der Lebensende-Behandlung von Menschen mit einer Amyotrophen Lateralsklerose (ALS) bekannt: Offenbar äußern nicht wenige Betroffene den Wunsch, nach Eintritt des Herz-Kreislauf-Stillstands ihre Organe zur Explantation freizugeben; das ist im Rahmen einer DCD grundsätzlich machbar und wird durchaus auch aus Palliative-Care-Sicht begrüßt, vgl. dazu SMITH ET AL. 2012 sowie die Schilderung und Diskussion eines entsprechenden Fallberichts in der Zeitschrift «Ethik in der Medizin» von 2020, vgl. ANONYM 2020, SIMON 2020 sowie LUX 2020.

Zustimmung, so lautet jedenfalls das Ergebnis einer kanadischen Umfrage zum Thema.[48]

Aufgrund der wenigen Erfahrungen, die bislang mit der Spende nach Euthanasie gemacht wurden, scheint sich gegenwärtig zweierlei abzuzeichnen: Erstens steht mit Blick auf die komplexe Vorgehensweise zumindest aus Sicht der sterbewilligen Person eindeutig die Sinnfrage im Zentrum der Aufmerksamkeit; die Idee, mit dem aktiv herbeigeführten Lebensende eine altruistisch ausgerichtete Handlung zu verbinden, stellt offenbar alle anderen Ängste oder Bedenken in den Schatten. Zweitens zeigt sich, dass Vorstellungen von einem guten Sterben und von einer angemessenen Trauer der Angehörigen sehr weit auseinander gehen; der positiven Bewertung von Techniken steht der Idee eines «natürlichen», ganzheitlichen und ent-technisierten Sterbens diametral entgegen.

4.5 Fazit

Schließen Palliative Care und eine postmortale Organspende einander aus? – Auch wenn eine Antwort mit Blick auf die angestellten Beobachtungen und Überlegungen differenziert ausfallen sollte, ist die Frage zunächst einmal klar zu verneinen: Beide Praktiken und die damit verbundenen Werthaltungen schließen einander nicht grundsätzlich aus. Das hat maßgeblich damit zu tun, dass die Organspende – wie der Begriff bereits sagt – als eine moralisch positiv konnotierte, altruistische Handlung gedeutet wird, die mit den Grundhaltungen der Palliative Care stark korreliert. Der Umstand, dass postmortale Organentnahmen medizinische Techniken und Prozeduren u. a. im Bereich der Intensivmedizin voraussetzen, die von der Hospiz- und Palliativ-Care-Bewegung als ambivalent oder riskant eingestuft werden, lässt hingegen die Fragestellung dieses Beitrags überhaupt erst aufkommen. Die Ziele der Patientenverfügungen und des Advance Care Planning führen *de facto* dazu, dass Organspenden verhindert werden; erst eine bewusste Zustimmung zu einer gewissen Überbehandlung zwecks Erhaltung der Organe für eine Explantation kann dieses Dilemma auflösen.

Mit Blick auf das weite Spektrum unterschiedlicher Vorstellungen von einem guten Sterben stellt dieses Vorgehen für mindestens zwei Gruppen keine akzeptable Lösung dar: Menschen, die sich ein möglichst stress- und technikfreies Sterben in den eigenen vier Wänden wünschen und ihr Leben keinesfalls auf einer Intensivstation beenden möchten, werden die zusätzlichen Maßnahmen nicht in Kauf nehmen. Dasselbe gilt für Personen, für die ein Sterbeprozess erst dann abgeschlossen und eine Person erst dann tot ist, wenn alle Lebenszeichen definitiv verloschen sind und die Angehörigen sich in Ruhe von der verstorbenen Person verabschieden konnten.

---

48 Vgl. den entsprechenden Hinweis in MULDER ET AL. 2022, 2770.

LITERATUR

ANONYM, *Palliativversorgung und Transplantation – eine Unmöglichkeit?*, in: Ethik in der Medizin 32 (2020), 93 f.

BENDORF, ARIC/KERRIDGE, IAN H./STEWART, CAMERON, *Intimacy or Utility? Organ Donation and the Choice Between Palliation and Ventilation*, in: Critical Care 17 (2013), 316, https://doi.org/10.1186/cc12553.

BERGMANN, ANNA, *Organ-«Spende» – der Verzicht auf palliative Sorge und einen pietätvollen Umgang*, in: Praxis PalliativeCare Nr. 44, 2019, 18–22.

—, *Organspende – tödliches Dilemma oder ethische Pflicht? Essay*, in: Aus Politik und Zeitgeschichte 20–21 (2011), 10–15.

—, *Wissensdefizite in der Aufklärung über das andere Sterben von Organspendern und weitere Strategien der Organbeschaffung*, in: Fokus. Zeitschrift von Dialog Ethik 141 (September 2019), 32 ff.

BLUM, KARL, *Inhousekoordination bei Organspenden. Abschlussbericht. Forschungsgutachten im Auftrag der Deutschen Stiftung Organtransplantation (DSO)*, Düsseldorf 2012.

BRAUN, FELIX/RAHMEL, AXEL, *Änderungen im Transplantationsgesetz und Auswirkungen auf das Spenderaufkommen in Deutschland*, in: Chirurg 91 (2020), 905–912.

BUNDESAMT FÜR GESUNDHEIT/SCHWEIZERISCHE KONFERENZ DER KANTONALEN GESUNDHEITSDIREKTORINNEN UND GESUNDHEITSDIREKTOREN (Hg.), *Nationale Leitlinien Palliative Care*, Bern 2010.

CHERNY, NATHAN I./EINAV, SHARON/DAHAN, DAVID, Palliative Medicine in the Intensive Care Unit, in: Cherny, Nathan I./Fallon, Marit/Kaasa, Stein et al. (Eds.), *Oxford Textbook in Palliative Medicine*, Oxford ⁵2015b, 1013–1021.

—/FALLON, MARIT/KAASA, STEIN ET AL. (Eds.), *Oxford Textbook in Palliative Medicine*, Oxford ⁵2015a.

DEUTSCHE BISCHOFSKONFERENZ/RAT DER EVANGELISCHEN KIRCHE IN DEUTSCHLAND, *Christliche Patientenvorsorge durch Vorsorgevollmacht, Betreuungsverfügung, Behandlungswünsche und Patientenverfügung*, Aktualisierte Neuauflage, Hannover u. a. 2018.

DEUTSCHE GESELLSCHAFT FÜR PALLIATIVMEDIZIN/DEUTSCHER HOSPIZ- UND PALLIATIVVERBAND/BUNDESÄRZTEKAMMER (Hg.), *Charta zur Betreuung schwerstkranker und sterbender Menschen in Deutschland*, Berlin ¹⁰2020.

DICKS, SEAN G./BURKOLTER, NADIA/JACKSON, LYNDALL C. ET AL., *Grief, Stress, Trauma, and Support During the Organ Donation Process*, in: Transplantation Direct 6 (2020), e512.

FMH/SCHWEIZERISCHE AKADEMIE DER MEDIZINISCHEN WISSENSCHAFTEN, *Patientenverfügung*, Ausführliche Version, Bern 2022, online: http://www.fmh.ch/service/patientenverfuegung.html (08.06.2023).

HANLEY, MATTHEW, *Determining Death by Neurological Criteria. Current Practice and Ethics*, Philadelphia/Washington D.C. 2020.

HÖFLING, WOLFRAM/OTTEN, THOMAS/IN DER SCHMITTEN, JÜRGEN (Hg.), *Advance Care Planning / Behandlung im Voraus Planen: Konzept zur Förderung von einer patientenzentrierten Gesundheitsversorgung. Juristische, theologische und medizinethische Perspektiven*, Baden-Baden 2019.

IN DER SCHMITTEN, JÜRGEN/RIXEN, STEPHAN/MARCKMANN, GEORG, Vorausplanung in der Notfall- und Intensivmedizin, in: COORS, MICHAEL/JOX, RALF/IN DER SCHMITTEN, JÜRGEN (Hg.), *Advance Care Planning. Von der Patientenverfügung zur gesundheitlichen Vorausplanung*, Stuttgart 2015, 288–301.

JOX, RALF/ASSADI, GALIA/MARCKMANN, GEORG (Eds.), *Organ Transplantation in Times of Donor Shortage. Challenges and Solutions*, Cham et al. 2016.

KESSELRING, ANNEMARIE/KAINZ, MARTINA/KISS, ALEXANDER, *Traumatic Memories of Relatives Regarding Brain Death, Request for Organ Donation and Interactions with Professionals in the ICU*, in: American Journal of Transplantation 7 (2007), 211–217.

KLIE, THOMAS/STUDENT, JOHANN-CHRISTOPH, *Patientenverfügung. So gibt sie Ihnen Sicherheit*, Freiburg i. Br. 2011.

LUX, EBERHARD ALBERT, *Kommentar II zum Fall: «Palliativversorgung und Transplantation – eine Unmöglichkeit?»*, in: Ethik in der Medizin 32 (2020), 101 f.

MULDER, JOHANNES/SONNEVELD, HANS/VAN RAEMDONCK, DIRK ET AL., *Practice and Challenges for Organ Donation After Medical Assistance in Dying: A Scoping Review Including the Results of the First International Roundtable in 2021*, in: American Journal of Transplantation 22 (2022), 2759–2780.

NATIONALE ARBEITSGRUPPE GESUNDHEITLICHE VORAUSPLANUNG, *Roadmap für die Umsetzung der Gesundheitlichen Vorausplanung (GVP) in der Schweiz*, hg. vom BUNDESAMT FÜR GESUNDHEIT UND DER SCHWEIZERISCHEN AKADEMIE DER MEDIZINISCHEN WISSENSCHAFTEN, Bern 2023.

NATIONALE ETHIKKOMMISSION IM BEREICH DER HUMANMEDIZIN (NEK), *Organspende. Ethische Erwägungen zu den Modellen der Einwilligung in die Organentnahme*, Bern 2019.

RIETJENS, JUDITH A. C./SUDORE, REBECCA L./CONNOLLY, MICHAEL ET AL., *Definition and Recommendations for Advance Care Planning: An International Consensus Supported by the European Association for Palliative Care*, in: Lancet Oncology 18 (2017), e543–551.

SCHRODER, J. N./PATEL, C. B./DEVORE, A. D. ET AL., *Transplantation Outcomes with Donor Hearts after Circulatory Death*, in: New England Journal of Medicine 388 (2023), 2121–2131.

SCHWEIZERISCHE AKADEMIE DER MEDIZINISCHEN WISSENSCHAFTEN, *Feststellung des Todes im Hinblick auf Organtransplantationen und Vorbereitung der Organentnahme. Medizin-ethische Richtlinien*, Basel 2019b.

—, *Intensivmedizinische Massnahmen. Medizin-ethische Richtlinien und Empfehlungen*, Basel 2018.

—, *Palliative Care. Medizin-ethische Richtlinien und Empfehlungen*, Basel 2019a.

—, *Patientenverfügungen. Medizin-ethische Richtlinien und Empfehlungen*, Basel 2020.

SCHWEIZERISCHER BUNDESRAT, *Bessere Behandlung und Betreuung von Menschen am Lebensende*, Bern 2020.

SHAW, DAVID M., *Organ Donation After Assisted Suicide: A Potential Solution to the Organ Scarcity Problem*, in: Transplantation 98 (2014), 247–251.

—/MORTON, ALEC, *Counting the Cost of Denying Assisted Dying*, in: Clinical Ethics 15 (2020/2), 65–70.

SHEMIE, SAM D./SIMPSON, CHRISTY/BLACKMER, JEFF ET AL., *Ethics Guide Recommendations for Organ-Donation–Focused Physicians: Endorsed by the Canadian Medical Association*, in: Transplantation 101 (2017), 41–47.

SIMON, ALFRED, *Kommentar I zum Fall: «Palliativversorgung und Transplantation – eine Unmöglichkeit?»*, in: Ethik in der Medizin 32 (2020), 95–99.

SIMPSON, CHRISTY/LEE-AMEDURI, KATARINA/HARTWICK, MICHAEL ET AL., *Navigating Disagreement and Conflict in the Context of a Brainbased Definition of Death*, in: Canadian Journal of Anesthesia 70 (2023), 724–735.

SMITH, THOMAS J./VOTA, SCOTT/PATEL, SHEJAL ET AL., *Organ Donation After Cardiac Death From Withdrawal of Life Support in Patients With Amyotrophic Lateral Sclerosis*, in: Journal of Palliative Medicine 15 (2012), 16–19.

STREECK, NINA, *Gesundheitliche Vorausplanung: Grundlagen. Bericht im Auftrag des Bundesamts für Gesundheit*, Zollikerberg 2021.

STUDENT, JOHANN-CHRISTOPH/NAPIWOTZKY, ANNEDORE, *Palliative Care. Wahrnehmen – verstehen – schützen*, Stuttgart ²2011.

SWEITZER, NANCY K., *Safely Increasing Heart Transplantation with Donation after Cardiac Death*, in: New England Journal of Medicine 388 (2023), 2191 f.

VAN HAREN, FRANK M. P./CARTER, ANGUS/CAVAZZONI, ELENA et al., *Conflicts of Interest in the Context of End of Life Care for Potential Organ Donors in Australia*, in: Journal of Critical Care 59 (2020), 166–171.

ZIMMERMANN-ACKLIN, MARKUS, *Sterbehilfe und Palliative Care – Überlegungen aus ethischer Sicht*, in: SCHULTE, VOLKER/STEINEBACH, CHRISTOPH (Hg.), *Innovative Palliative Care. Für eine neue Kultur der Pflege, Medizin und Betreuung*, Bern 2014, 80–92.

ZIMMERMANN, MARKUS, *Konflikte zwischen Palliative Care und Patientenverfügung versus Organspende*, in: HILPERT, KONRAD/SAUTERMEISTER, JOCHEN (Hg.), *Organspende – Herausforderung für den Lebensschutz*, Freiburg i. Br. 2014, 112–123.

5 STERBEN ALS RISIKO? PHILOSOPHISCHE UND THEOLOGISCHE DEKONSTRUKTIONEN EINER IDEE

Wo aber Kontrolle ist, wächst
Das Risiko auch.[1]

Die Umwertung des Suizids zu einem ultimativen Emanzipationsmerkmal und das Ringen um Anerkennung der assistierten Selbsttötung als dessen Realisierung spiegeln den Anfang einer neuen Sicht auf den Menschen, einer neuen Selbstinterpretation.[2]

Wovon Ethik nicht sprechen kann, muss Theologie nicht schweigen.[3]

Der Tod kommt stets zu früh für das Leben. Das behauptet zumindest Frank Mathwig in seiner bemerkenswerten theologisch-ethischen Monographie zur Suizidhilfediskussion in der Schweiz.[4] Er bringt damit eine zentrale Einsicht seiner Deutung des Suizids und der Suizidhilfe auf den Punkt: Kommt der Tod nämlich tatsächlich immer zu früh, kann sich keine Person wirklich das definitive Ende herbeisehnen oder wünschen, ihren Suizid und damit den eigenen Tod gar aus rationalem Kalkül planen. Trotzdem geschehen Suizide und assistierte Suizide, quantitativ nehmen letztere genauso wie die Mitgliedschaften bei den Sterbehilfe-Organisationen sogar stark zu. Ein Ende dieser Entwicklung ist momentan nicht in Sicht.[5] Liegt der Berner Philosoph und Theologe mit seiner Einschätzung also daneben?

5.1 Leben, Sterben und Tod

Wer ernsthaft über die Frage nach der Einschätzung des assistierten Suizids nachdenken möchte, so schreibt er, könne sich nicht auf prozedurale Aspekte oder pragmatische Umgangsregeln beschränken, ohne den eigentlichen Gegenstand ihrer Beschäftigung – also Leben, Sterben und Tod – selbst eingehend zu reflektieren. Dies unterstreicht er kontrafaktisch, da die gegenwärtigen Suizidhilfe-De-

---

1   LUHMANN 1991, 103.

2   WILS 2021, 178.

3   MATHWIG 2010, 141, formuliert in Anspielung auf den berühmten letzten Satz des Tractatus logico-philosophicus: «Wovon man nicht sprechen kann, davon muss man schweigen.» (WITTGENSTEIN 1984, 85.)

4   Vgl. MATHWIG 2010, 72. Das Kapitel basiert auf einem Vortrag, den ich am Studientag «Handeln, das nach Einsicht fragt. Zum Werk des Theologen und Ethikers Frank Mathwig» anlässlich Frank Mathwigs 61. Geburtstag am 13.12.2021 an der Universität Bern gehalten habe (aufgrund der Pandemie wurde der Anlass um ein Jahr verschoben, geplant war er zum 60. Geburtstag des Jubilars).

5   Vgl. dazu Kap. IV/2 im vorliegenden Band.

batten zumindest in der Schweiz von dieser Tiefendimension weitgehend unberührt bleiben, vielmehr oberflächlich und pragmatistisch geführt werden.[6]

Damit lenkt der Autor die Aufmerksamkeit auf mögliche Bedeutungen oder
den möglichen Sinn von Leben, Sterben und Tod. Den eingangs erwähnten Gedanken zur Irrationalität oder Widersprüchlichkeit eines Todeswunsches kommentiert er folgendermaßen: Kein Mensch könne sich sein Ende, seinen Tod,
wirklich wünschen, da sich dieses Wünschen auf nichts richte, schlicht ins Leere
ginge. Seiner Beobachtung liegt die häufig ignorierte semantische Unterscheidung zwischen Sterben und Tod zugrunde: Sich ein gnädiges *Sterben*, eine erträg-
liche letzte Lebensphase zu wünschen, ist mehr als nachvollziehbar. Sich dagegen
den *Tod* positiv zu wünschen, sei überhaupt nicht möglich, da der Tod semantisch
– zumindest in der Ich-Perspektive – für das Nichts stehe, und das könne kein
Mensch sich für sich selbst wünschen. Sterbewünsche seien vielmehr kontrafaktisch und zeitlich – in der eigenen Biographie – stets nach hinten ausgerichtet: Sie
richteten sich beispielsweise gegen die Unerträglichkeit der eigenen Existenz, gegen die Gefahr, von der Hilfe anderer abhängig zu werden und damit stets negativ
gegen etwas, das zum Leben dazugehöre, hingegen nicht positiv auf etwas darüber Hinausgehendes.

Der Wunsch, als Mensch nicht mehr sein zu wollen, sei daher letztlich ein
Selbstwiderspruch.[7] Die Paradoxie des Sterbewunsches bestehe darin, sich etwas
zu wünschen, was grundsätzlich einfach nicht wünschenswert sei.[8] Als Beleg für
die existenzielle Bedeutung seiner Diagnose – gleichsam der Unmöglichkeit, sich
dieser Einsicht ohne Selbstwidersprüchlichkeit als einzelner Mensch entziehen
zu können – zitiert er den Philosophen Bernhard Taureck: «Dem Glücklichen
raubt der Tod definitiv das gefundene Glück, dem Unglücklichen die Möglichkeit,
es zu finden.»[9] Jede andere Auffassung wäre ein Ausdruck zynischer Lebensver-
neinung.[10]

Auch theologisch-ethisch bestätige sich diese Widersprüchlichkeit, zumindest zu einem guten Teil und mit Blick auf die von Eberhard Jüngel identifizierte
erste von zwei Dimensionen der biblischen Rede vom Tod:[11] Diese erste Dimensi-

---

6 Vgl. MATHWIG 2010, 77, ähnlich auch WILS 2021 mit Blick auf die Diskussionen in den Niederlanden. Ich teile diese Wahrnehmung, sie trifft meines Erachtens verblüffend weitgehend zu.

7 Vgl. MATHWIG 2010, 69–77.

8 Vgl. ebd. 204.

9 TAURECK 2004, 38.

10 Vgl. MATHWIG 2010, 72; vgl. ähnlich auch WILS 2021, 19. Hier wäre der Dialog mit dem Ansatz
eines «vollkommenen Nihilismus» zu führen, der das Gegenteil vertritt und der im gegenwärtigen
Antinatalismus eine gewisse Fortsetzung findet, vgl. LÜTKEHAUS 2003 sowie HALLICH 2022.

11 Vgl. ebd. 101–142; vgl. auch Kap. I/7, v. a. 7.3.

on besteht in der biblischen Ansicht, der Tod markiere das definitive Ende eines Menschen, die vollständige und totale Verhältnislosigkeit, und damit etwas, was kein Mensch sich wirklich wünschen könne.[12] Die Radikalität dieser biblischen Sichtweise des Todes ist gegen eine platonisierende, in katholischer Tradition und dem dazugehörigen Brauchtum stark präsente Lesart der Bibel gerichtet und wurde mir erst bei meiner Jüngel-Lektüre im Anschluss an mein Studium der katholischen Theologie klar.[13] Aus Sicht des christlichen Glaubens bleibe schließlich, so Frank Mathwig weiter, die Hoffnung auf den ganz Anderen, die Beziehung des Menschen zu seinem Schöpfer und Erlöser, der – im Sinne der Auferstehungshoffnung – selbst im Tod noch etwas mit den Menschen vorzuhaben scheint. In der anti-platonisch inspirierten Todes- und Auferstehungsdeutung Eberhard Jüngels lautet das beispielsweise so: «Das endliche Leben wird als endliches Leben *verewigt*. Aber eben nicht durch unendliche Verlängerung: eine Unsterblichkeit der Seele gibt es nicht. Sondern durch Teilhabe an Gottes eigenem Leben. In seinem Leben wird das unsrige *geborgen* sein.»[14] In dieser, meines Erachtens authentischen biblischen Lesart von Tod und Auferstehung wird implizit klar, welche eminente Bedeutung sowohl der Endlichkeit als auch der Leiblichkeit des menschlichen Lebens theologisch zukommt und wie unmöglich es in einer solchen Denkweise ist, Sterben und Tod als einen ‹spirituellen Übergang› oder eine ‹Fortsetzung des Lebens auf andere (seelische) Weise› zu deuten.[15] Einen Suizid aus ethischem oder rationalem Kalkül könne es darum auch in der christlichen Glaubensperspektive nicht geben, so Frank Mathwig im Anschluss an grundlegende theologische Überlegungen zum Suizid bei Karl Barth und Dietrich Bonhoeffer.[16]

---

12 Vgl. ebd. 110; JÜNGEL ⁴1990, 145 f. Die zweite Perspektive besteht gemäß Eberhard Jüngel im «Tod des Todes», dem Angebot des von Gott besiegten bzw. entmächtigten Todes, verstanden und zugänglich in einer christlichen Hoffnungsperspektive.

13 Vgl. ebd. 73 f.: Der Autor schreibt hier von der Entplatonisierung des Christentums als einer theologischen Aufgabe, wobei er mit dem Platonismus u. a. die in der katholischen Tradition stark präsente Idee meint, Menschen gelangten durch den Tod zur Unsterblichkeit (der Seele). Zum Platonismus-Vorwurf an die katholische Theologie und deren dualistische Leib-Seele-Anthropologie vgl. auch MATHWIG 2010, 108.

14 Ebd. 152 (Hervorhebungen im Original); vgl. MATHWIG 2010, 110–112.

15 Das ist der tiefere Grund meiner Skepsis gegenüber Sterbemodellen wie dem der St. Galler Psychologin, Theologin und Musiktherapeutin Monika Renz, vgl. RENZ 2015; zur Idee oder Vorstellung des Sterbens als Übergang vgl. ZIMMERMANN U. A. 2019, 171–174.

16 Vgl. MATHWIG 2010, 121.

5.2 Hermeneutisches Tieferbohren

Es geht mir in diesem Buchkapitel um eine theologisch-ethische Annäherung an die Suizidhilfe und dies in der Perspektive meines Kollegen Frank Mathwig. Das Sterben werde zusehends als eine Art Risiko, die Suizidhilfe entsprechend im Sinne einer Risikominimierung wahrgenommen und gedeutet. Ich halte diese Beobachtung für so inspirierend, dass ich sie ins Zentrum meiner Ausführungen stelle. Vieles von dem, was noch vor einigen Jahrzehnten als Schicksal und unberechenbare Gefahr wahrgenommen und erfahren wurde, darunter Zeugung, Geburt, Krankheit, Sterben und Tod, ist im heutigen Erleben vieler Menschen zu einem mehr oder weniger berechenbaren Risiko mutiert. Die Mitgliedschaft bei einer Sterbehilfe-Organisation wird – zumindest in dieser Lesart – zu einer Art Sterbeversicherung, der Suizid zu einem letzten emanzipativen Akt des autonomen, sich bis zum Schluss behauptenden Individuums.

Frank Mathwig ist freikirchlich-baptistisch aufgewachsen, bevor er ein Studium der Philosophie und evangelischen Theologie, daneben eine Ausbildung zum Krankenpfleger durchlief. Sein faszinierendes Denken lässt sich als ein hermeneutisches Tieferbohren beschreiben, ein dialektisch-verstricktes, denkerisches Sich-Hineinversenken in schwierige Fragen und Problemstellungen. In der Regel ist es notwendig, seine Texte (mindestens) zweimal zu lesen, um gleichsam im Wissen um das denkerische Resultat in einem zweiten Anlauf noch einmal zu versuchen, den gedanklichen Wegen und Umwegen des Autors zu folgen. Seine Dissertation verspricht im Titel eine «Technikethik», geboten wird nicht nur das, sondern gleichzeitig metaethische Beobachtungen und Denkwege zu der Frage, wie die Ambivalenzen technischer Neuerungen ethisch angemessen zur Sprache gebracht, verstanden und eingeschätzt werden können.[17]

Eine typische Reaktion Frank Mathwigs auf die häufig von Medienschaffenden gestellte Frage: «Darf ich mir mit Hilfe eines anderen Menschen das Leben nehmen?» besteht in der lakonischen Bemerkung, die Frage sei schlicht falsch gestellt und lasse sich nicht beantworten.[18] Erwartet wird eigentlich eine Antwort, die das Gespräch pragmatisch und im Sinne eines Pro oder Contra[19] zuspitzen soll, mit der unerwarteten Reaktion Frank Mathwigs wird dagegen ein Gespräch – na-

---

17 Vgl. MATHWIG 2000.

18 Frage und Antwort sind Teil eines Club-Gesprächs zum Thema «Sterbehilfe auch für Gesunde?» im Schweizer Fernsehen DRS vom 06.05.2014, online: https://www.youtube.com/watch?v=qeBbo_DpAqE (03.07.2023).

19 Vgl. WEHRLI U. A. [2]2015: Bezeichnenderweise hat Frank Mathwig in diesem Buch mit Pro- und Contra-Positionen zur Suizidhilfe nicht mitgewirkt, obgleich er eine bedeutende und nicht überhörbare Stimme in der Suizidhilfediskussion in der Schweiz ist.

mentlich über unterschiedliche Wahrnehmungen des hier reflektierten Problems[20] – erst eröffnet. Das Problem der genannten Frage liegt ja darin, auch in diesem Punkt bin ich einig mit dem Autor, dass hier eine moralische Einschätzung einer menschlichen Praxis erwartet wird, die sich hingegen einer solchen Qualifizierung entzieht. Der Suizid eines Menschen lässt sich moralisch nicht (sinnvoll) beurteilen.[21] Es ist auch nicht erstaunlich, dass in allen Schilderungen von Suizidfällen in der Bibel eine Bewertung fehlt: Sie werden – wie beispielsweise die Selbsttötung von König Saul (1 Samuel 31,3 f.) oder die von Judas, dem Verräter (Matthäus 27,5) – schlicht beschrieben, moralisch aber nicht beurteilt. Gefragt werden sollte nicht, ob ein sterbewilliger Mensch sich töten darf oder nicht, sondern vielmehr, *warum* ein Mensch soweit kommt, dass er einzig im Suizid einen möglichen Ausweg für sich sieht. Bei König Saul war diese Antwort einfach: Auf dem Schlachtfeld ins Hintertreffen geraten, wollte er vermeiden, dass er lebend in die Hände der Feinde gerät; im Falle Judas bestand das Problem in seiner öffentlichen Scham und dem entsprechenden Gesichtsverlust, nachdem er ein Geldgeschenk für den Verrat eines Freundes angenommen hatte. Statt zu fragen, ob ein Mensch sich moralisch gesehen das Leben nehmen dürfe, komme es vielmehr darauf an, so Frank Mathwig, die Gesellschaft so zu verändern, dass sich schlicht niemand mehr für das Angebot der Sterbehilfe-Organisationen interessiere und die Organisationen wie auch die Diskussionen über die Suizidhilfe gegenstandslos würden.[22] Das ist einer seiner typischen Denkwege: Vermeintlich geht es bei der Suizidhilfe ausschließlich um eine individuelle Person, um deren Rechte und Autonomie, beim näheren Hinschauen aber zeigt sich, dass die Praxis auch eine eminente gesellschaftliche und kulturelle Relevanz hat.

Frank Mathwig definiert *Ethik* als den Versuch, das Handeln, das sich nicht von selbst versteht, auf seine Gründe hin zu befragen und damit zu orientieren. Es gehe ihr darum, menschliches Handeln vernünftiger Einsicht zuzuführen und damit diskursfähig zu machen. Die Ethik sei daher eine eminent gemeinschaftli-

---

20 Vgl. dazu MATHWIG 2010, 179, zur Unterscheidung zwischen Fragen nach dem ‹richtigen Handeln› und Fragen nach den ‹richtigen Fragestellungen›.

21 Jean-Pierre Wils, der sich grundsätzlich zugunsten der Vertretbarkeit der Suizidhilfe und auch der Tötung auf Verlangen äußert (vgl. beispielsweise WILS 1999), hat sich in seinem letzten Buch zum Thema gleichwohl pointiert skeptisch und kritisch zur bestehenden Praxis in den Niederlanden geäußert, inhaltlich in vielerlei Hinsicht vergleichbar mit den Ausführungen bei Frank Mathwig. Er zitiert in seinem jüngst erschienen Buch den US-amerikanischen Philosophen J. David Velleman mit dem treffenden Wort: «On the policy question of assisted suicide, then, I am neither Pro nor Con. I'm, like, Not So Fast.» VELLEMAN 2015, 23 (zitiert nach WILS 2021, 152).

22 Diese Aussage ist in der oben erwähnten Diskussionssendung von SFDRS gefallen, vgl. https://www.youtube.com/watch?v=qeBbo_DpAqE (03.07.2023).

che und gesellschaftliche Aufgabe.[23] *Theologische Ethik* sei dies in einem gesteigerten Sinne, verstehe sie sich doch als Unternehmen unter der Voraussetzung, dass Menschen Geschöpfe eines an der Gemeinschaft mit seiner Schöpfung interessierten, in sich selbst zutiefst gemeinschaftlichen Gottes seien. Im Horizont des Glaubens versuche sie, menschliches Sich-Verhalten und Handeln zu verstehen, über seine Gründe vernünftig Auskunft zu geben und es in Entsprechung am göttlichen Handeln zu orientieren.[24]

Die zwei ‹pathischen› Brenn- oder Orientierungspunkte seiner Ethik, bei deren Berührung es emotional, argumentativ und inhaltlich ‹dicht› bzw. bedeutend wird, sind die Freiheit einerseits und die Liebe andererseits, resultierend in Positionen der Liberalität und Relationalität. Theologisch und in der Sprache Johannes Fischers, einem der wichtigen Referenzautoren von Frank Mathwig, lassen sich diese beiden dialektisch aufeinander bezogenen Ausrichtungsmodi menschlicher Moralität als ‹Geist der Freiheit› einerseits und ‹Geist der Liebe› andererseits verstehen.[25]

Ein ‹leiser›, jedoch fulminanter theologisch-ethischer Text von Frank Mathwig ist mit «Worum sorgt sich Spiritual Care?» überschrieben und in einem theologischen Sammelband zur Palliative und Spiritual Care erschienen.[26] Mit großer Umsicht und hermeneutisch-phänomenologischem Herantasten an das, was mit Menschen im Sterben geschieht, kritisiert er in diesem Text eine sich neu abzeichnende Unfreiheit im Sterben, wenn die Idee aufkäme, dass auch diese letzte Phase im Leben aktiv bewältigt und sinnvoll erlebt werden müsse. Dagegen erinnert er an die stets bereits geschenkte Annahme aller Menschen, den Heilsindikativ im christlichen Glaubensverständnis.[27]

Bei aller Eigenwilligkeit und Differenziertheit ist Frank Mathwigs Denken geprägt von mindestens folgenden fünf Kennzeichen: (1) Begrifflicher Präzision und sprachphilosophischen Überlegungen, mit gewissen Vorlieben für Aristoteles und Ludwig Wittgenstein; (2) politischem Denken: Menschen werden als Freiheitswesen stets relational und als Teil einer politischen Gemeinschaft verstan-

---

23 Vgl. MATHWIG 2021, 9.

24 Vgl. ebd.

25 Vgl. FISCHER 1994, z. B. 178, zur Frage, wie der Mensch befreit werden könnte aus dem Zwang zur Selbstrechtfertigung, der Verkrümmung in sich selbst zur Kommunikativität der Liebe und den Antworten, die Paulus beispielsweise in seiner Tauftheologie darauf gegeben hat; vgl. auch FISCHER U. A. 2007, 317–345.

26 Vgl. MATHWIG 2014.

27 Seine Kritik gipfelt in vier Anmerkungen zur Aufgabe von kirchlicher Seelsorge, die unter anderem lauten: «Wer, wenn nicht kirchliche Seelsorge, sagt den Menschen, deren Energie und Geist zu schwach für Selbstfindung und spirituelle Erfahrungen geworden ist, dass es beides nicht braucht, weil sie längst gefunden wurden?» Ebd. 38.

den, deren Zusammenleben vom Recht geregelt ist; (3) gesellschaftlich-systemischem Denken, ständiger Begleiter ist Niklas Luhmann, daneben viele weitere Soziologinnen und Soziologen; (4) selbstreflexivem Denken, mit einer Präferenz für eine Ethik der Wahrnehmung, die um ihre lebensweltliche Prägung weiß und diese weder negiert noch verabsolutiert; (5) theologischem Denken, geprägt von der reformatorischen Theologie und einer besonderen Faszination für das Denken Karl Barths.[28]

5.3 Die Idee des riskanten Sterbens[29]

Die Wahrnehmung des Sterbens habe sich im Laufe der Geschichte markant verändert, so die These Frank Mathwigs; aus den meisten Todesgefahren seien heute längst Lebensrisiken geworden.[30] Als Effekt dieser zusehenden Absicherungsmöglichkeiten ergibt sich jedoch gleichzeitig: «Je erfolgreicher wir die Gefahren des Lebens in den Griff bekommen, desto riskanter wird unser Leben.»[31] Zu ergänzen wäre im Sinne des Autors: ‹... und desto riskanter wird auch das Sterben.› Je mehr Möglichkeiten die Menschen haben, sich vorzusehen und ihr Sterben vorzubereiten bzw. abzusichern, desto riskanter wird das Lebensende. Meine Lieblingsreferenz zur Veranschaulichung dieses Effekts ist das Regenschirm-Beispiel von Niklas Luhmann:

> Wenn es Regenschirme gibt, kann man nicht mehr risikofrei leben: Die Gefahr, dass man durch Regen nass wird, wird zum Risiko, das man eingeht, wenn man den Regenschirm nicht mitnimmt. Aber wenn man ihn mitnimmt, läuft man das Risiko, ihn irgendwo liegenzulassen.[32]

Erst seit es Intensivstationen gibt, sind Entscheidungen zu fällen, wie sie beispielsweise während der Corona-Pandemie in den umstrittenen Triage-Richtlinien kommentiert wurden.[33] Seit in der Schweiz die Möglichkeit besteht, eine Suizidhilfe ohne Gesichtsverlust in Anspruch zu nehmen, stehen Menschen vor der Entscheidung, ob sie eine solche auch für sich in Betracht ziehen wollen oder nicht. Während der oben zitierten Fernsehdiskussion zur Suizidhilfe bei gesunden Menschen wurde die im Jahr 1932 geborene Schweizer Schriftstellerin Judith Giovanelli-Blocher von der Moderatorin gefragt, ob auch sie bereits einen Suizid geplant habe.[34] Auch wenn ihr diese Frage im Rahmen einer Diskussionssendung

---

28 Vgl. MATHWIG/ZEINDLER 2019.
29 Vgl. MATHWIG 2010, 67–100.
30 Vgl. ebd. 79.
31 Ebd. 79 f.
32 LUHMANN 1993, 328; zitiert nach MATHWIG 2010, 80.
33 Vgl. ZIMMERMANN 2022.
34 Vgl. https://www.youtube.com/watch?v=qeBbo_DpAqE (03.07.2023).

zur Suizidhilfe gestellt wurde, wird mit der Art der – beim näheren Überdenken im Grunde unglaublichen, vor einigen Jahren noch undenkbaren – Fragestellung implizit nahegelegt, als Schweizer Bürgerin oder Bürger sollte man sich ab einem gewissen Alter im Sinne des Advance Care Planning (ACP) überlegen, ob ein Suizid für einen selbst in Frage kommt oder nicht. In dieser Art der Diskursivierung der Suizidhilfe wird die häufig beschriebene Gefahr einer möglichen Ausweitung der Praxis auf besonders vulnerable Menschen sozusagen auf den Kopf gestellt: Suggeriert wird, der Suizid im Sinne einer Selbstbehauptung oder Selbsttechnik sei ein Markenzeichen selbstbestimmter, besonders autonomer Menschen, von Persönlichkeiten, die es gewohnt sind, im Alltag schwierige und weitreichende Entscheidungen zu treffen.

Doch auch hier gilt der von Niklas Luhmann beschriebene Effekt: Jedes kontrollierte Risiko gebiert neue Risiken, im Fall einer Suizidhilfe beispielsweise das Problem, dass eine sterbewillige Person nach oraler Einnahme des Natriumpentobarbitals (NAP) möglicherweise noch einige Stunden bewusstlos weiterlebt, so dass sich die Frage stellt, wer während dieser Zeit am Sterbebett bleiben kann oder sollte. Eine Alternative bietet die intravenöse Verabreichung des NAP, wobei sich dann das Problem stellt, wie bei der nachträglichen Kontrolle nachgewiesen kann, welche Person den Infusionshahn geöffnet hat. Das wiederum führt dazu, dass das Sterben zur Sicherung eines Beweismittels mit einer Videokamera aufgenommen wird, was wiederum Fragen zum Datenschutz und zum Schutz der Intimität aufwirft etc.[35]

Den Transformationsvorgang von Gefahren zu Risiken bringt Frank Mathwig in seiner Dissertation folgendermaßen auf den Punkt:

> Zunächst werden (objektive) Gefahren in (subjektive) Risiken transformiert; anschließend werden – mit Hilfe der verantwortungsethischen Begrifflichkeiten ‹Zuständigkeit› und ‹Zurechenbarkeit› – die riskanten Sachverhalte in den Kompetenz- und Handlungsbereich einzelner Subjekte verlagert. Entscheidend ist, dass die ‹definitorische Transformation› einer Gefahr in ein Risiko das Vorhandensein subjektiver Handlungsräume voraussetzt, in denen der riskante Sachverhalt verortet werden kann.[36]

Beispiele für diesen Vorgang gibt es bereits im Bereich der medizinischen Ethik viele, um nur eines zu nennen: Seit es die Möglichkeit des Carrier Screenings gibt, also relativ kostengünstig genetische Tests auf Trägerschaft für gewisse genetische Erkrankungen vornehmen zu lassen, ist es sukzessive Teil der persönlichen Verantwortung von Paaren mit Kinderwunsch geworden, dafür zu sorgen, dass sie bei einer beidseitigen Trägerschaft für eine rezessive Erkrankung entsprechende Vorsichtsmaßnahmen treffen, beispielsweise auf Kinder verzichten, eine Samenspende

---

35 Zur kontroversen Diskussion über geeignete todbringende Mittel vgl. SINMYEE ET AL. 2019.
36 MATHWIG 2000, 209; vgl. MATHWIG 2010, 178.

in Anspruch nehmen oder eine Präimplantationsdiagnostik durchführen lassen. In der Schweiz wird ein solches Carrier-Screening heute beispielsweise bei allen Samenspendern durchgeführt, was zur Etablierung dieser Technik bei den Spendern, ihren potenziellen Partnerinnen sowie den Empfängerinnen der Spendersamen beiträgt.[37]

Niklas Luhmann hat das Phänomen – Friedrich Hölderlins Patmos-Gesang als Vorlage nehmend – in den vorangestellten Vers gebracht: «Wo aber Kontrolle ist, wächst / Das Risiko auch.»[38] Wo früher das Schicksal waltete, bestehen heute Zwänge zur individuellen Entscheidung. Hinsichtlich des Lebensendes liegen Beispiele auf der Hand, offenkundig ist der Effekt heute im Bereich des Advance Care Planning (ACP) bzw. der gesundheitlichen Vorausplanung (GVP).[39] Eine Besonderheit der Suizidhilfe besteht darin, dass im Zentrum nicht sterbende, sondern sterbewillige Personen stehen, so dass ein Thema wie «Suizidhilfe auch für Gesunde?», das sich mit Blick auf andere schwierige Lebensende-Entscheidungen so nicht stellt, überhaupt aufkommen kann.[40] «In einer technologisch-zivilisierten Welt hat das Schicksalshafte des Lebens seine ‹natürliche Unschuld› in immer mehr Bereichen verloren.»[41]

Auf diesem Hintergrund entsteht ein pragmatisches Verständnis von Suizidhilfe als einer Selbsttechnik, die jeder Person zur Verfügung steht, um das eigene Sterben unter Kontrolle zu halten. Gleichzeitig kommt es zu einer Banalisierung des Sterbens bzw. der Selbsttötung, einer Trivialisierung, die aus etwas Abstand betrachtet erstaunlich wirkt. Jean-Pierre Wils bringt diese Erscheinung in seinem kritischen Essay zur Idee des Suizids als letzter Emanzipation sprachlich unübertroffen auf den Punkt, indem er beispielsweise schreibt:

> Wir wollen sicher sein, dass das Sterben uns nicht – im buchstäblichen Sinne – unerwartet und ohne eigenes Zutun trifft. Wenn die Strategien der ‹Vergesundheitlichung› nicht mehr greifen, setzen wir auf die ‹Versicherheitlichung› im Hinblick auf den Tod. Auch auf ihn trifft

---

37 Vgl. Nationale Ethikkommission im Bereich der Humanmedizin 2019; Wehling u. a. 2020; Zimmermann 2024.

38 Luhmann 1991, 103, hier zitiert nach Mathwig 2010, 80. Friedrich Hölderlin dichtete in der ersten Strophe der Patmos-Hymne dagegen das tröstende Wort: «Wo aber Gefahr ist, wächst / Das Rettende auch.» Hölderlin 1808, 79.

39 Vgl. dazu Kap. IV/1 im vorliegenden Band. Ein wissenschaftlicher Workshop zum Thema, der im März 2023 an der Universität Lausanne durchgeführt wurde an dem ich teilnehmen konnte, war bezeichnender Weise überschrieben mit: «Healthy Aging in the Face of Death. Advance Care Planning Dialogue Workshop». Die Formulierung suggeriert, eine rechtzeitige Planung des eigenen Sterbens korreliere mit einem gesunden Alter. Thematisch passend haben alle Referierenden einen Korb mit gesunden Lebensmitteln aus der Region erhalten.

40 Vgl. Mathwig 2010, 54.

41 Ebd. 86.

der Mechanismus der Prävention zu, die ‹nie genug› hat. (...) Gegen das Übel des Todes wirkt die Optimierung des Sterbens. Man kommt diesem endgültigen Übel zuvor, *indem man es sich selbst verabreicht.*[42]

5.4 Theologische Dekonstruktion der Idee

Nachdem Frank Mathwig mit Hinweis auf Eberhard Jüngel klären konnte, dass es im Tod um alles bzw. den ganzen Menschen als Leib-Geist-Einheit geht, also nicht nur um seinen Leib, wendet er sich der zentralen Frage des Suizidverbots zu. Dabei bezieht er sich auf Schlüsseltexte zum Thema von Karl Barth und Dietrich Bonhoeffer, die letztlich bestätigen: Die Frage nach der Beendigung des von Gott geschenkten Lebens kann nicht ethisch als richtig oder falsch, sondern nur theologisch angemessen beantwortet werden.[43]

Er zeigt dies anhand einer Rekonstruktion der Freiheitsverständnisse der beiden großen protestantischen Theologen des letzten Jahrhunderts. Freiheit werde hier wesentlich relational verstanden: Menschliche Freiheit vollziehe sich als ein dialogisches Geschehen zwischen dem Schöpfergott und dem Verantwortung wahrnehmenden Menschen. Sie sei zudem nicht anthropologisch, sondern christologisch richtig verstanden, nämlich als ein Geschenk Gottes.[44] Darauf basiert eine Dekonstruktion sowohl der moralischen Bewertbarkeit eines Suizids als auch der Idee des riskanten Sterbens:

> Die menschliche Hybris (superbia) besteht nicht in der Suizidhandlung, sondern in dem Versuch der menschlichen (Selbst-)Rechtfertigung (vgl. Röm 3,23 f.) als Grund seiner Freiheit, aus der auf die Möglichkeit der moralischen Beurteilung und ethischen Begründung der Selbsttötung geschlossen wird. (...) Der souveräne Mensch muss alles selbst tun – einschließlich der Rechtfertigung seiner selbst.[45]

Das Problem besteht demnach im mangelnden Glauben eines Menschen, der meint, sich gleichsam selbst erlösen zu müssen oder zu können, nicht in einer moralisch zweifelhaften Handlung. Daher ist eine Selbsttötung als «letzte und äußerste Selbstrechtfertigung des Menschen als Menschen» für Dietrich Bonhoeffer vor dem Forum Gottes, nicht jedoch vor dem Forum der Moral verwerflich.[46] Auch die Idee, dem riskanten Sterben durch einen assistierten Suizid im Sinne einer Selbstbehauptung zuvorzukommen, wird damit als Selbstverkennung des Menschen theologisch *ad absurdum* geführt. Die christliche Anthropologie basiert wesentlich auf der Idee, so würde ich diese Diagnose aus katholischer Sicht for-

---

42 WILS 2021, 137 (Hervorhebung im Original).

43 Vgl. MATHWIG 2010, 116.

44 Vgl. ebd. 120.

45 Ebd., 121 f.

46 Vgl. ebd. 122, unter Verwendung eines Zitats von BONHOEFFER 1992, 192 f.

mulieren, dass wir Menschen frei, selbstbestimmt und autonom sind, gleichzeitig aber auch relational, eingebunden in Beziehungen. Ohne Vater und Mutter gäbe es keine Nachkommen, ohne Vertrauen, Anerkennung und Liebe wäre menschliches Leben unmöglich; undenkbar wäre das Leben zudem auch ohne einen Schöpfer, der das Ganze gewollt hat und kontinuierlich erhält. Geburt und Tod machen die besondere Beziehung von Menschen zu ihrem Schöpfer auf besonders intensive Weise erfahrbar: Die Idee, ich selbst beende mein Leben, ohne dabei mit Gott zu rechten, zu streiten, zu verhandeln, zu klagen, zu bitten etc., ist in dieser Sicht undenkbar. Das heißt nicht, dass ein Suizid moralisch verwerflich sein muss, aber es heißt doch, dass ich das nicht im Sinne einer Selbsttechnik rational planen und gleichsam ‹monologisch› durchführen kann, ohne dabei die ‹dialogische› Grundbefindlichkeit als Geschöpf Gottes vollständig zu negieren.

Bereits aufgrund dieser wenigen Überlegungen wird – meines Erachtens auch aus katholischer Sicht – klar, dass es bei diesem theologischen Nachdenken über Suizidalität und die Freiheit des Menschen nicht um Moral oder Ethik geht, sondern um die (Glaubens-)Beziehung zwischen Mensch und Gott. Ethisch formuliert steht weder die Beurteilung einer Person als gut oder schlecht, noch die Bewertung einer Handlung als richtig oder falsch zur Debatte, sondern vielmehr eine Beziehung, die intakt oder gestört, lebendig oder zerrüttet, stabil oder gefährdet sein kann. Diese Beziehung ist zutiefst asymmetrisch in dem Sinne, als Gott allein den Menschen rechtfertigen oder befreien kann (das *sola gratia*), die Menschen hingegen die Freiheit, Gnade oder Liebe als Geschenk annehmen und auf diese Weise in eine (gläubige) Beziehung zu ihrem Schöpfer treten können. Ein rationaler Suizid im Sinne einer Selbsttechnik ist aus christlicher Sicht – genauso wie im übrigen auch die Idee einer moralischen Pflicht zum Weiterleben – eine Selbstverkennung der eigenen Möglichkeiten, eine Ignoranz gegenüber dem Schöpfer des Lebens und seiner Gnade bzw. Liebe.[47] Die Theologie spricht hier von etwas anderem – nämlich dem Menschenbild – als die ethischen Debatten über die Suizidhilfe, die über die Erlaubtheit bestimmter Handlungen nachdenkt. Frank Mathwig erläutert:

> Der Mensch hat die Möglichkeit, sein Leben zu beenden, aber er kann diese Entscheidung nicht souverän treffen, weil er nicht Souverän des eigenen Lebens ist. Er ist fähig, sich das Leben zu nehmen, aber er kann diese Tat nicht rechtfertigen. (…) Anders formuliert: Aus theologischer Sicht stellt der Suizid keine *ethische* Handlungsoption dar. Aber ein Mensch kann eine solche Tat ins Auge fassen oder ausführen, aus Überzeugung, aus innerer Not, Gehorsam – aus Freiheit, aber nicht *aufgrund* seiner Freiheit.[48]

---

47 Vgl. dazu MATHWIG 2010, 124 f.
48 Ebd. 141.

Obgleich ich die Dekonstruktion des traditionellen Souveränitätsarguments –
Gott sei alleiniger Herr über Leben und Tod, darum dürfe der Mensch nicht töten
– in der katholischen Moraltheologie für zutreffend halte,[49] stimme ich den Beobachtungen Frank Mathwigs zur begrenzten Souveränität des Menschen gleichwohl zu. Das katholische Lehramt vertritt bis heute im Anschluss an Thomas von
Aquin eine *moralisierende* Variante des Souveränitätsarguments, die davon ausgeht, aus der Einsicht in die Souveränität Gottes über Leben und Tod folge das
moralische Urteil, der Mensch dürfe sich dieses Recht niemals zu eigen machen,
der Suizid sei darum eine Sünde und moralisch verboten.[50] Genau gegen diese
Form von Moralisierung des Glaubens richtet sich zu Recht die protestantische
Tradition. Das theologische Problem des katholischen Souveränitätsarguments
besteht in einem nicht vertretbaren Gottesbild – und, analog dazu, einem zweifelhaften Menschenbild und einer zweifelhaften Moral –, die sich biblisch nicht
halten lassen: Weder ist der biblische Gott ein moralischer Gesetzgeber, noch ist
der Mensch passiver Empfänger und Ausführender vorgegebener moralischer
Gebote oder die Moral eine gleichsam autoritativ von Gott verordnete.[51]

Ähnlich wie Frank Mathwig, der schreibt, ein Mensch könne einen Suizid ins
Auge fassen oder ausführen, aus Überzeugung, innerer Not oder – in Anspielung
auf Karl Barth – auch aus Gehorsam gegenüber Gott, *aus* Freiheit, jedoch nicht
aufgrund seiner Freiheit bzw. seiner Grundbefindlichkeit als Geschöpf Gottes, formuliere ich dieselbe Aussage gewöhnlich etwas kürzer, aber mit Bezug auf dasselbe Menschenbild: *Der Suizid ist eine menschliche Möglichkeit.* Eine Suizidhandlung
entzieht sich einer moralischen Bewertung, kann aus Sicht des Glaubens als ein
Akt der Verzweiflung, der Ausweglosigkeit, vielleicht auch des Gehorsams gegenüber dem Willen Gottes zu verstehen sein, nicht aber im Sinne eines rationalen
Selbstvollzugs von Freiheit. Aus dieser Sicht fallen die Idee des riskanten Sterbens
mitsamt der Möglichkeit einer autonomen Absicherung durch einen rechtzeitig
geplanten Suizid wie ein labiles Kartenhaus in sich zusammen: Idee und Siche-
rungsmodus widersprechen der Grundbefindlichkeit der Menschen in ihrer Beziehung zu ihrem Schöpfer.

---

49 Vgl. SCHÜLLER 1987, 238–251; ZIMMERMANN-ACKLIN ²2002, 182–187.

50 Vgl. beispielsweise den *Katechismus der katholischen Kirche*, Nr. 2280: «Jeder ist vor Gott für sein
Leben verantwortlich. Gott hat es ihm geschenkt. Gott ist und bleibt der höchste Herr des Lebens. Wir sind verpflichtet, es dankbar entgegenzunehmen und es zu seiner Ehre und zum Heil
unserer Seele zu bewahren. Wir sind nur Verwalter, nicht Eigentümer des Lebens, das Gott uns
anvertraut hat. Wir dürfen darüber nicht verfügen.» Online: https://www.vatican.va/archive/
DEU0035/__P86.HTM (04.07.2023).

51 Vgl. beispielsweise BOGNER/ZIMMERMANN 2019 und ZIMMERMANN 2019.

5.5 Philosophische Dekonstruktion der Idee

Gegenüber Risiken verhalten Menschen sich aktiv, es geht um den Versuch, etwas in den Griff zu bekommen, einzugrenzen oder zu bändigen. Gefahren hingegen zwingen zur Passivität, so Frank Mathwig in seiner Erläuterung der Idee des Sterbens als Risiko: «Die Beschreibung des Sterbens mit Hilfe des Risikobegriffs hat die Funktion einer Interpretationsmatrix. Sterben als Risiko verweist auf die Wahrnehmung des Lebensendes im Modus Aktiv.»[52] Riskante Handlungssituationen im Sterben sollen entscheidbar, handhabbar, kontrollierbar bleiben.

Gegen diese Zielsetzungen ist zunächst einmal nichts einzuwenden, im Gegenteil: Sie sind größtenteils plausibel. Dieselben Zielsetzungen teilen im übrigen auch die Palliative Care und das Advance Care Planning. Frank Mathwig stellt die Legitimität der Kontrollierbarkeit konsequenterweise auch nicht grundsätzlich infrage, aber er spricht sich gegen eine ethische Selbstgenügsamkeit aus, die darin bestünde, die Idee der Risikoreduktion des Sterbens durch einen rechtzeitig geplanten Suizid nicht kritisch auf ihre Voraussetzungen, Absichten und Zielsetzungen hin zu befragen.[53]

In diesem Zusammenhang unterstreicht er zunächst vier Fehlerwartungen an die Ethik, bevor er auf einzelne Hintergrundelemente eingeht: (1) Das rationalistische Missverständnis, dem gemäß eine vernunftbasierte, kognitive Ethik den zu lösenden Problemen tatsächlich immer angemessen sei. (2) Das perfektionistische Missverständnis, das verkenne, dass die zu lösenden Probleme in der Regel viel komplexer seien, als rationale Entscheidungsverfahren in der Lage zu erfassen seien. (3) Das instrumentelle Missverständnis, dem gemäß die Ethik auf pragmatische Lösungsstrategien reduziert verstanden werde. (4) Schließlich das individualistische Missverständnis, das verkürzt davon ausgehe, betroffen von einem Problem sei in erster Linie das Individuum und nicht die Gesellschaft.[54] Er verweist damit auf eine Reihe von Reduktionismen, die in der medizinischen Ethik nicht selten unterlaufen, indem komplexe Geschehnisse mit hohen emotionalen, existenziellen und widersprüchlichen Anteilen sowie unterschiedlichsten involvierten Interessen vereinfacht, rationalisiert, pragmatisch beurteilt und auf diese Weise vermeintlich ‹gelöst› werden.

Die menschliche Lebenswirklichkeit ist dagegen häufig sehr viel komplexer. Drei Beobachtungen von Frank Mathwig zur philosophischen Dekonstruktion der Idee des riskanten Sterbens beziehen sich erstens auf die Leibwahrnehmung, zweitens ein verkürztes Freiheitsverständnis und drittens die Bedeutung der Hilfestellung bei einem Suizid. Alle betreffen das menschliche Selbstverständnis

---

52 MATHWIG 2010, 178.

53 Vgl. ebd. 180.

54 Vgl. ebd. 180 f.

bzw. die menschliche Identität; sie sind daher nicht unmittelbar, hingegen indirekt, nämlich über das Menschenbild und entsprechende gesellschaftliche Praktiken normativ relevant. Sie antworten nicht auf die Frage, ob die Suizidhilfe ethisch vertretbar ist, sondern darauf, wie wir uns selbst verstehen und in welcher Gesellschaft wir leben möchten.

Die erste Beobachtung halte ich für verblüffend klar und bedenkenswert. In der Autonomiezentriertheit der Suizidhilfedebatten werde die alte Idee der freiheitlichen Selbstbestimmung auf die leibliche Existenz übertragen: Dabei gehe es, so Frank Mathwig, viel weniger um die Zurückweisung eines medizinischen Paternalismus, die als Standardkritik heute längst ausgedient habe, sondern um den *Widerstand gegen die Heteronomie des Leibes*.[55] «Mit der ‹Logik› der Suizidhilfe korrespondiert eine Tendenz zur ‹Entleiblichung› des Menschen. Der Leib wird nicht als bedingte Ganzheit des Menschen betrachtet, sondern funktional als bedingte Größe menschlicher Interessen.»[56] Auch anthropologisch – nicht nur theologisch – wendet sich der Autor damit gegen einen Leib-Geist-Dualismus: Unter dem Diktat der Selbstbestimmung werde das Fragmentarische des Lebens noch einmal aufgeteilt, anerkannt werde es für die Zerbrechlichkeit des Leibes, nicht aber für *die Zerbrechlichkeit der eigenen Souveränität*.[57] Entsprechend interpretiert er die Angst vor der Heteronomie einleuchtend als eine vor der Fremdbestimmung durch den eigenen Leib, gerade so, als gäbe es eine von diesem Leib vollständig losgelöste Entität, deren Souveränität erhalten und durch die Zerbrechlichkeit des Körpers infrage gestellt würde – und die durch einen rechtzeitigen, beispielsweise vor Eintreten einer Demenz vollzogenen Suizid in irgendeiner relevanten Weise bewahrt oder verschont bleiben könnte.[58] Bei einem Suizid stirbt doch der ganze Mensch, nicht nur der Leib, aus dem sich – möglicherweise – eine Geistseele befreit. An dieser anthropologischen Diagnose spalten sich allerdings unterschiedliche abendländische Denktraditionen. Mit Widerspruch aus gnostisch inspirierten Konzepten, wie sie beispielsweise der Anthroposophie zugrunde liegen, ist hier in jedem Fall zu rechnen.

---

55 Vgl. ebd. 191.

56 Ebd.

57 Vgl. ebd. 95.

58 Beispiele für dieses Verständnis bieten die Schriften von Hans Küng zur Suizidhilfe: Wie bereits Seneca ging es ihm maßgeblich um eine Ablehnung der Heteronomie des Leibes, der er, wenn nötig und in der christlichen Hoffnung auf ein «Ewiges Leben» (KÜNG 1982), rechtzeitig durch einen Suizid zuvorkommen wollte. Für ihn war die Vorstellung ein enormes Problem, dass er als Intellektueller eines Tages aufgrund körperlicher Einschränkungen nicht mehr lesen oder schreiben könnte. Beispiele nenne ich mit Blick auf JENS/KÜNG 1995 in ZIMMERMANN 1996, mit Bezug auf Aussagen im dritten Band seiner Autobiographie (KÜNG 2013) in ZIMMERMANN 2014.

Die zweite Beobachtung nimmt Bezug auf Alain Ehrenbergs Analyse des ‹erschöpften Selbst› und zur Müdigkeit des modernen Menschen, sich selbst zu sein bzw. sein zu müssen.[59] Die völlige Freiheit werde von vielen Menschen heute als eine Überforderung erlebt, als ein ‹Terror der Souveränität›, welcher gebiete, auch das Lebensende noch selbst zu organisieren. Für Frank Mathwig ist klar, dass der Selbstbestimmungsbegriff in der Suizidhilfe-Diskussion völlig überfrachtet wird, weil er die gesamte argumentative Last tragen müsse.[60] Der einzige Ausweg, der permanenten Herausforderung des Entscheiden-Müssens zu entkommen, sei die Krankheit, konkret die Depression, so Alain Ehrenberg. Diese Beobachtung trifft natürlich nicht nur auf die Suizidhilfe, sondern darüber hinaus auf alle Lebensbereiche zu, in welchen keine Traditionen oder Orientierungsmöglichkeiten außerhalb des eigenen Selbst mehr bestehen. Eine Alternative zu Krankheit, Erschöpfung oder Burnout bestünde in der Konstitution neuer kultureller Orientierungsmuster, die meiner Wahrnehmung nach auch gegenwärtig bereits in ersten Konturen erkennbar sind. Ein Beispiel bietet der in der Schweiz verblüffend stark und einseitig zustimmend geführte Diskurs über den sogenannten Altersfreitod mit der Forderung, eine sterbewillige Person müsse ab einem bestimmten Alter eine Bitte um Suizidhilfe nicht mehr begründen; dass damit gesellschaftlich gleichzeitig eine enorm negative Bewertung des hohen Alters einhergeht, wird weder verstanden noch diskutiert.[61]

Ein dritter Kritikpunkt verweist mit Beobachtungen von Johannes Fischer auf einen Aspekt, der in der gegenwärtigen deutschen Debatte infolge des einschlägigen Verfassungsgerichtsurteils von Februar 2020 zum Thema mit ihrer manisch auf das Recht auf Lebensbeendigung starrenden Einseitigkeit vollständig vergessen zu gehen droht: Kommt ein Mensch zur Entscheidung, seinem Leben ein Ende setzen zu wollen und bittet er einen Freund dabei um Hilfe, dann wird dieser Freund – normalerweise – zwischen zwei Polen hin- und hergerissen sein: Der Anerkennung des Wunsches und der Bereitschaft beizustehen einerseits und der Idee, den Sterbewilligen von seinem selbstzerstörerischen Wunsch abzubringen andererseits.[62] In den öffentlichen Debatten ist dagegen quasi ausschließlich von

---

59 Vgl. MATHWIG 2010, 198 f. mit Verweis auf EHRENBERG 2003.

60 Vgl. MATHWIG 2010, 198.

61 Wahrgenommen wird lediglich der Aspekt der Selbstbestimmung und der individuellen Freiheit: Es sei unwürdig, einen sterbewilligen Menschen, der ein bestimmtes Alter erreicht habe, noch mit vermeintlich unnötigen Fragen zu gängeln und zu prüfen. Unbemerkt angenommen wird dabei, dass ein Leben in einem bestimmten Alter als nicht mehr lebenswert angesehen wird; oder, so habe ich schon häufig erfolglos versucht, in der Öffentlichkeit zu argumentieren, warum sollten denn jüngere Menschen ihren Sterbewunsch begründen müssen?

62 Vgl. MATHWIG 2010, 201, mit Hinweis auf FISCHER 2009.

der Anerkennung des selbstbestimmten Wunsches die Rede, was – um im Sprachspiel zu bleiben – doch völlig unnormal ist. Die Selbsttötung wird dabei pragmatisch wie eine beliebige andere Handlung im Leben dargestellt, was jedoch in keiner Weise der lebensweltlichen Wirklichkeit entspricht, um die es hier geht: Ein Suizid ist ein drastischer, irreversibler, die Angehörigen und Freunde in der Regel zutiefst verstörender Akt der Selbstdestruktion, für Albert Camus war der Suizid das einzige wahre philosophische Problem.

Abschließend sei an eine prophetisch formulierte Beobachtung Jens Jessens erinnert, die er in einer Zeit-Kolumne zum Jahresende 2014 veröffentlich hatte:[63] Heute gerate die biologisch-körperliche Anpassung und Veränderung einseitig in den Blick, während die gesellschaftliche Perspektive völlig verloren gehe. Damit drohe die Anpassung der Individuen an gesellschaftliche Unterdrückungsmechanismen anstelle einer Anpassung der Gesellschaft an die Natur des Menschen:

> Das heute allein diskutierte Unglück ist seine körperliche Gebundenheit. Der neue Mensch, den das Jahr 2014 gefeiert hat, darf oder soll aus allen natürlichen oder ähnlich unhintergehbaren Bindungen gelöst werden – aus Erbgut, Familie, Geschlecht, er wird im Reagenzglas gezeugt, in gekauften Mutterkörpern ausgetragen, nach Bedarf und Ermessen getötet. Nur eines darf mit ihm augenscheinlich nicht geschehen: Er darf nicht aus den Arbeits- und Produktionsbedingungen herausgelöst werden, in denen er, nach Lage der Dinge im westlichen Wirtschaftsleben, vornehmlich als Angestellter tätig ist.[64]

5.6 Fazit

Liegt Frank Mathwig mit seiner Einschätzung, der Tod komme stets zu früh für das Leben, nun doch richtig? Hat sich die Idee oder Selbsttechnik, dem eigenen Tod durch einen rechtzeitig vollzogenen Suizid gleichsam zuvorzukommen bzw. ihm selbstbestimmt die Stirn zu bieten, als Holzweg, als eine menschliche Selbstverfehlung oder Fehleinschätzung erwiesen? Falls dem so wäre, welche Rolle spielt bei dieser Einschätzung dann die Theologie, der christliche Glaube?

Auf die ersten beiden Frage würde ich klar positiv antworten: Ja, der Tod kommt stets zu früh für das Leben, und: Ja, die Idee des (assistierten) Suizids als einer rationalen Strategie im Umgang mit Sterberisiken ist ein Holzweg. Dies scheint mir zumindest unter Annahme eines bestimmten Menschenbilds eindeutig so der Fall zu sein. Solange Menschen als relationale, aufeinander und auf Anerkennung angewiesene, verdankte, leibliche und endliche Wesen verstanden werden,[65] wäre es widersprüchlich, das vollkommene Nichts der eigenen Existenz vorzuziehen. Es wäre eine Fehleinschätzung der eigenen Möglichkeiten oder Souveränität, davon auszu-

---

63 Vgl. JESSEN 2014.

64 Ebd.

65 Vgl. dazu auch Kap. I/5 sowie I/7 im vorliegenden Band.

gehen, ein ent-leiblicht vorgestelltes Ich behielte bei einem Suizid eine Handlungs-souveränität, die bei einem «passiven», abgewarteten Sterben verloren ginge. Es wäre mit Blick auf die eigene Endlichkeit und die Angewiesenheit auf andere Menschen eine Überforderung, Verantwortung und Regie auch noch für den eigenen Tod übernehmen zu müssen. Es wäre nicht zuletzt angesichts der Relationalität der Menschen eine Zumutung, von einer geliebten Person, einer Freundin oder einem Freund zu erwarten, er oder sie möge meinem Plan, mir das Leben zu nehmen, zustimmen. In diesem Sinne entscheiden sich die Antworten auf die beiden Fragen aufgrund eines bestimmten Menschenbilds und Selbstverständnisses, das sowohl individuell als auch kulturell und damit gesellschaftlich verankert ist.

Meines Erachtens ist es Frank Mathwig gelungen, diese hermeneutisch bedeutsamen Zusammenhänge plausibel und auf vielerlei Weise aufzuzeigen. Dabei geht es nicht um ein argumentatives Pro und Contra Suizidhilfe, das zu einer ethisch-normativen Einschätzung derselben führt.[66] Gleichzeitig ist aber klar, dass diese hermeneutischen Überlegungen wesentlich sind, um sich selbst und andere besser zu verstehen und einen angemessenen Umgang mit den existenziellen Herausforderungen zu finden.[67]

Bleibt zu beantworten, welche Rolle die Theologie bzw. der christliche Glaube bei dieser Einschätzung übernimmt. Wovon Ethik nicht sprechen könne, müsse Theologie nicht schweigen, so habe ich Frank Mathwig im Motto zu diesem Kapitel zitiert.[68] Diese Bemerkung mag zunächst einmal zutreffen: Ist von der Rechtfertigung des Menschen, vom Heilsindikativ, von Gott und seiner Offenbarung die Rede, ist das ausschließlich in theologischer Sprache möglich. Allerdings ist hier an die Einsicht Hans Halters zum hermeneutischen Zirkel zwischen Menschen- und Gottesbild und der gewählten Moral zu erinnern:

> Nicht nur prägt die Gottesvorstellung die Auffassung vom Menschen und von Moral mit, es ist umgekehrt auch so, dass die vorgegebene Auffassung vom Menschen und seiner Moral die Gottesvorstellung mitbestimmt. Wir befinden uns dauernd in einem unausweichlichen Zirkel von der Moral zum Gottesglauben und vom Gottesglauben zur Moral. Ist das Problem einmal erkannt, tut sich hier nochmals ein Feld der Verantwortung auf. Ein fragwürdiges Vorverständnis vom Menschen und seiner Moral kann fragwürdige Gottesvorstellungen evozieren oder verstärken.[69]

---

66 Vgl. dazu beispielsweise ZIMMERMANN-ACKLIN 2009.

67 Vgl. bestätigend SCHOCKENHOFF 2014, 585: «Im Streit um die Selbsttötung geht es nicht um die moralische Bewertung eines bestimmten Handlungstypus unter anderen, sondern um die Frage, wie der Mensch sein Leben überhaupt zu betrachten habe.» E. Schockenhoff wählt die Suizidthematik in seiner Grundlegung der Ethik als Beispiel für eine Herausforderung, die sich nicht deontologisch- oder teleologisch-normativ, sondern nur hermeneutisch angemessen erfassen lasse (ebd. 578–590).

68 Vgl. MATHWIG 2010, 141.

69 HALTER 1995, 490.

Im Sinne dieser Beobachtung und mit Blick auf die theologische *und* philosophische Dekonstruktion der Idee des riskanten Sterbens bei Frank Mathwig scheint mir klar, dass Menschenbild, Gottesbild und moralische Einschätzung auch hier auf engste Weise miteinander zusammenhängen. Daher würde ich die Frage nach der Bedeutung der Theologie ebenfalls hermeneutisch beantworten: Es besteht ein eindeutig erkennbarer Sinnzusammenhang zwischen dem Menschenbild, das sich aus christlicher Perspektive als wesentlich erweist, und demjenigen, das sich in philosophischer Perspektive als plausibel erweist. Die Wahrnehmung der als wesentlich erlebten Aspekte von Leben, Sterben und Tod ist bei Frank Mathwig immer schon christlich gefärbt. Parallelen in seinen theologischen und philosophischen Darlegungen sehe ich beispielsweise:

· *in der Betonung eines ganzheitlichen Menschenbildes, das sowohl biblisch davon ausgeht als auch philosophisch einfordert, Leib und Geist bzw. Leib und Seele nicht künstlich voneinander zu trennen;*
· *in der Infragestellung der Möglichkeit einer Rechtfertigung des Suizids, philosophisch in Form eines Risikokalküls, theologisch in Form einer Selbstrechtfertigung, beide Male interpretiert als eine Selbstverfehlung;*
· *in der Ablehnung der Idee, das Sterben sei eine individuelle Angelegenheit, weil sie philosophisch wie theologisch die Relationalität des Menschen verkenne;*
· *im Verständnis von Freiheit und Liebe, die stets als verdankte gedacht werden müssen, ob anthropologisch im Sinne der Natalität oder christlich-theologisch im Sinne der Zuwendung des Schöpfergottes;*
· *schließlich in der philosophisch wie theologisch begründeten These, der Suizid entziehe sich einer moralischen Qualifikation.*

Letztlich ist die Verantwortung, von der Hans Halter schreibt, unabhängig vom Ausgangspunkt des Nachdenkens für religiöse Menschen unteilbar: Ob das Denken philosophisch beim Menschenbild oder theologisch beim Gottesbild und der jeweils entsprechenden Moral einsetzt, ist sekundär. Wesentlich ist, dass alle drei Elemente einander gegenseitig bedingen – Menschenbild, Gottesbild und die Moral.

LITERATUR

BOGNER, DANIEL/ZIMMERMANN, MARKUS (Hg.), *Fundamente theologischer Ethik in postkonfessioneller Zeit. Beiträge zu einer Grundlagendiskussion*, Basel/Würzburg 2019.
BONHOEFFER, DIETRICH, *Ethik*, Werkausgabe, Bd. 6, Gütersloh 1992.
EHRENBERG, ALAIN, *Das erschöpfte Selbst. Depression und Gesellschaft in der Gegenwart*, Frankfurt a. M./New York 2003.
FISCHER, JOHANNES, *Leben aus dem Geist. Zur Grundlegung christlicher Ethik*, Zürich 1994.
—, *Warum überhaupt ist Suizid ein ethisches Problem? Über Suizid und Suizidbeihilfe*, in: Zeitschrift für medizinische Ethik 55 (2009), 243–253.

—/GRUDEN, STEFAN/IMHOF, ESTHER u a., *Grundkurs Ethik. Grundbegriffe philosophischer und theologischer Ethik*, Stuttgart 2007.

HALLICH, OLIVER, *Besser, nicht geboren zu sein? Eine Verteidigung des Antinatalismus*, Berlin 2022.

HALTER, HANS, *Jede Moral findet ihren Gott – findet Gott seine Moral?*, in: CONFERENTIA EPISCO-PORUM REIPUBLICAE SLOVENIAE/STRUKELJ, ANTON (Eds.), *Dei voluntatem facere. Opus collectaneum in honorem Aloysii Sustar, Archiepiscopi et Metropolitae Labacensis*, Ljubljana/Celje 1995, 487–497.

HÖLDERLIN, FRIEDRICH, *Pathmos*, in: LEO FREIHERR VON SECKENDORF (Hg.), *Musenalmanach für das Jahr 1808*, Regensburg 1808, 79–87.

JENS, WALTER/KÜNG, HANS, *Menschenwürdig sterben. Ein Plädoyer für Selbstverantwortung*, München/Zürich 1995.

JESSEN, JENS, *Der neue Mensch. Befreit von allen Fesseln der Natur: Ein Jahresrückblick auf die Debatten um Social Freezing, Gendertheorie und Sterbehilfe*, in: Die Zeit, Nr. 52, 17.12.2014.

JÜNGEL, EBERHARD, *Tod*, Gütersloh ⁴1990.

KÜNG, HANS, *Erlebte Menschlichkeit. Erinnerungen*, München/Zürich 2013.

—, *Ewiges Leben?*, München/Zürich 1982.

LUHMANN, NIKLAS, *Die Moral des Risikos und das Risiko der Moral*, in: BECHMANN GOTTHARD (Hg.), *Risiko und Gesellschaft. Grundlagen und Ergebnisse interdisziplinärer Risikoforschung*, Wiesbaden 1993, 327–338.

—, *Soziologie des Risikos*, Berlin/New York 1991.

LÜTKEHAUS, LUDGER, *Nichts. Abschied vom Sein. Ende der Angst*, Frankfurt a. M. 2003.

MATHWIG, FRANK, *Handeln, das nach Einsicht fragt. Beiträge zur theologischen Ethik*, Zürich 2021.

—, *Technikethik – Ethiktechnik. Was leistet angewandte Ethik?*, Stuttgart u. a. 2000.

—, *Worum sorgt sich Spiritual Care? Bemerkungen und Anfragen aus theologisch-ethischer Sicht*, in: NOTH, ISABELLE/KOHLI REICHENBACH, CLAUDIA (Hg.), *Palliative und Spiritual Care. Aktuelle Perspektiven in Medizin und Theologie*, Zürich 2014, 23–41.

—, *Zwischen Leben und Tod. Die Suizidhilfediskussion in der Schweiz aus theologisch-ethischer Sicht*, Zürich 2010.

—/ZEINDLER, MATTHIAS, *Gott trifft Mensch. Themen der Theologie Karl Barths*, Bern 2019.

NATIONALE ETHIKKOMMISSION IM BEREICH DER HUMANMEDIZIN, *Samenspende*, Bern 2019.

RENZ, MONIKA, *Hinübergehen. Was beim Sterben geschieht. Annäherungen an letzte Wahrheiten unseres Lebens*, Freiburg i. Br. 2015.

SCHOCKENHOFF, EBERHARD, *Grundlegung der Ethik. Ein theologischer Entwurf*, Freiburg i. Br. ²2014.

SCHÜLLER, BRUNO, *Die Begründung sittlicher Urteile. Typen ethischer Argumentation in der Moraltheologie*, Düsseldorf ³1987.

SINMYEE, SMRUTI V./PANDIT, VIRAJ J./PASCUAL, JUAN M. ET AL., *Legal and Ethical Implications of Defining an Optimum Means of Achieving Unconsciousness in Assisted Dying*, in: Anaesthesia 74 (2019), 630–637.

TAURECK, BERNHARD H. F., *Philosophieren: sterben lernen? Versuch einer ikonologischen Modernisierung unserer Kommunikation über Tod und Sterben*, Frankfurt a. M. 2004.

VELLEMAN, J. DAVID, *Beyond Price. Essays on Birth and Death*, Cambridge 2015.

WEHLING, PETER/PERERA, BEATRICE/SCHÜSSLER, SABRINA, *Reproduktive Autonomie oder verantwortliche Elternschaft? Kontrastierende ethische Begründungen des genetischen Anlageträger*innen-Screenings*, in: Ethik in der Medizin 32 (2020), 313–329.

WEHRLI, HANS/SUTTER, BERNHARD/KAUFMANN, PETER, *Der organisierte Tod: Sterbehilfe und Selbstbestimmung am Lebensende – Pro und Contra*, Zürich ²2015.

WILS, JEAN-PIERRE, *Sich den Tod geben. Suizid als letzte Emanzipation?*, Stuttgart 2021.

—, *Sterben. Zur Ethik der Euthanasie*, Paderborn u. a. 1999.

WITTGENSTEIN, LUDWIG, *Tractatus logico-philosophicus. Tagebücher 1914–1916. Philosophische Untersuchungen*, Werkausgabe Bd. 1, Frankfurt a. M. 1984.

ZIMMERMANN-ACKLIN, MARKUS, «*Ein Gelehrter, der nicht mehr schreiben und lesen kann – was dann?» Hans Küngs Plädoyer für die Sterbehilfe*, in: Schweizerische Kirchenzeitung 182/4 (2014), 52–54; 59.

—, *«Menschenwürdig sterben»: Kritische Anfragen zum Buch von H. Küng und W. Jens*, in: Orientierung 60 (1996), 127–132.

—, *Dem Sterben zuvorkommen? Ethische Überlegungen zur Beihilfe zum Suizid*, in: Zeitschrift für medizinische Ethik 55 (2009), 221–233.

—, *Euthanasie. Eine theologisch-ethische Untersuchung*, Freiburg i. Ue./Freiburg i. Br. ²2002.

ZIMMERMANN, MARKUS, *Christliche Existenz und theologische Ethik. Hans Halters Antwort auf die Frage nach dem christlichen Proprium*, in: BOGNER, DANIEL/ZIMMERMANN, MARKUS (Hg.), *Fundamente theologischer Ethik in postkonfessioneller Zeit. Beiträge zu einer Grundlagendiskussion*, Basel/Würzburg 2019, 181–196.

—, *Reproduktionsmedizin und Familiengründung in ethischer Perspektive*, in: BREUNIG, BERNADETTE/SCHWEIGER, GOTTFRIED/WALSER, ANGELIKA (Hg.), *Familie im Wandel – Sozialwissenschaftliche, ethische und rechtliche Perspektiven*, Berlin 2024, 163–177.

—, *Triage als Einübung von Priorisierung und Rationierung im Gesundheitswesen?*, in: MOOS, THORSTEN/PLONZ, SABINE (Hg.), *Öffentliche Gesundheit. Jahrbuch Sozialer Protestantismus*, Leipzig 2022, 173–187.

—/FELDER, STEFAN/STRECKEISEN, URSULA U. A., *Das Lebensende in der Schweiz. Individuelle und gesellschaftliche Perspektiven*, Basel 2019.

NACHWEISE ZU ERSTVERÖFFENTLICHUNGEN

TEIL I

1. *Überarbeiteter Text, zuerst erschienen unter dem Titel*: Rationalität, Narrativität und selbstreflexive Hermeneutik. Zum Profil einer theologischen Bioethik in pluralistischer Gesellschaft, in: Freiburger Zeitschrift für Philosophie und Theologie 59 (2012), 266–285.

2. *Überarbeiteter Text, zuerst erschienen in*: DANIEL BOGNER/CORNELIA MÜGGE (Hg.), Natur des Menschen. Brauchen die Menschenrechte ein Menschenbild?, Freiburg i. Ue./Freiburg i. Br. 2015, 175–195.

3. *Überarbeiteter Text, zuerst erschienen unter dem Titel*: Legitimationskrise des Helfens? Gedanken zur Ambivalenz der christlichen Caritas, in: FRANK MATHWIG/TORSTEN MEIREIS/ROUVEN PORZ/MARKUS ZIMMERMANN (Hg.), Macht der Fürsorge? Moral und Macht im Kontext von Medizin und Pflege, Zürich 2015, 33–51.

4. *Überarbeiteter Text, zuerst erschienen in*: ORSOLYA FRIEDRICH/CLAUDIA BOZZARO (Hg.), Philosophie der Medizin, Paderborn 2021, 417–436.

5. *Unveröffentlichter Text.*

6. *Unveröffentlichter Text.*

7. *Unveröffentlichter Text.*

TEIL II

1. *Überarbeiteter Text, zuerst erschienen unter dem Titel:* Deontologische und teleologische Begründungsfiguren am Beispiel von Nutzenbewertungen von Gesundheitsleistungen, in: ADRIAN HOLDEREGGER/WERNER WOLBERT (Hg.), Deontologie – Teleologie. Normtheoretische Grundlagen in der Diskussion, Freiburg i. Ue./Freiburg i. Br. 2012, 269–287.

2. *Vollständig überarbeiteter Text, eine erste Version ist erschienen unter dem Titel:* Vorrang hat die Hilfe für Menschen in Not. Kommentar zum Beitrag von WEYMA LÜBBE, in: AmosInternational 11 (2017), 10–15.

3. *Vollständig überarbeiteter Text, eine erste Version ist erschienen unter dem Titel:* Soziale Gerechtigkeit und Diskriminierungsgefahren in der Gesundheitsversorgung, in: AXEL TSCHENTSCHER/CAROLINE LEHNER/MATTHIAS MAHLMANN/ANNE KÜHLER (Hg.), Soziale Gerechtigkeit heute. Kongress der Schweizerischen Vereinigung für Rechts- und Sozialphilosophie, Stuttgart 2015, 117–132.

4. *Überarbeiteter Text, zuerst erschienen unter dem Titel:* Zur Bedeutung der Gewissensentscheidung bei der Allokation knapper Güter, in: FRANZ-JOSEF BORMANN/VERENA WETZSTEIN (Hg.), Gewissen. Dimensionen eines Grundbegriffs medizinischer Ethik. Eberhard Schockenhoff zum 60. Geburtstag, Berlin 2014, 421–436.

5. *Überarbeiteter Text, zuerst erschienen unter dem Titel:* Grenzen setzen? Altersrationierung und Gerechtigkeit im Gesundheitswesen, in: SILKE SCHICKTANZ/MARK SCHWEDA (Hg.), Pro-Age oder Anti-Aging? Altern im Fokus der modernen Medizin, Frankfurt a. M. 2012, 215–230.

6. *Überarbeiteter Text, zuerst erschienen unter dem Titel:* Von der Zweiklassenmedizin zur Zweiklassenpflege? Rationierung als pflegeethisches Problem, in: SETTIMIO MONTEVERDE (Hg.), Handbuch Pflegeethik. Ethisch denken und handeln in den Praxisfeldern der Pflege, Stuttgart ²2020, 337–349.

7. *Überarbeiteter Text, zuerst erschienen unter dem Titel:* Personalisierte Medizin und Gerechtigkeit – Überlegungen aus theologisch-ethischer Sicht, in: ISABEL KLUSMAN/EFFY VAYENA (Hg.), Personalisierte Medizin. Hoffnung oder leeres Versprechen?, Zürich 2016, 167–178.

TEIL III

1. *Vollständig überarbeiteter Text, eine erste Version ist erschienen unter dem Titel:* Ethische Überlegungen zur Bedeutung der Autonomie am Lebensanfang, in: FELIX HAFNER/KURT SEELMANN/CORINNE WIDMER LÜCHINGER (Hg.), Selbstbestimmung an der Schwelle zwischen Leben und Tod, Zürich/Basel/Genf 2014, 89–104.

2. *Überarbeiteter Text, zuerst erschienen als Teil einer TA-Swiss-Studie:* SUSANNE BRAUER/JEAN-DANIEL STRUB/BARBARA BLEISCH/CHRISTIAN BOLLIGER/ANDREA BÜCHLER/ISABEL FILGES/PETER MINY/ANNA SAX/SEVGI TERCANLI/MARKUS ZIMMERMANN, Wissen können, dürfen, wollen? Genetische Untersuchungen während der Schwangerschaft, Zürich 2016, 295–326.

3. *Unveröffentlichter Text.*

TEIL IV

1. *Unveröffentlichter Text.*

2. *Vollständig überarbeiteter Text, eine erste Version ist erschienen unter dem Titel:* Beihilfe zum Suizid – Entwicklungen und Debatten in der Schweiz, in: Zeitschrift für medizinische Ethik 67 (2021), 433–443.

3. *Vollständig überarbeiteter Text, eine erste Version ist erschienen unter dem Titel:* Assistierter Suizid und Tötung auf Verlangen. Ähnlichkeiten und Differenzen, in: KONRAD HILPERT/JOCHEN SAUTERMEISTER (Hg.), Selbstbestimmung – auch im Sterben? Streit um den assistierten Suizid, Freiburg i. Br. 2015, 79–93.

4. *Unveröffentlichter Text.*

5. *Unveröffentlichter Text.*

STUDIEN ZUR THEOLOGISCHEN ETHIK

Herausgegeben von *Daniel Bogner* und *Markus Zimmermann*,
Departement für Moraltheologie und Ethik, Universität Freiburg i. Üe.

148. SCHMIDT, BENEDIKT, *Gottes Offenbarung und menschliches Handeln.*
     Zur ethischen Tragweite eines theologischen Paradigmenwechsels, 2017, 489 S.

149. FRITZ, ALEXIS, *Der Anspruch der Bedürfnisse. Gerechte Prioritätensetzung im*
     Gesundheitswesen, 2017, 450 S.

150. JOHN, ANSELM MARTIN, *Das Gelingen der Liebe. Jürg Willis Konzept der partner-*
     schaftlichen Koevolution als Beitrag für die Ehetheologie, 2017, 406 S.

151. BUCHS, STEFAN, *Ärzteethos und Suizidbeihilfe. Theologisch-ethische Untersuchung*
     zur Praxis der ärztlichen Suizidbeihilfe in der Schweiz, 2018, 464 S.

152. BREITSAMETER, CHRISTOF, *Das Gebot der Liebe – Kontur und Provokation,* 2019, 322 S.

153. LAUBACH, THOMAS (Hg.), *Ökumenische Ethik,* 2019, 304 S.

154. BOGNER, DANIEL/ZIMMERMANN MARKUS (Hg.), *Fundamente theologischer*
     Ethik in postkonfessioneller Zeit. Beiträge zu einer Grundlagendiskussion, 2019, 436 S.

155. KIESLINGER, KRISTINA, *Ethik, Kontemplation und Spiritualität. Thomas Keatings*
     ‹Centering Prayer› und dessen Bedeutung für die Theologische Ethik, 2020, 470 S.

156. HAKER, HILLE, *Towards a Critical Political Ethics. Catholic Ethics and Social Challeges,*
     2020, 391 S.

157. GRILL, RUPERT, *Willensschwäche. Eine moralpsychologische Untersuchung,* 2021, 414 S.

158. WOLBERT, WERNER, *Schmutzige Hände und weiße Westen. Schuld und Unschuld in*
     moralischen Extremsituationen, 2022, 198 S.

159. MERKL, ALEXANDER, *Von Todsünden und Hauptlastern. Rekonstruktionen und Neu-*
     reflexionen, 2022, 441 S.

160. WILS, JEAN-PIERRE, *Weggabelungen in Sicht. Kleine Anthropologie des Lassens in er-*
     regten Zeiten, 2022, 116 S.

161. LESCH, WALTER, *Europa – Migration – Populismus. Aktuelle Spannungsfelder politi-*
     scher Ethik, 2022, 436 S.

162. LUDWIG, JOHANNES, *System Kirche. Machtausübung zwischen Idee, Interesse und In-*
     stitution, 2022, 278 S.

163. PEETZ, KATHARINA, *Erzählte Versöhnung. Narrative Ethik und christliche Glaubens-*
     praxis in Ruanda nach dem Genozid, 2023, 278 S.

164. FEIX, MARC/TRAUTMANN, FRÉDÉRIC (Hg.), *Die Universalität der Menschenrech-*
     te. Skizzen und Perspektiven/L' universalité des droits humains. Esquisses et perspectives,
     2024, 302 S.

165. HÖFFNER, MICHAEL, *Sakrament des gegenwärtigen Augenblicks. Ein Klassiker und*
     seine Alltagsmystik in theologischer Relecture, 2024, 357 S.

166. WINTER, DORIAN, *Entpersonalisiertes Ins-Dasein-Bringen. Eine theologisch-ethische*
     Kritik am reproduktionsmedizinischen Selbstverständnis, 2024, 365 S.

Das Signet des Schwabe Verlags
ist die Druckermarke der 1488 in
Basel gegründeten Offizin Petri,
des Ursprungs des heutigen Verlags-
hauses. Das Signet verweist auf
die Anfänge des Buchdrucks und
stammt aus dem Umkreis von
Hans Holbein. Es illustriert die
Bibelstelle Jeremia 23,29:
«Ist mein Wort nicht wie Feuer,
spricht der Herr, und wie ein
Hammer, der Felsen zerschmeisst?»